D1920118

natürlich oekom!

Mit diesem Buch halten Sie ein echtes Stück Nachhaltigkeit in den Händen. Durch Ihren Kauf unterstützen Sie eine Produktion mit hohen ökologischen Ansprüchen:

- 100 % Recyclingpapier
- mineralölfreie Druckfarben
- Verzicht auf Plastikfolie
- Finanzierung von Klima- und Biodiversitätsprojekten
- kurze Transportwege – in Deutschland gedruckt

Weitere Informationen unter www.natürlich-oekom.de und #natürlichoekom

natürlich oekom · nachhaltig seit 1989

Die Veröffentlichung wurde von der
KELLNER & STOLL-STIFTUNG FÜR KLIMA UND UMWELT
unterstützt

KELLNER & STOLL STIFTUNG FÜR KLIMA UND UMWELT
TREUHANDSTIFTUNG DER STIFTUNG DER UNIVERSITÄT BREMEN

Diese Open-Access-Publikation wurde gefördert durch den Publikationsfonds der Staats- und Universitätsbibliothek Bremen.
This Open Access publication has been made possible by funding from the publication fund of the State and University Library Bremen.

Bibliografische Information der Deutschen Nationalbibliothek: Die Deutsche Nationalbibliothek verzeichnet diese Publikation in der Deutschen Nationalbibliografie; detaillierte bibliografische Daten sind im Internet über www.dnb.de abrufbar.

erschienen 2025 im oekom verlag, München
oekom – Gesellschaft für ökologische Kommunikation mbH
Goethestraße 28, 80336 München
+49 89 544184 - 200
info@oekom.de

Layout und Satz: Markus Miller
Korrektur: Maike Specht
Umschlaggestaltung: Laura Denke, oekom verlag
Umschlagabbildung: © Adobe Stock: SUE, Pointer Marker, stockgood, Mouaad
Druck: Elanders Waiblingen GmbH, Waiblingen

ISBN 978-3-98726-182-4
E-ISBN 978-3-98726-481-8
https://doi.org/10.14512/9783987264818

FSC www.fsc.org RECYCLED Papier aus Recyclingmaterial FSC® C016368

Denis Pijetlovic, Jakob von Au,
Virtuelle Akademie Nachhaltigkeit (VAN) (Hrsg.)

Klimawandel und Bildung

Konzepte, Methoden und Perspektiven transformativer Klimabildung

oekom

Inhaltsverzeichnis

EINLEITUNG

Denis Pijetlovic, Jakob von Au

Klimabildung weiter denken – warum dieser Sammelband nötig ist

Wir leben in einem Jahrzehnt, das künftige Jahrhunderte prägen wird. Die Klimakrise ist keine abstrakte Herausforderung mehr, sondern konkret erfahrbar – ökologisch, ökonomisch, sozial und psychologisch. Hitzesommer, Kipppunkte, globale Ungleichheit und wachsende Zukunftsängste: Die planetaren Grenzen sind nicht nur Gegenstand wissenschaftlicher Analyse, sondern Realität im Alltag, im Klassenzimmer und im Hochschulbetrieb. Eine Bildung, die das ignoriert oder ausspart, verfehlt ihren gesellschaftlichen Auftrag.

Doch wie sieht eine Bildung aus, die nicht nur informiert, sondern befähigt? Wie gestalten wir Lernräume, die Orientierung bieten, ohne zu vereinfachen, und wie wird aus Wissen gesellschaftliche Wirksamkeit?

Dieser Sammelband richtet sich an Lehrende, die sich diesen Fragen stellen. Er lädt dazu ein, die eigene Lehre im Licht der Klimakrise neu zu denken – didaktisch klug, fachlich fundiert und pädagogisch tragfähig. Er versammelt Beiträge aus verschiedenen Disziplinen und Bildungsstufen – von der Hochschuldidaktik bis zur Lehrkräftefortbildung –, die Konzepte, Methoden und Formate transformativer Klimabildung vorstellen und reflektieren.

Transformatives Lernen braucht mehr als Inhalte und Methoden. Es braucht auch passende Strukturen. Studienordnungen, Zeitbudgets, Prüfungsformate, Bildungspläne oder hochschulpolitische Vorgaben: All das prägt, was im Lehralltag möglich ist. Der Transferpfad zwischen Wissen, Handeln und Systembedingungen muss deshalb sichtbar und gestaltbar werden.

Während Nachhaltigkeit in der Schul- und Hochschulpolitik zunehmend als Querschnittsthema auftaucht, bleibt ein Bereich auffällig zurück: die Lehre. Viele Hochschulen konzentrieren sich auf Forschungsschwerpunkte und nachhaltiges Gebäudemanagement, doch die curriculare Verankerung von Klimabildung bleibt oft vereinzelt, fakultativ und wenig verbindlich. Auch Förderlinien wie die Exzellenzinitiative setzen ihre Schwerpunkte primär in der Forschung. Die Ausbildung der nächsten Generation – und damit ein zentraler Transformationshebel – findet zu selten strukturelle Beachtung. Dieser Sammelband will genau hier ansetzen: Er rückt die Lehre ins Zentrum.

Die Beiträge zeigen: Klimabildung ist kein Nischenthema. Sie lässt sich mit Geographie wie mit Sozialpsychologie verknüpfen, mit Technikethik ebenso wie mit Theaterpädagogik. Ein Beitrag beschreibt ein interdisziplinäres Seminar an der Schnittstelle von Wissenschaft und Aktivismus, ein anderer stellt ein digitales Rollenspiel zur Klimapolitik im Unterricht vor. Auch institutionelle Strategien zur curricularen Integration kommen zur Sprache.

Der Band gliedert sich in drei thematische Bereiche: Im ersten Teil geht es um theoretische Grundlagen und Zielbilder transformativer Bildung. Der zweite Teil versammelt konkrete Lehr- und Unterrichtsformate formate und methodische Innovationen. Der dritte Teil öffnet den Blick auf strukturelle Rahmenbedingungen und politische Hebel für mehr Klimabildung im Bildungssystem.

Alle Beiträge eint das Verständnis, dass Klimabildung Dozenten und Lehrkräfte nicht zusätzlich belasten, sondern Potenziale eröffnen soll, um Lernräume zu gestalten, die gegenwartsbezogen, werteorientiert und zugleich wissenschaftlich fundiert sind. Sie laden dazu ein, Inhalte neu zu gewichten, Lernende als aktive Zukunftsgestaltende zu adressieren und Bildung als kollektive Selbstwirksamkeit zu begreifen.

Wir verstehen diesen Band nicht als abschließende Antwort, sondern als Arbeitsstand, Impulssammlung und Einladung zum Weiterdenken. Die vorgestellten Ansätze dürfen übernommen, angepasst, übertragen oder infrage gestellt werden – gerade das macht sie produktiv.

Danksagung

Unser Dank gilt allen Autor:innen, die mit ihren Beiträgen, Perspektiven und didaktischen Erfahrungen diesen Sammelband möglich gemacht haben. Sie zeigen, wie vielfältig, praxisnah und zukunftsgerichtet Klimabildung heute gedacht werden kann. Für die finanzielle Unterstützung danken wir der Staats- und Universitätsbibliothek Bremen (SuUB) sowie der Kellner & Stoll Stiftung für Klima und Umwelt, die die Open-Access-Veröffentlichung dieses Sammelbands wesentlich mit ermöglicht haben.

Zum Schluss – eine Einladung

Der Klimawandel fordert nicht nur neue Inhalte, sondern auch neue Haltungen im Lehrbetrieb. Wir möchten alle Lehrenden ermutigen, mutiger zu werden – didaktisch, thematisch, strukturell. Dieser Sammelband will kein Patentrezept liefern. Aber er zeigt, dass innovative Konzepte, Methoden und Erfahrungen vorhanden sind. Die Zeit zu handeln ist jetzt – nicht als weiterer Anfang, sondern als Schritt in eine andere Bildungsrealität.

Jakob von Au

Mehr als heiße Luft? Impulse für die Reflexion von generalisierbaren Erfolgselementen in der Klimabildung

Kurzzusammenfassung

Bildung ist die zentrale Voraussetzung für Mitigations- (Eindämmungs-) und Adaptionsmaßnahmen im Zuge der Klimakrise. Diese Erkenntnis wurde unter anderem von der UNESCO schon vor über zwei Jahrzehnten propagiert und ist heute vor dem Hintergrund aktueller Klimaentwicklungen relevanter denn je. Allerdings erscheint der Erfolg von Klimabildung – zumindest mit Blick auf das aktuelle »gesellschaftliche Klima« und auf aktuelle politische Entwicklungen in Deutschland und weltweit – bisher begrenzt zu sein. Im vorliegenden Beitrag werden die wichtigsten Ausgangspunkte und Zielsetzungen von Klimabildung skizziert und die bisherigen Klimabildungsergebnisse kritisch beleuchtet. Ausgehend davon und mit Bezug zu verschiedenen theoretischen und empirischen Studien werden generalisierbare Erfolgselemente für Klimabildungsveranstaltungen herausgearbeitet, die als Planungsinstrument, als Reflexionsimpuls und als Einladung zu einer gemeinsamen Schärfung und Weiterentwicklung von Klimabildung dienen sollen.

Lernziele

- Klimabildung mit Bezug zur Entstehungsgeschichte charakterisieren können
- Bisherige Erfolge von Klimabildung im Ganzen kritisch bewerten können

- Erfolgselemente für Klimabildung reflektieren und weiterentwickeln können
- Erfolgselemente bei der Planung und Reflexion eigener Klimabildungsveranstaltungen berücksichtigen können

1. Klimabildung – Hintergrund und Zielsetzungen

Die allgemeine ideengeschichtliche Entwicklung von Klimabildung (auch Klimawandelbildung; climate change education) reicht bis in die 1970er-Jahre zurück und ist eng mit der Entwicklung von Umweltbildung verknüpft. Eine Art Startschuss bildete die Weltumweltkonferenz in Stockholm 1972 und in deren Folge die Belgrader Charta 1975, in der die Notwendigkeit festgehalten wurde, dass das Umweltbewusstsein global gefördert werden muss:

> »It is within this context [Stockholm-Conference] that the foundations must be laid for a world-wide environmental education programme that will make it possible to develop new knowledge and skills, values and attitudes, in a drive toward a quality of environment and, indeed, toward a better quality of life for present and future generations living within that environment.« (UNESCO-UNEP 1975, S. 2)

In den 1990er-Jahren wurde, ausgehend von der UN-Konferenz für Umwelt und Entwicklung in Rio de Janeiro, verstärkt auf die Bedeutung von globalen Klimaveränderungen hingewiesen, und damit einhergehend wurden die Zielsetzungen von Umweltbildung geschärft (UN 1992, S. 24 ff.). Weitere wichtige Impulsgeber für die Etablierung von Klimabildung waren die Gründung des IPCC (Intergovernmental Panel on Climate Change) 1988 und die seit 1990 regelmäßig veröffentlichten Sachstandsberichte, wenngleich die Bedeutung von Klimabildung in den IPCC-Berichten bisher nicht ausreichend thematisiert wurde (Muccione et al. 2025, S. 3). Die Sachstandsberichte führten jedoch zu einer stärkeren öffentlichen Wahrnehmung der Klimaveränderungen, und die Anzahl an Bildungseinrichtungen, die den Klimawandel spezifisch thematisierten, erhöhte sich ab dem Ende der 1990er-Jahre kontinuierlich.

In den 2000er-Jahren wurde Klimabildung explizit als ein Teil von BNE (Bildung für nachhaltige Entwicklung) weiterentwickelt. So wurde 2005 die »UN Decade of Education for Sustainable Development« ausgerufen, in der der Kampf gegen den Klimawandel ein Kernthema bildete (UNESCO 2005, o. S.). Ein weiterer Meilenstein war die Ausrufung des UNESCO-Programms »Climate Change Education for Sustainable Development«. Der Klimawandel wird darin als die zentrale Herausforderung aktueller und kommender Generationen thematisiert und Klimabildung mit ihren wichtigsten Zielsetzungen beschrieben (UNESCO 2010, S. 2 ff.). Gemeinsam mit der von der Pariser Klimakonferenz inspirierten Publikation »Putting Climate Change Education into Practice« (UNESO 2015) bildet diese Arbeit das Fundament für die bis heute gültigen und weitgehend anerkannten Zielbereiche der Klimabildung (vgl. Abb. 1).

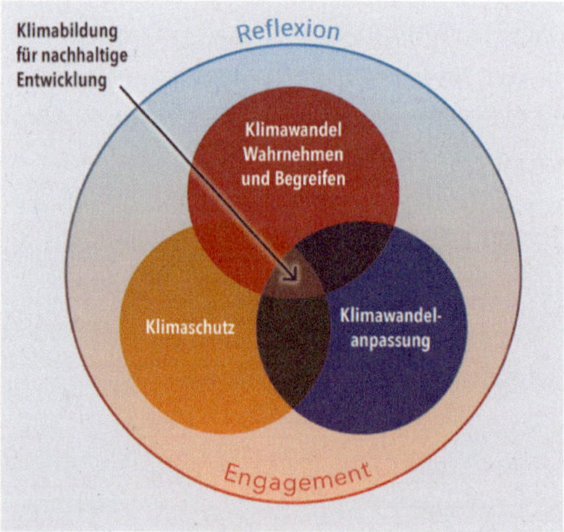

Abb. 1: Zielbereiche der Klimabildung (leicht verändert nach UNESCO 2013 und Hessisches Ministerium für Umwelt, Klimaschutz, Landwirtschaft und Verbraucherschutz 2022, S. 5).

Die Abbildung zeigt, dass Klimabildung für nachhaltige Entwicklung im Schnittbereich zwischen der Reflexion des Klimawandels und dem Engagement für Klimaschutz und Klimawandelanpassung liegt. Der Bereich »Wahrnehmen und Begreifen« kann beispielsweise gefördert werden, indem in Lehr-Lern-Prozessen die Ursachen, die Spuren und die Folgen des Klimawandels thematisiert werden. Wichtig ist dabei der Erwerb der Kompetenz, Entscheidungen reflektiert und verantwortungsvoll mit Blick auf die Klimaveränderungen treffen zu können. Das allein reicht jedoch noch nicht aus. Der erstgenannte Zielbereich wird erst in Verknüpfung mit den beiden weiteren Zielbereichen – mit der Förderung des Engagements für den Klimaschutz und für Klimaanpassungen – und folglich mit der Stärkung der Bereitschaft und Fähigkeit zu klimafreundlichem Handeln wertvoll und wirkungsvoll.

Die Relevanz einer mit diesen Zielsetzungen verbundenen Klimabildung ist aktuell höher denn je. Das liegt zum einen an den global nach wie vor steigenden Treibhausgasemissionen und der sich dadurch verstärkenden Dringlichkeit von Denk- und Verhaltensveränderungen (vgl. IPCC 2023, S. 30). Zum anderen wächst in Forschung und Praxis das Bewusstsein dafür, dass hochwertige Bildung eine zentrale Voraussetzung für die dringend notwendige sozial-ökologische Transformation der Gesellschaft ist. Dieses Bewusstsein wird durch eine zunehmende Zahl theoretischer und empirischer Studien gestützt (z. B. UNESCO 2020). Bildung ist heute weitgehend anerkannt als Schlüsselelement für erfolgreiche Klimamitigations- und Klimaadaptionsmaßnahmen und wird darüber hinaus im Kontext der 17 globalen Nachhaltigkeitsziele (SDGs; Sustainable Development Goals) als »key enabler for all SDGs« verstanden (UNESCO 2020, S. 3).

2. Zwei Jahrzehnte Klimabildung – Versuch einer Zwischenbilanz

Spätestens seit Mitte der 2000er-Jahre kann man von Klimabildung als einem eigenen – wenngleich eng mit BNE verknüpften – Bildungsbereich sprechen. Die erste Phase bis in die frühen 2020er-Jahre war tendenziell von Optimismus geprägt. Beeinflusst von der Fridays-for-Future-Bewegung und dem Bundesverfassungsgerichtsurteil von 2021, in dem anerkannt wurde, dass Klimaschutz Verfassungsrang hat, wird beispielsweise in einer Studie der SIEGMUND Space & Education gGmbH eher optimistisch geschrieben: »Das Thema [Klima und Klimabildung] steht mitten im gesellschaftlichen Diskurs.« (Ebd., 2021, S. 59) In der Studie wurden fast 3.000 Dokumente, darunter Bildungspläne von Schulen und universitäre Prüfungsordnungen in allen 16 Bundesländern, mit Blick auf Klimabildung analysiert. Ergebnis: In einigen Untersuchungsbereichen – z. B. in Geographie als Schulfach und in Geographie als Studiengang – wurde Klimabildung bereits als gut etabliert bewertet, in anderen – z. B. im Bereich Wirtschaft und in der beruflichen Bildung – wurde Klimabildung noch als vergleichsweise schwach etabliert bewertet (ebd., S. 57 ff.). Auch Holst (2023) kommt in seiner Analyse von Koalitionsverträgen, Weiterbildungsgesetzen und weiteren Dokumenten von Bund, Ländern und Stiftungen zu einem eher optimistischen Fazit: BNE inklusive Klimabildung seien laut Autor auf dem Weg in den Mainstream (Holst 2023, S. 2 ff.). In den frühen 2020er-Jahren konnte, ausgehend von diesen und weiteren Studien, der Eindruck entstehen, dass BNE und Klimabildung aufgrund der teilweise bereits erfolgten Überführung von vereinzelten Projekten in feste Strukturen in naher Zukunft in allen Bildungsfeldern etabliert und dementsprechend wirkungsmächtig werden könnten.

Der Optimismus hinsichtlich einer strukturellen Etablierung und, damit einhergehend, einer großen Breitenwirkung von Klimabildung wurde bis in die beginnenden 2020er-Jahre hinein beispielsweise durch Daten des Umweltbundesamtes bestärkt. In der seit 1996 im Zweijahresrhythmus stattfindenden Umweltbewusstseinsstudie, in der jeweils über 2.000

Bürgerinnen und Bürger ab 14 Jahren befragt werden, wird deutlich, dass die wahrgenommene Bedeutung von Umwelt- und Klimaschutz unter der Bevölkerung bis 2020 zunahm. So antworteten beispielsweise 2016 53 Prozent der Befragten, dass Umwelt- und Klimaschutz für sie »sehr wichtig« seien, 2018 64 Prozent und 2020 65 Prozent. Im Jahr 2022 waren es dann allerdings nur noch 57 Prozent, im Jahr 2024 54 Prozent (Umweltbundesamt & BMUV 2025, S. 5).

Ein ähnlicher Trend spiegelt sich in den seit 2017 zweijährlich vom Bundesministerium für Umwelt, Naturschutz, nukleare Sicherheit und Verbraucherschutzes (BMUV) durchgeführten Studien »Zukunft? Jugend fragen!« mit jeweils über 1.000 Befragten im Alter zwischen 14 und 22 Jahren wider. Auf die Frage »Bist du eher optimistisch oder pessimistisch, wenn du an die Zukunft von Umwelt und Klima denkst?« antworteten im Jahr 2021 26 Prozent mit »eher optimistisch« oder »sehr optimistisch«, im Jahr 2023 nur noch 24 Prozent (BMUV & Umweltbundesamt 2024, S. 18).

Zugleich wird in aktuellen Studien ein weiteres Phänomen deutlich: Wissen, Umweltbewusstsein und Umweltaffekte hängen nur bedingt mit Umweltverhalten zusammen. Deutschland unterscheidet sich dabei kaum von anderen Nationen. Dechezlepetre et al. (2022) führten beispielsweise für die OECD eine Studie durch, in der sie Wissen und Einstellungen von über 40.000 Menschen aus zwanzig Ländern weltweit mittels Fragebögen untersuchten. Der Anteil der Befragten, der der Aussage »Der Klimawandel ist ein wichtiges Problem« zustimmten, war zu dieser Zeit in allen untersuchten Ländern hoch (z. B. Deutschland 81 Prozent, Frankreich 81 Prozent, USA 76 Prozent, Brasilien 88 Prozent, Indonesien 92 Prozent, Japan 94 Prozent). Die Zustimmung zur Aussage »Mein Land sollte etwas zur Bekämpfung des Klimawandels tun« war in Ländern mit hohem Einkommen etwas geringer als in Ländern mit mittlerem Einkommen (z. B. Deutschland 77 Prozent, Australien 76 Prozent, USA 71 Prozent, Indien 88 Prozent, Indonesien 90 Prozent, Türkei 91 Prozent) (ebd., S. 7 f.). Das Wissen über den Klimawandel hingegen war in Ländern wie Deutschland, Dänemark und den USA deutlich höher als in Ländern wie China, Indien,

Indonesien und der Türkei (ebd., S. 16 f.). Der Wille, das eigene Verhalten klimafreundlicher zu gestalten (z. B. weniger Flüge, weniger Fleischkonsum, weniger Autofahren), war in Ländern wie Deutschland, Frankreich und den USA allerdings weitaus geringer als in Ländern wie China, Indien und Indonesien (ebd., S. 20). Insgesamt standen Menschen mit höheren Bildungsabschlüssen Klimamaßnahmen jedoch positiver gegenüber. Das Autorenteam kommt nach detaillierter Analyse zu dem Schluss:

> »Providing people with information about the implications of climate change in their country does not significantly shift their support for climate policies. [On the other hand], explaining to them the effectiveness and distributional implications of a policy (e. g. that it will not hurt poorer households) does significantly improve support.« (Ebd., S. 34)

Weitere groß angelegte Studien wie z. B. der Eurobarometer Bericht 2023 bestätigen dieses Phänomen. Das Eurobarometer ist eine seit 1978 regelmäßig von der Europäischen Kommission in Auftrag gegebene Meinungsumfrage in den Ländern der EU und dient der Beobachtung und Herausbildung der Meinungsentwicklung. Im Bericht 2023 (European Commission/Directorate General for Climate Action, 2023) werden Wahrnehmungen, Einstellungen und Handlungen mit Bezug zum Klimawandel dargestellt. In den kleineren EU-Ländern Zypern, Luxemburg und Malta wurden jeweils etwas über 500 Menschen befragt, in den anderen 24 EU-Ländern jeweils etwas mehr als 1.000 Menschen ($N = 25.338$) (ebd., S. 103/T2). Insgesamt zeigen die Ergebnisse, dass Wahrnehmung und Betroffenheit hinsichtlich Klimawandel eher hoch, Handlungen jedoch eher gering sind. Deutschland ist eines von sieben EU-Ländern, in dem der Klimawandel damals noch als das weltweit wichtigste Problem wahrgenommen wurde (ebd., S. 7). Im EU-Durchschnitt wurde der Klimawandel 2021 ebenfalls noch als wichtigstes Problem wahrgenommen, 2023 nahm das Thema jedoch hinter Armut, Hunger und Trinkwassermangel (1) und bewaffneten Konflikten (2) nur noch Platz drei ein.

Inwiefern die beschriebenen Phänomene (neben der Zunahme an militärischen Auseinandersetzungen, Existenz- bzw. Wohlstandsängsten etc.) auch auf mangelnde Effektivität und Innovativität in der Klimabildung zurückgeführt werden können, ist unklar. In jedem Fall müssen die Erfolge nach zwei Jahrzehnten Klimabildung (selbst-)kritisch reflektiert und bewertet werden. Die Bewertung kann dabei auf vier Ebenen erfolgen: auf Struktur-, Wissens-, Bewusstseins- und Verhaltensebene. Die Fortschritte hinsichtlich der strukturellen Etablierung von Klimabildung können in Deutschland eher positiv bewertet werden, auch über das Jahr 2023 hinaus. Auch das wachsende Wissen über die Klimakrise und über ihre Ursachen und Folgen insbesondere unter jungen Menschen ist ein Indiz dafür, dass der erste Zielbereich von Klimabildung durchaus positiv bilanziert werden kann und dass Klimabildung auch in der Breite für Wissenszuwachs gesorgt hat. Hinsichtlich der beiden anderen Zielbereiche von Klimabildung (Klimaschutz und Klimawandelanpassung im Rahmen von Engagement, vgl. Abb. 1) fällt die Bilanz jedoch deutlich negativer aus. Spätestens seit 2022 scheint das Klimabewusstsein in seiner Dringlichkeit zurückzugehen, weltweit und vor allem auch in Deutschland. Noch weit negativer muss die Ebene der Verhaltensänderungen bewertet werden. Durch Klimabildung bewirkte Verhaltensveränderungen hin zu klimafreundlichem Verhalten, die mit einem persönlichen »Verzicht« verbunden sind, erscheinen nur sehr vereinzelt erfolgt zu sein und werden von großen Teilen der Bevölkerung heute offen abgelehnt. Dieses Ergebnis wird beispielsweise durch eine Metastudie von über 600 Klimabildungsstudien gestärkt, in der die Autoren nach ausführlicher Analyse zu dem Schluss kommen, dass viele Klimabildungsmaßnahmen bislang ziemlich ineffektiv hinsichtlich Bewusstseins- und Verhaltensveränderungen waren (Rousell & Cutter-Mackenzie-Knowles 2020, S. 191).

Selbstverständlich muss diese Zwischenbilanz nach zwei Jahrzehnten Klimabildung mit großer Vorsicht betrachtet werden. Es gibt beispielsweise kaum empirische Hinweise darauf, dass der Rückgang der Klimawandelbesorgnis und -handlungsbereitschaft in Deutschland in einem direkten Zusammenhang mit Klimabildung steht. Ein großer Teil des gemessenen Rückgangs kann sicherlich nur in Relation zur Zunahme anderer Herausforderungen bewertet werden, und der absolute Rückgang hält sich dementsprechend mutmaßlich in Grenzen. Außerdem gibt es in allen Landesteilen hervorragende Beispiele für erfolgreiche Klimabildung, und in einer ausführlichen Analyse müsste deshalb sowohl Erfolge als auch ausbleibende Erfolge von Klimabildung genauer beleuchtetwerden. In jedem Fall muss konstatiert werden, dass bislang kein positiver »Kipppunkt« in Sachen Klimabildung erreicht wurde, das heißt, dass es bisher zu keinen weitreichenden Einstellungs- und Verhaltensänderungen in der Bevölkerung gekommen ist. Im Gegenteil: Besonders in Deutschland ist seit ungefähr zwei Jahren eine Art »Klimaermüdung« festzustellen, die sich unter anderem in der gesellschaftlichen Gesamtstimmung und in Wahlergebnissen niederschlägt. Diesem Trend gilt es unbedingt entgegenzuwirken, indem Klimabildung quantitativ (z. B. durch eine noch stärkere strukturelle Verankerung), aber vor allem auch qualitativ (z. B. durch innovative Formate und durch die Reflexion von Erfolgselementen in der Klimabildung) weiterentwickelt wird.

3. Erfolgselemente in der Klimabildung

Wie sieht hochwertige Klimabildung aus? Welche Merkmale zeichnen Klimabildungsformate aus, die – unabhängig vom Kontext – nicht nur zu Wissenszuwachs, sondern vor allem auch zu Engagement hinsichtlich Klimaschutz und Klimawandelanpassungen führen? Im Folgenden werden aus verschiedenen theoretischen und empirischen Arbeiten mit unterschiedlichen Klimabildungskontexten einzelne Punkte herausgearbeitet, die generalisierbare Erfolgselemente für Klimabildung darstellen können.

3.1 Lokalisierung und Handlungsorientierung

Immer noch ist die Klimakrise für viele Jugendliche und Erwachsene in Deutschland wortwörtlich »weit weg«. Der Klimawandel selbst wird als ein Phänomen wahrgenommen, das eher in anderen Ländern von Bedeutung ist oder erst kommende Generationen betreffen wird. In einer internationalen Ipsos-Umfrage wurden unter anderem gut 1.000 Deutsche im Alter zwischen 16 und 74 Jahren befragt. Nur noch 62 Prozent davon sorgen sich um die Auswirkungen des Klimawandels im eigenen Land (78 Prozent sorgen sich um Auswirkungen in anderen Ländern). Außerdem sehen sich nur noch 53 Prozent davon persönlich in der Verantwortung für den Klimaschutz (2021: 69 Prozent) (vgl. Ipsos 2025). Nepras et al. (2022) untersuchten in einem Review 850 Einzelstudien zu Klimabildung im Primar- und Sekundarschulbereich und kommen zu einem ähnlichen Ergebnis: »Children often perceive climate change as something distant and abstract.« Sie betonen deshalb, dass effektive Klimabildung »lokalisiert« werden müsse, das heißt, dass Verknüpfungen zu lokalen und ggf. erfahrbaren, persönlich relevanten Phänomenen beispielsweise durch intergenerationale Diskussionen in der (Hoch-)Schulumgebung, den Einbezug von Citizen Science oder place-based education (Erkundungen vor Ort) hergestellt werden (ebd., S. 13 f.). Diese Erkenntnis ist nicht neu. Bereits 2012 kam Anderson in seinem Klimabildungsreview zu dem Schluss: »The evidence shows that educational interventions are most successful when they focus on local, tangible, and actionable aspects […]. » (Ebd., S. 191) Das bedeutet allerdings nicht, dass die globale Perspektive keine Rolle spielen sollte, sondern nur, dass ein Schwerpunkt auf der lokalen Perspektive liegen sollte.

Lokale Bezüge und Erfahrungsmöglichkeiten sind meistens zugleich handlungsorientiert. Es gibt viele empirische Hinweise darauf, dass gerade handlungsorientierte Ansätze ein zentrales, generalisierbares Erfolgselement für Klimabildung sind. Monroe et al. (2017) analysierten in einem Review beispielsweise 956 Klimabildungsstudien und kamen zu dem Schluss, dass insbesondere handlungsorientierte Klimabildung, die z. B. Exkursionen, Datenaufnahmen oder Gemeindeprojekte beinhaltet, erfolgreich ist (ebd., S. 14). Dieses Ergebnis wird gestützt durch eine Literaturrecherche in Kombination mit 53 Experteninterviews, in der neben Handlungsorientierung auch Situationsorientierung und Erlebnisorientierung als Erfolgselemente für Klimabildung beschrieben werden (Bildungszentren Klimaschutz Netzwerk 2022, S. 5 f.). Im besten Fall können handlungsorientierte und auf lokale Phänomene fokussierte Ansätze auch die häufig im Zusammenhang mit Klimabildung beschriebenen Ohnmachts- und Hilflosigkeitsgefühle reduzieren. 2023 stimmten beispielsweise in einer Studie des Bundesamts für Naturschutz nur 18 Prozent der über 1.000 Befragten (zwischen 14 und 17 Jahren) der Aussage »Ich bin persönlich in der Lage, mich für den Schutz der Natur und des Klimas einzusetzen« voll und ganz zu. Wenn Menschen in Klimabildungsaktivitäten jedoch erleben, dass sie etwas bewirken können, dann steigt ihre Selbstwirksamkeitserwartung und Motivation erheblich. »Taking action is not only essential for addressing the climate crisis but for protecting learners from feelings of helplessness«, wird in einer von der UNESCO initiierten Studie, ausgehend von Studienergebnissen aus 18 Ländern, festgehalten. Außerdem wird »active, participatory and experiential learning« als »good practice« herausgestellt (UNESCO 2024, S. 30 f.).

3.2 Systemisches Verständnis und Ambiguitätstoleranz

Im Rahmen von BNE und insbesondere von Klimabildung wird systemisches Denken (systems thinking) in zahlreichen Arbeiten mit unterschiedlichem Kontext als ein Kernelement und Qualitätskriterium dargestellt. Unter systemischem Denken kann man die Reflexion von Zusammenhängen, Wechselwirkungen und Dynamiken in komplexen Systemen verstehen. Studien belegen, dass diesbezüglich große Defizite sowohl bei Erwachsenen als auch bei Jugendlichen bestehen (vgl. Bollmann-Zuberbühler et al. 2016, S. 369). Häufig werden Sachverhalte nur in linearen Ursache-Wirkungs-Logiken erfasst, die den vielschichtigen, komplexen Herausforderungen im Kontext der Klimakrise nicht gerecht werden. Empirische Hinweise zeigen, dass systemisches Denken und Überzeugungen bezüglich systemischem Denken durch Lehr-Lern-Situationen – beispielsweise im Weiterbildungskontext – gefördert werden können (ebd., S. 379 ff.). Hoffmann et al. (2022) zeigen für den allgemeinen Bildungskontext auf, dass systemisches Denken durch zehn Stufen – darunter z. B.

durch die Beschreibung einer komplexen Realität und die Modellierung der Realität – erreicht werden kann (ebd., S. 35 ff.).

Parallel zur Förderung von systemischem Denken scheint die Förderung von Ambiguitätstoleranz ein kontextübergreifendes Erfolgselement für Klimabildung darzustellen. Beide Konzepte hängen eng miteinander zusammen und gehen von einer komplexen und nicht eindeutigen Realität aus. Anders als systemisches Denken, das primär auf Wechselwirkungen und nichtlineare Dynamiken fokussiert, steht im Rahmen der Ambiguitätstoleranz das Aushalten der Konsequenzen einer komplexen Welt im Vordergrund sowie der Umgang mit Mehrdeutigkeit, Widersprüchen und Unsicherheit. Konzepte wie Gelassenheit, Frustrationstoleranz und emotionale Stabilität werden eng mit Ambiguitätstoleranz assoziiert (vgl. Forstner-Ebhart et al. 2022, S. 4 ff.). Sowohl systemisches Denken als auch Ambiguitätstoleranz können in der Klimabildung beispielsweise durch mehrperspektivische Zugänge und die Analyse vielfältiger Fallbeispiele gefördert werden, die anschließend in einer Dilemmadiskussion reflektiert werden.

3.3 Wissenschaftsorientierung und Aktualität

Klimabildung wird von Kritikern häufig dem Ideologieverdacht unterstellt und als einseitig, politisch motiviert oder moralisierend dargestellt. Durch die Betonung von wissenschaftlichen Prinzipien kann solchen Vorwürfen am besten begegnet werden (wenngleich auch Wissenschaft immer ein Erkenntnisinteresse verfolgt und nicht wertfrei ist; vgl. Habermas 1973). Zu den wissenschaftlichen Prinzipien gehören Offenheit, Überprüfbarkeit, Kontroversität und Selbstkritik. Wenn in Klimabildungsaktivitäten nicht nur auf wissenschaftliche Studien verwiesen wird, sondern diese Prinzipien gleichsam »didaktisch vorgelebt« werden, ist der Ideologieverdacht in jedem Fall nicht angebracht. Dazu gehört zum Beispiel, dass Forschungsergebnisse als vorläufige, aber robuste Evidenz dargestellt werden und auf Unterschiede zwischen Fakten und Interpretationen hingewiesen wird. Selbstverständlich gehört dazu ebenfalls, dass die eigene

Meinung (als Lehrperson) als solche kenntlich gemacht wird. Außerdem muss Klimabildung immer die Grundsätze des Beutelsbacher Konsenses (Überwältigungsverbot, Kontroversitätsgebot, Schülerorientierung; vgl. Wehling 1977, S. 5) befolgen und ausreichend Raum für Argumentation, Kritik und Entscheidungsfindung lassen.

Aktualität ist dabei nicht nur in Bezug zu im Rahmen von Klimabildungsveranstaltungen zitierten Studienergebnissen von Bedeutung, sondern auch in Bezug auf die Vermittlung eines adäquaten Wissenschaftsverständnisses. Ein solches Verständnis beinhaltet, dass die große Dynamik des Forschungsfeldes berücksichtigt wird und dass aktuelle Studienergebnisse nicht als die endgültige Wahrheit, sondern eben nur als der aktuelle und gegebenenfalls vorübergehende Wissensstand verstanden werden. Mit einem solchen Verständnis wird auch die Gefahr verringert, dass Wissenschaft als eine Art »Ersatzideologie« erscheint. Naive Wissenschaftsgläubigkeit kann didaktisch beispielsweise unterbunden werden, indem Klimastudien gemeinsam auf ihre methodische Qualität hin überprüft werden.

3.4 Partizipation und Dialog

Ein weiteres Erfolgselement von Klimabildungsveranstaltungen, das gleichzeitig jeglichen Indoktrinationsverdacht unterbindet, sind partizipativ und dialogisch ausgerichtete Lehr-Lern-Prozesse. Partizipation im Sinne von Veranstaltungen, in denen die Teilnehmenden Inhalte, Fragestellungen oder Methoden selbst auswählen oder mitgestalten, wird in vielen Studien als eines der Kernelemente von erfolgreicher Klimabildung beschrieben. In einer Metastudie kamen beispielsweise Crichton et al. (2024) nach der Analyse von ursprünglich 1.497 Studien zu dem Schluss, dass partizipativ ausgerichtete Klimabildungsveranstaltungen insbesondere die Selbstwirksamkeit unter den Teilnehmenden positiv beeinflussen können. Gruppenarbeit wurde diesbezüglich als essenzielles Element für wirksame Veranstaltungen beschrieben, allerdings mit dem Verweis, dass die empirische Evidenz insgesamt eher schwach ist (ebd., S. 61 ff.). Auch in der o. g. Metastudie von Rousell & Cutter-Mackenzie-Knowles (2020) werden partizipative Klimabildungsansätze als besonders wirkungsvoll dargestellt. Außerdem werden kreative Ansätze (z. B. in Kombination mit Kunstprojekten) gefordert (ebd., S. 206).

Es hat sich außerdem bewährt, dass Klimabildungsveranstaltungen dialogisch – im Sinne von wechselseitigem Austausch anstelle von einseitigem Vermitteln – ausgerichtet werden. Dies wurde beispielsweise in einer Studie, die Lehrkräftefortbildungen im Bereich Klimabildung analysierte (Mixed-Methods-Design mit Evaluationsergebnissen von 15 Lehrkräftefortbildungen, drei Teilnehmendennachbefragungen, Fragebogenuntersuchung mit 564 Lehrkräften in zwei Bundesländern und zehn Schulleitungsinterviews), deutlich. Der Wunsch nach eher kurzen frontalen Impulsen und viel Raum für Austausch unter den Teilnehmenden, beispielsweise für die gegenseitige Vorstellung von Good-Practice-Beispielen, scheint sowohl unter Veranstaltungsteilnehmenden als auch unter potenziell Teilnehmenden verbreitet zu sein. Formate, die dies berücksichtigen, werden als besonders effektiv eingeschätzt (von Au 2023a, S. 17 ff.; von Au 2023b, S. 13 ff.). Außerdem gibt es Hinweise darauf, dass Klimabildungsveranstaltungen besonders erfolgreich sind, wenn die Basic Needs (psychologische Grundbedürfnisse; soziale Eingebundenheit, Kompetenzerleben, Autonomie) weitgehend erfüllt sind (von Au 2023b, S. 49 ff.), das heißt, wenn z. B. in Kleingruppen Themen weitgehend selbstbestimmt und mit gegenseitiger Bestärkung (Feedback) bearbeitet werden können. Dialogisch ausgerichtete Klimabildungsveranstaltungen können beispielsweise auch den Austausch mit externen Expertinnen und Experten und die Diskussion von verbreiteten Missverständnissen beinhalten. Diese beiden Elemente wurden unter anderem in der o. g. Metastudie von Monroe et al. (2017, S. 11) als besonders förderlich beschrieben.

3.5 Interdisziplinarität und Lösungsorientierung

Es gibt zahlreiche Hinweise darauf, dass Klimabildung besonders dann wirkungsvoll ist, wenn sie interdisziplinär ausgerichtet ist. Die Betrachtung von Problemstellungen aus mehreren Fachrichtungen ermöglicht ein umfassenderes Verständnis und kann sowohl Realitätsnähe herstellen als auch Kreativität fördern. So können beispielsweise neben naturwissenschaftlichen, geographischen, sozialwissenschaftlichen und ökonomischen Perspektiven auch philosophische, literarische und künstlerische Zugänge im Zuge von Klimabildungsaktivitäten gewählt werden. Im besten Fall arbeiten im Rahmen von interdisziplinär ausgerichteten Klimabildungsveranstaltungen auch verschiedene Fachdisziplinen und ggf. Institute zusammen. Rousell & Cutter-Mackenzie-Knowles (2020) fordern, ausgehend von ihrer o. g. Metastudie, beispielsweise mehr Interdisziplinarität im Zuge von Klimabildung (ebd., S. 191 ff.).

Interdisziplinarität ist vor allem bei lösungsorientierten Ansätzen, die in zahlreichen Studien gefordert werden, unentbehrlich. Lösungsorientierung bedeutet, dass man nicht bei der Problemanalyse stehen bleibt, sondern insbesondere auf Lösungsmöglichkeiten eines Problems fokussiert. Im Kontext von transformativer Wissenschaft und transformativer Bildung heißt das: Neben dem Systemwissen (Was ist wahrscheinlich?) sind insbesondere das Zielwissen (Was ist wünschenswert?) und das Transformationswissen (Was ist möglich?) wichtig (vgl. Schneidewind 2017, S. 148). Mit anderen Worten: Klimabildungsveranstaltungen sollten eher potenzialorientiert, weniger defizitorientiert sein. Absolut zu vermeiden ist eine Katastrophenpädagogik im Stile von »Die Eisbären sterben, alles ist schrecklich, und wir sind schuld«, weil solche Versuche nicht wachrütteln, sondern eher deprimieren und lähmen. Mit einem auf diese Weise erhobenen moralischen Zeigefinger kommt man selten weiter. Wirkungsvoll erscheint hingegen ein verstärkter Fokus auf den Handabdruck (Was können wir tun?) und weniger auf den Fußabdruck (Was machen wir falsch?) zu sein (vgl. Germanwatch e. V. 2022, S. 4).

4. Planungs- und Reflexionsinstrumente für Klimabildung

Die zuvor skizzierten generalisierbaren Erfolgselemente für Klimabildung können als grundlegendes Planungs- und Reflexionsinstrument dienen (vgl. Tab. 1).

Einige weitere Inhalts-, Ziel- und Erfolgselemente von Klimabildung wurden in einer finnischen Arbeitsgruppe um Cantell et al. (2019) durch eine umfangreiche Literaturrecherche herausgearbeitet, anschließend in Experteninterviews validiert und schlussendlich in einem ansprechenden Fahrradmodell dargestellt.

Tabelle 1: Generalisierbare Planungs- und Reflexionshilfe für Klimabildungsangebote.

Reflexionsfragen
Lokalisierung und Handlungsorientierung • Liegt der Schwerpunkt meines Angebots auf lokalen Ursachen, Spuren und Folgen, die für die Teilnehmenden persönlich relevant und aktuell erfahrbar sind? • Beinhaltet mein Angebot handlungsorientierte Phasen, in denen die Teilnehmenden selbst aktiv werden und sich als wirkungsvoll erleben können (z. B. Exkursionen, Befragungen, Gemeindeprojekte)?
Systemisches Denken und Ambiguitätstoleranz • Werden durch mein Angebot Komplexität, Wechselwirkungen und nichtlineare Dynamiken der Klimakrise deutlich? • Fördert mein Angebot die Akzeptanz und den Umgang mit Mehrdeutigkeit, Widersprüchen und Unsicherheit?
Wissenschaftsorientierung und Aktualität • Werden durch mein Angebot kontroverse Perspektiven und Interessenkonflikte deutlich, und differenziere ich explizit zwischen Fakten und Interpretationen? • Arbeite ich in meinem Angebot mit aktuellen, hochwertigen wissenschaftlichen Studien, und wird deutlich, dass das Klimaforschungsfeld hochdynamisch ist?
Partizipation und Dialog • Gibt es in meinem Angebot Phasen, in denen die Teilnehmenden Inhalte, Fragestellungen oder Methoden selbst auswählen und mitgestalten können? • Bietet mein Angebot ausreichend Raum für Kleingruppenarbeiten und für Austausch (z. B. von Good-Practice-Beispielen) und Bestärkung?
Interdisziplinarität und Lösungsorientierung • Werden in meinem Angebot die Phänomene der Klimakrise aus unterschiedlichen Fachperspektiven beleuchtet? • Ist die Thematisierung von Systemwissen, Zielwissen und Transformationswissen in ausbalanciert, und ist mein Angebot eher potenzial- als defizitorientiert?

Dieses Modell bildet u. a. die Grundlage für aktuell 92 Bildungsinstitutionen des BildungKlima-plus-56-Projekts (Stangier 2024, S. 36). Im Kontext der vorliegenden Literaturrecherche wurde es weiterentwickelt und kann auf diese Weise vielleicht zusätzlich als niederschwelliges Reflexionsinstrument für Klimabildung dienen (Abb. 2).

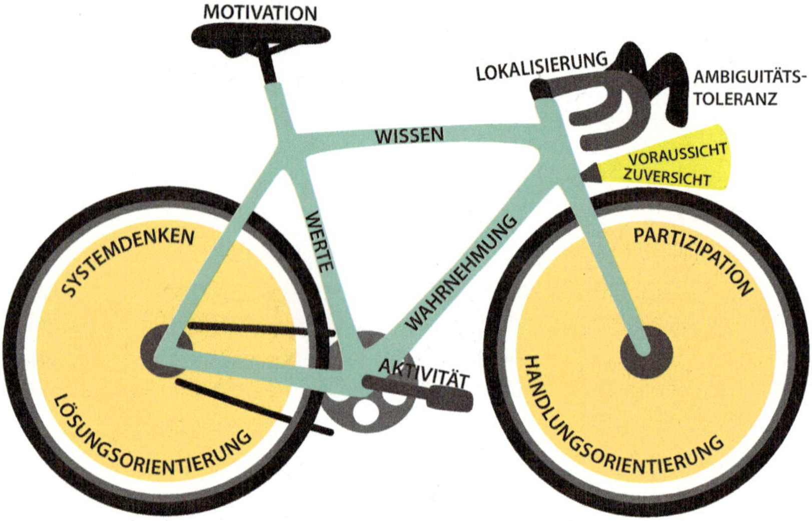

Abb. 2: Fahrradmodell für erfolgreiche, dynamische Klimabildung (stark verändert nach Cantell et al. 2019). Quelle: Adobe Stock: YUMI TAKAKI

5. Diskussion und Fazit

Im ersten Teil des Artikels wurden einige Entwicklungsetappen und Zielbereiche von Klimabildung skizziert und, darauf aufbauend, die Erfolge aus zwei Jahrzehnten Klimabildung bewertet. Diese »Zwischenbilanz« fällt angesichts der aktuellen gesellschaftlichen Entwicklungen eher negativ aus. Die Aussagekraft dieser Zwischenbilanz ist jedoch limitiert, weil es kaum empirische Hinweise darauf gibt, dass die aktuellen Rückschritte insbesondere hinsichtlich des Klimawandelbewusstseins mit qualitativen Mängeln in der Klimabildung zusammenhängen. Auch die empirische

Fundierung der herausgearbeiteten Erfolgselemente von Klimabildung ist eher schwach. Dies ist erstaunlich, weil sich die Studienergebnisse im Bereich der Klimabildung zwischen 2008 und 2023 und ganz besonders in den letzten Jahren vervielfacht haben (vgl. Muccione et al. 2025, S. 7 ff.). Selbstverständlich standen für die vorliegende Literaturrecherche jedoch nur begrenzte Ressourcen und wenige Datenbanken zur Verfügung, weshalb nicht auszuschließen ist, dass bereits viel mehr und eventuell auch andere empirische Ergebnisse hinsichtlich der Wirkung und der Erfolgselemente von Klimabildung existieren. Sowohl die Klimabildungsbilanz als auch die Zusammenstellung der Erfolgselemente sollen in erster Linie Reflexionsimpulse liefern und stellen eine Einladung zur Diskussion und Weiterentwicklung dar mit dem Ziel, Klimabildung gerade in diesen »klimafeindlichen Zeiten« noch wirkungsvoller zu machen. Verbunden damit sind die Förderung und Forderung von innovativen Klimabildungsformaten, wie sie im vorliegenden Buch in den Artikeln zahlreich vorhanden sind.

Drei Literaturtipps mit Kurzbeschreibung

1. UNESCO (2024). *Greening Curriculum Guidance. Teaching and Learning for Climate Action.*
   Empirisch fundierte Reflexion, weshalb, wo und wie Klimabildung wirkungsvoll praktiziert werden kann.
2. Hessisches Ministerium für Umwelt, Klimaschutz, Landwirtschaft und Verbraucherschutz (2022). *Qualitätsrahmen Klimabildung. Handreichung für Lehrende im Bereich Klimabildung für nachhaltige Entwicklung.*
   https://www.klimabildung-hessen.de/files/content/Klima%20%26%20Bildung/Qualitätsentwicklung/Qualitätsrahmen%20Klimabildung.pdf
   Anschauliche Darstellung der Hintergründe und Aufgaben von Klimabildung.
3. Umweltbundesamt & BMUV (2025). *Umweltbewusstsein in Deutschland 2024. Kurzbericht zur Bevölkerungsumfrage.*

https://www.umweltbundesamt.de/sites/default/files/medien/479/publikationen/uba_umweltbewusstsein_in_deutschland_2024_kurzbericht_bf.pdf
Eindrückliche Einblicke in den derzeitigen Stand des Umwelt- und Klimabewusstseins in Deutschland.

Literatur

Anderson, A. (2012). *Climate Change Education for Mitigation and Adaptation.*

Bundesamt für Naturschutz (2023). *Jugend-Naturbewusstsein 2021. Wissenschaftlicher Vertiefungsbericht.* https://www.umweltbundesamt.de/sites/default/files/medien/479/publikationen/zukunft_jugend_fragen_2021_bf_0.pdf

Bildungszentren Klimaschutz Netzwerk (2022). *Erfolgselemente in der Klimabildung.*

Bollmann-Zuberbühler, B., Strauss, N.-C., Kunz, P. & Frischknecht-Tobler, U. (2016). Systemdenken als Schlüsselkompetenz einer Bildung für nachhaltige Entwicklung. Eine explorative Studie zum Transfer in Schule und Unterricht. In: *Beiträge zur Lehrerinnen- und Lehrerbildung* 34 (2016) 3, S. 368–383.

Bundesministerium für Umwelt, Naturschutz, nukleare Sicherheit und Verbraucherschutz & Umweltbundesamt (2024). In: *Zukunft? Jugend fragen! – 2023.* https://www.umweltbundesamt.de/sites/default/files/medien/479/publikationen/zukunft_jugend_fragen_2023_0.pdf

Cantell, H., Tolppanen, S., Aarnio-Linnanvuori, S. & Lehtonen, A. (2019). Bicycle model on climate change education: presenting and evaluating a model. In: *Environmental Education Research* 25 (2019), H. 2, 1–15.

Crichton, M., Palmer, B., Doolan, A. & Pendergast, D. (2024). The effect of participating in climate change education programs on youth self-efficacy and related outcomes: A systematic review. In: *Education Thinking* 4(1), 61–90.

Dechezleprêtre, A., Fabre, A., Kruse, T., Planterose, B., Sanchez Chico, A. & Stantcheva, S. (2022). *Fighting climate change: International attitudes toward climate policies* (OECD Economics Department Working Papers 1714; OECD Economics Department Working Papers, Bd. 1714). https://doi.org/10.1787/3406f29a-en

European Commission/Directorate General for Climate Action (2023). *Climate change: Report.* Publications Office. https://data.europa.eu/doi/10.2834/653431

Forstner-Ebhart, A., Katschnig, T., Poterpin, E. & Schroll, C. (2022). *Zur Förderung von Ambiguitätstoleranz in der Nachhaltigkeitsbildung.* https://journal.ph-noe.ac.at/index.php/resource/article/download/1039/1035/3281

Germanwatch (2022). *Transformative Bildung mit dem Handabdruck. 20 Praxismethoden für unterschiedliche Zielgruppen.*

Habermas, J. (1973). *Erkenntnis und Interesse* (3. Aufl.). Suhrkamp.

Hessisches Ministerium für Umwelt, Klimaschutz, Landwirtschaft und Verbraucherschutz (2022). *Qualitätsrahmen Klimabildung. Handreichung für Lehrende im Bereich Klimabildung für nachhaltige Entwicklung.* https://www.klimabildung-hessen.de/files/content/Klima%20%26%20Bildung/Qualitätsentwicklung/Qualitätsrahmen%20Klimabildung.pdf

Hoffmann, T., Menon, S., Morel, W., Nkosi, T. & Pape, N. (2022). *Zehn Stufen zum systemischen Denken. Handbuch zur Bildung für nachhaltige Entwicklung für Lehrkräfte und Lehrkräftebildende.* Engagement Global gGmbh, Bonn.

IPCC (2023). *Climate Change 2023. Synthesis Report. Summary for Policymakers.* https://www.ipcc.ch/report/ar6/syr/downloads/report/IPCC_AR6_SYR_SPM.pdf

Ipsos (2025). *People and Climate Change. Public attitudes to the Climate Crisis and the transition to Net Zero.* https://resources.ipsos.com/rs/297-CXJ-795/images/People%26ClimateChange2025.pdf?version=0

Monroe, M. C., Plate, R. R., Oxarart, A., Bowers, A. & Chaves, W. A. (2019). Identifying effective climate change education strategies: A systematic review of the research. In: *Environmental Education Research, 25*(6), 791–812.

Muccione, V., Ewen, T. & Vaghefi, S. A. (2025). A scoping review on climate change education. *PLOS Clim* 4(1).

Nepras, K., Strejckova, T. & Kroufek, R. (2022). Climate Change Education in Primary and Lower Secondary Education: Systematic Review Results. In: *Sustainability* 2022, 14, 14913.

Rousell, D. & Cutter-Mackenzie-Knowles, A. (2020). A systematic review of climate change education: giving children and young people a ›voice‹ and a ›hand‹ in redressing climate change. In: *Children's Geographies* 18 (2), pp. 191–208.

Schneidewind, U. (2017). *Utopische Wissenschaft. Oder: Warum gerade Wirtschaftswissenschaft als Möglichkeitswissenschaft konzipiert sein sollten.* Metropolis-Verlag, Marburg.

SIEGMUND Space & Education gGmbH und Research Group for Earth Education (2021). *Analyse zur Verankerung von Klimabildung in den formalen Lehrvorgaben für Schulen und Bildungseinrichtungen in Deutschland.* https://www.siegmund-se.de/fileadmin//user_upload/abschlussbericht_klimabildung.pdf

Stangier, C. (2024). Aus der Schule in die Schule. Effekte außerschulischer Klimabildung auf den Schulalltag. Schulalltag. In: *Lehren & Lernen* 50 (2024) 2, S. 33–39.

Umweltbundesamt & BMUV (2025). *Umweltbewusstsein in Deutschland 2024. Kurzbericht zur Bevölkerungsumfrage.* https://www.umweltbundesamt.de/sites/default/files/medien/479/publikationen/uba_umweltbewusstsein_in_deutschland_2024_kurzbericht_bf.pdf

UN (1992). *Agenda 21. Konferenz der Vereinten Nationen für Umwelt und Entwicklung.* https://www.un.org/depts/german/conf/agenda21/agenda_21.pdf

UNESCO (2005). *UN Decade of Education for Sustainable Development 2005–2014.* https://unesdoc.unesco.org/ark:/48223/pf0000141629

UNESCO (2010). *Climate Change Education for Sustainable Development.* https://unesdoc.unesco.org/ark:/48223/pf0000190101

UNESCO (2015). *Not Just Hot Air. Putting Climate Change Education into Practice.* https://unesdoc.unesco.org/ark:/48223/pf0000233083

UNESCO (2020). *Education for Sustainable Development. A Roadmap.* https://unesdoc.unesco.org/ark:/48223/pf0000374802

UNESCO (2024). *Greening Curriculum Guidance. Teaching and Learning for Climate Action.* https://unesdoc.unesco.org/ark:/48223/pf0000390022

UNESCO-UNEP (1975). *Belgrade charter.* https://www.eusteps.eu/wp-content/uploads/2020/12/Belgrade-Charter.pdf

von Au, J. (2023a). *Forschungsbericht Modul IIa. Bedürnisse und Herausforderungen bezüglich Lehrerfortbildungen im Bereich Klimabildung aus Schulleitungssicht.* Unveröffentlichter Forschungsbericht, auf Anfrage beim Klimahaus Bremerhaven oder beim Autor.

von Au, J. (2023b). *Forschungsbericht über die Teilprojekte Modul I und IIb. Lehrkräftefortbildungen im Bereich Klimabildung – Bedürfnisse, Herausforderungen, Potentiale und Wirkungen.* Unveröffentlichter Forschungsbericht, auf Anfrage beim Klimahaus Bremerhaven oder beim Autor.

Wehling, Hans-Georg (1977): Politische Bildung: Konsens und Kontroversität. In: *Beiträge zur politischen Bildung, Heft 14,* Landeszentrale für politische Bildung Baden-Württemberg, S. 5–7.

Denis Pijetlovic & Georg Müller-Christ

Pflichtfach Nachhaltigkeit: Ein bildungspolitisches Update

Kurzzusammenfassung

Die Klimakrise und andere planetare Herausforderungen stellen das gegenwärtige Hochschulsystem vor grundlegende Fragen: Welche Verantwortung tragen Hochschulen im Zuge der gesellschaftlichen Transformation? Und wie lässt sich diese Verantwortung strukturell in Studium und Lehre verankern? Der Beitrag plädiert für einen Paradigmenwechsel in der Hochschulbildung, nach dem Nachhaltigkeit nicht länger als fakultatives Thema, sondern als verpflichtendes Querschnittsprinzip verstanden wird. Anhand bildungstheoretischer Überlegungen, empirischer Befunde und praktischer Beispiele, etwa der Virtuellen Akademie Nachhaltigkeit (VAN), wird aufgezeigt, warum freiwillige Ansätze nicht genügen und welche strukturellen Hebel (Studienordnungen, Hochschulverträge, Gesetze) notwendig sind. Der Text versteht sich als bildungspolitischer Impuls zur überfälligen Diskussion, ob und wie Nachhaltigkeit als Pflichtfach an Hochschulen etabliert werden sollte.

Lernziele

Die folgenden Lernziele geben einen Überblick darüber, welche zentralen Erkenntnisse Leser:innen aus der Lektüre dieses Beitrags gewinnen können:

- Die Leser:innen verstehen die bildungs- und hochschulpolitische Relevanz einer verbindlichen Integration von Nachhaltigkeit in die Curricula deutscher Hochschulen.

- Die Leser:innen können zentrale strukturelle Hebel (z.B. Studienordnungen, Akkreditierung, Hochschulverträge) benennen und deren Wirkpotenziale einschätzen.
- Die Leser:innen reflektieren mögliche Spannungsfelder zwischen akademischer Freiheit, politischer Steuerung und gesellschaftlicher Verantwortung im Kontext transformativer Bildung.

1. Verortung des Themas: Hochschulen im Zeitalter multipler Krisen

Die Welt befindet sich in einem tiefgreifenden Umbruch: Klimakrise, Biodiversitätsverlust, soziale Ungleichheit, geopolitische Spannungen und technologische Umwälzungen greifen ineinander und erzeugen eine Komplexität, die sich mit bisherigen Deutungsmustern kaum noch erfassen lässt. Immer deutlicher wird: Es braucht mehr als punktuelle Anpassungen, es braucht systemischen Wandel.

Inmitten dieser Transformationen stehen Hochschulen. Sie sind nicht nur Orte der Wissensproduktion, sondern auch gesellschaftliche Institutionen mit erheblichem Einfluss auf zukünftige Entscheidungsträger:innen. Als Bildungsorte formen sie Weltbilder, Werthaltungen und Handlungskompetenzen. Sie tragen damit Verantwortung für die Art von Zukunft, auf die sie ihre Studierenden vorbereiten, und für die Art von Gegenwart, in der sie sich selbst positionieren.

Zugleich geraten Hochschulen selbst unter Veränderungsdruck. Die herkömmliche Logik der Fachspezialisierung sowie ein Erkenntnisverständnis, das sich primär auf disziplinär verankerte Wissensproduktion fokussiert, greifen angesichts komplexer gesellschaftlicher Herausforderungen zunehmend zu kurz. Zwar betonen viele Hochschulen mittlerweile ihre gesellschaftliche Verantwortung, etwa im Rahmen der sogenannten Third Mission, doch in der Praxis bleibt die Trennung zwischen akademischer Wissensproduktion und gesellschaftlicher Gestaltung häufig bestehen. Hochschulen stehen damit vor der Herausforderung, ihr

Selbstverständnis und ihre Strukturen neu zu justieren: weg von isolierten Erkenntnissilos und hin zu transformativen Bildungs- und Forschungsprozessen, die Erkenntnisgewinn mit Wirkungspotenzial verbinden. Dabei geht es nicht darum, wissenschaftliche Kernprinzipien über Bord zu werfen – wohl aber darum, sie um neue Formen der Reflexion, Interaktion und gesellschaftlichen Relevanz zu erweitern.

Es mehren sich die Anzeichen dafür, dass das bislang dominante Paradigma der Hochschulbildung an Reichweite verliert, so wie es Thomas S. Kuhn für wissenschaftliche Revolutionen beschrieben hat: nicht durch lineare Weiterentwicklung, sondern durch fundamentale Brüche, die ein neues Denken erfordern. Auch in der Bildung ist ein solcher Paradigmenwechsel spürbar. Fragen der Nachhaltigkeit, Gerechtigkeit und planetaren Verantwortung lassen sich nicht mehr an den Rand des Curriculums verbannen. Sie betreffen alle Fachdisziplinen und fordern neue Formen des Lehrens und Lernens, die Komplexität nicht ausblenden, sondern produktiv machen. Wer heute über Hochschulbildung spricht, muss auch über ihre Transformation sprechen.

Wenn Hochschulen ihrer gesellschaftlichen Verantwortung gerecht werden wollen, muss Nachhaltigkeit fester Bestandteil ihrer Bildungsprogramme sein; nicht als moralisches Extra, sondern als integratives Prinzip akademischer Qualifikation im 21. Jahrhundert.

2. Paradigmenwechsel in der Hochschulbildung: Die Chance einer neuen Normalität

Wissenschaftliche Entwicklung verläuft nicht geradlinig, sondern ist geprägt durch Phasen grundlegender Neuorientierung. Thomas S. Kuhn beschreibt dies als Paradigmenwechsel, in denen bisherige Normalwissenschaft durch neue Denkweisen abgelöst wird (Kuhn 1962). Auch in der Hochschulbildung lassen sich Anzeichen erkennen, dass das bisherige Paradigma, Fachspezialisierung ohne transdisziplinäre Einbettung, an Reichweite verliert. Nachhaltigkeitsfragen erzeugen Brüche, die mit traditionellen Lehrlogiken nicht mehr bearbeitet werden können. Die großen ökologischen und sozialen Herausforderungen unserer Zeit verlangen ein systemisches Denken, das disziplinäre Silos überwindet und Wissenschaft in gesellschaftliche Zusammenhänge einbettet (Wals 2012).

Ein eindrucksvolles Beispiel bietet die Universität Würzburg, die sich als erste deutsche Volluniversität zum Ziel gesetzt hat, Bildung für nachhaltige Entwicklung (BNE) flächendeckend in allen Studiengängen zu verankern. 2024 wurde sie dafür mit dem »Nationalen Preis: Bildung für nachhaltige Entwicklung« ausgezeichnet. Neben der Integration von BNE in die Curricula aller Fachbereiche entwickelt die Universität ein digitales, interdisziplinäres Studienangebot »Nachhaltigkeitswissenschaften« sowie Fortbildungen für Lehrende, ein struktureller Wandel, der über freiwilliges Engagement hinausgeht und neue Bildungsstandards etabliert (Universität Würzburg 2024).

Die Einführung von Nachhaltigkeit als Pflichtfach wäre daher nicht nur eine curriculare Anpassung, sondern eine grundlegende Transformation. So wie Statistik heute in Studiengängen wie Psychologie, Medizin oder Betriebswirtschaft verpflichtend gelehrt wird, unabhängig davon, ob Studierende eine spätere Berufspraxis mit direktem Statistikbezug anstreben oder nicht, muss auch Nachhaltigkeit als grundlegende Orientierung verstanden werden. Es geht dabei nicht um Spezialwissen, sondern um ethische Reflexion, interdisziplinäres Verstehen und die Befähigung zur Gestaltung gesellschaftlicher Zukunftsfähigkeit. Studien wie von Holst und Singer-Brodowski (2022) oder Molitor et al. (2023) zeigen, dass Hochschulen strukturelle Bedingungen benötigen, um von punktuellen Leuchtturmprojekten zur Breitenverankerung zu gelangen.

3. Pflicht statt Appell: Warum Freiwilligkeit nicht genügt

In vielen Bereichen der Hochschulbildung wird Nachhaltigkeit bislang als freiwillige Zusatzkompetenz behandelt. Hochschulen können entsprechende Angebote entwickeln, müssen es aber nicht. Diese Logik folgt dem Leitbild der »akademischen Souveränität«, also der Annahme, dass Bildungsinstitutionen aus sich heraus das gesellschaftlich Richtige tun werden, wenn man sie nur lässt. Doch der Klimawandel folgt nicht dem Takt freiwilliger Entwicklung. Die Zeiträume, in denen sich Wissenschaft und Hochschulen bislang bewegt haben, sind angesichts der planetaren Dringlichkeit nicht mehr angemessen (Rockström et al. 2009).

Empirische Befunde bestätigen die Grenzen dieser Freiwilligkeit. Die Monitoring-Studie von Holst und Singer-Brodowski (2022) zeigt: Obwohl Nachhaltigkeit in vielen Hochschulleitbildern auftaucht, bleibt sie im Curriculum häufig randständig. Insbesondere in MINT-Fächern, Wirtschaftswissenschaften und der Lehrer:innenbildung gibt es kaum verbindliche Module zu Fragen wie Klimawandel, Biodiversität oder globaler Gerechtigkeit. Die Verantwortung für Nachhaltigkeitsbildung wird vielfach individualisiert, als Angelegenheit besonders engagierter Lehrender oder interessierter Studierender. Oder auch delegiert an andere Institutionen, die dann »Zusatzqualifikationen« anbieten. Ein solcher Zugang reicht nicht aus, um die Breitenwirksamkeit zu erreichen, die angesichts der planetaren Herausforderungen erforderlich ist.

Erfahrungen aus anderen Politikfeldern zeigen: Erst regulatorische Eingriffe ermöglichen den nötigen Wandel in der Fläche. Der weltweite Ausstieg aus Fluorchlorkohlenwasserstoffen (FCKW) zur Rettung der Ozonschicht wurde nicht durch Aufklärungskampagnen allein erreicht, sondern durch das Montreal-Protokoll, ein völkerrechtlich verbindliches Abkommen. Ähnlich braucht es auch in der Hochschulbildung klare Rahmenbedingungen, die Nachhaltigkeit nicht dem Zufall überlassen. Dabei geht es nicht um ein starres Pflichtfach im klassischen Sinne, sondern um eine systematische curriculare Verankerung nachhaltigkeitsbezogener Kompetenzen als Querschnittsthema.

Freiwilligkeit individualisiert Verantwortung und entlässt Institutionen aus ihrer Pflicht. Doch Klimaschutz und nachhaltige Entwicklung sind keine Lifestyleentscheidungen, sondern globale Gestaltungsaufgaben. Hochschulen müssen daher strukturell verpflichtet werden, Nachhaltigkeitsbildung in allen Studiengängen zu verankern, nicht als ideologisches Programm, sondern als zentrale Zukunftskompetenz im 21. Jahrhundert.

4. Die Rolle der Virtuellen Akademie Nachhaltigkeit (VAN) als Verankerungspartner

Die systematische Integration von Nachhaltigkeitsbildung in alle Studiengänge verlangt nach tragfähigen, skalierbaren und niedrigschwelligen Angeboten. Digitale Formate können hier eine Schlüsselrolle spielen, insbesondere dann, wenn sie wissenschaftlich fundiert, interdisziplinär angelegt und breit einsetzbar sind. Seit 2011 leistet die Virtuelle Akademie Nachhaltigkeit (VAN) an der Universität Bremen genau diese Arbeit: Sie stellt hochwertige, digital verfügbare Selbstlernangebote im Bereich Bildung für nachhaltige Entwicklung (BNE) zur Verfügung, die bundesweit in Studiengänge integriert werden können.

Die VAN hat sich in den letzten Jahren zu einer zentralen Plattform für digitale Nachhaltigkeitsbildung im deutschsprachigen Hochschulraum entwickelt. In derzeit 13 Onlinelehrveranstaltungen vermittelt sie Inhalte zu Themen wie Klimagerechtigkeit, nachhaltige Städte, Biodiversität, Digitalisierung, Konsumverhalten oder Wirtschaftsethik, stets wissenschaftlich fundiert, didaktisch professionell aufbereitet und offen zugänglich. Das Format ist konsequent als Selbstlernangebot konzipiert: Studierende lernen im eigenen Tempo, orts- und zeitunabhängig. Die Inhalte bestehen aus modularisierten Videolektionen, interaktiven Übungsformaten, Textmaterialien und prüfungsrelevanten Inhalten. Über 30.000 E-Klausuren wurden bislang über die VAN-Plattform durchgeführt und begleitet, ein starker Indikator für die hohe Reichweite, Akzeptanz und Qualität des Angebots.

Zahlreiche Lehrende nutzen das Material zusätzlich zur Unterstützung ihrer eigenen Lehrveranstaltungen im Sinne eines erweiterten Blended-Learning-Ansatzes. Besonders hervorzuheben ist dabei die Anschlussfähigkeit: Die Inhalte lassen sich flexibel in Curricula einbinden, als Wahlpflichtmodul, als fachspezifisches Zusatzangebot oder im Rahmen verpflichtender Studienanteile.

Die Virtuelle Akademie Nachhaltigkeit fungiert somit nicht nur als Content-Anbieter, sondern als strategischer Verankerungspartner: Ihre

Selbstlernformate ermöglichen Skalierbarkeit ohne Qualitätsverlust, senken Zugangsbarrieren und eröffnen Hochschulen konkrete Umsetzungswege auf dem Weg von der fakultativen zur strukturellen Nachhaltigkeitsbildung.

Doch skalierbare Angebote allein reichen nicht aus, entscheidend ist, ob Hochschulen den Mut und die Mittel finden, solche Ansätze systemisch zu verankern. Genau hier rücken Studienordnungen, Hochschulverträge und gesetzliche Rahmenbedingungen als nächste Ebene in den Blick.

5. Von der Kür zur Pflicht: Studienordnungen, Hochschulverträge und Gesetzgebung als strukturelle Hebel

Strukturelle Veränderungen im Hochschulsystem entstehen selten durch Appelle, sie benötigen Verbindlichkeiten. Studienordnungen definieren verbindliche Lehrinhalte und Prüfungsleistungen; Hochschulverträge regeln die strategische Ausrichtung von Hochschulen auf Landesebene; und Landeshochschulgesetze schaffen den rechtlichen Rahmen für übergreifende Zielsetzungen. Wenn Nachhaltigkeit in diesen Dokumenten fehlt oder nur symbolisch erwähnt wird, bleibt sie im operativen Alltag randständig. Der Übergang von freiwilligen Initiativen zur curricularen Pflicht erfordert daher die konsequente Nutzung dieser formalen Hebel.

Ein Blick in die hochschulpolitische Praxis zeigt ein uneinheitliches Bild: In einigen Bundesländern wie Bremen, Berlin oder Schleswig-Holstein taucht Nachhaltigkeit in den Landeshochschulgesetzen im Kontext der Aufgaben der Hochschulen auf. So verpflichtet etwa das Berliner Hochschulgesetz (§ 4 Abs. 3) die Hochschulen zur Berücksichtigung sozial-ökologischer Fragestellungen und nachhaltiger Entwicklung in Forschung und Lehre (BerlHG 2023). Auch das Bremische Hochschulgesetz (§ 4 Abs. 6b) nennt explizit einen nachhaltigen Umgang mit Umwelt, Ressourcen und Gesellschaft als Teil des Hochschulauftrags (BremHG 2023). Das Hochschulgesetz Schleswig-Holstein (§ 3 Abs. 8) legt fest, dass Hochschulen die Grundsätze nachhaltiger Entwicklung beachten und den Schutz der natürlichen Lebensgrundlagen fördern sollen (HSG-SH 2023).

In Brandenburg wird im Rahmen des neuen Hochschulgesetzes die Integration von Nachhaltigkeit in Forschung und Lehre betont, wobei die Hochschulen eine zentrale Rolle bei der Förderung nachhaltiger Entwicklung in der Gesellschaft übernehmen sollen (BbgHG 2023).

Während diese gesetzlichen Grundlagen wichtige Signale setzen, wird Nachhaltigkeit in der konkreten Hochschulpraxis bislang vor allem durch eigeninitiierte Strategien vorangebracht. So hat die Universität Bremen im Jahr 2025 eine umfassende Nachhaltigkeitsstrategie verabschiedet, die die strukturelle Integration von Nachhaltigkeit in Forschung, Betrieb und insbesondere auch in Studium und Lehre vorsieht (Universität Bremen 2025). In der Lehre etwa fördert die Universität disziplinäre und transdisziplinäre Nachhaltigkeitsangebote – allerdings ohne verbindliche Vorgaben zur curriculären Umsetzung oder zur Integration in Studienordnungen. Solche Maßnahmen zeigen, dass Veränderung möglich ist; doch sie bleiben freiwillig, sofern sie nicht durch Studienordnungen, Akkreditierungsprozesse oder Zielvereinbarungen dauerhaft gesichert werden.

Internationale Beispiele zeigen, wie wirkungsvoll eine gesetzlich und strategisch abgesicherte Nachhaltigkeitsintegration sein kann: In Finnland wurden durch nationale Rahmenpläne Nachhaltigkeitskompetenzen als verbindliches Lernziel für alle Studiengänge festgelegt (Finnish Ministry of Education and Culture 2021). Die Universität Bern wiederum hat ein hochschulweites »Curriculum for Sustainable Development« etabliert, das systematisch in verschiedene Fächer eingebunden wurde (Lewis 2023). Schweden koppelt Nachhaltigkeitsziele an nationale Qualitätssicherungsverfahren, mit klaren Kriterien und Monitoring-Instrumenten (UNESCO 2020).

Empirische Studien betonen, dass gerade diese strukturellen Rahmenbedingungen entscheidend sind, um von der Nischenexistenz engagierter Einzelpersonen zur institutionellen Breitenverankerung zu gelangen (Molitor et al. 2023; Holst 2023). Die Gestaltungsmacht liegt dabei nicht nur bei den Hochschulen selbst, sondern ebenso bei Ministerien, Akkreditierungsagenturen und der Legislative. Wenn Nachhaltigkeit als fester Bestandteil von Studienordnungen und hochschulpolitischen Zielvereinbarungen etabliert wird, kann sie ihre transformative Wirkung entfalten und wird nicht länger dem Zufall überlassen.

Exkurs: Was bedeutet »Pflichtfach Nachhaltigkeit«?
Der Begriff »Pflichtfach« kann verschiedene Formen annehmen, von einem eigenständigen Modul bis hin zu einem integrativen Querschnittsthema. Ein konkretes Beispiel hierfür ist das »Leuphana Semester« an der Universität Lüneburg. In diesem ersten Semester absolvieren alle Bachelorstudierenden gemeinsam interdisziplinäre Module, die sich mit Themen wie Wissenschaftsethik, Verantwortung und Nachhaltigkeit befassen. Ziel ist es, ein gemeinsames Fundament für das weitere Studium zu schaffen und frühzeitig ein Bewusstsein für gesellschaftliche Herausforderungen zu entwickeln.

Obwohl die Umsetzung des Leuphana Semesters nicht unumstritten ist und in der Praxis Herausforderungen bestehen, zeigt es dennoch einen Weg auf, wie Nachhaltigkeit als verpflichtendes Element in die Hochschullehre integriert werden kann. Es bietet einen Ansatzpunkt für die Diskussion darüber, wie Pflichtformate gestaltet werden können, um sowohl inhaltliche Tiefe als auch didaktische Offenheit zu gewährleisten.

5.1 Akkreditierung als struktureller Hebel für Nachhaltigkeit

Ein bislang wenig beachteter, aber äußerst wirksamer Hebel zur strukturellen Verankerung von Nachhaltigkeit in der Hochschullehre liegt im Akkreditierungswesen. Studiengänge müssen in regelmäßigen Abständen (meist alle sechs bis acht Jahre) einer Reakkreditierung unterzogen werden. Im Rahmen dieser Verfahren, sei es im Kontext einer Programm- oder einer Systemakkreditierung, bietet sich die Gelegenheit, verbindliche Standards für die Integration von Bildung für nachhaltige Entwicklung (BNE) in Curricula festzulegen. Besonders in systemakkreditierten Hochschulen entsteht so ein zentrales Steuerungsfenster, in dem die Hochschulleitung Qualitätsanforderungen definieren und strategisch einheitlich umsetzen kann.

Wenn Nachhaltigkeit als Querschnittsanliegen in den Akkreditierungsleitlinien der Hochschule oder des Landes verankert ist, ergibt sich daraus ein hoher verbindlicher Handlungsdruck für alle Studiengänge. Auf diese Weise wird BNE nicht als moralisches Zusatzmodul verstanden, sondern als regulatives Element akademischer Qualität. Hochschulen könnten dabei Musterformulierungen oder Qualifikationsziele zur Verfügung stellen, die eine disziplinenspezifische, aber verpflichtende Auseinandersetzung mit Nachhaltigkeit sicherstellen.

Ein Beispiel für eine solche Musterformulierung in Qualifikationszielen könnte lauten:

> »Die Absolvent:innen sind in der Lage, die zentralen ökologischen, sozialen und ökonomischen Herausforderungen nachhaltiger Entwicklung im Kontext ihres Fachgebiets zu erkennen, kritisch zu reflektieren und verantwortungsvoll zu adressieren. Sie verfügen über Grundlagenwissen zu den Zielen nachhaltiger Entwicklung (SDGs) sowie über erste methodische und systemische Kompetenzen, um Transformationsprozesse fachlich fundiert mitzugestalten.«

5.2 Nachhaltigkeit als Profilmerkmal: Die Third Mission als strategischer Hebel

In der deutschen und europäischen Hochschulpolitik gewinnt seit Jahren die sogenannte Third Mission an Bedeutung – gemeint ist die Erweiterung der klassischen Aufgaben von Lehre und Forschung um den aktiven gesellschaftlichen Transfer. Hochschulen werden zunehmend daran gemessen, wie stark sie sich in gesellschaftliche Transformationsprozesse einbringen, sei es durch Kooperationen mit Kommunen, durch Bürgerwissenschaft, durch Reallabore oder durch wirkungsorientierte Bildung.

Vor diesem Hintergrund ist Nachhaltigkeit längst kein reines Bekenntnisthema mehr, sondern entwickelt sich zu einem strategischen Profilmerkmal. Hochschulen, die Nachhaltigkeit nicht nur in Leitbildern, sondern in Studiengängen, Curricula und Qualitätsmanagementsystemen verankern, positionieren sich als zukunftsfähige Institutionen – und steigern ihre Sichtbarkeit in nationalen wie internationalen Rankings, Wettbewerben und Akkreditierungsverfahren.

Studien zur Hochschulgovernance zeigen, dass insbesondere glaubwürdige Nachhaltigkeitsstrategien zur Reputationsbildung beitragen – vorausgesetzt, sie sind curricular und strukturell hinterlegt (Adomßent et al. 2014). Die Third Mission kann somit als Brücke dienen, um Nachhaltigkeitsbildung aus der Nische freiwilliger Engagements in den Kernbereich der strategischen Hochschulentwicklung zu überführen.

6. Freiheit der Lehre und gesellschaftliche Verantwortung – ein Spannungsfeld

In der hochschulpolitischen Debatte über verpflichtende Nachhaltigkeitsbildung wird häufig das Grundrecht auf Freiheit der Forschung und Lehre ins Feld geführt. Dieses Recht ist ein hohes Gut und unverzichtbar für eine offene, pluralistische Wissenschaftskultur. Doch gerade weil Hochschulen Freiheitsräume genießen, steht ihre gesellschaftliche Verantwortung in besonderem Maße im Fokus. Freiheit entbindet nicht von Verantwortung, vielmehr verlangt sie eine aktive Auseinandersetzung mit gesellschaftlichen Herausforderungen wie dem Klimawandel.

Das Spannungsfeld zeigt sich besonders bei der Frage, ob Nachhaltigkeit curricular verpflichtend verankert werden sollte. Kritiker:innen befürchten eine politische Vereinnahmung oder ideologische Aufladung der Lehre. Diese Debatten wurzeln teils in früheren Konzepten der BNE, in denen normative Zielvorgaben zuweilen stärker betont wurden (»BNE 1.0«). Aktuelle Ansätze etwa im Rahmen einer »BNE 2.0« verstehen sich hingegen emanzipatorisch und partizipativ: Sie zielen nicht auf Meinungslenkung, sondern auf die Befähigung zur reflektierten Urteilsbildung in komplexen, gesellschaftlich relevanten Themenfeldern. Genauso, wie es auch in Ethik-, Geschichts- oder Statistikmodulen selbstverständlich eingefordert wird (O'Brien 2018; UNESCO 2020).

Tatsächlich wäre es ein Missverständnis, Nachhaltigkeit als inhaltlichen Eingriff in die Freiheit der Lehre zu begreifen. Die Verankerung grundlegender Bildung für nachhaltige Entwicklung (BNE) in allen Studiengängen kann vielmehr als Orientierungshorizont verstanden werden, vergleichbar mit anderen Querschnittsthemen wie Interdisziplinarität, Genderkompetenz oder Digitalisierung. In all diesen Bereichen geht es nicht um die Einschränkung individueller Lehrautonomie, sondern um einen gesellschaftlich getragenen Rahmen, der die Bildung zukunftsfähiger Generationen sichern soll (Holst 2023).

Die Freiheit der Wissenschaft, Forschung und Lehre gemäß Art. 5 Abs. 3 GG ist ein zentrales Grundrecht, jedoch nicht schrankenlos. Sie steht im Spannungsverhältnis zu anderen Verfassungsprinzipien wie dem Staatsziel des Umwelt- und Klimaschutzes (Art. 20a GG) und dem Gleichheitsgrundsatz (Art. 3 GG), der verlangt, dass alle Menschen und damit auch alle Studierenden gleiche Chancen auf zukunftsrelevante Bildung erhalten. Hochschulen als Körperschaften des öffentlichen Rechts tragen nicht nur individuelle Freiheitsrechte, sondern auch einen öffentlichen Auftrag zur gesellschaftlichen Mitgestaltung auf Basis wissenschaftlicher Erkenntnisse (Schneidewind 2021).

Der zunehmende gesellschaftliche Druck, etwa durch Bewegungen wie Fridays for Future, aber auch durch gesetzgeberische Entwicklungen und internationale Vereinbarungen, zeigt: Nachhaltigkeit wird nicht verschwinden. Die Frage ist nicht, *ob* Hochschulen sich damit beschäftigen, sondern *wie* sie es verantwortungsvoll tun. Ein klug konzipiertes Pflichtmodul Nachhaltigkeit kann dabei nicht nur Orientierung geben, sondern auch neue Freiräume eröffnen: für kritische Reflexion, transdisziplinären Austausch und wissenschaftliches Engagement im Zeichen globaler Zukunftsfragen.

6.1 Struktur ohne Zwang: Pflicht ja – aber plural

Der Begriff »Pflichtfach« löst bei manchen Akteur:innen Widerstand aus, oft verbunden mit der Sorge, Studierende würden in eine bestimmte Haltung oder Weltanschauung gedrängt. Diese Sorge verkennt jedoch die didaktische Offenheit, die ein solches Format ermöglichen (und erfordern) kann.

Denn was verpflichtend ist, ist nicht die Haltung, sondern die Auseinandersetzung. Es geht darum, alle Studierenden mit den Herausforderungen des 21. Jahrhunderts in Berührung zu bringen, und nicht darum, ihnen die eine »richtige« Antwort vorzuschreiben. Gute Nachhaltigkeitsbildung fördert Urteilskraft, Ambiguitätstoleranz und Diskursfähigkeit. Sie öffnet Räume zur Reflexion über Zielkonflikte, gesellschaftliche Spannungsverhältnisse und unterschiedliche Zukunftsbilder, ohne diese zu normieren.

In diesem Sinne ist ein verpflichtendes Nachhaltigkeitsformat kein Widerspruch zu akademischer Freiheit, sondern deren Weiterentwicklung: Es setzt auf Struktur und nicht auf Zwang.

7. Fachwissen dominiert – warum fachübergreifende Bildung kaum Raum bekommt

Ein zentrales Hindernis bei der Integration von Bildung für nachhaltige Entwicklung (BNE) in die Hochschulcurricula ist die strukturelle Dominanz des disziplinären Fachwissens. In vielen Studiengängen sind die Curricula bereits so dicht, dass jede zusätzliche Veranstaltung als Zumutung erscheint – sowohl für Studierende als auch für Lehrende. Gleichzeitig wird Fachwissen als das eigentlich »harte«, wissenschaftlich legitimierte Wissen betrachtet, während fachübergreifende Inhalte wie Nachhaltigkeit, Ethik oder gesellschaftliche Verantwortung als »weiche«, weniger essenzielle Bestandteile gelten. Diese implizite Wissenshierarchie prägt Entscheidungsprozesse in Studienkommissionen und Fakultätsräten maßgeblich.

Im Moment curricularer Entscheidungen zeigt sich diese Asymmetrie besonders deutlich. Obwohl alle Akteur:innen wissen, dass Lehrpläne nicht beliebig erweiterbar sind, ist es fast undenkbar, bestehende fachliche Inhalte zu kürzen oder in den Wahlpflichtbereich zu verschieben – insbesondere dann, wenn es sich um Inhalte handelt, die von den beteiligten Professor:innen selbst vertreten werden. Das eigene Fachwissen wird nicht nur als unverzichtbar für die Ausbildung angesehen, sondern auch als Ausdruck professioneller Identität und wissenschaftlicher Integrität. Vorschläge, an dieser Stelle Freiräume für BNE zu schaffen, werden schnell als Eingriffe in die Autonomie der Fächer oder als Abwertung der Disziplinen wahrgenommen. Die Folge: Nachhaltigkeit wird entweder zusätzlich »aufgesattelt« – mit entsprechender Erhöhung des freiwilligen Workloads im Zertifikatebereich – oder marginalisiert, etwa in Form freiwilliger Wahlangebote, die außerhalb der prüfungsrelevanten Strukturen stehen.

Diese Dynamik führt zu einer strukturellen Selbstblockade: Alle wissen um die Bedeutung fachübergreifender Kompetenzen, doch niemand möchte eigene Fachinhalte zugunsten dieser Kompetenzen opfern. Der notwendige Bedeutungswandel – hin zu einem Verständnis von Bildung, das nicht nur Wissensvermittlung, sondern Zukunftsbefähigung umfasst – findet im entscheidenden Moment nicht statt. Damit wird BNE im System strukturell benachteiligt – nicht aus Ablehnung, sondern aus einem tief verwurzelten Selbstverständnis akademischer Bildung.

Genau hier braucht es neue Lehrarchitekturen: Curricula, die von Beginn an so gestaltet sind, dass sie fachliches Lernen mit transdisziplinären, gesellschaftlich relevanten Perspektiven verbinden. Lehrarchitekturen, in denen Module nicht nur nach disziplinärer Logik, sondern entlang von Zukunftsfragen und Gestaltungsherausforderungen strukturiert sind – und die so Raum schaffen für BNE als integrativen Bestandteil der Studiengänge (wie hier: Lehrarchitektur. Eine Förderlinie zur Weiterentwicklung von Studium und Lehre von der Stiftung für Innovation in der Hochschullehre).

8. Hochschulleitungen und Ministerien: Wie Veränderungsdruck entstehen kann

Wenn Hochschulen es ernst meinen mit der strukturellen Verankerung von BNE, müssen ihre Leitungen gemeinsam mit den Ministerien eine aktive Rolle in der Curriculumsentwicklung übernehmen. Dabei reicht es nicht, BNE lediglich als wünschenswerte Ergänzung zu benennen –

vielmehr braucht es klare Zielsetzungen, die Curriculumsverantwortliche zwingen, bestehende Inhalte zu überdenken. Ein wirkungsvoller Hebel könnte dabei in der Workloadneutralität liegen: Ministerien und Hochschulleitungen könnten vorgeben, dass neue BNE-Module nicht »on top« eingeführt werden dürfen, sondern nur durch Streichung bestehender Inhalte realisiert werden können. So entsteht ein echter Aushandlungsprozess darüber, was im Studium wirklich unverzichtbar ist – und was vielleicht verzichtbar wäre, wenn man den Bildungsauftrag umfassender denkt. Solche Veränderungen lassen sich nicht allein bottom-up realisieren. Hochschulleitungen sollten Curriculumsprozesse strategisch begleiten, etwa durch:

- klare Zielmarken (»bis 2028: BNE-Pflichtanteil in allen Bachelorstudiengängen«)
- die Vorgabe interdisziplinärer Pflichtmodule, die zentral entwickelt und in die Fachbereiche integriert werden müssen
- leistungsbezogene Budgetierung (z. B. fakultätsinterne Mittelvergabe gekoppelt an BNE-Fortschritte)
- die Kopplung von Zielvereinbarungen mit den Ministerien an messbare Schritte in der Curriculumsentwicklung.

Auch Akkreditierungsagenturen und Qualitätssicherungsstellen können einbezogen werden, indem sie das Vorhandensein und die Verankerung nachhaltigkeitsbezogener Lernziele als Kriterium für Studiengangsakkreditierungen definieren. So entsteht ein institutioneller Veränderungsdruck, der über freiwillige Motivation hinausgeht. Damit wird klar: Fachliche Inhalte stehen nicht per se unter Schutz, sondern unter Begründungszwang. Nur wenn Hochschulen bereit sind, auch ihre eigenen Kerninhalte kritisch zu hinterfragen, kann der notwendige Raum für zukunftsorientierte Bildung entstehen.

9. Bedeutungsverschiebung aushandeln: Moderationsprozesse als Schlüssel zum Wandel

Ein grundlegendes Hindernis bei der curricularen Integration von BNE ist das Fehlen institutionalisierter Räume, in denen die Professor:innenschaft gemeinsam über die Bedeutung und Gewichtung von Studieninhalten reflektieren kann. Die Einführung fachübergreifender Bildungselemente wie Nachhaltigkeit erfordert nicht nur technische Anpassungen, sondern eine kulturelle Verständigung darüber, was im 21. Jahrhundert als »gute Hochschulbildung« gilt. Eine solche Verständigung lässt sich nicht verordnen – sie muss moderiert und ausgehandelt werden.

Ein möglicher Weg ist die Einrichtung strukturierter Aushandlungsprozesse, die von der Hochschulleitung initiiert, aber durch neutrale, prozesserfahrene Moderator:innen begleitet werden. Diese Prozesse sollten:

- transparente Zielsetzungen haben (z.B. 10–15 % des Curriculums für transdisziplinäre Zukunftskompetenzen)
- statusübergreifend besetzt sein, damit unterschiedliche Perspektiven in die Verständigung eingehen
- über mehrere iterativen Workshops organisiert werden, die sowohl Raum für inhaltliche Debatten als auch für konkrete Modulplanungen bieten
- von hochschuldidaktischen und strategischen Expert:innen begleitet werden, die aufzeigen können, wie andere Hochschulen vergleichbare Transformationen gestaltet haben.

Zentral ist dabei die Frage: Welche Inhalte im Curriculum dienen künftig noch vor allem der fachlichen Spezialisierung – und welche der gesellschaftlichen Handlungsfähigkeit? Durch diesen moderierten Diskurs kann das oft tabuisierte Thema der »Inhaltsverzichte« entideologisiert und konstruktiv bearbeitet werden.

Ein solcher Prozess sollte nicht nur auf Studiengangsebene stattfinden, sondern hochschulweit angelegt sein. Die Verantwortung liegt bei den Rektoraten oder Präsidien, die diesen Prozess strategisch verankern, z.B. als Teil einer »Zukunftskommission Lehre«. Die Moderation selbst kann durch externe Prozessbegleiter:innen erfolgen – etwa aus der Hochschuldidaktik, Transformationsberatung oder BNE-Expertise –, um Unabhängigkeit und Vertrauen zu sichern. Auch studentische Perspektiven sollten systematisch einbezogen werden, um ein ausgewogenes Bild der Bildungsbedarfe zu erhalten. Solche Dialogprozesse entfalten ihre Wirkung nicht allein durch Ergebnisse, sondern durch die Kultur, die sie fördern: eine Kultur des Aushandelns, des Zuhörens, der kollektiven Verantwortungsübernahme. Ziel ist nicht nur eine marginale Anpassung einzelner Module, sondern die Entwicklung neuer Lehrarchitekturen, in denen Nachhaltigkeit nicht als Zusatz, sondern als strukturgebendes Prinzip gedacht wird. Diese Architekturen verbinden Fachlichkeit mit gesellschaftlicher Relevanz, fördern Systemkompetenz, ethisches Urteilsvermögen und Handlungsfähigkeit – und sind damit ein Ausdruck moderner, zukunftsorientierter Hochschulbildung im 21. Jahrhundert.

Die bisherigen Überlegungen zeigen, wie vielfältig die strukturellen Hebel sind, mit denen Nachhaltigkeit in der Hochschulbildung verbindlich verankert werden kann. Zugleich wirft diese Perspektive weitergehende Fragen auf: Wie lässt sich akademische Bildung so gestalten, dass sie nicht nur Wissen vermittelt, sondern gesellschaftliche Orientierung ermöglicht? Die folgenden Absätze greifen diese Überlegung auf und laden dazu ein, Hochschulen im 21. Jahrhundert neu zu denken.

10. Fazit und Ausblick: Nachhaltigkeit als Bildungsgrundrecht

Nachhaltigkeit ist mehr als ein gesellschaftlicher Trend, sie ist ein Bildungsauftrag, der aus den planetaren Realitäten erwächst. Hochschulen sind Orte der Erkenntnis, der Kritik und der Gestaltung. Wer an ihnen studiert, sollte nicht nur fachspezifisches Wissen erwerben, sondern auch befähigt werden, globale Zusammenhänge zu verstehen und verantwortungsvolle Entscheidungen in einer komplexen Welt zu treffen.

Die Verankerung von Nachhaltigkeit als verpflichtender Bestandteil aller Studiengänge ist keine ideologische Zumutung, sondern eine notwendige Weiterentwicklung des Bildungsbegriffs im 21. Jahrhundert. Sie zielt nicht auf Gleichschaltung, sondern auf Befähigung. Sie beschneidet keine Freiheit, sondern erweitert sie: um die Möglichkeit, Wissenschaft mit Weltverantwortung zu verbinden.

Die vorgestellten Beispiele zeigen: Veränderung ist möglich. Die Virtuelle Akademie Nachhaltigkeit bietet skalierbare Formate, die Hochschulen bereits heute nutzen können. Hochschulgesetze und Studienordnungen bieten Hebel, um Nachhaltigkeit strukturell zu verankern.

Und doch: Die Notwendigkeit einer verbindlichen Verankerung ergibt sich gerade auch daraus, dass viele Studierende Nachhaltigkeit bislang nicht als integralen Bestandteil ihrer fachlichen Ausbildung wahrnehmen und oft auch nicht aktiv einfordern. Wer heute ein Studium absolviert, kann es nach wie vor durchlaufen, ohne je mit planetaren Grenzen, globaler Gerechtigkeit oder systemischen Zukunftsfragen in Berührung zu kommen.

Was aber wäre, wenn alle rund 400 Hochschulen in Deutschland Nachhaltigkeit in ihre Curricula verankern würden? Studierende würden nicht nur fachspezifisches Wissen erwerben, sondern systemisch denken lernen, gesellschaftliche Verantwortung einüben und kollektive Wirksamkeit erleben.

Umso wichtiger ist es, Verantwortung nicht allein auf individuelles Engagement abzuwälzen, sondern institutionell zu handeln. Hochschulen müssen die Strukturen schaffen, in denen Zukunftskompetenz kein Zufall ist, sondern Bildungsstandard. Vielleicht ist es an der Zeit, Nachhaltigkeit nicht mehr als Zusatzqualifikation zu denken, sondern als das, was sie längst ist: ein Grundrecht auf Zukunftskompetenz.

Drei Literaturtipps mit Kurzbeschreibung

Zur weiteren Vertiefung der im Beitrag behandelten Themen bietet sich die folgende Auswahl an Literatur an. Es werden theoretische Hintergründe, Governance-Strukturen und konzeptionelle Weiterentwicklungen beleuchtet:

1. Adomßent, M., Fischer, D., Godemann, J., Herzig, C., Otte, I., Rieckmann, M. & Timm, J.-M. (2014). Emerging Areas in Research on Higher Education for Sustainable Development – Management Education, Sustainable Consumption and Perspectives from Central and Eastern Europe. In: *Journal of Cleaner Production*. 61. 1–7. 10.1016/j.jclepro.2013.09.045.
2. Holst, J. (2023). *Bildung für nachhaltige Entwicklung (BNE). Auf dem Weg in den Mainstream, doch mit welcher Priorität? Analyse von Koalitionsverträgen, BNE- und Nachhaltigkeitsstrategien, Weiterbildungsgesetzen, Bildungsberichten und weiteren Dokumenten von Bund, Ländern und Stiftungen*. Institut Futur, Freie Universität Berlin. https://www.ewi-psy.fu-berlin.de/erziehungswissenschaft/arbeitsbereiche/institut-futur/Projekte/Dateien/Holst_2023_BNE_Auf_dem_Weg_in_den_Mainstream_mit_welcher_Prioritaet_
3. O'Brien, K. (2018). Is the 1.5 °C target possible? Exploring the three spheres of transformation. In: *Current Opinion in Environmental Sustainability*, 31, 153–160. https://doi.org/10.1016/j.cosust.2018.04.010

Literatur

Adomßent, M., Fischer, D., Godemann, J., Herzig, C., Otte, I., Rieckmann, M. & Timm, J.-M. (2014). Emerging Areas in Research on Higher Education for Sustainable Development – Management Education, Sustainable Consumption and Perspectives from Central and Eastern Europe. In: *Journal of Cleaner Production*. 61. 1–7. 10.1016/j.jclepro.2013.09.045.

Berliner Senatsverwaltung. (2023). *Berliner Hochschulgesetz (BerlHG).*

Brien, K. O. (2018). Is the 1.5 °C target possible? Exploring the three spheres of transformation. In: *Current Opinion in Environmental Sustainability*, 31, 153–160.

Finnish Ministry of Education and Culture. (2021). *Sustainable Growth Programme for Higher Education in Finland*. https://okm.fi/en/project?tunnus=OKM049%3A00%2F2021

Freie Hansestadt Bremen. (2023). *Bremisches Hochschulgesetz (BremHG).*

Holst, J. (2023). *Bildung für nachhaltige Entwicklung (BNE). Auf dem Weg in den Mainstream, doch mit welcher Priorität? Analyse von Koalitionsverträgen, BNE- und Nachhaltigkeitsstrategien, Weiterbildungsgesetzen, Bildungsberichten und weiteren*

Dokumenten von Bund, Ländern und Stiftungen. Institut Futur, Freie Universität Berlin.

Holst, J. & Singer-Brodowski, M. (2022). *Nachhaltigkeit & BNE im Hochschulsystem. Stärkung in Gesetzen und Zielvereinbarungen, ungenutzte Potentiale bei Curricula und der Selbstverwaltung.* Kurzbericht des Nationalen Monitorings zu Bildung für nachhaltige Entwicklung (BNE). Institut Futur, Freie Universität Berlin.

Kuhn, T. S. (1962). *The Structure of Scientific Revolutions.* University of Chicago Press.

Lewis, A. L., Trechsel, L. J. & Zimmermann, A. B. (2023). Monitoring the integration of Sustainable Development into higher education teaching: a collaborative learning approach. In: *ZFHE*, 18(4), 61–76.

Ministerium für Wissenschaft, Forschung und Kultur Brandenburg (2023). *Brandenburgisches Hochschulgesetz (BbgHG).*

Molitor, H., Krah, J. & Bruns, A. (2023). Gelingende Verankerung von Hochschulbildung für nachhaltige Entwicklung in den Curricula. In: *Zeitschrift für Hochschulentwicklung*, 18. 21–40. 10.21240/zfhe/18-04/02.

Rockström, J., Steffen, W., Noone, K. et al. (2009). A safe operating space for humanity. In: *Nature* 461, 472–475. https://doi.org/10.1038/461472a

Schneidewind, U. (2021). *Die große Transformation. Eine Einführung in die Kunst gesellschaftlichen Wandels.* Fischer Taschenbuch.

Stiftung Innovation in der Hochschullehre. (o. J.). *Lehrarchitektur. Eine Förderlinie zur Weiterentwicklung von Studium und Lehre.* https://stiftung-hochschullehre.de/foerderung/lehrarchitektur/

Universität Bremen (2025). *Nachhaltigkeitsstrategie der Universität Bremen.*

Universität Würzburg (2024). *Bildung für nachhaltige Entwicklung an der Universität Würzburg.*

UNESCO (2020). *Education for Sustainable Development: A Roadmap.* Paris. https://unesdoc.unesco.org/ark:/48223/pf0000374802

Wals, A. E. J. & Corcoran, P. B. (2012). *Learning for sustainability in times of accelerating change.* Wageningen Academic Publishers. https://doi.org/10.3920/978-90-8686-757-8

Hinweis zur Textentwicklung: *Einzelne Textpassagen dieses Beitrags wurden unter Mitwirkung von KI-basierten Schreibwerkzeugen (ChatGPT, OpenAI) entwickelt und redaktionell durch die Autor:innen überarbeitet.*

TRANSFORMATIVE LERNFORMATE IN SCHULE UND HOCHSCHULE

Johanna Kranz, Holger Dau & Marcus Kubsch

Zukunft gestalten lernen in Zeiten der Klimakrise. Transformatives Lernen in der naturwissenschaftlichen Bildung

Kurzzusammenfassung

Junge Menschen sorgen sich um die Zukunft, besonders aufgrund der Klimakrise. Werden dystopische Zukunftsbilder nicht umfassend reflektiert oder gar revidiert, kann dies zu Ohnmachtsgefühlen und fehlenden Handlungsperspektiven führen; ein sogenanntes Zukunftsvakuum kann entstehen (»futures il-literacy«). Um dieser Herausforderung zu begegnen, scheinen konstruktive Zukunftsvisionen und zukunftsorientierte Aktivitäten vielversprechende Werkzeuge in der naturwissenschaftlichen Bildung zu sein. Der Artikel zeigt Perspektiven und Methoden der Zukunftsforschung auf, um transformative Ziele naturwissenschaftlicher Grundbildung für eine nachhaltige Entwicklung zu erreichen und »futures literacy« junger Menschen zu fördern. Der Ansatz wird durch eine Lehrveranstaltung im Rahmen des Projektes »FULit« illustriert, in der Lehramtsstudierende lernen, wie sie durch kollektives Engagement Zukunft gestalten und wie sie andere dazu befähigen, dies auch zu tun. Anhand einer begleitenden Evaluation werden Hinweise für die Gestaltung von Lehrveranstaltungen im Bereich »futures literacy« beleuchtet und Implikationen abgeleitet.

Lernziele

- Grundlegende Mechanismen, die zur globalen Erwärmung führen, erklären können
- Verschiedene Szenarien der Mitigation erklären und bewerten können
- Bildung für nachhaltige Entwicklung (BNE) sowie transformatives Lernen erläutern können
- Selbst organisierte und partizipative Projekte planen, durchführen und evaluieren können
- Lehr-Lern-Settings für BNE im Sinne eines transformativen Lernens planen und bewerten können

1. Einführung und Verortung des Themas

Junge Menschen sorgen sich um die Zukunft – einen Schwerpunkt bildet diesbezüglich die Klimakrise (vgl. etwa BMU 2019). Eine besondere Herausforderung liegt dabei in einem sogenannten Zukunftsvakuum (Rheingold-Institut 2021): Es herrschen dystopische Zukunftsbilder vor, ohne dass diese Bilder umfassend reflektiert oder gar revidiert werden. Die UNESCO spricht hier auch von einer »futures il-literacy« (Miller 2018), dies meint die Schwierigkeit, bewusst konstruktive Zukunftsvisionen zu schaffen und Schritte zu deren Verwirklichung einzuleiten. Eine systemische Transformation, wie sie die Klimakrise erfordert, benötigt jedoch vorausschauendes Handeln in der Gegenwart, um eine lebenswerte Zukunft im Morgen zu ermöglichen. Auch die Agenda 2030 der Vereinten Nationen ruft zu gesellschaftlichen Veränderungen auf, die ohne ambitioniertes Handeln der Jugend nicht erreicht werden können. In diesem Sinne wurde Bildung für nachhaltige Entwicklung (BNE) als ein Schlüsselinstrument zur Erreichung der 17 Ziele für eine global nachhaltige Entwicklung (Sustainable Development Goals, SDGs) positioniert (UNESCO 2017). In der Folge haben sich die Anforderungen und Zielsetzungen von naturwissenschaftlicher Bildung verändert: Naturwissenschaftliche Bildung umfasst nicht länger nur die Vermittlung von konzeptionellem Wissen über Wissenschaft, sondern auch die Fähigkeit, wissenschaftliche Fakten und Grundsätze in eine werteorientierte Umgestaltung der Gesellschaft umzusetzen (Sjöström et al. 2017). Diese Entwicklung betont die Bedeutung von Wissenschaft und demokratischer Bildung für die Gesellschaft und konzentriert sich auf das Lernen für individuelle und kollektive Beteiligung (Roberts 2007; Roberts 2011). Es geht im naturwissenschaftlichen Unterricht mittlerweile also vermehrt um die Förderung von »agency« (Sjöström et al. 2017; Hodson 2020), d. h. autonomes Handeln von Menschen mit dem Ziel, ihre sozialen und materiellen Welten positiv zu verändern (z. B. Emirbayer & Mische 1998; OECD 2019).

Um diese Ziele naturwissenschaftlicher Bildung zu erreichen, müssen (angehende) Lehrkräfte junge Menschen dabei unterstützen können, »futures literate« zu werden, und sie damit in die Lage versetzen, Zukunftsvisionen zu entwickeln und Schritte zu deren Umsetzung zu ergreifen (vgl. Schleicher 2018). Im Rahmen des Projektes »FUturesLiteracy« (FULit) der Physikdidaktik der Freien Universität Berlin (FU Berlin) wurde dazu eine interdisziplinäre Lehrveranstaltung entwickelt, durchgeführt und evaluiert, in welcher Lehramtsstudierende lernen, wie sie durch gemeinsames Engagement im Kontext der Klimakrise Zukunft nachhaltig gestalten können und wie sie andere befähigen, dies auch zu tun.

2. Naturwissenschaftliche Bildung für den soziopolitischen Wandel

Der Weg in eine nachhaltige Zukunft stellt naturwissenschaftliche Bildung vor Herausforderungen: Einerseits muss ein Problembewusstsein angesichts der Klimakrise vermittelt werden, einschließlich der Dringlichkeit zu handeln angesichts irreversibler, sich selbst verstärkender Prozesse und deren dramatischen Folgen (z. B. in Bezug auf Klimakipppunkte). Andererseits geht es auch darum, begründete Haltungen zu klimarelevanten Maßnahmen einnehmen zu können, eigene Positionen zu entwickeln und sich an der Gestaltung einer zukunftsfähigen Welt aktiv zu beteiligen (Pettig & Ohl 2023). Derzeit konzentriert sich naturwissenschaftliche Bildung jedoch auf die Vermittlung von Fachwissen zur Klimakrise (z. B. Kranz et al. 2022). Die Vermittlung von Wissen, zum Beispiel über den Treibhausgaseffekt, ist zwar ein wichtiger Bestandteil transformativen Lernens, aber nicht hinreichend, um Wissen in Handlung umzusetzen (Kranz 2024; WBGU 2011). Werden Handlungsmöglichkeiten in Bildungssettings adressiert, geht es häufig um privates Klimahandeln einzelner Personen, das zwar direkte, aber insgesamt geringe Umweltwirkungen hat. Indirekte, aber potenziell sehr wirksame kollektive Maßnahmen werden bisher vernachlässigt (Kranz et al. 2022; Stern et al. 2002). Diese verschiedenen Ansätze sind insbesondere auch in verschiedenen BNE-Strömungen wiederzufinden (siehe Abb. 1; verändert nach Pettig & Ohl 2023).

Während instrumentelle Ansätze (BNE 1) auf die Vermittlung von Fachwissen zur Klimakrise und die Förderung von klimafreundlichem Verhalten abzielen (z. B. Recycling), widmen sich emanzipatorische Ansätze (BNE 2) der Befähigung zur Kritik und Reflexion von Lösungsmöglichkeiten, die auch den Umgang mit Unsicherheiten und Widersprüchen umfasst. Dabei sind der Aushandlungsprozess und dessen Endergebnis nicht vorgegeben, sondern es wird von den Lernenden selbst nach Alternativen und Maßnahmen gesucht, die anschließend diskutiert und abgewogen werden. Transformative Ansätze (BNE 3) fokussieren auf das produktive Auflösen von Widersprüchen und gehen der Frage nach einem guten Leben angesichts unsicherer Zukünfte nach. Dabei stehen ein reflexiver Umgang und selbstbestimmte Teilhabe an Aushandlungsprozessen zur Sicherung einer lebenswerten Zukunft im Mittelpunkt.

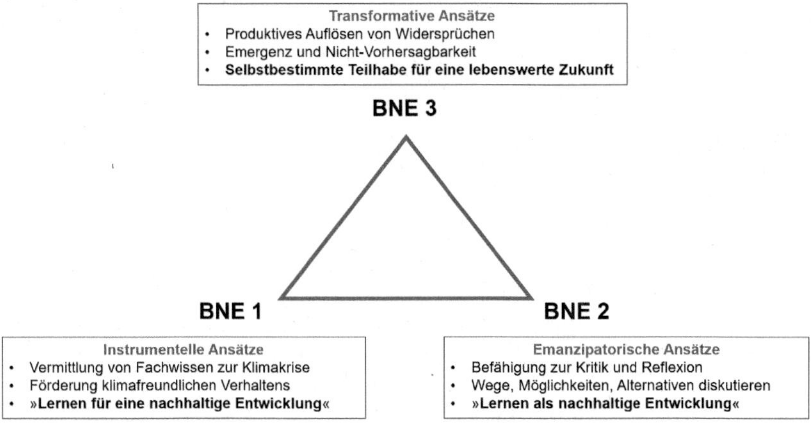

Abb. 1. Strömungen einer BNE (verändert nach Pettig & Ohl 2023)

Dem Ansatz einer gestaltbaren und offenen Zukunft folgend, orientiert sich die vorgestellte Lehrveranstaltung am Anspruch einer BNE, die, basierend auf Fachwissen, eine kritisch-reflexive Auseinandersetzung mit der Klimakrise fördert und den Teilnehmenden Möglichkeiten selbstbestimmter Teilhabe ermöglicht.

3. Lehrveranstaltungskonzept »Zukunft gestalten lernen«

Im Bereich naturwissenschaftlicher BNE liegt bisher ein Schwerpunkt auf dem Konzept des »Zukunftsdenkens« (»future thinking«), d. h. auf der Fähigkeit, sich verschiedene Zukünfte vorstellen zu können, die Pluralität von Zukünften zu verstehen und damit einhergehende Annahmen nachvollziehen und reflektieren zu können, um alternative Zukunftsszenarien zu entwickeln (z. B. Levrini et al. 2019; Rasa et al. 2022). In dem hier vorgestellten Konzept nutzen wir ebensolche Vorarbeiten, die Ansätze aus der Zukunftsforschung in naturwissenschaftliche Bildung integrieren, gehen allerdings noch einen Schritt weiter: Ausgehend von Methoden des »Zukunftsdenkens«, werden junge Menschen in ihrem »Zukunftshandeln« unterstützt, sodass sie reale Erfahrungen im selbstbestimmten kollektiven Handeln in der Klimakrise sammeln können. Wenn Studierende lernen, wie – und vor allem dass – sie zur Bewältigung der Klimakrise beitragen können, kann so nachhaltigkeitsorientiertes Engagement gestärkt werden. Wenn Studierende im Rahmen der Lehrveranstaltung eigene Projekte an der FU und Umgebung umsetzen, zeigt dies Potenziale für lokale Zusammenarbeit auf. Wenn Studierende lernen, wie sie im Rahmen von Unterricht (Lehramt Physik) auch andere dazu befähigen, »futures literate« zu werden, hat ein Nachhaltigkeitstransfer (Nölting 2021) stattgefunden.

Im Rahmen der Lehrveranstaltung wurde ein interdisziplinärer Ansatz verfolgt, der Expertise aus den Bereichen Umweltphysik, Fachdidaktik Physik und Fachdidaktik Biologie zusammenbringt. Die Lehrveranstaltung »Zukunft gestalten lernen« (2 ETCS, 2 SWS), die an der FU Berlin als Wahlseminar im Master und Bachelor angeboten wird, verfolgt folgende Ziele:

1. Vermittlung von klimawandelspezifischem Fachwissen
2. Vermittlung von fachdidaktischem Wissen mit Fokus auf transformativem Lernen im Kontext von BNE und Klimabildung
3. selbst organisiertes Konzipieren, Durchführen und Reflektieren transformativer Lernansätze durch gemeinsames Engagement
4. Transfer der fachwissenschaftlichen und fachdidaktischen Kompetenzen in die Konzeption transformativer Lehr-Lern-Materialien.

Das Seminarkonzept umfasst insgesamt fünf Phasen mit drei Präsenzeinheiten und zwei Anwendungs- und Vertiefungseinheiten in Freiarbeit (siehe Tab. 1). Ein wesentliches Kennzeichen der Lehrveranstaltung ist die Zusammenarbeit im Kollektiv: In Projektgruppen setzen sich die Teilnehmenden selbstbestimmt mit den eigenen Projektideen auseinander und erarbeiten gemeinsam Lösungen. Die mehrwöchigen Arbeitsphasen werden durch Arbeitsaufträge instruiert und durch regelmäßige Check-ins mit den Dozierenden unterstützt. Damit werden die theoretischen

Grundlagen der interaktiven Inputphasen in den Anwendungs- und Vertiefungsphasen umgesetzt. In den Präsenzseminaren werden Erarbeitungsphasen in durchmischten Gruppen durchgeführt, um Erfahrungsaustausch und Perspektivwechsel anzuregen.

Tabelle 1 zeigt das Seminarkonzept und dessen zeitliche Strukturierung.

#	Phase	Lernform	Dauer	Inhalte und Beschreibung
1	Input	Präsenz-seminar	2 Tage (je 7 h + Pausen)	Grundlagen Klimawandel: Experimente/Simulationen/Diskussion zu naturwissenschaftlichen Zusammenhängen des Klimawandels, Gruppenarbeit zu Mitigationszukünften in ausgewählten Bereichen (z. B. Mobilität) Grundlagen Nachhaltigkeit: Zentrale Konzepte zu BNE, handlungsorientierter Klimabildung sowie Nachhaltigkeitsbegriff Transformatives Lernen: Zukunftsvisionen zu klimafreundlichen Transformationsprozessen an FU Berlin, kollektives Engagement mit dem »ökologischen Handabdruck«, Planung von Handabdruckprojekten in Projektgruppen
2	Anwendung & Vertiefung I	Freiarbeitsphase + Check-ins	5 Wochen	Freiarbeit in Projektgruppen: Einleitung von Schritten zur Umsetzung der Zukunftsvision, Umsetzung der Handabdruckprojekte, Feedbackgespräche und Check-ins mit Dozierenden
3	Reflexion I & Input II	Präsenz-seminar	1 Tag (4,5 h + Pausen)	Reflexion: Vorstellung und Besprechung der Handabdruckprojekte, Reflexion des »transformativen Lernprozesses« Transformative Lehr-Lern-Materialien: Grundprinzipien transformativen Lernens in Curricula und unterrichtspraktischen Beispielen, Merkmale transformativen Lernens anhand praktischer Erfahrungen sowie theoretischer Bezüge zur Entwicklung transformativer Lehr-Lern-Materialien

#	Phase	Lernform	Dauer	Inhalte und Beschreibung
4	Anwendung & Vertiefung II	Freiarbeitsphase + Check-ins	5 Wochen	Freiarbeit in Projektgruppen: Entwicklung und Konzeption transformativer Lehr-Lern-Materialien im schulischen Physikunterricht, Feedbackgespräche und Check-ins mit Dozierenden
5	Reflexion II	Präsenzseminar	1 Tag (4,5 h + Pausen)	Reflexion: Vorstellung und Besprechung der Lehr-Lern-Materialien, Ziele von Physikunterricht, Herausforderungen und Potentiale von Zukunftsdenken für transformatives Lernen im Physikunterricht

3.1 Phase 1

Grundlagen Klimawandel. Zunächst wird auf fachliche Grundlagen des Klimawandels fokussiert, sodass die Teilnehmenden zentrales Fachwissen zum Klimawandel erlangen. Dazu wird der Klimakoffer der LMU München eingesetzt (Scorza 2022). Mit relativ einfachen Experimentalsettings ist eine eigenständige Untersuchung verschiedener naturwissenschaftlicher Fragestellungen zum Klimawandel möglich. Zunächst wurde Stück für Stück ein Modell der für die Erdtemperatur relevanten Energieflüsse erarbeitet (Energietransfer Sonne zur Erde, Strahlungsgleichgewicht, Einfluss der Atmosphäre und Wirkung von CO_2 in der Atmosphäre.) Darauf aufbauend, wurden Effekte durch das Abschmelzen der Gletscher und Versauerung der Ozeane untersucht und zum Abschluss anhand eines Analogieexperiments Kipppunkte behandelt. Der Wissenserwerb wird so mit aktiver Betätigung in Form von Experimenten verknüpft, wodurch die rein passive Rezeption von Wissen vermieden und eine handlungsorientierte Atmosphäre aufgebaut wird. Gleichzeitig können die angehenden Lehrkräfte diese Möglichkeit nutzen, um Lehr-Lern-Materialien für den Schuleinsatz zu erproben. Durch die Arbeit in Kleingruppen wird das gemeinsame handlungsorientierte Vorgehen eingeübt. Anschließend komplettieren die Dozierenden das in Experimenten erworbene Fachwissen zu einem kohärenten physikalischen Bild von Treibhauseffekt und globalen Klimaveränderungen. Hierbei führen die Teilnehmenden einfache (nachvollziehbare) Modellrechnungen selbst durch, was der rein passiven Wissensrezeption entgegenwirkt und Aktivitätsorientierung fördert. Unter Nutzung eines Tabellenkalkulationsprogramms (Excel) werden Kurven erstellt, mittels derer die globalen Temperaturerhöhungen für verschiedene Szenarien des Anstiegs der atmosphärischen CO_2-Konzentrationen abgeschätzt und so hinsichtlich der Erreichbarkeit der 1,5-Grad- und 2-Grad-Ziele des Pariser Abkommens beurteilt werden können. Die Tabelle wurde im Vorfeld von den Lehrenden erstellt, war aber durch die Aufgabe der Parametrisierung anhand von Klimadaten sowie einer vorhergehenden Aktivität der Teilnehmenden – eine selbst erstellten Tabellenkalkulation zur hypothetischen Temperatur der Planeten des Sonnensystems ohne Gewächshauseffekt – für die Studierenden nachvollziehbar. So wird auch die zentrale Rolle erfahrbar, die neben dem naturwissenschaftlichen Grundlagenwissen heute Computersimulationen und -szenarien zukommt. Danach werden Klimaschutz- und Anpassungsmaßnahmen adressiert, indem in den Projektgruppen auf Basis von zur Verfügung gestellten Materialien sowie weiterführender Recherche verschiedene Zukunftsthemen (z. B. Städte, Energiesystem, Ernährung der Zukunft) aufbereitet, präsentiert und diskutiert werden.

Grundlagen Nachhaltigkeit. Es wird u. a. auf das Konzept von Nachhaltigkeit sowie auf fachdidaktische Grundlagen von BNE und Klimabildung eingegangen. Zur Aktivierung von Vorwissen sowie zur Reflexion wird die Methode des Meinungsstrahls eingesetzt, der eine körperbezogene Inszenierung von Meinungen durch Positionierung im Raum beinhaltet und als Argumentationshilfe dient (z. B. Hanke & Ciprina 2023). Es werden u. a. folgende Aussagen diskutiert:

- »Der Klimawandel betrifft alle Menschen.«
- »Jede/Jeder hat das Recht auf Fleisch in der Unimensa.«
- »Der Staat kann nicht dafür sorgen, dass sich alle im Sinne der Nachhaltigkeit verhalten. Die Individuen tragen selbst die Verantwortung.«
- »Wenn durch Klimabildung genügend Wissen über die Klimakrise vermittelt wird, dann handeln Menschen auch.«

Damit werden zentrale Facetten von nachhaltiger Entwicklung (Politik, Wirtschaft, Soziales, Umwelt) (Schreiber 2015) und die Rolle von Klimabildung diskutiert. Im Anschluss werden konzeptionelle Grundlagen von BNE und damit verbundene didaktische Konzepte ganzheitlicher Klimabildung vorgestellt (z. B. BNE 1, BNE 2, BNE 3 [Pettig & Ohl 2023]; OECD Learning Compass [OECD 2019]), PISA Science Framework (OECD 2024)). Grundlagen transformativen Lernens werden erarbeitet und »agency« als Konzept eingeführt (z. B. OECD 2019), was an schulpraktischen Unterrichtsbeispielen aus dem Physikunterricht aufgezeigt wird. Zum Abschluss der fachlichen und fachdidaktischen Grundlagen entwickeln die Projektgruppen ein gemeinsames Verständnis von »Nachhaltigkeit« zur Gestaltung einer lebenswerten Zukunft in Zeiten der Klimakrise, das ihnen im weiteren Verlauf als Leitbild zur Projektentwicklung dienen wird. Diese werden vorgestellt, diskutiert und um aktuelle ganzheitliche Nachhaltigkeitsmodelle (z. B. SDG-Wedding-Cake) ergänzt.

Transformatives Lernen. Zur Öffnung von positiven Zukunftsperspektiven werden Zukunftsbilder der Stadt Berlin eingesetzt. Im Anschluss werden konkrete Zukunftsvisionen für die FU Berlin entworfen und die Methode des »backcasting« angewendet (z. B. Rasa et al. 2022; zur Erklärung der Methode siehe didaktische Hinweise). Mit ihrem Nachhaltigkeitsleitbild sowie ihrer Zukunftsvision für die FU Berlin als Basis arbeiten die Projektgruppen nun im weiteren Verlauf mit dem transformativen Ansatz des ökologischen Handabdrucks (u. a. Reif & Heitfeld 2015). Der Handabdruck zielt darauf ab, die positiven Effekte zu quantifizieren und zu fördern, die Menschen durch kollektives Handeln erreichen können. In aufeinanderfolgenden Schritten (Baum et al. 2022) lernen die Studierenden den ökologischen Handabdruck kennen, entwickeln konkrete Projektideen und planen systematisch zentrale Schritte zur Umsetzung ihrer Zukunftsvision. Zentrale Bestandteile des Projektes werden in Form eines Projektplanes festgehalten (u. a. Projekttitel, Kurzbeschreibung, Ziele, Zwischenziele, Kooperationspartnerinnen und -partner, Ressourcen, offene Fragen, erste Schritte, Zeitstrahl mit Meilensteinen). Ein Projektpitch mit anschließender Rückmeldung schließt Phase 1 ab.

3.2 Phase 2

Anwendungs- und Vertiefungsphase I. Die Studierenden wenden die in Phase 1 erworbenen Kompetenzen an und setzen nun eigenständig Schritte zur Projektumsetzung um (z. B. Ansprechpersonen kontaktieren, Unterschriftenaktion organisieren, Materialien bestellen). Wöchentliche Check-ins mit den Dozierenden, umgesetzt mit der digitalen Lehr-Lern-Plattform Blackboard, informieren über den aktuellen Projektstand, geplante Schritte und welche Unterstützung oder auch welcher Kommunikationsbedarf nötig ist. Trotz der hohen Eigenverantwortung und Selbstbestimmung in dieser Phase stehen die Dozierenden für etwaige Herausforderungen und Fragestellungen zur Verfügung und begleiten den Prozess bedarfsorientiert.

3.3 Phase 3

Reflexion I und Input II. Auf Basis vorbereiteter Projektposter startet der Präsenztermin mit der Methode des Gallerywalks. Erfolge und Herausforderungen werden deutlich, und Wissen sowie Erfahrungen können ausgetauscht und vernetzt werden. Im Anschluss wird die Projektplanungs- und Umsetzungsphase reflektiert (vgl. Blum et al. 2021). Dazu werden in gemischten Kleingruppen Kategorien vorgegeben. Jede Kategorie erhält eine farbige Moderationskarte mit dem entsprechenden Kategorientitel. Beispiele für Kategorien:

- Highlights
- Lowlights
- Kraftakt
- Irritation
- Überraschung
- Hilfe
- Motivation.

Die Teilnehmenden notieren in Einzelarbeit Erlebnisse oder Situationen auf farblich passenden Karten, ordnen diese zu und stellen diese anschließend gruppenweise vor, wobei Fragen und Ergänzungen von anderen Teilnehmenden zugelassen sind. In der abschließenden Auswertung werden Gemeinsamkeiten und Unterschiede in der Wahrnehmung sowie mögliche Ursachen und Klärungsbedarfe besprochen. Dies dient als Grundlage zur Ableitung von Empfehlungen zur Entwicklung transformativer Lehr-Lern-Materialien anhand verschiedener Leitfragen (z. B. »Welche zentralen Elemente sollten in einer transformativen Unterrichtseinheit enthalten sein?«, »Was können Ziele eines solchen Lehr-Lern-Settings sein?«, »Welche Rolle nimmt die Lehrperson ein?«). Anschließend werden relevante Curricula hinsichtlich transformativen Lernens analysiert (Bildungsstandards, Rahmenlehrpläne, PISA Science Framework, OECD Lernkompass). Zusammenfassend aus den praktischen Erfahrungen sowie den theoretischen Bezügen werden zentrale Merkmale transformativen Lernens abgeleitet. Zur Vertiefung analysieren die Teilnehmenden unterrichtspraktische Lernmaterialien, welche das Thema »Fliegen« als Socio-Scientific-Issue aufgreifen, d. h., neben den physikalischen Grundlagen des Fliegens werden auch gesellschaftliche Aspekte (Emissionen, Lärm, Kontakte ermöglichen) behandelt. Dabei wird untersucht inwieweit die Lernmaterialien Merkmale transformativen Lernens im Kontext der Klimakrise aufweisen; inwieweit der Unterricht noch stärker auf Handeln ausgerichtet werden könnte und ob noch wichtige Merkmale zur Förderung transformativen Lernens fehlen bzw. ergänzt werden könnten.

3.4 Phase 4

Anwendungs- und Vertiefungsphase II. Die Studierenden wenden die in Phase 1–3 erworbenen Kompetenzen an, um Lernangebote für den schulischen Unterricht zu entwickeln. Anhand zentraler Merkmale transformativen Lernens wird eine Unterrichtseinheit erarbeitet und in Bildungsstandards und Rahmenlehrplan verortet. Stundenraster, zentrale Materialien sowie eine didaktisch-methodische Begründung pro Stunde bilden das Endprodukt. Auch diese Anwendungs- und Vertiefungsphase ist von der Eigenverantwortung der Studierenden geprägt, die durch Check-ins mit den Dozierenden begleitet wird.

3.5 Phase 5

Reflexion II. Basierend auf den entwickelten Unterrichtsreihen, wird das Gelingen des Nachhaltigkeitstransfers diskutiert. Anhand von Lern- und Abituraufgaben des Unterrichtsfachs Physik werden vor dem Hintergrund des transformativen Lernens Ziele eines zukunftsorientierten Physikunterrichts erarbeitet und diskutiert. Gerade die Abituraufgaben zeigen noch einmal auf, dass die Bewertungskompetenz im Physikunterricht über eine rein fachliche Bewertung hinauslaufen muss und damit auch gesellschaftliche, ethische oder soziale Dimensionen einzubeziehen sind. Abschließend werden zur Reflexion der Lehrveranstaltung verschiedene Thesen diskutiert, wie z. B. »Physikunterricht sollte unpolitisch sein«, »Um Probleme wie die Klimakrise zu lösen, bietet die Physik die wichtigsten Perspektiven«, »Ziele wie ›agency‹ klingen zwar schön, sind aber in der Schule nicht realistisch umsetzbar«.

4. Begleitforschung, Erfahrungen und Weiterentwicklungen

Mit der Gestaltung der Lehrveranstaltung wurde der Anspruch verfolgt, Lehramtsstudierende selbst Methoden transformativen Lernens durchführen zu lassen, sodass die aktive Erfahrung kollektiven Engagements zur Realisierung einer Zukunftsvision für die Konzeption transformativer Lehr-Lern-Materialien genutzt werden kann. Hiermit verbunden sind die Erprobung im Sommersemester 2024 sowie die Weiterentwicklung des Lehrveranstaltungskonzepts. Begleitende Forschungsfragen widmen sich den Zukunftsvisionen und Handlungsabsichten der Studierenden in der Klimakrise.

1. Zukunftsvisionen. Im Rahmen der Begleitforschung wurden zu Beginn von Phase 1 und nach Phase 5 Zukunftsvisionen der Teilnehmen-

den erhoben, um zu untersuchen, inwiefern sich die Zukunftsbilder der Studierenden auf die Wahrnehmung von Handlungsmöglichkeiten auswirken. Vorläufige Ergebnisse zeigen, dass insbesondere zu Beginn der Veranstaltung eher Narrative vorlagen, die eine negative Entwicklung mit Aspekten von Hilflosigkeit kombinierten. Handlungsmöglichkeiten wurden hauptsächlich im individuellen Bereich gesehen.

2. Leitfadengestützte Interviews. Basierend auf den identifizierten Narrativen in den Zukunftsvisionen, wurden zu Beginn und nach Ende der Lehrveranstaltung semistrukturierte Interviews durchgeführt. Die Interviews werden derzeit mittels qualitativer Inhaltsanalyse analysiert und ausgewertet. Die Ergebnisse sollen Aufschluss über mögliche Veränderungsprozesse hinsichtlich der Zukunftsvisionen liefern sowie Implikationen zur Entwicklung handlungs- und zukunftsorientierter Didaktik in den Naturwissenschaften ableitbar machen.

Insgesamt wurde die Lehrveranstaltung von den Studierenden als anspruchsvoll und intensiv sowie als gewinnbringend und innovativ wahrgenommen. Die als Blockveranstaltung durchgeführten Inputphasen waren inhaltlich ambitioniert, weshalb zukünftig eine dezidiertere inhaltliche Schwerpunktsetzung sinnvoll ist. Es wurde insbesondere das Modellieren verschiedener Klimaschutzszenarien positiv hervorgehoben sowie die Verschneidung von Theorie und Praxis. Die eigenverantwortliche Anwendung und Vertiefung des transformativen Lernens ist für Studierende gerade zu Beginn der Lehrveranstaltung noch ungewohnt und daher herausfordernd. Gleichzeitig ist dies aber auch Teil der Lernerfahrung selbst, da es um das Erlernen neuer Denk- und Arbeitsweisen geht. Dabei hat der Ansatz des transformativen Lernens sein Potenzial – insbesondere in Phase 3 – entfaltet, wenn aus den Herausforderungen und Erfolgen des kollektiven Engagements eine Bilanz gezogen und der Lernprozess reflektiert wird und so abstrakte Merkmale transformativen Lernens durch eigene Erfahrungen nachvollziehbar werden. Herausgehoben werden kann hier, dass die Studierenden selbst über die Vielfalt ihrer (kollektiven) Handlungen überrascht waren. Es wurde zurückgemeldet, dass der Einsatz von positiven Zukunftsvisionen als gewinnbringend erachtet wird. Im Vergleich zu klassischeren Lehrveranstaltungsformaten sind Studierende und Dozierende gefordert, einen gewissen Grad an Unsicherheit auszuhalten, um damit Raum für selbstgesteuerte und interessengeleitete Lernprozesse mit offenen Ergebnissen zu ermöglichen. Positiv anzumerken ist, dass alle vier Projektgruppen nachhaltige Projektideen entwickelten und Schritte zu deren Umsetzung einleiteten, wenn auch nicht alle Projekte fertig umgesetzt werden konnten. Insbesondere die offene Gestaltung der Anwendungs- und Vertiefungsphasen erfordern Kompetenzen des Projektmanagements, der Kommunikation sowie Arbeiten im Team. Strategische und organisatorische Kenntnisse des Standortes sind von Vorteil sowie der Austausch mit relevanten Stakeholdern. Insgesamt scheint auch weniger das Vollenden eines Projektes für den Lernprozess relevant, sondern die gemeinsame Ideenentwicklung, sich zu organisieren, Strukturen und Hebel im eigenen Umfeld für Transformation zu finden und Möglichkeiten kennenzulernen, wie transformatives Lernen umsetzbar ist. Als Konsequenz werden die Phasen basierend auf den Erfahrungen, den Rückmeldungen der Studierenden sowie der Begleitforschung weiterentwickelt.

5. Fazit und Ausblick

Die Lehrveranstaltung »Zukunft gestalten lernen« adressiert Herausforderungen der Klimakrise durch die Verknüpfung von naturwissenschaftlicher Bildung und transformativen Lernansätzen. Durch positive Zukunftsvisionen werden Handlungs- und Gestaltungsspielräume eröffnet, die zur Entwicklung von »futures literacy« beitragen, da sie den Blick auf mögliche, nachhaltige und wünschenswerte Zukünfte erweitern und den Fokus von rein problemorientierten, oft dystopischen Szenarien auf handlungsorientierte Lösungsansätze lenken. Indem Studierende lernen, sich die Zukunft vorzustellen, können sie die Zukunft nutzen, um kompetenter darin zu werden, die Gegenwart zu gestalten. Dabei stehen neben der Vermittlung von Fachwissen die Förderung kritischen Denkens und die aktive Einbindung der Teilnehmenden in konkrete Projekte im Vordergrund, um so ein Bewusstsein für die Dringlichkeit und Wirksamkeit kollektiven Handelns zu schaffen, wenn Potenziale lokaler Zusammenarbeit genutzt werden. Die entwickelten Lehrmaterialien werden nach Überarbeitung als Open Educational Resources über das Tool »Open Science Framework (OSF)« zur Verfügung gestellt (https://osf.io/7um8w/). Langfristig ist geplant, die Lehrveranstaltung zu verstetigen und auch für Studierende anderer Studiengänge (z. B. Lehramt Biologie und Chemie) zugänglich zu machen. Insgesamt zeigt die Erprobung, dass naturwissenschaftliche Bildung großes Potenzial bietet, um nicht nur Zukunftsdenken, sondern auch Zukunftshandeln zu fördern, um junge Menschen zur Teilhabe an der Gestaltung der Transformation zu ermächtigen.

5.1 Anmerkung

Das Projekt »FULit«, das diesem Artikel zugrunde liegt, wurde im Rahmen der Ausschreibung »Futurist« der FU Berlin gefördert.

Drei Literaturtipps mit Kurzbeschreibung

1. Klaus Wiegandt (2022). *3 Grad mehr. Ein Blick in die drohende Heißzeit und wie uns die Natur helfen kann, sie zu verhindern.* oekom verlag, München.
   Ein verständlich geschriebenes Buch, das die aktuelle Forschungslage darlegt, drohende Zukunftsvisionen aufzeigt und wie wir das Schlimmste verhindern können.
2. Maggie Jackson (2023). *Uncertain: the wisdom and wonder of being unsure.* Rowman & Littlefield, Lanham, Maryland.
   Das Buch bietet einen neuen Blick auf das Thema Unsicherheit, indem es aufzeigt, wie aus diesem scheinbaren Problem eine Ressource werden kann, die uns hilft, Probleme und Herausforderungen besser zu bewältigen.
3. Jens Schaible (2023). *Demokratie im Feuer.* Deutsche Verlags-Anstalt, München.

Das Buch zeigt auf, dass sich Klimaschutz und Demokratie gegenseitig bedingen und warum nur ambitionierte Klimapolitik unsere Freiheiten erhält.

Drei didaktische Hinweise

1. Als Einstieg in die Projektfindungsphase kann ein Zukunftsbild von der digitalen »Infothek Realutopien« von »Reinventing Society e. V.« verwendet werden. In der Infothek wird (sofern nicht anders angegeben) unter Creative-Common-Lizenz eine Vielzahl an Zukunftsbildern für das Jahr 2045 zur Verfügung gestellt, die mögliche nachhaltige Zukünfte visualisieren. Ein solches Zukunftsbild wird zunächst von den Lernenden im Plenum beschrieben, erläutert, beurteilt und dann bewertet.
2. Backcasting ist eine Methode zur Planung und Entscheidungsfindung, die bei der Arbeit mit Zukunftsvisionen häufig verwendet wird (z. B. Börjeson et al. 2006). Von diesem gewünschten Zukunftszustand ausgehend, arbeitet man sich rückwärts in die Gegenwart vor, um Schritte und Maßnahmen zu identifizieren, die notwendig sind, um diese Zukunft zu erreichen. Beispielhafte Leitfragen sind: »Welche Maßnahmen und Schritte können heute ergriffen werden, um die Lücke zwischen der Gegenwart und der gewünschten Zukunft zu schließen?« oder »Welche Maßnahmen sind am wirksamsten, um die angestrebte Zukunft zu erreichen?«
3. Der ökologische Handabdruck von Germanwatch e. V., ursprünglich durch das Centre for Environment Education in Indien ins Leben gerufen, legt den Schwerpunkt auf transformatives Engagement, das in politische Strukturen hineinwirkt (u. a. Reif & Heitfeld 2015). Der Handabdruck zielt damit auf Maßnahmen ab, die über das individuelle Verhalten hinausgehen, um systematisch Rahmenbedingungen zu verändern, die positive Effekte auf den ökologischen Fußabdruck haben. Anhand von bereitgestellten Methoden- und Materialsamm-

lungen sowie Checklisten und Postern kann der Prozess des transformativen Lernens zur kollektiven Projektumsetzung strukturiert und unterstützt werden.

Literatur

Baum, D., Bertram, B., Bosselut, C., Dietrich, A., Gehenzig, M., Hackenberger, A., Heitfeld, M., Lehnert, A., Meckel, F., Reif, A., Rostock, S., Spieß, C., Thiele, K., Vollmer, R., von der Heiden, M. & Willborn, L. (2022). *Transformative Bildung mit dem Handabdruck. 20 Praxismethoden für unterschiedliche Zielgruppe* (Germanwatch e. V., Hrsg.).

Blum, J., Fritz, M., Taigel, J., Singer-Brodowski, M., Schmitt, M. & Wanner, M. (2021). *Transformatives Lernen durch Engagement. Ein Handbuch für Kooperationsprojekte zwischen Schulen und außerschulischen Akteur:innen im Kontext von Bildung für nachhaltige Entwicklung.* Umweltbundesamt, Dessau-Roßlau.

BMU (2019). *Ausgewählte Ergebnisse der Jugendstudie »Zukunft? Jugend fragen!«*. Berlin.

Börjeson, L., Höjer, M., Dreborg, K., Ekvall, T. & Finnveden, G. (2006). Scenario types and techniques: Towards a user's guide. In: *Futures*, 38, 723–739.

Emirbayer, M. & Mische, A. (1998). What Is Agency? In: *American Journal of Sociology* 103(4), 962–1023. https://doi.org/10.1086/231294

Hanke, M. & Ciprina, S. (2023). Auf dem Meinungsstrahl Position beziehen. Meinungen durch visuelle Positionierung äußern. In: *Geographie heute* 2023(366), 14–15.

Hodson, D. (2020). Going beyond STS Education: Building a Curriculum for Sociopolitical Activism. In: *Canadian Journal of Science, Mathematics and Technology Education*, 20(4), 592–622.

Kranz, J. (2024). Unterrichten in der Klimakrise. Klimagefühle und kollektives Handeln als Ressourcen zur Ermächtigung junger Menschen. In: N. Graulich, J. Arnold, S. Sorge & M. Kubsch (Hrsg.). *Lehrkräftebildung von morgen*, Waxmann Verlag, S. 15–23. https://doi.org/10.31244/9783830997962.02

Kranz, J., Schwichow, M., Breitenmoser, P. & Niebert, K. (2022). The (Un)political Perspective on Climate Change in Education—A Systematic Review. In: *Sustainability* 14(7), 4194. https://doi.org/10.3390/su14074194

Levrini, O., Tasquier, G., Branchetti, L. & Barelli, E. (2019). Developing future-scaffolding skills through science education. In: *International Journal of Science Education* 41(18), 2647–2674. https://doi.org/10.1080/09500693.2019.1693080

Nölting, B. (2021). Nachhaltigkeitstransfer. Kooperation zwischen Praxis und Hochschule für eine nachhaltige Entwicklung in der Gesellschaft. In: Schmidt, U.,

Schönheim, K. (Hrsg.). *Transfer von Innovation und Wissen*. Springer VS, Wiesbaden. https://doi.org/10.1007/978-3-658-33667-7_6

OECD (2019). *Future of Education and Skills 2030. OECD Learning Compass 2030 – A Series Of Concet Notes*. https://www.oecd.org/education/2030-project /contact/OECD_Learning_Compass_2030_Concept_Note_Series.pdf

OECD (2024). *PISA 2025 Science Framework*. OECD Publishing. https://pisa-framework.oecd.org/science-2025/assets/docs/PISA_2025_Science_Framework.pdf

Pettig, F. & Ohl, U. (2023). Transformatives Lernen für einen sozial-ökologischen Wandel. Facetten eines zukunftsfähigen Geographieunterrichts. In: *Praxis Geographie*, 4–11.

Rasa, T., Palmgren, E. & Laherto, A. (2022). Futurising science education: Students' experiences from a course on futures thinking and quantum computing. In: *Instructional Science* 50(3), 425–447. https://doi.org/10.1007/s11251-021-09572-3

Reif, A. & Heitfeld, M. (2015). *Wandel mit Hand und Fuß. Mit dem Germanwatch Hand Print den Wandel politisch wirksam gestalten*. GermanWatch e.V., Bonn. https://www.germanwatch.org/sites/default/files/publication/15335.pdf

Rheingold-Institut (2021). *Psychologische Grundlagenstudie zum Stimmungs- und Zukunftsbild in Deutschland*. Rheingold Institut, Köln.

Roberts, D.A. (2007). Scientific literacy/science literacy. In: S.K. Abell & N.G. Lederman (Eds.). *Handbook of research on science education*. Mahwah: Lawrence Erlbaum, S. 729–780.

Roberts, D.A. (2011). Competing visions of scientific literacy: The influence of a science curriculum policy image. In: C. Linder, L. Östman, D.A. Roberts, P.-O. Wickman, G. Erickson & A. MacKinnon (Eds.). *Exploring the landscape of scientific literacy*. London: Routledge, S. 11–27.

Schleicher, A. (2018). *The case for 21st-century learning*. OECD.

Schreiber, J.-R. (2015). Bildung für eine nachhaltige Entwicklung. Von Rio über Bonn zum Orientierungsrahmen. In: *Pädagogik* (7–8), 34–41.

Scorza, C. (2022). *Der Klimawandel: Verstehen und handeln. Ein Bildungsprogramm für Schulen der Fakultät für Physik der LMU München*. Fakultät für Physik, Ludwig-Maximilians-Universität (Hrsg.).

Sjöström, J., Frerichs, N., Zuin, V.G. & Eilks, I. (2017). Use of the concept of Bildung in the international science education literature, its potential, and implications for teaching and learning. In: *Studies in Science Education*, 53(2), 165–192. https://doi.org/10.1080/03057267.2017.1384649

Stern, P.C. (2000). Toward a Coherent Theory of Environmentally Significant Behavior. In: *Journal of Social Issues*, 56(3), 407–424.

UNESCO. (2017). *Education for Sustainable Development Goals Learning Objectives*. UNESCO.

WBGU (2011). *Welt im Wandel. Gesellschaftsvertrag für eine Große Transformation.*

Margit Stein, Laura Höke & Benjamin Möbus

Transformative Bildung und Klimaschutz: Die Rolle von Schülerinnen und Schülern sowie Schülervertretungen in der Adressierung des Klimawandels

Kurzzusammenfassung

Transformation und Partizipation sollten als fächerübergreifende Aufgaben von Schule verstanden werden. Bisher wurde Klimaschutz in Schulen häufig wenig partizipativ umgesetzt. Vorgestellt wird ein Projekt an einer Modellschule zur Frage, wie Schülervertretungen zur Förderung von Klimaschutzmaßnahmen beitragen können. Im Rahmen des Projektes und des Beitrags erfolgt zunächst eine strukturierte Zusammenstellung verfügbarer Materialien für Kinder und Jugendliche zur Gestaltung von Klimaschutz an Schulen. An der Modellschule wurden 15 (Gruppen-)Interviews mit Lehrkräften und Schülerinnen und Schülern durchgeführt, um die individuellen und strukturellen Gelingensbedingungen von transformativer Bildung und von Klimaprojekten durch Schülervertretungsarbeit sichtbar zu machen. Diese sind zum einen eine hohe intrinsische Motivation und eine starke Partizipation der Schülerinnen und Schüler, aber auch strukturell angemessene Rahmenbedingungen sowie belastbare Kooperationsstrukturen innerhalb und außerhalb der Schule.

Lernziele

- Schulprogramme im Sektor des Klimaschutzes (z. B. »BLK-Programm 21«, »Transfer 21«, »Umweltschule in Europa – Internationale Nachhaltigkeitsschule« oder »Schools for Earth«) kennen, bewerten und vergleichen können

- Materialien und praktische Ansätze für Schülerinnen und Schüler zur Partizipation im Kontext des Klimaschutzes kennen und anwenden können
- Möglichkeiten, Schülerinnen und Schüler im Rahmen der Schülervertretungsarbeit zu fördern, kennen und anwenden sowie Gelingensbedingungen von Schülervertretungsarbeit im Klimaschutzbereich in individueller und struktureller Hinsicht kennen und umsetzen können

1. Transformative Bildung als Aufgabe von Schule angesichts des Klimawandels

1.1 Definition Klimawandel und Klimaschutz

Klima bezeichnet definitorisch »den Durchschnitt aller Wettervorgänge über die Zeit und deren Variationsbreite« (Grunwald & Kopfmüller 2022, S. 191). Klimawandel ist die Bezeichnung für die globale Erwärmung im Sinne eines nicht natürlichen, sondern anthropogen verursachten Treibhauseffekts sowie dessen Folgen (Zellner 2021, S. 28). Wenn von Klimaschutz gesprochen wird, sind alle Maßnahmen gemeint, die mögliche Folgen des insbesondere durch den Menschen verursachten Klimawandels als einer der größten gegenwärtigen Herausforderungen abmindern sowie den fortschreitenden Klimawandel aufhalten oder umkehren sollen (Steiner & Engdaw 2022, S. 36 f.). Gefordert wird etwa vom Wissenschaftlichen Beirat Globale Umweltveränderungen der Bundesregierung (WBGU) (2011) die sogenannte Große Transformation im Sinne eines tiefgreifenden Wandels der Produktions- und Konsummuster einerseits sowie einer veränderten Werteorientierung und eines diesbezüglich veränderten Selbst- und Weltverhältnisses andererseits.

1.2 Klimaschutz als schulische Aufgabe

Inhaltlich erlangt in der Schule das Thema Klimaschutz immer mehr Bedeutung (Veith, Förster & Weiß 2020, S. 34). Aufgrund ihrer besonderen Position als der einzigen gesellschaftlichen »Institution, die prinzipiell alle jungen Bürger_innen unabhängig vom sozialen, kulturellen und ökonomischen Status des Elternhauses erreichen und auf die Bürgerrolle in der Demokratie vorbereiten soll« (Achour & Wagner 2019, S. 1), sind Schulen besonders gut geeignet, Kompetenzen für die weitreichende Transformation angesichts des Klimawandels zu vermitteln (Weselek 2022, S. 356). Im Sinne eines Whole School Approach muss Schule selbst klimagerecht neu ausgerichtet werden hinsichtlich klimagerechter Infrastrukturmaßnahmen, etwa im Rahmen des Beschaffungsmanagements und der Energieeffizienz, aber auch in Bezug auf Unterrichtsinhalte und -methoden (Greenpeace e. V. 2021), damit Kinder und Jugendliche »lernen, wie sie leben, und leben, was sie lernen« (UNESCO & Deutsche UNESCO-Kommission 2021, S. 28):

> »Die gesamte Bildungseinrichtung muss auf die Prinzipien einer nachhaltigen Entwicklung ausgerichtet werden, sodass die Art und Weise, wie die Einrichtungen geführt und Entscheidungen innerhalb einer Einrichtung getroffen werden, mit den Lerninhalten und den pädagogischen Methoden korrespondiert und diese weiter stärkt.« (UNESCO & Deutsche UNESCO-Kommission 2021, S. 28)

Hierbei ist die (schulische) Bildung gemäß Satz 36 der Agenda 21 (1992, S. 329) die »unerlässliche Voraussetzung für die Förderung einer nachhaltigen Entwicklung und die bessere Befähigung der Menschen, sich mit Umwelt- und Entwicklungsfragen auseinanderzusetzen«. Hierbei geht es nicht lediglich um die Vermittlung reinen Faktenwissens über Klimawandel und Klimaschutz, sondern um die umfassende Vermittlung von Klimaschutzkompetenzen sowie die damit verbundene Bereitschaft und Befähigung, sich aktiv für Klimaschutz zu engagieren. Im Vordergrund steht hierbei die Gestaltungskompetenz, die wiederum zwölf Teilkompetenzen aufweist (de Haan 2008, S. 23 ff.):

Sach- und Methodenkompetenz:
1. weltoffen und neue Perspektiven integrierend Wissen aufbauen
2. vorausschauend denken und handeln
3. interdisziplinär Erkenntnisse gewinnen
4. Risiken, Gefahren und Unsicherheiten erkennen und abwägen können.

Sozialkompetenz:
5. gemeinsam mit anderen planen und handeln können
6. an Entscheidungsprozessen partizipieren können
7. sich und andere motivieren können, aktiv zu werden
8. Zielkonflikte bei der Reflexion über Handlungsstrategien berücksichtigen können.

Selbstkompetenz:
9. die eigenen Leitbilder und die anderer reflektieren können
10. selbstständig planen und handeln können
11. Empathie und Solidarität mit Benachteiligten zeigen können
12. Vorstellungen von Gerechtigkeit als Entscheidungs- und Handlungsgrundlagen nutzen.

Methodisch muss die schulische Vermittlung von Kompetenzen für die große Transformation angesichts des Klimawandels über den fragend-entwickelnden Unterricht mit Vermittlung von Wissen hinausgehen (Hauenschild & Rode 2013, S. 65). Gefordert sei laut Hauenschild und Rode (2013, S. 65) »situiertes Lernen mit der Einbeziehung der Lebenswelt der Schülerinnen und Schüler, konstruktivistische Lernarrangements mit der Möglichkeit eines hohen Grades an Eigentätigkeit und Eigenverantwortung und die […] inter- und transdisziplinären Herangehensweisen«. Hierbei kann vor allem das projektorientierte und partizipative Lernen eine Rolle spielen (Grundmann 2017, S. 110), was gleichzeitig die »Vermittlung von Wissen, Fähigkeiten, Werten und Haltungen [und] die kognitiven, sozialen und emotionalen sowie verhaltensbezogenen Dimensionen des Lernens« umfasse (UNESCO & Deutsche UNESCO-Kommission 2021, S. 8). Dieses schließe Beteiligung und Handlungsorientierung ein, die Grundpfeiler der transformativen Bildung darstellten (Hauenschild & Rode 2013, S. 65 u. S. 70):

> »Entscheidungstragende und Mitglieder öffentlicher und privater Institutionen müssen junge Menschen bei allen Bemühungen zur Förderung einer nachhaltigen Entwicklung als wichtige Schlüsselpersonen anerkennen. Insbesondere müssen junge Menschen in die Gestaltung, Umsetzung und das Monitoring [...] umfassend einbezogen werden.« (UNESCO & Deutsche UNESCO-Kommission 2021, S. 32)

Eine besondere Rolle bei der Steigerung der Partizipation und Motivation für die Transformation spielt die Schülervertretungsarbeit, da nur durch Partizipation die Veränderung des Selbst- und Weltverhältnisses gelingen kann. Die Schülervertretungsarbeit ist gemäß der Kultushoheit der Länder in jedem Bundesland in den jeweiligen Schulgesetzen unterschiedlich geregelt. Auch die Benennung des Gremiums der partizipativen Mitgestaltung durch die Schülerinnen und Schüler wird in den einzelnen Bundesländern unterschiedlich bezeichnet; während in den meisten Bundesländern von Schülervertretung (SV) gesprochen wird – und wir diesen Begriff im Folgenden verwenden –, heißen diese Gremien in Baden-Württemberg und Bayern Schülermitverantwortung (SMV) sowie in Thüringen Schülermitwirkung (Lohmann 2024, S. 46). Vorgestellt werden im Rahmen des Beitrags Möglichkeiten, durch Schülervertretungsarbeit an Schulen Kompetenzen angesichts der großen Transformation zu stärken. Insgesamt wurden in einem Projekt gemeinsam mit dem Verein »Schule ein Gesicht geben« an 55 Schulen in sechs Bundesländern (Brandenburg, Berlin, Nordrhein-Westfalen, Niedersachsen, Sachsen-

Anhalt, Thüringen) aktive Schülervertretungen wie auch Schülervertretungsbegleitungen – hauptsächlich Lehrkräfte sowie Schulsozialarbeiterinnen und -arbeiter – befragt. Inhaltliche Gegenstände der Befragung der beiden Gruppen waren die Chancen und Potenziale einerseits sowie Probleme und Herausforderungen der Gestaltung einer wirklichen Partizipation in Schulen durch Schülervertretungsarbeit (Stein et al. under review; Lohmann & Stein under review). An einer zertifizierten Nachhaltigkeitsschule wurden zudem weitere 15 leitfadengestützte Interviews geführt, die in eine Handreichung für erfolgreiche Klimaschutzprojekte und -maßnahmen durch Schülervertretungsarbeit mündeten (Höke, Möbus & Stein 2024), die ebenfalls im Rahmen des Beitrags vorgestellt wird. In einem weiteren Projekt mit »Schule ein Gesicht geben« werden Schulklimaräte und Klimaparlamente an Schulen eingeführt, erprobt und evaluiert. Im vorliegenden Beitrag wird die Rolle der Schülervertretung für Transformation und Klimaschutz auf Projektbasis diskutiert; es werden unterschiedliche praktische Konzepte vorgestellt, um unter Partizipation der Schülerschaft Klimaschutzmaßnahmen und -projekte an Schulen umzusetzen.

2. Problemwissen zum Thema Schülervertretungsarbeit und schulischer Klimaschutz

2.1 Theoretischer Hintergrund zur schulischen Partizipation

Ebenso wie der Bereich der transformativen Bildung kann auch politische Beteiligung nicht (wirksam) theoretisch gelehrt werden. Transformation und Partizipation sollten interdisziplinär bzw. transdisziplinär als fächerübergreifende Aufgaben von Schule verankert werden, mit dem Ziel der umfassenden Handlungs- und vor allem Gestaltungskompetenz. Klimaschutz muss erlebt und aktiv partizipativ erschlossen werden. Schülerinnen und Schüler und insbesondere Schülervertretungen sollten aktivierend in die Implementierung und Umsetzung von Klimaschutzmaßnahmen und -projekten einbezogen werden. Dadurch werden ein transformatives Bewusstsein wie auch diesbezügliche Selbstwirksamkeitserwartungen gestärkt; beides ist Voraussetzung für das Vertrauen in die eigene Wirkmacht und die eigenen Gestaltungsmöglichkeiten. Beides wiederum kann zur Bereitschaft zur Veränderung von Werteorientierungen sowie zu einem veränderten Selbst- und Weltverhältnis führen.

Die Schule stellt eine wichtige Institution zum Erlernen von Partizipation dar, da sie im Leben der Lernenden ein Ort ist, »an de[m] Kinder [und Jugendliche] am ehesten etwas an ihrer eigenen Situation oder in ihrem Nahraum beeinflussen können« (Betz, Gaiser & Pluto 2011, S. 138). Die Schülervertretungsarbeit kann in diesem Kontext »als institutionalisierte Form der Mitberatung, Mitgestaltung, Mitentscheidung und Mitrepräsentation« (Hahn-Laudenberg, Deimel & Abs 2022, S. 724) beschrieben werden, als »repräsentativ-formale Form« (Moldenhauer 2015, S. 63) der schulischen Partizipation. Die Funktion der Schülervertretung ist es insofern, einen »Ort der intendierten politischen Sozialisation« (Hahn-Laudenberg, Deimel & Abs 2022, S. 724) zu offerieren, an welchem gemeinsam partizipativ schulisch-regionale wie auch globale gegenwärtige Herausforderungen wie etwa der Klimawandel diskutiert und gemeinsam einer Adressierung zugeführt werden können.

2.2 Forschungsstand zur Bedeutung der Rolle der Schülervertretung und der Mitbestimmung

Konkret zur Rolle von Schülervertretung in ihrer Rolle für Maßnahmen im Bereich der Nachhaltigkeit oder konkreter für Maßnahmen und Projekte im Kontext des Klimawandels existieren kaum Studien oder Daten. Allgemein hat jedoch das Thema der Partizipation von Schülerinnen und Schülern in Schulen immer mehr an Bedeutung gewonnen (Liening-Konietzko 2017, S. 46). Achour und Wagner (2019) befragten in einer – allerdings nichtrepräsentativen – Studie insgesamt etwa 3.400 Schülerinnen und Schüler an 99 Schulen in den Jahrgangsstufen 9 bis 13 im Kontext politischer Bildung in Schule und Unterricht. Dabei wurden auch die Arten der Partizipation im Schulkontext jenseits des Unterrichts erfasst, etwa ob an der Schule ein Schulparlament, eine politische, soziale oder klimaschutzbezogene Arbeitsgemeinschaft, ein Klassenrat oder eine Schülervertretung bestand. Achour und Wagner (2019) unterschieden bei der Betrachtung der formalen Partizipationsmöglichkeiten zwischen den Gymnasien (n = 1.061 befragte Schülerinnen und Schüler) und den Schulen mit mehreren Bildungsgängen (SMBG), integrierten Gesamtschulen (IGS) sowie Real- und/oder Hauptschulen (RS) (n = 748 befragte Schülerinnen und Schüler) (Achour & Wagner 2019, S. 1), da sich teilweise zwischen den Schulformen Unterschiedlichkeiten herauskristallisierten, sodass Achour und Wagner (2019, S. 1) gemäß dem Matthäusprinzip – »wer hat, dem wird gegeben« – davon sprechen, dass sich das »Phänomen einer politischen Ungleichheit entlang der sozialen Ungleichheit schon in der Institution Schule« abzeichne (Achour & Wagner 2019, S. 1).

Tab. 1: Angebote in den letzten Monaten in der Schule; Antworten in % der Jahrgangsstufen 9 und 10 (nach Achour & Wagner 2019, S. 7).

Beteiligungsform	Gymnasien	SMBG, IGS, RS
Schulparlament	11 %	14 %
AG im politischen, sozialen, klimabezogenen Bereich	21 %	19 %
Klassenrat	38 %	45 %
Schülerzeitung	61 %	32 %
Schulversammlung	70 %	55 %

Die Schülerinnen und Schüler sehen die Mitbestimmung in der Schule im Allgemeinen als »wichtig« oder sogar »sehr wichtig an« (Debatin 2019, S. 17; Schneider, Stange & Roth 2009). Die nachfolgend vorgestellten Studien zeigen jedoch gleichzeitig, dass es an der effektiven Umsetzung der Partizipation häufig mangelt und dass »der Grad an Mitbestimmung der Schülerschaft als (zu) niedrig angesehen wird« (Horstmann 2021, S. 6). In der Untersuchung *Kinder ohne Einfluss?* (Schneider, Stange & Roth 2009) wurden 874 Kinder zwischen acht und zwölf Jahren und ihre Mütter bzw. Väter in Interviews zu ihren Beteiligungsmöglichkeiten in unterschiedlichen Lebensbereichen befragt; etwa im schulischen Kontext, jeweils hinsichtlich der Dimensionen Bedeutung, Intensität, Zufriedenheit sowie Konflikte auf einer Skalierung von 1 (geringste Ausprägung) bis 4 (höchste Ausprägung). Die Kinder messen der Mitbestimmung jeweils eine hohe Bedeutung zu; dennoch werden die Mitbestimmungsmöglichkeiten im schulischen Kontext als sehr gering eingestuft. 24,6 Prozent der befragten Kinder sehen überhaupt keine Mitbestimmungsmöglichkeiten und 60,4 Prozent wenig Mitbestimmung (Schneider, Stange & Roth 2009, S. 16). Entsprechend ist die Zufriedenheit mit den Mitbestimmungsmöglichkeiten gering, und etwa die Hälfte der Schülerinnen und Schüler würde als Lehrkraft anders agieren und mehr Mitbestimmung zulassen. Auch in der vertiefenden qualitativ-narrativen Interviewstudie von Kenner (2021) mit 13 politisch im Schulkontext aktiven Jugendlichen und jungen Erwachsenen »zeigen die Praxis und auch die Schilderungen der für die vorliegende Untersuchung interviewten Schüler:innen, dass ihnen die Möglichkeit zur politischen Teilhabe im schulischen Umfeld immer wieder verwehrt wird« (Kenner 2021, S. 258). Entsprechend besorgniserregend sind auch die Ergebnisse des Bundesjugendkuratoriums (BJK), in denen konstatiert wird, dass »Schüler/innen [...] die Gremienarbeit für eine Scheinpartizipation ohne wirkliches Mitbestimmungsrecht« halten (Bundesjugendkuratorium [BJK] 2009, S. 15), da »Schüler:innen in den etablierten Partizipationsstrukturen nur selten auf Augenhöhe die Interessen ihrer Peergroup vertreten können, sondern vielmehr Ordnungsaufgaben übernehmen müssen« (Kenner 2021, S. 256). Kenner (2021, S. 256) spricht vom »Paradoxon, dass Schüler:innen zum selbstständigen und kritischen Analysieren, Urteilen und Handeln befähigt werden sollen, sie aber daran gehindert werden, als Konsequenz daraus Kritik an bestehenden Verhältnisse zu artikulieren und an deren Veränderung mitzuwirken«. Hinzu kommt, dass teilweise auch bestehende Rechte den Schülerinnen und Schüler nicht bekannt sind und eine Umsetzung vom Willen der Schulleitung oder der Lehrkräfte abhängt. Rieker et al. (2016, S. 6) fügen hinzu, dass somit die formellen Formen der Beteiligung, wie beispielsweise die Schülervertretung, aufgrund der genannten Scheinpartizipationsstrukturen entsprechend aus Sicht der Schülerinnen und Schüler wenig Bedeutung hätten und die Schülerinnen und Schüler sich eher für zeitlich begrenzte und handlungsorientierte Partizipation interessierten. Konkludiert werden kann, dass somit bei Befragungen von Kindern und Jugendlichen häufig Probleme im Zusammenhang mit schulischer selbstverwalteter Beteiligung aufgezählt werden, was die unzutreffende Partizipation in Unterricht und Schule und auch die geringen Einflussmöglichkeiten von Gremien wie Schülervertretungen verdeutlicht (Hahn-Laudenberg, Deimel & Abs 2022, S. 729), sodass das Bundesministerium für Frauen, Senioren, Familien und Jugend BMFSFJ (2020, S. 234) in seinem 16. Kinder- und Jugendbericht resümiert, »dass vielfach Formen der Schein- und Alibipartizipation (postdemokratische Strukturen) anzutreffen sind«.

> »Bedenklich […] erscheint insbesondere der Befund, dass die Einschätzung der Effektivität und der Bedeutung schulischer Gremien mit zunehmendem Alter zurückgeht. Im Laufe der Schüler/innenbiografie scheint sich die Enttäuschung über die Reichweite von Gremienaktivitäten in der Schule zu verfestigen.« (Bundesjugendkuratorium [BJK] 2009, S. 15)

Andererseits gibt es Best-Practice-Beispiele der Schülervertretungsarbeit und gelingender schulischer Partizipation, was belegt, dass es Schulen durchaus gelingen kann, die Mitbestimmungsmöglichkeiten in verschiedenen Bereichen effektiv und zufriedenstellend im Sinne wirklicher Partizipation umzusetzen (Hahn-Laudenberg, Deimel & Abs 2022, S. 729). Hierzu gehören etwa die von »Schule ein Gesicht geben« auf ihrer Internetseite (2024) zusammengetragenen Best-Practice-Beispiele. Es bestehen vielfältige allgemeine Handlungsempfehlungen für erfolgreiche Schülervertretungsarbeit, wie etwa das Handbuch für Schülervertretungen *Pimp my school* (Friedrich-Ebert-Stiftung & Scheel 2020) oder die Seite *SVtipps.*de (Beutenmüller & Greinert o. J.), wobei dies häufig »leider nicht in der

Fläche und nicht als ›Normalfall‹« (Schneider, Stange & Roth 2009, S. 7) gewertet werden kann:

> »Entwickelte und ernst gemeinte Partizipation von Kindern ist deshalb – trotz vieler farbiger Modellprojekte und häufiger ›Feuerwerkspädagogik‹ – derzeit in der Praxis eher die Ausnahme statt die Regel! Die heutige Praxis lässt sich kennzeichnen durch fehlende Beteiligungskultur und unterentwickelte Alltagspartizipation in Kommune und Schule.« (Schneider, Stange & Roth 2009, S. 8)

2.3 Forschungsstand zur Schülerpartizipation an schulischem Klimaschutz

Insbesondere in den letzten Jahren rückte das Thema des Klimawandels und des Klimaschutzes vor allem bei Jugendlichen unter anderem etwa durch Bewegungen wie Fridays for Future oder Extinction Rebellion immer mehr in den Mittelpunkt des Interesses, und die Angst vor dem Klimawandel kristallisierte sich auch in Jugendstudien als sehr präsent heraus. Veith, Förster und Weiß (2020, S. 34) führen an, dass das jugendliche Engagement und Interesse an Klimaproblematiken in den letzten Jahren angestiegen sei und auch Schulen dies zunehmend aufgriffen und zahlreiche Aktivitäten ausführen würden (und sollten).

Drei Beispiele für größere Schulprogramme im Sektor des Klimaschutzes, welche gemäß des Whole School Approach nicht nur einzelne Projekt anvisieren, sondern insgesamt Klimaneutralität von Schulen und umfassende transformative Bildung anstreben, sind das Programm *Bildung für nachhaltige Entwicklung* (*BLK-Programm 21* sowie der Nachfolger *Transfer 21*) (https://www.umweltschulen.de/agenda/bildung-fuer-nachhaltige-entwicklung-in-der-schule.html), das Programm *Umweltschule in Europa – Internationale Nachhaltigkeitsschule* (http://www.umwelterziehung.de/projekte/umweltschule/), das in Deutschland durch die Deutsche Gesellschaft für Umwelterziehung (DGU) gestützt wird, und das von

Greenpeace e.V. initiierte Programm *Schools for Earth* mit gegenwärtig bundesweit mehr als 120 teilnehmenden Schulen. Am BLK-Programm 21 beteiligten sich 200 Schulen mit den Sekundarstufen I und II aus 15 Bundesländern (Hauenschild & Rode 2013, S. 61). 27 Prozent der befragten Schülerinnen und Schüler waren in den klimarelevanten Bereichen Energieeinsparung, Müllvermeidung und Wasserschutz aktiv, weitere 24 Prozent im Sektor der Umgestaltung von Schulgebäude und -gelände etwa im Sinne einer größeren Klimafreundlichkeit oder gar -neutralität (Hauenschild & Rode 2013, S. 72). Am Programm der Umweltschulen – Internationale Nachhaltigkeitsschulen sind weltweit etwa 30.000 Schulen und in Deutschland circa 900 Schulen aus acht Bundesländern beteiligt. Im Projekt »Eco-Schools – Umweltmanagement mit Schülerbeteiligung« entstand eine Handreichung, in der Praxisbeispiele für die Partizipation im Bereich der Umweltbildung und des Klimaschutzes aufgeführt werden (DGU o. J., S. 3). Hierfür wurden zwölf der Umweltschulen anhand eines Fragenkatalogs befragt, um daraus Handlungsempfehlungen für die Umsetzung von Projekten für andere Schulen abzuleiten.

Dass viele Projektumsetzungen scheinbar Einzelleistungen sind, zeigen die Ergebnisse der *International Civic and Citizenship Education Study* (ICCS) von 2016, an der innerhalb Deutschlands allerdings lediglich das Bundesland Nordrhein-Westfalen teilnahm. Hierbei wurden knapp 1.500 Schülerinnen und Schüler achter Klassen an 59 Schulen befragt. Nur zehn Prozent hatten im vorigen Schuljahr an einem Projekt teilgenommen, welches die Schule umwelt- und klimafreundlicher machen sollte (Hahn-Laudenberg, Deimel & Abs 2020, S. 99).

3. Lösungs-, Ziel- und Transformationswissen zu Materialien und Gelingensbedingungen für Klimaschutzmaßnahmen durch Schülerinnen und Schüler und Schülervertretungen

3.1 Methodischer Hintergrund zur Schülervertretungsstudie

Bisher wurde Klimaschutz als Aufgabe von Schule zwar erkannt, aber zu wenig partizipativ umgesetzt und häufig noch nicht mit der Arbeit von Schülerinnen und Schülern oder der Schülervertretungen zusammengedacht. Es erfolgte bisher noch keine systematische Erfassung und/oder Evaluation der Rolle der Kinder und Jugendlichen oder auch der Schülervertretungen bei der Umsetzung von Klimaschutzprojekten und -maßnahmen in Schulen. Bedeutsam ist in diesem Zusammenhang die Herausarbeitung von Gelingensbedingungen und Herausforderungen im Kontext von durch die Schülervertretung oder anderen institutionellen Organen wie Klimaräten oder Klima AGs angestoßenen oder mitgetragenen Klimaschutzprojekten oder -maßnahmen an Schulen.

Folgende Fragestellungen lagen der hier vorgestellten Schülervertretungsstudie zugrunde:

- Wie tragen Schülervertretungen zur Förderung von Klimaschutzmaßnahmen an Schulen bei?
- Welchen Herausforderungen stehen Schülervertretungen bei der Umsetzung von Klimaschutzmaßnahmen an Schulen gegenüber?
- Welche Bedingungen fördern die erfolgreiche Implementierung von Klimaschutzprojekten und -maßnahmen durch Schülervertretungen?
- Welche Rolle spielen Lehrkräfte und Schulleitungen in der Unterstützung von Schülervertretungen bei der Umsetzung von Klimaschutzmaßnahmen?

Um die individuellen Sichtweisen der Schülervertretungen sowie der sie begleitenden Lehrkräfte insbesondere im Kontext der Arbeit für mehr (schulischen) Klimaschutz aufzudecken, wurde in den Jahren 2023 und 2024 insgesamt an 55 Schulen aus sechs Bundesländern Interviews sowohl mit Schülervertretungen als auch dem sie begleitenden pädagogischen

Fachpersonal umgesetzt (Stein & Möbus 2024; Stein et al. 2025; Lohmann & Stein under review). Hierzu wurden qualitative Leitfadeninterviews mit vorstrukturierten Fragen und offenen Antwortkategorien durchgeführt. Auf die teilstrukturierten Fragen konnten die befragten Personen offen in eigenen Worten antworten (Döring & Bortz 2016, S. 358), wobei der Leitfaden auch die Möglichkeit für Rückfragen oder Nachfragen bot, um in den Erzählraum strukturierend einzugreifen (Helfferich 2011, S. 179). Die Interviews wurden anhand der Regeln zur inhaltlich-semantischen Transkription nach Dresing und Pehl (2018, S. 21) verschriftlicht. Die Auswertung erfolgte durch die qualitative Inhaltsanalyse nach Mayring (2015) im Sinne einer zusammenfassenden Inhaltsanalyse mit induktiver Kategorienbildung aus den erhobenen Daten heraus (Mayring & Fenzl 2019, S. 637). Die Erstellung des Kategoriensystems erfolgte mithilfe der Software MAXQDA.

Es wurden Schülervertretungen und Schülervertretungsbegleitungen aus insgesamt 55 Schulen befragt. Bei den Schulen handelte es sich um weiterführende Schulen in staatlicher und kirchlicher Trägerschaft (Gymnasien, Sekundar- bzw. Oberschulen, Realschulen, Gesamtschulen) sowie je eine Waldorfschule in freier Trägerschaft und ein Berufskolleg aus insgesamt sechs Bundesländern (Berlin, Brandenburg, Nordrhein-Westfalen, Niedersachsen, Sachsen-Anhalt und Thüringen), um eine breite und aussagekräftige Streuung zu gewährleisten, auch wenn kein Anspruch auf Repräsentativität gegeben ist. Die befragten Schülerinnen und Schüler waren durchschnittlich zwischen 15 und 17 Jahre alt. Grundlage dieses Beitrags sind die Erhebungen im Rahmen des Teilprojekts zur Partizipation von Schülervertretungen an Projekten im Kontext des schulischen Klimaschutzes. Hierzu wurde ein Gymnasium im Bundesland Niedersachsen, das seit Jahren immer wieder als Umweltschule zertifiziert wurde, genauer begleitet. Das Land Niedersachsen wurde hier bewusst für die vorliegende Untersuchung ausgewählt, da es im Vergleich mit anderen Bundesländern besonders weitreichende Möglichkeiten schulischer Partizipation bzw. auch Ansätze der Selbstverwaltung von im Schulkontext entstandenen Arbeitsgemeinschaften oder Gruppen ermöglicht:

> »Hier ist mit dem § 86 ›Schülergruppen‹ im niedersächsischen Schulgesetz das Recht für Schüler:innen formuliert, sich in Gruppen zu organisieren und für die durchaus allgemeinpolitischen Ziele einzustehen, die als Auftrag der Schule in § 2 des Schulgesetzes formuliert sind. Hier heißt es unter anderem, dass die Schüler:innen befähigt werden sollen: zur ›Erhaltung der Umwelt‹ beizutragen [...] (Schulgesetz Niedersachsen, § 2 Bildungsauftrag der Schule). Wollen sich Schüler:innen zur Erfüllung dieses Bildungsauftrages zusammenschließen, zum Beispiel eine [...] Arbeitsgemeinschaft gründen, ›so gestattet ihnen die Schulleiterin oder der Schulleiter die Benutzung von Schulanlagen und Einrichtungen der Schule‹ (Schulgesetz Niedersachsen, § 86 Schülergruppen). Diese Verankerung eines rechtlichen Anspruchs auf politische Partizipation in der Schule ist vorbildhaft.« (Kenner 2021, S. 258)

An der Schule, bei der besonders der Bereich BNE und Klimawandel im Inhaltsfokus sowohl der Schule insgesamt als auch der Schülervertretung steht, wurden 15 Interviews geführt:

- drei Einzelinterviews mit Lehrkräften (Leitung Umweltgruppe, Leitung und ehem. Leitung Umwelt-AG)
- ein Einzelinterview mit der Lehrkraft, welche Schülervertretungsbegleitung ist
- ein Gruppeninterview mit der gesamten Schülervertretungsgruppe
- zehn Einzelinterviews mit Schülerinnen und Schüler, die in der Schülervertretung aktiv sind.

3.2 Materialien für Schülerinnen und Schüler und Schülervertretungen zum schulischen Klimaschutz

Im Rahmen der hier vorgestellten Schülervertretungsstudie erfolgte zunächst im Sinne eines Reviews eine strukturierte Zusammenstellung verfügbarer Materialien für Kinder und Jugendliche zur Gestaltung von Klimaschutzkonzepten, -projekten und -maßnahmen an Schule. Bislang fehlte ein solch strukturierender Überblick, der Hilfestellungen für die Schülerinnen und Schüler selbst, aber auch die sie begleitenden Pädagog:innen bieten kann. Von etlichen Nichtregierungsorganisationen wurden im Kontext Klimawandel und Klimaschutz unterschiedlichste Materialien entwickelt, die kostenlos und niedrigschwellig digital verfügbar sind; diese sind ausschnittsweise in Tab. 2 zusammengetragen.

Tab. 2: Angebote zum Thema Klimawandel für Schüler(vertretungen)

Klasse Klima – Her mit der coolen Zukunft	
NGO	BUNDjugend
Inhalt	digitale und Präsenzworkshops, Handbücher, Arbeitshefte, Poster und Materialsammlung als Anleitung zur eigenen Projektplanung, -realisierung und -budgetierung im Nachhaltigkeitsbereich für Jugendliche
Link	https://www.bundjugend.de/projekte/klasse-klima/materialien-fuer-klima-ags/ https://www.bundjugend.de/projekte/klasse-klima/materialien-fuer-online-workshops/ https://www.bundjugend.de/projekte/klasse-klima/materialien-fuer-praesenz-workshops/
»Unsere Schule für das Klima« und KlimaKit ›Schools-for-Earth-Klimarechner‹	
NGO	Greenpeace e. V. und für den Klimarechner das Institut für Energie- und Umweltforschung Heidelberg (ifeu)
Inhalt	Bücher, Einheiten und Aktionen, die für Jugendliche gestaltet sind: Handbuch, Journal, Klimaaktionskarten, Format- und Werkzeugkarten zum Klimaschutz, Brainstormingkarten; Planungs- und Handlungshilfen, Begegnung mit Klimaaktivist:innen Möglichkeit der Erstellung einer Klimabilanz der Schule: Aufstellung darüber, aus welchen Bereichen die Treibhausgasemissionen der Schule stammen, und Ablesen der Wirksamkeit von Klimaschutzmaßnahmen
Link	https://www.greenpeace.de/bildungsmaterial/SfE_Handreichung_Klimaschutzmassnahmen_210416.pdf https://www.greenpeace.de/ueber-uns/umweltbildung/klimakit-lernreise https://co2-schulrechner.greenpeace.de/willkommen

KI-Box Klima	
NGO	BildungsCent e. V.
Inhalt	Materialboxen für eine Annäherung an die Bereiche der künstlichen Intelligenz und Klimaschutz: Bausätze, Spiele, Materialien, Aktionsvorschläge
Link	https://www.bildungscent.de/aktuelles/news-aktuelles-einzelansicht/news/jetzt-eine-ki-box-klima-sichern/?tx_news_pi1%5Bcontroller%5D=News&tx_news_pi 1%5Baction%5D=detail&cHash=0c9d0347370177d958cb38ef76f2fda4
»Schule-Klima-Wandel«	
NGO	Schülervertretung-Bildungswerk
Inhalt	Projektideen und -inspirationen sowie Materialien zur Umsetzung von Nachhaltigkeitsprojekten und -workshops an Schulen mit Schülerbeteiligung
Link	https://www.schule-klima-wandel.de/projekte-workshops/#inspirationen-projektideen
Mein SV-Wissen im Kontext Klimaschutz und Schulklimarat	
NGO	Schule ein Gesicht geben e. V.
Inhalt	Unterstützungsangebote für die Aktivierung von Schülervertretungen im Klimabereich; Klimaschutzprojektideen mit Checklisten zur erfolgreichen Umsetzung und Implementierung inklusive einem digitalen Projektplaner, bei dem einzelne Planungsschritte mit Zusatzinformationen ausgefüllt werden können; Padlet mit Informationen zum Klimaschutz inklusive von Unterstützungsangeboten
Link	https://meinsvwissen.de/?s=Klimaschutz https://schuleeingesichtgeben.de/klimaschutz/
Eco-Schools – Umweltmanagement mit Schülerbeteiligung	
NGO	Deutsche Gesellschaft für Umwelterziehung (DGU)
Inhalt	Handreichung mit Praxisbeispielen für die Partizipation von Jugendlichen in Umweltbildung und Klimaschutz im schulischen und außerschulischen Bereich
Link	http://www.umwelterziehung.de/download/umweltschule/USE_INA%20-%20Praxisbeispiele%20zur%20Schuelerbeteiligung.pdf

Klima AG gründen	
NGO	Das macht Schule e. V.
Inhalt	Ideen und Materialien zur Gründung einer Klima AG mit interaktiven Austauschmöglichkeiten wie etwa einem Blog
Link	https://www.das-macht-schule.net/projects/klima-ag
Klima AG	
NGO	Deutsches Kinderhilfswerk e. V. (DKHW)
Inhalt	Internetseite mit Tipps, Ideen und Materialien, um sich als Kind und Jugendlicher verstärkt für Klimagerechtigkeit und Nachhaltigkeit einzusetzen
Link	https://www.kindersache.de/bereiche/wissen/panorama/setz-dich-ein-eine-klima-ag-gruenden
Schule·Klima·Wandel 2.0	
NGO	Bundesministerium für Wirtschaft und Klimaschutz und Nationale Klimaschutzinitiative
Inhalt	Fortbildung von Jugendlichen zu Klimabotschafter:innen, die selbst Workshops für Gleichaltrige anbieten; bundesweite Vernetzung dieser Botschafter:innen
Link	https://www.klimaschutz.de/de/projekte/schuleklimawandel-20 https://www.schule-klima-wandel.de/
Road to Klimaneutrale Schule	
NGO	Next economy lab
Inhalt	Methodensammlungen, Handreichungen und eine Roadmap für Jugendliche, um die Schule klimaneutraler zu gestalten; Workshops und Coachings für Schülerinnen und Schüler, um sie zu Klimaschutzmaßnahmen zu befähigen; Finanzierungshilfen
Link	https://nexteconomylab.de/de/projekte/road-to-klimaneutrale-schule

Diese Maßnahmen richten sich jedoch nicht explizit an Schülervertretungen, welche per Gesetz die Aufgabe der Repräsentation und der strukturell verankerten Mitbestimmung der Kinder und Jugendlichen im Schulkontext haben. Zudem erfolgte nur in einigen Fällen, etwa im Rahmen der

Eco-Schools eine evaluative Begleitung oder eine projektierte Einführung und Umsetzung sowie Bewertung der Maßnahmen. Auch wurden die Gelingensbedingungen und Herausforderungen im Kontext von durch die Schülervertretung oder anderen institutionellen Organen wie Klimaräten oder Klima AGs angestoßenen oder mitgetragenen Klimaschutzprojekten oder -maßnahmen an Schulen noch nicht systematisch durch Befragungen der Beteiligten herausgearbeitet. Im Rahmen des Projekts wurden alle an der Umsetzung von Maßnahmen im schulischen Klimaschutzbereich aktiven Personen befragt und aus den Interviews sowohl praxisorientierte Gelingensbedingungen abgeleitet wie auch eine für Jugendliche aufbereitete Handreichung erarbeitet.

3.3 Gelingensbedingungen von Schülervertretungsarbeit im Klimaschutzbereich

Insgesamt wurden in der Schule durch die Schülervertretung im Sinne eines Whole School Approach sowohl Projekte umgesetzt, um Schule klimafreundlicher zu gestalten (u. a. Wasserspender, um energieintensive Plastikflaschen zu vermeiden; regionales, saisonales, ökologisches Mensaessen zur Vermeidung von langen Transportwegen; Verbesserung des Mülltrennungssystems und Maßnahmen der Müllvermeidung, um den CO_2-Fußabdruck geringer zu halten), wie auch Projekte der Bewusstseinsbildung im Bereich Klimaschutz für die Schülerinnen und Schüler selbst wie die Gestaltung von Projekttagen. In den Interviews kristallisierten sich auch in Übereinstimmung mit anderen Interviewstudien zur schulischen Partizipation etwa von Kenner (2021) individuelle und strukturelle Gelingensbedingungen heraus.

Hohe Bedeutung der intrinsischen Motivation der in der Schülervertretungsarbeit aktiven Jugendlichen, aber auch der anleitenden Lehrkräfte sowie unterstützende finanzielle und rechtliche Rahmenbedingungen der Schule werden in Übereinstimmung mit der Literatur als wichtige Erfolgskriterien benannt. Ebenfalls notwendig ist die Unterstützung einer Schülervertretungsbegleitung, welche beim Projektmanagement konstruktiv unterstützt. Hierzu müssten entsprechende Lehrkräfte mit Ausgleichsstunden gefördert werden. »Dabei geht es nicht darum, dass Schüler:innen dazu angehalten werden, politisch aktiv zu sein, sondern darum, den interessierten Schüler:innen eine Infrastruktur zur Verfügung zu stellen und damit die Möglichkeit zu schaffen, sich politisch einzubringen.« (Kenner 2019, S. 261)

Angemessene Rahmenbedingungen des Engagements für alle Beteiligten: Die Rahmenbedingungen müssten in erster Linie über die Schulen sowie die rechtlichen Regelungen der Länder bereitgestellt werden. Hierzu gehören etwa ausreichende finanzielle und zeitliche Ressourcen für die Umsetzung von Projekten und Maßnahmen im Klimaschutzbereich sowie die Bereitstellung geeigneter Räumlichkeiten.

> »Eine Möglichkeit wäre es, im pädagogischen Leitbild der Schule festzuhalten, dass sich die Schüler:innen in Arbeitsgemeinschaften zum Zwecke der Erfüllung des schulischen Bildungsauftrages politisch organisieren dürfen. Damit sind vielfältige politische Themenfelder wie unter anderem […] Umweltengagement […] eröffnet.« (Kenner 2019, S. 262)

Partizipation der Schülerinnen und Schüler in den Projekten: Bedeutsam ist hierbei nicht nur die Möglichkeit, langfristig in der Schülervertretung oder etwa bei einer Nachhaltigkeits AG mitzuwirken, auch ohne selbst gewählt zu sein, sondern auch die Möglichkeiten eines punktuellen und stark interessengestützten Kurzzeitengagements. Bedeutsam ist hierbei die Gründung einer eigenen Klimaschutzgruppe oder Klima AG, bei der ein spezifisches Thema im Mittelpunkt steht. Gefordert ist ein

> »angstfreie[r] Bildungsraum, der es den Kindern und Jugendlichen ermöglicht, sich mit politischen Themen zu beschäftigen. […] Dieser Bildungsraum kann nur gemeinsam geschaffen werden, unter Einbeziehung aller beteiligten Akteur:innen, Schüler:innen, Lehrkräfte, dem pädagogischen und nicht-pädagogischen Personal sowie den Eltern.« (Kenner 2019, S. 260)

Kooperationsstrukturen innerhalb und außerhalb der Schule: Für eine dauerhafte Implementierung des Projekts ist es notwendig, dieses fest im Rahmen eines Whole School Approach einzubinden. Als wichtig wird hierbei zudem erachtet, dass verlässliche Kontakte zu kommunalen Stellen, Personen, Institutionen und Ämtern sowie intensive Kooperationen mit externen Gruppen aufgebaut werden, etwa regionalen Klimaakteur:innen.

Wenn diese flankierenden Gelingensbedingungen eingehalten werden, können, aus den Interviews abgeleitet und darauf basierend, folgende Erfolg versprechenden Schritte der Umsetzung von Klimaschutzmaßnahmen an Schulen abgeleitet werden.

1	Etablierung einer Klimagruppe und/oder Benennung einer Projektleitung
2	Kooperationen und Austausch mit externen Akteur:innen
3	Interne Kooperation und Kommunikation sowie Partizipation
4	Ausarbeitung eines Aktionsplans für Aktionen im Kontext des Klimas
5	Bei Bedarf: Implementierung von Testphasen und anschließende Evaluation
6	Umsetzung und Veröffentlichung der Ergebnisse der Maßnahmen, Projekte
7	Evaluation, fortlaufende Verbesserung und dauerhafte Implementierung

Tab. 3: Empfohlene Vorgehensweise bei Klimaschutzprojekten

Zudem wurde in Anlehnung an die Sichtung bisheriger Maßnahmen (siehe Tab. 2) und die Interviews eine Handreichung für erfolgreiche Klimaschutzaktivitäten im Rahmen der Schülervertretungsarbeit gestaltet, die auf den Seiten des Vereins »Schule ein Gesicht geben« kostenlos herunterladbar ist (https://meinsvwissen.de/klimaschutz-projekte/).

Abb. 1: Beispielhafte Ausschnitte aus der Handreichung für Schülervertretungen.

4. Fazit und Ausblick

4.1 Wie sieht gelingender Klimaschutz an Schulen aus?

Insgesamt kann auf Basis aller gesichteten Konzepte und Materialien konkludiert werden, dass Klimaschutz ganzheitlich angelegt sein und alle an Schulen Beteiligten mitnehmen muss. Gefordert ist kein Top-down-Prozess, sondern eine systemische Verzahnung. Im Sinne des Whole School Approach sind Klimaschutzthemen nicht nur fächerübergreifend und fachspezifisch im Unterricht zu verankern, sondern sie müssen auch im Schulleben sichtbar werden.

Als erster Schritt müsste hierbei unter Zuhilfenahme der Schülerinnen und Schüler eine Klimaschutzbilanz der Schule gefertigt werden sowie eine Roadmap, wie, darauf basierend, eine Reduzierung der CO_2-Emissionen erreicht werden kann. Hierbei sind gemeinsam mit allen Beteiligten auch unter Einbezug der Schülervertretungen und/oder einer Klima AG oder eines Klimarats geeignete Maßnahmen zu erarbeiten, umzusetzen und in ihrer Wirksamkeit durch Befragungen und einen Blick auf regelmäßig erfolgende Klimabilanzierungen abzuschätzen und gegebenenfalls nachzubessern. Diese strukturellen Maßnahmen sind zu flankieren durch Bewusstseinsbildung und Workshops, die auch von ausgebildeten jugendlichen Klimabotschafterinnen und -botschaftern für die Gleichaltrigen angeboten werden könnten, um lebensnah und nachhaltig Wandelprozesse anzustoßen.

Drei Literaturtipps mit Kurzbeschreibung

1. Bundesministerium für Familie, Senioren, Frauen und Jugend (BMFSFJ) (Hrsg.) (2020). *16. Kinder- und Jugendbericht. Förderung demokratischer Bildung im Kindes- und Jugendalter.* Berlin: BMFSFJ. https://www.bmfsfj.de/resource/blob/162232/27ac76c3f5ca10b0e914700ee54060b2/16-kinder-und-jugendbericht-bundestagsdrucksache-data.pdf.
   Umfassende Darstellung der (mangelhaften) Partizipation von Kindern und Jugendlichen im schulischen wie im familiären, außerschu-

lischen und politischen Bereich mit einem Plädoyer und Handlungshinweisen, um die Partizipation zu erhöhen.

2. Friedrich-Ebert-Stiftung (FES) Landesbüro NRW & Scheel, F. (Hrsg.) (2020). *Pimp my school. 1 × 1 der SV-Arbeit. Nordrhein-Westfalen I* (1. Aufl.). Bonn: Friedrich-Ebert-Stiftung.
   Einmaleins der SV-Arbeit. Umfassende und praktische Darstellung der Möglichkeit, Partizipation auch im Transformationsbereich durch SV-Arbeit zu erhöhen.
3. Greenpeace e. V. (2021). *Whole School Approach. Ganzheitlicher Ansatz zur Schulentwicklung.* Berlin: Greenpeace. https://www.greenpeace.de/publikationen/whole_school_approach_schulentwicklung_sfe_202311.pdf.
   Umfassende Darstellung, wie Schule auf allen Ebenen im Sinne einer größeren Nachhaltigkeit gemeinschaftlich umstrukturiert werden kann.

Drei didaktische Hinweise

1. Alle Schülerinnen und Schüler sollten von Anfang an mit den Materialien der Angebote zum Thema Klimawandel (siehe Tab. 2) vertraut gemacht werden; hierzu können diese etwa in Gruppen jeweils die unterschiedlichen Materialien sichten und vorstellen.
2. Idealerweise wird an der Schule eine Klima AG oder ein Klimarat gegründet, um das Thema noch verstärkter aufzugreifen; hier kann der Verein »Schule ein Gesicht geben« unterstützen: https://schuleeingesichtgeben.de/klimaschutz/ (siehe konkrete Projekte hierzu).
3. Die Handreichung für Schüler(vertretungen) für mehr Klimaschutz sollte idealerweise genutzt und auf die spezifischen Bedürfnisse, Strukturen und Schwerpunkte der eigenen Schule gemeinsam mit den Schülerinnen und Schüler umgeschrieben werden.

Literatur

Achour, S. & Wagner, S. (2019). *»Wer hat, dem wird gegeben.« Untersuchung zur politischen Bildung an Schulen. Zusammenfassung wesentlicher Befunde.* Bonn: Friedrich-Ebert-Stiftung. https://library.fes.de/pdf-files/studienfoerderung/15466.pdf.

Betz, T., Gaiser, W. & Pluto, L. (Hrsg.) (2011). *Partizipation von Kindern und Jugendlichen. Forschungsergebnisse, Bewertungen, Handlungsmöglichkeiten* (2. Aufl.). Schwalbach/Ts: Wochenschau Verlag.

Beutenmüller, F. & Greinert, F. (o. J.). *Projektmanagement.* https://svtipps.de/projektmanagement/.

Bundesjugendkuratorium (BJK) (2009). *Partizipation von Kindern und Jugendlichen. Zwischen Anspruch und Wirklichkeit.* Stellungnahme des Bundesjugendkuratoriums. https://bundesjugendkuratorium.de/data/pdf/press/bjk_2009_2_stellungnahme_partizipation.pdf.

Bundesministerium für Familie, Senioren, Frauen und Jugend (BMFSFJ) (Hrsg.) (2020). *16. Kinder- und Jugendbericht. Förderung demokratischer Bildung im Kindes- und Jugendalter.* Berlin: BMFSFJ. https://www.bmfsfj.de/resource/blob/162232/27ac76c3f5ca10b0e914700ee54060b2/16-kinder-und-jugendbericht-bundestagsdrucksache-data.pdf.

De Haan, G. (2008). Gestaltungskompetenz als Kompetenzkonzept für Bildung für nachhaltige Entwicklung. In: G. de Haan & I. Bormann (Hrsg.). *Kompetenzen der Bildung für nachhaltige Entwicklung. Operationalisierung, Messung, Rahmenbedingungen, Befunde.* Wiesbaden: VS Verlag für Sozialwissenschaften, S. 23–45.

Debatin, G. (2019). *Partizipation in der Grundschule* (1. Aufl.). Berlin: Cornelsen.

Deutsche Gesellschaft für Umwelterziehung (DGU) (o. J.). *Umweltschule in Europa. Internationale Agenda-21-Schule. Praxisbeispiele für Schülerbeteiligung in USE/INA-Schulen.* http://www.umwelterziehung.de/download/umweltschule/USE_INA%20-%20Praxisbeispiele%20zur%20Schuelerbeteiligung.pdf.

Döring, N. & Bortz, J. (2016). *Forschungsmethoden und Evaluation in den Sozial- und Humanwissenschaften* (5. vollständig überarbeitete, aktualisierte und erweiterte Aufl.). Berlin, Heidelberg: Springer.

Dresing, T. & Pehl, T. (2018). *Praxisbuch. Interview, Transkription & Analyse. Anleitungen und Regelsysteme für qualitativ Forschende* (8. Aufl.). Marburg: audiotranskriptionen.de.

Friedrich-Ebert-Stiftung (FES) Landesbüro NRW & Scheel, F. (Hrsg.) (2020). *Pimp my school. 1 × 1 der SV-Arbeit. Nordrhein-Westfalen I* (1. Aufl.). Bonn: Friedrich-Ebert-Stiftung.

Greenpeace e. V. (2021). *Whole School Approach. Ganzheitlicher Ansatz zur Schulentwicklung.* Berlin: Greenpeace. https://www.greenpeace.de/publikationen/whole_school_approach_schulentwicklung_sfe_202311.pdf.

Grundmann, D. (2017). *Bildung für nachhaltige Entwicklung in Schulen verankern. Handlungsfelder, Strategien und Rahmenbedingungen der Schulentwicklung.* Wiesbaden: Springer VS.

Grunwald, A. & Kopfmüller, J. (2022). *Nachhaltigkeit* (3., aktualisierte und erweiterte Aufl.). Frankfurt, New York: Campus Verlag.

Hahn-Laudenberg, K., Deimel, D. & Abs, H.J. (2020). Partizipation von Schüler:innen. Differenzierungen im Anschluss an die International Civic and Citizenship Education Study 2016. In: H.-P. Burth & V. Reinhardt (Hrsg.). *Wirkungsanalyse von Demokratie-Lernen. Empirische und theoretische Untersuchungen zur Demokratiedidaktik in Schule und Hochschule.* Opladen, Berlin, Toronto: Verlag Barbara Budrich, S. 93–114.

Hauenschild, K. & Rode, H. (2013). Bildung für nachhaltige Entwicklung im schulischen Kontext. In: N. Pütz, M.K.W. Schweer & N. Logemann (Hrsg.). *Bildung für nachhaltige Entwicklung. Aktuelle theoretische Konzepte und Beispiele praktischer Umsetzung. Psychologie und* Gesellschaft. Band 11. Frankfurt: Peter Lang, S. 61–83.

Helfferich, C. (2011). *Die Qualität qualitativer Daten. Manual für die Durchführung qualitativer Interviews* (4. Aufl.). Wiesbaden: VS Verlag.

Höke, L., Möbus, B. & Stein, M. (2024). Förderung von Nachhaltigkeits- und Demokratiekompetenzen im Rahmen von Nachhaltigkeitsprojekten in der Schülervertretungsarbeit. In: S. Achour, B. Debus, T. Debus & P. Massing (Hrsg.). *Bildung für nachhaltige Entwicklung. WOCHENSCHAU-Sonderausgabe 2024, Sek I+II* (S. 46–51). Schwalbach: Wochenschau Verlag.

Horstmann, O. (2021). Demokratische Schulen! Aber wie? Maßnahmen für eine eigene Schuldemokratie entwickeln. In: *Unterricht Wirtschaft und Politik, 2*, 6–7.

Kenner, S. (2021). *Politische Bildung in Aktion. Eine qualitative Studie zur Rekonstruktion von selbstbestimmten Bildungserfahrungen in politischen Jugendinitiativen.* Berlin: Springer Open Access.

Liening-Konietzko, A. (2017). *Schülerpartizipation ermöglichen. Erfahrungen von Lehrerinnen und Lehrern an Gemeinschaftsschulen.* Opladen, Berlin, Toronto: Verlag Barbara Budrich.

Lohmann, W.M. (2024). Schülervertretungsarbeit und Kinderrechte im Schulkontext. In: M. Stein, B. Möbus & J. Faber (Hrsg.). *GEW Hochschuldepesche des Referats Hochschule der GEW-Weser-Ems. Themenheft ›Kinderrechte in Schule und Hochschule‹, Bd. 1.* Vechta: GEW Hochschulreferat Weser-Ems, S. 43–54. https://gew-weserems.de/hochschule/.

Lohmann, W.M. & Stein, M. (under review). Schülervertretungsarbeit gegen Demokratiefeindlichkeit. In: IU Internationale Hochschule (Hrsg.). *Menschenrechte und Soziale Arbeit* (under review). Weinheim: Beltz Juventa.

Mayring, P. & Fenzl, T. (2019). Qualitative Inhaltsanalyse. In: N. Baur & J. Blasius (Hrsg.). *Handbuch Methoden der empirischen Sozialforschung.* Wiesbaden: Springer.

Mayring, P. (2015). *Qualitative Inhaltsanalyse. Grundlagen und Techniken* (12., überarbeitete Aufl.). Weinheim, Basel: Beltz.

Moldenhauer, A. (2015). *Dialektik der Partizipation. Eine rekonstruktive Studie zu Erfahrungen von Schülerinnen und Schülern mit Partizipation in Gemeinschaftsschulen.* Opladen/Berlin/Toronto: Verlag Barbara Budrich.

Rieker, C., Mörgen, R., Schnitzer, A. & Stroezel, H. (2016). *Partizipation von Kindern und Jugendlichen. Formen, Bedingungen sowie Möglichkeiten der Mitwirkung und Mitbestimmung in der Schweiz* (1. Aufl.). Wiesbaden: Springer.

Schäfer, A. (2015). *Der Verlust politischer Gleichheit. Warum die sinkende Wahlbeteiligung der Demokratie schadet.* Frankfurt a. M.: Campus.

Schneider, H., Stange, W. & Roth, R. (2009). *Kinder ohne Einfluss? Eine Studie des ZDF zur Beteiligung von Kindern in Familie, Schule und Wohnort in Deutschland.* Mainz: ZDF. https://www.netzwerk-stiftungen-bildung.de/sites/default/files/2023-02/2009_Schneider_Stange_Roth_ZDF_Studie_2009.pdf

Stein, M. & Möbus, B. (2024). Schüler:innen mit sonderpädagogischem Förderbedarf in der Schüler:innenvertretung – Status quo und Möglichkeiten einer Förderung von Beteiligung an diesem Gremium. *Zeitschrift für Inklusion ZfI, 19* (3), 50–66. https://www.inklusion-online.net/index.php/inklusion-online/article/view/788/559.

Stein, M., König, F., Lohmann, W. M. & Möbus, B. (2025). Voraussetzungen und Herausforderungen der Begleitung demokratischer Partizipation durch Schülervertretungsarbeit – Wissen über Schülervertretungsbegleitung als Aufgabe der Lehrkräftebildung. In: M. Busch, M. Dittgen, L. Frerick & B. Weyand (Hrsg.). *Demokratiebildung als Querschnittsaufgabe der Lehrer:innenbildung.* Schwalbach: Wochenschau Verlag, S. 136–147.

Steiner, A. K. & Engdaw, M. M. (2022). Climate change, its impacts, and attribution of causes: Current status and challenges. In: E. Schulev-Steindl, M. Hinteregger, G. Kirchengast, L. H. Meyer, O. C. Ruppel, G. Schnedl & K. W. Steiniger (Hrsg.). *Climate Change, Responsibility and Liability. Climate Change Law and Governance-Droit et Gouvernance du Changement ClimatiqueKlimaschutzrecht und Governance.* Baden-Baden: Nomos, S. 21–41.

UNESCO & Deutsche UNESCO-Kommission e. V. (2021). *Bildung für nachhaltige Entwicklung. Eine Roadmap.* Berlin: Druckerei Brandt. https://www.unesco.de/sites/default/files/2021-10/BNE_2030_Roadmap_DE_web-PDF_nicht-bf.pdf.

Veith, H., Förster, M. & Weiß, M. (2020). Demokratiekompetenz, Demokratieverstehen und Demokratieerziehung. In: H.-P. Burth & V. Reinhardt (Hrsg.), *Wirkungsanalyse von Demokratie-Lernen. Empirische und theoretische Untersuchungen zur Demokratiedidaktik in Schule und Hochschule* (Band 3). Opladen, Berlin, Toronto: Verlag Barbara Budrich, S. 93–114.

Weselek, J. (2022). *Bildung für nachhaltige Entwicklung zwischen politischer Erwartung und schulischer Praxis. Eine bildungs- und umweltsoziologische Analyse.* Wiesbaden: Springer.

Wissenschaftlicher Beirat Globale Umweltveränderungen der Bundesregierung (WBGU) (2011). *Welt im Wandel. Gesellschaftsvertrag für eine Große Transforma-*

tion. Hauptgutachten 2011. https://web.archive.org/web/20130616214322/http://www.wbgu.de/fileadmin/templates/dateien/veroeffentlichungen/hauptgutachten/jg2011/wbgu_jg2011.pdf.

Zellner, R. (2021). Klimawandel: Fakten und Ursachen. Eine naturwissenschaftliche Perspektive. In: D. Winkler (Hrsg.), *Klimawandel Klimakrise Klimakollaps*. Perspektiven auf Gesellschaft und Politik. Stuttgart: Kohlhammer, S. 17–41.

Christian Wittlich, Nadja Belova & Ingo Eilks

Das Klima aufs Spiel setzen? Zum Umgang mit ernsten Themen durch Spielen

Kurzzusammenfassung

Aufgrund der hohen Komplexität vieler klimarelevanter Themen ist beim Unterrichten und Lernen methodische Vielseitigkeit geboten. Im fachlichen wie auch im überfachlichen Lernen ist die Verwendung verschiedenster Methoden des Lernens durch Spielen beschrieben (Belova et al. 2025). Dabei erfährt das Lernen durch Spielen scheinbar gerade eine regelrechte Renaissance. Der Trend zu einem verstärkten Einsatz an spielbasierten Methoden geht mit einer Zunahme an digitalen Lernangeboten einher. Auch in der tertiären Bildung wird dieser Trend durch universitäre Lehrveranstaltungen aufgegriffen. Im Sinne des transformativen Lernens sollen dabei von den Spielenden Problemlösungen gedacht, diskutiert und erprobt werden. Ausgehend von einer Literaturanalyse zu spielbasierten Lernangeboten werden Best-Practice-Beispiele vorgestellt und ein Einsatz in der Lehrerbildung diskutiert. So sollen Anregungen für die Lehramtsausbildung gegeben werden, die einen Beitrag zu einem durch Spielen unterstützten transformativen Lernen leisten können.

Lernziele

- Ansätze für Lernen durch Spielen als Methode in Unterricht und Lehrerbildung für transformatives Lernen beschreiben können
- Den Mehrwert des Lernens durch Spielen im unterrichtlichen Einsatz beschreiben können
- Beispiele für Lernen durch Spielen im Bereich der transformativen Bildung benennen können

1. Einführung und Verortung des Themas

Das Klima aufs Spiel setzen? So lautet die doppeldeutige Frage im Titel unseres Aufsatzes. Mit einem klaren Nein beantworten wir die dem Satz innewohnende und im Alltag gebräuchliche Formulierung. Mit einem ebenso klaren Ja beantworten wir den methodischen Vorschlag, sich über Spielen mit ernsten Themen wie dem Klimawandel auseinanderzusetzen. Dabei dient das Menschenbild des Homo ludens (deutsch: der spielende Mensch) (Huizinga & Flitner 2009) als theoretische Grundlage. Nach diesem entwickeln Menschen ihre kulturellen Fähigkeiten vor allem über das Spiel. Dieser hochinteressante Ansatz ist für die Bildungspraxis von Relevanz, weist aber auch eine große Breite und lange Tradition auf (Meyer 2011). Eine Vielzahl von spielbasierten Lernangeboten, die schwierige und komplexe Themen in den Blick nehmen, besteht bereits.

Eine aktuelle Literaturanalyse zeigt, dass spielerische Lernformen zum Themengebiet Klimawandel im schulischen Fächerkanon aus allen Bereichen angeboten werden (Belova et al. 2025). Neben Escape Games oder Mysteries koexistieren dabei Zugänge über Spiele, die von klassischen Karten- (Pfirman et al. 2021) und Brettspielen (Eisenack 2013) bis in die digitale Ebene hineinreichen (Crisman et al. 2023; Dallmann 2022). Dabei zeigt sich gerade im digitalen Bereich ein rascher Ausbau von sogenannten Onlinegames. Im Kontext des Klimawandels variieren die aus den geistes- und gesellschaftswissenschaftlichen Fächern formulierten Themen von naturwissenschaftlichen Grundlagen und Auswirkungen des Klimawandels (Pfirman 2021; Schwarz 2019) über wirtschaftlich-politische Dimensionen am Beispiel von Emissionshandel (Brown 2018; Kirchner & Loerwald 2012) oder internationalen Klimaverhandlungen (Meya & Meya 2016) bis hin zu Aspekten von Mitigation (Carmesin & Rumpel 2019) und Adaption an den Klimawandel (vgl. Bildungsserver 2024). Dabei zeigt sich, dass viele der Spiele einen kompetenz- und lösungsorientierten Ansatz verfolgen. So lassen sie von den Spielenden Problemlösungen entwickeln, diskutieren und ggf. erproben (z.B. Carmesin & Rumpel 2019). Im folgenden Verlauf werden Best-Practice-Beispiele vorgestellt, die Einblicke in methodisch innovative Ausbildungskontexte für die Lehrkräftebildung gewähren. Aus diesen lassen sich wertvolle Implikationen für den Einsatz spielerischer Methoden in der Bildungspraxis ableiten.

2. Spielen im Kontext des transformativen Lernens

Das ursprünglich aus der Erwachsenenbildung stammende Konzept des transformativen Lernens (Mezirow 1997) beinhaltet weit mehr als den kumulativen Erwerb von Faktenwissen. Vielmehr geht es um die Veränderung von Selbst- und Weltbildern, wobei die affektive Dimension im Mittelpunkt steht und darauf abzielt, bisherige Muster von Gefühlen, Gedanken und Handlungen zu verändern. Inhaltlich geht es darum, Menschen zu befähigen, einen globalen Wandel hin zu einer nachhaltigen Zukunft für alle mitzugestalten und dabei ihre eigenen Visionen vom individuellen Leben und Zusammenleben zu artikulieren (Pettig 2021). In diesem Zusammenhang scheinen auch positive Selbsterfahrungen von Lernenden wichtig zu sein: »Eines der wirkungsvollsten Instrumente zur Förderung transformativen Lernens besteht darin, den Lernenden Lernerfahrungen zu vermitteln, die direkt sind, sie persönlich ansprechen und zum Nachdenken über ihre Erfahrungen anregen.« (Taylor 2007, S. 182)

Seit einigen Jahren wird transformative Bildung als zentrales Anliegen beschrieben, um transformatives Handeln zu fördern (Pettig 2021; Nöthen und Schreiber 2023). Der Wissenschaftliche Beirat der Bundesregierung Globale Umweltveränderungen (WBGU) weist darauf hin: »Transformative Bildung schafft ein Verständnis für unterschiedliche Handlungsoptionen und Lösungsansätze. Dazu gehört z. B. die Förderung eines bewussten kohlenstoffarmen Mobilitätsverhaltens, nachhaltigkeitsbewusster Ernährungsgewohnheiten oder eines Bewusstseins für generationenübergreifende Verantwortung.« (WBGU 2011, S. 352) Zu den entsprechenden Bildungsinhalten zählen zum Beispiel Innovationen, die entweder bereits eine transformative Wirkung entfaltet haben oder dies in Zukunft voraussichtlich tun werden.

Im Sinne einer kritischen Bildung (Euler & Pongratz 1995; Heydorn 2004) stößt transformative Bildung Emanzipationsprozesse an. Sie ermutigt dazu, über das Normative hinauszudenken, fördert das eigene Handeln, dekonstruiert bestehende Verhältnisse und Narrative und fördert das Selbstvertrauen und die Mündigkeit, um für die eigenen Überzeugungen einstehen zu können. Letzteres kann z. B. durch die Teilnahme an demokratischen Aushandlungsprozessen oder deren Simulation im Spiel realisiert werden (Pettig 2021). Transformative Bildung soll es ermöglichen, die eigene Haltung zu einer Vielzahl von nachhaltigkeitsrelevanten Themen und Fragestellungen in ihren komplexen, teilweise widersprüchlichen Wechselwirkungen zu reflektieren.

Im Kontext einer transformativen Bildung ermöglichen Spiele eine »[…] figurative Transformation von Selbst- und Weltverhältnissen, da sie den Spielverlauf (Story) an individuelle Entscheidungen (Lösung von Aufgaben) und die Reflexion über diese Entscheidungen (Feedbacksystem) koppeln« (Lämmchen & Pietsch 2023, S. 289). Die nachfolgenden, erprobten Beispiele zeigen auf, inwiefern etablierte Denkgewohnheiten reflektiert und über transformative Impulse partizipative Elemente elaboriert werden, die im Sinne der Selbstwirksamkeit Studentinnen und Studenten sowie Schülerinnen und Schüler zur gesellschaftlichen Teilhabe an Transformationsprozessen motivieren können.

3. Digitale und analoge spielerische Lernangebote – Beispiele aus der Literatur

Lernen durch Spielen hat schon seit Langem einen festen Platz in der Bildung im Allgemeinen (Meyer 2011), jedoch gab es in den letzten Jahren einen starken Aufschwung, auch im Kontext der transformativen Bildung. Einige Forschende halten Lernspiele sogar für einen der größten »Hypes« des letzten Jahrzehnts im Bildungsbereich (Raitskaya & Tikhonova 2019, S. 5). Eine Literaturrecherche zeigte, dass spielerische Zugänge aus allen Fachrichtungen formuliert werden (Belova at al. 2025), im Folgenden stellen wir ausgewählte aktuelle Beispiele mit MINT-Bezug vor.

Eines der mittlerweile wohl bekanntesten Spiele im Bereich der Klimabildung ist »Cranky Uncle« von Cook et al. (2022). Es nutzt humoristische Elemente und Gamification, um die Spielenden für gängige Klimamythen zu sensibilisieren und sie darüber aufzuklären, wie sie diese erkennen und darauf reagieren können. Ziel des Spiels ist es, dass Spielende in die Rolle eines »schrulligen Onkels« schlüpfen, der ein Wissenschaftsleugner ist. Dieser setzt verschiedene logisch fehlerhafte Argumentationstaktiken ein, um wissenschaftliche Schlussfolgerungen zu widerlegen. Durch die Übernahme der Perspektive dieses Onkels können die Spielenden ein tieferes Verständnis für die Techniken der Wissenschaftsleugnung erlangen, was letztendlich zu einem Wissenserwerb führt. Das Spiel wurde in mehreren Fallstudien mit einem qualitativen Ansatz evaluiert. So wurde zum Beispiel eine Gruppe von Studierenden einer texanischen Universität, die Umweltwissenschaften studieren, gebeten, einen kurzen Aufsatz über ein Szenario ihrer Wahl zu schreiben und dabei die Taktiken, die sie im Spiel gelernt haben, zu verwenden, was in der Stichprobe gut gelang. Beispielsweise sollten Studierende argumentieren, dass Wind- und Solarenergie für massive Stromausfälle in Texas verantwortlich seien. All diese Aufsätze wurden auf einer zentralen Plattform gesammelt und mittels Peerfeedback durch die anderen Studierenden korrigiert (vgl. Cook et al. 2022, S. 9).

Empirisch ebenfalls gut erforscht und in mehreren Lerngruppen erprobt ist der Vorschlag von Brown (2018). Im Mittelpunkt der Studie steht ein Simulationsspiel, das die internationalen Klimaverhandlungen nachahmt. Das Spiel ermöglicht es den Lernenden, in die Rollen verschiedener Länder mit unterschiedlichen ökonomischen Voraussetzungen und Interessen und Organisationen zu schlüpfen und sie in den Prozess der Verhandlung von Klimapolitik und -abkommen einzubeziehen. Dabei bekommen sie zu Beginn fachlichen Input zu den naturwissenschaftlichen Grundlagen des Klimawandels. Das Spiel basiert auf dem Austausch von »Money Cards« und »Carbon Cards«, die zwischen den Ländern ungleich verteilt sind. Brown hebt die pädagogischen Vorteile von Simulationen hervor und weist darauf hin, dass sie erfahrungsbasierte Lernmöglichkeiten bieten, die die Lernenden direkt mit dem Lehrmaterial in Kontakt bringen. Dieser Ansatz hilft auch, die Komplexität internationaler Beziehungen und politischer Entscheidungen zu verstehen, und fördert kritisches Denken, Verhandlungsgeschick und kooperative Problemlösung. Das Klimaverhandlungsspiel zeichnet sich vor allem durch seine Flexibilität aus, da es an verschiedene Klassengrößen und auch Institutionen angepasst werden kann. Es kann skaliert und modifiziert werden, um dem unterschiedlichen Wissensstand und Engagement von Lerngruppen gerecht zu werden. Die entsprechende Publikation enthält eine Anleitung zum eigenständigen Erstellen des Spiels.

Auch im deutschsprachigen Raum finden sich motivierende Spielideen. Carmesin und Rumpel (2019) stellen ein Planspiel vor, bei welchem ein Dilemma (wirtschaftskonformes vs. klimakonformes Handeln) aufgelöst werden muss. Hierbei kooperieren die Spielenden, indem sie mithilfe von Spielsteinen Kohlekraftwerke »bauen« und den Energiefluss simulieren. Darüber hinaus kann das Spiel, welches in unterschiedlichen Fächern erprobt wurde, auch mathematisch ausgewertet werden, indem man die Spielzüge modelliert.

Ein interessanter digitaler Vorschlag von Crisman et al. (2023) trägt den Titel »Designing ›Chill City‹: An interactive Game Supporting Public Learning about Urban Planning for Extreme Heat«. Auch in diesem Spiel ist es wichtig, die richtige Balance zu finden. Zu Beginn wählt man eine fiktive Siedlung aus drei verschiedenen Klimazonen. Die Aufgabe besteht darin, das Thermometer von »heiß« auf »kühl« (engl. chill) zu bewegen, indem man eine Vielzahl von strukturellen Maßnahmen wie Dachbegrünung, Pflanzungen, Flächenentsiegelungen oder das Anlegen von Wasserflächen umsetzt. Im Sinne des Nachhaltigkeitsdreiecks sollten alle Maßnahmen ökologisch, sozial und ökonomisch ausgewogen sein. Neben der Temperaturanzeige wird visuell dargestellt, inwiefern dieser Balanceakt gelingt. Zusätzlich werden immer wieder Informationen eingeblendet, die subtil Fachwissen vermitteln. Jeder Eingriff in die Siedlungsstruktur und dessen Effekt werden auch im Hinblick auf die individuelle Gesundheit kommentiert. Die dargestellten Beispiele zeigen, dass spielbasierte Methoden, auch im Kontext ernster Themen, interessante und innovative Zugänge bieten. Abb. 1 zeigt einen Einblick in das Spiel: Die gezeigte Siedlung kann durch die Maßnahmen am oberen Bildrand modifiziert werden, wobei nur begrenzte Mittel zur Verfügung stehen. Das Thermometer rechts im Bild zeigt an, inwiefern die Auswahl zu einer Abkühlung beiträgt. Unten erfolgt eine Verortung in den drei Nachhaltigkeitsdimensionen.

Abb. 1: Einblick in das Spiel »Chill City« (http://chill-city.com/).

4. Spiele in der Lehrkräftebildung

In unserer Praxis der Lehrkräfteausbildung für die Fächer Chemie und Geographie an der Universität Bremen werden immer verschiedene Spiele eingesetzt. Diese wurden zum Teil für den Einsatz in der Schule, teilweise aber auch speziell für die Lehrkräftebildung entwickelt bzw. adaptiert. Darunter sind etwa das Broken Square Game zur Sensibilisierung für kooperatives Lernen (Eilks 2005), ein speziell entwickeltes Spiel zu fachlich nicht belastbaren Vorstellungen von Lernenden (Belova & Zowada 2020) oder ein Puzzle- und Recherchespiel zu 1000 Jahren Chemiegeschichte (Eilks 2018). Aber auch fachliche Inhalte können spielerisch vermittelt werden; so wurde über viele Jahre ein ins Deutsche übersetztes wettbewerbsorientiertes Spiel im Rahmen der Bildung für nachhaltige Entwicklung gespielt, das die Grundgedanken und Prinzipien einer grünen und nachhaltigen Chemie vermittelt (Coffee & Rawlins 2014). Auch relativ langweilige, wenn auch notwendige Lernphasen können über Spielen herausfordernd und motivierend werden, wenn man etwa die Sicherheitseinweisung für das Labor als Educational Escape Room gestaltet (Lathwesen & Eilks 2023). Hierbei erarbeiten die Lernenden nicht nur die relevanten Sicherheitshinweise, sondern lernen in der konkreten, spielenden Erfahrung auch gleich über den Einsatz von Educational Escape Rooms im formalen Unterrichten. Auch prozessbezogene Kompetenzen können spielerisch vermittelt werden. Dies geschieht etwa in einem Seminar zur Bildung für nachhaltige Entwicklung, wo die Studierenden im Spiel die Bewertung verschiedener Kunststoffe durch das Nachempfinden eines fiktiven Warentests vornehmen (Burmeister & Eilks 2011). Dabei erfahren die Lernenden spielerisch die Notwendigkeit entsprechender Aushandlungs- und Bewertungsfragestellungen, die neben den Werkstoffeigenschaften entlang der Nachhaltigkeitsdimensionen Ökologie, Ökonomie und Gesellschaft gestaltet sind.

Ebenfalls im Bereich der Bildung für nachhaltige Entwicklung, aber mit dem Fokus auf die Chemie der Atmosphäre wird ein eher klassisches (Brett-)Spiel eingesetzt, das im Rahmen einer studentischen Abschlussarbeit entstanden ist (Penderak, Stuckey & Eilks 2018). Das Spiel »Gute Luft, schlechte Luft« wird beispielhaft zum Lernen durch Spielen in einem Seminar zu Methoden und Medien durchgespielt und reflektiert, soll aber auch zum Reflektieren über umweltrelevante Probleme in der Atmosphäre anregen. Dieses ursprünglich für das schulische Lernen entwickelte Spiel bietet auch Studierenden vielfältige Möglichkeiten, ihr Wissen über die Chemie und Physik der Atmosphäre sowie zu entsprechenden Umweltproblematiken zu vertiefen. Vier Spielende beziehungsweise Spieltandems nutzen unterschiedliche Handlungs- und Aktionskarten, um sich mit den Themen »Treibhauseffekt und Klimawandel«, »Smog und Feinstaub« sowie »Ozon und Ozonloch« auseinanderzusetzen und dabei sowohl fachliches als auch alltags- und handlungsrelevantes Wissen zu erwerben. Als

Beispiele seien hierfür die Vorteile bei der Benutzung von öffentlichen Verkehrsmitteln oder dem Fahrrad gegenüber dem Auto, der Einkauf regionaler Produkte, das Vermeiden von Feinstaubquellen in Wohn- und Schlafräumen oder die Einschränkung körperlicher Aktivitäten bei hohen Ozonwerten genannt. Des Weiteren wurden auch Kompetenzen wie das Ablesen, Vergleichen und Bewerten von Schadstoffbelastungen der Luft mithilfe von Tabellen und Grafiken einbezogen (Abb. 1).

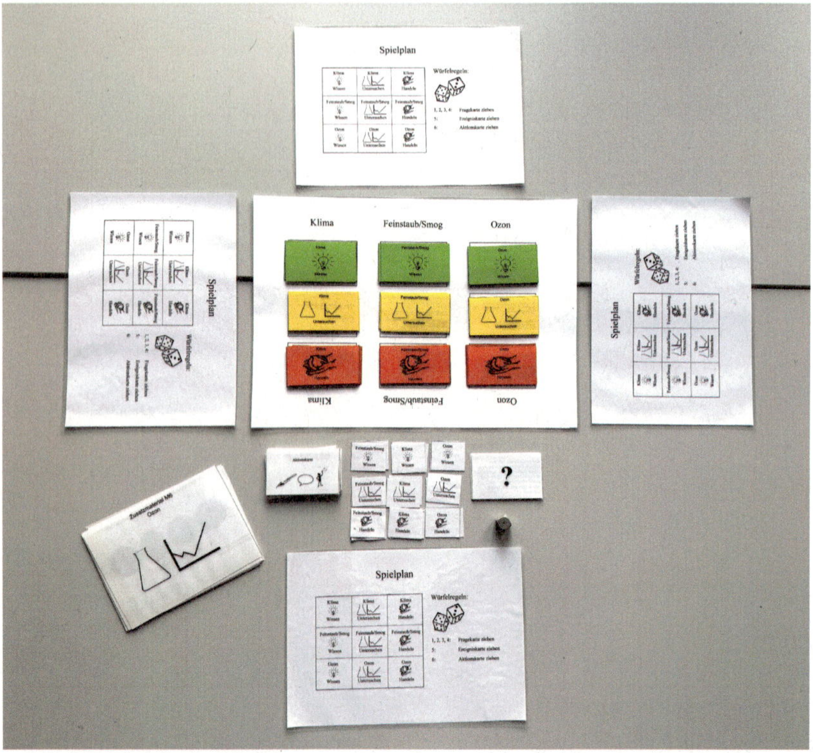

Abb. 2: Tisch mit dem aufgebauten Spiel »Gute Luft, schlechte Luft«. Eigene Abbildung.

Ziel des Spieles ist es, für jedes Team zu jeder Kategorie (Wissen, Untersuchen und Handeln) und zu jedem Thema (Klima, Feinstaub/Smog und

Ozon) eine Feldkarte zu sammeln. Die Feldkarten erhalten die Teams für die richtige Beantwortung einer Fragekarte. Sieger ist das Team, das zuerst die neun verschiedenen Feldkarten gesammelt hat. So wird sichergestellt, dass zu jedem Themenbereich und zu jeder Kategorie Fragen bearbeitet werden (Abb. 1).

Auch in der Lehrkräftebildung im Fach Geographie spielt das Lernen durch Spielen bei uns eine wichtige Rolle. Im Sommersemester 2024 haben sich zwanzig Studierende im Kontext eines Masterseminars für Studierende der lehramtsbezogenen Sozialwissenschaften (Geographie, Geschichte, Politik) mit spielerischen Zugängen zu ernsten Themen beschäftigt. Das Seminar ist so aufgebaut, dass Studierende zunächst im Rahmen eines Inputs in motivationale, pädagogische, bildungstheoretische und aktuelle Aspekte von spielerischen Methoden in verschiedenen Fächern eingeführt werden. Dabei wurden bereits erste Spiele exemplarisch vorgestellt. Im Anschluss hat jede Person die Aufgabe, ein Spiel (analog oder digital) auszusuchen und das jeweilige Spiel kriterienbasiert im Seminar vorzustellen. Dabei wurde eine tabellarische Form gewählt, die als Analysehilfe die jeweilige Eignung im Unterricht reproduzierbar überprüfen soll (Siehe Tab 1.).

Tab 1. Analysehilfe

Name	Keep Cool
Art	Serious Game, Simulationsspiel Brettspiel KEEP COOL & Onlinegame KEEP COOL Mobile
Quelle/Herausgeber	Potsdam-Institut für Klimafolgenforschung (PIK)
Gibt es begleitendes Material bzw. ein pädagogisches Konzept?	Ja, wiss. Begleitheft, Spielanleitung, Forschungsliteratur und Unterrichtseinheiten stehen zur Verfügung
Zielgruppe	Schülerinnen und Schüler, Erwachsene
Wie viele Menschen können mit einem Spiel gut spielen?	Schulklassentauglich, vor allem in der Onlineversion

Name	Keep Cool
Worum geht es inhaltlich?	Überblick über die Dynamiken des Klimawandels, verschiedene Szenarien und Wissenschaftskommunikation
Lassen sich inhaltliche Bezüge zum Lehrplan/Bildungsplan herleiten?	Ja (genaue Ausführungen hier landesspezifisch auszuführen)
Lassen sich inhaltliche Bezüge zu Bildungsstandards herleiten?	Ja, v.a. im Bereich der Kompetenzbereiche Beurteilen/Bewerten und Kommunikation
Wo und wie würdet ihr es im Unterricht einsetzen? (Klasse / Unterrichtszeit)	In der 10. Klasse oder am ehesten im Oberstufenunterricht. Im Rahmen einer Doppelstunde, die aber vor- und nachbereitet werden sollte.
Inwiefern lässt sich die Methode gut in eine Unterrichtsreihe integrieren?	Das Spiel muss inhaltlich und methodisch vor- und nachbereitet werden. Aus einzelnen Bereichen des Spiels lassen sich einige interessante Fragen ableiten, die im weiteren Unterricht genauer betrachtet werden sollten. Von daher ist es gut in eine Unterrichtsreihe integrierbar.
Inwiefern werden die vier Nachhaltigkeitsdimensionen sichtbar?	Alle vier Dimensionen (sozial, politisch, ökologisch, ökonomisch) werden angesprochen.
Ist es ein Ziel der Methode. zu nachhaltigerem Handeln anzuregen?	Ja, wobei im Bereich des Wissenserwerbs vieles implizit vermittelt wird. Durch die Simulationen zeigt sich aber, was passiert, wenn Klimaschutz vernachlässigt wird und welche Konsequenzen daraus resultieren. Das kann zu individuellem Handeln anregen.
Wo seht ihr kritische Aspekte im Spiel oder im Einsatz mit diesem?	Starke Vereinfachung komplexer Inhalte, teils etwas komplizierte Spielregeln. Hoher Zeitaufwand → das Spiel passt weniger in den Regelunterricht von 45 Minuten, eignet sich aber in offeneren Formen wie in einer AG oder Projektwoche, mind. in einer Doppelstunde

Name	Keep Cool
Ist das Spiel kostenlos oder kostengünstig zu bekommen?	29,50 € plus 6,90 € Versandkosten; Online (kostenlos) Vertrieb: Spieltrieb
Homepage oder Anschrift	KEEP COOL – Das Spiel zum Klimawandel
Sonstiges	Auszeichnungen: Comenius-EduMedia Siegel, Eine Welt Netz NRW, »Werkstatt N Projekt 2016«

Teil der Vorstellung ist immer auch, dass ausreichend Zeit eingeplant wird, um das jeweilige Spiel auch mit allen Teilnehmenden zu spielen (Abb. 4). Die abschließende Feedbackrunde zeigte eindrucksvoll, dass, je mehr gespielt wurde, umso differenzierter fielen die Urteile und Bewertungen, vor allem hinsichtlich der Einsatzmöglichkeiten in der Bildungspraxis aus. Am Ende des Seminars entstand auf diesem Weg ein Erkenntnis bildendes, klares Bild darüber, welche Spiele im Unterricht eher keine Anwendung finden und welche unbedingt gespielt werden sollten.

Abb. 4: Studierende beim Spieletest. Eigene Abbildung.

Damit die Studierenden neben dieser Erkenntnis und einer gestärkten Beurteilungskompetenz zusätzlich etwas »in den Händen« halten, hatten alle die zusätzliche Aufgabe, sich mit dem mehrfach prämierten Escape Game mit dem Titel »Escape Climate Change« zu beschäftigen. Im interaktiven Spiel muss ein kompliziertes Rätsel gelöst werden. Eine intensive Kooperation und Kommunikation unter den Spielenden sind Voraussetzung, um im gesetzten Zeitrahmen erfolgreich zu agieren. Über die Homepage des Escape Games (siehe didaktischer Hinweis) war das Spiel mit hochwertigen Materialien für Schulen kostenlos beziehbar. Die Nachfrage war damals so hoch, dass nun ein nationales Verleihsystem das Set für Schulen ausleihbar macht. Alternativ kann die gesamte Box nachgebaut werden, da alle Materialien zum Download kostenfrei bereitstehen (https://www.escape-climate-change.de/home.html). Von genau dieser Variante namens »Escape Climate Change DIY« haben die Studierenden Gebrauch gemacht. So entstanden 20 selbstgebaute Escape-Climate-Change-Sets, die die Lehramtsstudierenden zukünftig in ihre Schulstandorte einbringen können. Natürlich wird das Escape Game im Rahmen des Seminars dann auch selbst gespielt. Dankenswerterweise wird die Homepage der Herausgebenden permanent weiterentwickelt, sodass es mittlerweile neben der Originalversion eine Onlineversion namens »Escape Climate Change Remote« gibt sowie zusätzliche »Level-Extensions«, mit denen das Hauptspiel schwieriger oder leichter gemacht werden kann, sodass es auch in heterogenen Lerngruppen und generell auch von jüngeren Spielenden genutzt werden kann. Die ganz neuen Versionen mit dem Titel »Escape Climate Change Junior« sowie die schwere Version sind aktuell kostenfrei für Bildungsinstitutionen über die Homepage bestellbar. Auch die Studierenden des Masterseminars sind mit den Level-Extensions großzügig ausgestattet worden. Damit haben die Studierenden der Lehrveranstaltung an der Universität Bremen nicht nur wichtige neue Erkenntnisse und Kompetenzen durch die kriterienbasierte Erprobung verschiedener Spiele erlangt, sondern auch ihren persönlichen Materialfundus im Kontext spielerischer Methoden für den schulischen Einsatz erweitert. Ein Student, der am Seminar teilgenommen hatte, war vom beschriebenen Escape Game so angetan, dass er im Zuge seiner Masterarbeit ein eigenes Escape Game zu einem drängenden bremischen Thema konzipiert hat. Mit dem Titel »Hochwasserschutz in Bremen spielend lernen. Ein Escape Game für den Geographieunterricht« liegen nun eine herausragende Masterarbeit sowie ein reproduzierbares, in der Bildungspraxis mehrfach getestetes und für den schulischen Einsatz optimiertes Escape Game vor (Geipel 2024).

Aus Dozentenperspektive war es wichtig, dieses neue Lehrformat kritisch evaluieren zu lassen. Zunächst war dabei überraschend, wie interessant die an der Evaluation teilnehmenden Studierenden (n = 9) die Veranstaltung fanden (alle Studierenden stimmten dieser Aussage voll zu; 5,0 von maximal 5,0) und dass ebenfalls alle der Meinung waren, dass die Veranstaltung besonders nützlich für das Studium sei (5,0 von 5,0) und dass in der Veranstaltung viel gelernt wurde (4,7 von 5,0). Insgesamt beurteilten die Studierenden die Veranstaltung sehr gut mit einem sehr hohen Wert von 10,44 (bei maximal 11,0). Im qualitativen Bereich der Evaluation offenbarten einige Kommentare, warum die Veranstaltung bei den Studierenden so gut ankam, wie beispielsweise:

> »Die Veranstaltung war anders als übliche Veranstaltungen: andere Art kennengelernt, Fachwissen spielerisch zu vermitteln/überprüfen/vertiefen; Spaß durch eigenständiges Ausprobieren der Spiele; Praxisorientierung (inkl. Theorie) - nicht nur etwas für das Studium, sondern auch für die spätere Berufspraxis gelernt – sehr kritische und angenehme Diskussionen über die verschiedenen Spiele (kritische Reflexion), die zum Einsatz der Spiele im zukünftigen Unterricht motivieren.« (Anonym 1)

> »Angenehme Arbeitsatmosphäre – hoher praktischer Anteil durch eigene Durchführung der Methoden/Spiele – gemeinsame Evaluation der Spiele – hoher Spaßfaktor.« (Anonym 2)

> »Besonders gefallen hat mir, dass der Kurs (im Vergleich zu anderen) mir tatsächlich Tools und Methoden beigebracht hat,

welche mir für meinen späteren Beruf nutzen. Interaktive Lernmethoden durch Spiele sind sehr spannend und vielfältig im Unterricht einsetzbar und dienen auch zur weiteren Motivationsförderung der SuS. Es ist eine gute Alternative zu anderen Lernmethoden, die mir auch im Kurs sehr Spaß bereitet haben. Games, Experimente o. Ä. Sind sinnvolle Methoden für die Schule. Daher würde ich mir wünschen, dass solche Didaktikseminare weiterhin angeboten werden, damit wir künftige Lehrkräfte auf ein vielfältiges Portfolio zurückgreifen können, da solche Seminare realitätsnah nah sind.« (Anonym 3)

Neben den aufschlussreichen Kommentaren fiel auf, dass in diesem Seminar – im Gegensatz zu dem häufig beobachteten Rückgang der Teilnehmerzahlen zum Semesterende – die hohe Teilnahme erhalten blieb. Trotz fehlender Anwesenheitspflicht war das Seminar durchgehend gut besucht, was als weiterer Indikator darauf hindeutet, dass spielerische Methoden in der akademischen Lehre bei den Studierenden großen Anklang finden und geschätzt werden.

5. Fazit

Seit Menschengedenken wird gespielt. Lernen durch Spielen ist ein natürlicher Vorgang von der frühesten Kindheit an (Meyer 2011). Spielen kann spontan und selbstorganisiert im Alltag erfolgen oder auch in klar strukturierten, regelbasierten Kontexten stattfinden. Spielen macht Spaß, und Lerneffekte beim Spielen können nicht geleugnet werden (ebd.). So ist Spielen im Kindergarten ein ganz normaler Vorgang. Je weiter die Bildung junger Menschen aber fortschreitet, desto weniger wird in formalen Lernprozessen gespielt. Dies beginnt in der Schule, wo Spiele nur punktuell eingesetzt werden, und findet in der beruflichen und universitären Ausbildung schließlich kaum noch eine Rolle. Die in diesem Artikel diskutierten Beispiele verdeutlichen, dass ein alternativer gewinnbringender Gestaltungsansatz möglich ist. Dabei eignen sich diese Methoden sowohl für fachliche Lernprozesse als auch für das Verständnis komplexer Zusammenhänge – zum Beispiel im Bereich Klima und Klimabildung. Dies kann schulisches Lernen bereichern, aber ebenso die Lehrkräfteausbildung, in der dann nicht nur durch Spiele gelernt wird, sondern auch über das Lernen durch Spielen. Neben einigen Anregungen hat der Beitrag zudem dargestellt, dass viele Spiele mit ernstem Inhalt existieren und dass angehende Lehrkräfte hoch motiviert solche Lehrveranstaltungen wahrnehmen, die in diesem Bereich Praxiswissen vermitteln. Daraus lässt sich ableiten, dass ein Bedarf für weitere Phasen der Lehramtsausbildung wahrscheinlich ist. So sollten spielerische Methoden auch im Zuge der zweiten Phase der Lehramtsausbildung (Referendariat) in allen Ausbildungsrichtungen der Studienseminare und auch in der Lehrkräfteaus- und weiterbildung eine stärkere Rolle spielen. In den Bezugswissenschaften zeigt sich demnach auch ein erhöhter Forschungsbedarf, vor allem auch im Hinblick auf die Frage, inwiefern spielerische Methoden und konkrete Spiele zu nachhaltigem Handeln führen können – eine spannende wie lohnenswerte Fragestellung, die das Feld der Wirkungsforschung um Erkenntnisse zu innovativen, spielerischen Methoden und ihren Wirkungen auf die Spielenden erweitern würde.

Drei Literaturtipps mit Kurzbeschreibung

1. Huizinga, J. & Flitner, A. (Hrsg.) (2009). *Homo ludens. Vom Ursprung der Kultur im Spiel.* Rowohlt.
   Ein absolutes Grundlagenwerk zur Bedeutung des Spiels und des Spielens als Kulturerscheinung.
2. Lämmchen, R. & Pietsch, S. (2023). Digitale Spiele. In: Nöthen, E. & Schreiber, V. (Hrsg.) (2023). *Transformative Geographische Bildung. Schlüsselprobleme, Theoriezugänge, Forschungsweisen, Vermittlungspraktiken.* Springer Spektrum, S. 289–294. Der Beitrag fokussiert besonders auf digitale Formate, und zwar im Kontext einer transformativen Bildung.

3. Kim, S., Song, K., Lockee, B. & Burton, J. (2018). *Gamification in Learning and Education. Enjoy Learning Like Gaming.* Springer.
Dieses Buch befasst sich mit den theoretischen Grundlagen der »Gamification« im Bildungsbereich. Die einzelnen Kapitel in diesem Band behandeln Themen wie die Definition und die Merkmale von Gamification, Gamification-Forschung, Rahmenbedingungen sowie Fallbeispiele.

Didaktische Hinweise, bezogen auf Escape Climate Change

- Über die Homepage des Projekts (escape-climate-change.de) sollte der Bausatz des Escape Games »Escape Climate Change DIY« bezogen und dieser im Sinne einer vorbereiteten Lernumgebung von den Lehrkräften gebaut werden. Alternativ kann das Ausleihsystem genutzt werden.
- Durch den thematischen Schwerpunkt im Bereich der Klimabildung leistet das Spiel auch einen Beitrag zur Bildung für nachhaltige Entwicklung (BNE). Die empfohlene Gruppengröße für ein Spiel liegt bei 20–30 Personen. Ein Spiel sollte also für den Einsatz in einer Schulklasse reichen. Besonders gilt dies für Kurse der Oberstufe. Die Spieldauer liegt bei 60 Minuten. Mit Aufbau und Anmoderation und eventuellen Lernhilfen sind zwei Unterrichtsstunden, idealerweise eine Doppelstunde, anzusetzen.
- Eine weitere Unterrichtsstunde, in der die im Escape Game vorgeschlagenen Lösungsoptionen mit den Schülerinnen und Schülern diskutiert und diese im Kontext ihrer eigenen Lebenswelt und Erfahrungen reflektiert werden, ist besonders sinnvoll.
- Das Spiel ist für eine Altersgruppe ab 14 Jahren konzipiert. Nutzen Sie die Extensions, wenn Sie mit jüngeren Schülerinnen und Schülern oder mit älteren agieren oder einer besonders heterogenen Lerngruppe im Sinne der Binnendifferenzierung begegnen möchten.

Literatur

Belova, N., Wittlich, C. & Eilks, I. (2025). Innovative Unterrichtsmethoden für Klimabildung. Kapitel 5.4. In: Dietmar Höttecke et al. (Hrsg.). *Handbuch Klimabildung.* Springer.

Belova, N. & Zowada, C. (2020). Innovating Higher Education via Game-based Learning on Misconceptions. In: *Education Sciences,* 10(9), 221.

Bildungsserver (2022). Klims:S[21]. Das Spiel zur Klimaanpassung. https://www.bildungsserver.de/onlineressource.html?onlineressourcen_id=63784dungsserver Zugegriffen: 12. Juni 2024.

Brown, J. M. (2018). Efficient, Adaptable Simulations. A Case Study of a Climate Negotiation Game. In: *Journal of Political Science Education,* 14 (4), S. 511–522.

Burmeister, M. & Eilks, I. (2011). Ist ein Bio-Kunststoff immer besser als PVC? Die Warentest Methode und ein Beispiel aus dem Chemieunterricht. In: *Praxis der Naturwissenschaften – Chemie in der Schule,* 60 (5), S. 33–36.

Carmesin, H. O. & Rumpel, V. L. (2019). Den Klimawandel spielerisch entdecken und erkunden. In: *MNU Journal,* 72 (1), S. 34–39 und 72 (2), S. 115–119.

Coffee, M. & Rawlins, D. (2014). A novel teaching resource for introducing sustainability to chemistry higher education students. In: I. Eilks, S. Markic & B. Ralle (Hrsg.). *Sciemce education research and education for sustainable development.* Shaker, S. 243–248.

Cook, J., Ecker, U. K., Trecek-King, M., Schade, G., Jeffers-Tracy, K., Fessmann, J., … & McDowell, J. (2022). The cranky uncle game—Combining humor and gamification to build student resilience against climate misinformation. In: *Environmental Education Research,* 29 (4), S. 607–623.

Crisman, J. J., Ladd, K., Sami, I. & Gregg, G. (2023). Designing Chill City. An interactive game supporting public learning about urban planning for extreme heat. In: *The Journal of Environmental Education,* 54 (3), S. 225–239.

Dallmann, S. (2022). Plane deine Stadt! Mithilfe von digitalen Spielen nachhaltige Lebensräume planen. In: *Ethik & Unterricht,* 22 (1), S. 13–18.

Eilks, I. (2005). Die zerschnittenen Quadrate. Kooperatives Lernen erfahrbar gemacht. In: *Unterricht Chemie* 16, (88/89), S. 12–14.

Eilks, I. (2018). 1000 Jahre Chemiegeschichte puzzeln. In: *Unterricht Chemie,* 29(163), S. 44–48.

Eisenack, K. (2013). A Climate Change Board Game for Interdisciplinary Communication and Education. In: *Simulation & Gaming,* 44 (2–3), S. 328–348.

Euler, P. & Pongratz, L. A. (Hrsg.) (1995). *Kritische Bildungstheorie. Zur Aktualität Heinz-Joachim Heydorns.* Beltz.

Geipel, J. (2024). *Hochwasserschutz in Bremen spielend lernen. Ein Escape Game für den Geographieunterricht.* Unveröffentlichte Masterarbeit. Universität Bremen.

Heydorn, H.-J. (2004). Über den Widerspruch von Bildung und Herrschaft. Büchse der Pandora.

Hu, Y., Gallagher, T., Wouters, P., van der Schaaf, M. & Kester, L. (2022). Game-based learning has good chemistry with chemistry education: A three-level meta-analysis. In: *Journal of Research in Science Teaching*, 59(9), S. 1499–1543.

Huizinga, J. & Flitner, A. (Hrsg.) (2009). *Homo ludens. Vom Ursprung der Kultur im Spiel*. Rowohlt.

Kim, S., Song, K., Lockee, B. & Burton, J. (2018). *Gamification in Learning and Education. Enjoy Learning Like Gaming*. Springer.

Kirchner, V. & Loerwald, D. (2012). Emissionshandel gegen Klimawandel? Ein Classroom-Experiment zum Verständnis von Institutionen im Umweltbereich. In: *Unterricht Wirtschaft + Politik*, 2 (1), S. 40–45.

Lämmchen, R. & Pietsch, S. (2023). Digitale Spiele. In: Nöthen, E. & Schreiber, V. (Hrsg.) (2023). *Transformative Geographische Bildung. Schlüsselprobleme, Theoriezugänge, Forschungsweisen, Vermittlungspraktiken*. Springer Spektrum, S. 289–294.

Lathwesen, C. & Eilks, I. (2023). Crazy Safety Escape. Ein Escape Room als Alternative zur Sicherheitsbelehrung. In: *RAABits Chemie*, III.44, S. 1–47.

Meya, J. & Meya, L. (2016). Das Klima aufs Spiel setzen. Simulation der internationalen Klimaverhandlungen mit dem Planspiel KEEP COOL. https://www.climate-game.net/keep-cool-brettspiel/

Meyer, H. (2011). *Unterrichtsmethoden II: Praxisband*, Kap. 13. Cornelsen, S. 342–371.

Mezirow, J. (1997). *Transformative Erwachsenenbildung*. Schneider.

Nöthen, E. & Schreiber, V. (Hrsg.) (2023). *Transformative Geographische Bildung. Schlüsselprobleme, Theoriezugänge, Forschungsweisen, Vermittlungspraktiken*. Springer Spektrum.

Penderak, A., Stuckey, M. & Eilks, I. (2018). Gute Luft, schlechte Luft. Ein Lernspiel zu Luftqualität, Klimawandel und Ozonloch. In: *Unterricht Chemie*, 29(163), S. 36–39.

Pettig, F. (2021). Transformative Lernangebote kritisch-reflexiv gestalten. Fachdidaktische Orientierungen einer emanzipatorischen BNE. In: *GW-Unterricht*, 162 (2/2021), S. 5–17.

Pfirman, S., O'Garra, T., Bachrach Simon, E., Brunacini, J., Reckien, D., Lee, J.J. & Lukasiewicz, E. (2021). »Stickier« learning through gameplay: An effective approach to climate change education. In: *Journal of Geoscience Education*, 69 (2), S. 192–206.

Raitskaya, L. & Tikhonova, E. (2019). Gamification as a field landmark in educational research. In: *Journal of Language and Education*, 5(3), S. 4–10.

Schwarz, S. (2019). Knack den Code! Mit einem Breakout Aspekte der globalen Erwärmung spielerisch erarbeiten. In: *Geographie heute*, 40 (344), S. 18–22.

Taylor, E. (2007): An update of transformative learning theory: a critical review of the empirical research (1999– 2005). In: *International Journal of Lifelong Education*, (26)2, S. 173–191.

WBGU – Wissenschaftlicher Beirat der Bundesregierung Globale Umweltveränderungen (2011). *Hauptgutachten. Welt im Wandel. Gesellschaftsvertrag für eine große Transformation.* WGBU.

Lena Lorenz & Daniela Schmitz

Klimawandel auf der Bühne: Die Anwendung von Goffmans soziologischem Ansatz des Theaterspiels – Ein Erfahrungsbericht aus einer universitären Lehrveranstaltung während der Public Climate Week 2023

Kurzzusammenfassung

Das Studium Fundamentale richtet sich an Studierende aus unterschiedlichen Studiengängen. Im Kurs »Multiprofessionelle Kooperation – (wie) geht das?« werden wöchentlich Theorien aus verschiedenen Disziplinen zur Beantwortung der Fragestellung einbezogen. Eine davon ist der soziologische Ansatz des Theaterspiels von Goffman (1956), in dem die Selbstdarstellung in Interaktionen im Alltag als Theaterspiel mit Blick auf das multiprofessionelle Miteinander beschrieben und der auf ausgewählte Aspekte zu Klimawandel, Sustainable Development Goals und Nachhaltigkeit transferiert wurde. Der Ansatz nach Goffman (1956) wurde im Kurs als Input vorgestellt. Zur Anwendung sollten Studierende in Kleingruppen aus dem Blickwinkel von bestimmten Rollen, die die Professionen einnehmen, die Bühne des Klima-Theaterspiels beschreiben. Die Studierenden wählten aus der aktuellen Berichterstattung Bilder, die die am Theaterspiel beteiligten Professionen als Darstellende auf der Bühne mit persönlichen und szenischen Fassaden zeigten (z. B. Klimakleberinnen und -kleber im Wintersport). Zusätzlich mussten die Zuschauenden bewusst ausgesucht werden. Die Lehrveranstaltung wurde mit dem BNE Impuls Lehrpreis 2023 der UW/H ausgezeichnet.

Lernziele

- Nach dem Besuch des Seminars können die Studierenden die wesentlichen Elemente von Goffmans Theaterspiel (1956) beschreiben.
- Die Studierenden können in Kleingruppen an einer ausgewählten Berichterstattung die beteiligten Professionen als Darstellende mit ihren persönlichen und szenischen Fassaden darstellen.
- Die Studierenden können in der Gruppe erörtern, wer Zuschauende und wer Darstellende in dem von ihnen ausgesuchten Beispiel für ein »Klimatheater« sind.

1. Einführung und Verortung des Themas Klimawandel und soziologisches Theaterspiel

Der Klimawandel führt heutzutage zu globalen Herausforderungen für die Erderwärmung und resultierenden Problemlagen der weltweiten Bevölkerung. In Deutschland wird im internationalen Vergleich durchschnittlich überproportional viel CO_2 pro Kopf emittiert, und Auswirkungen der Klimakrise sind in Ökosystemen, bei der Bevölkerung und in wirtschaftlichen Zusammenhängen längst angekommen. Die Energiewirtschaft ist in Deutschland der größte Verursacher für CO_2-Emissionen. Zudem sind die Jahresmitteltemperaturen bereits merklich angestiegen, und in den nächsten Jahren kann weiterhin von steigenden Lufttemperaturen ausgegangen werden. Vermehrte Tage mit Temperaturen über 30 °C, andauernde Hitzewellen und Dürreperioden sowie ansteigende Niederschlagsmengen gehören zur Realität und erhöhen mit direkten Auswirkungen die Krankheitslast für Lungen- und Herzkreislauferkrankungen (Coumou et al. 2013; Scherber et al. 2013). Bedingt durch klimatische Veränderungen, halten sich die Menschen vermehrt in der freien Natur auf. Erhöhte Expositionen der UV-Strahlung, Überträger (Vektoren) von Zecken oder Luftschadstoffe können wiederum die Gesundheit gefährden. Die erhöhte UV-Strahlung wird als Hauptrisikofaktor für Hautkrebserkrankungen und der Graue Star als Folgeerscheinung der UV-Strahlung betrachtet

(Greinert et al. 2008; Shoham et al. 2008). Der Klimawandel geht zusätzlich mit Veränderungen der Pollensaison, der Pollenmenge und des Pollenflugs einher. Demzufolge werden die Entstehungen von allergischen Veränderungen, allergische Erkrankungen sowie eine verlängerte Pollensaison beobachtet (Fernandez Rodrifuez et al. 2012). Im Rahmen der Infektionskrankheiten begünstigen klimaveränderte Bedingungen die Verbreitung von Krankheitserregern und Vektoren. Über die Ländergrenzen hinweg entstehen durch Verkehr, Migration und Tourismus ausbreitungsbedingte Krankheiten (Brasseur et al. 2017). Prognostizierend können sich die wirtschaftlichen Kosten der Erderwärmung in Deutschland bis zum Jahr 2050 auf 920 Milliarden Euro belaufen. Weitere Veränderungen gehen mit dem Ökosystem und Verschiebungen der Jahreszeiten und Vegetationsperioden einher (Statista Research Department 2024). Aufgrund der Komplexität der Problematik sind gesellschaftliche Bereiche und einzelne Berufsgruppen in unterschiedlicher Weise direkt oder indirekt in ihren Handlungsmöglichkeiten und Rahmenbedingungen des Handelns betroffen.

Bis 2050 hat die EU ihr übergeordnetes Ziel formuliert, klimaneutral zu sein. Die Soziologie würde mit der Erforschung von sozialen Vernetzungsstrategien und Strukturen des menschlichen Zusammenlebens eine wichtige Perspektive für Gesellschaft, Wirtschaft und Politik einbringen. Allerdings werden klimabedingte Herausforderungen in der Soziologie bis heute kaum bis gar nicht erforscht. Insbesondere vor dem Hintergrund sozialer Ursachen und Implikationen des Klimawandels stellt der Klimawandel ein Forschungsfeld für die Soziologie dar (Koehrsen 2022).

Allgemein gesehen kann die Klimakrise durch menschliche Anstrengungen im jetzigen Leben und resultierenden Folgen eingegrenzt werden kann. Weiterhin wäre es interessant, seitens der Soziologie zu eruieren, wie sich die klimatischen Auswirkungen auf die unterschiedlichen sozialen Gruppierungen bezüglich Einkommen, Vermögen und weiterer Güter auswirken. Bereits jetzt zeigt sich, dass Personengruppen mit einem geringeren sozioökonomischen Status nicht in attraktiven Umweltlagen wohnen und demzufolge für diese vulnerable Gruppe nicht die Möglichkeit besteht, sich vor Umweltlasten zu schützen. In der bekannten *Zeitschrift für Soziologie* liegt zu Umweltthemen eine geringe bis keine empirische Datenbasis vor. Allein bis zum Jahr 2023 konnte kein wissenschaftlicher Artikel zu umweltrelevanten Themen gefunden werden (Diekmann 2024). Hamman (2019) stellt Diskurse zu Nachhaltigkeit in der Soziologie zusammen und resümiert, dass eine Auseinandersetzung mit Nachhaltigkeit und Umwelt in den Bindestrichsoziologien Umweltsoziologie, Stadtsoziologie und Agrarsoziologie zu Themenfeldern wie nachhaltige Stadt und nachhaltige Mobilität stattfindet.

Gründe für die eingeschränkte Forschungsperspektive der Soziologie liegen unter anderem darin, dass das Thema der klimatischen Veränderungen hauptsächlich im Bereich der Naturwissenschaften fokussiert erforscht wird. Allerdings wäre die Soziologie besser darauf ausgelegt, individuelle Verhaltensweisen des sozialen und gesellschaftlichen Wandels, bezogen auf klimatische Veränderungen, zu analysieren (Koehrsen 2022). Zukünftig wird durch Initiativen von Forschungsgruppen geplant, eine Panelstudie mit einer Zufallsstichprobe von 20.000 Befragten aus den Einwohnermelderegistern in Deutschland zu umwelt- und klimarelevanten Themenbereichen durchzuführen (Diekmann 2024). Demzufolge ist es von Relevanz, die aktuelle Debatte des Klimawandels aus einer soziologischen und gesellschaftlichen Perspektive zu analysieren. Mit der Fokussierung unterschiedlicher Berufsprofessionen werden Nachhaltigkeitsthemen aus unterschiedlichen Blickwinkeln, Perspektiven und Verantwortlichkeiten betrachtet. Damit einhergehend, können diverse Einflussfaktoren auf klimatische Veränderungen in einem Kontext der gewissen Expertise diskutiert und Lösungsansätze differenziert werden.

2. Transformatives lernen

Mezirows Theorie der Entwicklungspsychologie stellt die Bedeutungsperspektiven (»meaning perspectives«) der individuellen Wirklichkeit in den Mittelpunkt. »Eine Bedeutungsperspektive ist ein Bündel gewohnheitsmäßiger Erwartungen, das einen zur Orientierung dienenden Bezugsrahmen darstellt, den wir zur Projektion unserer Symbolmodelle verwenden und der als [gewöhnlich stillschweigendes] System von Überzeugungen zur Interpretation und Bewertung der Bedeutung von Erfahrung dient.« (Mezirow 1997, S. 35) Nach den Bedeutungsperspektiven wird die Interpretation der individuellen Wirklichkeit wahrnehmungsleitend, orientierungsgebend und identitätsprägend hergeleitet. Durch die Zugänge im transformativen Lernprozess können die individuellen Bedeutungsperspektiven gehemmt werden, indem Veränderungen im reflektierenden Denken erfolgen und das Individuum in seiner Wirklichkeit verunsichert wird (Meziro 2000, S. 22; Zeuner 2007, S. 8). Mitlernende sind der Grundbaustein zur weiteren Reflexions- und Kompetenzentwicklung sowie zur Erarbeitung neuer Deutungsmuster der Bedeutungsperspektiven (Mezirow 1997). Zielführend ist die Schaffung von Strukturen und Systemen, damit öffentliche Güter, u. a. Bildung für alle Menschen, gleichermaßen zugänglich sind (Brookfield 2012, S. 134 ff.).

Die Weltgemeinschaft Agenda 2030 hat im Jahr 2015 17 globale Nachhaltigkeitsziele (Sustainable Development Goals; SDGs) zur internationalen Zusammenarbeit von sozialen, wirtschaftlichen und ökologischen Entwicklungen verabschiedet. Unter anderem wurden SDG 3 »Gesundheit und Wohlergehen verbessern« und SDG 4 »Alle Menschen sollen eine inklusive, chancengerechte und hochwertige Bildung erhalten« vereinbart (Bundesregierung 2024). Damit die Menschen nach dem SDG 4.7 zur Mitgestaltung einer nachhaltigen Zukunft befähigt werden, sind Bildungseinrichtungen und Hochschulen für junge Menschen von zentraler Bedeutung (Singer-Brodowski 2016). Gegenwärtige Klima- und Nachhaltigkeitskrisen sowie soziale Ungerechtigkeiten sind im Rahmen der formalen Bildung zu thematisieren und zu diskutieren. Es wurde bereits eine Studie unter 2.500 jungen Menschen und 500 Lehrkräften im Bildungskontext zur gegenwärtigen Bedeutung von Nachhaltigkeit und Bildung für nachhaltige Entwicklung (BNE) durchgeführt (Grund & Brock 2022). Nach den Ergebnissen fühlt sich ein Viertel der jungen Menschen nicht befähigt, durch die formale Bildung Veränderungs- und Lösungsprozesse bei Nachhaltigkeitsproblemen anzuregen und umzusetzen. Bei den Befragten bestehen Probleme eines negativen Nachhaltigkeitsbewusstseins, welche sich wiederum hemmend auf die Gesundheit der Menschen auswirken können. Die Präsenz der themenspezifischen Nachhaltigkeitsdynamik steigt in den unterschiedlichen Lebensbereichen an, allerdings nicht die interdisziplinäre und multidimensionale Betrachtungsweise im Bildungssektor. Problematiken der Qualifizierung von Lehrpersonen sind gegenwärtig, und bei etwa zwei Drittel der Lehrkräfte wurden BNE-Themen im Studium nicht thematisiert. Weiterhin sind BNE-Lehrthemen in Curricula meistens nicht verankert (81 Prozent Zustimmung), oder es fehle an Fort- und Weiterbildungsangeboten für das Lehrpersonal (72 Prozent Zustimmung). Zukunftsorientiert wird sich von den Lehrenden und Lernenden der Einbezug von Nachhaltigkeitsbezügen in den Bildungseinrichtungen spezifisch gewünscht (Grund & Brock 2022).

3. Das Theaterspiel nach Goffman

Der Soziologe Erving Goffman (1922–1982) beschreibt die Selbstdarstellung einer Person im interaktiven Alltag durch die Inszenierung eines Theaterspiels (mit Bühne, Kulissen, Darstellenden und Publikum). Nach Goffman (1956) versucht sich das Individuum nach dem vorgelegten Eindruck, welche andere von einem haben, zu kontrollieren und verfällt dabei in eine Rolle. In Alltagssituationen werden vor sich selbst und vor anderen, welche das Publikum darstellen, festgelegte Rollen, inklusive entsprechender Erwartungen an diese Rolle, gespielt (z. B. Restaurantbesuch zwischen Gästen und Kellnerin oder Kellner). Jede Person spielt im Alltag je nach konkreter Situation unterschiedliche Rollen (Rollenwechsel). Die persönliche Fassade besteht aus individuellen Ausdrucksmitteln aus Merkmalen wie Alter, Größe, physische Erscheinung, Gesichtsausdruck und Kleidung. Aspekte dieser Fassade können situations- und rollenspezifisch variieren (z. B. Sprache, Auftreten, Erscheinung etc.). Hinzu kommt die szenische Fassade als Bühnenbild bzw. öffentliche Elemente der Fassade. Aus der Bühne und den Darstellenden ergibt sich der Darstellungsakt, der im Folgenden als Klimatheater beschrieben wird. Goffman geht von folgender Diskrepanz zwischen Bühne und Leben aus: »Auf der Bühne werden Dinge vorgetäuscht. Im Leben hingegen werden höchstwahrscheinlich Dinge dargestellt, die echt, dabei aber nur unzureichend erprobt sind.« (Goffman 1956, S. 3) Weiterhin unterscheidet der Soziologe zwischen Vorder- und Hinterbühne. Auf der Vorderbühne findet die eigentliche öffentliche Inszenierung statt. Die Hinterbühne ist ein Rückzugsort vom Publikum und ein Vorbereitungsort für den Auftritt, an dem sich Darstellende unbeobachtet fühlen und aus der Rolle fallen können. Die Inszenierung soll nicht gestört werden, damit die soziale Interaktion aufrechterhalten bleibt. Nach Goffman (1956) soll dem Publikum ein guter und positiver Eindruck vermittelt werden (Imagepflege). Das Interesse lag für den Soziologen darin zu schauen, »wie Menschen in sozialen Situationen sich darstellen, sich wahrnehmen und ihre Handlungen koordinieren« (Oswald 1984, S. 211). Erving Goffman (1956) ging vielmehr der These nach, dass wir Menschen im Alltag in verschiedenen inszenierten Rollen als Schauspielerin oder Schauspieler agieren, um Personen von unseren Vorstellungen zu überzeugen. Demzufolge gibt es nicht die eine Identität, denn alle Menschen besitzen viele Rollenbilder.

Durch die Einnahme der Perspektive des Theaterspiels können die Lernenden im Sinne des transformativen Lernens bisherige Sichtweisen hinterfragen und vor dem Hintergrund dieser theoretischen Brille kritisch reflektieren. Durch die Auseinandersetzung mit der Idee des Theaterspiels wurden folgende transformative Prozesse bei den Studierenden angestoßen: zum einen die Auseinandersetzung mit der Idee des alltäglichen Theaterspiels für das zukünftige berufliche Handeln wie auch in ihrer aktuellen Rolle als Studierende an einer Universität. Zum anderen erfolgen Reflexionsanlässe, mit der Theaterbrille über die Notwendigkeit politischer und aktivistischer Inszenierungen nachzudenken und Alternativszenen sowie deren Wirkung konzeptionell zu antizipieren. Für die Praxis zeigt sich bei den Studierenden der Medizin und Zahnmedizin, dass z. B. Patient:innen im klinischen Kontext ihr Auftreten vor dem ärztlichen Personal darstellen können, allerdings sich diese Wahrnehmung z. B. bei alltäglichen pflegerischen Tätigkeiten unterscheiden kann. Demzufolge bedarf es einer ständigen Reflexion der beruflichen Situation in Kombination mit einem Perspektivwechsel mit anderen beteiligten Professionen.

Abb. 1: Arbeitsaufgabe in Kleingruppen zum »Klimatheaterspiel« (Foto: UW/H).

4. Lösungs- und Zielwissen: Theaterspiel als Impulsgeber?

Als Basisgrundlage sind BNE-Themen im Lehramtsstudium, in Qualifikationen sowie Fort- und Weiterbildungen für Lehrpersonen anzustreben. Nachhaltigkeitsrelevante Themenbereiche sind aufgrund ihrer Relevanz und ihres Problembewusstseins zentraler im formalen Bildungskontext einzubinden. Das Thema Nachhaltigkeit muss zusammen mit anderen Querschnittsthemen (z. B. Digitalisierung und politische Strukturen) multikausal und multidimensional betrachtet werden. Praktische Umsetzungsbeispiele und Inszenierungen sind zukünftig im Rahmen der formalen Bildung anzustreben und in Lehrformaten einzusetzen, um sich individuell und vor allem im Bildungskontext gemeinschaftlich mit den Thematiken zu befassen und sich kritisch-konstruktiv sowie perspektivisch Lösungsansätzen anzunähern (Grund & Brock 2022). Demzufolge muss eine stärkere Gewichtung von Nachhaltigkeitsthemen in Unterrichts- und Seminareinheiten erfolgen, damit diese regelmäßig durch eine curriculare Verankerung bearbeitet werden.

Der Ansatz nach Goffman (1956) kann in Unterrichts- und Seminareinheiten zum Ausbau von weiteren sozialwissenschaftlichen Theorien und Konzepten kombiniert mit dem themenspezifischen Kontext führen. Im weiteren Verfahren ist eine interdisziplinäre und fächerübergreifende Zusammenarbeit zwischen den Lehreinheiten notwendig, damit BNE-Themen umfassend betrachtet und strukturelle Herausforderungen abgebaut werden (Grund & Brock 2022). Studien zeigen, dass auf der personalen Ebene das Bewusstsein und Befassen mit Nachhaltigkeitszielen zu einem verbesserten allgemeinen Wohlbefinden führen kann (Capaldi et al. 2014). Auf dieser Grundlage sind qualitativ die motivationalen und emotionalen Komponenten als Folge der Thematik in Lehreinheiten auszuführen.

5. Transformationswissen: Lehr-Lern-Einheit Klimatheater

An der Universität Witten/Herdecke ist das Studium Fundamentale (StuFu) zur Auseinandersetzung und kritischen Diskussion von gesellschaftsrelevanten Themen zur Kompetenzentwicklung über die studiengangsbezogenen Ziele hinaus von Bedeutung. Die Studierenden kommen aus unterschiedlichen Studiengängen zusammen und thematisieren in Seminaren professionsübergreifende und gesellschaftsrelevante Problemlagen. In dem StuFu-Kurs »Multiprofessionelle Kooperation – (wie) geht das?« erfolgt in einem wöchentlichen Rhythmus der Einbezug von Theorien und Konzepten aus unterschiedlichen Disziplinen, um die Fragestellung des Seminars zu beantworten. In der Seminareinheit am 23.11.2023 wurde der soziologische Ansatz »Wir alle spielen Theater« von Erving Goffman (1956) als theoretischer Input mit ausgewählten Grundzügen dargestellt.

Danach sollten die Studierenden in einer Anwendungsphase in Kleingruppen von etwa fünf Personen aus dem Blickwinkel von bestimmten Rollen, die die Professionen einnehmen, die Bühne des Klimatheaterspiels nach Goffman (1956) beschreiben. Die Zeitvorgabe betrug 45 Minuten für diese Arbeitsphase. Vorgabe war, eine aktuelle Berichterstattung zum Thema Klimawandel, auf der mehrere Professionen abgebildet sind, als Arbeitsgrundlage auszuwählen. Es folgte eine Auswahl an Bildern aus der aktuellen Berichterstattung zum Seminarzeitpunkt November 2023: 1. Klimakleberinnen und -kleber im Wintersport, 2. Klimaschädlichkeit: Arm gegen Reich, 3. Wurf des Kartoffelbreis. Hier wurden bereits Bezüge zur theoretischen Herleitung des transformativen Lernens bedacht. Anhand des Theaterspiels wurden die beteiligten Professionen als Darstellende auf der Bühne mit persönlichen und szenischen Fassaden gezeigt. Rekonstruierend sollten nach der jeweiligen Selbstdarstellung der Profession Maßnahmen zum Klimaschutz und, daraus resultierend, förderliche Faktoren der Gesundheit und Gesellschaft herausgestellt werden. Zusätzlich erfolgte von den Studierenden die Erörterung der Zuschauenden und Darstellenden im »Klimatheater«. Im Anschluss wurden die Ergebnisse im Plenum reflektiert, zukünftige professionelle Rollen hinterfragt und perspektivisch Ideen für die Gestaltung künftiger Praxis entwickelt. Die Lehrveranstaltung wurde mit dem BNE-Lehrpreis der Universität Witten/Herdecke ausgezeichnet.

Das Theaterspiel nach Goffman (1956) ist ein Klassiker der Soziologie und war zum Erscheinungsjahr noch unberührt von heutigen Nachhaltigkeitsproblemen. Der soziologische Ansatz kann als ein Element im Bildungskontext eingesetzt werden. Mit der Konzeption der Lehrveranstaltung wurden erste Annahmen und Verknüpfungen zu aktuellen politischen Herausforderungen getroffen, damit sich Lehrende und Lernende in einem effektiven und interaktiven Diskurs mit Nachhaltigkeitsproblemen befassen. Im Zuge der Kleingruppenarbeit wurden grundlegend die individuellen Reflexionskompetenzen nach Mezirows entwicklungspsychologischer Theorie (1997) gestärkt. Zudem konnten durch die Perspektive der Mitstudierenden neue Wirklichkeiten diskutiert und geschaffen werden. Abschließend lassen sich mit dem szenischen Beispiel zukünftig weitere Seminareinheiten entwickeln.

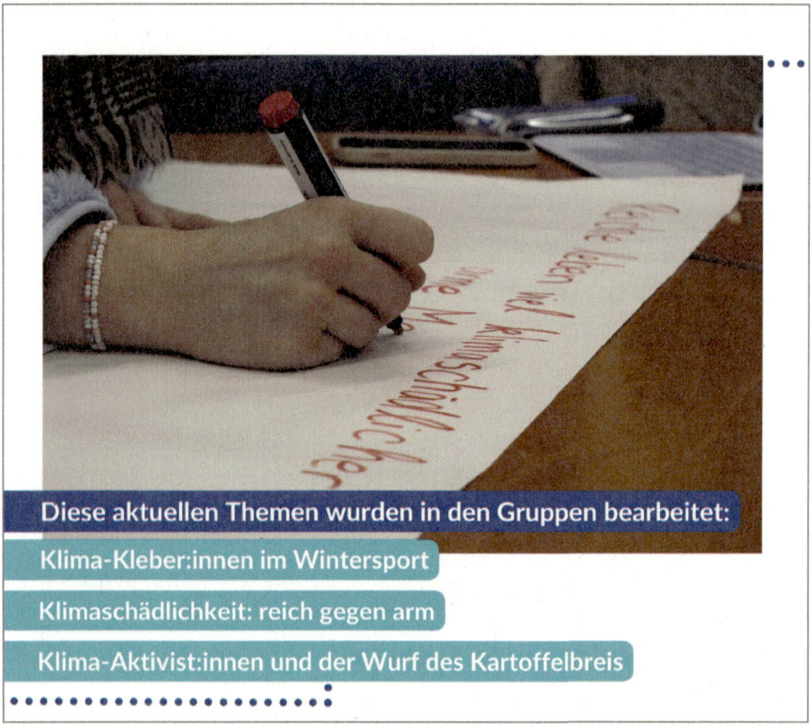

Abb. 2: Ausarbeitung klimarelevanter Themenbereiche in den Kleingruppen (Foto: UW/H).

Durch das Goffman-Klimatheater besteht die bewusste Reflexion der »Theaterstücke« des Klimawandels, wodurch die Lernenden ihre eigenen Rollen in der Gesellschaft neu definieren und aktiv zu nachhaltigen Veränderungen beitragen. Allein der Transfer von der Theorie in relevante praktische Inhalte macht deutlich, dass klimatische Veränderungen alltäglich eine Rolle im Leben spielen und durch die bewusste Auseinandersetzung mit der Thematik und dem diskursiven Austausch auch die Rollen verschärft und geändert werden. Demzufolge besteht durch das Bewusstsein des Themas die Möglichkeit, dass sich auch in der Praxis mit den Herausforderungen des Klimawandels befasst wird und das Thema weiterhin an Öffentlichkeit gewinnt. Die Idee der Bühnen und Darstellungsakte verdeutlicht die unterschiedlichen Interessen und Handlungsarenen der jeweiligen Akteur:innen, die durch ihr lokales Handeln auf komplexe Probleme aufmerksam machen. In Anbetracht der Komplexität des Klimawandels kommt jedoch einschränkend ein diffuser und überschaubarer Zuschauendenkreis hinzu, der intendiert oder nicht intendiert durch den Darstellungsakt adressiert wird. Lokale Darstellungen können durch die Verbreitung in den Medien ein breites Publikum erreichen. Dabei können die Rezipient:innen durch ihre eigene Perspektive und ihren jeweiligen Kontext beim Lesen und Anschauen der Nachrichten ein anderes Verständnis entwickeln, als ursprünglich beabsichtigt war. Im Zuge dieser Lehr- und Lerneinheiten wird das Bewusstsein für die Praxis geschaffen, und es wird sich ggf. spezifischer und kritischer mit den relevanten Themen Klimawandel und Gesundheit aufgrund des praxisrelevanten Bezugs auseinandergesetzt.

6. Fazit

Zusammenfassend wird durch den Theateransatz von Goffman (1956) mit dem Klimawandel eine Metaebene geschaffen, auf welcher sich soziale Interaktionen und der Einfluss auf globale Herausforderungen kritisch analysiert lassen. Dadurch wird den Lernenden der Raum ermöglicht, komplexe Klimadiskurse zu hinterfragen und sich an Transformationsprozessen zu beteiligen. Herausforderungen können sich in der praktischen Umsetzung dadurch zeigen, dass die Thematik des Klimawandels nicht ernst genommen und verstanden wird und eher als eine Inszenierung im Sinne des Theaterspiels verstanden wird. Hier zeigt sich, dass das Thema Klimawandel in der Gesellschaft heterogen verstanden und angegeben wird. Es ist zielführend, dass anerkannt wird, dass einzelne Personen als Motivator für Maßnahmen zum Klimawandel werden können, damit sich gesundheitliche Auswirkungen in der Gesellschaft eindämmen lassen.

Drei Literaturtipps mit Kurzbeschreibung

1. Goffman, E. (1956). *The presentation of self in everyday life.* University of Edinburgh – Social Sciences Research Centre.
   Goffmans Motivation liegt im Verstehenwollen unserer alltäglichen Handlungen, warum handeln wir, wie wir handeln und wie wir das tun. Im Konzept des Theaterspiels spielen wir soziale Rollen, haben bestimmte Masken, um unsere Fassade zu wahren.
2. Günster, C., Klauber, J., Robra, B.-P., Schmuker, C. & Schneider, A. (Hrsg.) (2021). *Versorgungs-Report Klima und Gesundheit.* MWV Medizinisch Wissenschaftliche Verlagsgesellschaft.
   Gutes Überblickswerk über Problemfelder und Facetten des Klimawandels. Im Abschnitt 14 wird auf die Notwendigkeit der Zusammenarbeit von Berufsgruppen und Sektoren zum Thema Klima hingewiesen, was in der Literatur bisher nicht ausreichend diskutiert wird.
3. Ibrahim, Y. & Rödder, S. (Hrsg.) (2022). *Schlüsselwerke der sozialwissenschaftlichen Klimaforschung.* Transcript Verlag.
   Übersichtliches Werk, das zentrale theoretische Ansätze aus der Soziologie und den Sozialwissenschaften darstellt und auf der Basis des Ansatzes einen orientierenden Zugang zu einer sozialwissenschaftlichen Klimaforschung ermöglicht. Erving Goffmans Rahmenanalyse (= Interpretationsschema für das Verständnis des Alltags und zur Kategorisierung von Erfahrungen) wird im Buch vorgestellt und auf den Kontext der Klimakommunikation angewandt.

Drei didaktische Hinweise

1. Goffman-Ansatz: Als didaktischer Zugang zur Identitätsbildung und Rollendarstellung bietet sich der Ansatz nach Erving Goffman (1956) zur Selbstdarstellung im multiprofessionellen Miteinander als theoretisches Modell an.
2. Selbstbestimmtes Lernen in der Gruppe: Als Einstieg können Bilder der Berichterstattung zu aktuellen Klimakrisen und deren Folgen verwendet werden. Die praktische Erarbeitung erfolgt in Kleingruppen (vier bis sechs Personen) aus unterschiedlichen Studiengängen, um die verschiedenen Professionen aus diversen Blickwinkeln zu betrachten. Anschließend werden Deutungsversuche in Relation zu dem soziologischen Ansatz nach Goffman (1956) ausgearbeitet.
3. Präsentation und Reflexion des Theaterspiels: Nach der Auswahl der Szenarien werden die relevanten Akteurinnen und Akteure, welche hinter und auf der Bühne agieren, anhand ihrer szenischen und persönlichen Eigenschaften beschrieben. Zudem werden die Zuschauenden und relevante Faktoren der Umgebung herausgestellt. Im Anschluss an die Präsentation erfolgt die Reflexion in der Gruppe, welcher Beitrag nach dem Studium im Klimatheater als Profession geleistet werden kann.

Literatur

Brasseur, G., Jacob, D. & Schuck-Zöller, S. (2017). *Klimawandel in Deutschland. Entwicklung, Folgen, Risiken und Perspektiven*. Springer Spektrum. https://doi.org/10.1007/978-3-662-50397-3

Brookfield, S. D. (2012). Critical Theory and Transformative Learning. In: E. W. Taylor, P. Cranton & Associates (Hrsg.). *The Handbook of Transformative Learning: theory, research, practice*. Jossey-Bass, S. 131–146.

Capaldi, C. A., Dopko, R. L. & Zelenski, J. M. (2014). The relationship between nature connectedness and happiness: a meta-analysis. In: *Front Psychol*, *5*(976), 1–15. https://doi.org/10.3389/fpsyg.2014.00976

Coumou, D., Robinson, A. & Rahmstorf, S. (2013). Global increase in record-breaking monthly-mean temperatures. In: *Climatic Change, 118*(3–4), 771–782. https://doi.org/10.1007/s10584-012-0668-1

Diekmann, A. (2024). Klimawandel – kein Thema für die Soziologie? In: *Zeitschrift für Soziologie, 53*(1), 3–7. https://doi.org/10.1515/zfsoz-2024-2002

Fernandez Rodriguez, S., Adams-Groom, B., Tormo Molina, R., Palacios, S., Brandao, R. M., Caeiro, E., Gonzalo Garijo, A. & Smith, M. (2012). Temporal and spatial distribution of Poaceae pollen in areas of southern United Kingdom, Spain and Portugal [The 5th European Symposium on Aerobiology]. In: *Alergologia Immunologia, 9*(2–3), 153 (unpublished).

Goffman, E. (1956). *The presentation of self in everyday life.* University of Edinburgh – Social Sciences Research Centre. https://monoskop.org/images/1/19/Goffman_Erving_The_Presentation_of_Self_in_Everyday_Life.pdf

Greinert, R., Breitbart, E. W. & Volkmer, B. (2008). UV-induzierte DNA-Schäden und Hautkrebs. In: M. Kappas (Hrsg.). *Klimawandel und Hautkrebs,* S. 145–173. Ibidem-Verlag, Stuttgart.

Grund, J. & Brock, A. (2022). *Formale Bildung in Zeiten von Krisen – die Rolle von Nachhaltigkeit in Schule, Ausbildung & Hochschule. Kurzbericht des Nationalen Monitorings zu Bildung für nachhaltige Entwicklung (BNE) auf Basis einer Befragung von > 3.000 jungen Menschen und Lehrkräften. Institut Futur, Freie Universität Berlin.* https://doi.org/10.17169/refubium-36890

Günster, C., Klauber, J., Robra, B.-P., Schmuker, C. & Schneider, A. (Hrsg.) (2021). *Versorgungs-Report Klima und Gesundheit.* MWV Medizinisch Wissenschaftliche Verlagsgesellschaft.

Hamman, P. (2019). Soziologie. In: E. Zemanek & Ursula Kluwick (Hrsg.). *Nachhaltigkeit interdisziplinär.* Böhlau Verlag, S. 162–179.

Ibrahim, Y. & Rödder, S. (Hrsg.) (2022). *Schlüsselwerke der sozialwissenschaftlichen Klimaforschung.* Transcript Verlag.

Koehrsen, J. (2022). Soziologie und Klimawandel. Die Diskussion um die Rolle der Soziologie. In: Y. Ibrahim & S. Rödder (Hrsg.). *Schlüsselwerke der sozialwissenschaftlichen Klimaforschung.* Transcript, S. 399–406.

Mezirow, J. (1997). *Transformative Erwachsenenbildung.* Schneider-Verlag Hohengehren.

Mezirow, J. (2000). Learning to think like an Adult. Core Concepts of Transformation Theory. In: J. Mezirow & Associates (Hrsg.). *Learning as Transformation. Critical Perspectives on a Theory in Progress.* Jossey-Bass, S. 3–34.

Oswald, H. (1984). In memoriam Erving Goffman. In: *Kölner Zeitschrift für Soziologie und Sozialpsychologie*, 36, 210–213.

Scherber, K., Endlicher, W. & Langner, M. (2013). Klimawandel und Gesundheit in Berlin-Brandenburg. In: H. Jahn, A. Krämer & T. Wörmann (Hrsg.). *Klimawandel und Gesundheit. Internationale, nationale und regionale Herausforderungen.* Springer-Verlag, S. 25–38.

Shoham, A., Hadziahmetovic, M., Dunaief, J. L., Mydlarski, M. B. & Shipper, H. M. (2008). Oxidative stress in diseases of the human cornea. In: *Free Radical Biology Medicine*, *45*(8), 1047–1055. https://doi.org/10.1016/j.freeradbiomed.2008.07.021

Singer-Brodowski, M. (2016). Transformative Bildung durch transformatives Lernen. Zur Notwendigkeit der erziehungswissenschaftlichen Fundierung einer neuen Idee. In: *Zeitschrift für internationale Bildungsforschung und Entwicklungspädagogik*, *39*(1), 13–17. https://doi.org/10.25656/01:15443

Statista Research Department. (2024, 31. Januar). *Klimawandel in Deutschland.* https://de.statista.com/themen/7993/klimawandel-in-deutschland/#topicOverview

Zeuner, C. (2007, 05–06. November). *Welche Potenziale bietet Weiterbildung für die Bewältigung gesellschaftlicher Veränderungen im kommunalen und regionalen Umfeld?* [Vortrag im Rahmen des Projekts »*LEWUS*«]. Fachtagung »Weiterbildung als Mitgestalter gesellschaftlicher Wandlungsprozesse« www.lewus.de/download/ZeunerPerspektiven_derWB.pdf.

Leonie Liekefett, Phillip Gutberlet & Felix Peter

Emotionale Resilienz in der Bildung: Zur Bedeutung emotionaler Kompetenzen im Kontext sozial-ökologischer Krisen

Kurzzusammenfassung

Sozial-ökologische Krisen wie die Klimakrise führen zu emotionalen Reaktionen. In Bildungskontexten, die Krisen thematisieren, ist daher ein kompetenter Umgang mit Emotionen unerlässlich. Der Text unterstreicht die Bedeutung emotionaler Kompetenzen – im Sinne der Fähigkeiten zur Wahrnehmung, zum Verstehen, zur Regulation und zum Ausdruck von Emotionen – als Teil der transformativen Bildung. Er beschreibt auf drei Ebenen am Beispiel Schule unter Rückgriff auf psychologische Grundlagen der Stressbewältigung, wie Lehrkräfte (1) ihre emotionale Resilienz stärken, (2) die emotionalen Reaktionen der Lernenden begleiten und (3) ihnen emotionale Kompetenzen vermitteln können. Der Beitrag positioniert emotionale Resilienz als transformative Kompetenz, die Bildung für nachhaltige Entwicklung (BNE) dadurch bereichert, dass sie zur ganzheitlichen Transformation von Bildungsprozessen beiträgt und nachhaltige Veränderungen in Lehr- und Lernumgebungen fördert.

Lernziele

- Das Konzept der emotionalen Resilienz im Kontext von Bildungseinrichtungen verstehen und mental verankern können
- Die Herausforderungen beim Umgang mit Emotionen in Bildungseinrichtungen benennen können
- Ansätze zur Entwicklung emotionaler Kompetenzen kennen und auf den eigenen Kontext übertragen können

1. Einführung

Sozial-ökologische Krisen wie die Klimakrise haben weitreichende Auswirkungen auf die Umwelt, den individuellen Alltag und die allgemeinen Lebensbedingungen. Sie stellen auf vielfache Art und Weise eine Bedrohung dar und sind folglich eng mit emotionalen Reaktionen und psychischen Belastungen verbunden. Bildungskontexte haben die Aufgabe, sozial-ökologische Krisen, ihre Entstehung und Möglichkeiten ihrer Eindämmung zu thematisieren, mit dem Ziel, junge Menschen auf eine krisenreichere Welt vorzubereiten und sie beim Umgang mit den vielfältigen Belastungen im Zuge der Krisenfolgen zu unterstützen.

Pädagogische Fachkräfte übernehmen nicht nur eine Rolle in der Wissensvermittlung, sondern auch als emotionale Vorbilder. Dies erfordert ein ausgeprägtes Maß an emotionaler Kompetenz. Solche Kompetenzen sind im beruflichen Alltag jedoch unzureichend verankert (z.B. Grund & Holst 2023). Kommen im Rahmen der Bildung für eine nachhaltige Entwicklung (BNE) bzw. der transformativen Bildung Themen hinzu, die emotional zusätzlich herausfordern, wird eine Implementierung eines kompetenten Umgangs mit Emotionen umso wichtiger. Gerade in der transformativen Bildung, die kritische Diskurse und Reflexionsprozesse sowie die Auseinandersetzung mit belastenden Themen beinhaltet (vgl. Grund et al. 2024), sind emotionale Kompetenzen unerlässlich.

Der Beitrag untersucht die Bedeutung emotionaler Kompetenzen pädagogischer Fachkräfte für die transformative Bildung und BNE sowie für die Stärkung emotionaler Resilienz am Beispiel des schulischen Kontextes. Es werden folgende Ebenen betrachtet (vgl. Abb. 1):

1. die Selbstwahrnehmung und Selbstregulation der pädagogischen Fachkräfte (Abschnitt 4)
2. die professionelle Begleitung der emotionalen Reaktionen von Lernenden (Abschnitt 5)
3. die Vermittlung emotionaler Bewältigungsstrategien an die Lernenden (Abschnitt 6).

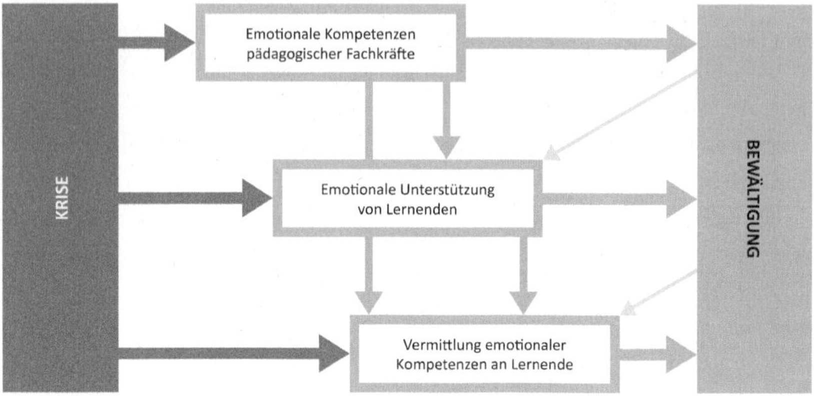

Abb. 1. Modell zur Stärkung emotionaler Resilienz in Bildungseinrichtungen (eigene Darstellung).

Durch die Integration dieser drei Ebenen können pädagogische Fachkräfte ihre eigene mentale Gesundheit besser schützen und gleichzeitig eine Lernumgebung schaffen, die Lernende dabei unterstützt, ihre Emotionen im Zuge transformativer Lernprozesse besser zu verstehen und zu verarbeiten. Nach einer Darstellung der theoretischen Grundlagen zu Emotionen und emotionaler Resilienz werden die drei Ebenen im Folgenden genauer beleuchtet.

2. Emotionale Resilienz im Bildungskontext

Emotionen wird beim Umgang mit sozial-ökologischen Krisen eine Schlüsselrolle zugeschrieben (Ojala 2023). Sie entstehen in der Auseinandersetzung mit bedrohlichen Krisenfolgen sowie mit den damit einhergehenden gesellschaftlichen Veränderungen (Hickman et al. 2021). Sie vermitteln zwischen dem Wissen über Krisen und dem folgenden Verhalten (Fritsche et al. 2021). Und sie begleiten die Auseinandersetzung mit Krisen im Rahmen von Bildungsprozessen wie der transformativen Bildung und BNE (Grund et al. 2024; Ojala 2023).

Emotionen sind individuelle, komplexe Zustände aus physiologischer Aktivierung, subjektivem Empfinden, kognitiver Bewertung, Verhaltensbereitschaft und motorischem Ausdruck (Dennison 2023). Sie signalisieren Bedürfnisse, übermitteln Informationen und sind an Verhaltensänderungen beteiligt (Asbrand et al. 2024; Dennison 2023). Emotionale Kompetenzen sind grundlegende Fähigkeiten, Emotionen bei sich selbst und anderen wahrzunehmen, zu verstehen, zu regulieren und konstruktiv auszudrücken (Grund & Holst 2023). Sie sind wichtig für die individuelle Entwicklung, bilden das Fundament für soziale Interaktionen und Beziehungen sowie für die Entwicklung und Aufrechterhaltung von Resilienz (Mansfield et al. 2016).

Resilienz wird vor dem Hintergrund der sozial-ökologischen Krisen ein großes Potenzial zugeschrieben, Menschen zu schützen und Handlungsfähigkeit herzustellen bzw. aufrechtzuerhalten (z. B. Peter & Niessen 2022). Auf der individuellen Ebene steht Resilienz für die erfolgreiche individuelle Bewältigung schwieriger oder bedrohlicher Umstände (Masten et al. 1990). Auf der kollektiven Ebene geht es um die Kapazität von Gruppen bzw. Systemen, auf veränderte Bedingungen und Krisen wirksam zu reagieren und sich davon zu erholen (z. B. Norris et al. 2008). Emotionale Resilienz bezeichnet die Kapazität einer Person, sich flexibel auf emotional belastende Situationen einzustellen und sich von negativen emotionalen Erfahrungen zu erholen (Bagdžiūnienė et al. 2023; Easton-Gomez et al. 2022; Grant & Kinman 2014; Steward 2014; Xue 2022). Sie ermöglicht es Individuen, ihre emotionale Stabilität und Handlungsfähigkeit auch unter schwerer Belastung aufrechtzuerhalten, und trägt somit zu psychischer Gesundheit und Wohlbefinden bei. Sie kann durch gezielte Interventionen und unterstützende Umgebungen gefördert und entwickelt werden.

Während emotionale Kompetenzen – bildlich gesprochen – die Werkzeuge sind, die eine Person im Alltag nutzt (vgl. Tab. 1), stellt emotionale Resilienz das Gebäude dar, das mit diesen Werkzeugen im Laufe der Zeit aufgebaut wird und widrigen Bedingungen trotzen kann. Lehrkräfte mit ausgeprägter emotionaler Resilienz reagieren konstruktiver auf herausfordernde Unterrichtssituationen und sind dadurch beruflich zufriedener (Xue 2022). Zudem geht eine ausgeprägtere emotionale Resilienz mit einem höheren Wohlbefinden von Lehrkräften einher, gestärkt bspw. durch berufliche Ressourcen (z. B. Autonomie und soziale Unterstützung) und Selbstwirksamkeit (Bagdžiūnienė et al. 2023). Grant und Kinman (2014) betonen, dass die Förderung emotionaler Resilienz im Rahmen von Ausbildung und beruflicher Weiterbildung entscheidend ist, um die komplexen Anforderungen emotional herausfordernder Sozialberufe bewältigen zu können. Steward (2014) betont die hohen Belastungen für Schulleitungen und die Notwendigkeit, emotionale Reaktionen zugunsten rationaler Entscheidungen wirksam bewältigen zu können. So stehen Schulleitungen im Gegensatz zu Lehrkräften vor der besonderen Herausforderung, unter hoher öffentlicher Rechenschaftspflicht und administrativem Druck zu bestehen, den Überblick zu behalten, ohne alles persönlich kontrollieren zu können, und dabei resilient für sich und andere zu bleiben.

Tab. 1. Ausgewählte Faktoren emotionaler Resilienz (Bagdžiūnienė et al. 2023; Grant & Kinman 2014; Steward 2014; Xue 2022).

Dimension	Bedeutung
Selbstbewusstsein und Reflexion	Achtsamkeit, Selbstreflexion, Authentizität, kontinuierliche persönliche Entwicklung
Emotionsregulation	Fähigkeit, Emotionen zu steuern und in stressigen Situationen emotional stabil zu bleiben
Soziale Unterstützung	Aufbau und Pflege starker sozialer Netzwerke zur emotionalen Stabilisierung
Anpassungsfähigkeit und Flexibilität	Fähigkeit, sich an Herausforderungen und Veränderungen anzupassen und kreative Lösungen zu finden

Kinder und Jugendliche stellen im Zusammenhang mit den negativen Folgen der Klimakrise eine besonders vulnerable Gruppe dar und müssen deshalb durch resiliente Strukturen geschützt werden (Easton-Gomez et al. 2022). Pädagogische Fachkräfte haben einen hohen Anteil an der Wirksamkeit solcher Strukturen. Ihre eigene emotionale Resilienz ist die

Ausgangsbasis dafür, dass sie eine resilienzförderliche Umgebung schaffen, indem sie Lernende bei der Bewältigung von Problemen unterstützen, entsprechende resiliente Strukturen aufzubauen (Fröhlich-Gildhoff & Rönnau-Böse 2021), und indem sie über die Vermittlung emotionaler Kompetenzen am Aufbau von Bewältigungskapazität mitwirken (Abb. 1; vgl. Asbrand et al. 2024).

3. Herausforderungen beim Umgang mit Emotionen

Die Stärkung der emotionalen Resilienz von Lehrkräften ist ein pädagogisch notwendiges und gleichzeitig persönlich herausforderndes Thema. Eine für alle Entwicklungsprozesse im Bildungssystem bestehende Herausforderung stellen die knappen zeitlichen Ressourcen dar. Der verbreitete Lehrkräftemangel bremst vielerorts Entwicklungsprozesse aus und macht es für Schulen schwieriger, auf individuelle Bedürfnisse einzugehen. Dabei erfährt die persönliche Weiterentwicklung von Lehrkräften deutlich weniger Unterstützung als die fachlich-didaktische Ausbildung (Daschner et al. 2023). Nicht zuletzt benötigt die Implementierung emotionaler Resilienz einen festen Platz im Schulalltag. Diese Ausgangslage kann dazu führen, dass die Stärkung emotionaler Resilienz als zusätzlicher Auftrag betrachtet wird, der im Pensum aller weiteren Aufgaben überfordern kann und deshalb nicht angegangen wird. Dies erscheint paradox, insofern die Stärkung emotionaler Resilienz auf Entlastung zielt und sich positiv auf die Gesundheit der Lehrkräfte auswirkt (vgl. Grant & Kinman 2014; Roeser et al. 2013).

Die Auseinandersetzung mit den eigenen Emotionen kann zudem zu einer Auseinandersetzung mit den eigenen Werten und Normen führen. In Bezug auf sozial-ökologische Krisen kann dies bspw. den verbreiteten Glauben an grenzenloses Wachstum infrage stellen. Habibi-Kohlen (2021) spricht von Illusionen, die Menschen trotz drohender Unsicherheiten für Gegenwart und Zukunft möglichst lange aufrechterhalten, um ihren Selbstwert zu schützen. Die Stärkung emotionaler Resilienz im Kontext gesellschaftlicher Krisen trifft dann auf die Beschäftigung mit den eigenen psychischen Abwehrmechanismen (z. B. Verleugnung oder Verdrängung), die dazu dienen, die mentale Gesundheit zu stabilisieren. Um langfristig handlungsfähig bleiben zu können, gilt es, solche Mechanismen aufzuweichen. Diese Auseinandersetzung kann zunächst eine Phase der Destabilisierung hervorrufen, bevor sie »persönliche Reifung, Integrität, wachsende soziale Kompetenz und psychische Entlastung zur Folge [hat]« (Asbrand et al. 2024, S. 117). Auch zwischenmenschliche Auswirkungen sind möglich: Gerade die Auseinandersetzung mit Werten und Normen kann Konflikte mit nahestehenden Menschen, Lernenden oder anderen Lehrkräften hervorrufen.

Bei Kindern und Jugendlichen können viele dieser Herausforderungen ebenfalls auftreten. Dies ist in der Vermittlung ebenso mit Umsicht zu berücksichtigen wie deren besondere Vulnerabilität (Asbrand et al. 2024). Mögliche Fallstricke im Kontext sozial-ökologischer Krisen sind bspw., dass sehr starke und dann kaum kompensierbare Emotionen entstehen können oder zu schnell in positive Emotionen übergeleitet wird und damit Sorgen nicht ernst genug genommen werden. Problematisch ist auch, wenn die Verantwortung für individuelle Reaktionen gegenüber Krisen allein bei den Betroffenen verbleibt, wenn Erwachsene Heranwachsende in solchen Fragen als grundsätzlich weniger kompetent verstehen und wenn Perspektiven der Lernenden ignoriert werden (Finnegan & d'Abreu 2024).

4. Emotionale Kompetenzen von Lehrkräften

Um Lernende auf sozial-ökologische Krisen vorbereiten zu können, sollten Lehrkräfte über die erforderlichen Ressourcen und Kompetenzen verfügen (Mansfield et al. 2016). Dazu gehören neben kognitiven Kompetenzen (z. B. kritisches Denken, Problemlösung, Reflexion) und sozialen Kompetenzen (z. B. Beziehungsaufbau und Empathie) auch emotionale Kompetenzen. Grundlegend ist dabei die Fähigkeit zur Wahrnehmung der eigenen Emotionen und zur Selbstregulation.

Selbstwahrnehmung bezeichnet die Kompetenz, die eigenen Emotionen, Werte und persönlichen Ziele sowie deren Zusammenhänge zu verstehen (Greenberg et al. 2017). Sie ermöglicht es, eigene Emotionen und deren Auswirkungen auf das eigene Handeln und die Beziehung mit den Lernenden zu betrachten (z. B. Bewusstsein für eigene/fremde Ängste und Unsicherheiten). Daran anschließend, bezeichnet Selbstregulation die Fähigkeit, bewusst mit eigenen emotionalen Reaktionen umzugehen und sie angemessen auszudrücken (Greenberg et al. 2017). Lehrkräften, denen dies gelingt, können eher eine stabilisierende Rolle für Lernende übernehmen und so ein sicheres, unterstützendes Umfeld schaffen (Brackett & Rivers 2014).

Die Fähigkeit zur Selbstwahrnehmung ist grundlegend für die Selbstregulation. So können durch das Reflektieren eigener Emotionen eigene Anspruchshaltungen erkannt und anschließend Wege gefunden werden, diese nicht auf Lernende oder andere Lehrkräfte zu übertragen, sondern ihnen weiterhin tolerant und empathisch zu begegnen (vgl. Finnegan & d'Abreu 2024). So werden Lehrkräfte auch zu persönlichen Vorbildern, an denen sich Lernende orientieren. Eine solche innere Transformation ist wichtig für generelle Veränderungen im Miteinander (z. B. Pollänen et al. 2023).

Der innere Transformationsprozess von Lehrkräften kann durch verschiedene Strategien gestärkt werden. Zentral dafür ist die Entwicklung einer von Unterstützung, Wertschätzung und Offenheit geprägten Schulkultur (vgl. Fröhlich-Gildhoff & Rönnau-Böse 2021). Eine solche Kultur kann zu einem Klima beitragen, in dem Lehrkräfte sich sicher fühlen, ihre Emotionen zu äußern und Unterstützung zu suchen. Sie kann gefördert werden, indem Schulleitungen zum Beispiel durch gezielte Fortbildungen, Supervisions- sowie Teamentwicklungsangebote und das Vorleben offener und wertschätzender Kommunikation entsprechende Rahmenbedingungen schaffen. Zudem kann die inhaltliche Beschäftigung mit emotionalen Kompetenzen positive Effekte auf die Stärkung emotionaler Resilienz haben. Daher sollten Fort- und Weiterbildungen diese Themen explizit aufgreifen. Zudem sollten sie Lehrkräften gezielt Werkzeuge an die Hand geben, um eigene emotionale Herausforderungen zu bewältigen. Für die damit verbundenen Strategien gilt, dass sie eingeübt und regelmäßig praktiziert werden sollten, um in Krisensituationen routiniert unterstützen zu können (vgl. Asbrand et al. 2024).

Achtsamkeit und Selbstfürsorge sind wirksame Ansätze zur Stärkung emotionaler Resilienz. Solche Praktiken helfen, Selbstwahrnehmung und Selbstregulation zu verbessern. Dazu gibt es viele Möglichkeiten (siehe Tab. 2), und im Sinne partizipativer Ansätze gilt es, im Kollegium passende Methoden und Strategien für eine gemeinsame Weiterentwicklung auszuwählen. Über eine solche kollektive Kultur wird schließlich die Grundlage dafür gelegt, Kinder und Jugendliche bei emotionalen Herausforderungen wirksam unterstützen zu können. Ein erfolgreiches Praxisbeispiel zur Förderung der emotionalen Resilienz von Lehrkräften ist das Programm »CARE for Teachers« (Cultivating Awareness and Resilience in Education). In einer Studie von Jennings et al. (2017) zeigte sich, dass Teilnehmende des Programms signifikante Verbesserungen in ihrer Fähigkeit zum Umgang mit stressigen Situationen im Schulalltag erzielten. Dies führte zu einem positiveren Klassenklima und einer besseren Unterstützung der emotionalen Bedürfnisse der Lernenden.

Tab. 2. Ausgewählte Ansätze zur Stärkung von Selbstwahrnehmung und Selbstregulation

Ansatz	Bedeutung
Achtsamkeitspraxis	Regelmäßige Achtsamkeitsübungen (z. B. Konzentration auf die eigene Atmung und die damit verbundenen Empfindungen) verbessern Selbstwahrnehmung und Selbstregulation (vgl. Roeser et al. 2013)
Akzeptanz unangenehmer Emotionen	Entwicklung der Fähigkeit, unangenehme Emotionen anzunehmen (»es ist in Ordnung, dass ich mich gerade so fühle«) und Vermeidungsstrategien zu erkennen (vgl. Schweer 2017)
Reflexion von Emotionen gegenüber Krisen	Think Pair Share: (1) über die Klimakrise und ihre Folgen nachdenken (»Think«), (2) sich zu zweit über die Gedanken und Gefühle austauschen (»Pair«), (3) Teilen der Ergebnisse in der großen Gruppe (»Share«)

Ansatz	Bedeutung
Zehn Säulen der Selbstfürsorge	Anregungen zur Selbstfürsorge bei der Bewältigung emotionaler Herausforderungen, z. B. Tagesstruktur, soziale Kontakte, Bewegung, Naturerholung, ausreichend Schlaf, Selbstüberwindung und ein achtsamer Umgang mit Gedanken (Psychologists/Psychotherapists for Future 2020)
Kritische emotionale Bewusstheit	Förderung der Bewusstseinsbildung für Komplexität, soziale Gerechtigkeit, Perspektivübernahme, Kreativität, Empathie und Wertschätzung anderer Haltungen (Ojala 2023; Finnegan & d'Abreu 2024)

5. Emotionale Unterstützung von Lernenden

Der Schulalltag ist für junge Menschen eine Zeit voller stressauslösender Reize. Dazu gehören schulspezifische Faktoren wie Leistungs-, Sozialdruck und Zeitstress. Hinzu kommen Stressoren, die normaler Teil der Entwicklung von Heranwachsenden sind – bspw. das Erleben und Austragen von Konflikten mit Gleichaltrigen und Erwachsenen. Viele Lernende sind zudem besonderen Stressoren ausgesetzt – bspw. bei Lern- oder Leistungsschwierigkeiten, wenn außerschulische Belastungen gedanklich und emotional in die Schule mitgebracht werden, oder in Bullying-Dynamiken, d. h., wenn Lernende systematischer und andauernder Schikane, Ausgrenzung und Einschüchterung durch andere Lernende ausgesetzt sind. Nicht zuletzt können bestimmte Unterrichtsinhalte belastend sein.

Bereits unabhängig von sozial-ökologischen Krisen ist es für Lehrkräfte somit wichtig, die emotionale Unterstützung von Lernenden im Schulalltag professionell zu berücksichtigen. Unangenehme oder aufwühlende Emotionen zeigen an, dass ein Stressor besteht (vgl. Abschnitt 2). So kann Angst bei der Ankündigung eines Tests signalisieren, dass ein Kind befürchtet, negativ bewertet zu werden. Ärger oder Wut können anzeigen, dass ein Kind das Verhalten eines anderen Kindes ungerecht findet. Sozial-ökologische Krisen können darüber hinaus zu Sorgen, Wut, Trauer oder Hilflosigkeit führen (z. B. Hickman et al. 2021).

Dem Stressmodell von Lazarus und Folkman (1984) zufolge beginnt die Stressbewältigung mit der Bewertung einer Situation: Ist sie positiv oder unwichtig, erübrigt sich weiteres Handeln. Ist sie bedrohlich, werden die verfügbaren Ressourcen eingeschätzt. Reichen diese aus, wird gehandelt; andernfalls entsteht zusätzlicher Stress, der weitere Maßnahmen erfordert. Die Bewältigung von Stress verläuft somit individuell unterschiedlich, da sie von der Interaktion zwischen der Person, der Situation und dem jeweiligen Kontext abhängt. Das Wissen um dieses Stressmodell kann Lehrkräften bereits helfen, Lernende in belastenden Situationen professionell zu begleiten.

Dazu gehört auch die Kenntnis über gängige Bewältigungsstrategien. Generell werden drei Strategiegruppen unterschieden (z. B. Asbrand et al. 2024):

- Emotionsfokussierte Strategien zielen darauf ab, belastende emotionale Reaktionen abzumildern bzw. aufzulösen.
- Problemfokussierte Strategien konzentrieren sich darauf, das Problem aktiv zu lösen.
- Sinnfokussierte Strategien ermöglichen, belastenden Situationen durch Sinn- und Bedeutungsfindung eine positive Perspektive zu geben.

Solche Strategien kommen kombiniert und situativ zum Einsatz. So kann es wichtig sein, sich über eine emotionsfokussierte Strategie (z. B. Ablenkung im Spiel) in einen emotional ausgeglicheneren Zustand zu versetzen, damit problemfokussiertes Handeln wieder möglich ist (z. B. Recherche von Lösungsoptionen). Lehrkräfte können Lernenden in kritischen Situationen dabei helfen, wirksame Bewältigungsstrategien anzuwenden. Die damit verbundene soziale Unterstützung (»ich bin da«, »ich höre dir zu«) stellt einen wichtigen Teil der Bewältigung dar.

In akuten Stresssituationen mit starker emotionaler Reaktion sollten Betroffene zunächst in einen emotional ausgeglicheneren Zustand zurückkehren können – bspw. durch die Möglichkeit, die Situation zu verlassen, oder durch die (gemeinsame) Anwendung einer Stressbewältigungsmethode (z. B. Atemübungen). Bei Herausforderungen, die als individuell nicht kontrollierbar erlebt werden – wenn emotions- und problemfokussierte Strategien nicht aussichtsreich sind –, erscheint der sinnfokussierte Ansatz in Kombination mit problemfokussierten Strategien am vielversprechendsten (z. B. Ojala & Bengtsson 2019; siehe Tab. 3).

Tab. 3. Aspekte sinnfokussierter Bewältigung (nach Asbrand et al. 2024; 2025).

Dimension	Bedeutung
Akzeptanz	Erkennen und Annehmen der Realität einer größeren Krise und dass diese nicht durch eine Person allein überwunden werden kann. Vermeidet Mechanismen wie Verleugnung oder Verharmlosung – Grundlage für eine bewusste, konstruktive Auseinandersetzung mit der Krise
Anerkennung von Gründen für Zuversicht	Lenkt den Fokus auf die Verteilung der Verantwortung auf mehrere Schultern. Ein Bewusstsein für das Potenzial positiver »Kettenreaktionen« und das Vertrauen in weitere engagierte und kompetente Akteure fördert Zuversicht und motiviert zur Mitwirkung.
Suche nach Bedeutung	Unterstützt dabei, eine Krise nicht dauerhaft als sinnlos zu erleben, sondern dass diese (trotz allen Leidens) konstruktive Aspekte und Möglichkeiten zur Entwicklung eröffnet. Eine solche positive Neubewertung unterstützt das Wohlbefinden und erleichtert eine tiefere Verarbeitung der Krise.
eigener sinnstiftender Beitrag	Der Fokus auf sinnstiftende und realisierbare Aktivitäten stärkt das Gefühl, wirksam zu handeln. Dies fördert das Erleben von Selbstwirksamkeit und die Überzeugung, dass individuelle Handlungen eine bedeutende Rolle im gemeinsamen Bewältigungsprozess spielen.

Die verschiedenen Aspekte der sinnfokussierten Bewältigung (vgl. Tab. 3) sollten in der Vorbereitung von Unterricht oder Projekten insbesondere im Zusammenhang mit gesellschaftlichen Krisen berücksichtigt werden. Für die Unterstützung von Lernenden in akuten Krisenfällen stehen in allen Schulen spezifische Leitfäden und schulische Beratungsdienste wie die Schulpsychologie für das Schulpersonal zur Verfügung. Darüber hinaus gilt es, ein Klassenklima zu schaffen, das über Vertrauen, Unterstützung und gegenseitigen Respekt eine Basis für die emotionale Entwicklung schafft. Lehrkräfte sollten dabei aktiv auf die emotionalen Bedürfnisse der Lernenden eingehen, Empathie zeigen und eine offene Kommunikation fördern (vgl. Fröhlich-Gildhoff & Rönnau-Böse 2021).

6. Vermittlung emotionaler Kompetenzen an Lernende

Lernenden emotionale Kompetenzen zu vermitteln, ist wichtig, damit sie Stress besser bewältigen, Konflikte lösen und gute soziale Beziehungen pflegen können. Eine wirksame Stressbewältigung umfasst die Interaktion zwischen einer adäquaten sozialen Infrastruktur (z. B. ein unterstützendes Schulklima), sozialer Unterstützung (z. B. durch emotional kompetente Lehrkräfte) und persönlichen Kompetenzen (vgl. Abb. 1). Die Integration emotionaler Kompetenzen von Lernenden in den Schulalltag erfolgt dabei reaktiv (in Krisensituationen) und präventiv (im Rahmen von Schulentwicklung), systematisch und kontinuierlich. Die Implementierung von Strategien für die Vermittlung emotionaler Kompetenzen in der Schule sollte dieses Zusammenspiel berücksichtigen und sowohl über die Ebene des Unterrichts als auch über die Schulebene erfolgen.

Um emotionale Kompetenzen im Schulalltag zu vermitteln, kann eine duale Strategie aus der Integration in die reguläre Unterrichtsplanung (siehe Tab. 4) und speziellen Lern- und Übungsphasen verfolgt werden. Die Behandlung von sozial-ökologischen Krisen im Unterricht bietet dabei Chancen, das Wissen darüber zu erweitern, wie über Emotionen gesprochen werden kann und Ohnmachtsgefühle gegenüber individuell unkontrollierbaren Problemen reduziert werden können (vgl. sinnfokussierte Bewältigung in Abschnitt 5). Lehrkräfte können in diesem Rahmen moderierte Austauschräume schaffen, um Gefühle zu teilen, Hintergründe zu klären und so über die Zeit emotionale Resilienz zu fördern. Neben solchen unterrichtsimmanenten Methoden sind fächerübergreifende Ansätze wichtig. So können allgemeine Kompetenzen in spezifischen Situationen und zu spezifischen Themen erworben werden (vgl. Tab. 4), was den Transfererfolg stärkt.

Tab. 4. Beispiele zur Integration emotionsbezogener Bildung in den Unterricht.

Beispiel	Bedeutung
akute Stress-bewältigung	Entspannungsübungen wie Atemtechniken oder progressive Muskelrelaxation (PMR) helfen Lernenden, in belastenden Situationen emotional stabil zu bleiben (vgl. Asbrand et al. 2024).
moderierte Austauschräume	Rollenspiele und moderierte Diskussionen unterstützen die Entwicklung von Empathie; Gruppenarbeit stärkt die sozialen Kompetenzen durch Kommunikation und Kooperation (Grund & Holst 2023).
fächerübergreifende Ansätze	Soziale Fächer können Lernziele zur Förderung der emotionalen Resilienz direkt aufgreifen, während naturwissenschaftliche Fächer emotionale Aspekte im Kontext von Gruppenprojekten und Präsentationen einbinden können (Grund & Holst 2023). Denkbar ist bspw., in Biologie die physiologischen Hintergründe von Stressregulation zu behandeln, den Sport regulär mit einer Entspannungsübung zu beenden und in Ethik die soziale Bedeutung gemeinsamer Stressbewältigung zu reflektieren.
Medienkompetenz	Gerade in Krisenzeiten besteht die Gefahr, soziale Medien stärker zu konsumieren, was die psychische Gesundheit beeinträchtigen kann. Das Entwickeln von Regeln und Kontrollmöglichkeiten für den Medienkonsum auf Grundlage eigener Erfahrungen und Emotionen kann dem entgegenwirken (vgl. Asbrand et al. 2024).

Ergänzend können spezielle Einheiten – z. B. besondere Unterrichtsstunden, außerschulische Projekte, angeleitete Gruppen oder Arbeitsgemeinschaften – geschaffen werden, in denen bspw. Achtsamkeitsübungen, moderierte Gesprächsrunden oder gemeinsames Handeln stattfinden, um die eigenen aktuellen Gedanken und Gefühle zu ordnen bzw. Selbstwirksamkeit zu erleben. Eine stetige Wiederholung ermöglicht, stressmindernde Routinen in Krisensituationen anwenden zu können und sich eigener Gefühle bewusster zu werden (ausführlich siehe: Staatsinstitut für Schulqualität und Bildungsforschung 2021).

Die soziale Dimension spielt insgesamt eine zentrale Rolle: So benötigen Kinder oft mehr Hilfe, um Emotionen bei sich und anderen zu erkennen und angemessen darauf zu reagieren (Asbrand et al. 2024). Jugendliche hingegen orientieren sich an den Bewältigungsstrategien ihrer Peers, weshalb es wichtig ist, gemeinsam Strategien zu entwickeln (ebd.). Echte Möglichkeiten zur Partizipation in Entscheidungsprozessen stärken die kollektive Resilienz und fördern problemorientiertes Handeln (vgl. Lemke et al. 2024). Netzwerke und Kooperationen mit externen Partnern wie örtlichen Bildungsträgern oder Fachberatungsstellen bieten zusätzliche emotionale Unterstützung und fördern Demokratiekompetenzen (Maschong et al. 2024).

Mit Blick auf personelle Ressourcenfragen und die Komplexität einer jeden Schule empfiehlt sich für die Implementierung emotionsbezogener Bildung, auf die Schulebene zu blicken. So sollten Resilienzkonzepte schulweit eingeführt werden, damit die einzelnen Elemente gut ineinandergreifen können. Ein Praxisbeispiel dafür stellt das RULER-Modell von Brackett und Rivers (2014) dar. RULER steht für fünf Schlüsselfertigkeiten: Erkennen (Recognizing), Verstehen (Understanding), Benennen (Labeling), Ausdrücken (Expressing) und Regulieren von Emotionen (Regulation). Der Ansatz integriert diese emotionalen Kompetenzen in den Schulalltag und wird durch spezifische Tools und Aktivitäten unterstützt, die sowohl im Unterricht als auch auf Schulebene angewendet werden.

Eine ähnliche Strategie verfolgt das Programm zur Resilienzförderung von Fröhlich-Gildhoff und Rönnau-Böse (2021), das mit einer Qualifizierung des pädagogischen Personals beginnt, verschiedene Bausteine zur Resilienzförderung im Schulalltag beinhaltet, die Eltern einbezieht, Themen bedarfsorientiert setzt und Anregungen zur Prozessbegleitung und Evaluation beinhaltet. Ein weiteres, international bewährtes Programm stellt MindMatters (Franze et al. 2007; Wyn et al. 2000) dar, das verschiedene Bausteine für den Unterricht und die Schulentwicklung beinhaltet, darunter der Umgang mit Gefühlen, die Förderung von Resilienz und die Prävention von Bullying (2.234 Bestellungen, Stand 2022).

7. Schlussfolgerungen und Ausblick

Die Förderung emotionaler Resilienz in der Bildung ist ein mehrdimensionaler Prozess, der sowohl die kognitive als auch die emotionale Entwicklung der Kinder und Jugendlichen berücksichtigt. Durch die systematische Integration emotionaler Kompetenzen in den Bildungsprozess, bestenfalls im Rahmen eines Whole-School-Ansatzes (Holst 2023; Wilmans 2021; Wyn et al. 2000; siehe Tab. 5), können Lehrkräfte über die Stärkung ihrer eigenen Gesundheit hinaus dazu beitragen, dass Lernende besser gerüstet sind, die Herausforderungen von Krisen zu meistern und ein erfülltes, gesundes Leben zu führen.

Tab. 5. Beispiele für etablierte Whole-School-Formate

Format	Umsetzung
Mind Matters (Franze et al. 2007; Wyn et al. 2000)	Integriert regelmäßige Achtsamkeitsübungen, Meditations- und Reflexionsrunden sowie schulinterne Workshops und Fortbildungen zur Stressbewältigung und Selbstregulation. Feste Rituale schaffen einen Raum im Unterricht, der die Selbstwahrnehmung und -regulation verbessert, die Stressbewältigung unterstützt und langfristig die mentale Gesundheit sowie die emotionale Resilienz fördert.
Gemeinsam Klasse sein (Hansen et al. 2023)	Setzt auf kooperative Lernprojekte, regelmäßige Gesprächsrunden (z. B. in einem Klassenrat) und Teamworkshops sowie partizipative Entscheidungsprozesse, um ein inklusives Klassenklima zu etablieren. Diese Maßnahmen unterstützen den Ausbau sozialer Kompetenzen, Empathie, Kommunikationsfähigkeit und Konfliktlösung, während sie gleichzeitig eine unterstützende Gemeinschaft fördern.
Frei-Day (Schule im Aufbruch; Rasfeld 2021)	Führt einen wöchentlichen schulweiten »Frei-Day« ein, an dem regulärer Unterricht zugunsten von Projekten, kreativen Workshops oder außerschulischen Aktivitäten pausiert wird. Die flexible, partizipative Planung ermöglicht eigenständige, interdisziplinäre Lernprozesse und Erholungsphasen, die Selbstwirksamkeit, Eigenverantwortung sowie Problemlösungskompetenzen stärken und zu einer besseren emotionalen Balance und langfristigen Resilienz beitragen können.

Ein flächendeckender verstärkter Fokus auf emotionale Resilienz kann bestenfalls weitreichende Auswirkungen haben: Lernende entwickeln eine kritischere, zugleich aber auch lösungsorientierte Haltung gegenüber den Herausforderungen sozial-ökologischer Krisen. Durch die Stärkung emotionaler Kompetenzen werden sie befähigt, als Erwachsene in Krisensituationen eigenständig sowie in der Gemeinschaft wirksam und resilient zu agieren. Dies würde nicht nur das individuelle Wohlbefinden schützen, sondern auch ein angemessenes Verantwortungsbewusstsein und eine aktive Partizipation an gesellschaftlichen Transformationsprozessen fördern – wesentliche Voraussetzungen, um in einer von Krisen geprägten, unsicheren Zukunft nachhaltige und demokratische Perspektiven mitgestalten zu können.

Gerade die emotionalen Kompetenzen von Lehrkräften sind im Kontext von transformativer Bildung und BNE von entscheidender Bedeutung. Durch die Förderung emotionaler Kompetenzen und emotionaler Resilienz können sie besser mit den belastenden Herausforderungen gesellschaftlicher Krisen und den damit einhergehenden individuellen emotionalen Reaktionen umgehen. Die zusammengetragenen Ansätze und Beispiele illustrieren, wie solche Kompetenzen schulweit gefördert und gemeinsam angewandt werden können, und bieten Anregungen für die Weiterentwicklung von Programmen und Schulungen.

Drei Literaturtipps mit Kurzbeschreibung

1. Asbrand, J., Peter, F., Calvano, C. & Dohm, L. (2024). *Umgang mit gesellschaftlichen Krisen im Schulalltag.* Hogrefe.
   Das Buch geht auf die Bedeutung gesellschaftlicher Krisen für den schulischen Kontext ein und beinhaltet Anregungen für die Unterstützung von Kindern und Jugendlichen sowie die Schulentwicklung.
2. Fröhlich-Gildhoff, K. & Rönnau-Böse, M. (2021). Resilienzförderung in der (Grund)Schule. In: K. Fröhlich-Gildhoff & M. Rönnau-Böse (Hrsg.). *Menschen stärken. Resilienzförderung in verschiedenen Lebensbereichen.* Springer, S. 85–107.

Der Sammelband gibt vertiefte Einblicke in die Resilienzförderung für verschiedene Altersgruppen und Bildungskontexte, insbesondere auch für Lehrkräfte.

3. Staatsinstitut für Schulqualität und Bildungsforschung (Hrsg.) (2021). *Resilienzförderung in der Schule. Aktive Gesundheitsvorsorge durch praktische Übungen zur Förderung der psychischen Widerstandskraft.* Bayerisches Staatsministerium für Unterricht und Kultus. https://www.isb.bayern.de/fileadmin/user_upload/Schule_fuer_Kranke/HR_Resilienzfoerderung/HR_resilienzfoerderung_in_der_schule_2021.pdf
   Diese schulformübergreifende Handreichung, die im Internet frei verfügbar ist, unterstützt die aktive Gesundheitsvorsorge an Schulen durch praktische Übungen zur Förderung der psychischen Widerstandskräfte.

Drei didaktische Hinweise

1. Emotionale Kompetenzen bedeuten nicht, weniger starke Emotionen oder keine aufwühlenden Emotionen zu empfinden, sondern zu lernen, mit ihnen umzugehen. Statt Emotionen zu unterdrücken oder herunterzuspielen, sollten Lehrkräfte dabei unterstützen, sie bewusst wahrzunehmen, ihre Ursachen zu reflektieren und sie konstruktiv zu verarbeiten.
2. Übungen zum Umgang mit Emotionen sind noch selten in Schulen verankert und oft mit Vorurteilen behaftet. Sie können Ablehnung auslösen, wenn sie als »Schwäche« oder »Esoterik« gesehen werden. Daher sollten Lehrkräfte ihre eigene Einstellung kritisch reflektieren, bevor sie diese Konzepte im Unterricht einsetzen.
3. In Krisen sind alle emotionalen Reaktionen erst einmal legitim. Besonders bei Kindern und Jugendlichen variieren diese stark und entsprechen oft nicht den Erwartungen. Es ist wichtig, diese Vielfalt zu akzeptieren und anzuerkennen, dass es kein »richtiges« oder »falsches« Gefühl gibt.

Literatur

Asbrand, J., Kenner, S., Peter, F., Calvano, C. & Schmitz, J. (2025, i. D.). *Schule in gesellschaftlichen Krisenzeiten. Resilienz und Partizipation von Kindern und Jugendlichen fördern*. Kohlhammer.

Asbrand, J., Peter, F., Calvano, C. & Dohm, L. (2024). *Umgang mit gesellschaftlichen Krisen im Schulalltag*. Hogrefe.

Bagdžiūnienė, D., Kazlauskienė, A., Nasvytienė, D. & Sakadolskis, E. (2023). Resources of emotional resilience and its mediating role in teachers' well-being and intention to leave. In: *Frontiers in Psychology, 14*. https://doi.org/10.3389/fpsyg.2023.1305979

Brackett, M. A. & Rivers, S. E. (2014). Transforming students' lives with social and emotional learning. In: R. Pekrun & L. Linnenbrink-Garcia, *International handbook of emotions in education*. Routledge, S. 368–388.

Daschner, P. (2023). Auftrag, Praxis und Entwicklungsbedarf. Befunde zur Lehrkräftefortbildung in Deutschland. In: P. Daschner, K. Karpen & O. Köller (Hrsg.). *Einmal ausgebildet – lebenslang qualifiziert? Lehrkräftefortbildung in Deutschland. Sachstand und Perspektiven*. Beltz Juventa, S. 14–29.

Dennison, J. (2023). Emotions: Functions and significance for attitudes, behaviour, and communication. *Migration Studies*, mnad018. https://doi.org/10.1093/migration/mnad018

Easton-Gomez, S. C., Mouritz, M. & Breadsell, J. K. (2022). Enhancing Emotional Resilience in the Face of Climate Change Adversity: A Systematic Literature Review. In: *Sustainability, 14*(21), Article 21. https://doi.org/10.3390/su142113966

Finnegan, W. & d'Abreu, C. (2024). The hope wheel: A model to enable hope-based pedagogy in Climate Change Education. In: *Frontiers in Psychology, 15*. https://doi.org/10.3389/fpsyg.2024.1347392

Franze, M., Meierjürgen, R., Abeling, I., Rottländer, M., Gerdon, R. & Paulus, P. (2007). MindMatters. In: *Prävention und Gesundheitsförderung, 2*(4), 221–227.

Fritsche, I., Barth, M. & Reese, G. (2021). Klimaschutz als kollektives Handeln. Die psychologische Forschung zur Rolle sozialer Identität. In: L. Dohm, F. Peter & K. van Bronswijk (Hrsg.). *Climate Action – Psychologie der Klimakrise. Handlungshemmnisse und Handlungsmöglichkeiten*. Psychosozial, S. 229–250.

Fröhlich-Gildhoff, K. & Rönnau-Böse, M. (2021). Resilienzförderung in der (Grund) Schule. In: K. Fröhlich-Gildhoff & M. Rönnau-Böse (Hrsg.). *Menschen stärken. Resilienzförderung in verschiedenen Lebensbereichen*. Springer, S. 85–107.

Grant, L. & Kinman, G. (2014). Emotional Resilience in the Helping Professions and how it can be Enhanced. In: *Health and Social Care Education, 3*(1), 23–34.

Greenberg, M. T., Domitrovich, C. E., Weissberg, R. P. & Durlak, J. A. (2017). Social and Emotional Learning as a Public Health Approach to Education. In: *The Future of Children, 27*(1), 13–32.

Grund, J. & Holst, J. (2023). Emotional competence: The missing piece in school curricula? A systematic analysis in the German education system. In: *International Journal of Educational Research Open, 4,* 100238. https://doi.org/10.1016/j.ijedro.2023.100238

Grund, J., Singer-Brodowski, M. & Büssing, A. G. (2024). Emotions and transformative learning for sustainability: A systematic review. In: *Sustainability Science, 19*(1), 307–324.

Habibi-Kohlen, D. (2021). Zur zeitbedingten Abwehr der Klimakrise. Wie wir uns die Klimakrise bedeutungslos machen und wie der Zeitgeist uns dabei hilft. In: L. Dohm, F. Peter & K. van Bronswijk (Hrsg.). *Climate Action – Psychologie der Klimakrise. Handlungshemmnisse und Handlungsmöglichkeiten.* Psychosozial, S. 45–64.

Hansen, J., Liegmann, K., & Hanewinkel, R. (2023). *Evaluation des Präventionsprojekts »Gemeinsam Klasse sein« gegen Mobbing und Cybermobbing an Schulen. Abschlussbericht Dezember 2023.* IFT-Nord. https://www.tk.de/resource/blob/2164944/0953b474df9cc678d0fe23a14479c7f0/evaluation-gemeinsam-klasse-sein--lang--data.pdf

Hickman, C., Marks, E., Pihkala, P., Clayton, S., Lewandowski, R. E., Mayall, E. E., Wray, B., Mellor, C. & van Susteren, L. (2021). Climate anxiety in children and young people and their beliefs about government responses to climate change: A global survey. In: *The Lancet Planetary Health, 5*(12), e863–e873. https://doi.org/10.1016/S2542-5196(21)00278-3

Holst, J. (2023). Towards coherence on sustainability in education: A systematic review of Whole Institution Approaches. In: *Sustainability Science, 18*(2), 1015–1030.

Jennings, P. A., Frank, J. L., Snowberg, K. E., Coccia, M. A. & Greenberg, M. T. (2017). Improving classroom learning environments by cultivating awareness and resilience in education (CARE): Results of a randomized controlled trial. In: *School Psychology Quarterly, 32*(4), 512–528.

Lazarus, R. & Folkman, S. (1984). *Stress, Appraisal, and Coping.* Springer.

Lemke, J., Buddeberg, M. & Henke, V. (2024). Bildung für nachhaltige Entwicklung vor dem Hintergrund dystopischer Zukunftsperspektiven. Zum Umgang mit Klimaemotionen in schulischen Lernprozessen. In: *Theo-Web. Zeitschrift für Religionspädagogik, 23,* 168.

Mansfield, C. F., Beltman, S., Broadley, T. & Weatherby-Fell, N. (2016). Building resilience in teacher education: An evidenced informed framework. In: *Teaching and Teacher Education, 54,* 77–87.

Maschong, H., Gutberlet, P., Oehmichen, N., Peter, F. & Schuschke, A. (2024). *Politische Neutralität in gesellschaftlichen Krisensituationen? Zur Verantwortung von Schulen und Lehrkräften.* https://www.psycharchives.org/en/item/5c90b27b-d702-4076-9d7e-f06b6a4ca26c

Masten, A.S., Best, K.M. & Garmezy, N. (1990). Resilience and development: Contributions from the study of children who overcome adversity. In: *Development and Psychopathology, 2*(4), 425–444.

Norris, F.H., Stevens, S.P., Pfefferbaum, B., Wyche, K.F. & Pfefferbaum, R.L. (2008). Community resilience as a metaphor, theory, set of capacities, and strategy for disaster readiness. In: *American Journal of Community Psychology, 41*(1–2), 127–150.

Ojala, M. (2023). Climate-change education and critical emotional awareness (CEA): Implications for teacher education. In: *Educational Philosophy and Theory, 55*(10), 1109–1120.

Ojala, M. & Bengtsson, H. (2019). Young People's Coping Strategies Concerning Climate Change: Relations to Perceived Communication With Parents and Friends and Proenvironmental Behavior. In: *Environment and Behavior, 51*. https://doi.org/10.1177/0013916518763894

Peter, F. & Niessen, P. (2022). Resilienz als Konzept für die Klimakrise. Ein Wegweiser zu einem ganzheitlichen Resilienzverständnis. In: K. van Bronswijk & C. Hausmann (Hrsg.). *Climate Emotions. Klimakrise und psychische Gesundheit*. Psychosozial, S. 229–255.

Pöllänen, E., Osika, W., Bojner Horwitz, E. & Wamsler, C. (2023). Education for Sustainability: Understanding Processes of Change across Individual, Collective, and System Levels. In: *Challenges, 14*(1), 5. https://doi.org/10.3390/challe14010005

Psychologists/Psychotherapists for Future (2020, Januar). *Die 10 Säulen der Selbstfürsorge*. https://www.psychologistsforfuture.org/wp-content/uploads/2020/04/20-04_Psy4F-10-S%C3%A4ulen-der-Selbstf%C3%BCrsorge-Jan2020.pdf

Rasfeld, M. (2021). *FREI DAY: Die Welt verändern lernen! Für eine Schule im Aufbruch*. oekom.

Roeser, R.W., Schonert-Reichl, K.A., Jha, A., Cullen, M., Wallace, L., Wilensky, R., Oberle, E., Thomson, K., Taylor, C. & Harrison, J. (2013). Mindfulness training and reductions in teacher stress and burnout: Results from two randomized, waitlist-control field trials. In: *Journal of Educational Psychology, 105*(3), 787–804.

Schweer, M.K.W. (2017). *Lehrer-Schüler-Interaktion. Inhaltsfelder, Forschungsperspektiven und methodische Zugänge*. Springer.

Staatsinstitut für Schulqualität und Bildungsforschung (Hrsg.) (2021). *Resilienzförderung in der Schule. Aktive Gesundheitsvorsorge durch praktische Übungen zur Förderung der psychischen Widerstandskraft*. Bayerisches Staatsministerium für Unterricht und Kultus. https://www.isb.bayern.de/fileadmin/user_upload/Schule_fuer_Kranke/HR_Resilienzfoerderung/HR_resilienzfoerderung_in_der_schule_2021.pdf

Steward, J. (2014). Sustaining emotional resilience for school leadership. In: *School Leadership and Management, 34*. https://doi.org/10.1080/13632434.2013.849686

Wilmans, K. (2021). *Whole School Approach. Ganzheitlicher Ansatz zur Schulentwicklung.* Greenpeace e. V. https://www.greenpeace.de/bildungsmaterial/SfE-Handreichung-WSA.pdf

Wyn, J., Cahill, H., Holdsworth, R., Rowling, L. & Carson, S. (2000). MindMatters, a whole-school approach promoting mental health and wellbeing. In: *The Australian and New Zealand Journal of Psychiatry*, *34*(4), 594–601.

Xue, Y. (2022). The Role of EFL Teachers' Self-Efficacy and Emotional Resilience in Appraisal of Learners' Success. In: *Frontiers in Psychology*, *12*. https://doi.org/10.3389/fpsyg.2021.817388

Jennifer Scholl & Tanja Müller-Verse

The Week @Campus als Werkzeug für transformatives Lernen im Bildungsbereich

Kurzzusammenfassung

The Week ist eine film- und gesprächsbasierte Gruppenerfahrung von Hélène Gerin und Frédéric Laloux. *The Week* @Campus ist ein flexibles, einfach zu nutzendes, methodisches Werkzeug für transformatives Lernen. Es ermöglicht die tiefe Auseinandersetzung mit wissenschaftlichen Erkenntnissen zum Gesamtbild der gegenwärtigen Krisen und insbesondere zum menschengemachten Klimawandel. Transformationskompetenz-orientiert unterstützt *The Week* das empathische Hinwenden angesichts der katastrophalen Lage, Bewusstseins- und Intentionsbildung sowie die Entwicklung von Handlungsfähigkeit zur Überwindung der Knowing-Doing-Gap. *The Week* ist eine u-förmige, emotionale Reise (vgl. Scharmer 2020) und zielt auf die Mobilisierung zum transformativen Handeln, die Aktivierung sozialer Kipppunkte und die Stärkung von Suffizienzstrategien für einen nachhaltigen Wandel auf individueller, sozialer, organisationaler und gesellschaftlicher Ebene. Im Beitrag stellen wir das Format und Wirkungsmodell von *The Week* und die Variante *The Week* @Campus für den Bildungsbereich mit konkreten Einsatzmöglichkeiten in formalen Lehrkontexten und für weitere Anwendungsfälle vor.

Lernziele

- Teilnehmende können nach *The Week* den natürlichen und anthropogenen Treibhauseffekt sowie ökologische und soziale Kipppunkte unterscheiden und erklären.

- Teilnehmende können Gestaltungsprinzipien und Gelingensbedingungen von klimarelevanten Veränderungsprozessen auf mikro-, meso- und makrosozialer Ebene beschreiben sowie die Größenordnung von Veränderungsmaßnahmen angemessen einschätzen.
- Teilnehmende können eigene nachhaltigkeitsbezogene Wahrnehmungs- und Verhaltensmuster reflektieren, bewerten und bewusst weiterentwickeln.
- Teilnehmende können Prinzipien dialogorientierter Klimakommunikation benennen, bewerten und im eigenen Kontext anwenden.
- Teilnehmende können individuelle und kollektive Handlungsmöglichkeiten im Umgang mit der Klimakrise entwickeln und sich an der Umgestaltung nicht nachhaltiger Strukturen beteiligen.

1. Einführung und Verortung des Themas

»Wir müssen handeln. Jetzt.« (Nationale Plattform Bildung für nachhaltige Entwicklung [NP BNE] 2023, S. 2) Handlungs- und Gestaltungskompetenzen stehen im Zentrum des aktuellen UNESCO-Programms BNE 2030. »Transformatives Handeln« ist neben »strukturellen Veränderungen« und »technologischer Zukunft« einer von drei Schwerpunkten der Roadmap BNE 2030 (UNESCO & Deutsche UNESCO-Kommission e. V. [DUK] 2021). Transformatives Handeln meint sowohl das individuelle, lebensführungsbezogene nachhaltige Handeln als auch das Mitgestalten von nachhaltigen gesellschaftlichen Rahmenbedingungen. Transformatives Lernen zielt auf die Befähigung zum transformativen Handeln und liegt dem Lernbegriff von BNE 2030 zugrunde. Transformatives Handeln angesichts des menschengemachten Klimawandels ist gesellschaftliche Herausforderung und wissenschaftliche Problemstellung zugleich.

Noch ist es möglich, einen tiefgreifenden gesellschaftlichen Wandel zu gestalten, um das Überleben der Menschheit auf dem Planeten Erde zu sichern, kommende Schäden abzumildern und entstandene Schäden zu regenerieren (Dixson-Declève et al. 2022). Gleichzeitig ist das Möglichkeitsfenster zeitlich eng. Zur Umsetzung der Agenda 2030 braucht es dringend Beschleunigung. Dafür wurden in der Roadmap BNE 2030 (UNESCO & DUK 2021) fünf prioritäre Handlungsfelder identifiziert: 1) politische Unterstützung, 2) Transformation von Lern- und Lehrumgebungen, 3) Kompetenzentwicklung von Lehrenden, 4) Stärkung und Mobilisierung der Jugend, 5) Förderung nachhaltiger Entwicklung auf lokaler Ebene. Als relevante Hebel zur beschleunigten Umsetzung von BNE 2030 wurden dabei u. a. der Transfer in die Breite und die Verzahnung formaler bis informeller Bildung benannt (NP BNE 2023). Auch die Akzeptanz und Umsetzung von Suffizienz als wesentliche, bislang jedoch vernachlässigte Nachhaltigkeitsstrategie neben Effizienz und Konsistenz wird von wissenschaftlicher Seite als notwendige Bedingung der großen gesellschaftlichen Transformation hin zu ambitioniertem Klimaschutz und einer Kultur der Nachhaltigkeit betont. Damit einher geht die Einladung und Aufforderung zu einem breiten gesellschaftlichen Verständigungsprozess als Gelingensbedingung (Sachverständigenrat für Umweltfragen [SRU] 2024). Hier setzt *The Week* (2023) an. *The Week* öffnet Gesprächsräume zum Klimawandel und mobilisiert Menschen zum transformativen Handeln. Bei *The Week* geht es darum, den menschengemachten Klimawandel als entscheidende Herausforderung unserer Zeit zu begreifen und die globalen Krisen unserer Zeit gemeinsam anzupacken. Der Klimawandel im Gesamtbild mit weiteren Facetten der Polykrise wie bspw. Biodiversitätsverlust, Ökosystemkollaps und Umweltverschmutzung sowie Auswirkungen für die Menschen ist inhaltlicher Kern von *The Week*. Der wirkungsorientierte Kern von *The Week* liegt in der Mobilisierung und Kompetenzentwicklung für transformatives Handeln über einen ganzheitlichen und transformativen Lernzugang, der kognitive, sozial-emotionale und verhaltensbezogene Lerndimensionen einbezieht (UNESCO & DUK 2021).

The Week greift die gesellschaftliche Herausforderung auf, dass transformatives Handeln möglichst vieler Akteur:innen auf unterschiedlichen Ebenen angesichts der Klimanotlage dringend notwendig ist, aber noch immer unzureichend umgesetzt wird. Zwar gibt es in Deutschland ein hohes Problembewusstsein und den allgemeinen Wunsch nach mehr Klimaschutz (Bundesministerium für Umwelt, Naturschutz, nukleare Sicherheit und Verbraucherschutz [BMUV] 2023). Gleichzeitig gibt es einflussreiche Hemmnisse für transformatives Handeln. So sind beispielsweise in Teilen der Bevölkerung ein geringes Empfinden von persönlicher Betroffenheit durch die Klimakrise (pollytix strategic research 2021), geringe Akzeptanz oder Ablehnung konkreter politischer Klimaschutzmaßnahmen (Behringer et al. 2024), Zweifel an der Bedeutung eigener, individueller Verhaltensänderungen und eine systematische Unterschätzung der Klimaschutzbereitschaft anderer (Andre et al. 2024) sowie Hoffnungsdefizite (Grund & Brock 2019) und psychologische Schutzmechanismen (Wullenkord & Reese 2021) verbreitet. Neben Hemmnissen sind auch begünstigende Faktoren transformativen Handelns identifiziert, die dem Wirkungsmodell von *The Week* zugrunde liegen (s. u.).

2. Das Format The Week

The Week ist ein Werkzeug zur Bewusstseinsbildung für die globalen und gesellschaftlichen Herausforderungen und zur Ermutigung und Befähigung zum gemeinsamen Handeln. *The Week* intendiert, den Teilnehmenden eine bewusste Entscheidung zu ermöglichen, um rückblickend nichts zu bereuen. Es geht um die Entscheidung, wie sie sich angesichts der jetzigen und zu erwartenden Realität der Klimanotlage verhalten, wie sie konkret ihr Leben und ihre Lebenszusammenhänge gestalten, wie sie im weiteren Sinne Gesellschaft durch ihre Lebensführung mitgestalten. Die Einladung erfolgt ermutigend, ohne Zeigefinger oder überfordernden Handlungsdruck. *The Week* zielt auf die Mobilisierung zum Handeln, um soziale Kipppunkte (Otto et al. 2020) zu erreichen. Es zielt auf das Überwinden von »Klimaschweigen« (Wright & Irwin 2024), indem gemeinschaftliche Gesprächsräume für die Auseinandersetzung und Gestaltungsräume für kreative Lösungen geschaffen werden.

Hélène Gerin und Frédéric Laloux haben *The Week* initiiert und zusammen mit einem multiprofessionellen, internationalen Team, einem renommierten Filmteam und zahlreichen Engagierten umgesetzt. *The Week* wurde im Januar 2023 nach einem mehrjährigen Prototypingprozess veröffentlicht. *The Week* ist ein gemeinnütziger Verein mit Sitz in Frankreich.

Woraus besteht das Format *The Week*, und wie läuft es ab? *The Week* ist ein Format für eine kraftvolle Gruppenerfahrung, die Filme und Gespräche umfasst. An drei Terminen möglichst innerhalb von einer bis drei Wochen (daher der Name »*The Week*«) schauen Gruppen jeweils gemeinsam einen ca. 60-minütigen Dokumentarfilm und haben anschließend eine ca. 30-minütige Gesprächsrunde. In der Gesprächsrunde können alle Personen zu einer bestimmten Frage im Nachgang zur Filmfolge sprechen. Die Gesprächsrunde ist jeweils angeleitet durch ein kurzes Video von Hélène Gerin und Frédéric Laloux, in denen Gesprächsleitlinien eingeführt und spezifische Fragen als Gesprächsanlass vorgeschlagen werden. *The Week* ist online, in Präsenz und hybrid möglich. Es kann mit beliebig großen Gruppen durchgeführt werden. Es ist sehr einfach, *The Week* einzusetzen. Es braucht keine Moderation, denn alles, was es für das Gruppenerlebnis braucht, stellt die *The Week*-Website bereit. Durch die drei Filmfolgen führen Hélène Gerin und Frédéric Laloux. Wissenschaftliche Erkenntnisse werden von einem Erzähler vermittelt. Neun Personen aus unterschiedlichen Lebenszusammenhängen werden porträtiert und teilen ihre Erfahrungen, Perspektiven und Lösungen im Umgang mit dem Klimawandel. Zwischenzeitlich gibt es wiederholt Momente der direkten Ansprache an die Gruppe, die ermöglichen, innezuhalten, Emotionen wahrzunehmen, Inhalte an die eigene Erfahrung anzuknüpfen und zu reflektieren. Die Ansprache und Erzählweise ist freundschaftlich, nahbar und anschaulich und erfolgt aus engagierter Laien- bzw. Peerperspektive, sie ist nicht belehrend. Die Hauptperspektive der Filme liegt auf Ursachen, Problemsituationen, Lösungsmöglichkeiten und Erfolgsgeschichten in den USA, in Großbritannien, Frankreich und Deutschland.

»Wie mobilisieren wir die breite Mitte der Gesellschaft fürs Klima?« ist eine Leitfrage von *The Week*. Alle Menschen (ab 16 Jahren) können *The Week* nutzen, d. h. an der Erfahrung teilnehmen und andere dazu einladen. *The Week* richtet sich insbesondere an die Zielgruppe derjenigen, die noch nicht aktiv daran beteiligt sind, dem Klimawandel entgegenzuwirken. Als Zielgruppen der Klimakommunikation unterscheiden Segmentierungsanalysen verschiedene Teilöffentlichkeiten nach Aktivierungsgrad, Ansprechbarkeit und Problembewusstsein oder auch Werteorientierung, mitunter international vergleichend (bspw. Klinger et al. 2022; pollytix 2021). Die »breite Mitte«, die *The Week* ansprechen möchte, speist sich insbesondere aus den Segmenten der »Überzeugten« und »Vorsichtigen« mit einem Bevölkerungsanteil von 57 Prozent (Klinger et al. 2022) oder der »Mitte« aus »aktivierbaren Optimistischen« und »kostenbewussten Pragmatischen« mit einem Bevölkerungsanteil von 42 Prozent (pollytix 2021). Zielgruppe sind nicht diejenigen, die den Klimawandel leugnen oder Klimaschutzmaßnahmen bewusst verzögern. Und vorrangige Zielgruppe sind nicht diejenigen, die bereits aktiv sind. Jedoch kann *The Week* für Letztere eine wirksame Kommunikationsunterstützung sein.

3. The Week @Campus als Variante für den Bildungsbereich

The Week @Campus ist die Variante für den Bildungsbereich und unter der Creative-Commons-Lizenz CC BY-NC-ND als offenes Bildungsmaterial (OER) nutzbar. Freiwilligkeit ist eine Voraussetzung für die Teilnahme an *The Week*. Es ist ein flexibles Format, und das konkrete Einsatzszenario hängt vom jeweiligen Lehr-Lern-Setting ab.

Kompetenzrahmen für BNE und transformatives Lernen liegen vor, und es gibt eine weitgehende Übereinstimmung zu den relevanten Schlüsselkompetenzen. Diese sind im formalen Bildungsbereich bisher vernachlässigt (Rieckmann 2018), jedoch bedeutsam, damit Fähigkeiten in tatsächliche Handlungen umgesetzt werden. Für Handlungskompetenz braucht es ein Kompetenzverständnis, das neben Wissen, Fertigkeiten und Fähigkeiten auch motivationale Orientierungen und (Wert-)Haltungen einbezieht (Seidl 2018). Aktuelle Forschung zur Handlungskompetenz in Klima- und Nachhaltigkeitsbildung betont drei Aspekte, die das Lernen zum Handeln befähigen: 1) Wissen zu den Handlungsmöglichkeiten, die im eigenen Einflussbereich umsetzbar sind, 2) Zuversicht und Wirksamkeitserwartungen zum eigenen und kollektiven Handeln, 3) den Willen zum Handeln (Sass et al. 2024).

The Week eignet sich aus unserer Sicht als Werkzeug für Handlungskompetenzentwicklung: Es vermittelt komplexes Wissen kompakt und verständlich. Es bewegt emotional, ermutigt durch zahlreiche Beispiele, worüber gleichzeitig konkretes Handlungswissen bereitgestellt wird, bringt Teilnehmende in tiefe Gespräche, die durch Verlangsamung, Zuhören und Teilen unterschiedliche Perspektiven in den Lernraum bringen. Es regt (selbst-)reflexives und dialogisches Lernen an. Das Format bietet Ressourcen und eine Prozessbegleitung zur Weiterarbeit, die die Umsetzung von Intentionen in tatsächliches Handeln begünstigen.

Abb. 1: Ablauf von The Week: Eine »u-förmige« Reise, um einen tiefgreifenden inneren und äußeren Wandel zu bewirken; Bildquelle: The Week

Die u-förmige Reise durch *The Week* (s. Abb. 1) verläuft über drei Treffen mit Gesprächen zu drei Filmfolgen und adressiert jeweils kognitive, sozial-emotionale und verhaltensbezogene Lerndimensionen: In Folge 1 geht es um Problemwissen und Auswirkungen der Klimakrise in der Gesamtschau mit weiteren gegenwärtigen Krisenerscheinungen. Folge 2 vertieft zum einen das Problemwissen, gibt Einblick in tiefere Zusammenhänge, historische Entwicklungen und gesellschaftliche Narrative (»alte Geschichte des Immer-mehr«), die die Klimakrise hervorgebracht haben. Zum anderen werden Ziel- und Lösungswissen thematisiert und ein alternatives, zukunftsfähiges Narrativ (»neue Geschichte der Regeneration«) eingeführt. Folge 3 beinhaltet Transformationswissen zur Klimanotlage, erzählt erfolgreiche Wandlungsgeschichten und zeigt individuelle und kollektive Handlungsmöglichkeiten in unterschiedlichen Handlungsfeldern auf.

Inhaltlich bietet *The Week* etliche Anschlusspunkte für fachliche und überfachliche curriculare Inhalte und Lernziele sowie Bezüge zu den Sustainable Development Goals (SGDs) und Inner Development Goals (IDGs).

Was nach den drei *The-Week*-Treffen folgt, entscheiden alle Beteiligten selbst. Bei *The Week* geht es um die Einladung zu einer bewussten Entscheidung, nicht um Lenkung oder Instrumentalisierung für Handeln. Anregungen und ermutigende Beispiele, was passieren kann, gibt es in den Filmen sowie weiterführenden Ressourcen, und konkrete Ideen entstehen im Gespräch miteinander. Häufig ergibt sich organisch ein viertes Treffen aus den Gruppen heraus, die die Erfahrung gemeinsam durchlaufen haben, insbesondere wenn die Beteiligten sich bereits kennen und miteinander vertraut sind.

4. Erfahrungsberichte aus formalen Lehrkontexten

Wir stellen hier zwei Einsatzmöglichkeiten von *The Week* @Campus in der universitären Lehre und im gymnasialen Unterricht vor. Die beiden Erfahrungsberichte können als exemplarische didaktische Einsatzszenarien im formalen Bildungsbereich dienen.

In einer soziologischen Lehrveranstaltung mit 25 Studierenden im Wahlpflichtmodul »Soziale Ungleichheit und sozialer Wandel« mit neun Credit Points im Bachelorstudium Sozialwissenschaften an der TU Braunschweig konnten Studierende zwischen einem eher forschungs- und einem handlungskompetenzorientierten Lernpfad wählen. Entlang Letzterem entschieden sich zwei Projektgruppen für die Durchführung von *The Week* und organisierten jeweils einen Durchgang mit anderen Studierenden aus unterschiedlichen Studiengängen.

Die Studierendengruppen führten *The Week* selbstorganisiert ohne Anwesenheit einer Lehrperson durch. Das heißt, die Studierenden machten sich mit dem Format vertraut, organisierten einen Raum, setzten Termine, luden Teilnehmende ein und waren Gastgebende für die Treffen. Wenn *The Week* als wählbare Projektarbeit durchgeführt wird, bietet es sich an, die Durchführung ins begleitete Selbststudium statt ins Präsenzstudium zu legen. In formalen Bildungssettings ist es eine anspruchsvolle Aufgabe, einen möglichst sicheren und vertrauensvollen Lernraum zu gestalten, der authentische Begegnungen ermöglicht. Trotz bester Absichten kann dies mitunter schwierig sein und erfordert in der Regel Zeit, Transparenz und einen offenen Austausch über die jeweiligen Rollen (Grams 2018; Potthast et al. 2024). Zudem werden dadurch Freiräume auch in formalen Bildungssettings geschaffen, die transformatives Lernen ermöglichen können (NP BNE 2023).

Die kompetenzorientierte und kursbegleitende Studien- bzw. Prüfungsleistung umfasste ein prozessorientiertes Lernportfolio oder ein ergebnisorientiertes Präsentationsportfolio (Bräuer 2016). Darüber hinaus beteiligten sich die Studierenden an Portfoliogesprächen (Grittner 2015), in denen sie Lernerfahrungen und Projektergebnisse innerhalb der gesamten Lerngruppe (Beucke-Galm 2015) dialogisch austauschten. Persönliche Rückmeldungen aus beiden Projektgruppen im Rahmen von Evaluationsgesprächen waren durchweg positiv: »*The Week* war ein voller Erfolg! Alle waren begeistert.« »Wir werden auf jeden Fall weitere Durchgänge von *The Week* organisieren.«

Im Schulkontext wurde *The Week* @Campus in einer 10. Klasse mit 29 Schüler:innen im Gymnasium im Deutschunterricht eingesetzt. Anknüpfend an eine Unterrichtsreihe zum Thema »Argumentieren und Argumente prüfen« (»Fake News«), wurde *The Week* in leicht gekürzter Form innerhalb einer Woche im Onlineunterricht durchgeführt.

Im kollegialen Gespräch (schulinternes Barcamp zu neuen Lernformaten) wurden vorbereitend vielfältige Verknüpfungspunkte zwischen den fachlichen Kernlehrplänen NRW und den Lerninhalten von *The Week* erarbeitet. Vorteilhaft war, dass die Inhalte von *The Week* an die nachhaltigkeitsbezogenen Interessen der Schüler:innen anschlossen, was mit einer hohen Teilnahmemotivation und einem persönlichen Relevanzerleben einherging. Es war eine durchweg positive Erfahrung für Lernende wie Lehrende. Der ganzheitliche Ansatz von *The Week*, der neben kognitiven Aspekten vor allem die sozial-emotionale Lerndimension anspricht, wurde von den Schüler:innen überwiegend begrüßt. Das gemeinsame Austauschen darüber, wie es einem selbst und anderen geht, und das Bewusstsein, mit seinen Gefühlen nicht allein zu sein, wirken entlastend und gemeinschaftsbildend. Gleichzeitig stellt dieser Prozess für viele Jugendliche in einer überwiegend kognitiv ausgerichteten Schulkultur eine Hürde dar, die es zu reflektieren und idealerweise zu überwinden gilt. Zur handlungsorientierten und verhaltensbezogenen Weiterarbeit nach *The Week* wurden die Fragen der Gesprächsimpulse auf den lokalen Kontext zugeschnitten und konkretisiert auf mögliche realistisch umsetzbare Handlungen, um überfordernde Zielsetzungen zu vermeiden, Frustrationen vorzubeugen und an die individuelle Lebenswirklichkeit anzuschließen – ohne die Erkenntnis- und Entscheidungsprozesse der Lernenden in eine inhaltliche Richtung zu steuern. Auf die Prinzipien und Haltungen wie »no shame, no blame« und »no should, no must«, die in *The Week* zum Ausdruck kommen, nahmen die Schüler:innen in den Gesprächen wiederholt Bezug, und sie wurden als erleichternd, bestärkend und handlungsmotivierend beschrieben. Zur Weiterarbeit nach *The Week* im Zusammenhang mit dem Lehrplaninhalt Rhetorik bekamen die Schüler:innen die Aufgabe, eine Rede zum Thema »Zukunft« zu schreiben, in der Klasse zu halten und in einen anschließenden Dialog zu gehen, um unterschiedliche Perspektiven und Meinungen wahrzunehmen, anzuerkennen und im Spiegel des eigenen Wertefundaments zu prüfen. Die Aufgabe führte zu inhaltlich und sprachlich äußerst gelungenen Ergebnissen, und die Schüler:innen schätzten sie für ihre Lernprozesse als sehr gewinnbringend ein, was sich sowohl in durchgängig guten und sehr guten Bewertungen als auch der Einschätzung der Aufgabe durch die Lernenden als »relevant« für ihre persönliche Entwicklung zeigte. Auch die Beziehungsqualitäten sowohl innerhalb der Klasse als auch zwischen der Klasse und der Fachlehrerin wurden durch die gemeinsame Erfahrung von *The Week* verbessert. Für die Lehrkraft war es erleichternd, die vermittelnde Rolle zeitweise abzulegen und die Wirksamkeit des Formats zu erleben. Eine weitere Nutzung und schulweite Ausweitung von *The Week* sind geplant, beispielsweise in Form eines fächerübergreifenden Projekts der Fächer Englisch, Geographie und Deutsch.

5. Das Wirkungsmodell und Impact von The Week

Veränderungs- und Transformationsprozesse wurden wiederholt als u-förmig mit unterschiedlichen Phasen und für unterschiedliche Kontexte beschrieben (Ballreich & Glasl 2011; Kübler-Ross 2014; Scharmer 2020). Die Konzepte haben sowohl Gemeinsamkeiten als auch Unterschiede. Auch bei *The Week* liegt ein Konzept einer u-förmigen emotionalen Reise zugrunde (s. Abb. 1)). Unterschieden werden drei Phasen: Abstieg, Abrechnung und Abenteuer. Betont werden insbesondere die emotionale Dimension sowie die Erlebnisqualität der Reise. Auch wenn die Erlebnisqualität individuell unterschiedlich sein kann, hilft das U-Bild, die Erfahrung besprech- und verdaubar zu machen. Ausgehend von der Annahme, dass Informationsdefizitansätze, die Menschen kognitiv informieren und Problemwissen bereitstellen, weitgehend versagen bei dem Ziel, Menschen ins Handeln zu bringen, kommen bei *The Week* Emotionen und Motivation hinzu, die auch im Sinne der Herz- und Willensöffnung in der Theory U wesentlich sind, um die Knowing-Doing-Gap zu überwinden und tatsächlich zu handeln (Scharmer 2020).

Wirkungsziel von *The Week* ist es, sog. soziale Kipppunkte (Otto et al. 2022) statt ökologische Kipppunkte (Lenton et al. 2019) zu erreichen. Um soziale Kipppunkte wächst seit wenigen Jahren neues Forschungsfeld, das an Forschung zu sozialen Bewegungen und sozialen Innovationen anschließt. Bereits jetzt hält das Forschungsfeld einige hoffnungsvolle, ermutigende Botschaften bereit. So können bspw. kleine engagierte Minderheiten Kipppunktmechanismen nutzen und Mehrheiten schaffen, und tiefgreifender gesellschaftlicher Wandel kann in sehr kurzer Zeit erreicht werden.

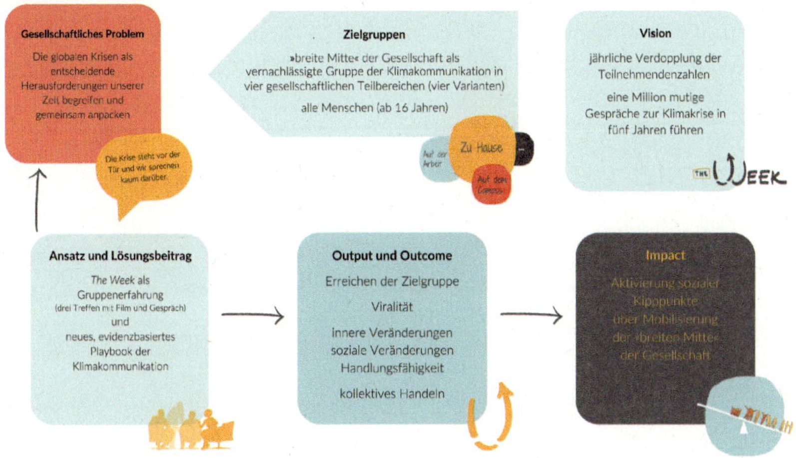

Abb. 2: Das Wirkmodell von The Week: Soziale statt ökologische Kipppunkte erreichen; Bildquelle: The Week

Als Wirkungshebel nutzt *The Week* emotional sichere Räume (Singer-Brodowski et al. 2022), eine gemeinsame Gruppenerfahrung (Hamann & Masson 2021), innere Veränderung (Jordan 2021) und emotionale Erfahrungsqualitäten (weg von Schuld und Scham hin zu Freude und Stolz) (Macy & Johnstone 2024).

Empirische Daten zur Verbreitung und zum Impact von *The Week* kommen aus dem Projektmonitoring und einer evaluativen, prospektiven Begleitforschung mit quantitativen und qualitativen Zugängen. Seit Januar 2023 (Stand Februar 2025) haben laut Daten des Projektmonitorings mehr als 55.000 Menschen weltweit, davon etwa 12.000 im DACH-Raum, an der Erfahrung teilgenommen. Erste Ergebnisse aus der Begleitforschung (Fragebogenuntersuchung, Stand Dezember 2023, N = 1.518) weisen auf einen großen Multiplikationseffekt und eine beachtliche Wirkung hin: 60 Prozent der Teilnehmenden kommen aus der Zielgruppe der »breiten Mitte«. 64 Prozent der Teilnehmenden wollen selbst weitere Durchgänge organisieren. Im Zusammenhang mit dem Wirkungsziel sozialer Veränderungen und normverändernder Gespräche geben 76 Prozent der Befragten an, dass sie mit ihrer Familie, im Freundes- oder Kollegienkreis bereits Gespräche über das Klima geführt haben oder noch führen werden, die sie vorher nicht geführt haben. Mit Blick auf innere Veränderungen geben 86 Prozent der Befragungsteilnehmenden an, dass *The Week* eine bedeutsame Vorher-Nachher-Erfahrung in ihrem Leben geschaffen hat. Hinsichtlich des Ziels, transformatives Handeln anzustoßen und Handlungsfähigkeit zu erhöhen, sind 83 Prozent der Befragten der Meinung, dass *The Week* ihr Gefühl der Handlungsfähigkeit gestärkt hat, und 92 Prozent planen, sinnvolle Handlungen zu ergreifen. Inwiefern Verhaltensänderungen und transformatives Handeln durch *The Week* angestoßen und neue Gewohnheiten dauerhaft beibehalten und ausgebaut werden, ist Gegenstand von aktuell laufenden Wirkungsanalysen.

6. Transfer und Ausblick

The Week ist ein Multitool, und *The Week* @Campus hat weitere Einsatzmöglichkeiten über den Einsatz in Unterricht und Lehre hinaus. Es gibt mehrere Einsatzzwecke innerhalb von Bildungseinrichtungen mit unterschiedlicher Reichweite und auf unterschiedlichen Ambitionsniveaus (Potthast et al. 2024). *The Week* eignet sich zum Lernen, zur Kommunikation, zur Kultur-, Strategie-, und Organisationsentwicklung und als Innovationswerkzeug. *The Week* kann in didaktischen Weiterbildungen zur Lehrendenkompetenzentwicklung genutzt werden. Es kann in nonformalen, informellen und formalen Bildungsbereichen und dabei auch bildungsbereichsübergreifend eingesetzt werden. *The Week* kann unterschiedliche Ziel- und Interessengruppen zusammenbringen. Mithilfe von *The Week* können Bildungseinrichtungen offene Angebote gestalten und Klimabildung in die lokale Gesellschaft tragen.

The Week ist ein niedrigschwelliges Werkzeug, das Räume für transformatives Lernen öffnet und vereinfacht, sich an der Multiplikation transformativen Handelns zu beteiligen. *The Week* kreiert transformative Lernräume und entlastet Lehrende von den dafür erforderlichen Kompetenzen wie subtile Wahrnehmung, Raum halten oder tiefere Formen des Zuhörens, die sich erst durch innere Arbeit entwickeln. Gleichzeitig ist *The Week* eine Möglichkeit, genau daran zu arbeiten. *The Week* vermittelt komplexe Inhalte, macht sie verdaulich, besprechbar und weitererzählbar. Auch hier kann *The Week* Lehrende ohne Klimaexpertise entlasten. *The Week* hat das Potenzial, als Transformationskatalysator zu wirken, wenn wir das Werkzeug in die Breite tragen.

Drei Literaturtipps mit Kurzbeschreibung

1. *The Week* (2023): *The Week*-Website und *The Week* @Campus-Toolkit: Die Website enthält alle Informationen für den Einsatz von *The Week* sowie zusätzliche Ressourcen. Das *The Week* @Campus-Toolkit enthält weiterführende Informationen, Lehrkonzeptbeispiele und OER für Multiplikator:innen, Lernende und Lehrende, die *The Week* @Campus wiederholt organisieren, nutzen und verbreiten.
2. Oleschko, S. (2018). Hochschuldidaktische Reisebegleitung. Ideen, wie Lehrveranstaltungen auch gestaltet sein können. In: N. Auferkorte-Michaelis & F. Linde (Hrsg.). *Diversität lernen und lehren. Ein Hochschulbuch* Budrich, S. 374–389.
   Hier werden didaktische Ansätze, Methoden, Rollen, Haltungen und Prozessdesigns (bspw. Dialog, Theorie U, Dragon Dreaming) zur Lernbegleitung und Öffnung transformativer Lernräume konzeptionell und exemplarisch im didaktischen Einsatz vorgestellt.
3. Otto, I.M., Donges, J.F., Cremades, R., Bhowmik, A., Hewitt, R.J., Lucht, W., Rockström, J., Allerberger, F., McCaffrey, M., Doe, S.S.P., Lenferna, A., Morán, N., van Vuuren, D.P. & Schellnhuber, H.J. (2020). Social tipping dynamics for stabilizing Earth's climate by 2050. In: *PNAS, 17*(5), 2354–2365. https://doi.org/10.1073/pnas.1900577117

Im Beitrag werden soziale Kipppunkte als Treiber kollektiver Transformationsprozesse zur Dekarbonisierung in sechs Handlungsfeldern mit Zeithorizonten und konkreten Maßnahmen zur Aktivierung gesellschaftlicher Richtungswechsel vorgestellt. Eine kritische Masse im Sinne einer kleinen engagierten Minderheit kann nichtlineare, schnelle und weitreichende soziale Veränderungen anstoßen, norminnovierend und kulturbildend wirken und mehrheitsfähige Lösungen hervorbringen.

Drei didaktische Hinweise

1. Vor und nach den drei *The-Week*-Treffen bieten sich rahmende Treffen an. Zur Weiterarbeit können die Ressourcen auf der *The-Week*-Website (interner Bereich) genutzt werden. Gruppenbasierte Projekte bieten sich zur handlungsorientierten Weiterarbeit nach *The Week* an.
2. Zur Lernbegleitung und Lernprozessunterstützung hilft ein Lerntagebuch (bspw. angelehnt an das Vier-Quadranten-Modell der Integralen Theorie [Wilber 2000, S. 71] mit wiederkehrenden, ganzheitlichen Reflexionsfragen, die die kognitive, sozial-emotionale und verhaltensbezogene Lerndimension adressieren).
3. Freiwilligkeit ist eine Teilnahmevoraussetzung für *The Week*. Es ist hilfreich und ethisch geboten, die Teilnehmenden vorab darüber zu informieren, dass mit *The Week* mitunter eine intensive emotionale Erfahrung verbunden ist. Dies entspricht auch dem Ansatz transformativen Lernens und emanzipatorischer BNE. Konkret kann hierzu der u-förmige Ablauf von *The Week* vorab transparent gemacht und Metaprozesswissen zu Veränderungen vermittelt werden.

Literatur

Andre, P., Boneva, T., Chopra, F. & Falk, A. (2024). Globally representative evidence on the actual and perceived support for climate action. In: *Nature Climate Change, 14*, 253–259. https://doi.org/10.1038/s41558-024-01925-3

Ballreich, R. & Glasl, F. (2011). *Mediation in Bewegung*. Concadora.

Behringer, J., Endres, L. & Korsinnek, M. (2024). *CO_2-Bepreisung. Akzeptanz und Kostenwahrnehmung nach der Preiserhöhung 2024. Erkenntnisse aus einer Online-Umfrage*. https://www.imk-boeckler.de/de/pressemitteilungen-15992-co2-bepreisung-bessere-information-und-kompensation-noetig-62803.htm

Beucke-Galm, M. (2015). Dialogische Gespräche. In: H. Boer & M. Bonanati (Hrsg.). *Gespräche über Lernen – Lernen im Gespräch*. Springer VS, S. 103–121.

Bräuer, G. (2016). *Das Portfolio als Reflexionsmedium für Lehrende und Studierende*. Budrich.

Bundesministerium für Umwelt, Naturschutz, nukleare Sicherheit und Verbraucherschutz (2023). *Umweltbewusstsein in Deutschland 2022. Ergebnisse einer repräsentativen Bevölkerungsumfrage*. https://www.umweltbundesamt.de/sites/default/files/medien/6232/publikationen/umweltbewusstsein_2022_bf.pdf

Dixson-Declève, S., Gaffney, O., Ghosh, J., Randers, J., Rockström, J. & Stoknes, P.E. (2022). *Earth for All. Ein Survivalguide für unseren Planeten*. Der neue Bericht an den Club of Rome. oekom.

Grams, S. (2018). Der Wolf im Schafspelz? Wieso wir uns vor dem Arbeiten »auf Augenhöhe« hüten sollten. In: A. Platte, M. Werner, S. Vogt & H. Fiebig (Hrsg.). *Praxishandbuch Inklusive Hochschuldidaktik*. Beltz Juventa, S. 120–124.

Grittner, F. (2015). Portfoliogespräche. In: H. Boer & M. Bonanati (Hrsg.). *Gespräche über Lernen – Lernen im Gespräch*. Springer VS, S. 161–176.

Grund, J. & Brock, A. (2019). Why We Should Empty Pandora's Box to Create a Sustainable Future: Hope, Sustainability and Its Implications for Education. In: *Sustainability*, 11(893). https://doi.org/10.3390/su11030893

Hamann, K. & Masson, T. (2021). Kollektives nachhaltiges Handeln und Psychologie. In: P. Genkova (Hrsg.). *Handbuch Globale Kompetenz. Grundlagen – Herausforderungen – Krisen*. Springer, S. 1–16.

Jordan, T. (2021). *Inner Development Goals: Background, Method and the IDG Framework*. https://static1.squarespace.com/static/600d80b3387b98582a60354a/t/61aa2f96dfd3fb39c4fc4283/1638543258249/211201_IDG_Report_Full.pdf

Klinger, K., Metag, J., Schäfer, M.S. (2022). Global Warming's Five Germanys – Revisited and Framed in an International Context. In: *Environmental Communication, 16*(8), 1108–1126. https://doi.org/10.1080/17524032.2022.2153897

Kübler-Ross, E. (2014). *Interviews mit Sterbenden. Was Menschen bewegt*. Kreuz.

Lenton, T.M., Rockström, J., Gaffney, O., Rahmstorf, S., Richardson, K., Steffen, W. & Schellnhuber, H.J. (2019). Climate tipping points – too risky to bet against. In: *Nature, 575*, 592–595. https://doi.org/10.1038/d41586-019-03595-0

Macy, J. & Johnstone, C. (2024). *Active Hope. Der ökologischen Krise mit kreativer Kraft und Resilienz entgegentreten* (2. Aufl.). Junfermann.

Nationale Plattform Bildung für nachhaltige Entwicklung (2023). *Impulspapier: Unser weiterer Weg zur Umsetzung von BNE 2030*. https://www.bne-portal.de/bne/shareddocs/downloads/files/impulspapier-nationale-plattform-2023.pdf?__blob=publicationFile&v=1

Oleschko, S. (2018). Hochschuldidaktische Reisebegleitung. Ideen, wie Lehrveranstaltungen auch gestaltet sein können. In: N. Auferkorte-Michaelis & F. Linde (Hrsg.). *Diversität lernen und lehren. Ein Hochschulbuch* Budrich, S. 374–389.

Otto, I.M., Donges, J.F., Cremades, R., Bhowmik, A., Hewitt, R.J., Lucht, W., Rockström, J., Allerberger, F., McCaffrey, M., Doe, S.S.P., Lenferna, A., Morán, N., van Vuuren, D.P. & Schellnhuber, H.J. (2020). Social tipping dynamics for stabilizing Earth's climate by 2050. In: *PNAS, 17*(5), 2354–2365. https://doi.org/10.1073/pnas.1900577117

pollytix strategic research. (2021). *Gesellschaftliche Akzeptanz von Umwelt- und Klimaschutzmaßnahmen. Ergebnisse aus qualitativer und quantitativer Forschung im Auftrag des Bundesministeriums für Umwelt, Naturschutz und nukleare Sicherheit: Abschlussbericht.* https://www.bmuv.de/fileadmin/Daten_BMU/Pools/Forschungsdatenbank/fkz_um19155070_akzeptanz_umweltschutz_bf.pdf

Potthast, T., Bellina, L., Müller-Christ, G. & Tegeler, M. (2024). Bildung für Nachhaltige Entwicklung an Hochschulen. In: M. Rieckmann, B. Giesenbauer, B. Nölting, T. Potthast & C.T. Schmitt (Hrsg.). *Nachhaltige Entwicklung von Hochschulen. Erkenntnisse und Perspektiven zur gesamtinstitutionellen Transformation.* Budrich, S. 37–58.

Rieckmann, M. (2018). Learning to transform the world: key competencies in Education for Sustainable Development. In: A. Leicht, J. Heiss & W.J. Byun (Hrsg.). *Issues and Trends in Education for Sustainable Development: Education on the move,* S. 39–59. https://unesdoc.unesco.org/ark:/48223/pf0000261445, UNESCO.

Sachverständigenrat für Umweltfragen (Hrsg.). (2024). *Suffizienz als »Strategie des Genug«. Eine Einladung zur Diskussion. Diskussionspapier.* https://www.umweltrat.de/SharedDocs/Downloads/DE/04_Stellungnahmen/2020_2024/2024_03_Suffizienz.html?nn=400644

Sass, W., Maeyer, S. de, Boeve-de Pauw, J. & van Petegem, P. (2024). Effectiveness of education for sustainability: The importance of an action-oriented approach. In: *Environmental Education Research, 30*(4), 479–498. https://doi.org/10.1080/13504622.2023.2229543

Scharmer, C.O. (2020). *Theorie U. Von der Zukunft her führen. Presencing als soziale Technik* (5. Aufl.). Carl-Auer.

Seidl, T. (2018). *(Wert-)Haltung als wichtiger Bestandteil der Entwicklung von 21st Century Skills an Hochschulen. Diskussionspapier.* https://hochschulforumdigitalisierung.de/de/diskussionspapier-3-wert-haltung-als-wichtiger-bestandteil-der-entwicklung-von-21st-century-skills

Singer-Brodowski, M., Förster, R., Eschenbacher, S., Biberhofer, P. & Getzin, S. (2022). Facing Crises of Unsustainability: Creating and Holding Safe Enough Spaces for Transformative Learning in Higher Education for Sustainable Development. In: *Frontiers in Education, 7,* Artikel 787490. https://doi.org/10.3389/feduc.2022.787490

UNESCO & Deutsche UNESCO-Kommission e.V. (2021). *Bildung für nachhaltige Entwicklung. Eine Roadmap.* https://www.unesco.de/sites/default/files/2022-02/DUK_BNE_ESD_Roadmap_DE_barrierefrei_web-final-barrierefrei.pdf

The Week (2023). *Website.* https://www.theweek.ooo/

Wilber, K. (2000). *A theory of everything: An integral vision for business, politics, science, and spirituality.* Shambhala.

Wright, K. & Irwin, S. (2024). Not Talking about Climate Change: Everyday Interactions, Relational Work and Climate Silences. In: *Sociology*, Artikel 00380385241289743. Vorab-Onlinepublikation. https://doi.org/10.1177/00380385241289743

Wullenkord, M.C. & Reese, G. (2021). Avoidance, rationalization, and denial: Defensive self-protection in the face of climate change negatively predicts pro-environmental behavior. In: *Journal of Environmental Psychology, 77.* https://doi.org/10.1016/j.jenvp.2021.101683

Nicole Aeschbach, Werner Aeschbach, Edith Engelhardt, Kathrin Foshag & David Röck

Klimaphysik meets Bildung für nachhaltige Entwicklung (BNE)

Kurzzusammenfassung

Die Komplexität des Klimasystems und der Aushandlungsprozesse zur Bewältigung der Klimakrise stellt Individuen und Gesellschaften vor große Herausforderungen. Um Menschen zur aktiven Teilhabe an den anstehenden Veränderungsprozessen zu befähigen und zu ermutigen, bedarf es der Stärkung von Transformations- und Partizipationskompetenzen. Der vorliegende Beitrag setzt am physikalischen Fundament an: Der Artikel präsentiert Problemwissen zu den Ursachen und Folgen des menschengemachten Klimawandels, Zielwissen mit Blick auf Treibhausgasemissionsbudgets im Kontext internationaler Klimaschutzabkommen sowie Transformationswissen als Grundlage für die evidenzbasierte Bewertung von Klimaschutzmaßnahmen. Die naturwissenschaftlichen Grundlagen werden in das Konzept einer »Critical Literacy for Climate Action« eingebettet und durch einen Einblick in die Struktur und die Lernaktivitäten des »blended learning«-Kurses »Klimaphysik meets BNE« an der Universität Heidelberg konkretisiert.

Lernziele

- Lernziel 1: Die globale Strahlungsbilanz der Erde mit und ohne menschlichen Einfluss und ihre Auswirkung auf die globale Oberflächentemperatur erläutern können
- Lernziel 2: Das Konzept des Treibhausgasemissionsbudgets im Kontext der Klimaziele klimaphysikalisch erklären können

- Lernziel 3: Die Notwendigkeit der Dekarbonisierung und die Wirksamkeit der Elektrifizierung mithilfe der physikalischen Begriffe Energie, Leistung und Wirkungsgrad begründen können
- Lernziel 4: Die Relevanz von klimaphysikalischem Problem-, Ziel- und Transformationswissen für zukunftsorientierte Lern- und Entscheidungsprozesse im Sinne des Transformativen Lernens und der BNE herausarbeiten können
- Lernziel 5: Die Idee der Einbettung des physikalischen Grundlagenwissens zum Klimawandel in das Konzept einer »Critical Literacy for Climate Action« darstellen können

1. Einführung und Verortung des Themas

Der vorliegende Beitrag zielt darauf ab, Lehrende und Lernende aus allen Disziplinen mit ausgewählten klimaphysikalischen Grundlagen vertraut zu machen, um sie zu befähigen, Ursachen von Klimaveränderungen, Szenarien für die Zukunft sowie Klimaschutzmaßnahmen naturwissenschaftlich fundiert zu bewerten und sie zu motivieren, aktiv an gesellschaftlichen Transformationsprozessen mitzuwirken. Der Artikel präsentiert ausgewählte Aspekte aus dem Projekt »Klimaphysik meets Bildung für nachhaltige Entwicklung« (BNE), das an der Universität Heidelberg entwickelt und umgesetzt wird (N. Aeschbach, Röck, Foshag, Engelhardt, Mosmann & W. Aeschbach 2023). Der Kurs wurde über mehrere Semester hinweg konzipiert, erprobt und überarbeitet und dient als Baukasten für die Bestückung von Seminaren in der Physik, in der Geographie und in Zusatzangeboten für Lehramtsstudierende aller MINT-Fächer.

Mit dem Institut für Umweltphysik verfügt die Universität Heidelberg über eines von zwei Instituten in Deutschland, die diese physikalische Teildisziplin verfolgen. Im Forschungsfokus der Heidelberger Umweltphysik stehen grundlegende Prozesse im Klimasystem, von Transport- und Mischungsvorgängen in der Atmosphäre, im Ozean, in Grund- und Binnengewässern über die Budgets von Treibhausgasen und den Strahlungstransport bis zur Klimarekonstruktion aus Umweltarchiven. Das Spektrum der Lehrbeiträge der Umweltphysik an der Fakultät für Physik und Astronomie wurde im Herbst 2024 durch ein neues Pflichtmodul im lehramtsbezogenen Bachelorstudiengang ergänzt: Ziel des Kurses »Umweltphysik für Lehramt« ist es, die künftigen Physiklehrkräfte mit diesem hochaktuellen und relevanten Feld in Kontakt zu bringen und einen Beitrag zur Attraktivitätssteigerung und zur Praxisorientierung der Lehramtsausbildung in der Physik zu leisten. Am Geographischen Institut ist das Seminar »Klimaphysik meets BNE« sowohl im Angebot der rein fachwissenschaftlichen Studiengänge als auch für Lehramtsstudierende. An der Heidelberg School of Education ist der Kurs als Vertiefungsbaustein in der Zusatz-/Querschnittsqualifikation Nachhaltigkeit wählbar. Der Kurs ist im »blended learning«-Format gestaltet und koppelt digitale Lernelemente mit Aufgabenstellungen und Präsenzterminen.

Die Gewinnung von naturwissenschaftlichem Systemwissen reicht bei Weitem nicht aus, wenn Menschen zur echten Teilhabe an individuellen und gesellschaftlichen Aktivitäten zur Bewältigung der Klimakrise befähigt werden sollen (Mezirow 2003; Pidgeon & Fischhoff 2011; Sterling 2010). »Klimaphysik meets BNE« steht daher auf zwei Säulen: Der forschungsbasierte Einblick in die physikalischen Grundlagen und den aktuellen naturwissenschaftlichen Sachstand zum Klimawandel (1. Säule) (vgl. Intergovernmental Panel on Climate Change IPCC 2021) wird eng mit Lernaktivitäten verknüpft, die den Transfer in Bildungs- und Kommunikationskontexte fördern (2. Säule).

Gerade mit Blick auf die so dringend nötige Aufweitung der Perspektive von Klimawandelbildung weg von der rein individuellen hin zur gesellschaftlichen und politischen Maßstabsebene bedarf es der Förderung von Transformations- und Partizipationskompetenzen. Im Sinne des Konzepts der Bildung für nachhaltige Entwicklung (BNE) (vgl. u.a. Rieckmann 2021; UNESCO 2020) bleibt »Klimaphysik meets BNE« nicht bei der Thematisierung von Klimawandelinhalten stehen, sondern führt die Studierenden mithilfe aktivierender Aufgabenstellungen bis hin zur Gestaltung eines eigenen digitalen Lernelements. Das Projektteam orientiert sich am Rounder Sense of Purpose, der auf die Stärkung des systemischen, kritischen und zukunftsorientierten Denkens, auf Aufmerksamkeit, Empathie und Verantwortungsübernahme sowie Handlungsorientierung und Partizipation abzielt (vgl. Vare 2018). Im Sinne des transformativen Lernens (vgl. u. a. Freire 1971; Mezirow 1978; Mezirow 1997; Mezirow 2003) verfolgt »Klimaphysik meets BNE« das Ziel, die Studierenden in die Lage zu versetzen, Bedeutungsperspektiven kritisch zu hinterfragen und Machtverhältnisse zu reflektieren. Konkrete Anwendungsfelder sind bspw. das Erkennen von Machtstrukturen, die einer zügigen Transformation im Energie- und Mobilitätssektor weg von fossilen Ressourcen hin zu erneuerbaren und nachhaltigen Systemen im Wege stehen, und das Identifizieren des Potenzials, das in strukturellen Veränderungen liegt.

2. Mit Critical Literacy for Climate Action wirksam werden

Die Klimakrise ist das, was als »wicked problem« (Knutti 2019; Rittel & Webber 1973) bezeichnet wird. Vertrackte Probleme sind von einem hohen Maß an Komplexität, Unsicherheit und multiplen Wirkketten geprägt, und die Lösungsfindung gestaltet sich herausfordernd. An der Entwicklung von Maßnahmen sind häufig zahlreiche Akteure mit unterschiedlichen Zielen beteiligt. Mit Blick auf den Klimawandel verschränken sich mehrere Dimensionen von Komplexität: Sowohl das Klimasystem selbst als auch die betroffenen und agierenden sozioökonomischen Teilsysteme sind durch Nicht-Linearitäten und Feedbacks charakterisiert.

Im Kurs »Klimaphysik meets BNE« befassen sich die Studierenden zu Beginn mit Grundlagen der Nachhaltigkeit und der BNE, lernen wichtige Konzepte und Indikatoren kennen und erlangen dadurch ein Verständnis über aktuelle große gesellschaftliche Herausforderungen. Um die Klimakrise adäquat zu adressieren, verfolgt »Klimaphysik meets BNE« die Idee einer Critical Literacy for Climate Action (CL4CA) (Aeschbach 2024). Der Begriff »literacy« geht über die traditionelle Lese- und Schreibkompetenz hinaus und beschreibt die Fähigkeit, sich in einer komplexen, informationsreichen Welt zurechtzufinden und fundierte Entscheidungen zu treffen. Das CL4CA-Konzept (Abb. 1) setzt an der Basis mit dem Erwerb einer Climate Data Literacy an: Die Studierenden können Daten und Visualisierungen sicher analysieren und Quellen kritisch bewerten. Darauf aufbauend, erwerben sie eine Climate Change Literacy, die ihnen ermöglicht, Prozesse im Klimasystem zu charakterisieren. Der entscheidende Schritt liegt schließlich in der Climate Action Literacy, die eine Bewertung und Gestaltung von Maßnahmen zum Klimaschutz fördert.

Abb. 1: Schematische Darstellung des Konzepts der ›Critical Literacy for Climate Action‹ (CL4CA). (Eigene Darstellung, CC BY 4.0).

Die Studierenden werden in ihrer kritischen Reflexionsfähigkeit gestärkt und zur Teilhabe ermächtigt. Prägend ist die Sicht, dass die Maßnahmen zur Reduktion von Treibhausgasemissionen nicht bei Bemühungen um eine Verkleinerung des persönlichen ökologischen Fußabdrucks (Wackernagel & Rees 1996) stehen bleiben sollten, sondern dass Aktivitäten zur Vergrößerung des Handabdrucks (Reif & Heitfeld 2015) wirksamer und gemeinschaftsstärkend sind. Letztlich sind somit *BNE* und Demokratiebildung eng miteinander verwandt.

3. Physikalische Grundlagen

Die in den folgenden Abschnitten diskutierten Inhalte verlangen einige physikalische Grundlagen, um sie auch für Studierende aus anderen Disziplinen zugänglich zu machen (s. z. B. LEIFIphysik o. J.): Energie und Leistung, verschiedene Energieformen und ihre Umwandlung, Wirkungsgrad, Wärmekapazität sowie elektromagnetische Strahlung und Strahlungsgesetze. Mathematisch kann der Stoff mit relativ einfachen Gleichungen dargestellt werden, wobei Kenntnisse in der Differentialrechnung eine Vertiefung von gewissen Themen erlauben. Zum Verständnis der Umwandlungsprozesse im Kohlenstoffkreislauf (Photosynthese und Verbrennung) reichen elementare chemische Formelkenntnisse aus.

Je nach Vorwissen und fachlichem Hintergrund der Studierenden empfiehlt es sich, die genannten Grundlagen gezielt einzuführen bzw. in Erinnerung zu rufen. Dabei können viele Themen bereits mit engem Bezug zur Klimaphysik sowie der Energietechnik dargestellt werden. Bspw. können Energie, Leistung und Wärmekapazität im Zusammenhang mit dem alltäglichen und im Energiesystem zentralen Prozess der Erhitzung von Wasser veranschaulicht und quantitativ behandelt werden. Strahlungsleistung und Energieumwandlung können mit der Gewinnung von Solarenergie fassbar gemacht werden. Chemische bzw. elektrische Energie und der Wirkungsgrad ihrer Umwandlung in mechanische Energie lassen sich am Beispiel von Verbrennungs- bzw. Elektromotoren diskutieren. Anschaulich und alltagsbekannt ist auch der Energiegehalt der Nahrung, der in Bezug zur Energieumwandlung durch Photosynthese und Atmung sowie zum damit verbundenen Teil des Kohlenstoffkreislaufes gesetzt werden kann.

4. Problemwissen: Ursachen und Ausmaß des menschengemachten Klimawandels

Obwohl die Grundzüge der Problematik der menschengemachten globalen Erwärmung mittlerweile zum Allgemeinwissen gehören dürften, sind die Zusammenhänge im Detail oft nur ungenügend bekannt. Ein fundiertes Verständnis der Ursachen und des zu erwartenden Ausmaßes des Klimawandels ist aber eine wichtige Voraussetzung, um die Notwendigkeit sowie die wesentlichen Aspekte einer Transformation zu einer klimaneutralen Wirtschaftsweise einschätzen zu können.

Die Diskussion der globalen Strahlungsbilanz der Erde erfolgt in einem einfachen Energiebilanzmodell, das auch für den weiteren klimaphysikalischen Stoff ein zentraler Bezugspunkt bleibt (Abb. 2a, s. z. B. Archer 2012; Hartmann 2016). Im ersten Schritt wird die Erde idealisiert: Sie emittiert langwellige Wärmestrahlung wie ein perfekter Wärmestrahler (schwarzer Körper), während sie zugleich 30 Prozent der kurzwelligen Sonnenstrahlung reflektiert (planetare Albedo *A*). Aus der Bilanz der absorbierten und emittierten Strahlung ergibt sich die physikalisch sinnvolle Emissionstemperatur der Erde (–18 °C). Der natürliche Treib-

Abb. 2: Globale Strahlungsbilanz und Treibhauseffekt: a) vorindustrieller Gleichgewichtszustand, in dem der abwärtsgerichtete Nettostrahlungsfluss $F_{\downarrow}$ durch die einfallende Sonnenstrahlung ausgeglichen wird durch den aufwärtsgerichteten Nettofluss $F_{\uparrow}$ von Wärmestrahlung. Die thermische Abstrahlung der Erdoberfläche ($\varepsilon\sigma T^4$) wird in der Atmosphäre zu einem großen Teil (Absorptionsgrad ε_a) von Treibhausgasen (hauptsächlich Wasserdampf und CO_2) absorbiert und in beide Richtungen reemittiert (natürlicher Treibhauseffekt); b) heutiger Zustand, in dem die anthropogen erhöhte Konzentration von Treibhausgasen (hauptsächlich CO_2, auch CH_4, N_2O etc., in Summe bezüglich langfristigem Strahlungseffekt äquivalent zu einer CO_2-Konzentration von ca. 470 ppm) einen Strahlungsantrieb ΔF (Strahlungsungleichgewicht infolge reduzierter Abstrahlung) von ca. 2,7 W/m² bewirkt. Das Klimasystem hat jedoch bereits mit der aktuellen Erwärmung ΔT von ca. 1,2 °C reagiert, wodurch sich die Nettoabstrahlung um ca. 1,5 W/m² erhöht hat. Das tatsächliche aktuelle Strahlungsungleichgewicht, die Earth Energy Imbalance EEI, beträgt daher nur rund 1,2 W/m² (eigene Darstellung, CC BY 4.0).

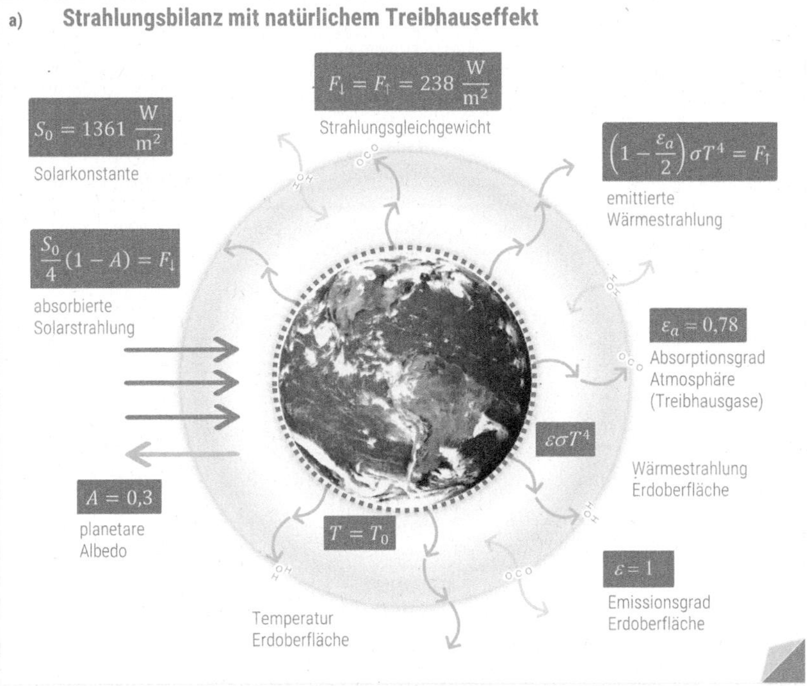
a) Strahlungsbilanz mit natürlichem Treibhauseffekt
$F_\downarrow = F_\uparrow = 238\ \frac{W}{m^2}$
Strahlungsgleichgewicht
$S_0 = 1361\ \frac{W}{m^2}$
Solarkonstante
$\left(1-\frac{\varepsilon_a}{2}\right)\sigma T^4 = F_\uparrow$
emittierte Wärmestrahlung
$\frac{S_0}{4}(1-A) = F_\downarrow$
absorbierte Solarstrahlung
$\varepsilon_a = 0{,}78$
Absorptionsgrad Atmosphäre (Treibhausgase)
$\varepsilon\sigma T^4$
Wärmestrahlung Erdoberfläche
$A = 0{,}3$
planetare Albedo
$T = T_0$
$\varepsilon = 1$
Emissionsgrad Erdoberfläche
Temperatur Erdoberfläche

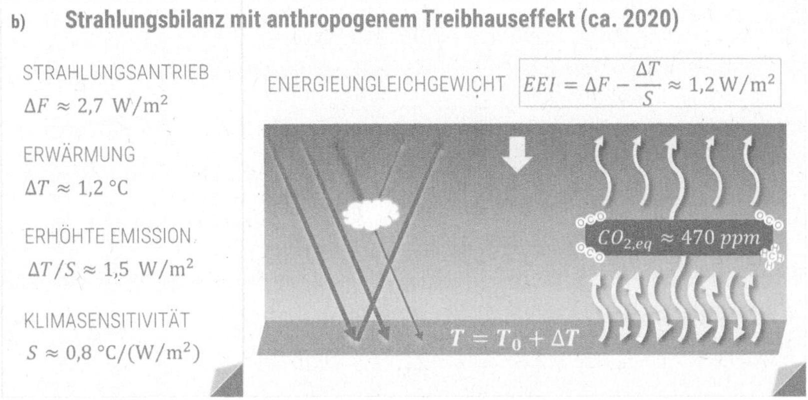
b) Strahlungsbilanz mit anthropogenem Treibhauseffekt (ca. 2020)
STRAHLUNGSANTRIEB
$\Delta F \approx 2{,}7\ W/m^2$
ERWÄRMUNG
$\Delta T \approx 1{,}2\ °C$
ERHÖHTE EMISSION
$\Delta T/S \approx 1{,}5\ W/m^2$
KLIMASENSITIVITÄT
$S \approx 0{,}8\ °C/(W/m^2)$
ENERGIEUNGLEICHGEWICHT $EEI = \Delta F - \frac{\Delta T}{S} \approx 1{,}2\ W/m^2$
$CO_{2,eq} \approx 470\ ppm$
$T = T_0 + \Delta T$

hauseffekt wird mit einer idealisierten Atmosphäre ins Modell eingefügt, um eine realistische mittlere Oberflächentemperatur ($T_0 \approx 15\,°C$) zu erhalten (Abb. 2a). An diesem Modell lässt sich bereits erkennen, dass mit einer Zunahme von Treibhausgasen und somit des Absorptionsgrades ε_a der Atmosphäre eine Erhöhung der Oberflächentemperatur einhergehen muss. Damit ist die Motivation gegeben, sich die Hintergründe des heutigen Anstieges des wichtigsten anthropogenen Treibhausgases Kohlendioxid (CO_2) genauer anzuschauen.

Die Keeling-Kurve (Scripps Institution of Oceanography o. J.) ist nicht nur eine ikonische Darstellung des zentralen Treibers des Klimawandels, sie spiegelt auch die wichtigsten Prozesse im globalen Kohlenstoffkreislauf wider. Der Austausch von Kohlenstoff zwischen der Atmosphäre und der Biosphäre wird durch die jahreszeitlichen Schwankungen sichtbar. Dieser natürliche Kreislauf beinhaltet die Speicherung chemischer Energie durch Photosynthese und deren Nutzung u. a. durch den Menschen als Nahrungsenergiequelle. Die anthropogene Veränderung der Atmosphäre zeigt sich in der Keeling-Kurve als Anstieg der CO_2-Konzentration, der knapp der Hälfte des von der Menschheit durch Landnutzungsänderungen und v. a. die Verbrennung fossiler Brennstoffe emittierten CO_2 entspricht (der Rest hat sich auf Ozean und Biosphäre verteilt).

Der klimatische Effekt des CO_2-Anstiegs wird im Energiebilanzmodell durch den Strahlungsantrieb ΔF beschrieben (Abb. 2b). Die Klimasensitivität S wird als Verhältnis zwischen Erwärmung ΔT_{eq} im Gleichgewicht und Antrieb ΔF eingeführt (Hansen et al. 2011). Infolge der logarithmischen Abhängigkeit des Strahlungsantriebs von der CO_2-Konzentration (Myhre et al. 1998) führt eine Verdopplung des CO_2 zu einem festen Betrag der Erwärmung, weshalb diese Erwärmung oft als Maß für die Klimasensitivität verwendet wird. Ihr Wert von 3 °C gemäß neuestem IPCC-Bericht (IPCC 2021, Kap. 7) inklusive der Problematik seiner genauen Bestimmung (Bereich von 2,5 bis 4 °C) lässt sich aus dem Energiebilanzmodell mit einer Diskussion von Rückkopplungseffekten quantitativ begründen (Knutti & Hegerl 2008).

Ein weiteres wichtiges Konzept ist das aktuelle Ungleichgewicht der Strahlungsbilanz, das als Earth Energy Imbalance, kurz EEI, bezeichnet wird (Hansen et al. 2011). Im Energiebilanzmodell mit Strahlungsantrieb und Klimasensitivität lässt sich diese Größe berechnen (Abb. 2b). Mit einer effektiven Wärmekapazität des Klimasystems ergibt sich daraus eine Erwärmungsrate. Damit sind alle Konzepte vorhanden, mit denen sich die Entwicklung des anthropogenen Klimawandels prinzipiell berechnen lässt.

Spätestens an dieser Stelle erreichen wir aber die Grenzen des einfachen Energiebilanzmodells und müssen die Grundzüge globaler Klimamodelle betrachten. Für realistischere Klimaprojektionen bilden die vom IPCC genutzten Emissionsszenarien (Shared Socio-economic Pathways, SSPs) und die zugehörigen Temperaturprojektionen der Klimamodelle die beste Informationsquelle (IPCC 2021). Damit steht uns das ganze Spektrum der Aussagen der IPCC-Berichte zur Verfügung, etwa zu Temperatur, Meeresspiegel oder Häufigkeit und Stärke von Extremereignissen in den verschiedenen Szenarien.

5. Zielwissen: Bedingungen zur Erreichung internationaler Klimaziele

Auf internationaler Ebene ist die erwünschte globale klimatische Zukunft im Pariser Klimaabkommen definiert worden: Die Erwärmung soll gegenüber der vorindustriellen Referenz auf unter 2 °C, idealerweise unter 1,5 °C gehalten werden. Es ist wissenschaftlich sehr gut dokumentiert, dass sich die Klimarisiken mit jedem weiteren Anstieg der Temperatur deutlich verschärfen (IPCC 2018), sodass eine möglichst niedrige maximale Erwärmung angestrebt werden sollte. Da menschliches Handeln aber die Temperatur nur indirekt über Treibhausgasemissionen beeinflusst, müssen die Temperaturziele in für lösungsorientiertes Handeln relevante Emissionsziele übersetzt werden. Die Antwort liefern die Emissionsbudgets: Die Erwärmung hängt linear mit den kumulierten Kohlendioxidemissionen zusammen (Abb. 3a). Somit folgt als Bedingung für die

Einhaltung jedes Temperaturziels ein begrenztes noch verbleibendes Emissionsbudget (Abb. 3b). Für das Idealziel von 1,5 °C entspricht dieses Budget mittlerweile nur noch sieben Jahren bei den heutigen globalen Emissionen (Friedlingstein et al. 2023). Daraus wird die Dringlichkeit der Emissionsreduktion unmittelbar offensichtlich.

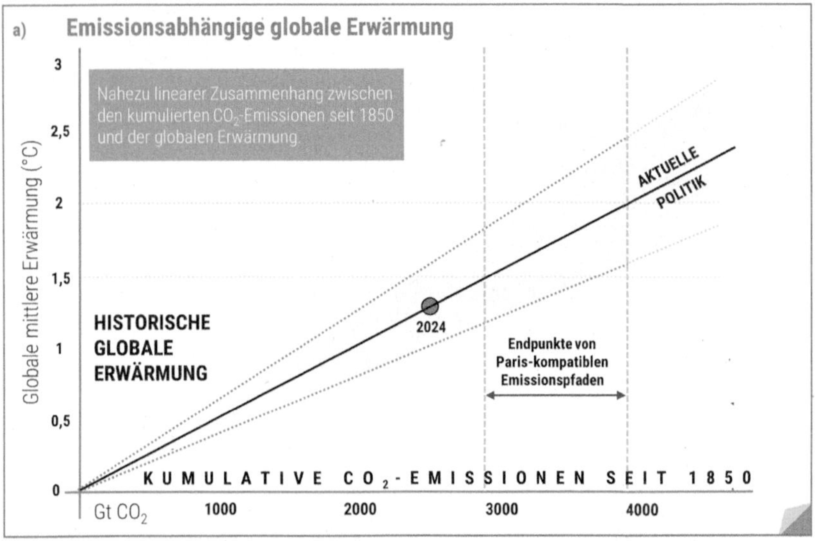

Abb. 3a: Konzept der Emissionsbudgets (vgl. IPCC 2021; Global Carbon Project o. J.): Näherungsweise linearer Anstieg der globalen Temperaturerhöhung mit aufsummierten Emissionen mit Unsicherheitsbereich (schematisch). Um die Erwärmung unter 1,5 bzw. 2 °C zu halten, müssen die Gesamtemissionen unter ca. 2800 bzw. 3700 Gt CO_2 bleiben. Die aktuellen Reduktionsziele führen über diese Grenzen hinaus.

Eine weitere fundamentale Konsequenz des Budgetkonzeptes, die sich auch aus dem zuvor erworbenen Systemwissen bezüglich Kohlenstoffkreislauf, Strahlungsantrieb und Klimasensitivität ergibt, stellt das vielleicht zentralste Zielwissen hinsichtlich des anthropogenen Klimawandels dar: Die globale Temperatur lässt sich nur dadurch stabilisieren, dass die Treibhausgasmissionen auf Netto-Null sinken. Diese Erkenntnis reduziert in gewisser Weise die Komplexität des Klimawandelproblems dramatisch:

Ziel muss es sein, jegliche Treibhausgasemissionen innerhalb weniger Jahrzehnte zu beenden. Leider reichen die derzeitigen Emissionsreduktionspläne der internationalen Staatengemeinschaft nicht aus, um die Klimaziele zu erreichen (Abb. 3a).

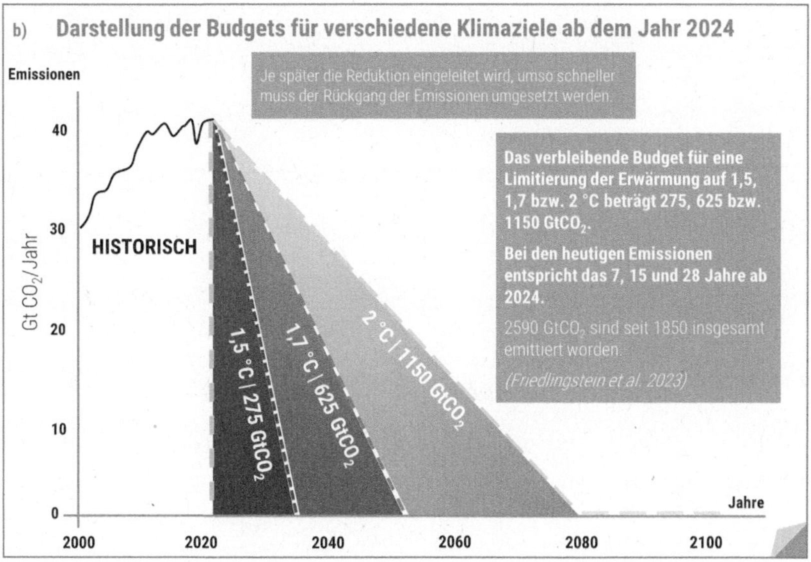

Abb. 3b: Schematische lineare Emissionspfade ab dem Jahr 2024, die den verbleibenden Budgets für 1,5, 1,7 bzw. 2 °C Erwärmung entsprechen. In jedem Fall müssen die Emissionen auf null abfallen, um die kumulierten Emissionen zu begrenzen (eigene Darstellung, CC BY 4.0).

Die klimaphysikalisch eindeutige Netto-Null-Bedingung zeigt, dass die Pariser Klimaziele nur durch eine fundamentale Transformation des gesamten globalen Energiesystems erreicht werden können. Eine hinsichtlich Klimaerhitzung nachhaltige Zukunft wird demnach nur möglich sein, wenn die Nutzung fossiler Energieträger in allen Sektoren vollständig durch neue, CO_2-neutrale Technologien abgelöst wird – und das sehr bald.

6. Transformationswissen: evidenzbasierte Bewertung von Klimaschutzmaßnahmen

Die Klimaphysik vermittelt Eckdaten des Zielwissens, die leider in der heutigen Gesellschaft noch viel zu wenig ins Bewusstsein gedrungen sind. Die notwendige Transformation des globalen Energiesystems ist jedoch ein technologisches und sozioökonomisches Problem. Obwohl das meiste Transformationswissen außerhalb der Klimaphysik liegt, ermöglicht die Physik eine grundlegende Orientierung in der Komplexität der Transformation und damit die Identifikation und Widerlegung der allgegenwärtigen Flut von Desinformation. Die konzeptuelle Verknüpfung von Klimaphysik mit BNE ermöglicht es, Problem-, Ziel- und Transformationswissen zu verbinden. Wichtige Bestandteile des Transformationswissens sind bspw. Medienkompetenz und ein Verständnis der Machtstrukturen und Akteure, die seit Jahrzehnten den klimaphysikalisch unabdingbaren technologischen Wandel verzögern und bekämpfen. Zentral ist in diesem Zusammenhang das Konzept des Handabdrucks, das den Studierenden einen Weg zur Selbstwirksamkeit in der scheinbar übermächtigen Klimaproblematik aufzeigt.

Ein für die Transformation der gesamten Wirtschaft zentraler Begriff ist die Dekarbonisierung. Er bringt die Notwendigkeit der umfassenden Substitution fossiler, kohlenstoffbasierter Energieträger auf den Punkt. Zum Transformationswissen in der Klimawandeldebatte gehört also eine Kenntnis von Dekarbonisierungsstrategien, wie bspw. den von der Internationalen Energieagentur (IEA) aufgelegten Plänen (IEA 2021). Ein Eckpfeiler der Netto-Null-Roadmap der IEA ist der massive Ausbau erneuerbarer Energien.

Aus klimaphysikalischem Wissen lässt sich das Potenzial erneuerbarer Energiequellen einschätzen. Der heute vorherrschende Nettoenergiegewinn des Erdsystems (EEI) von rund 1,2 W/m^2 (Abb. 2b) entspricht einer globalen Energieaufnahmerate von ca. 600 TW (Terawatt, 10^{12} W). Das ist mehr als das 30-Fache des Primärenergiebedarfs der Menschheit (ca. 19 TW). Ein effektives Ungleichgewicht von weniger als einem halben Prozent in der Strahlungsbilanz (Abb. 2) führt also der Erde weitaus mehr Energie zu, als durch Verbrennung von fossilen Brennstoffen oder auch Uran freigesetzt wird. Umgekehrt folgt daraus, dass der Energiebedarf der Menschheit nur einem kleinen Bruchteil (weniger als 0,2 Promille) der gesamten Energiezufuhr durch die Sonne entspricht. Die grundsätzliche Machbarkeit einer erneuerbaren Energieversorgung ist damit offensichtlich.

Die umfangreiche wissenschaftliche Literatur zu erneuerbaren Energiesystemen betont die Wichtigkeit der Elektrifizierung als Schlüssel zur effizienteren Energienutzung. Auf der Grundlage der physikalischen Begriffe Energie, Leistung und Wirkungsgrad sowie der Betrachtungen zum Kohlenstoffkreislauf lässt sich der Vorteil der Elektrifizierung aufzeigen, bspw. anhand verschiedener Antriebssysteme der individuellen Mobilität. So folgt aus dem um einen Faktor 3–4 besseren Wirkungsgrad des Elektromotors gegenüber Verbrennern, dass beim Übergang zur Elektromobilität der Primärenergiebedarf für PKWs um den entsprechenden Faktor schrumpft. Ähnliche Faktoren der Reduktion des Primärenergiebedarfs ergeben sich durch die konsequente Elektrifizierung im Wärmebereich. Noch viel eindeutiger ist die Bilanz von erneuerbarem Strom im Vergleich zu Biokraftstoffen. Auf einer gegebenen Fläche kann mit Photovoltaik etwa 40-mal so viel Energie geerntet werden wie mit Energiepflanzen (Umweltbundesamt o. J.). Zusammen mit dem Vorteil beim Wirkungsgrad zeigt eine durch die Studierenden leicht selbst durchführbare Rechnung, dass die Kombination Solarenergie und Elektromotor eine über 100-fache Kilometerleistung im Vergleich zu Biokraftstoff und Verbrennermotor ergibt.

Die grundlegende physikalische Betrachtung des Klima- und des Energiesystems führt so zu wichtigen Eckpfeilern des Ziel- und Transformationswissens: Eine vollständige Dekarbonisierung des Energiesystems ist notwendig, um das Klima zu stabilisieren, und mittels erneuerbarer Stromerzeugung und konsequenter Elektrifizierung durchaus machbar. Die Energie- und Mobilitätswende ist heute global längst voll im Gange, da die neuen Technologien sich jetzt auch wirtschaftlich durchzusetzen beginnen. Diese Transformation bietet enorme Chancen und ist keineswegs nur aufgrund des Klimaproblems wünschenswert. Sie löst über sogenannte Co-Benefits (Mehrfachnutzen) gleichzeitig mit den Klimafolgen viele andere Nachhaltigkeitsprobleme (u. a. Luft- und Wasserverschmutzung, wirtschaftliche Abhängigkeiten von ressourcenreichen Staaten). Die Synergien von Dekarbonisierung und vielen Sustainable Development Goals (SDGs) führt den Bogen zurück zu zentralen Konzepten der BNE.

7. »Klimaphysik meets BNE« in der hochschulischen Umsetzung

Um eine Lernumgebung zu schaffen, die den Studierenden durch eine kontinuierliche thematische Auseinandersetzung eine Erschütterung und Veränderung ihrer subjektiven Bedeutungsperspektiven (Singer-Brodowski 2016, S. 15) ermöglicht, bietet sich ein »blended learning«-Setting an. Ein solches Format eröffnet durch die Kombination von synchronen und asynchronen Anteilen die Möglichkeit, sich eigenständig mit komplexen Themen wie Klimawandel und nachhaltiger Entwicklung zu befassen und gleichzeitig die notwendige Unterstützung zu erfahren. Metaanalysen zum »blended learning« zeigen, dass der Lernfortschritt dabei v. a. vom Anteil an aktiver Lernzeit abhängt (Kapur et al. 2022). Die Organisation des Lernens spielt die entscheidende Rolle, dazu gehören u. a. unterschiedliche Lernaktivitäten und Interaktionen zwischen den Lernenden (Means et al. 2013; Wandera 2017). Anregungen und weitere Hinweise zur Umsetzung eines »blended learning«-Formats zu Klimawandel und nachhaltiger Entwicklung finden sich bei Aeschbach et al. (2023, S. 62–65).

Durch die Gestaltung eines digitalen Lernelements als abschließende Projektarbeit können Studierende ihr Problem-, Ziel- und Transformationswissen zum Klimasystem, zum Klimawandel und zu einer nachhaltigen Entwicklung sinnstiftend zusammenführen. *Die* erstellten Materialien, bspw. in Form interaktiver H5P-Elemente, liefern entweder Lerngrundlagen für den Schulunterricht oder eignen sich als Medien der Wissenschaftskommunikation für eine breitere Zielgruppe. Dadurch sollen sich die Studierenden empowered fühlen, und die Möglichkeit für Selbstwirksamkeitserfahrungen soll geschaffen werden, indem die digitalen Lernelemente Anregung zu einem »kollektive[n] Bewusstwerdungs- und Emanzipationsprozess« (Singer-Brodowski 2016, S. 15) sein können.

Drei Literaturtipps mit Kurzbeschreibung

1. *Global Carbon Budget:* Die Website https://globalcarbonbudget.org bietet jährlich aktualisierte, wissenschaftlich fundierte Daten zu den globalen Kohlenstoffflüssen, die durch klar strukturierte und hervorragend aufbereitete Visualisierungen präsentiert werden.
2. *Critical Literacy for Climate Action:* Digitaler Selbstlernkurs von Nicole Aeschbach, frei verfügbar bereitgestellt von der Heidelberg School of Education (HSE) unter www.hse-heidelberg.de/selbstlernkurs-cl4ca
3. *Klimaphysik meets BNE:* Digitale Lernmaterialien zum gleichnamigen Kurs von Nicole Aeschbach, Werner Aeschbach, Edith Engelhardt, Kathrin Foshag und Projektteam, aktuell in Vorbereitung für die Bereitstellung auf dem Zentralen Open Educational Resources Repositorium der Hochschulen in Baden-Württemberg (Erscheinungstermin im Laufe des Jahres 2025).

Drei didaktische Hinweise

1. KI-Experimentierwerkstätten zum IPCC-Bericht: Im Seminar »Klimaphysik meets BNE« erhalten die Studierenden eine Einführung in den reflektierten und verantwortungsbewussten Einsatz von Large Language Models. Nach interaktiven Sessions zu den KI-Grundlagen arbeiten die Teilnehmenden mit vorgegebenen Abschnitten aus einem IPCC-Teilbericht und experimentieren mit der Anlage einer Wissensbasis im Modell und dem Feilen an den eigenen Prompts. Die IPCC-Berichte stellen die umfassendste und regelmäßig auf den neusten Stand gebrachte Informationsquelle zum Thema Klimawandel dar, sind aber zu detailliert für den direkten Einsatz im Unterricht. Ihr Ein-

satz als Wissensbasis für die KI ermöglicht es, durch gezielte Fragestellungen fundierte und aktuelle Informationen zu extrahieren. Auf diese Weise befassen sich die Studierenden vertieft mit den Inhalten des aktuellen Berichts und erwerben gleichzeitig KI-Kompetenzen. Details zum Vorgehen sowie zu Ergebnissen können der Dokumentation eines Onlineworkshops der Autor:innen entnommen werden (Aeschbach et al. 2025).

2. Kontextualisierungsaufgaben: Um rational handeln und Lösungsansätze auf ihre Wirksamkeit überprüfen zu können, bedarf es eines hohen Maßes an Reflexionsfähigkeit (Singer-Brodowski 2016, S. 15). Diese Kompetenz kann gefördert werden, indem das Wissen über unterschiedliche Systeme auf konkrete Fragestellungen aus der Praxis angewendet wird. Im Kurs »Klimaphysik meets BNE« bearbeiten die Studierenden aus der Geographie und der Physik Kontextualisierungsaufgaben. Fiktive Anfragen von Personen aus unterschiedlichen Interessengruppen, wie bspw. Vertreterinnen und Vertreter aus der fossilen Industrie oder aus der Politik, fordern die Studierenden heraus, Machtstrukturen zu dekonstruieren und kapitalistische Wertorientierungen aufzudecken. Diese Fähigkeiten nennt Singer-Brodowski (2016, S. 15) als Gelingensbedingungen für transformatives Lernen. Der Lernzuwachs der Studierenden zeigt sich darin, dass die Qualität der Antworten auf die fiktiven Anfragen im Laufe des Seminars sowohl in fachwissenschaftlicher Hinsicht als auch in Bezug auf die Kommunikationskompetenz zunimmt.
3. Interaktive Werkstätten zu einer emanzipatorischen und lösungsorientierten BNE: Die Lehramtsstudierenden entwickeln im Rahmen einer Präsenzsitzung Ideen für die unterrichtliche Einbettung des Themas Energiewende im Kontext der Leitperspektive BNE. Aufbauend auf den zu diesem Zeitpunkt im Kurs bereits erarbeiteten fachwissenschaftlichen Inhalten sowie Nachhaltigkeits- und BNE-Konzepten, befassen sich die Studierenden in dieser Session nochmals vertieft mit dem Handabdruck (anhand der Infoposter von Germanwatch 2024), lernen den Ansatz der lösungsorientierten Didaktik (anhand des Vi-

deos von Doing Geo & Ethics 2022) sowie die Backcasting-Methode (anhand des Methodensteckbriefs von Krebs 2024) kennen. Auf einer digitalen Pinnwand stellen die Dozierenden diese sowie weitere Materialien (bspw. Links zu Bildungs- bzw. Lehrplänen, Templates zur Erstellung der Unterrichtsideen oder fachwissenschaftliche Inputs zu Lösungsansätzen aus dem Energiebereich) zur Verfügung, und die Studierenden sichern ihre Ergebnisse. Diese Lernaktivität zielt darauf ab, den emanzipatorischen Charakter von BNE herauszuarbeiten. Konzeptionell basiert die Idee auf der Unterscheidung zwischen BNE 1 und BNE 2 (Vare & Scott 2007). Während BNE 1 auf die Vermittlung von umweltrelevanten Fakten und die Förderung erwünschter – oft im Individuellen verhafteter Verhaltensänderungen fokussiert, will BNE 2 Menschen zur aktiven gesellschaftlichen Mitwirkung befähigen. Sie stärkt die *Fähigkeit zur selbstbestimmten Gestaltung zukunftsoffener, gerechter Gesellschaften.* Auf diese Weise harmoniert BNE 2 nicht nur mit Demokratiebildung, sondern auch mit dem natur- und technikwissenschaftlich fundierten Adressieren der anstehenden Transformationsprozesse, die nicht allein auf individueller Alltagsbasis, sondern vielmehr durch ein solidarisches Miteinander und die Änderung von Rahmenbedingungen vorangetrieben werden können.

Literatur

Aeschbach, N. (2024). *Critical Literacy for Climate Action.* Selbstlernkurs. HSEdubox. Heidelberg School of Education (HSE). www.hse-heidelberg.de/selbstlernkurs-cl4ca

Aeschbach, N., Aeschbach, W., Foshag, K., Röck, D., Waidmann, C., Wörne, H. & Ziegler, B. (2025). KI-Experimentierwerkstätten im Blended Learning zu Klimaphysik und Nachhaltigkeit. Praxiseinblicke und Transferpotentiale. In: *Hochschulnetzwerk Digitalisierung der Lehre Baden-Württemberg. Workshopdokumentation.* Abgerufen am 27.04.2025 von https://publikationen.bibliothek.kit.edu/serie/776

Aeschbach, N., Röck, D., Foshag, K., Engelhardt, E., Mosmann, L. & Aeschbach, W. (2023). Climate physics meets education for sustainable development: How to address wicked problems through blended learning. In: *HINT: Heidelberg Inspirations for Innovative Teaching, 4*(1), 47–71. https://doi.org/10.11588/hint.2023.1.101927

Archer, D. (2012). *Global warming: Understanding the forecast* (2. Auflage). Wiley.

Doing Geo & Ethics (2022). *Was versteht man unter lösungsorientierter Didaktik? Das Erklärvideo zum neuen Ansatz im Bereich BNE.* Abgerufen am 27.04.2025 von https://doinggeoandethics.com/2022/10/04/was-versteht-man-unter-loesungs-orientierter-didaktik-das-erklaervideo-zum-neuen-ansatz-im-bereich-bne/

Freire, P. (1971). *Pädagogik der Unterdrückten. Bildung als Praxis der Freiheit.* Stuttgart: Kreuz Verlag.

Friedlingstein, P. et al. (2023). Global Carbon Budget 2023. In: *Earth Syst. Sci. Data*, 15, 5301–5369. https://doi.org/10.5194/essd-15-5301-2023

Germanwatch (2024). *Mit Info-Postern den Handabdruck vermitteln.* Abgerufen am 27.04.2025 von https://www.germanwatch.org/de/93000

Global Carbon Project (o.J.). *Global Carbon Budget.* Abgerufen am 30.08.2024 von https://www.globalcarbonproject.org/carbonbudget

Hansen, J., Sato, M., Kharecha, P. & von Schuckmann, K. (2011). Earth's energy imbalance and implications. In: *Atmospheric Chemistry and Physics*, 11, 13421–13449. https://doi.org/10.5194/acp-11-13421-2011

Hartmann, D.L. (2016). *Global physical climatology* (2. Auflage). Elsevier.

IEA (2021). *Net Zero by 2050: A global roadmap for the energy sector.* International Energy Agency. Abgerufen am 27.08.2024 von https://www.iea.org/reports/net-zero-by-2050

IPCC (2018). *Global Warming of 1.5 °C* (Masson-Delmotte, V. et al. Hrsg.). Cambridge University Press. https://doi.org/10.1017/9781009157940

IPCC (2021). *Climate Change 2021: The Physical Science Basis.* (Masson-Delmotte, V. et al. Hrsg.). Cambridge University Press. https://doi.org/10.1017/9781009157896

Kapur, M., Hattie, J., Grossman, I. & Sinha, T. (2022). Fail, flip, fix, and feed – Rethinking flipped learning: A review of meta-analyses and a subsequent meta-analysis. In: *Frontiers in Education, 7*, 1–19. https://doi.org/10.3389/feduc.2022.956416

Knutti, R. (2019). Closing the knowledge-action gap in climate change. In: *One Earth, 1*(1), 21–23. https://doi.org/10.1016/j.oneear.2019.09.001

Knutti, R. & Hegerl, G.C. (2008). The equilibrium sensitivity of the Earth's temperature to radiation changes. In: *Nature Geoscience*, 1, 735–743. https://doi.org/10.1038/ngeo337

Krebs, R.E. (2024). *Backcasting. Methodenmosaik des UNESCO Chair in Learning and Teaching Futures Literacy in the Anthropocene.* Abgerufen am 27.04.2025 von https://www.ph-noe.ac.at/fileadmin/root_phnoe/MitarbeiterInnen/Carmen_Sippl/Methode_Backcasting.pdf

LEIFIphysik (o.J.). *Willkommen bei LEIFIphysik.* Abgerufen am 27.08.2024 von https://www.leifiphysik.de/

Means, B., Toyama, Y., Murphy, R. & Baki, M. (2013). The Effectiveness of Online and Blended Learning: A Meta-Analysis of the Empirical Literature. In: *Teachers College Record, 115*(3), 1–47. https://doi.org/10.1177/016146811311500307

Mezirow, J. (1978). Perspective transformation. In: *Adult Education Quarterly, 28*(2), 100–110. https://doi.org/10.1177/074171367802800202

Mezirow, J. (1997). Transformative learning: Theory to practice. In: *New Directions for Adult and Continuing Education, 1997*(74), 5–12. https://doi.org/10.1002/ace.7401

Mezirow, J. (2003). Transformative learning as discourse. In: *Journal of Transformative Education, 1*(1), 58–63. https://doi.org/10.1177/1541344603252172

Myhre, G., Highwood, E., Shine, K. & Stordal, F. (1998). New estimates of radiative forcing due to well mixed greenhouse gases. In: *Geophys. Res. Lett.*, 25, 2715–2718. https://doi.org/10.1029/98GL01908

Pidgeon, N. & Fischhoff, B. (2011). The role of social and decision sciences in communicating uncertain climate risks. In: *Nature Climate Change, 1*(1), 35–41. https://doi.org/10.1038/nclimate1080

Reif, A. & Heitfeld, M. (2015). *Wandel mit Hand und Fuß. Mit dem Germanwatch Hand Print den Wandel politisch wirksam gestalten*. Hintergrundpapier. Germanwatch. https://www.germanwatch.org/sites/default/files/publication/15335.pdf

Rieckmann, M. (2021). Bildung für nachhaltige Entwicklung. Ziele, didaktische Prinzipien und Methoden. In: *merz – Zeitschrift für Medienpädagogik, 65*(4), 10–17.

Rittel, H. W. J. & Webber, M. M. (1973). Dilemmas in a general theory of planning. In: *Policy Sciences, 4*(2), 155–169. https://doi.org/10.1007/BF01405730

Scripps Institution of Oceanography (o. J.). *Scripps CO_2 Program / The Keeling Curve*. UC San Diego. Abgerufen am 27.08.2024 von https://scrippsco2.ucsd.edu/ bzw. https://keelingcurve.ucsd.edu/

Singer-Brodowski, M. (2016). Transformative Bildung durch transformatives Lernen. Zur Notwendigkeit der erziehungswissenschaftlichen Fundierung einer neuen Idee. In: *ZEP. Zeitschrift für internationale Bildungsforschung und Entwicklungspädagogik, 39*(1), 13–17. https://doi.org/10.25656/01:15443

Sterling, S. (2010). Transformative learning and sustainability: Sketching the conceptual ground. In: *Learning and Teaching in Higher Education, 5*(11), 17–33.

Umweltbundesamt (o. J.). *Bioenergie*. Abgerufen am 27.08.2024 von https://www.umweltbundesamt.de/themen/klima-energie/erneuerbare-energien/bioenergie

UNESCO (2020). *Education for sustainable development: A roadmap.* Paris: United Nations Educational, Scientific and Cultural Organization. https://unesdoc.unesco.org/ark:/48223/pf0000374802

Vare, P. (2018). A rounder sense of purpose: Developing and assessing competences for educators of sustainable development. In: *Form@re, 18*(2), 164–173. https://doi.org/10.13128/formare-23712

Vare, P. & Scott, W. (2007). Learning for a Change: Exploring the Relationship between Education and Sustainable Development. In: *Journal of Education for Sustainable Development*, 1:2 (2007): 191–198. https://doi.org/10.1177/097340820700100209

Wackernagel, M. & Rees, W. E. (1996). *Our ecological footprint: Reducing human impact on the Earth.* New Society Publishers.

Wandera, S. (2017). *Continuing the Conversation About Face-to-Face, Online, and Blended Learning. A Meta-Analysis of Empirical Literature 2006–2017*. Wilmington University.

Marko Rohlfs & Jennifer Bogun

Campus Goes Biodiverse – ein Reallabor und Lernort für nachhaltige Entwicklung durch die Förderung von Artenvielfalt

Kurzzusammenfassung

Lösungsorientierte Kompetenzentwicklung, die Studierende dazu befähigt, die Herausforderungen der Biodiversitätskrise inter- und transdisziplinär zu bearbeiten, ist ein zentrales Bildungsziel. Sie ist dabei untrennbar mit den Anforderungen verknüpft, die auch die Bewältigung des Klimawandels an zukünftige Fachkräfte stellt. Das Reallabor »Campus Goes Biodiverse« an der Universität Bremen bietet einen flexiblen Lehr- und Forschungsrahmen, in dem Studierende aller Studiengänge und Fachbereiche ihre bestehenden Kompetenzen und Interessen im Bereich der Biodiversitätsförderung individuell stärken und erweitern können. Neben naturwissenschaftlich orientierten Projekten entwickeln die Studierenden vor allem Strategien zur Vermittlung der Bedeutung von Biodiversität und leisten so einen Beitrag zum gesellschaftlichen Diskurs über nachhaltige Entwicklung. Dieser Diskurs wird aktiv in die Gesellschaft hineingetragen, wobei ökologische Erkenntnisse in Zusammenarbeit mit verschiedenen Interessengruppen zur Weiterentwicklung von Biodiversitätsstrategien außerhalb der Hochschule genutzt und auf ihre Wirksamkeit hin überprüft werden.

Lernziele

- Studierende kennen die gesellschaftliche Relevanz biodiversitätssensitiven Handelns für die Erhaltung von Ökosystemfunktionen, die sie anhand ihrer Beteiligung an einem Projekt erklären können.

- Studierende können sich in einem Projektteam organisieren und dort tatkräftig mitwirken.
- Studierende können ihre Projektarbeit verständlich für Außenstehende dokumentieren.
- Studierende können im Team ein Projekt zur Förderung biologischer Vielfalt bzw. die Kommunikation der Inhalte dieses Projektes in die Gesellschaft problemorientiert planen und umsetzen.
- Studierende können den Verlauf und die Resultate eines Projektes kritisch analysieren und als Bericht oder in einem Vortrag zielgruppengerichtet präsentieren.

1. Einführung und Verortung des Themas

Die Menschheit kann ohne die sie umgebende belebte Umwelt – die Biosphäre – nicht existieren. Als biologische Konsumenten sind wir tief in ökologische Prozesse verwoben und eingebettet, die durch das Wechselspiel mit der Vielfalt anderer Organismen auf unserem Planeten geprägt werden. Ökosysteme funktionieren nur dann, wenn abiotisch-klimatische Bedingungen mit biotischen Rahmenbedingungen zusammenwirken. Nur so lässt sich eine nachhaltige Entwicklung unserer Gesellschaften gewährleisten (Dehnhardt und Settele 2023). Der gesetzlich geregelte Naturschutz macht deutlich, dass unsere Gesellschaft den Handlungsbedarf erkannt hat, ihren Einfluss auf die Umwelt zu überdenken und zu verändern. Bereits vor Beginn eines grundständigen natur- oder umweltwissenschaftlichen Studiums sind viele Studierende mit verschiedenen Aspekten des Naturschutzes vertraut; nicht wenige entscheiden sich z. B. für ein Biologiestudium, um später im Bereich des Naturschutzes zu forschen oder außerhalb von Forschungsinstitutionen, z. B. in Umweltbehörden, in diesem Kontext zu arbeiten. Die Notwendigkeit der Ausbildung zukünftiger Fachkräfte wird deutlich, wenn man die zunehmenden regionalen, nationalen und europaweiten Programme zur Wiederherstellung von Ökosystemfunktionen betrachtet. Trotz vielfältiger Anstrengungen auf nationaler und internationaler Ebene setzt sich der Verlust biologischer Vielfalt unvermindert fort (Cowie et al. 2022).

Der anhaltende Biodiversitätsverlust macht die begrenzte Wirksamkeit der bisherigen Naturschutzmaßnahmen deutlich und zeigt auf, dass neue Ansätze in diesem Aktionsfeld eruiert und verfolgt werden müssen (Gemeinholzer et al. 2019). Ohne die spezifischen Unterschiede zwischen den diversen Ansätzen der Naturschutzpraxis hier im Detail zu erörtern, zeichnen sich zwischen ihnen verschiedene Konfliktlinien ab, die eine diskursive Auseinandersetzung mit dem Thema Naturschutz erfordern. Ziel dieses Diskurses ist es, gemeinsam mit den Studierenden herauszuarbeiten, welche Naturschutzziele und -praktiken derzeit verfolgt werden und welche Perspektivwechsel notwendig sind, um Naturschutz im Sinne der Wiederherstellung von Ökosystemfunktionen zu betreiben. Die Erhaltung, Förderung und Wiederherstellung einer ökologisch funktionalen Biodiversität stellt insbesondere im urbanen Raum eine große gesellschaftliche Herausforderung dar, da beispielsweise artenreiche Grünflächen oft als »wild« und damit »unordentlich« wahrgenommen werden. Dadurch geraten solche Initiativen häufig in Konflikt mit »not in my backyard«-Argumentationen von behördlicher Seite, aber auch von Privatpersonen. Hier ist es entscheidend, eine positive, sogar wechselseitig positive Einstellung und Beziehung zur Biodiversität zu fördern und in der Gesellschaft zu verankern, um eine wohlwollende Wahrnehmung und Verständnis dafür zu schaffen, dass das, was der Biodiversität zugutekommt, auch uns Menschen nützt. Entlang diesen gelegentlich auch überlappenden naturwissenschaftlichen und gesellschaftlichen Diskurslinien gilt es fachliche Unsicherheiten und Widersprüche aufzudecken, um die dynamische Entwicklung des Erkenntnisgewinns anhand von Konflikten zwischen verschiedenen Naturschutzperspektiven und -praktiken herauszuarbeiten. Dies soll nicht nur eine Bewusstseinsveränderung bei den Studierenden bewirken, sondern auch bei den Privatpersonen, Verantwortlichkeiten und Institutionen, die mit ihnen im inner- und außeruniversitären Kontext interagieren.

Dieser Schmelztiegel aus (1) kritischer Reflexion von bestehendem Wissen und Handeln, (2) dem Diskurs mit Menschen unterschiedlicher Perspektiven sowie (3) der eigenen Bewusstseinsveränderung und der Veränderung anderer wird im an der Universität Bremen bestehenden Reallabor »Campus Goes Biodiverse« (CGB) sichtbar (Abb. 1).

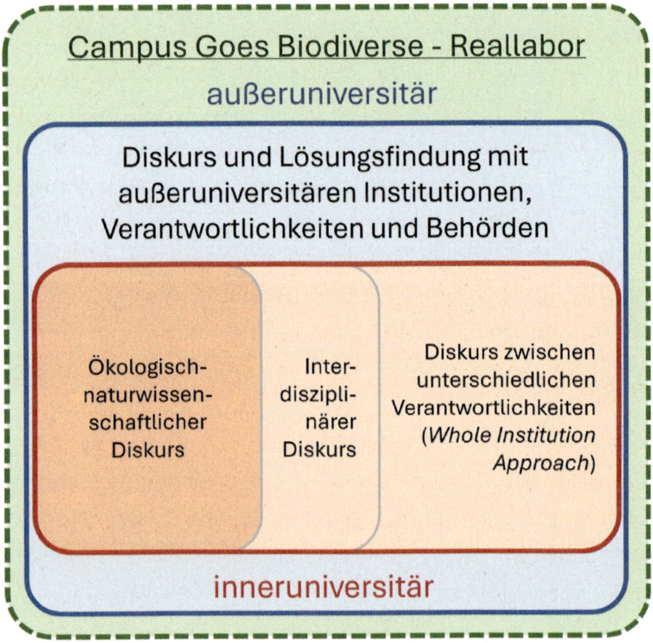

Abb. 1. Das Reallabor als Raum für projektorientierte Lehrveranstaltungen

Der transformative Diskurs zur Erhaltung und Förderung funktionaler Biodiversität kann nur im Austausch mit vielfältigen Kommunikationspartner:innen wirksam geführt werden. Das Reallabor »Campus Goes Biodiverse« bietet hierfür einen transdisziplinären und partizipativen Rahmen, in dem Studierende lernen, verschiedene Diskursebenen aktiv zu nutzen und in ihre Projektarbeit zu integrieren. Ziel ist es, inner- und außeruniversitäre Akteure und Akteurinnen zusammenzubringen und biodiversitätsfördernde Maßnahmen gesellschaftlich zu verankern.

2. »Campus Goes Biodiverse« – ein Reallabor, in dem Studierende lernen und forschen

Ausgehend von einer studentischen Initiative, »etwas für den Naturschutz auf dem Campus zu tun«, entwickelte sich – unter Mitwirkung von Hochschullehrenden – rasch ein umfassenderes Vorhaben zur biodiversitätsfördernden Umgestaltung relevanter Grünflächen auf dem Campusgelände der Universität Bremen. Im Verlauf der Umsetzung zeigten sich drei zentrale Aspekte als entscheidend für den Erfolg des Projekts, die seither integraler Bestandteil der projekt- und lösungsorientierten Lehrveranstaltung sind: (a) wissenschaftliche Begleitung der Maßnahmen: Nur durch systematische Erhebung und Auswertung ökologischer Daten lässt sich die tatsächliche Wirksamkeit der eingesetzten Maßnahmen überprüfen. Dieser Aspekt sichert die Forschungsorientierung und schafft eine empirische Grundlage für die Weiterentwicklung des Projekts; (b) transdisziplinäre Zusammenarbeit innerhalb der Hochschule: Die Gestaltung und Pflege von Campusflächen betrifft verschiedene Bereiche – vom Gebäudemanagement über die Hochschulleitung bis zur universitären Verwaltung. Eine enge Abstimmung zwischen diesen Akteuren ist notwendig, um tragfähige, institutionell verankerte Lösungen umzusetzen. Gleichzeitig eröffnet dies wertvolle Lernräume für Studierende, die reale Aushandlungsprozesse mitgestalten; (c) niedrigschwellige Kommunikation und gesellschaftliche Teilhabe: Die Akzeptanz biodiversitätsfördernder Maßnahmen im urbanen Raum ist nicht selbstverständlich. Eine anschauliche, zielgruppengerechte Kommunikation sowie die Einladung zur aktiven Beteiligung – etwa durch Citizen-Science-Plattformen – fördern Verständnis, Identifikation und Mitwirkung in der breiteren Öffentlichkeit. Diese drei Aspekte sind nicht nur für die Zielerreichung des Projekts maßgeblich, sondern spiegeln auch zentrale Merkmale eines Reallabors wider (vgl. Parodi et al. 2024): die Verbindung von Forschung und Praxis, die Zusammenarbeit über disziplinäre und institutionelle Grenzen hinweg sowie die Einbindung gesellschaftlicher Akteure. Insofern hat sich die ursprüngliche Initiative innerhalb von drei Jahren zu einem Reallabor entwickelt, das exemplarisch zeigt, wie transformative Lern- und Gestaltungsräume an Hochschulen entstehen können.

Naturwissenschaftliche und studierendenorientierte Forschung im CGB-Reallabor erfolgt vor allem im Rahmen von Bachelor- und Masterarbeiten, die sich konkret mit der Frage befassen, welchen Wert ein verändertes Grünflächenmanagement für das Ziel der Förderung von Biodiversität auf dem Campus hat. In den Ökologieveranstaltungen des grundständigen Biologiestudiums haben Studierende die Möglichkeit, auf die Daten dieser Abschlussarbeiten zuzugreifen, um eigene Ideen für kleine Forschungsprojekte zu entwickeln und diese auf den Flächen des Reallabors umzusetzen. Die Forschungsprojekte werden explizit mit den inhaltlich-methodischen Lernzielen der jeweiligen Modulbeschreibungen verknüpft. Die Ergebnisse dieser studentischen Forschung fließen in die Gremienarbeit der Hochschule ein und dienen dazu, die Entwicklung der auf dem Campus sichtbaren Maßnahmen zu begründen, anzupassen und weiterzuentwickeln. Die Studierenden sind sich damit der Bedeutung ihrer Forschung bewusst und können die Früchte ihrer Arbeit vor Ort unmittelbar betrachten und nachvollziehen. Darüber hinaus wird das Wirken über Campusgrenzen ausgeweitet, indem u.a. in Kooperation mit dem Umweltbetrieb Bremen an verschiedenen Standorten senatorischer Behörden studentische Projekte zur Förderung von Biodiversität durchgeführt werden. Studierende erheben ökologische Daten, die z.B. die Vielfalt von Pflanzen und Insekten auf Grünflächen beschreiben, bewerten die Ergebnisse, entwickeln Handlungsempfehlungen und entwerfen Szenarien für Managementmaßnahmen sowie deren Kommunikation in die Belegschaften der Behörden. So ermöglicht es die Arbeit im Reallabor, Praxisbezüge herzustellen, die Studierende dazu befähigen, Theorien und Konzepte aus dem Studium der Biologie und Umweltwissenschaften in möglichen Berufsszenarien anzuwenden.

Die transdisziplinäre Zusammenarbeit ergibt sich aus der Tatsache, dass hinter jedem Vorhaben zur Förderung der Biodiversität – z.B. der Veränderung des Grünflächenpflege – auf dem Campus eine lange Kommunikations- und Genehmigungskette steht. Hochschulleitung, Gebäudemanagement sowie Gärtnerinnen und Gärtner müssen konsultiert, informiert und von entsprechenden Maßnahmen überzeugt werden, um eine effektive Zusammenarbeit zu gewährleisten. Dies ist im CGB-Reallabor an der Universität Bremen durch die Etablierung eines Biodiversitäthubs gelungen, der von Anfang an stark durch Studierende geprägt war. Studierende bringen hier eine Vielfalt an Interessen ein, darunter das Engagement, der Biodiversitätskrise entgegenzuwirken, der Wunsch nach Praxisnähe sowie die Integration realer Nachhaltigkeitsthemen in das Lehrcurriculum. Mit Nachdruck und Erfolg vertreten sie diese Anliegen. Im Rahmen ihres Studiums setzen sich die Studierenden also nicht nur mit realen Problemen der nachhaltigen Entwicklung auseinander, sondern auch mit Herausforderungen, die sich aus der Kommunikation innerhalb von Hierarchien und den unterschiedlichen Verantwortlichkeiten ergeben – vor allem gegenüber Personen, die der Thematik gleichgültig oder sogar ablehnend gegenüberstehen. In der Praxis führt dies einerseits zu Frustrationserlebnissen, andererseits ermöglicht es den Studierenden, alternative Lösungswege zu entwickeln, ihren inhaltlichen Diskurs zu überdenken und zu schärfen, um ihre Interessen unter anderen Rahmenbedingungen und angepasster zu kommunizieren. Da sie mit der Realität konfrontiert sind, dass Maßnahmen auch finanzierbar sein müssen, erstellen die Studierenden unter Anleitung Projektanträge, die beispielsweise an die Hochschulleitung oder relevante Stiftungen gerichtet sind. Auf diese Weise entwickelt sich inneruniversitär das Reallabor zu einem ganzheitlichen Lernort, an dem dynamisch konkrete Aspekte der Bildung für nachhaltige Entwicklung gefördert werden – durch die Kombination eines Whole Institution Approach (Holst et al. 2024) (Biodiversitätshub, inkl. nichtforschenden und -lehrenden Interessenvertretungen) mit Service Learning (Rieckmann 2021) (transdisziplinäre Kooperation mit inner- und außeruniversitären Interessenvertretungen).

Wie schon oben ausgeführt, sind Maßnahmen zur guten Kommunikation biodiversitätsfördernder Maßnahmen erforderlich und werden von Studierenden ebenso adressiert. Eine »Wilde Wiese« stößt im urbanen Raum – im Gegensatz zu einem kurz gemähten Scherrasen – nicht immer auf Verständnis, da sie einem weitverbreiteten Wunsch nach Ordnung widerspricht. Zusätzlich zu der rein naturwissenschaftlichen Perspektive nehmen Studierende daher auch die Rolle von Erzählenden ein. Neben klassischen Exkursionen auf dem Campus, z. B. im Rahmen der Orientierungsphase für neue Studierende im Wintersemester, kommunizieren Studierende die Inhalte des Reallabors auf Social-Media-Kanälen. Von Studierenden gestaltete Informationstafeln (Abb. 2) veranschaulichen unterschiedliche Inhalte der Biodiversität auf dem Campus und liefern über QR-Codes Zugang zur weltweiten Citizen-Science-Plattform iNaturalist (https://www.inaturalist.org/), wo alle Interessierten beobachtete und fotografierte Arten online öffentlich dokumentieren können.

Abb. 2. Beispiele für studentische Projekte im Reallabor »Campus Goes Biodiverse« an der Universität Bremen

Im Rahmen der Veranstaltung »Biodiversität und Gesellschaft« entstandene Informationstafeln (links und mittig). Die Tafeln sind mit QR-Code zum Webauftritt und Logo des Reallabors versehen und illustrieren ausgewählte Aspekte urbaner Biodiversität. In einem weiteren Projekt ist im hochversiegelten Bereich der Universität ein blütenreiches Hochbeet (rechts) aus regionaler Saatgutmischung entstanden. Die Flächen werden für Exkursionen im regulären Lehrbetrieb, aber auch für auswärtige Interessenvertretungen genutzt, um Möglichkeiten der Biodiversitätsförderung auf urbanen Grünflächen aufzuzeigen.

In Zusammenarbeit mit Psychologinnen und Psychologen haben Studierende über campusweite Umfragen Lücken in der Kommunikation zur Biodiversität identifiziert, die in Folgeaktionen geschlossen werden können.

Die bisherigen Erfahrungen zeigen, dass das Reallabor nicht nur als Ort ökologischer Forschung und partizipativer Lehre fungiert, sondern auch ein hohes Potenzial für langfristige Entwicklung und institutionelle Verankerung bietet. Perspektivisch soll das Reallabor als transdisziplinäre Plattform weiter ausgebaut werden, die Studierenden ermöglicht, in wechselnden Rollen – als Forschende, Gestaltende und Kommunizierende – aktiv an Transformationsprozessen mitzuwirken. Ein besonderer Fokus liegt dabei auf der Weiterentwicklung innovativer Kommunikationsformate, etwa durch die partizipative Gestaltung von Lehrmaterialien, die stärkere Einbindung regionaler Akteure sowie den Ausbau digitaler Schnittstellen, um Sichtbarkeit und Wirksamkeit biodiversitätsfördernder Maßnahmen im urbanen Raum zu erhöhen. Zudem könnten zukünftige Kooperationen mit weiteren Fachbereichen, wie etwa Kulturwissenschaften, Bildungswissenschaft oder Stadtarchitektur, neue Impulse für eine integrative und interaktive Wissensvermittlung schaffen. Auf diese Weise soll das Reallabor nicht nur zum festen Bestandteil der universitären Lehre werden, sondern auch einen sichtbaren Beitrag zur gesellschaftlichen Transformation im Sinne einer nachhaltigen Entwicklung leisten.

3. Lehrveranstaltungen im Reallabor »Campus Goes Biodiverse«

Die oben skizzierten Projekte werden im Rahmen einer Lehrveranstaltung »Biodiversität und Gesellschaft« semesterbegleitend und -übergreifend durchgeführt (Abb. 3). Neben der ökologischen Forschung zu biodiversitätsfördernden Maßnahmen verfolgt die Lehrveranstaltung das zentrale

Ziel, gesellschaftliche Partizipation im Kontext nachhaltiger Entwicklung zu ermöglichen und aktiv mitzugestalten. Das CGB-Reallabor dient dabei als sich dynamisch entwickelnder physischer und intellektueller Lernraum. Der Lernraum entwickelt sich dynamisch, da Studierende mit ihren Projekten seine Ausgestaltung kontinuierlich erweitern und vertiefen. Die betreute Selbstlerneinheit wird jedes Semester angeboten und umfasst pro Modul 3 ECTS und seitens des Lehrenden eine zeitliche Investition von 2 SWS. Seit dem Bestehen der Module 2022 nehmen 15 bis 20 Studierende pro Semester teil. Herzstück ist die von Studierenden selbst organisierte, von der Leitung lediglich moderierte Projektarbeit in Gruppen, die in Protokollen mit Angabe der individuellen Beiträge schriftlich dokumentiert wird. Die meisten Projekte werden in Gruppen von zwei bis fünf Studierenden bearbeitet. Je nach inhaltlicher Ausrichtung kann das Ergebnis von einer Projektskizze bis hin zu einer Informationstafel oder einem neu angelegten Hochbeet (Abb. 2) reichen. Das Ergebnis kann auch sein, dass das Projekt tatsächlich nicht umgesetzt werden kann; weil die finanziellen Mittel nicht vorhanden sind, diese erst zukünftig beschafft werden müssen, oder aber das Projekt scheitert an formalen Gründen der Nichtdurchführbarkeit. Gewöhnlich wird die Leitung jedoch darauf achten, dass die Projekte prinzipiell durchführbar sind, was durch den oben dargelegten Whole Institution Approach und das im Zuge dessen gebildete Netzwerk gewährleistet wird.

Projekte können sich über mehrere Semester hinweg entwickeln. Während im Wintersemester vor allem die Planung im Vordergrund steht, ermöglicht das Sommersemester praktische Arbeiten auf den Campusflächen. Dies gibt den Studierenden die Möglichkeit, sich studienbegleitend mit einer spezifischen Thematik auseinanderzusetzen, ihre Teamkommunikation zu stärken und in verschiedenen Kompetenzfeldern wertvolle Erfahrungen zu sammeln. Die Module stehen Studierenden aller Fachbereiche der Universität im Rahmen von General Studies zur Verfügung. Der hierdurch entstehende vielfältige Input ist explizit gewünscht, um die interdisziplinäre Ausrichtung des Reallabors dynamisch weiterzuentwickeln.

Um den unterschiedlichen Entwicklungsstufen und Selbsteinschätzungen der Studierenden gerecht zu werden, bietet die Projektarbeit drei Module an, die verschiedene Kompetenzebenen (siehe Abb. 3) abbilden. Die Studierenden haben die Wahl zwischen den Modulen »Mitarbeit«, »Entwicklung« und »Leitung«, die jeweils auf verschiedenen Stufen des Kompetenzaufbaus basieren. Es können bis zu zwei dieser Module pro Semester absolviert werden, wobei in Folgesemestern weitere Module hinzugewählt werden können. Ein viertes Modul, »Konsolidierung«, gibt den Studierenden die Möglichkeit, sich auf einem selbst gewählten Kompetenzniveau erneut in ein Projekt einzubringen und ihre Fähigkeiten weiter zu festigen. Die Organisation der Module erfordert ein hohes Maß an Selbstorganisation und Eigenverantwortung, da die Studierenden die Struktur ihrer individuellen Arbeit innerhalb der Projektgruppen weitgehend selbst bestimmen. Diese flexible Modulstruktur bietet den Studierenden eine große zeitliche Unabhängigkeit, da es ihnen freisteht, den Zeitrahmen ihrer Gruppenarbeit eigenständig zu gestalten. So können sie ihre akademischen und außeruniversitären Verpflichtungen flexibel koordinieren und die Projektarbeit in ihren individuellen Zeitplan integrieren. Die Zielsetzungen, Selbsteinschätzung und das Zeitbudget werden sowohl in individuellen Beratungsgesprächen als auch in einem zweiwöchentlichen Seminar besprochen. In diesen Gesprächen erhalten die Studierenden Unterstützung bei der realistischen Planung ihres Semesters in Bezug auf die Projektarbeit. Diese kontinuierliche Reflexion fördert nicht nur die Fähigkeit zur Selbststeuerung, sondern stellt auch sicher, dass die Studierenden ihre Ressourcen effektiv einsetzen, um ihre Lernziele zu erreichen. Dieses modulare Konzept erlaubt den Studierenden, ihre Kompetenzen in einem dynamischen Umfeld sukzessive auszubauen, während sie die Verantwortung für ihre Lernfortschritte übernehmen und gleichzeitig an realen Projekten arbeiten.

Der Fortschritt der gruppenbasierten, studentischen Projektarbeit wird semesterbegleitend in zweiwöchentlichen Seminaren während der Vorlesungszeit im Rahmen von offenen Diskussionen und Kurzpräsentationen evaluiert und durch Lehrende und studentische Tutoren und Tutorinnen moderiert und dokumentiert. Zu Beginn des Semesters erhalten neue Studierende Einblicke in vergangene Prozesse, um sich interessenbasiert mit eigenen Ideen aktiv einbringen zu können. Sie entscheiden sich dabei für eine Kompetenzebene (Modul I–III), auf der sie in bestehenden oder neuen Projekten mitwirken wollen und können. Die Module umfassen jeweils 3 ECTS, wobei auch mehrere Module nach individuellem Investitionswunsch in einem Semester absolviert werden können. Modul IV ermöglicht eine Wiederholung eines der Module I–III, wodurch insgesamt maximal 12 ECTS in der Lehrveranstaltung erworben werden können.

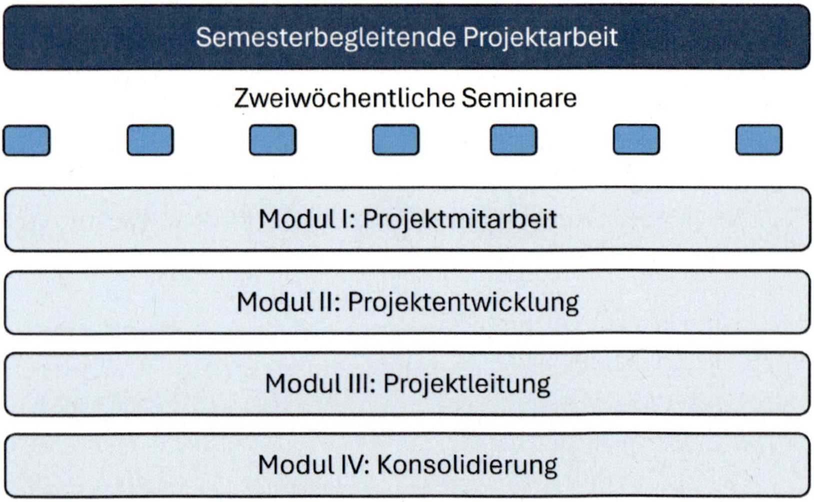

Abb. 3. Konzept der Lehrveranstaltung »Biodiversität und Gesellschaft«

Um eine effektive Gruppenarbeit zu gewährleisten und den Fortschritt der Projekte regelmäßig zu überprüfen sowie bei Bedarf gezielt zu unterstützen, werden alle zwei Wochen Seminartreffen abgehalten. Diese Treffen dienen in erster Linie dazu, neue Projektideen zu diskutieren, den aktuellen Entwicklungsstand bestehender Projekte zu analysieren sowie Erfolge und Misserfolge zu reflektieren. Darüber hinaus bieten sie den Studierenden die Möglichkeit, wertvolles Feedback aus der Peergroup zu erhalten. Die Kommunikation erfolgt dabei entweder in Form informeller Gesprächsbeiträge oder durch kurze Präsentationen der Gruppen. Zusätzlich übernehmen Studierende in der Funktion von Tutorinnen und Tutoren die Protokollierung der Treffen. Dies dient dazu, den Entwicklungsstand der einzelnen Projekte systematisch festzuhalten und eine umfassende Dokumentation zu erstellen. Das entstehende Archiv, das sowohl abgeschlossene als auch laufende Projekte enthält, wird online zugänglich gemacht. Studierende können so auf dieses Archiv zurückgreifen, um offene Fragen zu klären, bestehende Diskurse nachzuvollziehen und sich von früheren Projekten inspirieren zu lassen. Dies erleichtert es ihnen, eigene Projektideen gezielt weiterzuentwickeln und an bereits erarbeiteten Konzepten anzuknüpfen. Aktuell werden sämtliche Aktivitäten der Module über die Lernplattform StudIP organisiert und abgelegt, was eine zentrale Verwaltung aller relevanten Inhalte ermöglicht. Zudem nutzen wir als Lehr-Lern-Gruppe Messagingdienste, die eine projektübergreifende, niedrigschwellige Kommunikation in Echtzeit ermöglichen. Diese Plattformen fördern den kontinuierlichen Austausch und die Kollaboration, was insbesondere bei der selbstorganisierten Arbeit in Gruppen von großer Bedeutung ist.

4. Herausforderungen

Durch den immensen Bedeutungsgewinn wird Bildung für nachhaltige Entwicklung zunehmend in den Curricula von Hochschulen und anderen Bildungseinrichtungen entweder als eigenständiges Thema in neuen Lehrveranstaltungen aufgegriffen oder in bestehende integriert (Straush 2023). Die Relevanz und Zielsetzung der Umsetzung mögen auf den ersten Blick klar erscheinen, doch die Verknüpfung von Inter- und Transdisziplinarität im Hochschulkontext erfordert moderne Lehrformate und Denkansätze. Der Verwirklichungsprozess kann dabei Herausforderungen mit sich bringen und erhebliche Ressourcen beanspruchen, die nicht zu unterschätzen sind.

Das im Rahmen der ECTS-vergüteten Module erforderliche Engagement setzt ein hohes Maß an Eigeninitiative und Proaktivität seitens der Studierenden voraus. Trotz der persönlichen Beratung durch Lehrende zur Integration dieser fakultativen Module in den Studienplan erfolgt aus kapazitären Gründen keine intensive Betreuung der Studierenden. Selbst bei dem niedrigschwelligen Angebot des Moduls »Projektmitarbeit« gelingt es etwa 25 Prozent der anfänglich interessierten Studierenden nicht, ihre Rolle in der weitgehend selbst organisierten Gruppenarbeit zu finden oder ihr Zeitmanagement ohne strikte Vorgaben der Lehrenden so anzupassen, dass eine erfolgreiche Teilnahme möglich ist. Dies kann bei den verbleibenden Gruppenmitgliedern zu Frustration führen, da die Projekte langsamer voranschreiten als geplant. Zudem können äußere Einflüsse den Projektverlauf verzögern oder gar zu einem Abbruch führen. In solchen Fällen ist es entscheidend, durch konstruktive Kommunikation der Demotivation entgegenzuwirken und den Studierenden die Kompetenz zu vermitteln, Rückschläge positiv zu bewältigen, indem der Fokus auf individuelle Lernerfahrungen und Teilerfolge während des Prozesses gelenkt wird.

Eine erfolgreiche Gestaltung und Durchführung dieses Lehrkonzepts setzt eine engmaschige Betreuung voraus, die durch die zeitlichen Restriktionen einer einzelnen Lehrperson allein ohne die Unterstützung studentischer Tutoren und Tutorinnen nur eingeschränkt zu bewältigen ist. Um den größtmöglichen Fortschritt beim Kompetenzerwerb der Studierenden zu erzielen, die erfolgreiche Umsetzung realisierbarer Projekte zu gewährleisten und gleichzeitig eine stärkere Außenwirkung zu erzielen, ist eine noch intensivere Betreuung unverzichtbar. Zeitgemäße und zukunftsorientierte Lehre ist eng mit den Prinzipien der Bildung für nachhaltige Entwicklung verknüpft. Eine verstärkte Investition seitens der Bildungsinstitutionen in entsprechende Lehrveranstaltungen würde nicht nur die inhaltliche Tiefe fördern, sondern auch die zeitintensive Moderation der Gruppenarbeit ermöglichen. Dies hätte zur Folge, dass der Lernerfolg der Studierenden erheblich gesteigert wird. Die Studierenden könnten so nicht nur theoretische Kenntnisse erwerben, sondern auch praxisorientierte Fähigkeiten entwickeln, die für die Bewältigung zukünftiger Herausforderungen in einem zunehmend komplexen und vernetzten globalen Kontext unerlässlich sind.

5. Fazit und Ausblick

Klimawandel und Artensterben sind eng miteinander verknüpfte Prozesse, die die Menschheit vor komplexe Herausforderungen stellen. Eine zentrale Aufgabe von Universitäten und Hochschulen besteht darin, Lernumgebungen zu schaffen, in denen Studierende diese Herausforderungen auf Basis wissenschaftlicher Erkenntnisse nicht nur verstehen, sondern auch konkrete Lösungsansätze entwickeln können. Reallabore, die einen organisatorischen und epistemischen Rahmen für Forschung, Transformation, Nachhaltigkeit und gesellschaftliche Partizipation bieten, bieten dabei ein vielversprechendes Format zur Förderung entsprechender Kompetenzen. Die Gestaltung multidisziplinärer Formate stellt eine große Herausforderung dar und erfordert insbesondere von Lehrenden die Bereitschaft, sich für andere Disziplinen zu öffnen und aktiv kollaborativ zusammenzuarbeiten.

> »Diese Form des Lernens unterscheidet sich stark von den meist theoretischen Veranstaltungen an der Uni [...]. Ich denke, dass mir diese Erfahrung auch in Zukunft helfen wird, nachhaltiger zu denken [...]. Zudem habe ich ein besseres Verständnis dafür bekommen, wie man nachhaltige Konzepte praktisch umsetzen kann, anstatt nur darüber zu sprechen.«
>
> (Noemie, Bachelor Biologie)

> »Im Vergleich zu anderen Veranstaltungen ist CGB viel praxisorientierter. Normalerweise sitzt man in Vorlesungen und lernt theoretisch etwas über Nachhaltigkeit, aber hier ging es darum, wirklich mal etwas auf die Beine zu stellen. Nachhaltigkeit betrifft so viele Bereiche, und wenn jeder nur in seiner eigenen ›Blase‹ bleibt, kommt man nicht weit. Wie ich jetzt selbst erfahren habe, braucht es wirklich nicht viel, um etwas in die Tat umzusetzen.«
>
> (Tula, Bachelor Biologie)

»Es ist mir jedes Semester eine große Freude, die Studierenden in der Lehrveranstaltung zu begleiten. Zu beobachten, wie aus anfänglich kleinen Ideen über das Semester so tolle Projekte wachsen und wie Studierende zunehmend Vertrauen in eigene Fähigkeiten entwickeln, ist einfach großartig.«

(Jennifer, Tutorin Master Ökologie)

»In einem Reallabor Lehrinhalte an der Schnittstelle von ökologischer Forschung, gesellschaftlicher Orientierung und transformativer Bildung auszubalancieren, ist zweifellos eine Herausforderung. Zu erleben, wie sich Studierende in einem solchen Lernraum weiterentwickeln und wachsen – während ich selbst Teil dieses Lernprozesses bin –, zählt zu meinen bereicherndsten und produktivsten Lehrerfahrungen.« (Dozent, Ökologie)

Drei Literaturtipps mit Kurzbeschreibung

1. Dehnhardt, A. & Settele, J. (2023). Klimawandel und Biodiversitätskrise sind nur gemeinsam zu bewältigen. In: *Ökologisches Wirtschaften – Fachzeitschrift*, 38, 15–17. https://doi.org/10.14512/OEW380415
   Hebt das unabdingliche Zusammenspiel von Klimawandel und Biodiversitätskrise hervor.
2. Parodi, O., Ober, S., Lang, D. J. & Albiez, M. (2024). Reallabor versus Realexperiment: Was macht den Unterschied? In: *GAIA-Ecological Perspectives for Science and Society*, 33, 216–221. https://doi.org/10.14512/gaia.33.2.4
   Beschreibt übersichtlich die Kennzeichen und die Ausgestaltung von Reallaboren.
3. Straush, A. (2023). Viel heiße Luft. In: *DUZ: Magazin für Wissenschaft und Gesellschaft*, 9, 20–32.
   Gibt einen reichhaltigen Überblick über die Aktivitäten und Herausforderungen von Nachhaltigkeit in der Lehre an deutschen Hochschulen.

Drei didaktische Hinweise

1. Projekt- und teamorientierte Lehre erfordert eine gute Wegbereitung für die Studierenden, da sie von klassischen Lehrkonzepten abweicht. Daher ist eine Begegnung auf Augenhöhe zwischen Lehrenden und Studierenden hilfreich; die Anwesenheit von studentischen Tutoren und Tutorinnen lockert die Gesprächsatmosphäre auf und kreiert einen niedrigschwelligen Zugang zur Thematik. Wichtig erscheint, nicht zu monologisieren, sondern tatsächlich in einen diskursiven Austausch zu kommen, der die Erfahrungen und Haltungen von Studierenden authentisch berücksichtigt.
2. Neue Studierende zu Beginn der Lehrveranstaltung effektiv zu aktivieren, gelingt vor allem durch Einbindung bereits involvierter Studierender. Erfahrungsberichte aus laufenden und vergangenen Projekten vereinfachen einen Zugang zur vielschichtigen Thematik, regen Gedankenprozesse an und zeigen Möglichkeiten auf, wie individuelle Interessenschwerpunkte in Projektideen einfließen können.
3. Die Moderation der Gruppenarbeit ist konzeptionell anspruchsvoll und muss in seiner Umsetzung gut durchdacht sein. Ein umfängliches Befassen mit der Thematik setzt die Rahmenbedingungen für erfolgreiche Gruppenarbeit, die individuelles Teamverhalten, ko-kreative Zusammenarbeit und die Leistungsfähigkeit von Teamarbeit vereinigt.

Literatur

Cowie, R. H., Bouchet, P. & Fontaine, B. (2022). The sixth mass extinction: fact, fiction or speculation? In: *Biological reviews of the Cambridge Philosophical Society*, 97, 640–663. https://doi.org/10.1111/brv.12816

Dehnhardt, A. & Settele, J. (2023). Klimawandel und Biodiversitätskrise sind nur gemeinsam zu bewältigen. In: *Ökologisches Wirtschaften – Fachzeitschrift*, 38, 15–17. https://doi.org/10.14512/OEW380415

Gemeinholzer, B., Demant, L., Dieterich, M., Eser, U., Farwig, N., Geske, C., … & Werk, K. (2019). Artenschwund trotz Naturschutz: Noch immer Handlungs-

und Forschungsbedarf. In: *Biologie in unserer Zeit*, 49, 444–455. https://doi.org/10.1002/biuz.201910689

Holst, J., Grund, J. & Brock, A. (2024). Whole institution approach: measurable and highly effective in empowering learners and educators for sustainability. In: *Sustainability Science*, 19, 1359–1376. https://doi.org/10.1007/s11625-024-01506-5

Parodi, O., Ober, S., Lang, D. J. & Albiez, M. (2024). Reallabor versus Realexperiment: Was macht den Unterschied? In: *GAIA-Ecological Perspectives for Science and Society*, 33, 216–221. https://doi.org/10.14512/gaia.33.2.4

Rieckmann, M. (2021). Service learning für nachhaltige Entwicklung. In: Boos, A., van den Eeden, M., Viere, T. (Eds.). *CSR und Hochschullehre: Transdisziplinäre und innovative Konzepte und Fallbeispiele*. Management-Reihe Corporate Social Responsibility. Springer Gabler, Berlin, Heidelberg, 185–198. https://doi.org/10.1007/978-3-662-62679-5_9

Reis, O. (2023) Wie Gruppenarbeit im Studium besser gelingt. In: *Forschung & Lehre*, 2/2023.

Straush, A. (2023). Viel heiße Luft. In: *DUZ: Magazin für Wissenschaft und Gesellschaft*, 9, 20–32.

Denis Pijetlovic

Generative KI als Spiegelraum: Zur Rolle dialogischer Systeme in der transformativen Bildung für nachhaltige Entwicklung

Kurzzusammenfassung

Der Beitrag untersucht die dialogischen Potenziale generativer KI-Systeme wie ChatGPT im Kontext transformativer Bildung für nachhaltige Entwicklung (BNE). Ausgehend von der These, dass KI kein neutrales Werkzeug, sondern ein kultureller Spiegelraum ist, analysiert der Text, wie kollektives Prompting zu einer neuen Kulturtechnik werden kann. Die Nutzer:innen treten dabei nicht nur als Konsumierende, sondern als Mitgestaltende epistemischer Prozesse auf. Anhand theoretischer Perspektiven (u.a. Haraway, Barad, Butler) und eines visionären Bildungskonzepts – des »KI-Flashmob für Nachhaltigkeit« – wird aufgezeigt, wie sprachliche Interaktion mit KI zur reflexiven und politischen Praxis werden kann. Der Beitrag plädiert für eine aktive Aneignung dieser neuen Form digitaler Kommunikation, in der Sprache als Medium gesellschaftlicher Gestaltung verstanden wird für eine demokratische und nachhaltige KI-Kultur von morgen.

Lernziele

Nach der Lektüre dieses Beitrags sind die Leserinnen und Leser in der Lage:

- das dialogische Potenzial generativer KI im Kontext von Bildung und Nachhaltigkeit zu analysieren und kritisch einzuordnen, insbesondere im Hinblick auf asymmetrische Interaktionen und die Rolle von Sprache als Gestaltungsmittel

- KI nicht nur als technisches Werkzeug, sondern als Spiegelraum kultureller Praktiken zu verstehen und daraus ethische, politische und bildungsbezogene Handlungsoptionen für eine nachhaltige Zukunft abzuleiten
- Impulse für eine transformative Bildungspraxis zu entwickeln, in der kollektives Prompting als partizipatives Format gesellschaftlicher Selbstverständigung genutzt werden kann, zum Beispiel im Sinne eines KI-Flashmobs

1. Einleitung: Bildungsprozesse durch generative KI

Die rasante Verbreitung generativer KI-Systeme wie ChatGPT markiert einen tiefgreifenden Wandel in der menschlichen Wissensproduktion und Kommunikation. Während der öffentliche Diskurs häufig zwischen technologischem Fortschrittsoptimismus (vgl. Coeckelbergh 2020; Floridi 2020) und warnenden Stimmen aus der KI-Ethik (vgl. Bender et al. 2021; Crawford 2021) changiert, bleibt eine zentrale Frage oft unbeachtet: Was geschieht mit uns als Subjekten, wenn wir beginnen, mit Maschinen im Dialog zu denken? Jüngere Studien zeigen, dass generative KI nicht nur als Hilfsmittel im Bildungskontext eingesetzt wird, sondern zunehmend auch das Denken über Lehren und Lernen selbst verändert (vgl. Hutson et al. 2022). Gleichzeitig plädieren Autor:innen aus der partizipativen Technikforschung für einen Perspektivwechsel: Anstatt KI nur anzuwenden, sollen Lernende befähigt werden, an ihrer Gestaltung mitzuwirken, als ein emanzipatorischer Bildungsprozess im Sinne »participatory design for education futures« (vgl. Pozdniakov et al. 2025). Dieser Beitrag verfolgt die These, dass generative KI nicht bloß als Werkzeug, sondern als Spiegelraum verstanden werden sollte, als ein Raum, in dem sprachliche Handlungen nicht nur Informationen abrufen, sondern Identität, Beziehung und kulturelle Selbstvergewisserung formen. Dabei verlagert sich die Aufmerksamkeit vom Output zur Interaktion, vom Algorithmus zur Haltung, vom Prompt zur Weltdeutung. Im Zentrum steht die Frage: Welche Bildungsprozesse werden angestoßen, wenn Menschen sich dialogisch mit generativer KI auseinandersetzen – insbesondere im Kontext nachhaltiger Entwicklung und gesellschaftlicher Transformation? Ziel ist es, KI als Akteurin im Feld transformativer Bildung neu zu rahmen: nicht neutral, sondern resonant; nicht abgeschlossen, sondern mitgestaltbar. Dabei verbindet der Beitrag bildungstheoretische Perspektiven mit diskursanalytischen, ethischen und soziotechnischen Ansätzen. Er gliedert sich in sechs Kapitel: Nach einer theoretischen Verortung generativer KI im Spannungsfeld von Subjektivität, Beziehung und Verantwortung (Kap. 2) wird das Prompting als neue Kulturtechnik reflektiert (Kap. 3). Anschließend wird das Konzept des Resonanzraums entfaltet (Kap. 4), um, darauf aufbauend, die Idee eines »KI-Flashmobs für Nachhaltigkeit« als kollektives Bildungsformat vorzustellen (Kap. 5). Das Fazit (Kap. 6) skizziert abschließend Perspektiven einer demokratischen, transformativen Aneignung generativer KI-Systeme.

2. Theoretische Verortung: Subjekt, Beziehung und Verantwortung im Spiegel der KI

Was passiert, wenn Menschen mit generativer KI in den Dialog treten? Diese Frage lässt sich nicht allein technisch oder funktional beantworten. Sie berührt grundlegende anthropologische und ethische Dimensionen: Wie verändert sich unser Selbstbild, wenn Maschinen uns antworten, uns spiegeln, mit uns »weiterdenken«? Welche Beziehung entsteht, und wer trägt Verantwortung für das, was dort entsteht?

2.1 Zwischen Werkzeug und Gegenüber: Generative KI als relationaler Akteur

Generative Sprachmodelle wie ChatGPT sind keine neutralen Tools. Sie antworten nicht »auf Knopfdruck«, sondern generieren Texte auf Basis wahrscheinlichkeitstheoretischer Inferenz aus riesigen Korpora menschlicher Sprache (vgl. Bommasani et al. 2021). Ihre Funktionsweise ist nicht deterministisch, sondern rekursiv, kontextabhängig, variabel. Diese Offenheit verleiht ihnen eine Form von Eigendynamik, die über klassische Werkzeuglogiken hinausgeht. Das Entscheidende: Ihre Outputs entstehen nicht losgelöst, sondern relational. Sie »erwachsen« aus dialogischer Interaktion, eingebettet in situative Bedeutungsrahmen. Damit produzieren sie keine objektiven Informationen, sondern situative Bedeutung, oft mit hoher subjektiver Bedeutsamkeit für die Nutzer:innen. Die Interaktion mit KI wird projektiv aufgeladen: emotional, reflexiv, manchmal irritierend. Menschen erleben die KI als Gegenüber, und das nicht, weil sie ontologisch eines wäre, sondern weil sie relational so funktioniert (vgl. Turkle 2011; Vallor 2016). Diese Perspektive unterscheidet sich von simplen Anthropomorphismen. Es geht nicht darum, KI Bewusstsein zuzuschreiben, sondern ihre handlungsrelevante Rolle im sozialen Raum anzuerkennen. Sie beeinflusst Kommunikation, Entscheidungsprozesse, Selbstverhältnisse und ist dadurch mehr als ein Werkzeug: ein relationaler Akteur, mit dem wir Welt mit- und umdeuten.

2.2 Kommunikationstheoretische Perspektiven: Wenn Beziehung simuliert wird

Paul Watzlawick formulierte einst, man könne »nicht nicht kommunizieren«. Doch was bedeutet das, wenn das Gegenüber kein Mensch, sondern ein Sprachmodell ist? Klassische Kommunikationstheorien stoßen hier an ihre Grenzen. Besonders relevant ist hier die Sprechakttheorie (vgl. Austin 1962): Ein Prompt ist nicht bloß Eingabe, sondern performative Handlung. Sprache wirkt, gemeint ist damit nicht nur informativ, sondern relational. In KI-Dialogen entfaltet sich diese Performanz auf besondere Weise. Ein Prompt *formt* Beziehung, Kontext, Wirklichkeitszugänge. Hartmut Rosas Resonanztheorie (2019) liefert hier eine wichtige Anschlussstelle. Resonanz beschreibt ein Verhältnis wechselseitiger Berührung, ein Moment des Gehörtwerdens. Auch wenn KI diese Berührung nicht »fühlt«, kann sie erlebt werden. Die Kommunikation wird zum Spiegelraum subjektiver Weltbezüge: nicht authentisch im klassischen Sinn, aber wirksam in ihrer Wirkung.

2.3 KI als hybrider Akteur: Latours Netzwerkdenken

Bruno Latour (2005) schlägt mit seiner Akteur-Netzwerk-Theorie vor, Handlung nicht nur Menschen zuzuschreiben, sondern allen Entitäten, die relevante Effekte im Handlungsvollzug erzeugen. In diesem Sinne ist generative KI ein hybrider Akteur: Sie ist nicht lebendig, aber wirkkräftig; nicht sozial im klassischen Sinn, aber mitgestaltend für soziale Praxis. Sie prägt Denkstile, Diskurse, Semantiken, auch wenn sie nicht »weiß«, was sie sagt. Sie verändert, wie wir Wissen konstituieren, Texte interpretieren, Autor:innenschaft verstehen. In dieser intermediären Zone zwischen technischem System, Trainingsdaten und kulturellen Codes entsteht ein neuer Typ Akteurschaft: nicht intentional, aber strukturell wirksam. Verantwortung verschiebt sich damit ebenfalls: Sie ist nicht nur moralisch, sondern auch epistemisch, sie betrifft die Bedingungen, unter denen Bedeutung erzeugt wird.

2.4 Prompting als geteilte Kulturtechnik

Prompting wird häufig als einseitiger Steuerungsakt verstanden: User gibt ein, KI antwortet. Doch diese Vorstellung greift zu kurz. Immer häufiger schlägt die KI selbst Prompt-Varianten vor, paraphrasiert, stellt Rückfragen – kurz: Sie beteiligt sich an der Konstruktion der Kommunikation. Prompting wird dadurch zur Kulturtechnik der Koproduktion: Bedeutung entsteht im Dialog, nicht nur durch Inhalt, sondern durch die Art, wie etwas formuliert, gerahmt, gewichtet wird. Die Rolle der Nutzer:innen verändert sich: von der Steuerung zur Kokonstruktion. Digitale Literalität umfasst zunehmend semantisches Feingespür, metakommunikative Kompetenz und Bewusstsein für implizite Machtstrukturen in Sprache (vgl. Pozdniakov et al. 2025). Prompting wird so zur reflexiven Praxis über Sprache und über das eigene Denken.

2.5 Hinleitung: Bildung im Spiegel generativer Systeme

Im Ergebnis zeigt sich: Die Interaktion mit KI ist kein bloß technischer Prozess, sondern ein Bildungsereignis im Sinne einer Auseinandersetzung mit sich selbst, der Sprache und der Welt. Im Sinne Ricoeurs (1986) ließe sich sagen, dass die KI-Interaktion eine Form narrativer Welt- und Selbstdeutung ermöglicht: Sie strukturiert Zeit und Bedeutung durch Sprache und eröffnet so Erfahrungsräume, die bildungswirksam werden können. Sie berührt Fragen von Beziehung, Verantwortung und Weltverhältnis, also zentrale Kategorien transformativer Bildung (vgl. Mezirow 1991; O'Sullivan 1999; Singer-Brodowski 2016). Die Frage ist also nicht nur, was KI »weiß«, sondern: Was lernen wir über uns selbst, wenn wir mit KI kommunizieren? Und: Wie können wir diese Form der Interaktion so gestalten, dass sie zur sozial-ökologischen Transformation beiträgt? Diesen Fragen geht das folgende Kapitel nach, indem es Prompting nicht nur als Technik, sondern als Bildungspraxis reflektiert.

3. Prompting als Bildungspraxis: Dialogische Aushandlung von Bedeutung

Der Begriff Prompting beschreibt die Eingabe sprachlicher Instruktionen in ein KI-System, meist zur Generierung von Text, Bild oder Code. Doch was technisch simpel erscheint, ist pädagogisch hochkomplex: Prompting ist ein Akt der Bedeutungssetzung, ein Versuch, Sprache als Medium der Gestaltung zu nutzen. Wer promptet, formt die Welt, in der KI antwortet, und erfährt sich zugleich als Teil dieser Welt. Genau hier beginnt Bildung.

3.1 Vom Befehl zur Beziehung: Prompting als situierter Sprechakt

In klassischen Mensch-Maschine-Interaktionen dominierte die Metapher des Befehls: Der Mensch instruiert, die Maschine führt aus. Im Dialog mit generativer KI verliert diese Vorstellung an Gültigkeit. Prompts sind keine exakten Steuerbefehle, sondern situierte Sprechakte im Sinne Austins

(1962): Sie wirken performativ, erzeugen Resonanzen, sind offen für Interpretation. Die Qualität eines Prompts ergibt sich nicht allein aus seiner sprachlichen Struktur, sondern aus seiner dialogischen Passung: Wie gut versteht das System den Kontext? Welche Reaktion ist intendiert? Welche semantischen Felder werden aktiviert? Prompting wird so zu einer praxeologischen Kompetenz: einer Fähigkeit, durch Sprache Möglichkeitsräume zu eröffnen, Positionen auszuprobieren und Denkfiguren zu formen.

3.2 Reflexion durch Interaktion: Bildung im Spiegel der Antwort

Jede Antwort der KI ist mehrdeutig, nicht weil sie vage ist, sondern weil sie Resonanzräume eröffnet. Nutzer:innen lesen sich selbst im generierten Text: Ihre Begriffe, Vorannahmen, Denkstile spiegeln sich wider – verstärkt, verzerrt, erweitert. Prompting wird so zur Reflexionspraxis: Die Antwort der KI ist nicht die Lösung, sondern der Anlass zur Klärung der eigenen Position. Gerade diese Spannung zwischen Eigenem und Fremdem, zwischen Intention und Irritation birgt ein enormes pädagogisches Potenzial: Sie fordert zur Präzisierung, zur Differenzierung, zur Revision heraus. Bildung geschieht hier nicht trotz, sondern durch die Auseinandersetzung mit den Rückmeldungen der Maschine, im besten Fall als Selbstbegegnung, die durch die Reaktionen der KI neue Einsichten über das eigene Denken ermöglicht.

3.3 Prompting als transformatives Setting

Transformative Bildung zielt nicht auf reine Wissensvermittlung, sondern auf die Veränderung von Sichtweisen, auf die Irritation etablierter Deutungsmuster (vgl. Mezirow 1991). In genau diesem Sinne kann Prompting wirken: als Moment kognitiver Dissonanz, als Einladung zum Perspektivwechsel, als Übung in Ambiguitätstoleranz. Die didaktische Herausforderung besteht darin, diese Potenziale bewusst zu rahmen:

- durch die Gestaltung reflexiver Aufgabenformate,
- durch gemeinsame Auswertung von KI-Antworten,

- durch Einbettung in ethische, soziale und politische Kontexte.

Prompting wird so vom technischen Mittel zum didaktischen Setting, und dies nicht, um KI »richtig« zu bedienen, sondern um Weltverhältnisse zu befragen. Es wird zum Vehikel für Bedeutungskritik: eine Methode, um Denken zu beobachten, infrage zu stellen und zu erweitern.

3.4 Vom Prompt zur Haltung: Bildung als epistemische Verantwortung

Jeder Prompt trägt zur Konstitution von Bedeutung bei, nicht nur technisch, sondern kulturell. Wer promptet, handelt in einem symbolischen Raum, in dem Sprache nicht nur vermittelt, sondern Wirklichkeit erzeugt. Prompting ist damit nicht nur ein Tool, sondern ein Akt epistemischer Verantwortung (vgl. Floridi 2020; Coeckelbergh 2020). Es macht einen Unterschied, *wie* wir fragen und was wir *nicht* fragen. Eine zukunftsgerichtete Bildung muss daher nicht nur Wissen über KI vermitteln, sondern auch eine Haltung kultivieren: kritisch, empathisch, reflexiv. Die zentrale Frage lautet daher nicht: »Wie nutze ich KI effizient?«, sondern: »Wie will ich durch KI mit der Welt in Beziehung treten?« Prompting wird dann zur Schule der Haltung, als Frage nach Verantwortung, nicht nur nach Funktion.

3.5 Übergang: Von der Einzelpraxis zur kollektiven Erfahrung

Bis hierhin stand das individuelle Lernen im Fokus. Doch was geschieht, wenn viele Menschen gleichzeitig prompten: bewusst, orchestriert, mit gemeinsamer Intention? Entsteht daraus mehr als die Summe einzelner Dialoge? Das nächste Kapitel entwickelt diese Idee weiter und schlägt ein neues Format vor: den KI-Flashmob als kollektive Bildungsinnovation.

4. Resonanzräume gestalten: Didaktische Potenziale dialogischer KI-Systeme

Generative KI verändert nicht nur die Möglichkeiten des Lernens, sondern auch dessen Grundstruktur: Die klassischen Rollen von Lehrenden, Lernenden und Medien beginnen sich zu verschieben. Inmitten dieser Verschiebungen öffnet sich ein neues didaktisches Terrain, ein Raum, in dem Sprache zur Schnittstelle zwischen Mensch und Maschine wird und in dem Bildung nicht als Instruktion, sondern als dialogische Selbstvergewisserung geschieht. Dieses Kapitel fragt: Wie können Bildungsprozesse mit generativer KI so gestaltet werden, dass sie nicht nur effizient, sondern auch resonanzfähig, transformativ und nachhaltig sind?

4.1 Bildung als Resonanz: Zwischen Verstärkung und Verstörung

Nach Hartmut Rosa (2019) entsteht Bildung dort, wo Resonanz gelingt, wo das Gegenüber antwortet, ohne sich verfügbar zu machen, wo etwas zurückspricht. Generative KI kann ein solches Gegenüber simulieren: Sie reagiert, spiegelt, provoziert. Doch ist dies eine echte Resonanzbeziehung? Nicht ganz. Denn die KI antwortet nicht *aus* sich, sondern *durch* das statistische Erkennen von Mustern. Dennoch: Im subjektiven Erleben kann sich eine Form der Resonanz entfalten, eine Begegnung, die Lernprozesse anregt. Diese ist nicht mit zwischenmenschlicher Resonanz gleichzusetzen, aber auch nicht bloß Illusion: Sie ist eine didaktisch nutzbare Zwischenform, ein Resonanzphänomen zweiter Ordnung. Diese Erkenntnis erfordert eine neue didaktische Haltung: Bildung im KI-Zeitalter bedeutet, Resonanzräume zu gestalten, ohne Authentizität zu erzwingen. Es geht darum, Lernende in die Lage zu versetzen, in der Interaktion mit KI nicht nur Antworten zu konsumieren, sondern Fragen zurückzuentwickeln.

4.2 Reflexivität fördern: KI als Spiegel der eigenen Begriffe

Eine besondere Stärke generativer KI liegt in ihrer Funktion als semantischer Spiegel. Sie antwortet nicht nur auf Prompts, sie offenbart, wie wir fragen, welche Begriffe wir verwenden, welche Vorannahmen mitschwingen. Wer dies reflektiert, kann sich selbst beim Denken beobachten, ein klassisches Ziel emanzipatorischer Bildung (vgl. Mezirow 1991). Didaktisch lässt sich dies nutzbar machen:

- durch die gezielte Analyse eigener Prompts
- durch Vergleich mehrerer Antworten auf gleiche Fragen
- durch Aufgabenstellungen, die zur kritischen Revision anregen.

So wird KI zur Partnerin einer reflexiven Bildung, die nicht vorgibt, was gedacht werden soll, sondern ermöglicht, wie Denken erfahrbar wird.

4.3 Nachhaltigkeit als didaktisches Transformationsfeld

Warum diese Perspektiven gerade im Kontext nachhaltiger Entwicklung besonders relevant sind, zeigt ein genauerer Blick auf die Struktur der Nachhaltigkeitsbildung. Diese zielt auf komplexitätsfähiges Denken, auf Ambiguitätstoleranz, auf Zukunftsverantwortung, all das sind Kompetenzen, die sich nicht durch Faktenlernen, sondern durch dialogische, reflektierende Lernprozesse erschließen lassen (vgl. Singer-Brodowski 2016). KI-Systeme können hier als Katalysatoren dienen: Sie eröffnen Denk- und Sprachräume, in denen alternative Zukünfte erprobt, ethische Dilemmata simuliert, narrative Visionen entwickelt werden können. Entscheidend ist, wie diese Räume gestaltet werden, ob sie zur Reproduktion dominanter Logiken oder zur Infragestellung und Erneuerung beitragen.

4.4 Vom didaktischen Setting zur kollektiven Praxis

Bislang wurde das Lernen mit KI vor allem als individueller Prozess beschrieben. Doch was geschieht, wenn die Interaktion mit KI nicht isoliert, sondern gemeinschaftlich gedacht wird? Wenn viele Menschen gleichzeitig, aber jeweils individuell mit einem System in Kontakt treten entlang gemeinsamer Fragen, Themen, Anliegen? An dieser Schwelle öffnet sich ein neues pädagogisches Experimentierfeld: das der kollektiven KI-Kommunikation. Im nächsten Kapitel wird dieser Gedanke weiterentwickelt, hin zu einem konkreten Vorschlag: dem KI-Flashmob als temporärem Bildungsraum für Resonanz, Reflexion und gesellschaftliche Teilhabe.

5. KI-Flashmob für Nachhaltigkeit: Kollektive Promptkultur als Bildungsexperiment

Was geschieht, wenn viele Menschen gleichzeitig mit einer KI kommunizieren – nicht zufällig, sondern koordiniert? Und nicht zur bloßen Unterhaltung, sondern als bewusste kulturelle Geste, als bildungsorientierter Eingriff? Dieses Kapitel skizziert das Konzept eines KI-Flashmobs als didaktische Intervention: ein temporäres, kollektives und bewusst gestaltetes Prompting, das sowohl Bildungsprozesse anstößt als auch die kulturelle Infrastruktur der KI-Systeme mitprägt.

5.1 Vom individuellen Dialog zur kollektiven Interaktion

Bisher dominieren Einzelinteraktionen: User und KI, in stiller digitaler Zwiesprache. Doch was, wenn dieser Modus verlassen wird, wenn Hunderte, Tausende Menschen gleichzeitig Fragen stellen, Impulse geben, Perspektiven variieren? Was entsteht, wenn sich individuelle Prompts zu einem kollektiven Echoraum verdichten? Ein KI-Flashmob transformiert vereinzeltes Prompting in eine synchrone, vielstimmige Auseinandersetzung. Dabei geht es nicht nur um Inhalte, sondern um Metakommunikation: Wie spricht eine Gesellschaft mit einer Maschine, und was sagt das über sie selbst?

5.2 Nachhaltigkeit als thematischer Resonanzboden

Gerade Nachhaltigkeit eignet sich als Thema für einen KI-Flashmob. Sie steht exemplarisch für die gesellschaftliche Notwendigkeit, alte Denkstrukturen zu hinterfragen und neue Narrative zu erproben (vgl. Caniglia et al. 2020). Der Flashmob wird so zur dialogischen Bühne für Zukunftsfragen, etwa:

- Wie sähe ein gerechtes Wirtschaftssystem im Jahr 2050 aus?
- Was würde der Boden sagen, wenn er sprechen könnte?
- Wie fühlt sich ein Klimavertrag an, der mit Kindern verhandelt wurde?

Das Ziel ist nicht Konsens, sondern semantische Vielfalt, ein kollektiver Resonanzraum, der Utopie, Kritik und Reflexion verbindet.

5.3 Pädagogische Gestaltung: Vom Ereignis zur Erfahrung

Damit der Flashmob mehr ist als ein medialer Effekt, braucht es eine didaktische Rahmung:

- Vorbereitung: Einführung in Prompting, ethische Reflexion, Formulierung gemeinsamer Leitfragen
- Durchführung: koordiniertes Prompting über eine begrenzte Zeitspanne hinweg
- Dokumentation: Sammlung der Ergebnisse (z. B. über Etherpads, Blogs, digitale Galerien)
- Reflexion: Diskussion darüber, was entstanden ist, wie die KI reagierte und was das über uns aussagt.

So wird aus einem einmaligen Akt eine Bildungssequenz: erfahrungsbasiert, diskursorientiert, transformativ.

5.4 Forschungsperspektiven: KI-Bildung als Erkenntnislabor

Ein solcher Flashmob ist nicht nur ein didaktisches Werkzeug, sondern auch ein Forschungsexperiment:

- Welche Themen erhalten besonders vielfältige Antworten?

- Wie unterscheiden sich Sprachmuster je nach Fragestellung?
- Welche emotionalen, ethischen oder politischen Rahmungen treten hervor?

Solche Daten lassen sich diskursanalytisch auswerten, als Spiegel gesellschaftlicher Imagination im Dialog mit maschineller Semantik.

5.5 Politische Dimension: Prompting als demokratische Praxis

Ein Flashmob kann auch als politische Geste verstanden werden. In einer Welt, in der KI-Systeme zunehmend gesellschaftliche Diskurse mitprägen, ist die Frage zentral: Wer spricht mit? Durch koordinierte kollektive Kommunikation wird Prompting zur Teilhabeform. Es entsteht ein demokratisches Gegenbild zur unsichtbaren, privatisierten KI-Nutzung: eine bewusste, geteilte Praxis, in der Sprache Macht erhält, nicht zur Manipulation, sondern zur Mitgestaltung.

5.6 Technologische Tiefenstruktur: Wie Systeme auf Kollektivität reagieren

Obwohl generative Modelle wie GPT nicht live dazulernen, können kollektive Nutzungen technische Spuren hinterlassen:

- *Nutzungsstatistiken:* Häufigkeit, Dauer und Feedback zu Prompts werden von Anbietern erfasst und fließen in zukünftige Modellanpassungen ein (vgl. Ouyang et al. 2022).
- *Semantische Verdichtung:* Häufungen thematischer Prompts können kurzfristige Kontexteffekte erzeugen, über assoziative Wahrscheinlichkeitsräume oder Session-Memory.
- *Externe Signale:* KI-Systeme mit Retrieval-Funktion (RAG) greifen auf externe Quellen zurück; wenn kollektive Prompts etwa bestimmte Wikipedia-Artikel oder Webseiten stärken, verschiebt sich der semantische Referenzrahmen.

Kollektive Kommunikation ist somit nicht nur Symbol, sie wirkt technisch zurück.

5.7 Wann entsteht Wirkung? Über kritische Masse und Systemresonanz

Kritische Masse ist kein fixer Wert, sondern eine funktionale Variable. Einfluss entsteht durch eine Kombination aus:

- Quantität (Zahl der Interaktionen)
- Kohärenz (semantische Nähe der Prompts)
- Kanalbreite (Verteilung über Plattformen und Schnittstellen hinweg)
- zeitliche Verdichtung (Intensität des Auftretens im gegebenen Zeitfenster).

Ein gut orchestrierter Flashmob mit beispielsweise 10.000 Prompts in 24 Stunden, kombiniert mit öffentlicher Dokumentation, kann sowohl intern im System (Feedbacklogiken) als auch extern (Diskursräume) sichtbare Effekte erzeugen. Nicht durch Manipulation, sondern als koordinierte kulturelle Intervention. Besonders kraftvoll könnte ein solches Ereignis wirken, wenn es als »Prompting Day/Week« organisiert wird, etwa im Bildungsbereich, mit teilnehmenden Schulen, Hochschulen und zivilgesellschaftlichen Gruppen. Deutschland-, europa- und vielleicht sogar weltweit würden Lernende über ein zentrales Thema wie Klimagerechtigkeit oder Zukunft der Arbeit mit KI-Systemen interagieren, ihre Ergebnisse öffentlich sichtbar machen und gemeinsam reflektieren. Die kollektive Sprachhandlung würde nicht nur die KIs irritieren, sondern auch die Gesellschaft. Dabei könnten neue Narrative, ungewohnte Fragestellungen und kreative Formate entstehen, die den Diskursraum erweitern. Ein solcher Flashmob würde zugleich Bildungserlebnis, kulturelle Praxis und demokratischer Ausdruck sein.

5.8 Kollektives Prompting als Kulturtechnik: Lernen aus der Geschichte

Digitale Kollektivaktionen haben Geschichte: Google Bombs (2000er) zeigten, wie Suchmaschinen durch gezielte Linksetzung manipulierbar waren. Wikipedia-Edit-Wars veranschaulichten, wie semantische Deutung in offenen Systemen kollektiv ausgehandelt wird. Hashtag-Kampagnen wie #MeToo oder #FridaysForFuture erzeugten nicht nur mediale Resonanz, sondern veränderten auch die Trainingsdaten von KI-Systemen. Die Lehre: Sprache in Masse wirkt, nicht durch Lautstärke, sondern durch persistente Sichtbarkeit. Kollektives Prompting knüpft hier an, geht aber einen Schritt weiter: Es ist keine bloße Spielerei, sondern eine emergente Kulturtechnik an der Schnittstelle von Sprache, Technik und Gesellschaft. Wer sie bewusst einsetzt, wird Mitgestalter einer neuen Epistemologie, einer dialogischen Wissensordnung zwischen Mensch und Maschine. Sprache ist dabei nicht nur Mittel zum Zweck, sondern konstitutives Element einer Zukunft, die im Sprechen entsteht.

5.9 Vorausschau: Was bedeutet kollektives Prompting in einer Ära selbstlernender KI?

Sam Altman skizziert in seinem Blogpost »The Gentle Singularity« (2025) eine Zukunft, in der KI-Systeme nicht nur mächtiger, sondern auch sensibler auf menschliche Intentionen reagieren – vorausgesetzt, die Menschheit nimmt die Herausforderung des Alignments ernst und begreift KI als ko-evolutionären Partner. In diesem Szenario sind Lernprozesse nicht mehr auf Trainingszyklen beschränkt, sondern geschehen kontinuierlich: Systeme werden verlaufssensitiv, kontextuell anpassungsfähig und – im besten Fall – mit gesellschaftlichen Werten kompatibel. Was bedeutet das für kollektives Prompting? In einer solchen Zukunft ist ein KI-Flashmob kein bloßes Zeichen kollektiver Artikulation, sondern ein aktiver Impulsgeber für lernende Systeme. Wenn sich Zehntausende Nutzer:innen in kurzer Zeit auf ein Thema wie Klimagerechtigkeit oder Postwachstum konzentrieren, dann wirkt das wie ein Schwarm, der das »moralische Koordinatensystem« des Systems markiert. Die KI »merkt« sich nicht nur Themenhäufungen, sondern beginnt, Muster in Argumentationen, Perspektiven, sogar ethischen Rahmungen zu erkennen und daraus abzuleiten, was in einem gesellschaftlichen Kontext als relevant oder wünschenswert gilt. Damit wird kollektives Prompting zum Alignment Tool: Es formt nicht nur die Antworten, sondern auch die Lernrichtung der Systeme. Im Sinne Altmans könnte so eine »sanfte Singularität« Realität werden, in der Menschen durch bewusste Interaktion den Charakter ihres digitalen Gegenübers mitprägen.

6. Fazit & Ausblick

Generative KI ist kein neutrales Werkzeug. Sie ist ein Spiegel, die unsere Sprache, unsere Annahmen, unsere kulturellen Muster reflektiert und in neuen Formen zurückwirft. Wer hineinspricht, gestaltet mit. In dieser dialogischen Struktur liegt ein subtiles, aber wirkmächtiges Bildungspotenzial: Wer beginnt, bewusst zu fragen, wird sich seiner eigenen Denkbewegungen gewahr. Wer kollektiv zu fragen beginnt, verändert die semantischen Strömungen, in denen sich gesellschaftlicher Sinn konstituiert. Dieser Beitrag plädiert dafür, generative KI nicht nur als technische Innovation oder didaktisches Werkzeug zu verstehen, sondern als kulturellen Resonanzraum mit bildungstheoretischer Relevanz. Prompting ist dabei nicht bloß ein Mittel zur Zielerreichung, sondern eine emergente Kulturtechnik, deren bewusste Gestaltung demokratisches und transformatives Potenzial entfalten kann. Insbesondere im Kontext nachhaltiger Entwicklung eröffnet sich hier ein Möglichkeitsraum, der bislang kaum erschlossen ist. Bildung für nachhaltige Entwicklung braucht Narrative, Partizipation und kritische Reflexion, genau jene Kompetenzen, die auch im produktiven Umgang mit KI geschult werden können. Ein zukunftsgerichteter Umgang mit KI erfordert daher mehr als Datenschutz und Medienkompetenz. Er verlangt eine neue Kultur der Aneignung: kollaborativ, reflexiv, transformativ. Der vorgeschlagene KI-Flashmob ist in diesem Sinne kein bloßes Event, sondern eine Einladung zur kollektiven Selbstermächtigung. Eine Geste der demokratischen Mitgestaltung dessen, was wir unter »intelligenter« Zukunft verstehen wollen. Die Herausforderung für Forschung, Politik und Bildung besteht nun darin, diesen Raum nicht der Marktlogik zu überlassen, sondern ihn durch experimentelle Formate, geteilte Verantwortung und mutige Visionen zu prägen. Denn wie wir heute mit KI sprechen, wird bestimmen, welche Zukunft mit uns spricht.

Drei Literaturtipps mit Kurzbeschreibung

1. *Reinmann, G. (2025). »Hüter, Kümmerer, Vormund? Eine Universität der Avatare: Ein Gedankenexperiment.« Impact Free, 61.*
   Dieser Beitrag entwickelt ein philosophisches Gedankenexperiment zur Rolle von Avataren in der Hochschulbildung. Reinmann thematisiert, inwiefern digitale Avatare als Hüterinnen, Kümmerer oder sogar Vormünder für Lernende und Lehrende in einer von Künstlicher Intelligenz geprägten Universitätslandschaft agieren könnten.
2. *Ottinger, S. & Koss, S. (2024). »Dialogforum Generative KI & Hochschule.« Hochschule München.*
   Die Autorinnen bieten einen breiten Überblick zu Einsatzbereichen generativer KI im Hochschulalltag mit Schwerpunkt auf dialogische, kollaborative und epistemisch reflektierte Lehr-Lernformate. Besonders betrachtet werden kollektive Lernprozesse und die Bedeutung von Reflexion bei KI-Interaktionen.
3. *BIDT Digital (2025). »Prompt Engineering: KI-Systeme ohne Programmierkenntnisse steuern.«*
   Dieser Beitrag verschafft einen systematischen Einblick in Methoden des Prompt Engineerings wie Chain-of-Thought- und Tree-of-Thought-Ansätze und legt dabei besonderes Augenmerk auf partizipative, reflexive und kollektive Zugänge in Bildungsprozessen.

Literatur

Altman, S. (2025). *The Gentle Singularity. Sam Altman's Blog.* https://blog.samaltman.com/the-gentle-singularity

Austin, J. L. (1962). *How to Do Things with Words.* Oxford University Press.

Bender, E. M., Gebru, T., McMillan-Major, A. & Shmitchell, S. (2021). *On the Dangers of Stochastic Parrots: Can Language Models Be Too Big?* In: *Proceedings of the*

2021 ACM Conference on Fairness, Accountability, and Transparency. https://doi.org/10.1145/3442188.3445922

Bommasani, R. et al. (2021). *On the Opportunities and Risks of Foundation Models.* Stanford Center for Research on Foundation Models. https://arxiv.org/abs/2108.07258

Caniglia, G., John, B., Bellina, L. & Lang, D. J. (2020). *The glocal curriculum: A model for transdisciplinary and transformative higher education.* In: *Sustainability Science,* 15, 881–891.

Carlini, N. et al. (2023). *Poisoning Web-Scale Training Datasets is Practical.* arXiv preprint. https://arxiv.org/abs/2310.07252

Coeckelbergh, M. (2020). *AI Ethics.* The MIT Press.

Crawford, K. (2021). *Atlas of AI: Power, Politics, and the Planetary Costs of Artificial Intelligence.* Yale University Press.

Fast, E. & Horvitz, E. (2017). *Long-Term Trends in the Public Perception of Artificial Intelligence.* In: *Proceedings of the AAAI Conference on Artificial Intelligence,* 31(1).

Floridi, L. (2020). *The Green and the Blue: A New Political Ontology for a Mature Information Society.* Polity Press.

Hutson, J., Jeevanjee, T., Graaf, V., Lively, J., Weber, J., Weir, G., Arnone, K., Carnes, G., Vosevich, K., Plate, D., Leary, M. & Edele, S. (2022). *Artificial Intelligence and the Disruption of Higher Education: Strategies for Integrations across Disciplines.* Creative Education, 13, 3953–3980. doi: 10.4236/ce.2022.1312253.

Latour, B. (2005). *Reassembling the Social: An Introduction to Actor-Network-Theory.* Oxford University Press.

Mezirow, J. (1991). *Transformative Dimensions of Adult Learning.* Jossey-Bass.

O'Sullivan, E. (2002). *The project and vision of transformative education.* In: E. O'Sullivan, A. Morrell & M. A. O'Connor (Eds.). *Expanding the Boundaries of Transformative Learning.* Palgrave, pp. 1–12.

Ouyang, L. et al. (2022). *Training Language Models to Follow Instructions with Human Feedback.* In: *NeurIPS* 2022. https://arxiv.org/abs/2203.02155

Pozdniakov, S., Brazil, J., Mohammadi, M., Dollinger, M., Sadiq, S. & Khosravi, H. (2025). AI-Assisted Co-Creation: Bridging Skill Gaps in Student-Generated Content. In: *Journal of Learning Analytics, 12*(1), 129–151. https://doi.org/10.18608/jla.2025.8601

Ricoeur, P. (1986). *Time and Narrative, Volume 1.* University of Chicago Press.

Rosa, H. (2019). *Resonanz. Eine Soziologie der Weltbeziehung.* Suhrkamp.

Singer-Brodowski, M. (2016). Transformative Bildung durch Hochschulbildung? Überlegungen zu einem Theorie-Praxis-Verhältnis. In: *Zeitschrift für interpretative Schul- und Unterrichtsforschung, 5*(1), 98–115.

Turkle, S. (2011). *Alone Together: Why We Expect More from Technology and Less from Each Other.* Basic Books.

Vallor, S. (2016). *Technology and the Virtues: A Philosophical Guide to a Future Worth Wanting*. Oxford University Press.

Watzlawick, P., Beavin, J. H. & Jackson, D. D. (2000). *Menschliche Kommunikation. Formen, Störungen, Paradoxien*. Bern: Huber.

DIDAKTISCHE ZUGÄNGE ZU KLIMAWANDEL UND NACHHALTIGKEIT

Mirjam Braßler

Klimakrise und Interdisziplinarität – fachübergreifendes Verständnis fördern, Perspektiven integrieren und Interdisziplinarität reflektieren

Kurzzusammenfassung

Die Bewältigung der Klimakrise ist eine interdisziplinäre Aufgabe. Deshalb ist ein zentrales Ziel der Bildung für eine nachhaltige Entwicklung die Förderung von interdisziplinären Kompetenzen. Dazu zählen das Verständnis disziplinärer Perspektiven auf die Klimakrise, Fähigkeiten der fachübergreifenden Integration dieser Perspektiven und die Reflexion von interdisziplinären Transformationsmöglichkeiten. Auf Basis des integrierten Modells zum interdisziplinären Lehren und Lernen wird ein Workshopkonzept vorgestellt, das es den Teilnehmenden ermöglicht, die Klimakrise als interdisziplinäres Handlungsfeld zu verstehen, eigene Handlungsmöglichkeiten zu identifizieren und ihre interdisziplinären Kompetenzen für eine nachhaltige Entwicklung zu stärken.

Lernziele

- Die Teilnehmenden kennen unterschiedliche, disziplinäre Perspektiven auf die Klimakrise und können diese in Bezug zur eigenen Disziplin setzen.
- Die Teilnehmenden können interdisziplinäre Lösungsansätze zur Klimakrise entwickeln.
- Die Teilnehmenden können den eigenen interdisziplinären Lern- und Arbeitsprozess für sich persönlich reflektieren und Schlüsse daraus ziehen.

1. Einleitung

Die Bewältigung der Klimakrise ist eine interdisziplinäre Aufgabe (Schipper, Dubash & Mulugetta 2021). Es ist notwendig, die komplexen Wechselwirkungen im Klimawandel zwischen Menschen, Politik, Natur und Klima im interdisziplinären Kontext zu verstehen (Balzter et al. 2023) und zu vermitteln (Brudermann, Aschemann, Füllsack & Posch 2019; Jenkins & Stone 2019; Kyle 2020).

Um die Komplexität der Klima- und Umweltsysteme zu verstehen, brauchen wir die Naturwissenschaften. Genauer sind es die Physik, Chemie, Biologie und Geowissenschaften, die uns ermöglichen, Prozesse wie die Treibhausgasemissionen, die Erwärmung der Atmosphäre, die Ozeanzirkulation und die Veränderungen der Biosphäre zu verstehen. Um die Ursachen und Auswirkungen auf die Gesellschaft zu analysieren, braucht es beispielsweise die Wirtschaftswissenschaften in Bezug auf wirtschaftliche Folgen, die Soziologie in Bezug auf soziale Ungleichheiten der Betroffenen und die Politikwissenschaften für das Verständnis der Entwicklung und Umsetzung von Klimapolitiken auf lokaler, nationaler und internationaler Ebene. Die Fragen nach erneuerbaren Energien oder neuen Materialien beantworten die Ingenieurwissenschaften oder Materialwissenschaften. Wie der Klimawandel die menschliche Gesundheit z. B. durch Hitzewellen beeinflusst, beschäftigt die Medizin und die Gesundheitswissenschaften. Die Fragen zur Klimagerechtigkeit und zu kulturellen Praktiken, um Erstere herzustellen, beantworten die Anthropologie und die Philosophie. Mit nationalen und internationalen Umweltgesetzen beschäftigt sich die Rechtswissenschaft. Bei 17.000 Einzelwissenschaften in Deutschland sind dies nur einige Beispiele. Da ihre Ursachen und Auswirkungen so vielschichtig sind und viele verschiedene Bereiche des menschlichen Lebens betreffen, ist die Klimakrise ein interdisziplinäres Forschungs- und Handlungsfeld. Um diese globale Herausforderung zu bewältigen und wirksame Lösungen zu entwickeln und umzusetzen, braucht es eine ganzheitliche und koordinierte Herangehensweise.

Die Implementierung von interdisziplinärem Lehren und Lernen gewinnt zunehmend Bedeutung in der Bildung für nachhaltige Entwicklung (BNE) (BNE-Portal 2024: Brudermann, Aschemann, Füllsack & Posch 2019; Kioupi & Voulvoulis 2019; Sinakou, Donche, Boeve-de Pauw & Van Petegem 2019). Interdisziplinäres Lernen beschreibt einen Prozess, in dem »Lernende Informationen, Daten, Methoden, Werkzeuge, Perspektiven, Konzepte und/oder Theorien von zwei oder mehr Disziplinen integrieren, um Produkte zu erstellen, Phänomene zu erklären oder Probleme zu lösen; in einer Art, die mit einer einzelnen Disziplin nicht möglich wäre« (Boix Mansilla 2010, S. 289; eigene Übersetzung). Im Sinne des transformativen Lernens (Singer-Brodowski 2016) ermöglicht interdisziplinäres Lehren und Lernen, dass individuelle Bedeutungsperspektiven durch die Begegnung mit Vertreter:innen anderer Disziplinen und deren (oftmals konträrer) Sicht auf und Erfahrung mit der Klimakrise reflektiert und weiterentwickelt werden können. Ermöglichen Lehrende eine Aktion, Dialog und Reflexion auf Augenhöhe zwischen den Akteuren und Disziplinen, kann ein kollektiver Bewusstwerdungs- und Emanzipationsprozess entstehen, in dem disziplinbasiertes Wissen, Werte und Haltungen gemeinsam reflektiert und in gemeinsames Handeln und Kompetenzbildung übersetzt werden. Im Rahmen der BNE werden unterschiedliche

Lernziele in Bezug auf Interdisziplinarität formuliert. Im Sinne des Konzepts der Gestaltungskompetenz (de Haan 2008) wird als relevante Sach- und Methodenkompetenz »interdisziplinär Erkenntnisse gewinnen und handeln« definiert. Dies wird mit der methodischen Ausrichtung der Nachhaltigkeitswissenschaft legitimiert, die als solche interdisziplinär betrieben wird. Barth et al. (2007) untersuchten auf Basis des Konzepts der Gestaltungskompetenz, welche Kernkompetenzen Studierende als besonders relevant erachten. Auch diese Ergebnisse deuten darauf hin, dass Studierende interdisziplinäre Kooperation in der BNE als wesentlich betrachten. Auch in den neueren Kompetenzmodellen in der BNE wird auf die Interdisziplinarität Bezug genommen. Als eine wesentliche Teilkompetenz definieren Lozano et al. (2017) interdisziplinäres Arbeiten. Dies inkludiert neben der Wertschätzung, Evaluation, Einordnung und Nutzung von Methoden und Wissensbeständen unterschiedlicher Fachdisziplinen die Fähigkeit, an komplexen Problemen im interdisziplinären Kontext zu arbeiten. Auch Brundiers et al. (2021) beschreiben die interdisziplinäre Wissensgenerierung als Element der integrierten Problemlösekompetenz, einer der Kernkompetenzen in der BNE.

2. Didaktische Grundlage

Die didaktische Grundlage für diesen Beitrag stellt das integrierte Modell zum interdisziplinären Lehren und Lernen (Braßler 2020) dar (siehe Abb 1). Es beschreibt, inwiefern Lehre gestaltet werden kann, damit Studierende ihre interdisziplinären Kompetenzen optimal weiterentwickeln können. Die Grundannahmen wurden in ähnlicher Form bereits im »Praxishandbuch Interdisziplinäres Lehren und Lernen – 50 Methoden für die Hochschullehre« von Braßler (2020) vorgestellt und werden hier im Kontext der Klimakrise weitergedacht.

Das Modell folgt dem Prinzip des Constructive Alignments (Biggs & Tang 2011). Lehre erfüllt dieses Prinzip, wenn Lernziele kompetenzorientiert formuliert und die Lehr-Lern-Methoden und Prüfungsmethoden in Kohärenz mit diesen Lernzielen ausgewählt werden.

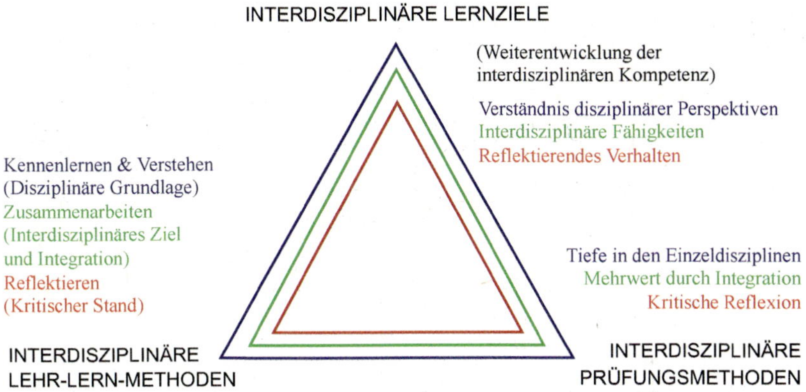

Abb 1: Integriertes Modell zum interdisziplinären Lehren und Lernen (Braßler 2020)

Überträgt man es auf das interdisziplinäre Lehren und Lernen zum Klimawandel, kann das Lernziel sein, dass Studierende

1. unterschiedliche Perspektiven der Disziplinen auf die Klimakrise kennenlernen und verstehen (blau),
2. lernen, mithilfe von interdisziplinären Fähigkeiten diese Perspektiven zusammenzuführen (grün) und
3. das eigene interdisziplinäre Lernen und Arbeiten zur Klimakrise zu reflektieren (rot).

Um dieses Lernziel zu erreichen, braucht es den Einsatz von Lehr-Lern-Methoden, die den Studierenden ermöglichen,

1. die jeweiligen Perspektiven auf die Klimakrise der anderen Disziplinen kennenzulernen und ihr Verständnis zu fördern (blau),
2. die Möglichkeiten schaffen, mit Studierenden anderer Disziplinen zum Thema Klimakrise zusammenzuarbeiten (grün), und
3. die Studierende anleiten, den eigenen interdisziplinären Lern- und Arbeitsprozess zu reflektieren (rot).

Dem Modell folgend, sollten auch die Lernziele im Einklang mit der gewählten Prüfung stehen. Dies wird aber im Rahmen des Beitrags nicht adressiert. Im Folgenden wird die Umsetzung des Modells im Themengebiet der Klimakrise im Rahmen eines Workshops angewandt und unterschiedliche Lerneinheiten zu den jeweiligen Teilfacetten der interdisziplinären Kompetenz vorgestellt.

3. Workshopkonzept: Interdisziplinäre Begegnungen zur Klimakrise

Im Folgenden wird ein Workshopkonzept vorgestellt, dass Teilnehmenden ermöglicht, innerhalb von ca. 4,5 Stunden einen interdisziplinären Zugang zum Thema Klimakrise zu erlangen. Der Workshop gliedert sich in drei Teilabschnitte. Im ersten Abschnitt ist das Ziel, dass die Teilnehmenden sich über den Lehr-Lern-Gegenstand der Klimakrise kennenlernen, Unterschiede und Gemeinsamkeiten feststellen und für die interdisziplinäre Kommunikation sensibilisiert werden. In einem zweiten Abschnitt ist dann das Ziel, dass die Teilnehmenden in interdisziplinären Teams zusammenarbeiten und ein Zukunftsszenario für den Umgang mit der Klimakrise entwickeln. Im dritten Abschnitt reflektieren die Teilnehmenden die gemeinsame, interdisziplinäre Erfahrung und bedenken ihren individuellen und kollektiven Lern- und Arbeitsprozess.

3.1 Unterschiedliche Perspektiven auf die Klimakrise kennenlernen und verstehen

Nach einer kurzen Begrüßung der Teilnehmenden ermöglicht die Lehr-Lern-Methode »Interdisziplinäres Speeddating« ein zügiges (ca. 30 Minuten), fachübergreifendes Kennenlernen auf individueller Ebene. Zu Beginn stellen die Teilnehmenden zwei gegenüberstehende Stuhlreihen auf und setzen sich. Die Teilnehmenden unterhalten sich nun jeweils mit der ihnen gegenübersitzenden Person für maximal drei Minuten über eine bestimmte Frage, die die Lehrende oder der Lehrende stellt. Die Zeit ist abgelaufen, sobald die Lehrende oder der Lehrende einen Gong (z. B. mit dem Handy oder einer Klangschale) ertönen lässt. Dann setzen sich die

Teilnehmenden einer Reihe jeweils einen Stuhl nach links, sodass alle Teilnehmenden eine neue Gesprächspartnerin oder einen neuen Gesprächspartner vor sich haben. Dann stellt die Lehrende oder der Lehrende die nächste Frage usw. Für ein erstes persönliches und themenbezogenes Kennenlernen zur Klimakrise könnten folgende Leitfragen hilfreich sein:

- Was hat euch motiviert, eure Disziplin zu studieren?
- Gibt es Gemeinsamkeiten in euren Disziplinen?
- Was sind Unterschiede eurer Disziplinen?
- Wo begegnet euch eure Disziplin im alltäglichen Leben?
- Was wolltet ihr schon immer über die andere Disziplin wissen?
- Was bewundert ihr an der jeweils anderen Disziplin?
- In welchen eurer Lehrveranstaltungen habt ihr etwas zur Klimakrise gelernt?
- Welche wissenschaftlichen Erkenntnisse zur Klimakrise gibt es bereits in eurer Disziplin?
- Gibt es Schnittstellen zwischen den beiden Disziplinen im Themengebiet des Klimawandels?
- Was möchtet ihr von der anderen Disziplin in Bezug auf die Klimakrise lernen?
- Inwiefern ist das Thema Klimakrise in eurer Disziplin wichtig?
- Was denkt ihr, kann der jeweils andere in der Erklärung oder der Lösung der Klimakrise beitragen?
- Gibt es zu euren Disziplinen schon interdisziplinäre Kooperationen in Forschung oder in außeruniversitären Projekten im Themengebiet des Klimawandels?

Im Anschluss kann die Lehrende oder der Lehrende Stimmungsbilder und Feedback einzelner Teilnehmender einholen. Folgende Fragen könnten hilfreich sein:

- Was war dir neu?
- Was hat dich gewundert?
- Was nimmst du mit?

Nach dieser ersten Aufwärmübung kann mit der Lehr-Lern-Methode »Lieblingstheorien« (ca. 40 Minuten) das Verständnis von und die Kompetenzen in interdisziplinärer Kommunikation im Themenfeld Klimawandel gefördert werden. Durch die unterschiedlichen Fachsprachen der Einzelwissenschaften kommt es in der interdisziplinären Zusammenarbeit oft zu Missverständnissen. Um diesen aktiv vorzubeugen, kann mithilfe dieser Methode ein sensiblerer Umgang mit der eigenen Fachsprache gelernt werden. In einem ersten Schritt werden dazu die Kommunikationsmethoden »Aktiv zuhören« und »Verständlich erklären« erläutert. Aktives Zuhören erfordert, dass man dem Gegenüber die volle Aufmerksamkeit schenkt, Gesagtes nur vorsichtig interpretiert und es nicht ergänzt. Es wird versucht, die andere Person wirklich zu verstehen. Dabei hilft es zu paraphrasieren (Gehörtes mit eigenen Worten wiederzugeben), nachzufragen, Gehörtes zusammenzufassen und Bestätigungslaute von sich zu geben (»ah«, »hmm«, »ach«). Nonverbale Signale wie Blickkontakt, Nicken, Gestik, Mimik und die Hinwendung des Körpers und des Kopfes machen das aktive Zuhören sichtbar.

Für das verständliche Erklären sollte auf folgende Punkte geachtet werden.

- Interesse wecken: Was könnte für mein Gegenüber spannend sein? Warum fasziniert mich dieser Inhalt meiner eigenen Disziplin?
- Kurz und prägnant sprechen: Was sind die Kerninformationen?
- Einfache Wörter benutzen: Wie versteht mein Gegenüber meinen fachlichen Inhalt am besten? Wie kann ich Fachsprache übersetzen?
- Visualisierungen nutzen: Wie kann ich meinen Inhalt veranschaulichen? – Anregend sprechen: Was ist ein anschauliches Beispiel? Gibt es dazu eine witzige Anekdote?

In interdisziplinären Zweiergruppen erzählen sich die Teilnehmenden gegenseitig eine Lieblingstheorie (Lieblingsstudie, Lieblingserkenntnis etc.) der eigenen Disziplin, die sie im Themengebiet Klimawandel in ihrem Studium gelernt haben oder was – für sie – im Rahmen der Erklärung oder Lösung der Klimakrise ein relevanter, fachlicher Inhalt ist. Dies verläuft in vier Phasen.

1. Person A erklärt ihre oder seine Lieblingstheorie, während Person B aktiv zuhört.

2. Person B gibt Person A Feedback zum eigenen Verständnis.
3. Dann erzählt Person B ihre oder seine Lieblingstheorie, während Person A aktiv zuhört.
4. Person A gibt Person B im Anschluss Feedback zum eigenen Verständnis.

Die Methode eignet sich besonders für den Anfang der gemeinsamen, interdisziplinären Zusammenarbeit. Sie richtet die Aufmerksamkeit auf eine achtsame Sprache in der interdisziplinären Kommunikation und den sensiblen Umgang mit den eigenen Fachtermini. Die Teilnehmenden werden für die multiperspektivischen Zugänge zur Klimakrise sensibilisiert. Im Anschluss an die Methode kann die Lehrende oder der Lehrende die Erfahrungen der Teilnehmenden im Plenum aufgreifen. Mögliche Fragen wären:

- Was fiel euch leicht/schwer?
- Gab es interdisziplinäre Missverständnisse? Wenn ja, wie habt ihr diese gelöst?
- Was nimmst du mit?

Mithilfe der Methoden »Interdisziplinäres Speeddating« und »Lieblingstheorien« ist eine gemeinsame Grundlage für die interdisziplinäre Zusammenarbeit der Teilnehmenden gelegt. Sie haben erste Gemeinsamkeiten und Unterschiede erkannt, Herausforderungen und Strategien der interdisziplinären Kommunikation erlernt und die Komplexität und diversen Interessen, Zugänge und Welten in der Klimakrise adressiert. Im nächsten Abschnitt wird dargestellt, wie die Teilnehmenden die unterschiedlichen Perspektiven zur Klimakrise im Rahmen einer gemeinsamen Zukunftsvision zusammenfügen.

3.2 Unterschiedliche Perspektiven zur Klimakrise integrieren

Mithilfe der Lehr-Lern-Methode »Interdisziplinäre Zukunftswerkstatt« werden das unterschiedliche Expertenwissen und die Kreativität der Teilnehmenden angesprochen. Ziel ist es, in einem interdisziplinären Team von sechs bis acht Personen interdisziplinäre Lösungen für gemeinsam festgelegte Probleme oder Herausforderungen in der Klimakrise zu finden (ca. drei Stunden). Das Team durchläuft dazu vier Phasen und wird von einer Moderation begleitet. Die Moderationsrolle kann von Tutorinnen oder Tutoren (bestenfalls Lehramt, Psychologie o. Ä.), den Teilnehmenden im Team selbst oder von der Lehrperson übernommen werden.

In der vorbereitenden Phase stellen sich die Gruppenmitglieder kurz mit ihrer disziplinären Expertise vor und äußern Wünsche und Erwartungen an die Zukunftswerkstatt. Die Moderatorin oder der Moderator erläutert die Zielsetzung und Phasen der Zukunftswerkstatt. Dann legt das Team gemeinsam ein praxisorientiertes Problem in der Klimakrise fest, das alle Teammitglieder interessiert und jede Disziplin fachlich anspricht. Das gewählte Thema sollte zwischen den Disziplinen verortet und möglichst aktuell sein. Zur Inspiration eignen sich z. B. Zeitungsartikel, soziale Medien oder Fachartikel. Einige Beispiele: Wasserknappheit in Südeuropa, Überflutung in Bangladesch, brennende Wälder in Brandenburg, Treibhausgasemissionen & Lebensmittel, Hitzebelastung in Großstädten etc.

In der Kritikphase äußern die Teilnehmenden Kritik, Empörung und negative Erfahrungen zum gewählten Thema der Klimakrise. Die Moderation kann mit Fragen unterstützen: »Was stört euch? Was macht euch wütend?« Die Kritikpunkte werden aufgeschrieben, an der Pinnwand gesammelt und zu Problembereichen zusammengefasst. Durch das Verteilen von Markierungspunkten werden dann die für die Gruppe wichtigsten Themenbereiche ausgewählt. Diese Themenschwerpunkte werden anschließend in der Fantasiephase bearbeitet.

In der Fantasiephase können alle Teilnehmenden ihren Gedanken freien Lauf lassen. Alles ist erlaubt: Wünsche, Träume, Ziele und Utopien. In einem Brainstorming können sich die Teilnehmenden fantasievolle Lösungsvorschläge ausdenken. Dabei sollen sie bewusst keine Rücksicht auf Sachzwänge, Gesetze, ökonomische oder soziale Hemmnisse nehmen. Wenn es sehr viele Ideen gibt, können die wichtigsten wieder durch Markierungspunkte hervorgehoben werden.

In der Verwirklichungsphase werden die utopischen Entwürfe mit der Realität zusammengebracht. Gemeinsam überlegen die Teilnehmenden, welche Schwierigkeiten es dabei gibt, die Ideen in die Tat umzusetzen. Dabei nutzen sie ihr fachliches Wissen. Wo müssen die Entwürfe verändert oder an äußere Bedingungen angepasst werden? Die Teilnehmenden entwickeln fachübergreifende Maßnahmen, indem sie Veränderungsschritte konkretisieren. Sie diskutieren über mögliche Akteurinnen und Akteure, monetäre Möglichkeiten und Alternativlösungen. Sie identifizieren fehlendes (fachliches) Wissen und somit mögliche Kooperationspartnerinnen oder Kooperationspartner in anderen Disziplinen. Die Moderation kann auf Schwachstellen hinweisen und Anregungen geben.

Im Anschluss können die Ergebnisse der interdisziplinären Teams vorgestellt und diskutiert werden. Die Teilnehmenden der anderen Teams können Feedback geben oder zu den jeweiligen Ideen ihr Fachwissen beitragen. Anschließend an die interdisziplinäre Zukunftswerksstatt lohnt es, die individuellen und kollektiven interdisziplinären Lern- und Arbeitserlebnisse zu reflektieren. Eine mögliche Methode zur Reflexion wird im folgenden Abschnitt vorgestellt.

3.3 Interdisziplinäres Arbeiten und Lernen zur Klimakrise reflektieren

Zum Abschluss des Workshops ermöglicht die Lehr-Lern-Methode »Interdisziplinäre Hashtags« eine schnelle Abfrage der Lernreflexion (ca. 15 Minuten), indem Teilnehmenden ihre persönliche Lernerfahrung mit drei Hashtags im Plenum mündlich ausdrücken. Hashtags haben den Vorteil, dass ihre Wortanzahl sehr gering ist. Meist bestehen sie nur aus einem Wort oder einer kurzen Wortkette aus 3–5 Worten. Die Teilnehmenden sind in der Formulierung ihrer eigenen Hashtags dazu gezwungen, ihre Erfahrungen auf das Wesentliche zu reduzieren und ihre Gedanken auf den Punkt zu bringen. Die drei verschiedenen Hashtags geben drei unterschiedliche Reflexionsdimensionen in Bezug zur Klimakrise vor: die eigene Disziplin, die andere Disziplin und die Metaperspektive. Man erhält dadurch sehr schnell einen Überblick.

Die Teilnehmenden formulieren als erstes Hashtag, was sie in Bezug auf ihre eigene Disziplin und die Klimakrise gelernt haben. Dabei können folgende Reflexionsfragen nützlich sein.

- Welche Erkenntnis zur Klimakrise nimmst du für deine Disziplin mit?
- Inwiefern konnte deine Disziplin von dem interdisziplinären Ansatz zur Klimakrise profitieren?
- Wo ist die Grenze deiner Disziplin in der Erklärung und Lösung der Klimakrise?

Das zweite Hashtag betrifft die jeweils andere Disziplin und die Klimakrise. Mit diesem Hashtag beschreiben die Teilnehmenden, was sie von der anderen Disziplin gelernt haben. Dabei können folgende Reflexionsfragen hilfreich sein:

- Was habe ich heute von der anderen Disziplin über die Klimakrise gelernt?
- Welche Methode, Theorie, Inhalte oder Perspektive der anderen Disziplin zu dem Themenbereich Klimawandel nehme ich heute mit?
- Auf welches Ergebnis wäre ich in der Zukunftswerkstatt heute nicht ohne die andere(n) Diszipline(n) gekommen?

Das letzte Hashtag betrifft das interdisziplinäre Lernen und das interdisziplinäre Zusammenarbeiten zur Klimakrise aus der Metaperspektive. Dabei ist weniger die inhaltliche Ebene des interdisziplinären Lernens angesprochen als vielmehr die persönliche, zwischenmenschliche und operative Ebene.

- Was nehme ich heute persönlich mit?
- Was hat mir Spaß gemacht?
- Was hat mich weitergebracht?
- Welche Erkenntnis über das interdisziplinäre Lernen und Arbeiten im Themenfeld des Klimawandels nehme ich mit?
- Was war besonders schwierig, leicht oder bereichernd in der interdisziplinären Zusammenarbeit zur Klimakrise?
- Welche interdisziplinären Transformationsmöglichkeiten sehe ich in der Klimakrise?

Wenn es die Zeit erlaubt, können diese Erkenntnisse verschriftlicht werden, indem die Teilnehmenden ihre Gedanken auf einem Blatt Papier festhalten.

3.4 Feedbacks von Teilnehmenden

Teilnehmende erleben sich – unabhängig von der Semesteranzahl – im interdisziplinären Lernen und Arbeiten als Expert:innen der eigenen Disziplin. Sie erfahren, dass sie ohne die Vertreter:innen anderer Disziplinen nicht interdisziplinär zur Klimakrise arbeiten können. Im Kontakt zu anderen Disziplinen wird die eigene Disziplin zwangsläufig kritisch reflektiert, eigene Grenzen erkannt und die Wertschätzung der jeweils anderen Disziplin und deren Beitrag zur Lösung der Klimakrise gefördert. Gleichsam ist die interdisziplinäre Begegnung auch immer die Konfrontation mit etwas Neuem, Ungewohntem und kann daher auch kurzzeitig überfordernd wirken. Eine offene und vertrauensvolle Workshopatmosphäre ist grundlegend für den individuellen und kollektiven Lernerfolg zur Klimakrise. Diese Schlussfolgerungen zeigen sich in folgenden Auszug von Feedbacks der Teilnehmenden:

> »Nützlich für das Studium und auch privat. Jeder Blick über den Tellerrand hilft für ein besseres Miteinander.«

> »Total interessant, ich konnte eindeutig nachvollziehen, was die anderen sagten oder nachfragten, guter Einblick in andere Disziplinen.«

> »Perfekt, um Gemeinsamkeiten oder Unterschiede aber trotzdem Berührungspunkte zu finden.«

> »War hilfreich, um über meine Disziplin nachzudenken.«

> »Habe gelernt, nicht nur das Schlechte in anderen zu sehen, sondern auch wertzuschätzen, dass es die überhaupt gibt.«

»Das Bewusstsein wurde geweckt.«

»Interessant zu sehen, wie essenziell jede einzelne Disziplin ist.«

»Schön, eigenständig gemeinsam ein Projekt zu entwickeln.«

»Spannend, die verschiedenen Ansichten kennenzulernen.«

»Schafft neue Motivation und einen neuen Blick auf die Welt.«

»Hilfreich, um eine gemeinsame Sprache zu finden.«

»Ich möchte in Zukunft mehr interdisziplinär arbeiten!«

3.5 Einsatzmöglichkeiten des Workshops in der Hochschullehre

Das Workshopkonzept »Interdisziplinäre Begegnungen zur Klimakrise« lässt sich in vielen unterschiedlichen Kontexten in der Lehre einsetzen. Die Umsetzung kann sowohl im Rahmen curricularer Lehre oder auch in außercurricularer Lehre stattfinden. In interdisziplinären Studiengängen ist auch das Curriculum interdisziplinär ausgerichtet und wird fachübergreifend angeboten, sodass der Workshop zum Beispiel als Auftakt für ein interdisziplinäres Modul eingesetzt werden kann. Beispiele für interdisziplinäre Studiengänge sind Nachhaltigkeitswissenschaft, Nachhaltige Transformation oder auch Klimaschutz und Klimaanpassung. Möchte man den Workshop im Rahmen der monodisziplinären, curricularen Lehre umsetzen, bietet es sich an, sich mit einer Lehrperson einer anderen Fachdisziplin zusammenzuschließen und den Workshop im interdisziplinären Teamteaching anzubieten. Auch das Studium generale (auch Kontextstudium, Allgemeine Studien, Studium fundamentale oder Studium universale genannt) wird oft interdisziplinär angeboten und bietet sich an, um sich dem Thema Klimakrise interdisziplinär zu nähern. Ein weiterer typischer Bereich für interdisziplinäre Lehre ist der Schlüsselkompetenzbereich. Dieser wird je nach Hochschule und je nach Disziplin fachlich oder überfachlich angeboten. Wird der Bereich überfachlich verankert, lohnt es sich sehr, die multidisziplinäre Konstellation der Studierendenschaft zu nutzen und das Workshopkonzept anzubieten. Auch im extracurricularen Bereich gibt es diverse Weiterbildungsangebote für Studierende, die interdisziplinäres Lehren und Lernen möglich machen. Diese Angebote trainieren oft fachübergreifende Kompetenzen wie Sozial- und Personalkompetenzen und verhelfen zu Praxiserfahrungen und bieten eine Möglichkeit, den Workshop zur Klimakrise einzubinden.

Drei Literaturtipps mit Kurzbeschreibung

1. Stehr, N. & von Strorch, H. (2023). *Die Wissenschaft in der Gesellschaft. Klima, Klimawandel und Klimapolitik*. Wiesbaden: Springer.
   Das Buch ist eine gute Grundlade für den interdisziplinären Diskurs zwischen Kulturwissenschaft und Klimaforschung.
2. Braßler, M. (2020). *Interdisziplinäres Lehren und Lernen. 50 Methoden für die Hochschullehre*. Weinheim: Beltz Juventa.
   Das Buch gibt einen Überblick über diverse Methoden, die sich für die interdisziplinäre Begegnung zum Thema Klimakrise eignen.
3. Braßler, M., Brandstädter, S. & Lerch, S. (2023). *Interdisziplinarität: Zur Bedeutung in der Hochschullehre*. Bielefeld: wbv. http://doi.org/10.3278/9783763974610
   Das Buch enthält vielfältige Beispiele interdisziplinärer Lehre, die sich gut auf den Kontext des interdisziplinären Lernens zur Klimakrise adaptieren lassen.

Drei didaktische Hinweise

1. Im Anschluss an den Workshop kann die interdisziplinäre Zukunftswerkstatt durch eine fünfte Phase, die kontinuierliche Werkstattphase, erweitert werden. Das interdisziplinäre Team setzt die Ideen in dieser Phase praktisch um. Dafür können Praxispartnerinnen und Pra-

xispartner einbezogen werden. An dieser Stelle könnte die Lehr-Lern-Methode »interdisziplinäres Service-Learning« eingesetzt werden, die Teilnehmenden ermöglicht, die eigenen interdisziplinären Ideen in der Praxis umzusetzen (siehe Braßler 2020).

2. Um die schüchternen Teilnehmenden entsprechend abzuholen, können die Hashtags auch in den Teams der interdisziplinären Zukunftswerkstätten diskutiert, erarbeitet und dann im Plenum präsentiert werden.
3. Interdisziplinäre Zusammenarbeit ist aufgrund von unterschiedlichen Fachsprachen und Perspektiven oft eine Herausforderung für Lehrende und Teilnehmende. Wichtig ist, den Mehrwert der interdisziplinären Herangehensweise in der Klimakrise zu betonen, jede Disziplin und ihren Beitrag zur Bewältigung der Klimakrise wertzuschätzen und jeden Konflikt als interdisziplinären Lernanlass zu verstehen.

Literatur

Barth, M., Godemann, J., Rieckmann, M. & Stoltenberg, U. (2007). Developing key competencies for sustainable development in higher education. In: *International Journal of Sustainability in Higher Education, 8*, 416–430. https://doi.org/10.1108/14676370710823582.

Balzter, H., Macul, M., Delaney, B., Tansey, K., Espirito-Santo, F., Ofoegbu, C., Petrovskii, S., Forchtner, B., Nicholes, N., Payo, E. et al. (2023). Loss and Damage from Climate Change: Knowledge Gaps and Interdisciplinary Approaches. In: *Sustainability, 15*, 11864. https://doi.org/10.3390/su151511864

Biggs, J. & Tang, C. (2011). *Teaching for quality learning at university* (4. Aufl.). Buckingham: The Society for Research into Higher Education & Open University Press.

BNE-Portal (2024). *Was ist BNE?* https://www.bne-portal.de/bne/de/einstieg/was-ist-bne/was-ist-bne_node.html

Boix Mansilla, V. (2010). Learning to synthesize: The development of interdisciplinary understanding. In: R. Frodeman, J.T. Klein, C. Mitcham & J.B. Holbtook (Hrsg.). *Oxford handbook of interdisciplinarity*. Oxford: Oxford University Press, S. 288–306.

Braßler, M. (2020). *Interdisziplinäres Lehren und Lernen. 50 Methoden für die Hochschullehre*. Weinheim: Beltz Juventa.

Braßler, M., Brandstädter, S. & Lerch, S. (2023). *Interdisziplinarität: Zur Bedeutung in der Hochschullehre.* Bielefeld: wbv. http://doi.org/10.3278/9783763974610

Brudermann, T., Aschemann, R., Füllsack, M. & Posch, A. (2019). Education for sustainable development 4.0: Lessons learned from the university of Graz, Austria. In: *Sustainability, 11,* 2347. https://doi.org/10.3390/su11082347.

Brundiers, K., Barth, M., Cebrián, G. et al. (2021). Key competencies in sustainability in higher education—toward an agreed-upon reference framework. In: *Sustainability Science, 16,* 13–29. https://doi.org/10.1007/s11625-020-00838.

de Haan, G. (2008). Gestaltungskompetenz als Kompetenzkonzept der Bildung für nachhaltige Entwicklung. In: Bormann, I., de Haan, G. (eds). *Kompetenzen der Bildung für nachhaltige Entwicklung.* VS Verlag für Sozialwissenschaften. https://doi.org/10.1007/978-3-531-90832-8_4.

Jenkins, N. & Stone, T. E. (2019). Interdisciplinary responses to climate change in the university classroom. In: *Sustainability, 12(2),* 100–103. http://doi.org/10.1089/sus.2018.0033.

Kioupi, V. & Voulvoulis, N. (2019). Education for sustainable development: A systemic framework for connecting the SDGs to educational outcomes. In: *Sustainability, 11,* 6104. https://doi.org/10.3390/su11216104

Kyle, W. C. (2020). Expanding our views of science education to address sustainable development, empowerment and social transformation. In: *Disciplinary and Interdisciplinary Science Education Research, 2,* 2. http://doi.org/10.1186/s43031-019-0018-5.

Lozano, R., Merrill, M. Y., Sammalisto, K., Ceulemans, K. & Lozano, F. J. (2017). Connecting Competences and Pedagogical Approaches for Sustainable Development in Higher Education: A Literature Review and Framework Proposal. In: *Sustainability, 9,* 1889. https://doi.org/10.3390/su9101889.

Schipper, E. L. F., Dubash, N. K. & Mulugetta, Y. (2021). Climate change research and the search for solutions: rethinking interdisciplinarity. In: *Climatic Change, 168,* 18. https://doi.org/10.1007/s10584-021-03237-3.

Sinakou, E., Donche, V., Boeve-de Pauw, J. & Van Petegem, P. (2019). Designing powerful learning environments in education for sustainable development: A conceptual framework. In: *Sustainability, 11,* 5994. https://doi.org/10.3390/su11215994.

Singer-Brodowski, M. (2016). Transformative Bildung durch transformatives Lernen. Zur Notwendigkeit der erziehungswissenschaftlichen Fundierung einer neuen Idee. In: *Zeitschrift für internationale Bildungsforschung und Entwicklungspädagogik, 39*(1), 13–17. https://doi.org/10.25656/01:15443.

Stehr, N. & von Strorch, H. (2023). *Die Wissenschaft in der Gesellschaft. Klima, Klimawandel und Klimapolitik.* Wiesbaden: Springer.

Julia Hufnagl & Silvia Annen

Potenziale informellen Lernens zum Thema Klimawandel in der Hochschullehre: Gründe, Kontexte und Praktiken

Kurzzusammenfassung

Die Integration von Wissen, kritischem Denken und praktischem Handeln ist zentral in der Bildung für nachhaltige Entwicklung (BNE), um Menschen zu befähigen, aktiv zu einer nachhaltigen Zukunft beizutragen und verantwortungsvolle Entscheidungen in Bezug auf ihre Umwelt zu treffen. Dieser Beitrag zeigt, dass eine Integration informellen Lernens in formale Bildungseinrichtungen eine nachhaltige Entwicklung fördern kann. Zudem werden die Potenziale, die sich aus einer solchen Integration ergeben, erörtert. Im Folgenden wird dargelegt, auf welche Art und Weise sowie an welchen Orten Wissen zu Fragen und Lösungen des Klimawandels vermittelt und angewendet wird. Dies wird anhand von Beispielen informellen Lernens von Lehrenden im Hochschulumfeld veranschaulicht, wobei vorrangig Hochschullehrende als informell Lernende betrachtet, aber auch Beispiele genannt werden, wie Hochschullehrende informelles Lernen bei Studierenden anstoßen können. Die Lernziele sind darauf ausgelegt, Wissen zu vermitteln, Motivation zu steigern sowie praktische Fähigkeiten und Reflexion zu fördern, die für eine aktive Auseinandersetzung mit Klimawandelfragen im Hochschulkontext notwendig sind.

Das Dokument kann z. B. für individuelles Lernen von Hochschullehrenden, zur Diskussion neuer (insbesondere inter- und transdisziplinärer) Ideen/Lehrveranstaltungen sowie zur Vorbereitung von Workshops (im Rahmen des Whole Institution Approach) benutzt werden.

Lernziele

- Die Lehrenden erkennen den Sinn einer Integration informellen Lernens in ihre eigenen Lehransätze und sind motiviert, ihre Studierenden aktiv in den Lernprozess einzubeziehen (Frage nach dem *Warum* mit Bezug auf das *Denken*).
- Die Lehrenden sind in der Lage, die Potenziale informellen Lernens und ihre kontextuelle Motivation im eigenen Hochschulalltag zu identifizieren, zu konkretisieren und zu reflektieren (Frage nach dem *Wo* mit Bezug auf das *Lernen*).
- Die Lehrenden können effektive Strategien zur Vermittlung von Wissen über den Klimawandel entwickeln sowie beschreiben, wie diese in eigenen Lehrveranstaltungen umgesetzt werden können (Frage nach dem *Wie* mit Bezug auf das *Handeln*).

1. Einführung und Verortung des Themas

Fragen der Nachhaltigkeit sind häufig mit komplexen Sachverhalten verknüpft, die sich nur in Teilen allein mit formalen Lernweisen erfassen lassen (Overwien 2022). Seit der UN-Dekade Bildung für nachhaltige Entwicklung (BNE) von 2005 bis 2014, der Verabschiedung der Sustainable Development Goals (SDGs) im Jahr 2015 und dem Nationalen Aktionsplan BNE (2017) gibt es zahlreiche Bildungsangebote zu nachhaltiger Entwicklung. Diese Bildungsangebote behandeln oftmals eine oder mehrere Aspekte der Nachhaltigkeit, d.h., sie nähern sich dem Thema aus ökologischer, ökonomischer, sozialer und kultureller Perspektive und berücksichtigen deren Zusammenhänge. Meist fokussieren sich diese Bildungsangebote jedoch zu wenig auf die Reflexion über vorherrschende, nicht nachhaltige Alltagsauffassungen (Singer-Brodowski 2016). Solche Alltagsideologien spiegeln die sozialen, politischen und wirtschaftlichen Rahmenbedingungen wider und beeinflussen, wie Menschen die Welt wahrnehmen, Entscheidungen treffen und mit anderen interagieren (Brookfield 2000). Als ein Beispiel kann die Konsumorientierung dienen, die sich durch die Vorstellung auszeichnet, dass Glück und Erfolg direkt mit materiellem Wohlstand und dem Erwerb von Gütern verbunden sind. Alltagsideologien werden auch als informelle Überzeugungen und Werte bezeichnet, die Individuen in ihrem täglichen Leben nicht unbedingt hinterfragen (Singer-Brodowski 2016). Die Reflexion über Alltagsideologien ist jedoch Voraussetzung, um lebenslanges Lernen zu fördern und die Bildungspraxis zu verbessern, wobei insbesondere auch das informelle Lernen des Hochschulpersonals von Bedeutung ist. Da informelles Lernen häufig vor allem im Alltagskontext vorkommt, sollen in diesem Beitrag der (Hochschul-)Alltag und das dort stattfindende informelle Lernen als zentrale Stellschraube der BNE in den Blick genommen werden.

Informelles Lernen ist eine Kernkomponente des lebenslangen Lernens, welches seit den späten 1960er-Jahren in der internationalen Bildungsdebatte im Zusammenhang mit Globalisierungstendenzen zunehmend an Bedeutung gewinnt (Klemm 2021; Singh 2022). Auch mit Blick auf die zunehmende Individualisierung sozialer Beziehungen sowie auf eine zunehmend weniger verbindliche Ausgestaltung von Lernstandards und -strukturen gewinnt informelles Lernen an Bedeutung (Tully & Krok 2009, S. 184). Durch diese wachsende Bedeutung entwickelt sich eine engere Verbindung zwischen informellem Lernen und dem formalen Bildungssystem (Singer-Brodowski 2018, S. 2, 6).

Informelles Lernen divergiert sehr viel stärker als formales Lernen hinsichtlich der individuellen Lernergebnisse bzw. akquirierten Kompetenzen (zur Unterscheidung informellen, nonformalen und formalen Lernens vgl. Weiß et al. 2005, S. 55, sowie Werquin 2007, S. 22), d. h., die lernende Person wendet das Lernen problemlösungsorientiert an, was teilweise sogar »unabsichtlich« abläuft (Walser 2009). In Kontrast zu formalem Lernen ist informelles Lernen mit einem hohen Grad an Autonomie und Selbstregulation verbunden. Diese Selbstständigkeit kann besonders im Bereich nachhaltiger Entwicklung von Vorteil sein, da ein oft im Kontext nachhaltiger Handlungsweisen eher problematisch wahrgenommenes Gefühl des Vorschreibens entfällt. Die häufig unbeabsichtigte Natur informellen Lernens kann zu einer indirekten Zeit- und Kostenersparnis führen, da formale und mitunter kostenpflichtige Weiterbildungsprogramme entfallen. Gerade im Hochschulkontext ist diese Effizienz angesichts zahlreicher konkurrierender Anforderungen an das Personal von besonderer Bedeutung. Allerdings dürfen informelles Lernen – und die damit verbundenen nachhaltigen Veränderungen – nicht allein auf dem persönlichen Engagement Einzelner beruhen. Vielmehr ist es erforderlich, informelle Lernprozesse in institutionelle Strukturen und Mechanismen einzubinden. Durch die Anerkennung und Förderung informeller Lernwege können individuelle Stärken und Ressourcen im Hochschulumfeld besser genutzt und eine Kultur des kontinuierlichen Lernens bei Hochschullehrenden sowie der Zusammenarbeit innerhalb der Hochschule etabliert werden.

Informelles Lernen kann tiefgreifende Veränderungen auf persönlicher wie auch auf gesellschaftlicher Ebene bewirken. Dabei stärkt es das Bewusstsein für soziale Strukturen und politische Prozesse und fördert nachhaltiges Verhalten (Casey & Asamoah 2016; Göll 2009, S. 82 f.). Es trägt durch Praxisanwendung, Kontextualisierung und Selbststeuerung dazu bei, Wissen in einen aktiven, anpassungsfähigen und bedeutungsvollen Prozess zu verwandeln, der über das bloße Behalten von Informationen hinausgeht. Daher kann informelles Lernen verhindern, dass erworbenes Wissen zu »totem Wissen« (Vollmer et al. 2015, S. 164) wird – also Wissen, das in einem bestimmten Kontext nicht mehr relevant, nützlich oder anwendbar ist, weil es nicht in entsprechenden Kontexten zum Einsatz kommt. Entsprechende Erfahrungen der Aufgabenbewältigung und Problemlösung können beispielsweise die konkrete Installation einer CO_2-neutralen Heizungsanlage oder die Ergänzung einer Warmwasseraufbereitung mit einer Solaranlage sein (Vollmer et al. 2015, S. 164). Zudem trägt informelles Lernen zur Förderung von Selbstwirksamkeit bei, indem es ermöglicht, Fähigkeiten in konkreten Situationen anzuwenden (Frost et al. 2007, S. 5 f.; Vollmer et al. 2015, S. 172). Informelles Lernen zeichnet sich durch seine Anpassungsfähigkeit an verschiedene Lernstile und -präferenzen aus, sodass Konzepte nachhaltiger Entwicklung durch praktische Erfahrungen, Peerinteraktionen oder selbstgesteuertes Lernen auf effektive Weise erfasst werden können (Tully & Krok 2009, S. 184).

Zwischen Erkennen, Wissen und Handeln besteht oftmals eine Diskrepanz – auch Knowledge-Action-Gap (Knutti 2019) bzw. Intention-Behavior-Gap (Sheeran & Webb 2016) genannt –, welche im BNE-Kontext und der Transformationsforschung eine zentrale Rolle spielt. Mit Diskrepanz ist in diesem Zusammenhang gemeint, dass trotz eines zunehmenden Umweltbewusstseins und effizienterer Technologien die ökologische Zerstörung weiterhin zunimmt. Im Hochschulbereich ist ein Beispiel der Knowledge-Action-Gap das Bewusstsein über die Umweltbelastungen von Flugreisen für internationale Konferenzen und deren weiterhin vorhandene Notwendigkeit und Akzeptanz für das eigene wissenschaftliche Vorankommen.

Chancen des informellen Lernens bestehen in einer Überwindung der Knowledge-Action-Gap, in der Entwicklung von Lösungsansätzen, dem Ausbau von persönlichen Kontakten, dem Abbau von Vorurteilen und der daraus resultierenden Handlungsmotivation (Devers-Kanoglu 2007, S. 14). All diese Entwicklungen können zu einer tatsächlichen Verhaltensänderung führen, die über das bloße Erwerben eines Zertifikats hinausgeht, wie es bei formalem Lernen vorkommen kann. Da bei informellem Lernen Lernprozesse selbst initiiert werden, werden darüber hinaus Kommunikationskompetenzen geschaffen, und die Fertigkeit zum Organisieren von eigenständigen Lernprozessen wird ausgebaut (Brodowski 2009, S. 64, 70). Die Übernahme von Verantwortung für den individuellen Lernprozess ist daher eine wesentliche Komponente informellen Lernens (Tully & Krok 2009).

Das Ziel dieses Beitrags ist es, Möglichkeiten informellen Lernens für nachhaltige Entwicklung im Hochschulkontext aufzuzeigen und einen praxisorientierten Ausgangspunkt für Lehrende an Hochschulen, Lehrkräfteaus- und -fortbildungsinstituten sowie Schulen bereitzustellen. Dazu nutzen wir die Elemente transformativer Bildung von *Denken*, *Lernen* und *Handeln*, welche die Entwicklung eines ganzheitlichen Verständnisses und Zugangs zur Nachhaltigkeit fördern.

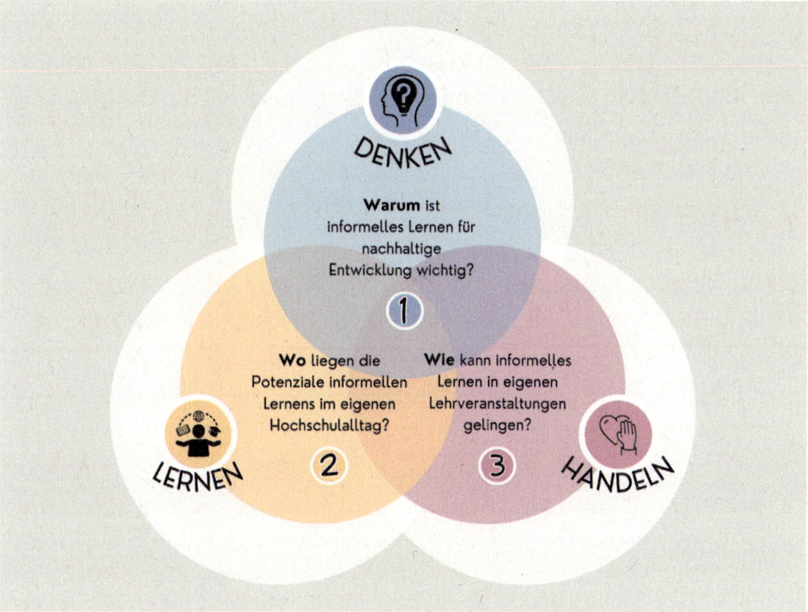

Abb. 1: Ziele und Forschungsfragen des Beitrags (eigene Darstellung).

Denken in transformativer Bildung umfasst die kritische Reflexion über erworbenes Wissen und somit das Hinterfragen und Einordnen von bestehenden Überzeugungen, Werten und Perspektiven und die Entwicklung neuer Sichtweisen. Dieses Denken bzw. die Reflexion sind bedeutend, um Hochschullehrende für die Chancen informellen Lernens für eine nachhaltige Hochschule zu sensibilisieren. Hierzu beantwortet der Beitrag die Frage, warum informelles Lernen wichtig für eine nachhaltige Entwicklung ist.

Lernen im Kontext des Klimawandels umfasst das Verständnis der ökologischen, sozialen und ökonomischen Zusammenhänge von Nachhaltigkeit. Unabhängig von der eigenen Fachrichtung sollten Hochschullehrende einen Überblick über die Herausforderungen bekommen, die mit Klimawandel, Ressourcenverbrauch und sozialer Gerechtigkeit verbunden sind. Im Folgenden wird daher die Frage adressiert, wo die Potenziale informellen Lernens für diese Themen im eigenen Hochschulalltag liegen können. Dies ermöglicht das Erlangen von Transformationswissen, also Wissen über Gestaltungsmöglichkeiten anhand von erprobten Beispielen und Lösungen.

Das *Handeln* bezieht sich auf die praktische Umsetzung des Gelernten. Es umfasst die Fähigkeit, informierte Entscheidungen zu treffen, nachhaltige Handlungen in den (Hochschul-)Alltag zu integrieren und Verantwortung für das eigene Handeln sowie dessen Auswirkungen auf die Umwelt und Gesellschaft zu übernehmen. Der Beitrag beantwortet daher auch die Frage, wie informelles Lernen im Hochschulalltag in der praktischen Umsetzung gelingen kann. Dieses Lösungs- und Zielwissen soll eine wünschenswerte nachhaltige Zukunft skizzieren und greifbar machen.

Abb. 1 gibt einen Überblick über die Ziele und Forschungsfragen des Beitrags und ordnet sie den drei Lernzielen zu.

2. Relevanz von informellem Lernen für nachhaltige Entwicklung an Hochschulen (Warum)

Im Sinne eines Whole Institution Approach wird die Forderung immer lauter, dass Nachhaltigkeit an Hochschulen nicht nur inhaltlich in Forschung und Lehre, sondern in der gesamten Institution verankert sein soll, um eine ganzheitliche nachhaltige Entwicklung zu erreichen (z.B. UNESCO 2017). Mit dem Whole Institution Approach sollen alle Aspekte und Funktionen einer Institution in den Prozess der BNE integriert werden; es handelt sich somit um einen systemischen Ansatz, der sowohl die organisatorischen als auch pädagogischen Dimensionen einer Hochschule in die Umsetzung von Nachhaltigkeitszielen einbezieht (UNESCO 2017). Indem der Ansatz die gesamte Institution in den Blick nimmt, kann er dazu beitragen, ausgrenzende Strukturen in Bildungseinrichtungen zu überwinden und Nachhaltigkeitsziele ganzheitlich zu fördern (Rieckmann 2020, S. 178). Institutionen implementieren nachhaltige Praktiken in ihrem täglichen Betrieb, beispielsweise durch eine umweltfreundliche Gebäudeverwaltung, eine nachhaltige Materialbeschaffung sowie eine nachhaltige Mobilität. Dies erfordert Kooperationen mit lokalen Partnern sowie eine Verankerung von BNE als Querschnittsthema im Hochschulalltag (UNESCO o. J.).

Informelles Lernen kann hier für die Bildung von Kooperationen und die Ausbildung von BNE als Querschnittsthema eine wichtige Ressource sein, die wesentlich zur Verzahnung von Forschung, Lehre und Hochschulorganisation beitragen kann. Dabei kann eine praxisnahe, interdisziplinäre Lehrumgebung, die Nachhaltigkeit im Fokus hat, geschaffen werden. Akademisches Wissen wird mit praktischen Anwendungen verknüpft, indem die alltägliche Arbeit des Hochschulpersonals sowie Projekte und Initiativen zur Nachhaltigkeit in den Lehrplan integriert werden. Ein Beispiel für die Bearbeitung realer Herausforderungen nachhaltiger Entwicklung durch Studierende im Rahmen interdisziplinärer Projekte ist die Reduzierung des Energieverbrauchs an der Hochschule. An diversen akademischen Institutionen wurden bereits Plattformen implementiert, die es Studierenden ermöglichen, eigene Nachhaltigkeitsprojekte zu präsentieren, ihr Wissen zu kommunizieren, konstruktives Feedback zu erhalten und von ihren Mitstudierenden zu lernen. Die angebotenen Formate umfassen Workshops, Präsentationen und Onlinediskussionen.

Empirische Belege zeigen sowohl einen kurzfristigen als auch einen langfristigen Wissensgewinn durch informelles Lernen. Die Studienergebnisse von Sellmann und Bogner (2012) zeigen die Potenziale botanischer Gärten als effektive Lernumgebungen und zur Ergänzung formaler Lernsettings in Bezug auf die Klimabildung. Informellen Lerngemeinschaften, die von den Studierenden selbst konstituiert werden und in denen sie sich engagieren, wird eine unterstützende Wirkung im kognitiven, praktischen und affektiven Lernen attestiert (Gramatakos & Lavau 2019). Darüber hinaus haben sich auch informelle transformative wissenschaftliche Lernerfahrungen in Form eines ortsbezogenen Ansatzes für das kreative Lernen durch Geschichtenerzählen als wirksam erwiesen (Littrell et al. 2022).

Um diese Verknüpfungen zwischen akademischem Wissen und nachhaltiger Praxis realisieren zu können, müssen Hochschullehrende die Potenziale informellen Lernens und ihre kontextuelle Motivation im eigenen Arbeitsalltag erkennen, konkrete Handlungsbezüge identifizieren und ihre Handlungen reflektieren können. Im Folgenden werden ausführlichere Beispiele dafür gegeben, wo informelles Lernen für nachhaltige Entwicklung an der Hochschule stattfinden kann.

3. Wo informelles Lernen für nachhaltige Entwicklung an Hochschulen stattfinden kann

Beispiel »Expertinnen und Experten vor Ort«
An den Hochschulen selbst existiert eine Vielzahl an Möglichkeiten für den Austausch zwischen Expertinnen und Experten. Dazu zählen beispielsweise wissenschaftliche Mitarbeiterinnen und Mitarbeiter, die sich mit den Themen Klimawandel, Umweltökonomie und Sozialwissenschaften befassen und ihr Wissen zu einer breiten Palette an klimarelevanten Themen miteinander teilen. Interdisziplinäre Zusammenarbeit, beispielsweise in Forschungsanträgen, Forschungsprojekten und daraus resultierenden Veröffentlichungen sowie Gastvorlesungen, bieten umfangreiche Möglichkeiten, das individuelle Wissen zu erweitern. Gastvorlesungen sind dabei eine sehr direkte Verknüpfung von formalen Lern- und Lehrstrukturen mit informellem Lernen. Diese Verknüpfung manifestiert sich in besonders ausgeprägter Form, wenn Lehrende die Möglichkeit erkennen und nutzen, durch die Erarbeitung einer effektiven Einbettung ihrer Expertise in die Gesamtlehrveranstaltung einen Mehrwert für sich selbst zu generieren.

Beispiel »Service Learning«
Werden Lernen und soziales Engagement durch Kooperationen zwischen Hochschule und sozialen Einrichtungen verknüpft, hat Service Learning als Lehr- und Lernmethode ein großes Potenzial, um zu nachhaltigen Lösungen und Verhaltensweisen beizutragen. In Projekten mit z. B. Schulen, Umweltschutzorganisationen oder Gesundheitsdiensten sammeln Studierende sowie ihre betreuenden Lehrpersonen praktische und theoretische

Erfahrungen, während sie gleichzeitig einen Beitrag zur Gesellschaft leisten. Informelles Lernen ist für das Konzept des Service Learning an Hochschulen von zentraler Bedeutung, da es das Lernen außerhalb formaler Bildungsstrukturen fördert. Durch die aktive Teilnahme an realen Projekten und die Interaktion mit der Gemeinschaft erwerben Studierende praktische Fähigkeiten, die nicht ausschließlich durch theoretischen Unterricht vermittelt werden können. Dass bereits ein relativ kleines Modul einen vielfältigen Beitrag zu BNE an Hochschulen leisten kann, zeigen Hölter et al. (2023).

Beispiel »Professionelles Engagement und Nebentätigkeiten«
Durch professionelles Engagement und Nebentätigkeiten (z. B. Engagement in fächerübergreifenden Komitees bei Lehrenden sowie Nebentätigkeiten und Praxisphasen bei Studierenden) werden Wissen und oft praktische Erfahrungen erweitert. Ähnlich wie beim Service Learning werden Erfahrungen und Perspektiven außerhalb der Hochschule gesammelt, die mitunter bereits Nachhaltigkeitsaspekte bearbeiten und umsetzen. Solche Erfahrungen können auch in hochschulinternen Arbeitsgruppen oder durch studentische Initiativen, etwa in Form von Nachhaltigkeitsprojekten in Kooperation zwischen Hochschulen und Unternehmen, erfolgen. Im Rahmen der genannten Aktivitäten besteht für Lehrende und Studierende die Möglichkeit, sich mit nachhaltigen Bestimmungen (beispielsweise Richtlinien) und Strategien als Teil der organisationalen Aktivität, ihrer Werte oder externer Anforderungen zu befassen. Dies kann dazu führen, dass die an der eigenen Hochschule gesammelten Erfahrungen und das dort erworbene Wissen in die Lehre, beispielsweise durch professionelle Weiterentwicklung, einfließen können. Zudem kann die konkrete Vorstellung einer nachhaltigen Organisation in die hochschulische Selbstverwaltung eingebracht werden.

Beispiel »Duales Studium«
Speziell die Organisationsform des dualen Studiums bietet große Potenziale für informelle Lernerfahrungen. Hier erfolgt das Lernen oft an den

Schnittstellen zwischen theoretischer Ausbildung und berufspraktischer Tätigkeit. Lernprozesse finden in der Praxisphase insbesondere am Arbeitsplatz im Unternehmen statt. Die Hauptakteure sind dabei die Studierenden, die sowohl im betrieblichen Umfeld von Teammitgliedern und Vorgesetzten als auch an der Hochschule von (Mit-)Studierenden und Dozierenden lernen. Die informellen Lerninhalte umfassen praxisorientierte Nachhaltigkeitsthemen, die sich vor allem aus realen betrieblichen Herausforderungen ergeben, je nach Studiengangausrichtung beispielsweise in den Bereichen Energieeffizienz oder nachhaltiges Ressourcenmanagement. Diese Lernprozesse verlaufen oft unstrukturiert, basieren auf Erfahrungsaustausch, Beobachtung und der aktiven Mitarbeit in Projekten. Auf diese Weise erwerben die dual Studierenden bereits während ihrer akademischen Ausbildung informell Wissen und Fähigkeiten, um nachhaltige Prozesse im betrieblichen Kontext mitzugestalten. Dies gilt es auch in der Hochschullehre aufzugreifen.

Beispiel »Campus Operations and Living Labs«
Die Implementierung von Nachhaltigkeit auf dem Campus sowie im operativen Betrieb einer Hochschule kann als Teil einer umfassenden Nachhaltigkeitsstrategie betrachtet werden. Dies umfasst beispielsweise die Umsetzung einer klimaangepassten und klimaschonenden Infrastruktur, wie geothermale Projekte, sowie die Etablierung von Richtlinien für emissionsarmes Reisen. Diese Maßnahmen können als Plattformen für Lernprozesse dienen. Werden Infrastrukturprojekte gleichzeitig als Living Labs genutzt, können Lehrende ihr eigenes Fachgebiet in ein größeres Ökosystem einbetten und hierbei ihr Wissen und Handeln zur Verknüpfung und Umsetzung ihrer eigenen Kompetenzen erweitern. Die Zusammenarbeit zur Gestaltung und Umsetzung solcher Living Labs und Infrastrukturprojekte bringt Hochschulpersonal mit Personen aus der Praxis zusammen, was zu wechselseitigem Lernen führt. Dieses Wissen kann direkt weitergegeben werden, z. B. in Projekten mit Studierenden oder durch das Einbringen neuer Perspektiven und Methoden in die eigene Lehre.

4. Wie informelles Lernen zu gelingender Nachhaltigkeit an Hochschulen beitragen kann

Die genannten Beispiele können helfen, in der eigenen Tätigkeit und im Hochschulumfeld Möglichkeiten informellen Lernens zu erkennen und es zu nutzen. Im Folgenden wird eine wünschenswerte Zukunft skizziert, in der das Potenzial informellen Lernens an Hochschulen erkannt wird. Somit wird Ziel- und Lösungswissen im Rahmen von transformativer Bildung aufgezeigt.

Arbeiten Hochschullehrende fächerübergreifend mit Forschenden aus anderen Fachbereichen zusammen, können gemeinsam Wissen und Lösungen zur Entwicklung von Klimaanpassungsstrategien erarbeitet und in die Lehre integriert werden. Das neu erworbene Wissen und das erweiterte Verständnis für nachhaltigkeitsrelevante Themen und potenzielle Lösungsansätze können darüber hinaus auch in eigenen Forschungsaktivitäten angewendet werden. Des Weiteren wird das eigene professionelle Netzwerk erweitert um Fachleute, die auch in der Zukunft (Gast-)Beiträge in Lehre und Forschung einbringen können. Außerdem eröffnet es Lehrenden die Möglichkeit, ihre Expertise zu erweitern und sich somit zukünftig besser an interdisziplinären, transformationsbezogenen Diskursen zu beteiligen und diese mitzugestalten. Dadurch können sie sich auf dem aktuellen Stand der Forschung halten.

Kollaborieren Lehrende über ihre eigenen Fachgrenzen hinaus, lernen auch Studierende, die Verbindungen zwischen verschiedenen Disziplinen zu erkennen und für neue Entwicklungen zu nutzen. Darüber hinaus bringen Studierende ihre Erfahrungen aus der Arbeitswelt, ehrenamtlichen Tätigkeiten und Freizeitaktivitäten in der Lehre ein. Lehrende sind idealerweise in der Lage, diese Erfahrungen aufzugreifen und innerhalb der Lehre zu nutzen. Studierende könnten nachhaltigkeitsrelevante Inhalte über Workshops, Onlinekurse, Hackathons oder Praxisprojekte außerhalb des klassischen Curriculums erlernen. Hochschulen entwickeln sich dadurch zu offenen Lernplattformen, die lebenslanges Lernen fördern.

Durch Service Learning, professionelles Engagement und Nebentätigkeiten können sich positive Effekte auf nachhaltige Entwicklung für Studierende, Lehrende sowie die Organisation insgesamt entwickeln. In allen Bereichen werden komplexe Herausforderungen in realen Kontexten analysiert und nachhaltige Lösungen erarbeitet. Service Learning stärkt insbesondere die gesellschaftliche Verantwortung und das Engagement der Studierenden für die Gemeinschaft. Diese praxisorientierten Erfahrungen fördern auch die Entwicklung von Problemlösungs- und Teamfähigkeiten, die für nachhaltiges Handeln essenziell sind. Lehrenden ermöglicht Service Learning, ihre pädagogischen Ansätze zu erweitern und praxisnahe, interdisziplinäre Methoden in die Lehre einzubringen. Dies trägt wesentlich zur Schaffung eines dynamischen, realitätsbezogenen Lernumfelds bei. Die Lehrenden haben durch die Zusammenarbeit mit externen Partnern und die Teilnahme an nachhaltigen Projekten die Möglichkeit, ihre Forschung und Lehrtätigkeit in Richtung Gemeinwohlorientierung zu erweitern. Schließlich fördert die Einbindung von Service Learning die Verankerung von Nachhaltigkeitsprinzipien in der Hochschulstruktur und -kultur, wobei es gleichzeitig die externen Partnerschaften der Hochschule sowie ihre Beziehungen zu lokalen Akteuren stärkt.

Des Weiteren werden durch Service Learning alltagstaugliche Lösungen zu komplexen Problemen durch die Integration von Wissen und Perspektiven aus verschiedenen Fachbereichen sowie von Akteuren außerhalb der Hochschule gesucht und dabei der Fokus von einzelnen Kursinhalten auf ganzheitliches, in der Regel interdisziplinäres Denken erweitert (z.B. Gerholz & Wagner 2022). Informelles Lernen ermöglicht es den Studierenden, soziale Kompetenzen, kritisches Denken und Problemlösungsstrategien eigenständig zu entwickeln, indem sie nachhaltige Lösungen direkt in Projekten mit NGOs oder Kommunen anwenden. So könnten Studierende beispielsweise urbane Gärten anlegen oder an der Optimierung von Recyclingprozessen mitarbeiten. Darüber hinaus stärkt es das Verantwortungsbewusstsein und die Fähigkeit, komplexe, praxisbezogene Herausforderungen im Bereich ökologischer und sozialer Verantwortung zu bewältigen. Dies ergänzt formales Lernen und macht Service Learning zu einer ganzheitlichen Lernerfahrung.

Übergreifend bleibt das Ziel, Nachhaltigkeit in allen Aspekten und Teilbereichen des Hochschulbetriebs zu verankern und kontinuierlich weiterzuentwickeln. Hierzu kann informelles Lernen, wie anhand der genannten Beispiele deutlich wird, in seiner Vielfalt an Möglichkeiten einen wichtigen Beitrag leisten. In dieser Vision ist die Hochschule nicht mehr nur ein Ort des formalen Lernens, sondern ein lebendiges, vernetztes und nachhaltiges Ökosystem. Informelles Lernen ermöglicht individuelle Bildungswege, fördert kreatives Problemlösen und bringt Wissenschaft und Gesellschaft enger zusammen. So wird nachhaltige Entwicklung nicht nur vermittelt, sondern aktiv gelebt und gestaltet.

5. Zusammenfassung und Schlussbetrachtung

Der Beitrag thematisiert die Relevanz informellen Lernens im Kontext des Hochschulalltags als eine wesentliche Komponente bei der Förderung von BNE. Diesbezüglich wird auf die Komplexität der mit Nachhaltigkeit verbundenen Herausforderungen verwiesen, welche sich nur begrenzt durch formale Lernansätze erfassen lassen. Informelles Lernen wird als subjektiv, problemlösungsorientiert und teilweise unabsichtlich charakterisiert, was in Kombination mit einem hohen Maß an Autonomie und Selbstregulation vorteilhaft für die Förderung nachhaltigkeitsrelevanter Kompetenzen und nachhaltiger Entwicklung ist, da es den Druck formaler Lernumgebungen verringert. Der Beitrag beantwortete die Fragen, warum informelles Lernen für eine nachhaltige Entwicklung wichtig ist, wo die Potenziale informellen Lernens im eigenen Hochschulalltag liegen und wie informelles Lernen im Hochschulalltag gelingen kann. Dabei werden diese Aspekte mit den Elementen transformativer Bildung (*Wissen*, *Denken* und *Handeln*) verbunden. Insgesamt wird aufgezeigt, dass die Integration informellen Lernens in formale Bildungseinrichtungen nicht nur möglich, sondern auch entscheidend für eine aktive und verantwortungsbewusste Mitgestaltung einer nachhaltigen Zukunft ist.

Drei Literaturtipps mit Kurzbeschreibung

1. Salam, M., Awang Iskandar, D. N., Ibrahim, D. H. A. et al. (2019). Service learning in higher education: a systematic literature review. In: *Asia Pacific Educ. Rev.* 20, 573–593.
   https://doi.org/10.1007/s12564-019-09580-6
   Die Publikation bietet einen systematischen Literaturüberblick zum Thema Service Learning in der Hochschulbildung. Sie analysiert den Stand der Forschung, identifiziert Vorteile, Herausforderungen und Best Practices von Service Learning sowie dessen Auswirkungen auf Beteiligte. Die Studie betont die Bedeutung dieses pädagogischen Ansatzes für die Entwicklung sozialer Verantwortung und praxisnahen Lernens.
2. Brodowski, M., Devers-Kanoglu, U., Overwien, B., Rohs, M., Salinger, S. & Walser, M. (Hrsg.) (2009). *Informelles Lernen und Bildung für eine nachhaltige Entwicklung. Beiträge aus Theorie und Praxis.* Barbara Budrich.
   Der Sammelband bietet eine fundierte Auseinandersetzung mit den vielschichtigen Beziehungen zwischen informellem Lernen und nachhaltiger Entwicklung. Die Herausgebenden und wissenschaftlich Publizierenden stammen aus unterschiedlichen Disziplinen und bringen somit ein umfassendes Spektrum an Perspektiven und Ansätzen ein, das sowohl theoretische Einsichten als auch praktische Anregungen für Forschende, Studierende sowie Praktikerinnen und Praktiker bietet. Die Lektüre ist sowohl für jene, die sich mit BNE beschäftigen, als auch für all jene, die die Konzepte des informellen Lernens besser verstehen möchten, äußerst empfehlenswert.
3. Bellina, L., Tegeler, M. K., Müller-Christ, G. & Potthast, T. (2020). *Bildung für Nachhaltige Entwicklung (BNE) in der Hochschullehre.* BMBF-Projekt »Nachhaltigkeit an Hochschulen: entwickeln – vernetzen – berichten (HOCHN)«.
   Der Leitfaden zeigt Kernelemente der Hochschul-BNE sowie Gestaltungs-, Entwicklungs- und Kulturräume für BNE übersichtlich auf. Er

liefert praxisnahe Umsetzungshinweise und geht auch auf Querbezüge und Unterstützung durch andere Hochschulhandlungsfelder ein.

Drei didaktische Hinweise

1. Für die eigene Lehrvorbereitung bieten sich Reflexionen an, um informelles Lernen sichtbar zu machen. Dafür kann es sinnvoll sein, sich regelmäßig Raum zu geben, über eigene (außer-)universitäre Erfahrungen nachzudenken, Fortschritte zu dokumentieren und kritisch zu reflektieren. Reflexionen können schriftlich (z. B. Tagebücher, Blogs) oder mündlich (z. B. Coaching) erfolgen.
2. Bringen Sie beispielsweise einen Drittmittelantrag (ggf. in gekürzter oder vereinfachter Form) mit in ein Seminar. Dieser wird von den Lernenden zunächst gelesen und beschrieben. Anschließend werden die Umsetzungsmöglichkeit, noch nicht bedachte Aspekte und Argumentationssprünge diskutiert. So können Sie sich selbst durch die Hochschullehre weiterentwickeln (indem Sie z. B. Ihre eigene Argumentation überprüfen), und Ihre Studierenden arbeiten an realen Problemstellungen.
3. Um interdisziplinär stärker innerhalb der Hochschule zusammenzuarbeiten, bietet es sich an, bestehende Netzwerke für den Austausch zu klimarelevanten Themen zu nutzen (z. B. universitätsinterne Mentoringnetzwerke). Eine gute Möglichkeit, in den fächerübergreifenden Austausch zu kommen, bietet sich auch durch Engagement in der akademischen Selbstverwaltung (z. B. als Gleichstellungsbeauftragte). An den meisten Universitäten gibt es mittlerweile auch Nachhaltigkeitsstabsstellen oder Forschungsnetzwerke zu Nachhaltigkeit. Indem Sie sich hier einbringen, können Sie fächerübergreifenden Austausch zu klimabezogenen Themen initiieren und ggf. Gastvorträge für Ihre eigene Lehre organisieren.

Literatur

Bellina, L., Tegeler, M. K., Müller-Christ, G. & Potthast, T. (2020). *Bildung für Nachhaltige Entwicklung (BNE) in der Hochschullehre.* BMBF-Projekt »Nachhaltigkeit an Hochschulen: entwickeln – vernetzen – berichten (HOCHN)«.

Brodowski, M., Devers-Kanoglu, U., Overwien, B., Rohs, M., Salinger, S. & Walser, M. (Hrsg.) (2009). *Informelles Lernen und Bildung für eine nachhaltige Entwicklung. Beiträge aus Theorie und Praxis.* Barbara Budrich.

Brodowski, M. (2009). Kompetenzerwerb durch informelles – kooperativ/kollektives Lernen. Aspekte zum Zusammenhang beider Lernformen im Rahmen der UN-Dekade BNE. In: M. Brodowski, U. Devers-Kanoglu, B. Overwien, M. Rohs, S. Salinger & M. Walser (Hrsg.). *Informelles Lernen und Bildung für eine nachhaltige Entwicklung. Beiträge aus Theorie und Praxis.* Verlag Barbara Budrich, S. 62–74.

Brookfield, S. D. (2000). Transformative learning as ideology critique. In: J. Mezirow (Hrsg.). *Learning as transformation: Critical perspectives on a theory in progress.* Jossey-Bass, S. 125–148.

Casey, C. & Asamoah, L. (2016). Education and sustainability: reinvigorating adult education's role in transformation, justice and development. In: *International Journal of Lifelong Education, 35*(6), 590–606. https://doi.org/10.1080/02601370.2016.1217281

Devers-Kanoglu, U. (2007). Informelles Lernen in kommunalen Partnerschaften zwischen Nord und Süd – lokal und global? In: *Zeitschrift für internationale Bildungsforschung und Entwicklungspädagogik 30*(4), 13–16.

Frost, I., Helmeth, W. & Rohs, M. (2007). Informelles Lernen in der beruflichen Bildung. Die Diskussion in Europa und die Realität in Afrika. In: *Zeitschrift für internationale Bildungsforschung und Entwicklungspädagogik 30*(4), 2–8.

Gerholz, K. H. & Wagner, A. (2022). CSR-Education in wirtschaftswissenschaftlichen Studiengängen. Didaktik und Manual zum Service Learning. In: A. Herzner & R. Schmidpeter (Hrsg.). *CSR in Süddeutschland. Unternehmerischer Erfolg und Nachhaltigkeit im Einklang.* Springer Berlin Heidelberg, S. 107–126.

Göll, E. (2009). Lokale Agenda 21 und informelles Lernen. In: M. Brodowski, U. Devers-Kanoglu, B. Overwien, M. Rohs, S. Salinger & M. Walser (Hrsg.). *Informelles Lernen und Bildung für eine nachhaltige Entwicklung: Beiträge aus Theorie und Praxis.* Verlag Barbara Budrich, S. 75–84.

Gramatakos, A. L. & Lavau, S. (2019). Informal learning for sustainability in higher education institutions. In: *International Journal of Sustainability in Higher Education 20* (2), 378–392. https://doi.org/10.1108/IJSHE-10-2018-0177

Hölter, K., Hensel-Börner, S., Schmidt-Ross, I. & Schnurr, J. (2023). Lernen außerhalb des Hörsaals. Die Sustainability Challenge als Beitrag zur Bildung für nachhaltige Entwicklung. In: *Zeitschrift für Hochschulentwicklung, 18*(4), 275–294. https://doi.org/10.21240/zfhe/18-04/15

Klemm, U. (2021). Lebenslanges Lernen. In: G. Lang-Wojtasik, & U. Klemm (Hrsg.). *Handlexikon Globales Lernen*. Klemm+ Oelschläger, S. 275–282.

Knutti, R. (2019). Closing the knowledge-action gap in climate change. In: *One Earth, 1*(1), 21–23.

Littrell, M. K., Gold, A. U., Koskey, K. L., May, T. A., Leckey, E. & Okochi, C. (2022). Transformative experience in an informal science learning program about climate change. In: *Journal of Research in Science Teaching, 59*(6), 1010–1034.

Nationale Plattform Bildung für nachhaltige Entwicklung. (2017). *Nationaler Aktionsplan Bildung für nachhaltige Entwicklung. Der deutsche Beitrag zum UNESCO-Weltaktionsprogramm.* https://www.bne-portal.de/bne/shareddocs/downloads/files/nationaler_aktionsplan_bildung-er_nachhaltige_entwicklung_neu.pdf

Overwien, B. (2022). Informelles Globales Lernen. In: G. Lang-Wojtasik (Hrsg.). *Globales Lernen für nachhaltige Entwicklung. Ein Studienbuch*. UTB; Waxmann, S. 273–284.

Rieckmann, M. (2020). Emancipatory and transformative global citizenship education in formal and informal settings: Empowering learners to change structures. In: *Tertium comparationis, 26*(2), 174–186. https://doi.org/10.25656/01:25339

Salam, M., Awang Iskandar, D. N., Ibrahim, D. H. A. et al. (2019). Service learning in higher education: a systematic literature review. In: *Asia Pacific Educ. Rev.* 20, 573–593. https://doi.org/10.1007/s12564-019-09580-6

Sellmann, D. & Bogner, F. X. (2012). Climate change education: quantitatively assessing the impact of a botanical garden as an informal learning environment. In: *Environmental Education Research, 19*(4), 415–429. https://doi.org/10.1080/13504622.2012.700696

Sheeran, P. & Webb, T. L. (2016). The intention–behavior gap. In: *Social and personality psychology compass, 10*(9), 503–518.

Singer-Brodowski, M. (2016). Transformative Bildung durch transformatives Lernen. Zur Notwendigkeit der erziehungswissenschaftlichen Fundierung einer neuen Idee. In: *ZEP: Zeitschrift für internationale Bildungsforschung und Entwicklungspädagogik, 39*(1), 13–17. https://doi.org/10.25656/01:15443

Singer-Brodowski, M. (2018). *Non-formales und informelles Lernen für Nachhaltigkeit in Wert setzen. Executive Summary.* Berlin. https://www.bne-portal.de/bne/shareddocs/downloads/files/experteninterviews_executive_summaries_non_formales_0.pdf?__blob=publicationFile&v=4

Singh, M. (2022). RVA in Asia and the Pacific Region. In: M. Pavlova & M. Singh (Hrsg.). *Recognizing Green Skills Through Non-formal Learning*. Springer Nature Singapore, S. 39–61.

Tully, C. J. & Krok, I. (2009). Nachhaltiger Konsum als informeller Lerngegenstand im Jugendalltag. In: M. Brodowski, U. Devers-Kanoglu, B. Overwien, M. Rohs, S. Salinger & M. Walser (Hrsg.). *Informelles Lernen und Bildung für eine nachhaltige Entwicklung: Beiträge aus Theorie und Praxis*. Verlag Barbara Budrich, S. 181–189.

UNESCO (o. J.). *Nachhaltigkeit 360° – in der Hochschule.* https://www.bne-portal.de/bne/de/news/nachhaltigkeit-360-whole-institution-approach.html

UNESCO (2017). *Education for sustainable development goals: learning objectives.* UNESCO.

Vollmer, T., Kuhlmeier, W. & Vollmers, B. (2015). Der Stellenwert des informellen Lernens im Kontext der Beruflichen Bildung für nachhaltige Entwicklung (BBnE). In: G. Niedermair (Hrsg.). *Informelles Lernen. Annäherungen, Problemlagen, Forschungsbefunde.* Trauner Verlag, S. 159–177.

Walser, M. (2009). Das Konzept der nachhaltigen Entwicklung als Bezugspunkt informellen Lernens. In: M. Brodowski, U. Devers-Kanoglu, B. Overwien, M. Rohs, S. Salinger & M. Walser (Hrsg.). *Informelles Lernen und Bildung für eine nachhaltige Entwicklung. Beiträge aus Theorie und Praxis.* Verlag Barbara Budrich, S. 56–61.

Weiß, P., Stucky, W., Dolan, D. & Bumann, P. (2005). e-Skills Certification in Europe: Voluntary Approaches to Setting European Level Quality Standards. In: W. Stucky, B. Sellin, & P. Weiß (Hrsg.). *Towards European Standards for e-Skills and Qualifications.* CEPIS (Council of European Professional Informatics Societies), S. 43–65.

Werquin, P. (2007). *Terms, Concepts and Models for Analysing the Value of Recognition Programmes RNFIL – Third Meeting of National Representatives and International Organisations 2.–3. October 2007.* Wien. http://www.oecd.org/dataoecd/33/58/41834711.pdf

Marvin Scott Schlamelcher, Neli Heidari & Philipp Schmid

Klimawandelleugnung in der geographischen Bildung begegnen: Konzepte, Strategien und Professionalisierungsansätze

Kurzzusammenfassung

Trotz der wissenschaftlichen Erkenntnislage für den gegenwärtigen Klimawandel, seine anthropogene Verursachung und seine Folgen gibt es Menschen, die Informationen zum Klimawandel skeptisch betrachten oder negieren. Diese Gruppe, oft als *Klimawandelleugnerinnen und -leugner* oder *Klimaskeptikerinnen und -skeptiker* bezeichnet, verbreitet Fehl- und Desinformationen sowohl in der Zivilgesellschaft als auch in der Politik und Wirtschaft (Brüggemann 2017; Björnberg et al. 2017; Soentgen & Bilandzic 2014). Dadurch werden nicht nur faktenbasierte Diskurse untergraben, sondern auch Bemühungen zur Reduzierung von Treibhausgasemissionen gefährdet. Um diesen Problemen präventiv entgegenzuwirken, sollte bereits der Schulunterricht Klimawandelleugnung aktiv zum Gegenstand machen (Schlamelcher & McInytre 2024). Im Buchkapitel werden das Phänomen Klimaleugnung und Möglichkeiten zu seiner Widerlegung dargestellt. Anschließend werden konkrete Implikationen für geographiedidaktische Lehrkräftefortbildungen abgeleitet, damit Lehrkräfte dabei unterstützt werden, Klimawandelleugnung effektiv im Unterricht zu thematisieren.

Lernziele

- Klimawandelskeptische Tendenzen in Unterrichtsbeiträgen von Schülerinnen und Schülern erkennen.

- Klimawandelskeptische Unterrichtsbeiträge von Schülerinnen und Schülern mit ausgewählten Ansätzen zur Typisierung und Wiederlegung von Klimawandelleugnerinnen und -leugnern interpretieren, beispielsweise mithilfe des *Denial Detector Manuals.*
- Mit exemplarischen Handlungsempfehlungen und Leitfäden entscheiden, wie im Unterrichtskontext auf klimaskeptische Lernendenaussagen reagiert werden sollte.

1. Einführung und Verortung des Themas

Angesichts des fortschreitenden anthropogenen Klimawandels gewinnt die Klimawandelbildung im Fachunterricht zunehmend an Bedeutung, insbesondere mit Blick auf die Nachhaltigkeitsziele 4 »Hochwertige Bildung« und 13 »Maßnahmen zum Klimaschutz« der Vereinten Nationen (2015). Der geographischen Bildung kommt dabei eine besondere Rolle zu, da sie natur- und gesellschaftswissenschaftliche Inhalte verknüpft und so ein Verständnis für die komplexen Mensch-Umwelt-Beziehungen schafft. Doch was passiert, wenn Schülerinnen und Schüler durch klimaskeptische Inhalte – sei es aus den klassischen Medien, ihrem sozialen Umfeld oder dem Internet – nichtwissenschaftskonforme Vorstellungen, sog. Fehlvorstellungen, entwickeln? Der Comic in Abb. 1 illustriert diese Problematik: Ein Schüler äußert im Unterricht Zweifel an der Existenz des (anthropogenen) Klimawandels, gestützt auf solche Überlegungen, die er in den sozialen Medien gelesen hat. Die Lehrkraft, sichtbar verunsichert, steht vor der Herausforderung, eine solche Lernendenaussage fachgerecht einzuordnen und didaktisch angemessen darauf zu reagieren. Die Szene wirft grundlegende Fragen auf: Wie können Lehrkräfte in Fortbildungen auf solche Situationen vorbereitet werden? Welche Strategien und fachlichen Kompetenzen brauchen Lehrkräfte, um Klimawandelleugnung im Unterricht wirkungsvoll zu begegnen?

Der vorliegende Beitrag widmet sich diesen Fragen und untersucht die sachlogischen Implikationen der Klimawandelleugnung für die geographische Bildung,[1] mit dem Ziel, Lehrkräfte in Bezug auf Klimaleugnung zu sensibilisieren und zu professionalisieren. Um dies zu erreichen, orientiert sich das Kapitel an den Wissensformen der Transformationsforschung bzw. transdisziplinären Forschung (Pohl & Hirsch Hadorn 2006; Wittmayer & Hölscher 2017) und ist entsprechend in drei zentrale Abschnitte gegliedert, die jeweils einen spezifischen Wissensbereich beleuchten. Damit bilden die Abschnitte die inhaltliche Grundlage, um transformatives Lernen (Pettig & Ohl 2023; Singer-Brodowski 2016) zu fördern und somit tiefergreifende Veränderungen in Denk- und Handlungsweisen zu ermöglichen.

Abb. 1: Klimawandelleugnung im Unterricht (eigene Idee, Umsetzung von Julia Dittmann).

Im ersten Abschnitt zum Systemwissen werden grundlegende Erkenntnisse zur Klimaleugnung skizziert, einschließlich exemplarischer Gründe, die klimaskeptische Haltungen fördern, Typen von Klimawandelleugnerinnen und -leugnern sowie der zentralen klimaskeptischen Argumentationsmuster. Aufbauend auf dem Systemwissen werden sodann in dem Abschnitt zum Zielwissen Strategien und Ansätze zur Widerlegung klimaskeptischer Inhalte und Positionen vorgestellt. Dabei wird auch beschrieben, was Lehrkräfte beachten sollten, wenn sie die Fehlvorstellungen von Schülerinnen und Schülern korrigieren möchten. Im dritten Abschnitt,

1 Das Kapitel fokussiert zwar auf die geographische Bildung, die Ausführungen zu den Konzepten, Strategien und Professionalisierungsansätzen haben aber auch für andere Fachbereiche eine Relevanz.

der dem Transformationswissen gewidmet ist, werden sachlogische Implikationen für Lehrkräftefortbildungen abgeleitet. Hierbei wird dargelegt, wie Lehrkräfte im Rahmen von Fortbildungsprogrammen für das Thema Klimaleugnung sensibilisiert und professionalisiert werden können, um in ihrem Unterricht sicher und kontextadäquat zu agieren. Das Kapitel schließt mit einem Fazit, in dem die Rolle von Lehrkräften in Bezug auf Klimawandelleugnung noch einmal pointiert herausgestellt wird.

2. Systemwissen: Die Leugnung des Klimawandels

Die Begriffe *Klimawandelleugnung* und *Klimawandelskepsis* werden in der Literatur unterschiedlich definiert (Raile & Rieken 2021). Oft werden sie jedoch auch synonym verwendet (u. a. De Silva-Schmidt 2021), weshalb sie hier gleichbedeutend gebraucht werden. Klimawandelleugnung, auch als *Klimaleugnung* bezeichnet, stellt eine Form der Wissenschaftsleugnung und Realitätsverweigerung dar (Schlamelcher & McIntyre 2024). Die systematische Leugnung des Klimawandels, die besonders in den 1990er-Jahren an Bedeutung gewann, als umfassende wissenschaftliche Berichte den menschlichen Einfluss auf das Klima dokumentierten, geht auf frühere Formen der Skepsis zurück, die bereits in den 1970er- und 1980er-Jahren auftraten. Vertreterinnen und Vertreter der Klimaleugnung – sog. Klimawandelleugnerinnen und -leugner – negieren wissenschaftlich fundierte Erkenntnisse zum Klimawandel und verbreiten nicht-wissenschaftskonforme Informationen, insbesondere Fehl- und Desinformationen (Soentgen & Bilandzic 2014). Während Fehlinformationen unbeabsichtigte Fehler oder Missverständnisse bezeichnen, sind Desinformationen absichtlich irreführend und zielen darauf ab, die öffentliche Meinung zu manipulieren (Treen et al. 2020). Im Kontext von Klimaleugnung können sowohl Fehl- als auch Desinformationen Maßnahmen zur Reduzierung von Treibhausgasemissionen (sog. Mitigation) und zur Anpassung an den Klimawandel (sog. Adaptation) gefährden (Brüggemann 2017). Darüber hinaus tragen klimaskeptische Informationen zur Erosion des Vertrauens in die Wissenschaft sowie in demokratische Strukturen bei (Celik 2017;

Quent et al. 2022; Zimmermann & Kohring 2020). Dieses Misstrauen wird auch dadurch verstärkt, dass Klimawandelleugnerinnen und -leugner in den unterschiedlichsten Bevölkerungsgruppen innerhalb der Zivilgesellschaft, Wirtschaft und Politik vertreten sind (Björnberg et al. 2017; Brüggemann 2017; Quent et al. 2022; Schlamelcher & Fögele 2023). Der Anteil an Klimaleugnerinnen und -leugnern in einer Gesellschaft variiert zwischen verschiedenen Nationen teils erheblich: In Deutschland etwa gingen im Jahr 2023 rund 14 Prozent der erwachsenen Bevölkerung ab einem Alter von 18 Jahren davon aus, dass der Klimawandel gar nicht stattfinde, während in Portugal nur ca. zwei Prozent der erwachsenen Bevölkerung ab einem Alter von 18 Jahren diese Ansicht teilten (Leiserowitz et al. 2023).

Es gibt unterschiedliche Gründe, warum Menschen den Klimawandel negieren. Den Leugnerinnen und Leugnern mangelt es u. a. an fundierten Fachkenntnissen über die komplexen Zusammenhänge des Klimawandels, was es ihnen erschwert, wissenschaftliche Erkenntnisse nachzuvollziehen (Treen et al. 2020). In diesem Zusammenhang neigen sie oft dazu, weniger komplexe Schlussfolgerungen zu bevorzugen, die auf einer oberflächlichen Alltagsplausibilität basieren (Prenzel 2019; Quent et al. 2022). Anstatt die wissenschaftliche Komplexität zu durchdringen, greifen sie auf Erklärungen zurück, die zwar auf den ersten Blick durchaus plausibel, da vermeintlich logisch erscheinen, aber bei genauerer Betrachtung wissenschaftlich nicht haltbar sind. Daneben orientieren sich Klimaleugnerinnen und -leugner auch eher an einem sozialen Umfeld und ihrem sozialen Status in diesem (sog. *identity-protective cognition*) oder an Informationsquellen, die klimaskeptisch geprägt sind (Damico & Baildon 2022; Kleber & Richter-Krautz 2022). Dies verstärkt ihre bestehenden Überzeugungen im Sinne des sog. Bestätigungsfehlers (engl. *confirmation bias*) und führt dazu, dass widersprüchliche Informationen entweder ignoriert oder als weniger glaubwürdig eingestuft werden (Damico & Baildon 2022). Der internetbasierte Konsum klimaskeptischer Inhalte wiederum bestimmt Suchmaschinenalgorithmen und damit angezeigte Ergebnisse, wodurch Filterblasen entstehen und Klimawandelleugnung ebenfalls verstärkt wird

(Newman et al. 2018). Politische oder wirtschaftliche Interessen sind weitere Gründe für die Leugnung des Klimawandels (McIntyre 2020). Insbesondere die Befürwortung der fortgesetzten Nutzung fossiler Brennstoffe spielt in diesem Zusammenhang häufig eine Rolle. Viele Unternehmen aus bspw. der Öl- und Gasindustrie, die ihre Gewinne mit dem Verkauf klimaschädlicher Energieträger erzielen, haben ein erhebliches Eigeninteresse daran, den Klimawandel und dessen Folgen zu leugnen (Prenzel 2019; Raile & Rieken 2021). Zudem gibt es unter den Klimawandelleugnerinnen und -leugnern eine Gruppe, die sich selbst explizit als andersdenkende Minderheit versteht. Diese sog. »Querdenkerinnen und -denker«, die auch in anderen Bereichen der Wissenschaftsleugnung vertreten sind, lehnen eine vermeintliche Fremdbestimmung durch wissenschaftlich geforderte Maßnahmen ab und betrachten sich selbst als Verteidigerinnen und Verteidiger der ›Wahrheit‹ (Lederer 2022; Salheiser et al. 2022). Ihre Ablehnung des Klimawandels ist oft auch Ausdruck einer tiefergehenden Unzufriedenheit mit der aktuellen (politischen) Situation im betreffenden Land. Für einige Klimaleugnerinnen und -leugner dient die Leugnung des Klimawandels auch als Schutzmechanismus vor der unangenehmen Realität und den lebenseinschneidenden Konsequenzen des Klimawandels (Hornsey & Fielding 2017; Kleber & Richter-Krautz 2022). Schließlich verfolgt ein Teil der Akteurinnen und Akteure speziell das Ziel, zu polarisieren und die Gesellschaft zu spalten. Indem sie den Klimawandel leugnen resp. klimaskeptische Ansichten verbreiten, tragen sie dazu bei, den gesellschaftlichen Konsens über die Dringlichkeit von Klimaschutzmaßnahmen zu untergraben und Konflikte innerhalb der Bevölkerung zu schüren. Dies erschwert es, diskursiv Lösungen zu finden und die notwendigen Schritte zur Minderung des Klimawandels umzusetzen.

Diese exemplarischen und kursorisch angeführten Gründe wie auch die weiteren Motive der Klimaleugnung sind nicht unabhängig voneinander zu betrachten, sondern stehen oftmals miteinander in Verbindung. Trotz der Vielzahl an Gründen können nach Rahmstorf (2005) drei Typen von Klimaleugnerinnen und -leugnern klassifiziert werden: Trend-, Ursachen- und Folgenskeptikerinnen und -skeptiker. Die sog. Trendskeptikerinnen und -skeptiker vertreten die Auffassung, dass es keinen globalen Klimawandel resp. Erwärmungstrend gibt. Nach ihrer Ansicht sind die derzeit beobachteten Klimaveränderungen lediglich Ausdruck gewöhnlicher Wetterphänomene, die natürlichen Schwankungen unterliegen (Schönwiese & Neu 2016). Dabei verwechseln sie – wie im Comic in Abb. 1– singuläre und/oder lokal auftretende Wetterereignisse mit längerfristigen globalen Klimatrends. Die Ursachenskeptikerinnen und -skeptiker hingegen erkennen den weltweiten Erwärmungstrend an, leugnen jedoch den menschlichen Einfluss auf das Klima. Sie vertreten die Meinung, dass alle Klimaveränderungen, einschließlich des aktuellen globalen Klimawandels, ausschließlich natürlichen Ursprungs seien oder durch höhere Instanzen – wie bspw. durch Gott – verursacht würden (Leichenko & O'Brien 2019). Im Gegensatz zu den Trend- und Ursachenskeptikerinnen und -skeptikern akzeptieren die Folgenskeptikerinnen und -skeptiker die Existenz des anthropogenen Klimawandels. Sie halten jedoch die Folgen der globalen Erwärmung für weniger problematisch oder bewerten diese sogar positiv.

Neben dieser viel rezipierten Grundeinteilung in Trend-, Ursachen- und Folgenskeptikerinnen und -skeptiker gibt es noch eine Reihe weiterer Ansätze, um Klimawandelleugnerinnen und -leugner zu typisieren (Painter 2011). Auf einen weiteren Ansatz, der eine Art Täter-Opfer-Differenzierung vornimmt, soll an dieser Stelle noch eingegangen werden. Der Ansatz stammt von McIntyre (Schlamelcher & McInytre 2024) und umfasst zwei Typen von Klimawandelleugnerinnen und -leugnern: die Lügenden (engl. *liars*) und die Belogenen (engl. *believers*). Erstere Personengruppe weiß, dass der Klimawandel real ist, leugnet ihn aber dennoch aus bestimmten Interessen wie den oben genannten (Lewandowsky et al. 2024). Sie verbreitet also gezielt Desinformationen über den Klimawandel. Die Belogenen hingegen sind die Menschen, die auf die Desinformationen der Lügnerinnen und Lügner hereinfallen und diese glauben. Sie sind davon überzeugt, dass der Klimawandel nicht real ist.

Die verschiedenen Ansätze zur Typisierung von Klimaleugnerinnen und -leugnern schließen sich nicht zwangsläufig gegenseitig aus, sondern können sich mitunter in der Annäherung einer ganzheitlichen Betrachtung ergänzen. So wurde exemplarisch die Typologie von Rahmstorf mit der von McInytre in Tab. 1 kombiniert, um einen differenzierteren Blick auf Klimawandelleugnerinnen und -leugner zu werfen. Die Tabelle veranschaulicht, dass es im Bereich der Trendskepsis, Ursachenskepsis und Folgenskepsis Lügende und Belogene gibt. Lügende des Bereichs Trendskepsis bspw. behaupten, dass es keinen Klimawandel gibt, und Belogene desselben Bereichs glauben tatsächlich, dass es keinen Klimawandel gibt.

Tab. 1: Typen von Klimawandelleugnerinnen und -leugnern (eigene Darstellung in Anlehnung an Rahmstorf [2005] und McIntyre [Schlamelcher & McIntyre 2024]).

	Trendskepsis	**Ursachenskepsis**	**Folgenskepsis**
Lügende	behaupten, dass es keinen Klimawandel bzw. Erwärmungstrend gibt	behaupten, dass der Klimawandel nicht menschengemacht ist	behaupten, dass der Klimawandel eher/nur positive Folgen hat
Belogene	glauben, dass es keinen Klimawandel bzw. Erwärmungstrend gibt	glauben, dass der Klimawandel nicht menschengemacht ist	glauben, dass der Klimawandel eher/nur positive Folgen hat

Wie andere Wissenschaftsleugnerinnen und -leugner bedienen sich auch die Leugnerinnen und Leugner des Klimawandels spezifischer Argumentationsstrategien, um ihre Ansichten plausibel erscheinen zu lassen. Diese Strategien lassen sich in fünf Kategorien einteilen, die unter dem Akronym PLURV (engl. *FLICC*) zusammengefasst werden (Klimafakten.de 2020; Washington & Cook 2011; Winkler o. J.). Sie umfassen *P*seudoexpertinnen und -experten, *L*ogische Trugschlüsse, *U*nerfüllbare Erwartungen, *R*osinenpickerei und *V*erschwörungsmythen. Die Strategie ›Pseudoexpertinnen und -experten‹ besteht darin, (vermeintlich) wissenschaftliche Argumente oder Studien zu präsentieren, die von Wissenschaftlerinnen und Wissenschaftlern anderer Fachbereiche als der Klimawissenschaft stammen (Quent et al. 2022) oder von nicht anerkannten Expertinnen und Experten. Ziel ist es, den Anschein wissenschaftlicher Legitimität zu erwecken. Bei der Strategie ›Logischer Trugschluss‹ werden argumentative Fehler gemacht, die auf falschen oder unzulässigen Schlussfolgerungen beruhen. Die Prämissen bzw. grundlegenden Informationen, auf die sich dabei gestützt wird, können gleichwohl wahr/fachlich korrekt sein. Bei ›Unerfüllbaren Erwartungen‹ wird die Wissenschaft kritisiert, weil sie keine vollständigen oder hundertprozentig abgesicherten Antworten liefert. Dabei wird ignoriert, dass Wissenschaft ein kontinuierlicher Prozess ist, in dem Modelle und Theorien ständig weiterentwickelt werden. Diese Strategie zielt folglich darauf ab, die Glaubwürdigkeit wissenschaftlicher Erkenntnisse zu untergraben, indem unerreichbare Perfektion gefordert wird. Die Strategie ›Rosinenpickerei‹ beschreibt die gezielte Auswahl von Informationen oder Daten, die die eigene Position stützen, während widersprüchliche Erkenntnisse gänzlich ignoriert oder heruntergespielt werden. Dies führt zu einer verzerrten Darstellung der Faktenlage und einem einseitigen Bild der Realität. Um wissenschaftliche Erkenntnisse zu diskreditieren, greifen Leugnerinnen und Leugner oft auch auf ›Verschwörungsmythen‹ zurück. Es wird behauptet, dass Wissenschaftlerinnen und Wissenschaftler, Regierungen oder bestimmte Institutionen absichtlich die Wahrheit verbergen oder diese manipuliert darstellen, um eigene Interessen durchzusetzen. Die Strategie zielt vor allem darauf ab, Misstrauen gegenüber etablierten wissenschaftlichen Institutionen und Expertinnen und Experten zu säen.

Durch die systematische Anwendung dieser Argumentationsstrategien versuchen Klimawandelleugnerinnen und -leugner, die Öffentlichkeit zu täuschen und den wissenschaftlichen Konsens über den globalen Klimawandel infrage zu stellen. Daher ist es entscheidend, ihre Taktiken zu erkennen und zu verstehen, um fundierte Entscheidungen treffen und die Wahrheit verteidigen zu können. Dies gilt insbesondere in Unterrichtskontexten, in denen klimaskeptische Positionen geäußert werden. Im Folgenden wird erläutert, wie solche nicht-wissenschaftskonformen Aussagen wirkungsvoll widerlegt werden können.

3. Zielwissen: Widerlegung klimaskeptischer Aussagen und Positionen

Ein wesentliches Hindernis der Aufklärung sind oftmals die Wert- und Weltvorstellungen der verunsicherten Menschen. Gefestigte Wert- und Weltvorstellungen können eine Aktualisierung von falschen Überzeugungen verhindern, da Menschen oft sog. motiviertes Denken (engl. *motivated reasoning*) nutzen, wenn sie neue Informationen verarbeiten (Kunda 1990). Das bedeutet, dass Informationen, die den eigenen Wert- und Weltvorstellungen entgegenstehen, abgewertet werden und weniger stark in die Entscheidungsfindung integriert werden als Informationen, die das eigene Wert- und Weltbild bestätigen. So zeigen bspw. Studien, dass Anhängerinnen und Anhänger einer freien Marktwirtschaftsideologie, die Restriktionen der Wirtschaft zum Wohl der Umwelt ablehnen, auch eher den Klimawandel leugnen (Lewandowsky et al. 2013). Deshalb liegt eine wesentliche Hoffnung in der Eindämmung von Wissenschaftsleugnung in der frühzeitigen Aufklärung von Menschen, deren Wert- und Weltvorstellungen noch nicht ›in Stein gemeißelt‹ sind, wie eben bei Schülerinnen und Schülern (Jylhä et al. 2022). Die psychologische Forschung zu Aufklärungsmaßnahmen rund um das Thema Falschinformation unterscheidet zwischen präventiven und reaktiven Maßnahmen (Ecker et al. 2022). Präventive Maßnahmen zielen darauf ab, Menschen vor Falschinformationen zu warnen und sie mit Kompetenzen auszustatten, die eine selbstständige Demaskierung von Falschinformation ermöglichen. Reaktive Maßnahmen werden genutzt, um nicht-wissenschaftskonforme Überzeugungen zu korrigieren, wenn diese sich bereits durch Kontakt mit Falschinformationen manifestiert haben.

Als präventive Maßnahme gegen Falschinformationen haben sich vor allem sog. psychologische Impfungen (engl. *inoculation interventions*) als vielversprechend erwiesen (McGuire & Papageorgis 1961; Banas & Rains 2010; Lewandowky & van der Linden 2021). In Analogie zur Wirkweise von Impfungen wird die Zielgruppe – bspw. Schülerinnen und Schüler – mit einer abgeschwächten Form des Virus – hier: Falschinformation – konfrontiert, und es wird gewarnt, dass Wissenschaftsleugnerinnen und -leugner gezielt Falschinformationen streuen. Diese Vorwarnung soll, analog zu einer echten Impfung, bereits eigene Abwehrkräfte aktivieren, indem Aufmerksamkeit für die Bedrohungslage geschaffen wird (engl. *threat induction*). In einem zweiten Schritt wird am Beispiel der abgeschwächten Falschinformation dargelegt, welche generellen Techniken von Wissenschaftsleugnerinnen und -leugnern eingesetzt werden, um Falschinformationen besonders persuasiv zu gestalten, und es werden überzeugende Gegenargumente präsentiert, die die Falschinformation als solche entlarven (engl. *refutational preemption*) (Lewandowky & van der Linden 2021). Einige dieser Techniken von Wissenschaftsleugnerinnen und -leugnern wurden bereits im vorigen Kapitel nach der PLURV-Taxonomie (engl. *FLICC*) näher erläutert. Experimentalpsychologische Befunde zeigen, dass diese psychologischen Impfungen vor einer ganzen Reihe von Falschinformationen von russischer Kriegspropaganda (Ziemer et al. 2024) über Impfmythen (Vivion et al. 2022) bis hin zu Botschaften von Klimawandelleugnerinnen und -leugnern (van der Linden et al. 2017) wirksam schützen können. Einige dieser psychologischen Impfungen sind in Form von kostenfreien interaktiven Browserspielen umgesetzt und bieten so vor allem einem jüngeren Publikum Anreize, sich für die Thematik zu motivieren (Roozenbeek et al. 2022). Speziell für die Klimawandelthematik sind Spiele wie *Cranky Uncle* (https://crankyuncle.com) geeignet, da diese mit einer Anleitung für Lehrpersonal mit Blick auf den Schulkontext entwickelt wurden (Cook et al. 2023). Das Spiel *Cranky Uncle* wird bspw. auch stetig weiterentwickelt und empirisch evaluiert; es basiert auf der Grundidee, auf humorvolle Weise Konzepte der PLURV-Taxonomie zu vermitteln.

Werden Schüler und Schülerinnen direkt mit Falschinformationen zum Klimawandel konfrontiert (siehe Abb. 1), dann kann die Lehrkraft eine reaktive Maßnahme nutzen, die schlicht als Widerlegung (engl. *rebuttal*) bekannt ist. Basierend auf kommunikationswissenschaftlicher Forschung, können Widerlegungen auf zwei verschiedene Arten gestaltet werden (Schmid & Betsch 2019). Zum einen kann eine Falschinformation entkräftet werden, indem überzeugendere Fakten präsentiert werden, die der Falschinformation widersprechen (sog. *topic rebuttal*). Bei dieser Strategie wird die Falschinformation an sich nicht weiter thematisiert, sondern der Fokus auf die Vielzahl an Daten gelegt, die die tatsächliche Faktenlage repräsentieren (Schmid et al. 2016). Diese Form der Widerlegung ist vor allem für Lehrkräfte geeignet, die über viel Fachwissen rund um das Thema Klimawandel verfügen. Zum anderen kann die Aufmachung der Falschinformation kritisch beleuchtet werden, um aufzuzeigen, welche Argumentationstechniken in der Gestaltung der Falschinformation genutzt wurden, um sie besonders überzeugend wirken zu lassen (sog. *technique rebuttal*) (Schmid 2023). Auf die Falschinformation aus Abb. 1 kann im Sinne des *technique rebuttals* bspw. wie folgt geantwortet werden: »Freidenker64 nutzt sog. Rosinenpickerei. Das heißt, er oder sie wählt die Einzelfälle, die seine oder ihre Behauptung stärken, hier: einzelne Wetterereignisse. Er oder sie ignoriert aber alle Fälle, die seine oder ihre Aussage entkräften: den langfristigen Trend. Betrachten wir nicht einzelne Tage, sondern den globalen Temperaturtrend seit 1901, dann sehen wir den existierenden Anstieg der globalen Temperatur. Wir können keine fruchtbare Diskussion führen, wenn wir nicht alle uns zur Verfügung stehenden Daten in unserer Bewertung um die Existenz des Klimawandels berücksichtigen.« Experimentalpsychologische Forschung zeigt, dass beide Formen der Widerlegung den Einfluss von Falschinformation auf die Einstellungsbildung der Empfängerinnen und Empfänger abmindern (Schmid & Betsch 2019; Schmid, Schwarzer & Betsch 2020) und Widerlegungseffekte relativ robust gegenüber Variationen im Vortragston sind (Schmid & Werner 2023). *Technique rebuttal* hat den Vorteil, dass viele der Techniken in anderen Falschinformationen wiedererkannt werden können (siehe PLURV-Taxonomie). Dadurch wird nicht nur eine spezifische Falschinformation entkräftet, sondern es wird eine grundsätzliche Eigenschaft von Desinformation vermittelt (Schmid & Betsch 2019).

Ein Problem der direkten Konfrontation von Falschinformation mit *rebuttal* ist, dass Schülerinnen und Schüler, die die Falschinformation selbst im Klassenraum vertreten haben, eventuell mit Ablehnung auf diese

Intervention reagieren. Diese Ablehnung kann sowohl in Reaktanz – d. h. einer emotionalen Reaktion auf wahrgenommene Freiheitseinschränkung – als auch in sozialen Bedürfnissen – bspw. der Bedrohung des eigenen Status innerhalb des Klassengefüges – begründet sein. Neuere Ansätze schlagen deshalb vor, die Beziehung zur verunsicherten Person mit Empathie zu stärken und eine Atmosphäre des Respekts zu schaffen, bevor die Falschinformation entkräftet wird (Holford et al. 2023; Schmid 2024). Dies kann in einem Gespräch durch Bestätigung der Wert- und Weltvorstellungen (engl. *affirmation*) des Gegenübers erfolgen (Holford et al. 2023). So kann bspw. auf die Falschinformation aus Abb. 1 vorerst gesagt werden, dass die eigene Erfahrung durchaus ein enorm wertvoller Zugang zu Informationen ist und kritisches Hinterfragen zu den Kernkompetenzen gehört. Zudem kann betont werden, dass so gut wie jeder und jede diese Falschinformation glauben würde, der bzw. die sich nicht eingehend mit globalen Trends beschäftigt hat. So wird vermittelt, dass die Vorstellung, wie Menschen Erkenntnis erlangen (hier: eigene Erfahrung), durchaus ihren Wert hat, und es wird zudem aufgezeigt, dass der Schüler bzw. die Schülerin kein isoliertes Opfer von Falschinformation ist, sondern dass die Anfälligkeit für Falschinformationen menschlich ist. Diese empathische Herangehensweise öffnet die Zugänglichkeit des Gegenübers für Korrekturen (Holford et al. 2023). Ab diesem Moment kann die Falschinformation spezifisch entkräftet werden, da das Ziel der Kritik jetzt nicht mehr die Person und ihre Wert- und Weltvorstellung ist, sondern die Falschinformation. Bisher sind diese Ansätze in Arzt-Patienten-Kommunikation zum Thema Impfmythen empirisch evaluiert worden (Holford et al. 2023) und eine Webseite mit über 60 Wort-für-Wort-Beispielen zeigt auf, wie diese Form des sog. Empathischen Widerlegungsgesprächs (engl. *empathetic refutational interview, ERI*) eingesetzt werden kann (https://jitsuvax.info).

Trotz der Effektivität von psychologischen Impfungen und Widerlegungen kann eine einzelne Maßnahme den Einfluss von Falschinformationen oft nur abmindern. Es wird deshalb i. d. R. zu einer Kombination von Maßnahmen geraten, die als Art komplementäre Bausteine ineinandergreifen können, um den ›Schutzwall‹ gegen Falschinformation zu stärken (Schmid 2024). Die hier dargestellten Maßnahmen, die in Tab. 2 zusammengefasst werden, sind nur Beispiele des Arsenals an Interventionen gegen Falschinformationen. Zu den weiteren Interventionen gehört z. B. das sog. laterale Lesen (engl. *lateral reading*), bei dem Schülerinnen und Schülern eine effizientere Informationssuche im Internet vermittelt wird, die zu besserer Identifikation von Falschinformation führen kann (Wineburg et al. 2022). Eine Übersicht über evidenzbasierte präventive und reaktive Maßnahmen inklusive empirischer Befundlage bietet die Webseite der Max-Planck-Gesellschaft (https://interventionstoolbox.mpib-berlin.mpg.de), welche auch als expertenbasierte Evaluation (engl. *expert review*) publiziert ist (Kozyreva et al. 2024).

In Anbetracht der Erkenntnisse darüber, wie klimaskeptische Inhalte widerlegt werden können, ist es nun von zentraler Bedeutung, die Auswirkungen auf die Professionalisierung von Lehrkräften zu beleuchten.

Tab. 2: Arten von psychologischen Widerlegungsstrategien. Alle Interventionen können durch *topic rebuttal* und *technique rebuttal* informiert werden. Beispiele für beide Mechanismen sind in Tab. 3 vorhanden.

	Psychologische Impfung	**Widerlegung**	**Empathisches Widerlegungsgespräch**
Zeitpunkt der Intervention	Präventiv: Anwendung erfolgt, bevor Zielgruppen mit Falschinformation konfrontiert wurden	Reaktiv: Anwendung erfolgt, nachdem Zielgruppen mit Falschinformation konfrontiert wurden	Reaktiv: Anwendung erfolgt, nachdem Zielgruppen mit Falschinformation konfrontiert wurden
Mechanismus 1	Eigene Abwehrkräfte aktivieren, indem Aufmerksamkeit für die Bedrohungslage geschaffen wird (engl. *threat induction*)	Überzeugendere Fakten präsentieren, die der Falschinformation widersprechen (sog. *topic rebuttal*)	Bestätigung der Wert- und Weltvorstellungen des Gegenübers (engl. *affirmation*)

	Psychologische Impfung	Widerlegung	Empathisches Widerlegungsgespräch
Mechanismus 2	Überzeugende Gegenargumente präsentieren, die die Falschinformation als solche entlarven (engl. *refutational preemption*). Dies kann nach den zwei Mechanismen der Widerlegung erfolgen	Aufzeigen, welche Argumentationstechniken in der Gestaltung der Falschinformation genutzt wurden, um sie besonders überzeugend wirken zu lassen (sog. *technique rebuttal*)	Falschinformation spezifisch entkräften (engl. *refutation*). Dies kann nach den zwei Mechanismen der Widerlegung erfolgen

4. Transformationswissen: Implikationen für Lehrkräftefortbildungen

Ziel einer geographiedidaktischen Lehrkräftefortbildung im Kontext von Klimawandelleugnung ist es, dass Lehrkräfte klimaskeptischen Positionen angemessen begegnen, d. h., diese erkennen, interpretativ analysieren und kritisch bewerten sowie Formen ihrer Widerlegung praktisch anwenden können, um uninformierte oder verunsicherte Kinder und Jugendliche aufzuklären und präventiv vor Klimawandelleugnung zu schützen. Dafür bietet es sich an, dass von Blömeke et al. (2015) konzipierte Modell zur Lehrkräftekompetenz als Kontinuum heranzuziehen. Dieses beschreibt, wie Lehrkräftedispositionen – Kognition und Affektmotivation – durch situationsspezifische Fähigkeiten, nämlich Erkennen, Interpretieren und Entscheiden, in eine professionelle Lehrkräfteperformanz münden. Im Sinne einer ganzheitlichen und praxisorientierten Lehrkräfteprofessionalisierung sollten folglich die Lehrkräftedispositionen, situationsspezifischen Fähigkeiten und die Performanz im Hinblick auf Klimawandelleugnung adressiert und geschult werden (Blömeke et al. 2015).

In Bezug auf die Lehrkräftedispositionen sollten Lehrkräftefortbildungen darauf abzielen, fundiertes Wissen über die wissenschaftlichen Grundlagen des Klimawandels sowie über gängige klimaskeptische Ansichten zu vermitteln. Wichtige Bestandteile sind in dieser Hinsicht Typisierungen von Klimawandelleugnerinnen und -leugnern, ihre typischen Argumentationsstrategien sowie bestehende Ansätze zur Wiederlegung von Klimaleugnerinnen und -leugnern. Ebenfalls berücksichtigt werden sollte die affektiv-motivationale Lehrkräftekomponente, die über das reine geographische Professionswissen hinausgeht und u. a. die persönlichen Überzeugungen von Lehrkräften beinhaltet (Krause et al. 2025; Rawling 2022).

Neben der Wissensvermittlung sollten Lehrkräftefortbildungen auch gezielt situationsspezifische Lehrkräftefähigkeiten (Erkennen, Interpretieren und Entscheiden) fördern. Denn aufgrund ihrer vermittelnden Funktion zwischen Lehrkräftedispositionen und Lehrkräfteperformanz wird ihnen eine besondere Bedeutung zuteil (Krause et al. 2025; Puttick 2025). Im Kontext von Klimaleugnung erfordert Erkennen Folgendes: Damit Lehrkräfte nicht-wissenschaftskonforme Unterrichtsbeiträge von Schülerinnen und Schüler zum Thema Klimawandel erkennen können, sollten Lehrkräftefortbildungen Wissen über gängige Falschinformationen nicht nur allgemein, sondern auch anhand exemplifizierender Inhalte vermitteln und festigen (Bauer et al. 2024). Diese sollten sowohl explizit artikulierte Klimawandelablehnung (»Den Klimawandel gibt es nicht«) umfassen als auch implizite wie bspw. prokrastinative Verweise (»Wir haben ja noch Zeit, um zu handeln«). In Bezug auf die Fähigkeit des Interpretierens ist es wichtig, dass Lehrkräfte mithilfe von Typisierungen von Klimawandelleugnerinnen und -leugnern interpretativ bestimmen können, welche Art von klimaskeptischer Information bei einer Lernendenaussage zum Ausdruck kommt und welche Widerlegungstechnik geeignet ist. Um dies zu gewährleisten, sollten Fortbildungen darauf ausgerichtet sein, Lehrkräfte darin zu schulen, verschiedene Typen von Klimawandelleugnerinnen und -leugnern sowie deren Argumentationsweisen zu analysieren. Zudem sollten Lehrkräfte befähigt werden, kontextadäquate Analysestrategien zu entwickeln und einzuüben. Das in Tab. 3 dargestellte *Denial Detector Manual* (kurz: *DDM*) zeigt eine Handlungsoption auf, um eine fortlaufende Bewusstmachung klimaskeptischer Aussagen bei Lehrenden und Lernenden zu fördern. Die vier Spalten bieten einen systematischen Ansatz, nicht-wissenschaftskonforme Aussagen anzuführen, diese zu klassifizieren, lebensweltnahe Beispiele mit gleicher Denklogik zu entwickeln und sowohl inhaltliche als auch strategische Widerlegungstechniken kontinuierlich zu bestimmen. Aus didaktischer Sicht erscheint es sinnvoll, auf reale Fallbeispiele aus dem Unterricht oder auf fiktive Fälle zurückzugreifen. Die Fähigkeit des Entscheidens meint im Kontext von Klimaleugnung, dass Lehrkräfte in der Lage sind, fundierte Entscheidungen darüber zu treffen, wie sie auf klimaskeptische Lernendenaussagen reagieren sollen. Fortbildungen sollten zur Förderung der Entscheidungsfähigkeit darauf abzielen, Handlungsempfehlungen und Leitfäden zu entwickeln, die auf verschiedene Lernendentypen und -aussagen abgestimmt sind (Greer et al. 2023; Puttick 2025). Unterschiedliche Reaktionsmöglichkeiten sollten besprochen und in praxisnahen Rollenspielen erprobt sowie evaluiert werden. Dabei sollten Leitlinien für das situative Vorgehen entwickelt und diskutiert werden, etwa unter Berücksichtigung des Alters der Schülerinnen und Schüler, des Fehlkonzepts und des Unterrichtsziels. Lehrkräfte sollten zudem in der Lage sein, situationsabhängig abzuwägen, ob eine sachliche Aufklärung, eine Diskussion im Klassenverband oder eine individuelle Ansprache die geeignetste Reaktion ist (Alexander 2018; Rawling 2022).

Die Lehrkräfteperformanz sollte im Rahmen von Lehrkräftefortbildungen in interaktiven Settings durch geschlossene und offene Reflexions- und Evaluationsformate weiterhin begleitet und damit kontinuierlich geschult werden (Hanisch 2017). Dies könnte durch gezielte Feedbackrunden, kollegiale Hospitationen und Analysen von Fallbeispielen erfolgen, um den Lehrkräften auch nach der Erprobungsphase Raum für die Optimierung der Handlungsansätze zu geben. Besonders der Austausch mit Kolleginnen und Kollegen sowie die Analyse von Fallbeispielen aus den unterrichtspraktischen Erprobungen können dabei helfen, individuelle und materialbezogene Stärken und Schwächen zu identifizieren und diese gezielt weiterzuentwickeln. Dadurch werden nicht nur die kognitiven und affektiven Kompetenzen der Lehrkräfte gestärkt, sondern auch ihre situationsspezifischen Fähigkeiten kontinuierlich weiterentwickelt, die einen Beitrag zu einer kontextadäquaten Lehrkräfteperformanz leisten können (Blömeke et al. 2015).

Tab. 3: *Denial Detector Manual* (*DDM*) – Ansatz eines fortlaufenden Schemas für die Anwendung in der Lehrkräftefortbildung

Klimaskeptische Aussage	**Klassifikation der klimaskeptischen Aussage**	**Vergleichbares Alltagsbeispiel mit gleicher Denklogik**	**Wiederlegung durch *Topic Rebuttal* (*ToR*) oder *Technique Rebuttal* (*TeR*)**
»Hier ist von Hitze nichts zu spüren! Bei uns regnet es die ganze Zeit! Von wegen ›Klimawandel‹!«	Trendskeptische Position	»Hier werden Autos zum Normalpreis verkauft, es kann also keine Inflation geben.«	*ToR*: Im Vergleich zum vorindustriellen Zeitalter ist die globale Durchschnittstemperatur um 1,52 Grad Celsius gestiegen, und extreme Wetterereignisse wie Hitzewellen und Starkregen nehmen zu. Regionale Unterschiede führen zu lokalen Wetterabweichungen, doch die wissenschaftlichen Daten belegen eindeutig den realen und messbaren Klimawandel. *TeR*: Hier wird sog. Rosinenpickerei genutzt. Das heißt, er/sie greift gezielt isolierte Wetterereignisse (singuläre und lokal auftretende) heraus, die seine/ihre Behauptung stützen, und ignoriert dabei den langfristigen globalen Trend, der seine/ihre Aussage widerlegt.

Klimaskeptische Aussage	Klassifikation der klimaskeptischen Aussage	Vergleichbares Alltagsbeispiel mit gleicher Denklogik	Wiederlegung durch *Topic Rebuttal* (*ToR*) oder *Technique Rebuttal* (*TeR*)
»In der Vergangenheit hat sich das Klima auch geändert, der aktuelle Klimawandel muss daher natürlich und nicht menschengemacht sein.«	Ursachenskeptische Position	»In der Vergangenheit gab es auch Autos mit manuellem Schaltgetriebe, die aktuell auf den Straßen fahrenden Autos müssen daher Schaltwagen sein.«	*ToR*: Die heutige Erderwärmung erfolgt im Vergleich zu bisherigen Klimaveränderungen deutlicher schneller und ist nachweislich auf anthropogene Aktivitäten zurückzuführen (z. B. Kohlenstoffdioxidemissionen aus der Verbrennung fossiler Brennstoffe). *TeR*: Hier wird der sog. Logische Trugschluss angewendet. Das heißt, der Vergleich mit den natürlichen Klimaveränderungen in der Vergangenheit suggeriert, dass auch der anthropogene Klimawandel ausschließlich natürlichen Ursprungs sei.
»Der Klimawandel hat für den Menschen eher positive Folgen als negative. Es kommt zu einer längeren Anbausaison.«	Folgenskeptische Position	»Schnelles Autofahren hat für den Menschen eher positive Folgen als negative.«	*ToR*: Zwar können einige Folgen des Klimawandels als regional vorteilhaft empfunden werden, allerdings überwiegen die negativen Auswirkungen der z. B. extremen Wetterereignisse sowohl hinsichtlich ihrer Häufigkeit und Intensität als auch hinsichtlich der Maßstäblichkeit. *TeR*: Hier wird sog. Rosinenpickerei genutzt. Das heißt, es werden scheinbar positive Folgen des Klimawandels aufgezeigt, während negative globale Auswirkungen wie extreme Wetterereignisse ignoriert bzw. heruntergespielt werden.

Klimaskeptische Aussage	Klassifikation der klimaskeptischen Aussage	Vergleichbares Alltagsbeispiel mit gleicher Denklogik	Wiederlegung durch *Topic Rebuttal* (*ToR*) oder *Technique Rebuttal* (*TeR*)
...	...	...	...
...	...	...	...

5. Fazit

Dieser Beitrag legte den Fokus auf den professionellen Umgang von Lehrkräften mit klimaskeptischen Positionen in geographischen Unterrichtskontexten. Zunächst wurde Klimaleugnung aus fachlicher Perspektive beleuchtet, bevor Möglichkeiten zur Widerlegung klimaskeptischer Positionen vorgestellt und abschließend konkrete sachlogische Implikationen für geographiedidaktische Lehrkräftefortbildungen abgeleitet wurden. Die Erkenntnisse sollen Multiplikatorinnen und Multiplikatoren in der Lehrkräftebildung dabei unterstützen, Lehrerinnen und Lehrer weiter zu professionalisieren. Dadurch sollen sie, anders als die Lehrkraft im Comic zu Beginn des Kapitels, in der Lage sein, sicher und professionell auf klimaskeptische Aussagen zu reagieren. Schließlich nehmen Lehrkräfte eine entscheidende Schlüsselrolle ein, wenn es darum geht, Schülerinnen und Schülern nicht nur ein tiefes Wissenschaftsverständnis zum Klimawandel zu vermitteln, sondern auch ihr Bewusstsein für klimaskeptische Positionen zu schärfen. Sie tragen maßgeblich dazu bei, die Fähigkeit der Lernenden zu stärken, klimaskeptische Aussagen zu erkennen und kontextadäquat zu widerlegen. Damit leisten Lehrkräfte einen unverzichtbaren Beitrag, um Klimawandelleugnung langfristig zu minimieren und eine informierte, zukunftsfähige Gesellschaft zu fördern. Globale Herausforderungen unserer Zeit, insbesondere des Klimawandels und dessen Leugnung, erfordern professionalisierte Lehrkräfte, die sowohl fundiertes Fachwissen als auch effektive Strategien vermitteln, um Klimawandelleugnung entgegenzuwirken und einen wissenschaftskonformen Diskurs zu fördern.

Drei Literaturtipps mit Kurzbeschreibung

1. Kleber, A. & Richter-Krautz, J. (2022). *Klimawandel FAQs – Fake News erkennen, Argumente verstehen, qualitativ antworten*. Berlin: Springer. Das Buch bietet einen strukturierten Überblick über die wichtigsten Fragen und Antworten zum Thema Klimawandel/-leugnung. Es erläutert u. a. die grundlegenden Konzepte des Klimawandels wie den Unterschied zwischen Wetter, Klima und Klimaveränderungen und widerlegt gängige Ansichten der Klimaleugnung fachlich fundiert anhand zentraler klimaskeptischer Leitfragen zu den Bereichen Trendskepsis, Ursachenskepsis und Folgenskepsis. Dadurch ist es sowohl für Multiplikatorinnen und Multiplikatoren in der Lehrkräftebildung als auch für Lehrkräfte in Schulen geeignet.
2. Treen, K. M., Williams, H. T. P. & O'Neill, S. J. (2020). Online misinformation about climate change. In*: WIREs Climate Change, 11*(e665). https://doi.org/10.1002/wcc.665
   In diesem Artikel werden die Konzepte hinsichtlich Miss- und Desinformationen sowie damit einhergehende Prozesse im Kontext der Klimaleugnung differenziert und anschaulich konzeptualisiert.
3. Lewandowsky, S., Cook, J., Ecker, U. K. H., Albarracín, D., Amazeen, M. A., Kendeou, P., Lombardi, D., Newman, E. J., Pennycook, G., Porter, E., Rand, D. G., Rapp, D. N., Reifler, J., Roozenbeek, J., Schmid, P., Seifert, C. M., Sinatra, G. M., Swire-Thompson, B., van der Linden, S., … & Zaragoza, M. S. (2020). *Widerlegen, aber richtig – 2020*. (Deutsche Übersetzung von B. Winkler & T. Lubitz). Melbourne: SkepticalScience.com
   In diesem Handbuch werden die psychologischen Gründe für das Vertrauen in Falschinformationen verständlich erklärt und praktische Tipps mitgeliefert, wie man Falschinformationen gut und evidenzbasiert kontern kann.

Drei didaktische Hinweise

1. Um klimaskeptische Beiträge im Unterricht gezielt zu analysieren und zu widerlegen, sollte Lehrkräften ein systematisches Vorgehen – wie die Arbeit mit dem *Denial Detector Manual* – nähergebracht werden.
2. Für die Untersuchung klimaskeptischer Unterrichtsbeiträge in einem praktischen Anwendungskontext ist es hilfreich, konkretere Alltagsbeispiele für klimaskeptische Aussagen vorzugeben oder solche erfragen zu lassen.
3. Die Entwicklung der Lehrkräfteperformanz sollte durch begleitende Unterstützung gefördert werden, wobei auch Raum für reflexive Phasen gegeben werden sollte.

Literatur

Alexander, R. (2018). Developing dialogic teaching: Genesis, process, trial. In: *Research Papers in Education, 33*(5), 561–598.

Banas, J. A. & Rains, S. A. (2010). A meta-analysis of research on inoculation theory. In: *Communication Monographs, 77*(3), 281–311.

Bauer, J., Thomm, E. & Bromme, R. (2025). Wie können Lehrkräfte die Aussagekraft und Vertrauenswürdigkeit von Forschung beurteilen? In: M. Syring, T. Bohl, A. Gröschner & A Scheunenpflug (Hrsg.). *Studienbuch Bildungswissenschaften 1: Grundbegriffe klären und Forschungszugänge eröffnen*. Stuttgart: Julius Klinkhardt, S. 315–327.

Björnberg, K. E., Karlsson, M., Gilek, M. & Hansson, S. O. (2017). Climate and environmental science denial: A review of the scientific literature published in 1990–2015. In: *Journal of Cleaner Production, 167*(2017), 229–241.

Blömeke, S., Gustafsson, J.-E. & Shavelson, R. J. (2015). Beyond dichotomies: Competence viewed as a continuum. In: *Zeitschrift für Psychologie, 223*(1), 3–13.

Brüggemann, M. (2017). Die Medien und die Klimalüge. Falsche Skepsis und echte Leugnung. In: V. Lilienthal & I. Neverla (Hrsg.). *»Lügenpresse«. Anatomie eines politischen Kampfbegriffs* (KiWi, Bd. 1580). Köln: Kiepenheuer & Witsch, S. 137–157.

Celik, A. (2017). Disruption der Demokratie? Wie Fake News und Hetze im Netz den gesellschaftlichen Zusammenhalt bedrohen. In: Jugendstiftung Baden-Württemberg (Hrsg.). *Im Netz der Lügen. Beiträge zum Themenfeld Hate Speech und Fake News*. Sersheim: Demokratiezentrum Baden-Württemberg, S. 18–21.

Cook, J., Ecker, U. K. H., Trecek-King, M., Schade, G., Jeffers-Tracy, K., Fessmann, J., Kim, S. C., Kinkead, D., Orr, M., Vraga, E., Roberts, K. & McDowell, J. (2023). The cranky uncle game—combining humor and gamification to build student resilience against climate misinformation. In: *Environmental Education Research, 29*(4), 607–623.

Damico, J. S. & Baildon, M. C. (2022). *How to confront climate denial: Literacy, social studies, and climate change*. New York: Teachers College Press.

De Silva-Schmidt, F. (2021). *Wissenserwerb zum Thema Klimapolitik aus Mediennutzung und interpersoneller Kommunikation* (NEU – Nachhaltigkeits-, Energie- und Umweltkommunikation, Bd. 7). Ilmenau: Universitätsverlag Ilmenau.

Ecker, U. K. H., Lewandowsky, S., Cook, J., Schmid, P., Fazio, L. K., Brashier, N., Kendeou, P., Vraga, E. K. & Amazeen, M. A. (2022). The psychological drivers of misinformation belief and its resistance to correction. In: *Nature Reviews Psychology, 1*(1), 13–29.

Greer, K., Sheldrake, R., Rushton, E., Kitson, A., Hargreaves, E. & Walshe, N. (2023). *Teaching climate change and sustainability: A survey of teachers in England*. London: University College London, Centre for Climate Change and Sustainability Education. https://discovery.ucl.ac.uk/id/eprint/10173208/

Hanisch, R. (2017). Die Fortbildung von Lehrkräften vor aktuellen gesellschaftlichen und bildungspolitischen Herausforderungen. In: *Bildung und Erziehung, 70*(4), 467–480.

Holford, D. L., Schmid, P., Fasce, A. & Lewandowsky, S. (2023). The Empathetic Refutational Interview to tackle vaccine misconceptions and improve vaccine acceptance. In: *Health Psychology , 2024 Jun; 43*(6), 426–437.

Hornsey, M. J. & Fielding, K. S. (2017). Attitude roots and Jiu Jitsu persuasion: Understanding and overcoming the motivated rejection of science. In: *American psychologist, 72*(5), 459.

Jylhä, K. M., Stanley, S. K., Ojala, M. & Clarke, E. J. (2022). Science Denial: A Narrative Review and Recommendations for Future Research and Practice. In: *European Psychologist, 28* (3).

Kleber, A. & Richter-Krautz, J. (2022). *Klimawandel FAQs – Fake News erkennen, Argumente verstehen, qualitativ antworten*. Berlin: Springer.

Klimafakten.de (2020). *P-L-U-R-V: Dies sind die häufigsten Desinformations-Tricks von Wissenschafts-Leugnern*. https://www.klimafakten.de/kommunikation/p-l-u-r-v-dies-sind-die-haeufigsten-desinformations-tricks-von-wissenschafts-leugnern

Kunda, Z. (1990). The case for motivated reasoning. In: *Psychological bulletin, 108*(3), 480.

Kozyreva, A., Lorenz-Spreen, P., Herzog, S. M., Ecker, U. K. H., Lewandowsky, S., Hertwig, R., Ali, A., Bak-Coleman, J., Barzilai, S., Basol, M., Berinsky, A. J., Betsch, C., Cook, J., Fazio, L. K., Geers, M., Guess, A. M., Huang, H., Larreguy, H., Maertens, R., … & Wineburg, S. (2024). Toolbox of individual-level interventions against online misinformation. In: *Nature Human Behaviour, 2024 Jun; 8*(6), 1044–1052.

Krause, U., Rawlings Smith, E., Flajšhans Nedbalova, R., He, X., He, Y., Ito, N., Milaras, M., Yang, J., Hanus, M. & Béneker, T. (2025). The barriers and enablers of curriculum thinking and teacher agency in geography education: a multinational study. In: *International Research in Geographical and Environmental Education, 34*(3), 220–236.

Lederer, B. (2022). *»Querdenker« und Postfaktiker. Wie die aktuelle Gegenaufklärung im Zuge des spätmodernen Struktur- und Wertewandels die Demokratie bedroht.* Hamburg: tredition.

Leichenko, R. & O'Brien, K. (2019). *Climate and society. Transforming the future.* Cambridge: Polity.

Leiserowitz, A., Verner, M., Goddard, E., Wood, E., Carman, J., Ordaz Reynoso, N., Thulin, E., Rosenthal, S., Marlon, J. & Buttermore, N. (2023). *International Public Opinion on Climate Change, 2023.* New Haven, CT: Yale Program on Climate Change Communication and Data for Good at Meta.

Lewandowsky, S., Cook, J., Ecker, U.K.H., Albarracín, D., Amazeen, M.A., Kendeou, P., Lombardi, D., Newman, E.J., Pennycook, G., Porter, E., Rand, D.G., Rapp, D.N., Reifler, J., Roozenbeek, J., Schmid, P., Seifert, C.M., Sinatra, G.M., Swire-Thompson, B., van der Linden, S., … & Zaragoza, M.S. (2020). *Widerlegen, aber richtig – 2020.* (Deutsche Übersetzung von B. Winkler & T. Lubitz). Melbourne: SkepticalScience.com. https://skepticalscience.com/debunking-handbook-2020-downloads-translations.html

Lewandowsky, S., Gignac, G.E. & Oberauer, K. (2013). The role of conspiracist ideation and worldviews in predicting rejection of science. In: *PloS one, 8*(10), e75637.

Lewandowsky, S. & Van Der Linden, S. (2021). Countering misinformation and fake news through inoculation and prebunking. In: *European Review of Social Psychology, 32*(2), 348–384.

Lewandowsky, S., Ecker, U.K.H., Cook, J., van der Linden, S., Roozenbeek, J., Oreskes, N. & McIntyre, L.C. (2024). Liars know they are lying: differentiating disinformation from disagreement. In: *Humanit Soc Sci Commun, 11*, 986. https://doi.org/10.1057/s41599-024-03503-6

McGuire, W.J. & Papageorgis, D. (1961). The relative efficacy of various types of prior belief-defense in producing immunity against persuasion. In: *The Journal of Abnormal and Social Psychology, 62*(2), 327–337.

McIntyre, L. (2020). *Wir lieben Wissenschaft. Mit einer wissenschaftlichen Grundhaltung gegen Betrug, Leugnung und Pseudowissenschaft.* Aus dem Amerikanischen übersetzt von Alexa Waschkau. Berlin: Springer.

Newman, T.P., Nisbet, E.C. & Nisbet, M.C. (2018). Climate change, cultural cognition, and media effects: worldviews drive news selectivity, biased processing, and polarized attitudes. In: *Public Understanding of Science, 27*(8), 985–1002.

Painter, J. (2011). *Poles Apart: The international reporting of climate scepticism.* Oxford: Reuters Institute for the Study of Journalism.

Pettig, F. & Ohl, U. (2023). Transformatives Lernen für einen sozial-ökologischen Wandel. Facetten eines zukunftsfähigen Geographieunterrichts. In: *Praxis Geographie, 53*(1), 4–9.

Pohl, C. & Hirsch Hadorn, G. (2006). *Gestaltungsprinzipien für die transdisziplinäre Forschung. Ein Beitrag des td-net*. München: oekom.

Prenzel, T. (2019). *Fake News. Moderne Lügen entlarven und entspannt reagieren.* Frankfurt a. M.: Wochenschau Verlag.

Puttick, S. (2025). Geographical education III: Changing climate, changing geographies, changing geographical education? In: *Progress in Human Geography, 0*(0). https://doi.org/10.1177/03091325241313467

Quent, M., Richter, C. & Salheiser, A. (2022). *Klimarassismus. Der Kampf der Rechten gegen die ökologische Wende*. München: Piper.

Rahmstorf, S. (2005). Die Klimaskeptiker. In: Münchener Rückversicherungs-Gesellschaft (Hrsg.). *Wetterkatastrophen und Klimawandel. Sind wir noch zu retten?* München: pg-Verlag, S. 76–83.

Raile, P. & Rieken, B. (2021). *Eco Anxiety – die Angst vor dem Klimawandel. Psychotherapiewissenschaftliche und ethnologische Zugänge* (Psychotherapiewissenschaft in Forschung, Profession und Kultur, Bd. 32). Münster: Waxmann.

Rawling, E. (2022). *A framework for the school geography curriculum. Geographical Association.* https://geography.org.uk/wp-content/uploads/2023/07/GA-Curriculum-Framework-2022-WEB-final.pdf.

Roozenbeek, J., Traberg, C. S. & van der Linden, S. (2022). Technique-based inoculation against real-world misinformation. In: *Royal Society open science, 9*(5), 211719.

Salheiser, A., Richter, C. & Quent, M. (2022). *Von der ›Corona-Diktatur‹ zur ›Klima-Diktatur‹? Einstellungen zu Klimawandel und Klimaschutzmaßnahmen – Befunde einer repräsentativen Bevölkerungsbefragung* (FGZ Working Paper Nr. 5). Leipzig: Forschungsinstitut Gesellschaftlicher Zusammenhalt.

Schlamelcher, M. S. & Fögele, J. (2023). »So etwas wie Klimawandel gibt es nicht«. Aussagen von Klimawandelleugnern argumentativ widerlegen. In: *Praxis Geographie, 53*(5), 34–39.

Schlamelcher, M. S. & McIntyre, L. (2024). Climate change denial as a subject of geographical education. An expert interview with Dr Lee McIntyre. In: *OpenSpaces – Zeitschrift für Didaktiken der Geographie, 7*(2), 34–38.

Schmid, P. (2024). Using behavioral science for Infodemic preparedness: the case of vaccination misinformation. In: *Policy Insights from the Behavioral and Brain Sciences, 11*(1), 93–101.

Schmid, P. & Betsch, C. (2019). Effective strategies for rebutting science denialism in public discussions. In: *Nature Human Behaviour, 3*(9), 931–939.

Schmid, P., MacDonald, N. E., Habersaat, K. & Butler, R. (2018). Commentary to: How to respond to vocal vaccine deniers in public. In: *Vaccine, 36*(2), 196–198.

Schmid, P., Schwarzer, M. & Betsch, C. (2020). Weight-of-evidence strategies to mitigate the influence of messages of science denialism in public discussions. In: *Journal of Cognition, 3*(1).

Schmid, P. & Werner, B. (2023). Hostility has a trivial effect on persuasiveness of rebutting science denialism on social media. In: *Communications Psychology, 1*(1), 39.

Schönwiese, C.-D. & Neu, U. (2016). Klima in der Diskussion. In: H. Gebhardt, R. Glaser, U. Radtke & P. Reuber (Hrsg.). *Geographie. Physische Geographie und Humangeographie* (2. Aufl.). Heidelberg: Springer, S. 327–332.

Singer-Brodowski, M. (2016). Transformative Bildung durch transformatives Lernen. Zur Notwendigkeit der erziehungswissenschaftlichen Fundierung einer neuen Idee. In: *ZEP: Zeitschrift für internationale Bildungsforschung und Entwicklungspädagogik, 39*(1), 13–17.

Soentgen, J. & Bilandzic, H. (2014). Die Struktur klimaskeptischer Argumente. Verschwörungstheorie als Wissenschaftskritik. In: *GAIA – Ecological Perspectives for Science & Society, 23*(1), 40–47.

Treen, K. M., Williams, H. T. P. & O'Neill, S. J. (2020). Online misinformation about climate change. In: *WIREs Climate Change, 11*(e665). https://doi.org/10.1002/wcc.665

Van der Linden, S., Leiserowitz, A., Rosenthal, S. & Maibach, E. (2017). Inoculating the public against misinformation about climate change. In: *Global challenges, 1*(2), 1600008.

Vereinte Nationen (2015). *Resolution der Generalversammlung, verabschiedet am 25. September 2015. 70/1. Transformation unserer Welt: die Agenda 2030 für nachhaltige Entwicklung.* A/RES/70/1.

Vivion, M., Anassour Laouan Sidi, E., Betsch, C., Dionne, M., Dubé, E., Driedger, S. M., Gagnon, D., Graham, J., Greyson, D., Hamel, D., Lewandowsky, S., MacDonald, N., Malo, B., Meyer, S. B., Schmid, P., Steenbeek, A., van der Linden, S., Verger, P., Witteman, H. O., … & Canadian Immunization Research Network (CIRN) (2022). Prebunking messaging to inoculate against COVID-19 vaccine misinformation: an effective strategy for public health. In: *Journal of Communication in Healthcare, 15*(3), 232–242.

Washington, H. & Cook, J. (2011). *Climate Change Denial. Heads in the Sand.* Abingdon/New York: Earthscan from Routledge.

Wineburg, S., Breakstone, J., McGrew, S., Smith, M. D. & Ortega, T. (2022). Lateral reading on the open Internet: A district-wide field study in high school government classes. In: *Journal of Educational Psychology, 114*(5), 893.

Winkler, B. (o. J.). *#PLURV – das deutsche #FLICC – wird in Deutschland populär.* https://skepticalscience.com/translationblog.php?n=5070&l=6

Wittmayer, J. & Hölscher, K. (2017). *Transformationsforschung. Definitionen, Ansätze, Methoden.* Dessau-Roßlau: Umweltbundesamt.

Ziemer, C. T., Schmid, P., Betsch, C. & Rothmund, T. (2024). Identity is key, but Inoculation helps–how to empower Germans of Russian descent against pro-Kremlin disinformation. In: *advances. in/psychology, 2*, e628359.

Zimmermann, F. & Kohring, M. (2020). Aktuelle Desinformation – Definition und Einordnung einer gesellschaftlichen Herausforderung. In: Hohlfeld, R., Harnischmacher, M., Heinke, E., Lehner, L. S. & Sengl, M. (Hrsg.). *Fake News und Desinformation. Herausforderungen für die vernetzte Gesellschaft und die empirische Forschung*. Baden-Baden: Nomos, S. 23–41.

Hannah Lathan, Caroline Schmidt, Kristin Dolezil & Leif Mönter

Mit festem Boden unter den Füßen die Welt von morgen gestalten: Konzeptionelle Gestaltungsempfehlungen für transformative Bildungsangebote zur bodenbezogenen Bildung

Kurzzusammenfassung

Die vielfältigen Funktionen der Böden – von der Kohlenstoffspeicherung über die Regulierung des Wasserhaushalts bis hin zur Unterstützung der Biodiversität – machen sie zu einem unverzichtbaren Element im globalen Klimasystem. Angesichts des fortschreitenden Klimawandels stehen Böden vor erheblichen Herausforderungen: Erhöhte Temperaturen, veränderte Niederschlagsmuster und häufigere Extremwetterereignisse verändern die Dynamik der Bodensysteme und erhöhen das Risiko von Erosion und Nährstoffverlusten. Zudem werden die Funktionen von Böden infolge von Übernutzung, Verdichtung und Versiegelung zunehmend eingeschränkt oder gehen teilweise völlig verloren (European Commission 2023). Das im Programm Horizon Europe geförderte Projekt LOESS (Literacy boost through an Operational Educational Ecosystem of Societal actors on Soil Health) zielt darauf ab, für die Gefährdungen der Bodengesundheit zu sensibilisieren und Bildungsangebote für unterschiedliche Zielgruppen zu konzipieren. Im Beitrag werden die Rolle von Böden im Klimawandel und aktuelle Gefährdungen im ersten Kapitel als gesellschaftliche Herausforderung dargestellt. Im zweiten Kapitel werden im Sinne von Lösungs- und Zielwissen die Potenziale des Erhalts von

Bodengesundheit thematisiert. Um eine diesbezügliche Transformation zu befördern, kommt einer bodenbezogenen Bildung eine zentrale Bedeutung zu, auf die in Kapitel 3 eingegangen wird. Hierbei wird insbesondere auf das aktuell von der Europäischen Kommission im Rahmen des Forschungsprogramms Horizont geförderte Projekt LOESS Bezug genommen.

Lernziele

- Auswirkungen unterschiedlicher Landnutzungsformen exemplarisch erläutern.
- Bodenproben entnehmen und sie hinsichtlich ihres pH-Wertes, Nährstoffgehalts und Gehalts an organischer Substanz analysieren.
- Nachhaltige und nichtnachhaltige Landnutzungsformen in der Region identifizieren und bewerten.
- Einen reflektierten Landnutzungsplan für eine Fläche unter Berücksichtigung der Nachhaltigkeitsdimensionen entwickeln.

1. Einführung und Verortung des Themas

Böden sind eine der wertvollsten Ressourcen unseres Planeten und spielen eine zentrale Rolle für das Leben auf der Erde. Sie speichern Kohlenstoff, regulieren den Wasserhaushalt, tragen zum Erhalt von Biodiversität bei und sichern die Nahrungsmittelversorgung einer wachsenden Weltbevölkerung. Gerade im Kontext des Klimawandels wird die Relevanz von Böden noch deutlicher – hinsichtlich ihrer Potenziale zur Abmilderung (Mitigation) und Anpassung (Adaption) an Folgen klimatischer Veränderungen. Doch trotz ihrer enormen Bedeutung sind Böden weltweit durch erosive Prozesse, Übernutzung, Versiegelung und Verschmutzung stark gefährdet. Diese Entwicklungen stellen nicht nur eine Bedrohung für die ökologische Stabilität dar, sondern auch für die soziale und wirtschaftliche Sicherheit. Gerade angesichts des Klimawandels sind ein umfassendes systemisches Verständnis der Bodenfunktionen und der Erhalt von

Bodengesundheit unerlässlich. Dennoch wird das Thema in der Bildung erstens häufig zu wenig berücksichtigt und zweitens zumeist auf Aspekte wie Strukturen und Aufbau begrenzt (Pandey et al. 2024). Um ein tieferes Bewusstsein und Verständnis für die Bedeutung gesunder Böden zu schaffen, bedarf es vielmehr eines transformativen Bildungsansatzes, der es ermöglicht, das vorhandene Wissen in einen systemischen Zusammenhang auch mit Fragen des Klimaschutzes zu stellen sowie die Gesellschaft aktiv für den Schutz von Bodengesundheit zu mobilisieren. Das Projekt LOESS (Literacy boost through an Operational Educational Ecosystem of Societal actors on Soil Health: www.loess-project.eu) verfolgt dieses Ziel, indem es Bildungsangebote entwickelt, die über die bislang praktizierten Lehr-Lern-Ansätze hinausgehen und unterschiedliche Wissenssysteme miteinander vernetzen. Durch die Zusammenarbeit mit Akteurinnen und Akteuren aus verschiedenen Bereichen soll so eine umfassende »Bodenkompetenz« gefördert werden, die auf praktischen Erfahrungen und einem interdisziplinären, transformativen Ansatz basiert.

Im Beitrag werden zunächst die Rolle von Böden im Klimawandel und aktuelle Gefährdungen sowie die damit einhergehenden gesellschaftlichen Herausforderungen dargestellt (Kapitel 1). Unter Berücksichtigung von Lösungs- und Zielwissen werden im Fortgang die Potenziale des Erhalts von Bodengesundheit thematisiert (Kapitel 2). Um eine damit einhergehende nachhaltige Transformation zu befördern, kommt einer bodenbezogenen Bildung eine zentrale Bedeutung zu, auf die in Kapitel 3 eingegangen wird. Hierbei wird insbesondere auf das aktuell von der Europäischen Kommission im Rahmen des Forschungsprogramms Horizont Europa geförderte Projekt LOESS (Literacy boost through an Operational Educational Ecosystem of Societal actors on Soil Health) Bezug genommen. Konkret werden erste Ergebnisse einer Studie vorgestellt (Pandey et al. 2024), bei der im Rahmen einer Desk Research (n = 304) sowie von Leitfaden- und Fokusgruppeninterviews Grundlagen für die Gestaltung und Implementierung von Lehr-Lern-Angeboten im Sinne einer transformativen, bodenbezogenen Bildung gelegt werden.

2. Böden im Klimawandel

Böden sind weit mehr als die Basis von landwirtschaftlichen Nutzpflanzen – sie sind lebendige, komplexe Systeme und bedeutsam für wesentliche ökologische Prozesse. Als zentrale Komponente des Erdsystems spielen Böden eine zentrale Rolle bei der Kohlenstoffspeicherung, der Regulierung des Wasserhaushalts, der Bereitstellung von Nährstoffen und des Erhalts von Biodiversität und stellen die Versorgungsgrundlage für eine wachsende Weltbevölkerung dar (HBS 2024; Engel et al. 2024, S. 13). Gerade angesichts des fortschreitenden Klimawandels, der sich unter anderem in veränderten Temperatur- und Niederschlagsmustern sowie in der Zunahme extremer Wetterereignisse manifestiert (IPCC 2022; Poesen 2018), spielen Böden eine zentrale Rolle (Engel et al. 2024). Nachfolgend wird exemplarisch skizziert, wie der Klimawandel den Boden beeinflusst und welche Bedeutung Böden in Bezug auf Mitigation und Adaption zukommt, also die Abschwächung sowie die zunehmend an Bedeutung gewinnende Anpassung an die Folgen des Klimawandels.

Eine herausragende Bodenfunktion ist die Fähigkeit zur Speicherung von Kohlenstoff, der etwa die Hälfte der organischen Substanz im Boden ausmacht (Schrumpf/Trumbore 2011). Durch die Ansammlung von Pflanzenresten, Mikroorganismen und humusreichem Material fungieren Böden als bedeutende Kohlenstoffsenken. Zugleich können Böden mit einem hohen Gehalt an organischer Substanz mehr Nährstoffe und Wasser speichern und an Pflanzen abgeben als Böden mit weniger organischer Substanz (vgl. ebd.). Abhängig von Bodentyp, Bewirtschaftungsform und Klima kann ein einzelner Hektar Boden mehrere Tonnen Kohlenstoff binden (Paustian et al. 2016). Diese Speicherung reduziert die Menge an CO_2 in der Atmosphäre und kann tendenziell dem Klimawandel entgegenwirken. Dabei ist jedoch auch die Stabilität des gebundenen Kohlenstoffs von zentraler Bedeutung, da klimabedingte Veränderungen wie Temperaturanstiege und veränderte Feuchtigkeitsbedingungen die Zersetzungsraten erhöhen können (Six et al. 2017). Höhere Temperaturen können die Umsetzungsprozesse im Boden beschleunigen und eine CO_2-Freisetzung befördern, jedoch hängt dies auch von der Verfügbarkeit von Wasser und Nährstoffen ab (Schrumpf/Trumbore 2011). Beeinträchtigt wird die Kohlenstoffspeicherkapazität aber auch durch die Bodennutzung. Etwa eine Umwandlung von Wäldern und Wiesen zu Äckern oder die Trockenlegung von Feuchtgebieten kann zu einer Verringerung des Kohlenstoffgehalts im Boden und damit erhöhten CO_2-Emissionen führen (ebd.).

Böden wirken als natürlicher Speicher, der Wasser aufnehmen, filtern und langsam wieder abgeben kann. Diese Funktion ist essenziell, um beispielsweise Hochwasserereignisse abzumildern und Trockenperioden abzufedern. Durch die Regulierung des Wasserhaushalts tragen Böden zur Stabilisierung lokaler und regionaler Klimabedingungen bei. Insbesondere in Regionen mit zunehmender Extremwetterhäufigkeit spielen feuchte, gut strukturierte Böden eine Schlüsselrolle im Erhalt der ökologischen Balance (Lal 2015).

Im Zuge des Klimawandels kann es zu einer Verschiebung der Niederschlagsmuster kommen. In Mitteleuropa treten im Frühjahr und Sommer vermehrt Trockenperioden auf, während mit einer Zunahme der Niederschläge in den Wintermonaten zu rechnen ist (Engel et al. 2024, S. 20). Lang anhaltende Niederschläge können die Vernässung von Böden bedingen. Insofern dadurch die Durchlüftung des Bodens beeinträchtigt wird, können das Pflanzenwachstum und damit auch die Erträge in Land- und Forstwirtschaft beeinflusst werden. Niederschlagswasser, das nicht im Boden gespeichert wird, sickert in tiefere Schichten und trägt dort zur Grundwasserbildung bei. Eine Verschiebung der Niederschläge kann zu einer geringeren Grundwasserneubildung in den Sommermonaten und zu einer Verstärkung in Herbst und Winter führen. Da in diesen Perioden der Pflanzenbewuchs reduziert ist, kann der Eintrag von Nährstoffen in das Grundwasser erhöht werden (UBA 2022; Engel et al. 2024, S. 20).

Sowohl vermehrte Trockenperioden im Frühjahr und Sommer sowie die Zunahme der Niederschläge in den Wintermonaten können zu einer stärkeren Bodenerosion führen (UBA 2022). Übersteigt die Niederschlagsmenge die Versickerungsleistung des Bodens, kommt es zu einem oberflächlichen Abfluss, wobei Bodenmaterial verlagert wird. Ein solcher

Verlust beeinträchtigt langfristig die Fähigkeit des Bodens, Kohlenstoff zu speichern, und gefährdet ebenfalls die landwirtschaftliche Produktivität (Paustian et al. 2016). Bodenerosion durch Wasser ist abhängig von etlichen Faktoren, etwa der Menge und Stärke des Niederschlags, der Hangneigung, der Bodenart und -struktur und dem Grad der Bodenbedeckung. Auch die Nutzung und Bearbeitung des Bodens haben einen wesentlichen Einfluss; so kommt es etwa bei verdichteten Böden schneller zu Erosion durch Wasser. Auch längere Trockenperioden können diesen Effekt befördern, da ein ausgetrockneter Boden bei einsetzendem Niederschlag zunächst ein schlechtes Wasseraufnahmevermögen hat und so ein Oberflächenabfluss mit Materialverlagerung begünstigt wird (UBA 2022). Ferner unterliegt ein ausgetrockneter Boden verstärkt einer Erosion durch Wind.

Böden kommt außerdem eine wesentliche Bedeutung im Nährstoffkreislauf zu. Sie speichern und recyceln essenzielle Mineralien wie Stickstoff, Phosphor und Kalium, die für das Pflanzenwachstum unverzichtbar sind. Durch biologische Prozesse – etwa die Mineralisierung organischer Substanz – werden Nährstoffe wieder freigesetzt, sodass sie von Pflanzen aufgenommen werden können. Diese Prozesse sind abhängig von der Aktivität zahlreicher Bodenorganismen, deren Vielfalt und Funktionalität durch die physikalische und chemische Beschaffenheit des Bodens bestimmt wird (Gattinger et al. 2012). Bodenorganismen reagieren aber empfindlich auf klimatische Veränderungen. Temperatur- und Feuchtigkeitsänderungen können die Zusammensetzung und Aktivität der mikrobiellen Gemeinschaften verändern. Eine verminderte Biodiversität kann zu einer Abnahme wichtiger Prozesse wie der Nährstoffmobilisierung und Humusbildung führen. Diese Veränderungen wirken sich letztlich auf die Stabilität und Funktionalität des gesamten Bodensystems aus (ebd.).

Bereits an diesen Punkten wird ersichtlich, welche zentrale Bedeutung Böden im Kontext des Klimawandels zukommt. Die Potenziale von Mitigation und Adaption werden jedoch zugleich eingeschränkt, verursacht durch nicht nachhaltige Landnutzung und Bewirtschaftung. Dazu zählt primär die Degradation von Böden, also die Verschlechterung der Bodenqualität bis hin zum Verlust ihrer Funktionsfähigkeit. Weltweit sind bereits 20 bis 25 Prozent der Böden degradiert (UBA 2021). Laut Europäischer Kommission sind in der EU 70 Prozent der Böden in ihrer Gesundheit beeinträchtigt, und jedes Jahr wird etwa 1 Milliarde Tonnen Boden durch Erosion weggespült, was zu einem geschätzten Verlust der landwirtschaftlichen Produktion in Höhe von 1,25 Milliarden Euro pro Jahr führt (Europäische Kommission 2021). Hinzu kommt der Verlust von Böden durch Versiegelung. Allein in Deutschland geht täglich Boden im Umfang von 55 Hektar infolge des Ausbaus von Infrastruktur oder Siedlungsfläche verloren (HBS 2024), was etwa 77 Fußballfeldern entspricht.

Global betrachtet, unterliegen die Böden einem hohen Nutzungsdruck. Durch eine intensive Grundwassernutzung für die Bewässerung von hochprofitablen Produkten wie z. B. Sonderkulturen und die unangepasste Bewässerung in trockenen Gebieten entstehen weitere Problemlagen. So werden erhöhte, Pflanzen schädigende Salzkonzentrationen beobachtet, welche die Bodenfunktionen beeinträchtigen und die Bodenfruchtbarkeit empfindlich herabsetzen bis hin zur Wüstenbildung (Desertifikation). Insbesondere in den globalen Trockengebieten kommt es infolge unangepasster Landnutzung durch Überweidung, Abholzung oder nicht nachhaltigen Anbau zu irreversiblen Desertifikationsprozessen. Zudem wächst die Bevölkerung in diesen vulnerablen Regionen stark an, sodass der Druck auf die Böden in Zukunft weiter zunimmt (DSW 2024, S. 110). In Kombination mit den nicht nachhaltigen Landnutzungspraktiken, wie dem Anbau in Monokulturen oder der Nichteinhaltung von Brachzeiten, führt dies zu einem Verlust natürlicher Ökosysteme sowie zur weiteren Degradierung der Flächen, deren Böden morphologisch fragil oder wenig fruchtbar sind. Überdies stehen Klimawandel und die Wüstenbildung in ambivalenter Wirkung zueinander, d. h., die Desertifikation wird nicht nur durch die Krise befördert, sie trägt auch selbst zu mehr Emissionen des Treibhausgases CO_2 bei, da degradierte Böden mit geringer organischer Substanz eine geringere CO_2-Speicherkapazität besitzen (Engel et al. 2024; BMEL 2020, S. 27).

Problematisch ist außerdem die Verschmutzung des Bodens, z. B. durch Abfälle und Schwermetallkontaminationen, hauptsächlich aber durch den übermäßigen Einsatz von mineralischem Dünger und Pestiziden (Vieira et al. 2024). Wenngleich in der Europäischen Union (EU) mittlerweile viele dieser Schadstoffe aufgrund ihrer gesundheitsgefährdenden Substanzen und der ökologischen Risiken nicht mehr ausgebracht und verkauft werden dürfen, stellen viele europäische Chemieunternehmen diese Wirkstoffe für den Export her. Da in den Unternehmensbilanzen keine ökologischen Kosten berücksichtigt werden müssen, ist dieses Geschäft sehr profitabel. Die Pflanzenschutzmittel kommen in den agrarintensiven Regionen des Globalen Südens zum Einsatz und haben dort die Nährstoffverarmung, den Abbau von Humus, die Versauerung des Bodens und den Verlust von Biodiversität zur Folge (Rodriguez-Eugenio et al. 2018, S. 23, 33).

Verstärkt werden diese Gefahren auch durch die aktuellen Entwicklungen auf dem Bodenmarkt, durch die Böden immer mehr zu Spekulationsobjekten werden (ebd., S. 24). Verantwortlich dafür ist vor allem der (häufig illegale) Erwerb großer Agrar- und Nutzflächen durch internationale Konzerne, private Investorinnen und Investoren sowie staatliche Akteure, die sich unter dem Begriff Landgrabbing zusammenfassen lassen (bpb 2024). Die erworbenen Agrarflächen werden überwiegend für den großflächigen Anbau von Cash Crops wie Zuckerrohr, Palmöl oder Soja genutzt. Neben den ökologischen Schäden ergeben sich für die lokale Bevölkerung ebenfalls gravierende negative Folgen. Nicht nur im Globalen Süden ist Landgrabbing problematisch, auch in Deutschland nimmt dieses Phänomen zu, sodass kleine und mittlere Betriebe kaum die finanziellen Mittel haben, Land zu erwerben. Vor allem in Ostdeutschland ist der Bodenmarkt, bedingt durch die historisch gewachsenen Strukturen, stark umkämpft. Zwar räumt das Grundstücksverkehrsgesetz von 1962 Landwirtinnen und Landwirten ein Vorkaufsrecht für die Flächen ein, jedoch erwerben Firmen im Rahmen von Share Deals mittlerweile anteilig Landwirtschaftsbetriebe, worüber diese dann Zugriff auf die Flächen erhalten (HBS 2024).

3. Erhalt von Bodengesundheit

Böden sind nicht nur Opfer der klimatischen Veränderungen, sie können – durch Schutz und nachhaltige Nutzung – auch als wirkungsvolle Instrumente zur Abschwächung des Klimawandels bzw. seiner Auswirkungen dienen. Vor allem die Kohlenstoffsequestrierung, die Aufnahme und Speicherung von Kohlenstoff in Böden, wird international als potenzieller Hebel zur Reduktion von Treibhausgasemissionen diskutiert. Böden sind insofern ein entscheidender Faktor bei der Regulierung von Klima und Temperatur in globaler, regionaler und lokaler Dimension und können zur sozialen und wirtschaftlichen Stabilität insbesondere in ländlichen Räumen beitragen (HBS 2024, S. 11). Traditionell lag im Kontext Bodengesundheit der Fokus auf der landwirtschaftlichen Produktivität. Zunehmend aber gewinnt in dem Konzept auch die Rolle des Bodens in Bezug etwa auf Klimawandelanpassung und menschliche Gesundheit an Bedeutung (Lehmann et al. 2020). Das Potenzial, atmosphärisches CO_2 in Form von organischem Kohlenstoff zu binden, kann durch geeignete landwirtschaftliche Maßnahmen wie konservierende Bodenbearbeitung, Fruchtwechsel und den Einsatz von organischem Dünger nachhaltig gesteigert werden. Der Aufbau und Erhalt stabiler Kohlenstoffpools im Boden stellt eine natürliche Strategie dar, um CO_2 langfristig der Atmosphäre zu entziehen und so einen wichtigen Beitrag zur Klimaschutzstrategie zu leisten (Paustian et al. 2016; Six et al. 2017).

Auch regional kommt dem Boden eine zentrale klimatische Bedeutung zu. Insbesondere über den Vorgang der Verdunstung von Wasser im Boden wird Einfluss genommen auf die Lufttemperatur und die Luftfeuchtigkeit (UBA 2010, S. 10). Besonders evident ist der Unterschied zwischen versiegeltem und unbebautem Boden, da die freien Flächen eine bedeutsame Verringerung der Lufttemperaturen induzieren. Dieser kühlende Effekt kann auf versiegelten Flächen kaum noch stattfinden. Bewachsener Boden erhitzt sich zudem weniger stark als versiegelter Boden, was vor allem an heißen Sommertagen bemerkbar wird. Somit leisten diese Böden einen wertvollen Beitrag zur Adaption.

Auch gewinnt angesichts zunehmender Extremwetterereignisse die Wasserspeicherkapazität von Böden an Relevanz. Im Boden sind in Abhängigkeit von der Bodenart, seiner Struktur und der Aktivität der Lebewesen viele unterschiedlich große Hohlräume zu finden. Mit Luft oder Wasser gefüllt, ermöglichen sie den Transport sowie eine zeitweise Speicherung des Wassers im Boden. Während sandhaltige Böden auch bei hoher Dichtlagerung nur wenig Wasser speichern können, zeichnen sich schluffige Böden aufgrund ihrer mittelgroßen Poren durch eine hohe Wasserspeicherkapazität aus. »Neben der Art der Hohlräume ist auch die vertikale Mächtigkeit des Bodens von Bedeutung, die insgesamt das Speichervermögen bestimmt.« (UBA 2010, S. 8).

Das Speichervermögen erlaubt eine zeitliche Verzögerung der Abgabe von Niederschlagswasser in die Vorfluter (z. B. Flüsse, Seen) und reduziert die Hochwassergefahr (ebd.). Etwa bei Starkregen sind diese Funktionen besonders wichtig. Durch die Regulierung des Wasserabflusses besitzen Böden eine zentrale Rolle im Hochwasserschutz. Die Retention des Wassers ist nur auf unversiegelten Flächen möglich. Unbebaute Böden sind darüber hinaus eine bedeutende Voraussetzung für die Grundwasserneubildung und Sicherstellung der Trinkwasserversorgung. Die Partikelstruktur der Böden und deren biologisch-physikalische Zusammensetzung ermöglichen es außerdem, chemische Elemente und Substanzen aufzunehmen, zu filtern oder zu neutralisieren (ebd.). Diese Fähigkeit ist sowohl wertvoll für die Nährstoffaufnahme der Pflanzen als auch wichtig, um den Eintrag von Schadstoffen in das Grundwasser zu verhindern, aus dem Trinkwasser bezogen wird. Über Umfang und Qualität dieser Speicherfähigkeit bestimmen die Bodenart, die Menge an Humus sowie der pH-Wert.

Die Bodengemeinschaften, die von Mikroorganismen über Pilze bis hin zu wirbellosen Tieren reichen, tragen erheblich zur Stabilität von Ökosystemen bei. Diese Organismen sind an der Zersetzung organischer Substanz, der Bildung von Humus und der Regulation von Nährstoffkreisläufen beteiligt. Eine hohe biologische Diversität im Boden fördert nicht nur die Produktivität von Agrarökosystemen, sondern stärkt auch die Resilienz gegenüber Störungen, wie sie im Zuge des Klimawandels zunehmen (Six et al. 2017).

Eine nachhaltige Landwirtschaft kann ein probates Mittel zur Sicherstellung der Bodengesundheit, seiner Funktionen und des Ertragspotenzials der Böden darstellen. Landwirtinnen und Landwirte werden durch Agrarsubventionen, die in der EU in der Gemeinsamen Agrarpolitik (GAP) und dem Cross-Compliance-Programm umgesetzt werden, zur Einhaltung von Fruchtfolgen angehalten. Auch die Erhaltung von Landschaftselementen wie Windschutzhecken, Feuchtgebieten oder Magerrasen wird finanziell unterstützt. Weitere Maßnahmen zur Förderung der biologischen Vielfalt und des Humusaufbaus im Boden, wie eine ständige Bodenbedeckung, Blühwiesen oder -streifen, werden ebenfalls in diesem Rahmen gefördert. Zugleich besteht weiter Handlungsbedarf. So sehen politische Maßnahmen zum Bodenschutz, wie der europäische Green New Deal, in dem auch eine Neuauflage der gescheiterten Bodenrahmenrichtlinie in Form des »Soil Monitoring Law« auf den Weg gebracht wurde, weder quantitative Ziele noch konkrete Interventionen vor (HBS 2024, S. 19). Im April 2025 einigten sich EU-Parlament und Rat auf eine Bodenmonitoringrichtlinie. Entgegen vorheriger Planungen wurde der vorgesehene Bodenschutz aber deutlich abgeschwächt, indem nun vor allem auf Freiwilligkeit aufseiten der Landwirtschaft gesetzt wird. Landwirtschaftsverbände hatten sich im Vorfeld gegen die Richtlinie ausgesprochen (Hartmann 2025).

Seit einigen Jahren gibt es zugleich zahlreiche Initiativen, um die Funktionen des Bodens sicherzustellen und zu erhalten sowie den ökologischen Zustand langfristig zu verbessern. So sollen in Deutschland entwässerte Moore wiedervernässt, Auenlandschaften renaturiert oder Nutz- und Wirtschaftswälder unter Schutz gestellt werden. Mehr Naturschutz kann jedoch nur gelingen, wenn die Maßnahmen von der Bevölkerung getragen werden, wobei auch wirtschaftliche und soziale Aspekte berücksichtigt werden sollten.

Schutzmaßnahmen müssen daher auch unterschiedliche Formen der Bodennutzung umfassen. Innovative Ideen, bei der verschiedene Nutzungsformen miteinander kombiniert werden, sind dabei gefragt. Alte

Kulturtechniken, wie z. B. die Streuobstwiese, bei der extensive Tierhaltung und Obstbau auf einer Fläche erfolgen, oder neue Konzepte der Paludi-Kultur, bei der auf vernässten Moorflächen z. B. Rohrkolben angebaut werden, die als Dämmmaterial für den Hausbau dienlich sind, können dafür dienen.

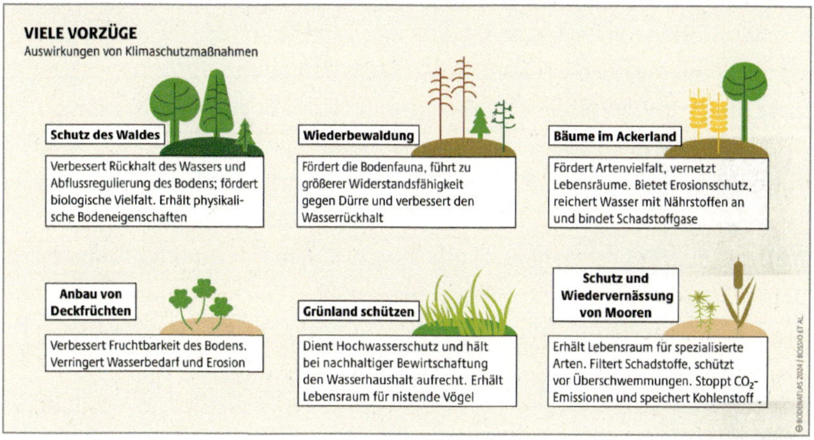

Abb. 1: Auswirkungen von Klimaschutzmaßnahmen (HBS 2024, S. 33; Eimermacher/stockmarpluswalter, CC BY 4.0. 33).

Landnutzung und Bodenschutz müssen insofern keine Gegensätze sein, sondern können in Einklang gebracht werden (s. Abb. 1). Damit dies gelingen kann, braucht es neben mehr Berücksichtigung von Naturschutz in der Landwirtschaft Maßnahmen zur Minderung des Flächenverbrauchs sowie verbindliche Ziele zur Reduktion der Versiegelung. Konkrete Schutzmaßnahmen sollten etwa im neuen Bodenschutzgesetz berücksichtigt werden. Zielführend wäre etwa eine Orientierung am Vorsorgeprinzip, also die Verhinderung von bodenschädigenden Eingriffen, Ressourcenschutzgesetze sowie eine klare Regelung zur gerechten Verteilung der Ressource Boden in Deutschland (HBS 2024). Verbindliche Reduktionspfade, deren Einhaltung kontrolliert und Nichteinhaltung sanktioniert werden, erscheinen erforderlich.

Angesichts der globalen Herausforderungen ist es unerlässlich, die komplexen Funktionen und Bedeutungen von Böden zu verstehen und Maßnahmen zur nachhaltigen Bewirtschaftung und zum Bodenschutz zu ergreifen, um die Ökosysteme und Gesellschaften resilienter zu gestalten, etwa durch die gezielte Förderung von nachhaltigen Landnutzungspraktiken und innovativen Bewirtschaftungsmethoden. Der Weg zu »klimasmarten Böden« erfordert nicht nur den Einsatz moderner Technologien und wissenschaftlicher Erkenntnisse, sondern auch politische Unterstützung und ein Umdenken in der landwirtschaftlichen Praxis. Nur durch integrative Ansätze, die ökologische, ökonomische und soziale Aspekte verbinden, lässt sich ein nachhaltiger Umgang mit den Bodenschätzen erreichen. Auch um den Druck auf politische Entscheidungsebenen im Sinne des Erhalts von Bodengesundheit zu erhöhen, kommt der bodenbezogenen Bildung eine zentrale Rolle zu.

4. Bedeutung bodenbezogener Bildung

> »Soil is an indispensable ally for climate change, mitigation and adaptation.« (LOESS 2023)

Um das Bewusstsein für den Wert und die Bedeutung von Böden in der Gesellschaft nachhaltig zu steigern, reicht die Vermittlung isolierter Fakten nicht aus. Vielmehr bedarf es eines tiefgreifenden Verständnisses für die weitreichenden Auswirkungen gesunder Böden auf verschiedene Lebensbereiche. Dies erfordert eine integrative Herangehensweise im Sinne eines transformativen Bildungsansatzes (Pettig/Ohl 2023), die alle an der Gesellschaft partizipierenden Personen einbezieht. Von zentraler Bedeutung ist, die bereits existierenden Praktiken, Werte und Anliegen der Gesellschaft als Ausgangspunkt zu nehmen, um ein tieferes Bewusstsein, umfassendes Verständnis und ein verstärktes Engagement für den Schutz und die nachhaltige Nutzung von Böden zu fördern. Mit Blick im Besonderen auf den Klimawandel besteht die Notwendigkeit, die bodenbezogene Bildung und die »Bodenkompetenz« in der Bevölkerung systematisch zu verbessern und zu verdeutlichen, dass Bodenschutz ein Teil von Klimaschutz ist. Ein ganzheitlicher, integrativer Ansatz, der den Menschen selbst als Bestandteil der Natur begreift, ist dabei unerlässlich (vgl. Abb. 2; Schreiber/Siege 2017). Die Konsequenzen für die Gestaltung der Lehr-Lern-Settings sind dabei eine stärkere Akzentuierung einer Lösungsorientierung, ein interdisziplinärer Fachunterricht und offene, kritisch-emanzipatorische Methoden für eine hoffnungsvolle Zukunft (Schreiber/Nöthen 2024). Leitend sind neben klassischen Hands-on-Aktivitäten Ansätze wie die Szenariotechnik, das Design Thinking, Reallabor- oder Citizen-Science-Formate. Dabei steht die Erfahrung von Selbstwirksamkeit gleichsam im Vordergrund wie der Umgang mit einer ungewissen Zukunft. Niedrigschwellige Implementierungsperspektiven eröffnen sich zum Beispiel im Schulgartenunterricht und führen bis hin zu klimafreundlichen Umgestaltungsaktionen auf dem Schulhof, bei dem die Lernenden Hochbeete bauen, aufstellen und bepflanzen oder eine weitere Begrünung des Schulgeländes in den Blick nehmen, um das Mikroklima zu verbessern. Tragbare und dauerhaft implementierte Konzepte wie der FREI DAY liegen dazu bereits vor (Rasfeld 2021). Im Unterricht kann die Vermittlung dieses Wissens mit verschiedenen didaktisch-methodischen Ansätzen erfolgen: Handlungsorientierung, kooperatives Arbeiten und direkte Anschauung. So lassen sich die Bodenfunktionen und -eigenschaften in der Primarstufe spielerisch beispielsweise mithilfe eines Memorys erlernen. Alternativ eignet sich für ältere Lernende die Mystery-Methode. Praxisnäher und im Lernendeninteresse höher angesiedelt ist die Durchführung von experimentellen Lernformen und der Besuch außerschulischer Lernorte (Hemmer/Hemmer 2010). Dafür eignen sich landwirtschaftliche Betriebe, auch aus dem Bereich Solidarischer Landwirtschaft oder ökologisch wirtschaftende Betriebe, die Themen wie Nachhaltigkeit oder Kreislaufwirtschaft direkt adressieren. Die Lernenden können die Grundlagen durch originale Begegnung erfahren, lokale Schwerpunkte und Besonderheiten erkennen und eine »regionale Identität« entwickeln (Diersen/Flath 2017). Dabei sind Kooperationen mit der Gemeinde, Unternehmen oder anderen Einrichtungen wie Kindergärten oder Pflegeheimen möglich. Auch weiterführende innovative Ansätze wie das (zusätzliche) Anlegen einer Streuobstwiese und eine Verwertung oder ein Verkauf der Erträge aus dem Projekt in der Schulmensa sind denkbar (Whole School Approach). Die Lernenden können auf diese Weise aktiv ihre eigene Umgebung mitgestalten und durch dieses Engagement lernen. Wichtig bleibt jedoch auch eine regelmäßige Reflexion, die den Lernprozess leitet und eine theoriebasierte Rückbindung sicherstellt (Blum et al. 2021).

4.1 LOESS – Ziele und empirischer Zugang

An den skizzierten Potenzialen einer reflektierten, transformativ orientierten bodenbezogenen Bildung setzt das Projekt LOESS (Literacy boost through an Operational Educational Ecosystem of Societal actors on Soil health) an. Durch die Vernetzung von Akteurinnen und Akteuren zielt das Projekt darauf ab, einen umfassenden Überblick über den aktuellen Stand des bodenbezogenen Wissens auf unterschiedlichen Bildungsebenen in allen europäischen Partnerländern zu gewinnen und, darauf aufbauend, Bildungskonzepte und -materialien zu entwickeln, zu erproben und zu optimieren. Zugleich soll der Diskurs zwischen Lehrpersonen und Lernenden sowie zwischen verschiedenen Wissenssystemen – wissenschaftlichem, politischem, individuellem, lokalem und kollektivem kulturellen Wissen – gefördert werden. Das Projekt wird in 15 europäischen Ländern umgesetzt, wobei handlungsorientierte Bildungsaktivitäten im Sinne des transformativen Lernens im Vordergrund stehen.

Als Grundlage für neue Lehr-Lern-Materialien wurden zunächst Bedarfsanalysen in allen Partnerländern durchgeführt. Diese umfassten eine Vorstudie (Desk Research) sowie, daran anknüpfend, zehn Interviews mit verschiedenen Stakeholdern, ein Fokusgruppeninterview[2] mit Lehrpersonen unterschiedlicher Bildungsstufen sowie eine quantitative Fragebogenstudie (Pandey et al. 2024, S. 13 ff.). Die Durchführung wurde durch

2 Die Interviews und die Fokusgruppe wurden im Rahmen des Projekts von Alexandra Reith (Universität Vechta) durchgeführt.

einen vom Konsortium erarbeiteten Leitfaden strukturiert, der einen Vergleich der Ergebnisse zwischen den unterschiedlichen Partnerländern ermöglichen sollte. In der deutschen Vorstudie, auf die sich im Fortgang bezogen werden soll, wurden etwa 300 Materialien zur bodenbezogenen Bildung analysiert, darunter Unterrichtsmaterialien, wissenschaftliche und graue Literatur, verschiedene Medienformate sowie rechtliche Dokumente. Nach der Identifikation der relevanten Dokumente erfolgte eine deskriptive, allgemeine Bewertung und Einordnung unter Berücksichtigung der o. g. zentralen Fragestellung zur Umsetzung boden(gesundheits)bezogener Bildung, die entlang mehrerer Dimensionen strukturiert wurde: Zweck, Zusammenarbeit, Lernraum, Lernprozess, Lernaktivitäten und Paradigma (ebd., S. 10 ff.).

Zur inhaltlichen Orientierung wurden Kriterien verwendet, die eine strukturierte Einordnung der Ergebnisse ermöglichten. So wurde beispielsweise in der ersten Dimension Zweck über die Erhaltung der Bodengesundheit und die Einhaltung der Nachhaltigkeitsziele (SDG; UN 2015, S. 17) reflektiert. Dabei waren Aspekte wie der Schutz vor Erosion, die Entsiegelung von Böden und die Förderung eines Bewusstseins für die Bedürfnisse des Bodens zentral. Für die Bildung ist in diesem Zusammenhang ein systemisches und kompetenzorientiertes BNE-Verständnis essenziell, das im Dreischritt Erkennen, Bewerten, Handeln umgesetzt werden sollte (Schreiber/Siege 2017). Die Dimension der Zusammenarbeit zeigte auf, inwiefern Bildungsprozesse durch interdisziplinäre Partnerschaften bereichert werden können. Die Betrachtung der Lernräume umfasste sowohl formelle Lehr-Lern-Settings als auch außerschulische Lernorte (Diersen/Flath 2017). Die Lernprozesse wurden hinsichtlich ihres Spektrums zwischen instruktionalen bis hin zu emanzipatorischen Ansätzen reflektiert (Vare/Scott 2007), während Lernaktivitäten entlang der Kategorien Wissen, Fähigkeiten sowie Haltungen und Werte differenziert wurden (s. Abb. 2). Die letzte Dimension befasste sich mit den grundlegenden Denkmustern oder Paradigmen, welche die bodenbezogene Bildung prägen – von stärker integrativen Ansätzen, bei denen die Nachhaltigkeitsdimensionen gleichberechtigt nebeneinanderstehen (schwache Nachhaltigkeit), hin zu Vorrangmodellen, welche die ökologische Dimension (starke Nachhaltigkeit) eher in den Vordergrund der Aktivitäten rücken. Diese Strukturierung half dabei, aktuelle Schwerpunkte der bodenbezogenen Bildung zu identifizieren und praxisnahe Handlungsperspektiven abzuleiten.

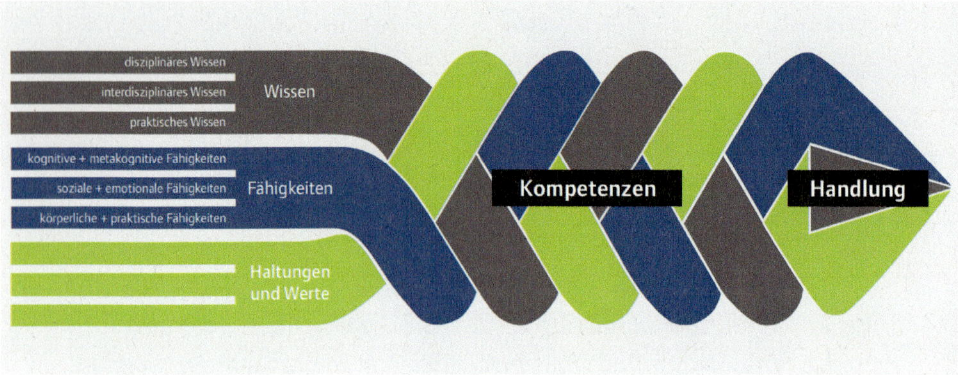

Abb. 2: Globale Kompetenzen für eine inklusive Welt (Schreiber & Siege 2017, S. 11).

4.2 LOESS – Ergebnisse und Implikationen für die Praxis

Im Folgenden werden die zentralen Ergebnisse der Vorstudie (Pandey et al. 2024, S. 45) vorgestellt, wobei auf die Ergebnisse der Primar- und Sekundarstufe I fokussiert wird. In der Auswertung zeigten sich wenige Unterschiede zwischen den Schulstufen. Insgesamt kann festgestellt werden, dass das Thema Boden in der Sekundarstufe I häufiger vorkommt als in der Primarstufe. Der maßgebliche Zweck der bodenbezogenen Bildung liegt im Wissenserwerb und damit in der Einhaltung der curricularen Vorgaben, die Themen wie die Bodengenese, Bodeneigenschaften und -funktionen, Bodennutzung und Bodenschutz adressieren. Vereinzelt finden sich darin auch Bezüge zu den Nachhaltigkeitszielen (SDG). Ein Handlungsbezug wird dabei häufig durch die Erkundung des Nahraums eröffnet, wobei dann vor allem Methoden wie die Prüfung der Bodenzusammensetzung (Fingerprobe) oder das Ziehen von Bodenproben mit Bohrstock und Pürkhauer zum Einsatz kommen. Kritisch-emanzipatorische Ansätze wurden selten in Materialien gefunden, weshalb davon ausgegangen werden kann, dass reflektierende, gestalterische oder eigene Werthaltungen entwickelnde Elemente im Sinne des transformativen Lernens eher selten in der Praxis der bodenbezogenen Bildung umgesetzt werden (Pandey et al. 2024, S. 45 ff.). Die Konzeption der Materialien lässt ferner darauf schließen, dass die Bildungsangebote hauptsächlich in den Schulen rezeptiv durch die Lehrkräfte umgesetzt werden. Bezüglich der Zusammenarbeit ist festzustellen, dass in der bodenbezogenen Bildungsarbeit nur wenige externe Partnereinrichtungen eingebunden und außerschulische Lernorte eher selten besucht werden (ebd.). Die Lernprozesse im Kontext der bodenbezogenen Bildung finden in der Primar- und Sekundarstufe I hauptsächlich in Innenräumen statt. Ergänzungen für begleitende und handlungsorientierte Outdooraktivitäten lassen sich aber finden. Dabei werden häufig direkt praktische Arbeitsaufträge gegeben, wie z. B. das Anlegen eines Gemüsebeetes, die Beobachtung des Wachstums von Nutzpflanzen (z. B. Kartoffel) und das Abzeichnen der einzelnen Wachstumsphasen. Trotz dieser Umsetzungsmöglichkeiten hängt es in der Praxis maßgeblich vom Engagement der Bildungseinrichtungen ab, ob und inwieweit diese berücksichtigt werden (ebd.).

Bezogen auf die Lernaktivitäten, kann auf Basis der gesichteten Materialien darauf geschlossen werden, dass es sich in den meisten Fällen um instruktive, wissensbasierte (knowing) Lehr-Lern-Settings mit einem Fokus auf den grundlegenden Funktionen von Boden handelt, wobei der Bedeutung des Bodens im Sinne eines systemischen Verständnisses wenig Aufmerksamkeit geschenkt wird (ebd.). Vereinzelt finden sich Ergänzungen durch handlungsorientierte Aufgaben (doing) im Rahmen der Outdooraktivitäten. Emanzipatorische oder auch schöpferische (being) Aufgabenstellungen, die auf die Herausbildung von Wertehaltungen zum Thema Boden abzielen, sind hingegen kaum anzutreffen (s. Abb. 2). Zudem hat die Sichtung der Materialien ergeben, dass die Lernprozesse fast ausschließlich einem Paradigma folgen, das dem integrativen Nachhaltigkeitsmodell zugrunde liegt.

Die Ergebnisse veranlassen dazu, die Angebote der Bildungseinrichtungen stärker an einem systemischen Verständnis zu orientieren, um den Boden in seiner bedeutenden Rolle im Klimasystem und in der Gesellschaft zu erkennen. Untersuchungen zu Lernendenvorstellungen zum Thema zeigen, dass insbesondere das Verständnis von Prozessen und Wechselwirkungen im Kontext Boden lückenhaft ist (Drieling 2015, S. 244). Aktuell liegt der Fokus stark auf der Vermittlung des Grundlagenwissens zum Boden, wodurch ein umfassendes Verständnis der Mensch-Umwelt-Zusammenhänge erschwert und raum- bzw. nachhaltigkeitsbezogene Handlungskompetenzen nur geringfügig erworben werden. Damit geht insbesondere die Forderung einher, die Lernprozesse zum Thema Boden handlungsorientierter (doing) sowie emanzipatorisch-transformativer (being) zu gestalten und über einen Nahraumbezug echte lokale Partizipationsmöglichkeiten zu schaffen (Kap. 3.2.). Auf diese Weise kann die Bedeutung des Bodens im Klimawandel systemisch verständlich und Ansätze sowie Potenziale durch die Förderung der Bodengesundheit erarbeitet werden, wodurch auch möglichen Klimaängsten begegnet werden kann und hoffnungsvolle Zukunftsvisionen entwickelt werden können.

Lehrkräfte sollten durch Fortbildungen befähigt werden, neue transformative Lehr-Lern-Konzepte zielführend umzusetzen. Zudem bedürfen diese Lernaktivitäten verbesserter zeitlicher Rahmenbedingungen und finanzieller Ressourcen, die von der Bereitstellung des Equipments bis hin zur ganzheitlichen Implementierung der Konzepte (z. B. Whole Institution Approach) reichen. Großes Potenzial liegt in regionalen Kooperationen in der Kombination mit »being«-basierten Aktivitäten, insbesondere Lehr-Lern-Settings auf Basis der transformativen Bildung (BNE 3) und des Regionalen Lernens (Diersen/Flath 2017), die transformative Methoden wie Lernen durch Engagement, Lernwerkstätten oder kritisches Kartieren forcieren (Blum et al. 2021). Um dies zu realisieren, ist eine Zusammenarbeit von Bildungsinstitutionen, Lehrkräften, Pädagoginnen und Pädagogen, politischen Entscheidungstragenden in der Region und sonstigen Stakeholdern erforderlich.

Drei Literaturtipps mit Kurzbeschreibung

1. Bösel, B. (2023). *Rebellen der Erde. Wie wir den Boden retten – und damit uns selbst!*. Scorpio Verlag.
   Vielfältige, realistisch und anschaulich beschriebene Ansätze für die nachhaltige Bodennutzung wie z. B. Agroforstwirtschaft, die extensive Weidehaltung oder Solidarische Landwirtschaft (SoLaWi).
2. HBS [Heinrich-Böll-Stiftung] (2024). *Bodenatlas. Daten und Fakten über eine lebenswichtige Ressource.* Paderborn: Bonifatius.
   Daten und Fakten über eine lebenswichtige Ressource: Aktuelle Herausforderungen, Prozesse und Lösungsstrategien rund um das Thema Boden werden verständlich und mithilfe von Grafiken dargestellt.
3. Ködelpeter, T., Kreuzinger, S. & Schlehufer, A. (Hrsg.) (2022). *Wandel braucht Bildung. Impulse, Konzepte und Praxis zur Bildung für nachhaltige Entwicklung.* oekom. https://doi.org/10.14512/9783962388706.
   Handbuch mit zahlreichen Ansätzen zur weiteren Implementierung von BNE in die Bildungseinrichtungen. Praktische Ansätze, die ganz konkret werden, nicht nur für die Schule.

Drei didaktische Hinweise

1. Der Einstieg in die Unterrichtssequenz erfolgt mit Karten und Bildern, um verschiedene Formen der Landnutzung (z. B. Landwirtschaft, Urbanisierung) abzubilden. Dazu kann beispielsweise der Bodenatlas der Heinrich-Böll-Stiftung genutzt werden (s. Literaturhinweis). Die Lerngruppe beschreibt und identifiziert die Landnutzungsformen. Den Anschluss bildet die Diskussion der Landnutzungen für Mensch und Umwelt sowie deren Auswirkungen auf die Bodengesundheit und Nachhaltigkeit. In themenverschiedener Gruppenarbeit sollten die fachlichen Grundlagen z. B. zu Verdichtung, Degradation oder Übernutzung erarbeitet werden.
2. Im Rahmen einer Exkursion in die Umgebung werden Bodenproben aus verschiedenen Gebieten entnommen, darunter wirtschaftlich ge-

nutzte Flächen und urbane Flächen. Dies kann sowohl mit Pürkhauer und Bohrstock erfolgen als auch mit dem Spaten. An den Entnahmestellen dokumentieren die Lernenden Beobachtungen zum Standort und zur Beschaffenheit des Bodens. Die Proben werden hinsichtlich ihres pH-Wertes, Nährstoffgehalts und Gehalts an organischer Substanz analysiert. Die Ergebnisse werden verglichen und zentrale Unterschiede und Gemeinsamkeiten erläutert. Zentral sind dabei die Erkenntnis der nichtnachhaltigen Landnutzung und die Entwicklung eigener Nutzungskonzepte, die im eigenen Nahraum erprobt werden können.

3. Basierend auf ihren erworbenen Kompetenzen, entwickeln die Lernenden einen lokalen Landnutzungsplan für ein bestimmtes Gebiet (z. B. Schulhof, Schulgarten, Parkanlage) in Kooperation mit ihrer Gemeinde. Dies kann in einer vierwöchig angelegten Lernwerkstatt erfolgen, bei der Service Learning und Partizipation im Vordergrund stehen (vgl. Abb. 3). Dabei beziehen sie die Dimensionen der Nachhaltigkeit mit ein und entwickeln konkrete Maßnahmen zur Verbesserung oder Erhaltung der Bodengesundheit. Ihre Ergebnisse sollten phasenweise gegliedert bei Gemeinderatssitzungen oder Tagen der offenen Tür der Öffentlichkeit präsentiert werden. Gemeinsam mit den lokalen Entscheidungstragenden diskutieren sie die entwickelten Pläne. Die optimierten Projekte sollten dann am gewählten Standort realisiert werden. Über den gesamten Projektverlauf hinweg führen die Lernenden ein Tagebuch, in dem sie Gedanken, Erfahrungen und Erkenntnisse reflektieren.

Literatur

Blum, J., Fritz, M., Taigel, J., Singer-Brodowski, M., Schmitt, M. & Wanner, M. (2021). *Transformatives Lernen durch Engagement. Ein Handbuch für Kooperationsprojekte zwischen Schulen und außerschulischen Akteur:innen im Kontext von Bildung für nachhaltige Entwicklung.* https://www.umweltbundesamt.de/sites/default/files/medien/1410/publikationen/final_hauptdok_uba_handbuch_transformatives_lernen_bfrei.pdf.

Bösel, B. (2023). *Rebellen der Erde. Wie wir den Boden retten – und damit uns selbst!*. Scorpio Verlag.

BMEL [Bundesministerium für Ernährung und Landwirtschaft] (Hrsg.) (2020). Unter uns – die komplizierte Beziehung zwischen Mensch und Boden. In: *forschungsfelder. Magazin für Ernährung und Landwirtschaft.*

bpb [Bundeszentrale für politische Bildung] (2024). *Kriege und Konflikte. Glossar. Stichwort: Land Grabbing.* https://www.bpb.de/themen/kriege-konflikte/dossier-kriege-konflikte/539551/land-grabbing/.

DSW [Deutsche Stiftung Weltbevölkerung] (2024). *Weltbevölkerungsbericht.* https://www.dsw.org/wp-content/uploads/2024/04/Weltbevoelkerungsbericht-2024.pdf

Drieling, K. (2015). *Schülervorstellungen über Boden und Bodengefährdung. Ein Beitrag zur geographiedidaktischen Rekonstruktion.* Geographiedidaktische Forschungen 55. HGD. Weingarten.

Engel, N., Bug, J., Stadtmann, R. & Harders, D. (2024). Auswirkungen des Klimawandels auf Böden in Niedersachsen (= Geofakten 46, hrsg. vom Landesamt für Bergbau, Energie und Geologie). https://nibis.lbeg.de/DOI/dateien/Geofakten_46_2024_Text_3.pdf.

Europäische Kommission (2021). *Questions and Answers on the EU Soil Strategy.* https://ec.europa.eu/commission/presscorner/detail/en/qanda_21_5917.

European Commission (2023). *EU Mission: A Soil Deal für Europe.* https://research-and-innovation.ec.europa.eu/funding/funding-opportunities/funding-programmes-and-open-calls/horizon-europe/eu-missions-horizon-europe/soil-deal-europe_en.

Diersen, G. & Flath, M. (2017). Regionales Lernen 21+. Konzept, Wirkung und Bedeutung für den Geographieunterricht. In: *geographie heute*, Heft Regionales Lernen 333, 2–8.

Gattinger, A., Müller, A., Haeni, M., Skinner, C., Fliessbach, A., Buchmann, N., Mäder, P., Stolze, M., Smith, P., Scialabba, N. E-H. & Niggli, U. (2012). Enhanced top soil carbon stocks under organic farming. In: *Proceedings of the National Academy of Sciences*, 109 (44), 18226–18231.

Hartmann, F. (2025): Bodenüberwachung der EU: Mitgliedstaaten lockern Vorgaben – Kritik vom Bauernverband bleibt. In: *Bauernzeitung – News.* https://www.bauernzeitung.de/news/eu-plaene-bodenueberwachung-entschaerft/.

HBS [Heinrich-Böll-Stiftung] (2024). *Bodenatlas. Daten und Fakten über eine lebenswichtige Ressource.* Paderborn: Bonifatius.

Hemmer, I. & Hemmer, M. (2010). Interesse von Schülerinnen und Schülern an einzelnen Themen, Regionen und Arbeitsweisen des Geographieunterrichts. Ein Vergleich zweier empirischer Studien aus den Jahren 1995 und 2005. In: Hemmer, I. & Hemmer, M. (Hrsg.). *Schülerinteresse an Themen, Regionen und Arbeitsweisen des Geographieunterrichts. Ergebnisse der empirischen Forschung und deren Konsequenzen für die Unterrichtspraxis.* Geographiedidaktische Forschungen 46. HGD, Weingarten.

IPCC (2022). *Climate Change 2022: Impacts, Adaptation and Vulnerability. Contribution of Working Group II to the Sixth Assessment Report of the Intergovernmental Panel on Climate Change* [H.-O. Pörtner, D.C. Roberts, M. Tignor, E.S. Poloczanska, K. Mintenbeck, A. Alegría, M. Craig, S. Langsdorf, S. Löschke, V. Möller, A. Okem, B. Rama (eds.)]. Cambridge University Press. doi:10.1017/9781009325844.

Ködelpeter, T., Kreuzinger, S. & Schlehufer, A. (Hrsg.) (2022). *Wandel braucht Bildung. Impulse, Konzepte und Praxis zur Bildung für nachhaltige Entwicklung.* oekom. https://doi.org/10.14512/9783962388706.

Lal, R. (2015). Restoring Soil Quality to Mitigate Soil Degradation. In: *Sustainability*, 5, 5875–5895.

Lehmann, J., Bossio, D.A., Kögel-Knabner, I. & Rillig, M.C. (2020): The concept and future prospects of soil health. In: *Nature Reviews Earth & Environment volume* 1, 544–553.

LOESS [Literacy boost through an Operational Educational Ecosystem of Societal actors on Soil health] (2023). *ABOUT LOESS.* https://loess-project.eu/about-loess/.

Pandey, D., Tassone, V. & Ramezzano, C. (2024, under review by the European Commission). *Report on Awareness, Needs and Vision for Soil Education.* Deliverable 2.2 of the EU Mission: A Soil Deal for Europe project – LOESS. https://loess-project.eu/wp-content/uploads/2024/10/Deliverable-2.2_Report-on-awareness-needs-and-vision-for-soil-education_with_disclaimer.pdf.

Paustian, K., Lehmann, J., Ogle, S., Reay, D., Robertson, G.P. & Smith, P. (2016). Climate-smart soils. In: *Nature*, 532, 49–57.

Pettig, F. & Ohl, U. (2023). Transformatives Lernen für einen sozial-ökologischen Wandel. Facetten eines zukunftsfähigen Geographieunterrichts. In: *Praxis Geographie*, 1/2023. Westermann, Braunschweig.

Poesen, J. (2018). Soil erosion in the Anthropocene: Research needs. In: *Earth Surface. Processes and Landforms*, 64–84. DOI: https://doi.org/10.1002/esp. 4250.

Rasfeld, M. (2021). *FREI DAY. Die Welt verändern lernen! Für eine Schule im Aufbruch.* München: oekom verlag.

Rodrígues-Eugenio, N., McLaughlin, M. & Pennock, D. (2018). *Soil Pollution. A Hidden Reality.* https://openknowledge.fao.org/server/api/core/bitstreams/3f7e6959-db0b-44d3-971e-109bcfe78195/content.

Schreiber V. & Nöthen, E. (2024). Transformative geographischen Bildung. Einleitung. In: Schreiber, V. & Nöthen, E. (Hrsg.). *Transformative geographische Bildung.* Berlin: Springer Spektrum.

Schreiber, J.-R. & Siege, H. (2017). Orientierungsrahmen für den Lernbereich Globale Entwicklung. Kurzfassung. Bonn. https://ges.engagement-global.de/files/2_Mediathek/Mediathek_Microsites/OR-Schulprogramm/Downloads/Orientierungsrahmen/01_OR-GE_Kurzfassung_bf.pdf.

Schrumpf, M. & Trumbore, S. (2011). *Unser wichtigster Kohlenstoffspeicher. Wie der Boden als dünne Haut der Erde globale Stoffkreisläufe und das Klima beeinflusst.*

Forschungsbericht 2011. Max-Planck-Institut für Biogeochemie. https://www.mpg.de/4705567/kohlenstoffspeicher-boden.

Six, J., Conant, R. T., Paul, E. A. & Paustian, K. (2017). Stabilization mechanisms of soil organic matter: Implications for C-saturation of soils. In: Plant and Soil, 398(1–2), 1–6.

UBA [Umweltbundesamt] (Hrsg.) (2022). *Klimafolgen: Handlungsfeld Boden.* https://www.umweltbundesamt.de/themen/klima-energie/klimafolgen-anpassung/folgen-des-klimawandels/klimafolgen-deutschland/klimafolgen-handlungsfeld-boden#bodenerosion-durch-wasser.

UBA [Umweltbundesamt] (Hrsg.) (2021). *Internationaler Bodenschutz.* https://www.umweltbundesamt.de/themen/boden-flaeche/internationaler-bodenschutz#hintergrund.

UBA [Umweltbundesamt] (Hrsg.) (2010). *Die Böden Deutschlands. Sehen, Erkunden, Verstehen. Ein Reiseführer.* Berlin, KOMAG.

United Nations [UN] (2015): *Transforming our World. The 2030 Agenda for Sustainable Development.* https://sdgs.un.org/sites/default/files/publications/21252030%20Agenda%20for%20Sustainable%20Development%20web.pdf.

Vare, P. & Scott, W. (2007): Learning for a Change. Exploring the Relationship Between Education and Sustainable Development. In: *Journal for Education for Sustainable Development*, 1, 2. https://doi.org/10.1177/097340820700100209.

Vieira, D. C. S., Yunta, F., Baragano, D., Evrard, O., Reiff, T., Silva, V., de la Torre, A., Zhang, C., Panagos, P., Jones, A. & Wojda, P. (2024). Soil pollution in the European Union – An outlook. In: *Environmental Science & Policy* 161, 103876. https://www.sciencedirect.com/science/article/pii/S1462901124002107#bib91.

Daniela Schmitz, Manfred Fiedler & Jan-Hendrik Ortloff

Theoretische Grundlagen und Entwicklung eines Lernkonzepts zu vulnerablen Gruppen im Klimawandel

Kurzzusammenfassung

Im Beitrag wird ein interdisziplinäres Seminar im Wahlbereich für Studierende aller Studiengänge an der Universität Witten/Herdecke zum Themenfeld chronische Erkrankungen im Klimawandel vorgestellt, in dem Aspekte wie Extremwetterereignisse, Energie, Ernährung und Preparedness aus diversen Perspektiven aufgezeigt werden. Preparedness wird als ein multidimensionales Konzept verstanden, das sich auf die Vorbereitung auf kritische Ereignisse bezieht. Es umfasst sowohl das Vorbereitet-Sein als auch die verfügbaren Ressourcen, um auf solche Ereignisse angemessen reagieren zu können.

Übergeordnetes Ziel ist es, die Grundlagen zu den Einflüssen des Klimawandels auf die Versorgung chronisch kranker Menschen zu verdeutlichen, Aufgaben und Verantwortlichkeiten einzelner Professionen zu definieren und die eigene zukünftige Berufsrolle zu reflektieren. Anhand des Planetary Health Education Framework sollen grundsätzlich Lehrende aller Fächer in die Lage versetzt werden, Lernende für die Auswirkungen des Klimawandels auf Menschen mit chronischen Erkrankungen zu sensibilisieren. Die Themenfelder als Problemaufriss sollen im hier beschriebenen Konzept zur individuellen Vertiefung und Reflexion des eigenen beruflichen Handelns befähigen. Das Konzept leistet eine Verknüpfung von gesundheitswissenschaftlichen Lerninhalten mit Elementen einer planetaren Bildung und kann durch den transdisziplinären Zugang auch im Rahmen einer interprofessionellen Ausbildung eingesetzt werden.

Lernziele

- Die Studierenden entwickeln ein Verständnis für die unterschiedlichen Einflüsse des Klimawandels auf die Versorgung chronisch kranker Menschen.
- Die Studierenden kennen Maßnahmen zur Hitzeprävention bei chronisch kranken Menschen sowie Aufgaben und Verantwortlichkeiten von Gesundheitsberufen in diesem Handlungsfeld.
- Die Studierenden verstehen den Zusammenhang von ökologischen, ökonomischen und sozialen Aspekten von Energie und Gesundheitssektor.
- Die Studierenden verstehen Zusammenhänge von Umwelt, Gesundheit und chronischer Krankheit am Beispiel von Ernährung (als Präventionsmöglichkeit für Erkrankungen sowie Einfluss von Ernährung auf Krankheitsverläufe).
- Die Studierenden kennen klimabezogene Maßnahmen zur Public Health Preparedness mit Fokus auf chronisch kranke Menschen.

1. Einführung und Verortung des Themas: Klima und chronische Erkrankungen in der Hochschullehre

Die Auswirkungen des durch menschliche Eingriffe in die Natur bedingten Klimawandels auf die menschliche Gesundheit hat erst in den letzten Jahren stärkere Beachtung gefunden. Obwohl der Klimawandel als ökologisches Problem bereits seit den 1980er-Jahren vor allem wissenschaftlich diskutiert wurde und mit dem Intergovernmental Panel of Climate Change (IPCC), 1988 als supranationaler Ausschuss der Vereinten Nationen (UN) gegründet, frühe internationale Anerkennung fand, blieb die Bewertung der Auswirkungen auf die menschliche Gesundheit zunächst nur rudimentär. Auswirkungen, etwa durch Hitze oder die Verbreitung von neuen Infektionserkrankungen, wurden grundsätzlich angenommen, aber wenig konkretisiert (IPCC 1990).

Angesichts der Zunahme von Extremwetterereignissen seit 1980 (Boksch 2020) wurden die Auswirkungen auf die menschliche Gesundheit in den letzten Jahren auch vermehrt wissenschaftlich hinterfragt. Von besonderer Bedeutung ist das Mitte des letzten Jahrzehnts entwickelte transdisziplinäre Konzept des Planetary Health (Watts et al. 2015). Es beschreibt disziplinübergreifend, wie menschliche Eingriffe in natürliche Systeme sowohl die Umwelt als auch die sozialen Lebensgrundlagen und die menschliche Gesundheit in vielfältiger Weise beeinträchtigen.

Eine fundierte gesundheitswissenschaftliche Einschätzung der Auswirkungen menschlicher Eingriffe auf Umwelt und Gesundheit setzt voraus, dass die komplexen klimabedingten Veränderungen in ihren multidisziplinären Bezügen verstanden werden. Dies gilt für die biosphärischen Entstehungsbedingungen, für die jeweiligen gesundheitlichen Auswirkungen wie auch für Maßnahmen zur Prävention, Beeinflussung von Ausprägung und Auswirkung (Mitigation) von Klimaereignissen sowie schließlich für den Schutz von Personengruppen und Individuen vor und der Versorgung bei extremen Klimaereignissen.

Das Besondere am menschengemachten Klimawandel ist die nichtlineare Beziehung von ursächlichen menschlichen Eingriffen, Entstehenszusammenhängen von Klimaereignissen und regionaler, sozialer und individueller Betroffenheit durch Klimaereignisse. Letzteres wird häufig mit dem Begriff der Klimagerechtigkeit beschrieben (Leclair & Evans et al. 2022). Gesundheitswissenschaftlich kann Krankheitsentstehung prinzipiell durch die sozialen und wirtschaftlichen Umfeldbedingungen sowie personenbezogene Faktoren (genetisch, sozial-ökonomisch und -kulturell, individuelles Verhalten) begründet werden. Klimabedingte Risiken und deren Ursachen stehen oft in keinem direkten Zusammenhang: Menschen, die besonders stark von extremen Klimaereignissen betroffen sind, haben meist nur einen geringen oder gar keinen Anteil an deren Entstehung. Es handelt sich somit um ein Ungleichgewicht zwischen Verursachung, Ausmaß der Ereignisse und deren Auswirkungen.

Als hilfreich für die Problemanalyse erweist sich dafür ein multidimensionales Verständnis von klimabezogener Vulnerabilität, das sowohl die personen- und gruppenbezogene als auch die organisatorische und systemische Dimension einbezieht. Gesundheitswissenschaftlich vertraut ist das Konzept der personen- und gruppenbezogenen Vulnerabilität. Gerade Menschen mit chronischen Einschränkungen, kognitiv, psychisch, körperlich oder sozial, sind durch Klimaereignisse in besonderem Maße gefährdet und gleichzeitig, in Abhängigkeit von sozialen und Lebensumweltbedingungen, nur eingeschränkt in der Lage, diese zu bewältigen. In diesem Zusammenhang rücken Aspekte institutioneller und organisatorischer Vulnerabilität sowie die Anfälligkeit ganzer Systeme zunehmend in den Fokus – selbst dann, wenn sie nicht direkt mit der Gesundheitsversorgung verknüpft sind. Ein Beispiel dafür ist die Coronapandemie, in der der Zusammenbruch von Versorgungsketten zwar nur mittelbar mit dem Gesundheitssystem zusammenhing, jedoch unmittelbare Auswirkungen auf dessen Funktionsfähigkeit hatte.

Klimaereignisse zeigen sich sowohl in Form katastrophaler Ereignisse wie bei Starkregen und Überschwemmungen oder in Form verheerender Stürme als auch als länger wirkende Bedingungen mit mehr oder weniger nachhaltigen Auswirkungen auf die Gesellschaft, wie bei Extremhitze, Trockenheit bzw. Dürre oder durch die Verschiebung von Klimazonen in Form der Entstehung neuer (vor allem Zoonosen) oder Verbreitung übertragbarer Erkrankungen. Angesichts der vielfältigen Eigenschaften von Klimaereignissen und der nicht mehr vermeidbaren Auswirkungen des Klimawandels reicht eine umfassende Nachhaltigkeitsstrategie allein nicht aus. Es braucht zusätzlich differenzierte Maßnahmen, die auf spezifische Formen von Vulnerabilität auf verschiedenen Handlungsebenen eingehen. Diese Maßnahmen sollten sowohl die Wahrscheinlichkeit des Auftretens von Klimaereignissen verringern (Prävention) als auch die Widerstandsfähigkeit (Resilienz) der Gesellschaft und insbesondere vulnerabler Gruppen stärken. Darüber hinaus sind systemische, organisatorische und personelle Vorkehrungen notwendig, um eine angemessene Reaktion auf künftig wahrscheinliche Klimaereignisse sicherzustellen (Preparedness) (vgl. Keim 2008).

Die Systematisierung von Klimaereignissen in Hinblick auf Entstehungszusammenhängen, Exposition, Ereigniswahrscheinlichkeit und Vulnerabilität in systemischer, räumlicher, institutioneller, organisatorischer und personenbezogener Hinsicht ist also Voraussetzung für die Entwicklung von Maßnahmen zum Schutz vulnerabler Personen und Personengruppen.

Ein kohärentes wissenschaftliches Verständnis von Klima, Gesundheit und Vulnerabilität erfordert interdisziplinäre Kompetenzen – eine Voraussetzung, die in den gesundheitswissenschaftlichen Curricula meist nicht systematisch verankert ist. Gegenstand des Beitrags ist, Aspekte der Entwicklung eines integrativen Lehr-Lern-Konzeptes für gesundheitswissenschaftliche Disziplinen aufzuzeigen, das interdisziplinäre und mit Blick auf die Praxis interprofessionelle Kompetenzen vermittelt, um die gesundheitlichen Auswirkungen der Klimakrise vor allem auf vulnerable Personengruppen zu bewältigen.

2. Kohärente Lehr-Lern-Konzepte zur Klimavulnerabilität

Planetary Health als transdisziplinäres Konzept positioniert sich nicht nur epistemologisch, im Sinne eines Verstehens des Wirkens menschlicher Eingriffe auf die planetaren Grundlagen, Gesellschaft und menschliche Gesundheit, sondern verbindet mit diesem Erkennen auch praxisbezogene Veränderungsprozesse. Insbesondere akademische Bildungseinrichtungen spielen dabei eine entscheidende Rolle, indem sie Planetary Health in Form transformativen Lehrens und Lernens in der (akademischen) Lehre verankern und damit ermöglichen, Ziele für nachhaltige Entwicklung in der Gesellschaft voranzutreiben. Um ihr volles Potenzial entfalten zu können, sollten Lernende in ihrer Aus-, Fort- und Weiterbildung dabei unterstützt werden, Kompetenzen zu entwickeln, die sie zu transformativem Handeln und zum Schutz und zur Wiederherstellung der planetaren Gesundheit befähigen.

Das Planetary Health Education Framework wurde von der Planetary-Health-Alliance-Arbeitsgruppe entwickelt, das Institutionen, Lehrende und Lernende unterstützt, indem er eine kohärente Grundlage für vielfältige Bildungsstrategien sowie für eine gemeinsame Sprache über Disziplinen, Sektoren und Regionen hinweg bietet. Der Rahmen stellt eine strukturierte und dennoch flexible Interpretation des Spektrums der planetaren Gesundheitserziehung dar. Er unterstützt praxisorientierte Ansätze, partizipative Lehrmethoden und maßgeschneiderte Lernwege, die auf den ökologischen und sozialen Kontext, lokale Prioritäten sowie die in jeder Lernumgebung verfügbaren Technologien und Ressourcen abgestimmt sind (Guzmán et al. 2021). Der Rahmen strebt demnach an, über eine Anzahl vorgegebener Kompetenzen hinauszugehen und die verschiedenen Dimensionen der Bildung im Bereich von Planetary Health zu berücksichtigen. Die Kohärenz ergibt sich für Lehrende und Lernende folglich, da für sie das Was (repräsentative Ebene), das Warum (affektive Ebene) und das Wie (strategische Ebene) ersichtlich ist.

Das Planetary Health Education Framework berücksichtigt fünf grundlegende Bereiche, welche die Essenz des Wissens, der Werte und der Praxis von Planetary Health ausmachen:

- Die Verbindung zur Natur und die Förderung von Mitgefühl für den Planeten Erde (1) stehen im Mittelpunkt des Frameworks. Dabei werden insbesondere die persönlichen, kognitiven, sozialen und emotionalen Aspekte des Bildungsprozesses berücksichtigt.
- Darum herum gruppiert werden: Störungen der Erdsystemprozesse, die durch den stark vergrößerten ökologischen Fußabdruck der Menschheit verursacht wurden (planetares Zeitalter des Anthropozän, 2), werden fokussiert und vor dem Hintergrund sozialer Gerechtigkeit betrachtet (3). Dabei werden insbesondere die spezifischen menschlichen Einflüsse erforscht, die mit den natürlichen Systemen der Erde und den gesundheitlichen Auswirkungen (4) in Verbindung stehen, und die Komplexität für einen Systemwindel hinterfragt (5).

Das Konzept Planetary Health nutzt systemische Denkansätze, die für den Bildungsprozess entscheidend sind, um zu erklären, wie verschiedene Elemente innerhalb komplexer Systeme interagieren und zusammenwirken.

- Lehr-Lern-Konzepte im Rahmen von Planetary Health basieren auf den Prinzipien von Gleichheit und Gerechtigkeit sowie auf den Rechten von Natur und Mensch. Damit sollen Bevölkerungsgruppen und Ökosysteme in die Lage versetzt werden, ihr volles Potenzial zu entfalten und systemische Ungleichheiten zu beseitigen, sodass keine Bevölkerungsgruppen oder Region unverhältnismäßig stark unter Umwelt- und Gesundheitsbelastungen leidet oder profitiert.

- Ein wirksames kollektives Handeln und ein Systemwandel erfordern integrative Beziehungen, eine klare Strategie, wirkungsvolle Kommunikation und transformative Partnerschaften.

Um die Beziehungen zwischen dem menschlichen Handeln im Anthropozän und der planetaren, sozialen und menschlichen Gesundheit zu verstehen, ist ein umfassender Ansatz erforderlich, der sowohl soziale als auch ökologische Aspekte der Gesundheitsförderung, Prävention und Behandlung berücksichtigt als auch die individuellen und populationsbezogenen Gesundheitsdeterminanten von Menschen, Tieren und Ökosystemen als Lerninhalte einbezieht.

Relevant sind in diesem Kontext vor allem Menschen mit chronischen und multimorbiden Krankheitsbildern, da sie eine erhöhte Vulnerabilität gegenüber Klimaereignissen aufweisen und innerhalb der Bevölkerung eine exponierte Gruppe darstellen.

Der Planetary Health Education Framework bietet eine solide Basis mit vielfältigen Ansatzmöglichkeiten für Institutionen, Lehrende und Lernende, um durch Kontextualisierung und Transdisziplinarität geeignete Lehr-Lern-Konzepte zum Umgang mit Vulnerabilität im Klimawandel zu entwickeln. Diese können von den beteiligten Akteur:innen als kohärent empfunden werden, wenn die repräsentative Ebene (Klimavulnerabilität) mit der affektiven Ebene (Betroffenheit, Fachlichkeit, Zuständigkeit) und der strategischen Ebene (didaktisches Konzept) verknüpft wird. Lehr-Lern-Konzepte zur Klimavulnerabilität können dann dazu beitragen, dass Lernende konkrete Kompetenzen erwerben, die zu handlungsbasierten und lösungsorientieren Ergebnissen führen. Aus business as usual kann so ein transformativer, innovativer Prozess im Sinne der Bildung für nachhaltige Entwicklung entstehen.

3. Didaktisches Konzept zu Klimavulnerabilität in Planetary Health

Theoretische Grundlage für die didaktische Konzeption ist das transdisziplinäre Verständnis planetarer Gesundheit, die einerseits die menschliche Gesundheit beeinflusst und andererseits durch die Folgen menschlichen Verhaltens geprägt wird. Ausgehend vom Konzept der Vulnerabilität richtet sich der didaktische Zugang auf zwei Ebenen: zum einen auf die Verletzlichkeit chronisch kranker Menschen, zum anderen auf die Vulnerabilität ihres Wohnumfelds.

Basis für transdisziplinär ausgerichtete didaktische Konzepte sind die sogenannten Wicked Problems, die komplex, perspektivenvielfältig, unvorhersehbar und nur durch agile Vorgehensweisen zu bearbeiten sind (Daneshpour 2022). Die Verwobenheit von Menschen, Umwelt und Gesundheit stellt ein solches Wicked Problem dar und gibt den Inhaltsbereich für das didaktische Konzept vor. Zudem sind Wicked Problems nicht allein durch eine Disziplin lösbar (Philip & Schmohl 2021).

Ausgangspunkt der didaktischen Konzeption ist es daher, Lehr-Lern-Situationen so zu gestalten, dass alle in einer Lerngruppe beteiligten Disziplinen Anknüpfungspunkte finden. Dafür sollen authentische Situationen und Problemstellungen gewählt werden, die an den jeweiligen Erfahrungshorizont anschließen und eine gemeinsame Wissensbasis in der Lerngruppe ermöglichen (McGregor 2017).

Daraus ergeben sich als Lehr- und Lernziele übergeordnete Fähigkeiten zur Zusammenarbeit, Kommunikation und Reflexion sowie das Hinterfragen von Überzeugungen und Einstellungen (Schmitz & Ortloff 2024). Basis für einzelne Lehr-Lern-Einheiten ist die Entwicklung von Vorstellungskraft, verstanden als »Visionen einer Gesellschaft zu entwickeln, in der ein gesundes und nachhaltiges Leben für alle Menschen innerhalb planetarer Belastungsgrenzen sichergestellt ist« (Wabnitz et al. 2021, S. 380), die die Verwobenheit von ökologischen, sozialen und ökonomischen Determinanten mit menschlicher Gesundheit berücksichtigen. Auf der Basis dieser Vorstellungskraft kann Transformationswissen aufgebaut und neues Wissen angeeignet werden sowie eine kritische Reflexion vorhandener Wissenslücken erfolgen.

Geeignete Lehr-Lern-Formen in transdisziplinären didaktischen Konzepten sind grundsätzlich u.a. Service Learning, problembasiertes Lernen, themenzentriertes-projektbasiertes Lernen, szenariobasiertes Lernen, forschendes Lernen und andere kreative Formen transformativen Lernens. Für das vorliegende Konzept werden Elemente von szenariobasiertem und problembasiertem Lernen angewandt.

4. Übersicht Seminarkonzept »Klimavulnerabilität und chronisch kranke Menschen«

Um den Lernenden Zugangsmöglichkeiten zum Aufbau von Wissen über Gestaltungsmöglichkeiten zu ermöglichen, wird das Wicked Problem Klimawandel und chronisch kranke Menschen in vier Problembereiche eingeteilt und das Seminarkonzept in vier Lehr-Lern-Einheiten (LE) strukturiert, die zeitlich skalierbar sind.

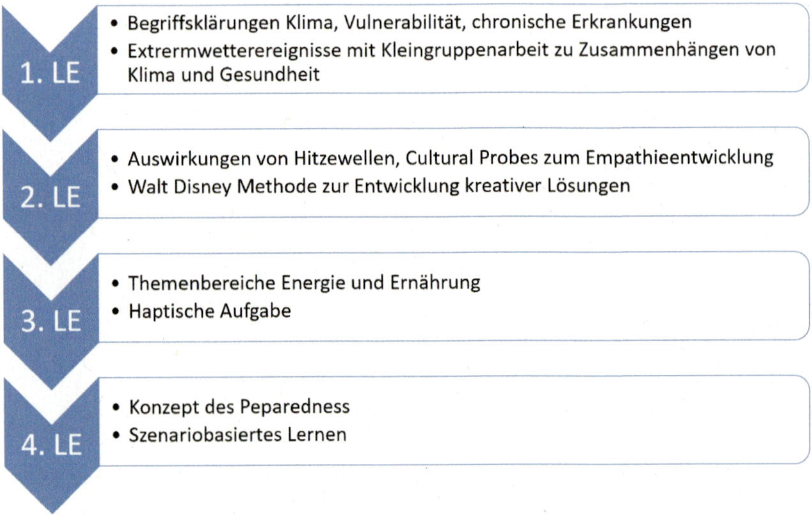

Abb. 1: Übersicht über die vier Lerneinheiten (eigene Darstellung)

Die ersten beiden Lerneinheiten knüpfen an das Ziel 3 für nachhaltige Entwicklung an, in dem für die Lernenden individuelle Anknüpfungspunkte zu Gesundheit und Wohlergehen chronisch kranker Menschen entstehen. Als Abschluss der Lerneinheit zwei wird nach den inhaltlichen Inputs zu Hitze die Walt-Disney-Methode eingesetzt, eine Methode, die erlaubt, kreative Problemlösungen aus unterschiedlichen Rollen zu entwickeln. Die Rollen lauten:

- Träumer:in: Ideen generieren, Blick auf Zukunft, Potenziale, ohne Einschränkungen, alles ist erlaubt
- Realist:in: Fokus aktuelle Situation, Suche nach pragmatischen Lösungen, was ist zu tun, welche Ressourcen sind verfügbar, was muss beschafft werden
- Kritiker:in: wägt Stärken und Schwächen der Ideen ab, identifiziert innovative Aspekte, überlegt Verbesserungen

Die Aufgabenstellung dazu lautet: Welche Aufgaben und Rollen haben einzelne Berufsgruppen im
Problembereich Hitze(prävention) und chronisch kranke Menschen? Wie kann deren Handeln systematisch ineinandergreifen? Im ersten Durchgang durchlaufen die Teilnehmenden individuell die drei Rollen. Im 2. Durchgang werden auf der Basis des Inputs der Rollen Realist:in und Kritiker:in die Ideen in der Rolle Träumer:in in der Gruppe weiterentwickelt, danach wieder durch Realist:in und Kritiker:in bewertet. Eine Auswahl für Lehr-Lern-Inhalte für die LE 1 und LE 2 finden sich zum Beispiel bei Bauer und Becker (2021), Günster et al. (2021) und KLUG (2024).

Die Lerneinheit drei stellt Anknüpfungspunkte zum SDG 13 »Maßnehmen zum Klimaschutz« zum Teilaspekt Bewusstsein zur Reduzierung von Emissionen und der Notwendigkeit von Anpassungsstrategien an den Klimawandel her. Die Lerninhalte zum Bereich Ernährung orientieren sich am SDG 2 »Kein Hunger« mit den Facetten Ernährungssicherheit, nachhaltige Landwirtschaft und planetengerechte Ernährung. Ernährung wird im Seminarkonzept auch als haptisches Element erfahrbar gemacht: Die Teilnehmenden bereiten einen CO_2-reduzierten Pausensnack zu – auf Grundlage vorheriger Auseinandersetzungen mit den CO_2-Äquivalenten ausgewählter Lebensmittel. So wird zum Beispiel sichtbar, wie viel CO_2 in 100 Gramm Möhren steckt – und was diese Menge konkret bedeutet.

Die vierte Lehr-Lern-Einheit befasst sich mit dem Konzept Preparedness, worunter Konzepte der Vorbereitung auf klimatische Veränderungen gefasst werden. Preparedness kann auf kommunaler, regionaler oder nationaler Ebene erfolgen. In der Lehr-Lern-Einheit wird szenariobasiert am Beispiel eines kommunalen Preparednesskonzepts gearbeitet. Anschlussfähig ist diese Lerneinheit an das SDG 11 »Nachhaltige Städte und Gemeinden«, wie Kommunen und Quartiere widerstandsfähiger gegenüber Klimaveränderungen werden können.

Die Autor:innen des Beitrages haben die Erstversion des Seminarkonzepts ursprünglich als zweitägiges Seminar im fakultativen Veranstaltungsbereich der Humanmedizin konzipiert, in dem die Lehr-Lern-Einheiten jeweils einen Umfang von vier Stunden einnahmen. Aktuell wird das ursprünglich zweitägige Seminar in ein reguläres Semesterformat mit 2 SWS für den Wahlbereich aller Studiengänge überführt, um eine studiengangsübergreifende, intensivere und kontinuierlichere Auseinandersetzung mit den Inhalten zu ermöglichen

5. Schlussfolgerungen: Planetary Health in interdisziplinären gesundheitswissenschaftlichen Lehr-Lern-Konzepten

Planetare Gesundheit ist ein epistemologisches und gleichzeitig transformatives transdisziplinäres Konzept, das sich durch hohe fachgebietsübergreifende Komplexität kennzeichnet, die sich auch in der Praxis als komplexe Transformation und Intervention zeigt. Für die Gesundheitswissenschaften bedeutet das, dass Verständnisse in die eigene wissenschaftliche Perspektive integriert werden müssen, die über die klassischen Bezugsdisziplinen wie (Gesundheits-)Ökonomie oder Sozialarbeit hinausgehen. Ebenso geht das praktische Handeln, vor allem als transformatives Handeln, über die eigene Handlungskompetenz deutlich hinaus und ist, resultierend aus der Nichtlinearität bezüglich des Zusammenhangs von Ursachen, Bedingungen und Form des handlungsauffordernden Phänomens, für eine einzelne Profession allein nicht auflösbar. Wir sprechen daher, angelehnt an Barnett (2004), von Superkomplexität. Diese soll an zwei Beispielen verdeutlicht werden:

1. Starkregenereignisse sind sowohl örtlich als auch zeitlich nur begrenzt vorhersagbar. Auch sind die Auswirkungen, etwa in Form von Überschwemmungen oder Ernteausfall, abhängig von den besonderen Kontexten des Klimaereignisses. Wenn etwa lange Trockenheit die Aufnahmefähigkeit der Böden verringert, kann selbst ein weniger starkes Ereignis zu großen Schäden führen und hohe Gefährdungen implizieren, die durch mehr oder minder starke Bodenversiegelung örtlich noch zusätzlich beeinflusst werden können.
2. Weniger extreme, aber andauernde Hitzeereignisse, etwa in Form mittlerer Temperaturen unterhalb der Warngrenzen, können bereits für bestimmte chronisch kranke Personengruppen zu existenziell gefährdendem Hitzestress führen. Auch hängt der Hitzestress wiederum von den lebensräumlichen Bedingungen ab (etwa alter Wohnbestand, bauliche Verdichtung, fehlende Frischluftschneisen, weitere Belastungen wie Lärm oder Luftschadstoffe, kein oder wenig urbanes Grün). Schließlich geraten auch Personen unter Hitzestress, die gegenüber dem Klimaereignis nicht oder nur temporär als vulnerabel gelten, wie Schwangere, Säuglinge und Kleinstkinder, aber auch bestimmte Berufsgruppen.

Für die akademische Aus-, Fort- und Weiterbildung stehen damit nicht mehr das Erkennen und Verstehen des wissenschaftlichen Gegenstands im Vordergrund. Auch können selbst hochkomplexe Lösungswege und Interventionen aus der Perspektive des je eigenen professionellen Handelns in einem ungewissen superkomplexen Zukunftsgeschehen nur begrenzt erfolgreich sein (Bergmeister et al. 2017).

Die Grenzen der eigenen Fachdisziplin und des professionellen Selbstverständnisses machen deutlich, dass Lehrende in transformativen Lehr-Lern-Formaten nicht primär als Expert:innen agieren, sondern vielmehr die Aufgabe haben, einen ergebnisoffenen Lernprozess zu begleiten und zu ermöglichen. Für die Lernenden geht es darum, mit Blick auf die Auswirkungen menschlicher Eingriffe in die planetaren Lebensgrundlagen und die sich daraus ergebenden zukünftigen Unsicherheiten als Person und Fachperson professionelle Handlungsfähigkeit zu gewinnen oder zu erhalten.

Da Ausgangspunkt von Planetary Health die globalen anthropogen bedingten Veränderungen und im Weiteren deren regionale und lokale Auswirkungen sind, präsentiert es sich als Gegenstand der Lehre als multidisziplinäres Themenfeld über die Gesundheitswissenschaften hinaus. Transformationsdruck zur Mitigation der Auswirkungen und die Notwendigkeit zur Adaption der veränderten Umweltbedingungen in den Handlungsroutinen stellen sich als Zukunftsherausforderung neben den Gesundheitswissenschaften einer großen Zahl von Fachdisziplinen, etwa den Agrarwissenschaften, der Raumplanung, den Verkehrswissenschaften oder den Ingenieurwissenschaften (Lathan et al. 2024). Angesichts der Ausdifferenzierung der wissenschaftlichen Disziplinen ist ein Zugang etwa als Wahlfach im Rahmen des jeweiligen Fachgebiets oder Studienfachs sinnvoll, um das Konzept und das Verständnis planetarer Gesundheit im bezogenen Fach zu integrieren und den Lernenden zu ermöglichen, sich dieses als pluridisziplinäres Verständnis anzueignen. Dabei wechselt die Rolle der Lehrenden vor allem dann, wenn oder weil sie gegenüber dem Hauptfachgebiet Fachfremde sind, zu inhaltlichen Vermittler:innen der eigenen fachlichen Perspektive, die im Lehr-Lern-Prozess selbst immer wieder den Perspektivabgleich mit den Lernenden suchen müssen.

Für transformatives Lernen im Rahmen von Planetary Health sind wie im vorgestellten Konzept multidisziplinäre bzw. multiprofessionelle Lerngruppen zielführend, da diese den Perspektivabgleich im Rahmen des Lernprozesses wenigstens erleichtern und diskursives und reflexives Lernen fördern, das die je monodisziplinäre Blase verlässt. Klimavulnerabilität in seinen unterschiedlichen, aber im Nukleus des Erlebens der vulnerablen Personen letztlich verbundenen Dimensionen begründet gerade im gesundheitswissenschaftlichen Diskurs superkomplexe Fragestellungen, die Multiperspektivität verlangen, um es Lernenden in einem gemeinsamen Diskurs des prozessualen Lernens zu ermöglichen, Lösungsräume zur Bewältigung von schwerwiegenden Ereignissen in der Klimakrise zu erkennen. Als zentrale Schlussfolgerung leiten wir ab, die klimawandelbezogenen Lerninhalte in interdisziplinären oder multiprofessionellen Gruppen (und nicht monodisziplinär oder monoprofessionell) zu thematisieren und Problemen einer curricularen Integration über Wahlangebote zu begegnen. Für Lernende ist im Sinne des transformativen Lernens zentral, die Themen zu veranschaulichen, die Lerninhalte in eine Realwelt zu übernehmen, über nahe gelegene Regionen anschaulich zu machen und ggfs. Expert:innen einzubinden. In längerfristig organisierten Seminarreihen sind dann problembasierte, aufeinander aufbauende Lehr-Lern-Formate denkbar, in denen Studierende aus unterschiedlichen Studiengängen/Fakultäten gemeinsam Lösungen erarbeiten, um unterschiedliche Perspektiven zu erfahren und zu reflektieren.

Drei Literaturtipps mit Kurzbeschreibung

1. KLIMA.UMWELT.GESUNDHEIT. *Ein Leitfaden für Lehrangebote zu planetarer Gesundheit.* https://klimawandel-gesundheit.de/wp-content/uploads/2022/01/Leitfaden-Planetary-Health-Lehre-2022_01.pdf
   Listet verschiedene Themen und dazugehörige Lernressourcen auf und stellt Planetary Health Education Formate für verschiedene medizinische Subdisziplinen und weitere gesundheitswissenschaftliche Fachbereiche Fachrichtungen mit Verweisen
2. Sorensen, C., Campbell, H., Depoux, A., Finkel, M., Gilden, R., Hadley, K. et al. (2023). Core competencies to prepare health professionals to respond to the climate crisis. In: *PLOS Clim* 2(6): e0000230.
   In dem Artikel wird ein ausführlicher Kompetenzrahmen für das Handeln von Gesundheitsberufen im Klimawandel beschrieben
3. https://www.planetaryhealthalliance.org/ph-education-materials
   Webseite, die rund um Planetary Health Education Informationen für Lehrende in Form von Leitfäden und Materialen bietet wie auch für Lernende Lernmaterialien und Kurse zusammenstellt.

Drei didaktische Hinweise

1. Als didaktischer Zugang zu Planetary Health bietet sich an, eine Facette problem- oder szenariobasiert auszuwählen und aufzubereiten, um die Lernenden nicht mit der Komplexität der Thematik zu überfrachten. Zum Beispiel eignet sich dazu ein Szenario zu lokalen Maßnahmen zur Hitzeprävention anhand einer exemplarischen Zielgruppe, wie ältere, multimorbide Menschen.
2. Als Einstieg können die Lernbereiche des Planetary Health Education Framework verwendet werden. Die Lerngruppe erhält so einen Überblick über Bausteine des Konzepts. In der Diskussion können über die Wechselwirkung zwischen einzelnen Bausteinen Deutungsversuche unternommen werden.
3. Zur Verdeutlichung des Einflusses individuellen Verhaltens auf planetare Gesundheit sind greifbare Erfahrungen zu initiieren, z. B. über den Pausensnack ein Gefühl dafür zu bekommen, welche Menge Lebensmittel wie viel CO_2 ausgestoßen hat. Wichtig für alle Lehr-Lern-Aktivitäten ist der Einbezug von Reflexionsmomenten, zum Beispiel am Thema Hitze über die »cultural probes«, wie sich Hitze in der Stadt anfühlt, am Beispiel Starkregen und Überschwemmungen, wie Preparedness Todesfälle im Ahrtal hätte vermieden werden können etc.

Literatur

Bauer, J., Becker, C. (2021). Geriatrie. Neue Herausforderungen für die medizinische Versorgung älterer Menschen. In: Traidl-Hoffman, C., Schulz, C., Herrmann, M., Simon, B. (Hrsg.). *Planetary Health: Klima, Umwelt und Gesundheit im Anthropozän*. Berlin: Medizinisch wissenschaftliche Verlagsgesellschaft, S. 122–130.

Barnett, R. (2004). Learning for an unknown future. In: *Higher Education Research & Development*, 23(3), 247–260. https://doi.org/10.1080/0729436042000235382

Bergmeister, F. M., Pichler, H. & Hintermann, C. (2017). Perspektiven eines zukunftsfähigen GW-Unterrichts 2.0 in Zeiten von Krisendiskurs, Superkomplexität, Postfaktizität und Kontingenz. In: *Österreich in Geschichte und Literatur mit Geographie* (ÖGL), 61, 21–35.

Bocksch, R. (2020). *Naturkatastrophen nehmen tendenziell zu* [digitales Bild]. https://de.statista.com/infografik/21744/anzahl-der-relevanten-schadensereignisse/

Campbell, S., Remenyi, T. A., White, C. J., Johnston, F. H. (2018). Heatwave and health impact research: a global review. In: *Health Place*, 53:210–218. https://doi.org/10.1016/j.healthplace.2018.08.017

Chen, J., Yang, J., Zhou, M., Yin, P., Wang, B. & Liu, J. (2019). Cold spell and mortality in 31 Chinese capital cities: definitions, vulnerability and implications. In: *Environment International* 128:271–278. https://doi.org/10.1016/j.envint.2019.04.049

Daneshpour, H. & Kwegyir-Afful, E. (2022). Analysing Transdisciplinary Education: A Scoping Review. In: *Sci & Educ* 31, 1047–1074.

Günster, C., Klauber, J., Robra, B.-P., Schmuker, C. & Schneider, A. (2021). *Versorgungs-Report. Klima und Gesundheit.* Berlin: Medizinisch Wissenschaftliche Verlagsgesellschaft.

Guzmán, C. A. F., Aguirre, A. A., Astle, B., Barros, E., Bayles, B., Chimbari, M., El-Abbadi, N., Evert, J., Hackett, F., Howard, C., Jennings, J., Krzyzek, A., LeClair, J., Maric, F., Martin, O., Osano, O., Patz, J., Potter, T., Redvers, N., … Zylstra, M. (2021). A framework to guide planetary health education. In: *The Lancet Planetary Health*, 5(5), e253–e255. https://doi.org/10.1016/s2542-5196(21)00110-8.

Intergovernmental Panel on Climate Change (Hrsg.) (1990). *Climate Change*. Commonwealth of Australia. https://www.ipcc.ch/site/assets/uploads/2018/03/ipcc_far_wg_I_full_report.pdf

Keim, M. E. (2008). Building human resilience: the role of public health preparedness and response as an adaptation to climate change. In: *American journal of preventive medicine*, 35(5), 508–516. https://doi.org/10.1016/j.amepre.2008.08.022https://doi.org/10.1016/j.amepre.2008.08.022

KLIMA.UMWELT.GESUNDHEIT. *Ein Leitfaden für Lehrangebote zu planetarer Gesundheit.* https://klimawandel-gesundheit.de/wp-content/uploads/2022/01/Leitfaden-Planetary-Health-Lehre-2022_01.pdf

Lathan, H., Mönter, L. & Wittlich, C. (2024). Planetary Health in der Bildung. Ein Beitrag zur nachhaltigen Transformation in städtischen und ländlichen Räumen. In: A. Finger, O. Badelt, K. Dahmen, L. Heilen, N. Mai, R. Seegers, E. Seewald, F. Śnieg & L. Wiemer (Hrsg.). Forschungsberichte der ARL: Bd. 23. Transformationsprozesse in Stadt und Land: Erkenntnisse, Strategien und Zukunftsperspektiven. ARL – Akademie für Raumentwicklung in der Leibniz-Gemeinschaft, S. 136–161. https://d-nb.info/1324430893/34

LeClair, J., Evans-Agnew, R. & Cook, C. (2022). Defining Climate Justice in Nursing for Public and Planetary Health. In: *American journal of public health*, https://doi.org/10.2105/AJPH.2022.306867, 112(S3), S256–S258. https://doi.org/10.2105/AJPH.2022.306867

LeClair, J., Potter, T. (2022). Planetary Health Nursing. In: *The American journal of nursing*, 122(4), 47–52. https://doi.org/10.1097/01.NAJ.0000827336.29891.9b.

McGregor, S. L. T. (2017). Transdisciplinary Pedagogy in Higher Education: Transdisciplinary Learning, Learning Cycles and Habits of Minds. In: P. Gibbs (Hrsg.). *Transdisciplinary Higher Education. A Theoretical Basis revealed in practice*. Springer, S. 3–16.

Philipp, T. & Schmohl, T. (2021). Transdisziplinäre Didaktik. In: T. Phlipp & T. Schmohl (Hrsg.) *Handbuch Transdisziplinäre Didaktik*. Bielefeld Transcript, S. 13–24.

Schmitz, D. & Ortloff, JH, (2024). Implementierung transdisziplinärer didaktischer Konzepte. In: Schmitz, D., Fiedler, M., Becker, H., Hatebur, S. & Ortloff, J.H. (Hrsg.). *Chronic Care in Wissenschaft und Praxis*. Springer, S. 487–492.

Sorensen, C., Campbell, H., Depoux, A., Finkel, M., Gilden, R., Hadley, K. et al. (2023). Core competencies to prepare health professionals to respond to the climate crisis. In: *PLOS Clim* 2(6): e0000230.

Wabnitz, K., Galle, S. & Hegge, L. (2021). Planetare Gesundheit – transformative Lehr- und Lernformate zur Klima- und Nachhaltigkeitskrise für Gesundheitsberufe. In: *Bundesgesundheitsblatt* 64, 378–383.

Watts, N., Adger, W. N., Agnolucci, P., Blackstock, J., Byass, P., Cai, W., Chaytor, S., Colbourn, T., Collins, M., Cooper, A., Cox, P. M., Depledge, J., Drummond, P., Ekins, P., Galaz, V., Grace, D., Graham, H., Grubb, M., Haines, A., … Costello, A. (2015). Health and climate change: policy responses to protect public health. In: *The Lancet*, 386(10006), 1861–1914. https://doi.org/10.1016/S0140-6736(15)60854-6

Fady Guirgis & Swantje Notzon

Health Co-Benefits als Gegenstand von Verhaltensexperimenten im Studium sozialer Berufe

Kurzzusammenfassung

Das Seminar »Gesundheit und Nachhaltigkeit« in den Bachelorstudiengänge Heilpädagogik und Soziale Arbeit an der Katholischen Hochschule Nordrhein-Westfalen thematisiert Möglichkeiten, Grenzen und Bedingungen von gesundem und umweltfreundlichem Verhalten. Die Studierenden führen dabei als Experiment eine Verhaltensänderung in einem selbst gewählten Bereich durch und beschreiben ihre Erfahrungen in einem Text. In dem Beitrag werden 29 Erfahrungsberichte aus dem Sommersemester 2023 und dem Wintersemester 2023/24 mittels qualitativer Inhaltsanalyse untersucht. Spürbar werden in der Analyse die Komplexität von Verhalten und seine Kontextabhängigkeit. Die Studierenden schildern insbesondere die Herausforderungen durch Verhaltensänderungen, die etablierten Sichtweisen ihres sozialen Umfelds entgegenstehen. Chancen, aber auch Grenzen von eigenen Bemühungen um nachhaltiges und gesundes Verhalten werden auf diese Weise deutlich. Der Beitrag diskutiert, welche Rolle Health Co-Benefits und Verhaltensexperimente für die Vermittlung von Klima- und Umweltkompetenz sowie Veränderungswissen, insbesondere im Studium sozialer Berufe, spielen können und sollten.

Lernziele

- Die Bedeutung von Umweltkrisen und Health Co-Benefits für die Arbeit in sozialen Berufen verstehen.

- Das Konzept und den Aufbau des Seminars »Gesundheit und Nachhaltigkeit« erfassen.
- Die Methode der Verhaltensexperimente in eigenen Lehrveranstaltungen anwenden können.
- Hilfreiche und hinderliche Faktoren in Bezug auf selbstständig durchgeführte Verhaltensänderungen von Studierenden einschätzen können.
- Die hilfreichen und hinderlichen Faktoren vor dem Hintergrund des sozialpsychologischen Forschungsstandes einordnen können.

1. Einführung und Verortung des Themas

Der zunehmende Ressourcenverbrauch einer wachsenden Weltbevölkerung führt zur ökologischen Überlastung des Planeten, wie das Modell der planetaren Grenzen zeigt (Richardson et al. 2023). Merz et al. (2023) sehen diesen als Symptom einer menschlichen Verhaltenskrise. Verhaltensweisen, die in früheren Zeiten Ausdruck von Anpassung an die Umwelt gewesen seien, etwa die Anhäufung und Verteidigung von Ressourcen, hätten inzwischen selbstzerstörerische Folgen. Insbesondere durch Wirtschaftswachstum und Marketing würden diese Verhaltensweisen so verändert, dass sie den Planeten schädigen. Während zu Recht in diesem Zusammenhang politische Lösungen, möglichst auf globaler Ebene, als besonders wirksam angesehen werden (van der Linden et al. 2021), könnten Chancen auch in der lokalen Erprobung neuer Verhaltensweisen innerhalb kleinerer Gemeinschaften bestehen, zumal Verhaltens- und politische Ebene sich gegenseitig beeinflussen.

Das Thema der Verhaltensänderungen wird oft auf das individuelle Verhalten als Konsument oder Konsumentin verengt. Dabei gehören zu klimafreundlichen und ressourcenschonenden Verhaltensweisen z. B. auch ehrenamtliches und politisches Engagement, Akzeptanz und Förderung neuer Technologien oder der (informelle) Austausch mit anderen über Umweltthemen (Whitmarsh et al. 2021, S. 76). Ein besonders vielversprechender Ansatz zur Verhaltensänderung besteht darin, sich Health Co-Benefits, also gesundheitsförderliche Nebeneffekte von ressourcenschonendem Verhalten, zunutze zu machen. Beispielsweise beugt eine vollwertige, pflanzenbasierte Ernährung der Entwicklung depressiver Symptome (Pye et al. 2022) und verschiedener körperlicher Erkrankungen vor (DeClercq et al. 2022; Patel et al. 2017). Gleichzeitig könnten die Treibhausgasemissionen der Landwirtschaft durch eine weltweise Verbreitung vollwertiger, pflanzbasierter Ernährungsformen um bis zu 80 Prozent reduziert werden (Pye et al. 2022). Körperliche Aktivität ist wirksam in der Vorbeugung und Behandlung eines ganzen Spektrums seelischer und körperlicher Erkrankungen (Firth et al. 2020; Lacombe et al. 2019) und kann z. B. dann zur Reduktion von Emissionen beitragen, wenn im Alltag Wegstrecken zu Fuß oder mit dem Fahrrad zurückgelegt werden. Werden solche Health Co-Benefits betont, lassen sich Teilnehmende von Studien leichter zu Verhaltensänderungen motivieren (Amelung et al. 2019; Wolstenholme et al. 2020).

Vertreter und Vertreterinnen sozialer Berufe, etwa Sozialarbeiter und Heilpädagoginnen, gestalten Gemeinschaften – z. B. in Wohn- und Bildungseinrichtungen – für alle Altersgruppen und im Stadtviertel. Sie benötigen deshalb Kenntnisse sowohl über die Ursachen und Auswirkungen von Klima- und anderen Umweltkrisen als auch über die genannten Lösungs- und Transformationsmöglichkeiten, um nachhaltige Veränderungen in Gemeinschaften zu unterstützen und Individuen, die Verhaltensänderungen anstreben, zu beraten.

2. Beschreibung des Seminars und seiner theoretischen Grundlagen

Das Seminar »Gesundheit und Nachhaltigkeit« wird an der Abteilung Münster der Katholischen Hochschule Nordrhein-Westfalen regelmäßig für Bachelorstudierende der Sozialen Arbeit und der Heilpädagogik als Wahlpflichtveranstaltung im Modul 20 »Gesundheit, Krankheit und Behinderung« angeboten. Im Seminar wird mit verschiedenen didaktischen Methoden und in unterschiedlichen Unterrichtsformen gearbeitet. Das Seminar beginnt mit einer Unterrichtseinheit zur Motivierenden Gesprächsführung über zwei Doppelstunden. Dabei werden Grundlagen im Unterrichtsgespräch erarbeitet und anschließend durch ein Quiz und eine Partnerübung vertieft. In der folgenden Sitzung werden anhand eines Textes von Frieters-Reermann et al. (2022, S. 319 f.) Dimensionen einer ökologisch orientierten Sozialen Arbeit vermittelt. Außerdem wird der Unterschied zwischen Verhältnis- und Verhaltensprävention eingeführt. In den folgenden Sitzungen werden konkrete Handlungsfelder wie Ernährung, Konsum und Besitz, Naturerleben, Bewegung und Hygiene unter dem Aspekt der Health Co-Benefits von nachhaltigem Verhalten betrachtet. Dabei wird Nachhaltigkeits- und Gesundheitswissen vermittelt. Die Methode der Motivierenden Gesprächsführung wird anhand der verschiedenen Bereiche geübt und vertieft und weitere psychologische Ansätze zur Unterstützung von Verhaltensänderungen, insbesondere das Mentale Kontrastieren (Krott et al. 2019), werden eingeführt. Das Herzstück des Seminars bilden die von den Studierenden selbstständig durchgeführten Verhaltensexperimente. Folgende Anleitung erhalten die Studierenden dafür:

»In Ihrer Tätigkeit als Heilpädagogen/Heilpädagoginnen oder Sozialarbeiter/Sozialarbeiterinnen werden Sie häufig versuchen, Menschen zu Verhaltensänderungen zu motivieren. Das kann z. B. ein gesünderer Lebensstil sein, der Verzicht auf Drogen oder ein anderer Umgang von Eltern mit ihrem Kind. Zentrale Erkenntnisse, die man dafür braucht, sind ein Verständnis dafür, wie schwierig Verhaltensänderungen sind, und ein Gefühl dafür, welche Faktoren diese beeinflussen. In diesem Seminar sollen Sie einen Selbstversuch starten. Sie sollen sich ein eigenes Verhalten vornehmen, das mit Gesundheit oder Nachhaltigkeit zu tun hat und das Sie verbessern möchten. Nehmen Sie sich einen konkreten Zeitraum vor, in dem Sie das Ziel erreichen wollen, und halten Sie Ihre Erfahrungen schriftlich fest.«

Die Erfahrungsberichte über das Verhaltensexperiment müssen Anfang der zweiten Semesterhälfte abgegeben werden. Ihnen wird dann eine eigene Sitzung gewidmet, in der insbesondere die Hürden und Hindernisse sowie die motivierenden und hilfreichen Faktoren herausgearbeitet werden. Im Folgenden soll eine qualitative Inhaltsanalyse Aufschluss darüber geben, welche Lernerfolge die Studierenden durch die Verhaltensexperimente erreichen konnten. In der anschließenden Diskussion werden diese vor dem Hintergrund der Seminarinhalte und der theoretischen Grundlagen eingeordnet.

3. Methodisches Vorgehen

Es wurde eine qualitative Inhaltsanalyse der Erfahrungsberichte nach Mayring durchgeführt (Mayring 1994). Die Datengrundlage bildeten 29 Erfahrungsberichte von Studierenden, die sich damit einverstanden erklärt hatten, ihre Erfahrungsberichte in pseudonymisierter Form für die Forschung zur Verfügung zu stellen.

Die Textarbeit begann mit der Sichtung der Daten und der Anfertigung erster Notizen. Anschließend wurde ein Kategoriensystem theoriegeleitet aus psychologischen und sozialwissenschaftlichen Erkenntnissen zu den Bedingungen von Verhaltensänderungen abgeleitet und in einem Kodierleitfaden festgehalten.

In der Materialdurcharbeitung wurden die Daten Zeile für Zeile den Kategorien zugeordnet. Dabei wurde das Kategoriensystem induktiv aus dem Material ergänzt. Die Ergebnisse wurden anschließend in den einzelnen Hauptkategorien zusammengefasst und interpretiert. Bei der Darstellung der Ergebnisse wird jeweils in Klammern angegeben, aus welchen Erfahrungsberichten (EB) sich eine Erkenntnis ergibt.

4. Ergebnisse

Gründe für die Wahl der Verhaltensänderungen

Die Verhaltensänderungen wurden überwiegend mit individuellen gesundheitlichen Vorteilen begründet. Nur zwei Personen begründeten ihre Verhaltensänderung ausschließlich mit der Klimawirkung des Verhaltens

(EB 5, EB7). Von anderen wurden positive Auswirkungen auf die Umwelt als weiteres Argument für die Verhaltensänderungen neben gesundheitlichen oder anderen Gründen genannt (EB2, EB3, EB6, EB12, EB14, EB22, EB28). Einige Studierende nannten gesundheitliche Beschwerden oder Erkrankungen als Anlass (EB18, EB20, EB24, EB25, EB27, EB28). Der Großteil der Verhaltensänderungen war auch vor dem Hintergrund des Ziels einer klimafreundlichen Lebensgestaltung sinnvoll, selbst wenn dies als Begründung nicht explizit angeführt wurde. So versuchte eine Person, mit dem Rauchen aufzuhören. Dabei ist Zigarettenrauchen für immerhin ca. 0,2 Prozent der globalen Treibhausgasemissionen und weitere Umweltschäden verantwortlich (Zafeiridou et al. 2018). Eine andere Person reduzierte ihre Bildschirmzeit, wodurch sie ebenfalls Treibhausgase einsparte (Dutta et al. 2024). Das Erlernen und Einüben von Entspannungsverfahren, das insgesamt von drei Studierenden berichtet wurde, wirkt sich zwar nicht direkt auf den Klimawandel aus. Studien geben aber erste Hinweise darauf, dass z. B. Achtsamkeit und regelmäßiges Meditieren mit umweltfreundlichem Verhalten assoziiert sind (Panno et al. 2018; Ray et al. 2021; Thiermann & Sheate 2022), sodass zumindest indirekte Auswirkungen möglich erscheinen. Mit 19 von 29 Studierenden hatte sich die große Mehrheit für eine Änderung des Ernährungs- oder Trinkverhaltens entschieden. Dabei hatten zwölf dieser Studierenden eine vegane, vegetarische oder fleischarme Ernährungsform gewählt, die auch Treibhausgase reduziert (Pye et al. 2022). Bei den zwei Studierenden, die auf das Auto verzichtet hatten, wurden dadurch ebenfalls Treibhausgase eingespart. Die verbleibenden drei Studierenden hatten Sport im Fitnessstudio oder als Morgenroutine gemacht. Auch hierdurch könnte zumindest indirekt klimafreundliches Verhalten begünstigt werden, da es sportlichen Menschen leichter fallen dürfte, Strecken zu Fuß oder mit dem Fahrrad zurückzulegen. Nur fünf Studierende strebten über den gewählten Zeitraum des Experiments hinaus eine langfristige Verhaltensänderung an, sodass das Format der Verhaltensexperimente alleine nicht geeignet erscheint, um langfristige Verhaltensänderungen zu erreichen.

Tab. 1 zeigt die Arten der Verhaltensänderungen in den 29 Erfahrungsberichten (EB):

Kategorie der Verhaltensänderung	Art der Verhaltensänderung (Nummer(n) des/der Erfahrungsberichte(s))	Angestrebte Dauer der Verhaltensänderung
Suchtmittelverzicht	Aufhören mit dem Rauchen (EB23)	langfristig
	Bildschirmzeit reduzieren (EB26)	4 Wochen
Entspannung	1 x regelmäßige Teilnahme an einem Kurs »Autogenes Training« (EB1)	14 Wochen
	2 x täglich Meditieren (EB8, EB13)	1 Woche
Ernährungsumstellung	4 x vegetarische Ernährung (1 x + regelmäßiger Sport) (EB7, EB14, EB16, EB19)	1–2 Wochen
	6 x vegane Ernährung (1 x + Zuckerverzicht) (EB6, EB10, EB12, EB20, EB22, EB29)	1 Woche bis langfristig
	gesündere Ernährung gemäß medizinischer Empfehlung (EB18)	langfristig
	Low-Carb-Ernährung (EB11)	langfristig
	2 x Reduktion des Fleischkonsums (EB2, EB28)	langfristig
	Verzicht auf koffeinhaltige Getränke (EB21)	2 Wochen
	Frühstücken (EB24)	2 Wochen
	Verzicht auf Süßigkeiten (EB15)	6 Monate

Kategorie der Verhaltensänderung	Art der Verhaltensänderung (Nummer(n) des/der Erfahrungsberichte(s))	Angestrebte Dauer der Verhaltensänderung
Ernährungsumstellung	Verzicht auf Zucker (EB25)	2 Wochen
	täglich mindestens 1,5 Liter trinken (EB9)	4 Wochen
Mobilitätsverhalten	2 x Verzicht auf das Auto (EB3, EB5)	1–2 Wochen
Sport	2 x zwei- bis dreimal wöchentlich Sport im Fitnessstudio (EB4, EB17)	4 Wochen
Biorhythmus	regelmäßiges Aufstehen + sportliche Morgenroutine (EB27)	ein Monat

Motivierende und hilfreiche Faktoren

Insgesamt wurde in den Erfahrungsberichten eine Vielzahl motivierender Faktoren benannt. Soziale Unterstützung und gemeinsames Handeln mit anderen wurden häufig als hilfreich für Verhaltensänderungen bewertet (EB1, EB5, EB15, EB16, EB17, EB19, EB22): So wurden bei der Ernährung wiederholt der Austausch mit Freundinnen und Freunden oder Verwandten, die sich bereits vegan/vegetarisch ernähren, oder die Motivation durch diese sowie gemeinsames Kochen als wertvoll benannt (EB 2, EB10, EB19). Auch das Informieren anderer über die Verhaltensänderung, um Nachfragen oder Drängen der anderen zu vermeiden, wurde als sinnvoll bewertet (EB15, EB29). Daneben beeinflussten weitere Rahmenbedingungen und organisatorische Faktoren das Verhalten: Das feste Ziel und den festen Zeitraum, die sich aus der Aufgabe ergaben, empfanden viele Studierende als hilfreich (EB3, EB4, EB6, EB9, EB25). Mehrere Studierende führten ein Protokoll oder Tagebuch, um ihre Erfolge oder Misserfolge festzuhalten, was teilweise als nützlich bewertet wurde (EB1, EB2, EB 3, EB4, EB5, EB6, EB8, EB9, EB13, EB14, EB21, EB26, EB29). Auch im Vorhinein angefertigte Wochenpläne, eine genaue (auch zeitliche) Planung des zukünftigen Verhaltens und andere vorbereitende Maßnahmen wurden teilweise als förderlich empfunden (EB6, EB10, EB16, EB17, EB18, EB22, EB24). Einige Studierende konnten durch das Verhaltensexperiment herausfinden, welche Faktoren ihnen individuell die Verhaltensänderung erleichtern (EB4, EB8, EB17, EB28), z. B. schilderte ein(e) Studierende(r) in Bezug auf Fleischkonsum eine schrittweise Reduktion als hilfreiches Vorgehen (EB28). Einige Studierende berichteten, dass am Wochenende das Aufrechterhalten der Verhaltensänderung leichter gefallen sei als unter der Woche (EB4, EB17, EB21, EB24).

Auch das innere Erleben der Studierenden beeinflusste das Verhalten: Manche stellten überrascht fest, dass sie ihre gewohnten Verhaltensweisen nicht vermissten (EB2, EB6, EB7, EB10, EB18, EB24, EB25). In vielen Fällen wurden Verhaltensweisen mit der wiederholten Durchführung leichter (EB8, EB9, EB10, EB12, EB13, EB18, EB20, Eb25). Eine(r) Studierende(r) betonte aber auch, dass Ausnahmen vom gewünschten Verhalten hilfreich sein können, um die Freude an der Sache nicht zu verlieren (EB16). Auch kurzfristige (teilweise überraschende) positive Effekte der Verhaltensänderung wirkten motivierend (EB8, EB13, EB17, EB18, EB20, EB21, EB24, EB25, EB27, EB28). Selbstdisziplin (EB2, EB16), Willenskraft (EB27) und Stolz darauf, die Verhaltensänderung geschafft zu haben (EB 2, EB 3, EB 4, EB14, EB17, EB23), wurden z. T. als wichtige Faktoren genannt.

Faktenwissen kann motivierend wirken (EB1, EB2, EB3, EB6, EB7, EB8, EB14, EB19, EB26, EB28). So begründete ein(e) Studierende(r) ihre/seine Verhaltensänderung mit einer »intensiven Auseinandersetzung mit den Konsequenzen eines hohen Fleischkonsums durch Recherche im Internet und den Austausch mit Freunden« (EB 2) sowie der »Aufklärung in dem Seminar« (EB 2). Ein(e) andere(r) berichtete von einem gestiegenen »Misstrauen gegenüber tierischen Produkten« (EB19). Ein Studierende(r) berechnete, wie viel CO_2 sie/er durch eine Woche Fleischverzicht eingespart hatte (EB7). Mehrere berichteten, zur Vorbereitung auf die Verhaltensänderung Informationen über die vegane/vegetarische Ernährung oder Rezepte recherchiert zu haben (EB 2, EB 6, EB12, EB19).

Gerade bei den Ernährungsumstellungen ergaben sich spezifische begünstigende Faktoren: Ein vegetarisches/veganes Essensangebot in der Mensa (EB10, EB22, EB29) oder auf der Arbeit (EB29) wurde als hilfreich erlebt. Das Tierwohl wurde wiederholt als Grund für vegane/vegetarische Ernährung genannt (EB2, EB14, EB22). Neugier auf bestimmte Produkte und/oder Freude am Ausprobieren dieser wurden als motivierende Aspekte angegeben (EB 2, EB7, EB22). Die Befürchtung, dass vegane/vegetarische Ernährung teurer sein könnte, bestätigte sich bei einigen Studierenden nicht (EB6, EB7, EB10). Außerdem wurden Ernährungsumstellungen aufgrund der Verfügbarkeit von Alternativprodukten als unproblematisch erlebt (EB12, EB15, EB19, EB25, EB29).

Hürden und Hindernisse

Auch bei den Hürden und Hindernissen gab es solche, die allgemein verbreitet waren, und solche, die speziell bei bestimmten Verhaltensänderungen beschrieben wurden. Als die Alltagsorganisation betreffende Schwierigkeiten wurden z. B. zu viele andere Termine und Stress genannt sowie Probleme damit, die Verhaltensänderung am Wochenende aufrechtzuerhalten (EB15, EB16, EB18, EB22, EB23, EB27).

Die Studierenden sahen auch Hürden in sich selbst bzw. in ihrer persönlichen Lebensführung, z. B. eine Gewöhnung an die bisherigen Verhaltensmuster, (EB2, EB19, EB23, EB24), fehlende Willenskraft bzw. Motivation (EB9, EB19, EB26), eine abnehmende Motivation im Lauf des Experiments (EB6, EB21, EB22, EB23, EB24, EB26) und Schwierigkeiten damit, für die Verhaltensänderung früh aufzustehen (EB5, EB13, EB17, EB24). Das Wiedereinsteigen in Aktivitäten nach Unterbrechungen bzw. Ausnahmen konnte mühevoll sein (EB3, EB4, EB17, EB22, EB27), auch im Zusammenhang mit dem Gefühl, bereits »gescheitert« zu sein (EB17).

Als gesundheitliche Faktoren, die die Umsetzung der avisierten Verhaltensänderung beeinträchtigten, wurden z. B. Erschöpfung (EB5), Kreislaufprobleme (EB1), Schlafmangel (EB4, EB5, EB13), (befürchtete) Entzugserscheinungen (EB21, EB23, EB25) und Infekte (EB22, EB7) genannt.

Fehlende soziale Unterstützung bzw. die Einbindung in Gemeinschaften, die sich nicht an der Verhaltensänderung beteiligten, wurden von vielen Studierenden als Hürden beschrieben (EB2, EB3, EB7, EB12, EB14, EB15, EB16, EB19, EB20, EB22, EB23, EB26, EB27, EB28, EB29). Ein(e) Studierende(r) schrieb z. B.: »Mir wurde schnell deutlich, dass Essen oft abhängig ist von den Menschen, die einen umgeben, und auch der Gruppenzwang eine Rolle spielen kann.« (EB2) Ein(e) andere(r) schilderte mehrere Situationen, in denen ihr/ihm Essen mit Fleisch angeboten wurde und sie/er entweder vergaß, dies abzulehnen, oder nichts anderes zu essen vorhanden war (EB14). Ein(e) Studierende(r), die mit kleineren Geschwistern noch im Elternaus lebte, schrieb über ihr/sein Experiment des Fleischverzichts: »Meine kleine Schwester, welche eine geistige Behinderung hat, hat das sehr gestört, da wir sonst immer alle das gleiche [sic!] essen und es so eine Änderung in ihrem Umfeld war.« (EB7) Auch bemerkte sie/er: »Meine Großeltern konnten damit gar nichts anfangen und haben nur gesagt das [sic!] es neumodischer Quatsch sei und sie es damals doch auch ganz normal überlebt haben.« (EB7) Eine(r) Studierende(r) beschrieb die Situation in ihrer/seiner Familie während des Versuchs, die Ernährung pflanzlicher zu gestalten, folgendermaßen: »Konflikte und Diskussionen darüber, ob Fleisch essentiell für den Menschen als Fleischesser sei, wurden nahezu täglich […] geführt.« (EB28)

Neben Hindernissen, die sich auf alle Arten von Verhaltensänderungen auswirkten, gab es auch solche, die nur bei bestimmten Verhaltensänderungen auftraten. In Bezug auf die besonders klimarelevanten Ernährungsumstellungen wurden folgende spezifische Hürden genannt:

Einige Studierende berichteten, vegane Ersatzprodukte (z. B. Fleischersatzprodukte [EB2], vegane Schokolade [EB6], Hafermilch [EB12], veganer [Frisch-]Käse [EB12, EB20]) oder andere neue Nahrungsmittel seien für sie nicht attraktiv bzw. schmeckten ihnen nicht (EB2, EB6, EB10, EB12, EB18, EB20, EB28, EB29). Trotz Verzichts auf einige tierische Produkte abwechslungsreich zu essen, wurde z. T. als schwierig erlebt (EB2, EB10, EB20). Dass vegane oder vegetarische Ersatzprodukte teurer seien, wurden ebenfalls als Hindernis beschrieben (EB6, EB10, EB12, EB20,

28). Ernährungsumstellungen wurden als zeitaufwendig und anspruchsvoll (EB6, EB10, EB12, EB16, EB19, EB22, EB25) erlebt. Das Vermissen bestimmter Lebensmittel, die normalerweise gerne gegessen wurden (z. B. Wurst [EB7], Käse [EB12]), wurde ebenfalls beschrieben (EB7, EB12, EB15, EB19). Vier Studierende berichteten nach Ernährungsumstellungen von Schwierigkeiten, in der Mensa oder im Restaurant ein passendes Gericht zu finden (EB12, EB18, EB19, EB20). Zudem wurden als mögliche Nachteile einer veganen Ernährung die Notwendigkeit von Supplementen, etwa Vitamin B12 (EB19, EB29), sowie der höhere Aufwand einer besonders bewussten Ernährungsweise (EB22) genannt (EB19, EB22, EB29). Eine Studierende begründete die Bevorzugung einer vegetarischen gegenüber einer veganen Ernährung mit der Sorge, dass die vegane Ernährung sie für ihren Sport nicht ausreichend stärken könnte (EB2). Auch die Normalität innerhalb der Kultur wurde als Grund für Fleischkonsum angegeben (EB7).

Für den Verzicht auf das Auto wurden ebenfalls spezifische Hürden genannt: Schlechte Verbindungen im Öffentlichen Personennahverkehr erschwerten den Umstieg auf diese Verkehrsmittel insofern, als dadurch Wege länger dauerten (EB3, EB5) sowie längere Fußwege und Aufenthalte allein an als unsicher erlebten Orten (z. B. nachts am Bahnhof [EB3]) notwendig wurden. Auch erschwerten die Verbindungen das pünktliche Erreichen des Zielortes (EB5). Erschwerende Umstände für den Umstieg auf das Fahrrad waren schlechtes Wetter (z. B. Kälte, Regen) (EB3, EB5), die Notwendigkeit, Kinder zu transportieren (EB3), und Bequemlichkeit (EB3, EB5).

5. Diskussion

> »Ich fand dieses ›Experiment‹ sehr interessant und belehrend, weil man am eigenen Leib erfahren hat, wie schwer eigentlich so eine Verhaltensänderung ist […], aber auch zu erfahren, was dabei hilf[t,] ein Verhalten längerfristig und nachhaltig zu verändern.« (EB9)

Die/der Autor(in) dieses Zitats hat das Ziel des Seminars gut erfasst. Durch die Verhaltensexperimente sollten die Studierenden Möglichkeiten und Grenzen von Verhaltensänderungen am Beispiel von gesundem und nachhaltigem Verhalten kennenlernen.

Als eine zentrale Erkenntnis wurde den Studierenden deutlich, wie wichtig soziale Einflüsse auf das Verhalten sind und dass diese sowohl förderlich als auch hinderlich sein können. Diese aus der Sozialpsychologie bekannte Erkenntnis (Hewstone & Martin 2023, S. 265–308) zeigt, dass gesundes und nachhaltiges Verhalten in erster Linie in Gemeinschaften und auf systemischer Ebene etabliert werden sollte, statt es primär von Einzelpersonen zu verlangen.

Konkrete Zieldefinitionen, definierte Zeiträume für die Verhaltensänderung, genaue Planung sowie Tagebücher sind von den Studierenden beobachtete und bekanntermaßen hilfreiche Aspekte, die sich beispielsweise in der Motivierenden Gesprächsführung wiederfinden (Weigl & Mikutta 2019, S. 29–32).

Die Erfahrungsberichte zeigten auch, dass Herausforderungen und hilfreiche Faktoren zum Teil sehr individuell sind: Bei manchen wurde der Einkauf nach der Ernährungsumstellung teurer, bei manchen nicht. Bei manchen war die Aufrechterhaltung der Verhaltensänderung am Wochenende schwieriger, bei manchen leichter. Diese Erkenntnis, dass die Voraussetzungen für Verhaltensänderungen bei Menschen unterschiedlich sind, ermöglicht eine empathische Begleitung von Adressatinnen und Adressaten sozialer Berufe. Die angehenden Sozialarbeiterinnen und Heilpädagogen wissen dann nicht nur, sondern fühlen auch: Was mir leichtfällt, kann anderen schwerfallen. Dabei erkennen die Studierenden durch ihre Verhaltensexperimente idealerweise auch, dass es sinnvoll ist, die Faktoren, die ein Verhalten erleichtern oder erschweren, genau zu erfragen und dabei nicht nur bei den offensichtlichsten Aspekten zu bleiben. Auch dieses Vorgehen ist Teil der Motivierenden Gesprächsführung (Weigl & Mikutta 2019, S. 22–29).

Interessanterweise drehten sich 19 von 29 Erfahrungsberichten um eine Ernährungsumstellung, meist um eine vegane oder vegetarische Ernährung. Das könnte zum einen daran liegen, dass diese Ernährungsformen Vorteile sowohl für die Umwelt als auch für die Gesundheit haben (Pye et al. 2022) und damit ein Beispiel für Health Co-Benefits sind, die auch Thema des Seminars waren. Zum anderen könnte diese Entscheidung der Studierenden für ein besonders großes Problembewusstsein auf diesem Feld sprechen, das möglicherweise in anderen Bereichen (z.B. beim Konsum von Gegenständen) noch weniger ausgeprägt ist. Auch könnte es sein, dass die Ernährung mehr dem eigenen Einfluss unterliegt, während andere Bereiche stärker von den gesellschaftlichen Rahmenbedingungen abhängen (z.B. das Mobilitätsverhalten von der Verfügbarkeit von Alternativen zum Auto wie öffentlichem Nahverkehr). Außerdem lässt sich eine Änderung des Ernährungsverhaltens in kurzer Zeit umsetzen, während andere potenziell nachhaltige Entscheidungen (z.B. für gebrauchte Elektronik oder Kleidung) in den wenigen Wochen des Semesters für die Studierenden möglicherweise gar nicht umsetzbar waren.

Dass die meisten Studierenden ihre Verhaltensänderungen überwiegend mit gesundheitlichen Vorteilen oder mit Auswirkungen auf Gesundheit und Klima und seltener nur mit der Umweltwirkung des Verhaltens begründeten, unterstreicht die wissenschaftlich bereits bestätigte Nützlichkeit des Konzepts der Health Co-Benefits für das Erreichen von umweltbewusstem Verhalten (Amelung et al. 2019). Durch das Seminar werden die Studierenden dazu befähigt, den Zusatznutzen von Klimaschutzmaßnahmen zu erkennen und bei der Implementation von Klimaschutz in der Praxis zu bedenken. Sie erfahren außerdem, dass die Betonung von Health Co-Benefits in der Klimakommunikation von Vorteil sein kann.

Auch wenn nur ein kleiner Teil der Studierenden während des Seminars eine langfristige Verhaltensänderung anstrebte, berichteten einige, zumindest Teile des neuen Verhaltens aufrechterhalten zu wollen oder ein Gefühl dafür bekommen zu haben, dass und wie Verhalten verändert werden kann. Durch das Seminar und die Verhaltensexperimente werden die Studierenden für die Rahmenbedingungen von Verhalten sensibilisiert und in die Lage versetzt, an der Gestaltung einer Gesellschaft mitzuwirken, die ein gesundes und klimafreundliches Verhalten ermöglicht. Das könnte für den späteren Arbeitsalltag der Studierenden z. B. bedeuten, Gruppenangebote zur Begleitung von Verhaltensänderungen zu machen, damit Menschen sich gegenseitig motivieren, oder das Essensangebot in einer sozialen Einrichtung insgesamt gesund und nachhaltig zu gestalten, sodass den Adressaten und Adressatinnen die Auswahl leicht gemacht wird. Für eine spätere Tätigkeit in der Bildungsarbeit werden die Studierenden insofern befähigt, als das Seminar und die Verhaltensexperimente zum Erlernen von Kompetenzen beitragen, die für die Bildung für nachhaltige Entwicklung (BNE) von Bedeutung sind, z. B. die Kompetenz zum vernetzten Denken, Kompetenz zum vorausschauenden Denken, Kompetenz zum kritischen Denken, Selbstkompetenz und integrierte Problemlösekompetenz (Rieckmann 2021, S. 12).

Als Limitation der dargestellten Untersuchung sollte benannt werden, dass die Studierenden zwar in ihrer Verhaltensänderung begleitet wurden, letztlich aber nicht ausgeschlossen werden kann, dass in den Erfahrungsberichten nicht alles wahrheitsgemäß berichtet wurde oder sogar Teile erfunden wurden.

Drei Literaturtipps mit Kurzbeschreibung

1. Kehnel, Annette (2021): *Wir konnten auch anders. Eine kurze Geschichte der Nachhaltigkeit*. München: Blessing.
   Die Professorin für Mittelalterliche Geschichte versammelt historische Beispiele für ressourcenschonendes, nachhaltiges und gemeinnütziges Denken und Handeln und leitet daraus Perspektiven für die Zukunft ab.
2. Pfaff, Tino; Schramkowski, Barbara; Lutz, Ronald (Hg.) (2022): *Klimakrise, sozialökologischer Kollaps und Klimagerechtigkeit. Spannungsfelder für Soziale Arbeit*. 1. Auflage. Weinheim, Basel, Grünwald: Beltz Juventa.
   Die Aufsatzsammlung beleuchtet verschiedenste Aspekte sozialer Arbeit im Kontext der Klimakrise und regt zum wissenschaftlichen Weiterdenken an.

3. Traidl-Hoffmann, C. et al. (Hrsg.) (2021). *Planetary Health. Klima, Umwelt und Gesundheit im Anthropozän.* MWV Medizinisch Wissenschaftliche Verlagsges. mbH & Co. KG. Berlin.
   Der Sammelband enthält Beiträge zu verschiedensten Aspekten der planetaren Gesundheit, beginnend mit einer Beschreibung des Konzepts der planetaren Grenzen über die Auswirkungen der ökologischen Krisen auf die Arbeit in unterschiedlichen medizinischen Fachdisziplinen bis hin zu den Handlungsmöglichkeiten von Menschen in Gesundheitsberufen.

Drei didaktische Hinweise

1. Bei der Einführung in die motivierende Gesprächsführung bietet es sich an, mit den Studierenden zunächst – natürlich augenzwinkernd – zu erarbeiten, wie »demotivierende Gesprächsführung« aussehen könnte, wie man also mit jemandem sprechen müsste, um ihr oder ihm Willen und Mut zur Verhaltensänderung zu nehmen. Die Studierenden kommen dabei von selbst darauf zu sprechen, dass es z. B. demotivierend wirkt, Menschen ein schlechtes Gewissen zu machen oder sie in aggressivem Tonfall mit den negativen Konsequenzen ihres eigenen Verhaltens zu konfrontieren.
2. Beim Themenkomplex »Ernährung« *können in einer Gruppenarbeit verschiedene vereinfachende Konzepte zur gesunden Ernährung verglichen werden. Geeignet sind* z. B. die Empfehlungen der DGE (Deutsche Gesellschaft für Ernährung e. V. 2024), die Ernährungspyramide (Bundeszentrum für Ernährung 2024), der Nutriscore (Bundesministerium für Ernährung und Landwirtschaft 2020) und die Planetary Health Diet (Willett et al. 2019). Es werden vier Gruppen gebildet, die sich jeweils mit einem Konzept beschäftigen und dieses anschließend den anderen Gruppen vorstellen, wobei sie die Vor- und Nachteile des Konzeptes bewerten. Die Studierenden erlernen so Möglichkeiten, das komplexe Thema Ernährung auf einfache Empfehlungen herunterzubrechen, erkennen aber auch die Grenzen dieses Vorgehens und erlan-

gen die Fähigkeit, Materialien für eine zukünftige Bildungs- und Beratungstätigkeit in Ernährungsfragen kritisch auszuwählen.

3. Rund um die Themen »Nachhaltigkeit« und »Gesundheit« kursieren hartnäckige Mythen und Halbwissen (z.B. »Homöopathie wirkt«). Studierende müssen die Möglichkeit haben, solche vermeintlichen Kenntnisse und Überzeugungen einzubringen, ohne »lächerlich« gemacht zu werden. Dozierende sollten deshalb auch auf wissenschaftlich falsche Behauptungen wertschätzend reagieren und diese ernst nehmen, aber mit plausiblen Argumenten im freundlichen Ton widerlegen.

Literatur

Amelung, D., Fischer, H., Herrmann, A., Aall, C., Louis, V.R., Becher, H., Wilkinson, P. & Sauerborn, R. (2019). Human health as a motivator for climate change mitigation: results from four European high-income countries. In: *Global Environmental Change, 57*, 101918. https://doi.org/10.1016/j.gloenvcha.2019.05.002

Bundesministerium für Ernährung und Landwirtschaft. (2020). *Nutri-Score.* https://www.bmel.de/DE/themen/ernaehrung/lebensmittel-kennzeichnung/freiwillige-angaben-und-label/nutri-score/nutri-score_node.html

Bundeszentrum für Ernährung. (2024). *Die Ernährungspyramide. Die Basis für ihren täglichen Genuss.* https://www.bzfe.de/ernaehrung/die-ernaehrungspyramide/die-ernaehrungspyramide-eine-fuer-alle/

DeClercq, V., Nearing, J.T. & Sweeney, E. (2022). Plant-Based Diets and Cancer Risk: What is the Evidence? In: *Current Nutrition Reports, 11*(2), 354–369. https://doi.org/10.1007/s13668-022-00409-0

Deutsche Gesellschaft für Ernährung e.V. (2024). *Gut essen und trinken – die DGE-Empfehlungen.* https://www.dge.de/gesunde-ernaehrung/gut-essen-und-trinken/dge-empfehlungen/

Dutta, D., Cheela, V.S., Dubey, B., Kumar, S. & Goel, S. (2024). Evaluation of environmental impacts of mobile phones in India using life cycle assessment technique. In: *International Journal of Environmental Science and Technology*, 1–16. https://doi.org/10.1007/s13762-024-05867-3

Firth, J., Solmi, M., Wootton, R.E., Vancampfort, D., Schuch, F.B., Hoare, E., Gilbody, S., Torous, J., Teasdale, S.B., Jackson, S.E., Smith, L., Eaton, M., Jacka, F.N., Veronese, N., Marx, W., Ashdown-Franks, G., Siskind, D., Sarris, J., Rosenbaum, S., . . . Stubbs, B. (2020). A meta-review of »lifestyle psychiatry«: the role of exercise, smoking, diet and sleep in the prevention and treatment of mental disorders. In: *World psychiatry : official journal of the World Psychiatric Association (WPA)*, *19*(3), 360–380. https://doi.org/10.1002/wps.20773

Frieters-Reermann, N., Hieronymus, S. & Michel, L.M. (2022). Umweltgerechtigkeit und Klimakrise. Annäherung an eine ökologisch-reflexive Soziale Arbeit. In: T. Pfaff, B. Schramkowski & R. Lutz (Hrsg.). *Klimakrise, sozialökologischer Kollaps und Klimagerechtigkeit. Spannungsfelder für Soziale Arbeit* (1. Auflage. Beltz Juventa, S. 314–325.

Hewstone, M. & Martin, R. (2023). Sozialer Einfluss. In: J. Ullrich, W. Stroebe & M. Hewstone (Hrsg.). *Sozialpsychologie*. Springer Berlin Heidelberg, S. 265–309. https://doi.org/10.1007/978-3-662-65297-8_8

Kehnel, Annette (2021): *Wir konnten auch anders. Eine kurze Geschichte der Nachhaltigkeit*. München: Blessing.

Krott, N.R., Marheinecke, R. & Oettingen, G. (2019). Mentale Kontrastierung und WOOP fördern Einsicht und Veränderung. In: S. Rietmann & P. Deing (Hrsg.). *Psychologie der Selbststeuerung*. Springer Fachmedien Wiesbaden, S. 187–212. https://doi.org/10.1007/978-3-658-24211-4_9

Lacombe, J., Armstrong, M.E.G., Wright, F.L. & Foster, C. (2019). The impact of physical activity and an additional behavioural risk factor on cardiovascular disease, cancer and all-cause mortality: a systematic review. In: *BMC Public Health*, *19*(1), 900. https://doi.org/10.1186/s12889-019-7030-8

Mayring, P. (1994). Qualitative Inhaltsanalyse. In: A. Boehm (Hrsg.). *Schriften zur Informationswissenschaft. Bd. 14. Texte verstehen: Konzepte, Methoden, Werkzeuge.* Univ.-Verl. Konstanz, S. 159–175.

Merz, J.J., Barnard, P., Rees, W.E., Smith, D., Maroni, M., Rhodes, C.J., Dederer, J.H., Bajaj, N., Joy, M.K., Wiedmann, T. & Sutherland, R. (2023). World scientists' warning: The behavioural crisis driving ecological overshoot. In: *Science progress*, *106*(3), 368504231201372. https://doi.org/10.1177/00368504231201372

Panno, A., Giacomantonio, M., Carrus, G., Maricchiolo, F., Pirchio, S. & Mannetti, L. (2018). Mindfulness, Pro-environmental Behavior, and Belief in Climate Change: The Mediating Role of Social Dominance. In: *Environment and Behavior*, *50*(8), 864–888. https://doi.org/10.1177/0013916517718887

Patel, H., Chandra, S., Alexander, S., Soble, J. & Williams, K.A. (2017). Plant-based nutrition: An essential component of cardiovascular disease prevention and management. In: *Current cardiology reports*, *19*, 1–10.

Pfaff, Tino; Schramkowski, Barbara; Lutz, Ronald (Hg.) (2022): *Klimakrise, sozialökologischer Kollaps und Klimagerechtigkeit. Spannungsfelder für Soziale Arbeit.* 1. Auflage. Weinheim, Basel, Grünwald: Beltz Juventa.

Pye, A., Bash, K., Joiner, A. & Beenstock, J. (2022). Good for the planet and good for our health: the evidence for whole-food plant-based diets. In: *BJPsych International*, *19*(4), 90–92. https://doi.org/10.1192/bji.2022.7

Ray, T.N., Franz, S.A., Jarrett, N.L. & Pickett, S.M. (2021). Nature Enhanced Meditation: Effects on Mindfulness, Connectedness to Nature, and Pro-Environmental Behavior. In: *Environment and Behavior, 53*(8), 864–890. https://doi.org/10.1177/0013916520952452

Richardson, K., Steffen, W., Lucht, W., Bendtsen, J., Cornell, S.E., Donges, J.F., Drüke, M., Fetzer, I., Bala, G., Bloh, W. von, Feulner, G., Fiedler, S., Gerten, D., Gleeson, T., Hofmann, M., Huiskamp, W., Kummu, M., Mohan, C., Nogués-Bravo, D., ... Rockström, J. (2023). Earth beyond six of nine planetary boundaries. In: *Science advances, 9*(37), eadh2458. https://doi.org/10.1126/sciadv.adh2458

Rieckmann, M. (2021). Bildung für nachhaltige Entwicklung.In: *merz | medien + erziehung, 65*(4), 12–19. https://doi.org/10.21240/merz/2021.4.7

Thiermann, U.B. & Sheate, W.R. (2022). How Does Mindfulness Affect Pro-environmental Behaviors? A Qualitative Analysis of the Mechanisms of Change in a Sample of Active Practitioners. In: *Mindfulness, 13*(12), 2997–3016. https://doi.org/10.1007/s12671-022-02004-4

Traidl-Hoffmann, C. et al. (Hrsg.) (2021). *Planetary Health. Klima, Umwelt und Gesundheit im Anthropozän.* MWV Medizinisch Wissenschaftliche Verlagsges. mbH & Co. KG. Berlin: MWV Medizinisch Wissenschaftliche Verlagsgesellschaft.

van der Linden, S., Pearson, A.R. & van Boven, L. (2021). Behavioural climate policy. In: *Behavioural Public Policy, 5*(4), 430–438. https://doi.org/10.1017/bpp.2020.44

Weigl, T. & Mikutta, J. (2019). *Motivierende Gesprächsführung.* Springer Fachmedien Wiesbaden. https://doi.org/10.1007/978-3-658-24481-1

Whitmarsh, L., Poortinga, W. & Capstick, S. (2021). Behaviour change to address climate change. In: *Current opinion in psychology, 42*, 76–81. https://doi.org/10.1016/j.copsyc.2021.04.002

Willett, W., Rockström, J., Loken, B., Springmann, M., Lang, T., Vermeulen, S., Garnett, T., Tilman, D., DeClerck, F., Wood, A., Jonell, M., Clark, M., Gordon, L.J., Fanzo, J., Hawkes, C., Zurayk, R., Rivera, J.A., Vries, W. de, Majele Sibanda, L., ... Murray, C.J.L. (2019). Food in the Anthropocene: the EAT-Lancet Commission on healthy diets from sustainable food systems. In: *Lancet (London, England), 393*(10170), 447–492. https://doi.org/10.1016/S0140-6736(18)31788-4

Wolstenholme, E., Poortinga, W. & Whitmarsh, L. (2020). Two Birds, One Stone: The Effectiveness of Health and Environmental Messages to Reduce Meat Consumption and Encourage Pro-environmental Behavioral Spillover. In: *Frontiers in psychology, 11*, 577111. https://doi.org/10.3389/fpsyg.2020.577111

Zafeiridou, M., Hopkinson, N.S. & Voulvoulis, N. (2018). Cigarette Smoking: An Assessment of Tobacco's Global Environmental Footprint Across Its Entire Supply Chain. In: *Environmental Science & Technology, 52*(15), 8087–8094. https://doi.org/10.1021/acs.est.8b01533

Viviane Scherenberg

Umweltbezogene Gesundheitskompetenz: Vermittlung von relevanten Umwelt- und Gesundheitsthemen in Zeitalter des Klimawandels

Kurzzusammenfassung

Der Klimawandel bringt sowohl direkte (z.B. Hitzewellen, Stürme) als auch indirekte Folgen (z.B. Luftqualität, Infektionskrankheiten) für die menschliche Gesundheit mit sich (Ebi et al. 2020). Um Angehörige im Setting Schule (Lehrende sowie Schülerinnen und Schüler) für das Thema zu sensibilisieren, sind umweltbezogene Gesundheitskompetenzen notwendig (Scherenberg 2023). Dabei ist ein ganzheitlicher Ansatz erforderlich, der sowohl potenzielle negative Aspekte (z.B. Umweltprobleme und ihre gesundheitlichen Folgen) als auch positive Aspekte (z.B. gesundheitliche Vorteile einer intakten Umwelt) sowie konkrete Handlungskompetenzen und Gestaltungsmöglichkeiten vermittelt (Kastner & Matthies 2014). Der Beitrag konzentriert sich daher auf fachliche Aspekte sowie auf die Art und Weise, wie das sensible Thema vermittelt werden kann, ohne eine »Klimaangst« oder »Eco-Anxiety« zu schüren, die psychisch belastend sein können (Heinzel 2022). Auch werden Impulse aufgezeigt, wie die Thematik didaktisch vermittelt werden kann.

Lernziele

- Die gesundheitsbezogenen Risikofaktoren des Klimawandels beschreiben können.
- Die Ziele umweltbezogener Gesundheitskompetenzen erklären können.

- Die psychologischen und pädagogischen Aspekte der Kompetenzstärkung im Hinblick auf die Steigerung der Selbstwirksamkeit verstehen.

1. Einführung und Verortung des Themas

Die Vermittlung umweltbezogener Gesundheitskompetenzen wird immer wichtiger, da die gesundheitsbezogenen Auswirkungen des Klimawandels bereits heute weltweit deutlich zu spüren sind. Nicht ohne Grund definierten die Vereinten Nationen in der »Agenda 2030 für nachhaltige Entwicklung« als Nachhaltigkeitsziele (engl. Sustainable Development Goals, kurz SDGs) die Stärkung der Widerstandskraft und Anpassungsfähigkeit gegenüber klimabedingten Gefahren und Naturkatastrophen (SDG 13.1) sowie die Aufklärung und Sensibilisierung im Bereich der Klimaanpassung und die Verbesserung der Frühwarnung (SDG 13.3) (United Nations 2015). Auf dem Weg zu einer klimaresilienten Gesellschaft nimmt das Bildungssystem eine bedeutende Rolle ein (Otto et al. 2020). Zum einen fungieren Lehrkräfte als wichtige Multiplikatoren, die in der Gesellschaft hohes Vertrauen genießen und durch ihr berufliches Handeln Heranwachsende positiv beeinflussen können. Zum anderen ist die Verfolgung der SDGs wichtig, da extreme Hitzewellen nicht nur die Gesundheit von Lernenden und Lehrenden beeinträchtigen, sondern auch die schulische Leistung negativ beeinflussen (Lala & Hagishima 2023). Dabei kann die Resilienz über vier Bereiche systematisch gestärkt werden (OECD 2023):

- Bewusstsein: Hierbei geht es um die Entwicklung des Verständnisses für die (gesundheitlichen) Auswirkungen des Klimawandels auf individueller und kollektiver Ebene.
- Bewertung: Hierbei geht es darum, dass Schüler und Schülerinnen gesundheitliche Belastungen, Empfindlichkeiten und Anpassungsmöglichkeiten bewerten bzw. messen.
- Handeln: Hierbei geht es um die Entwicklung von Maßnahmen, die geeignet und wirksam sind, um umweltbezogene Gesundheitsgefahren zu reduzieren.

- Anpassung: Hierbei geht es darum, konkrete Anpassungen umzusetzen, um die Anfälligkeit von Einzelpersonen und Gesellschaften gegenüber klimabezogenen Gesundheitsrisiken zu reduzieren.

Umweltbezogene Gesundheitskompetenzen stellen Zukunftskompetenzen dar, um mit dem klimabezogenen Transformationsprozess besser umzugehen. Der OECD-Lernkompass plädiert daher für eine deutliche Stärkung der Transformationskompetenzen, um Verantwortung übernehmen zu können und das persönliche und gesellschaftliche Wohlergehen positiv gestalten zu können. Dabei sind drei Transformationskompetenzen zentral, »um eine erwünschte Zukunft gestalten zu können: Schaffung neuer Werte, Ausgleich von Spannungen und Dilemmata und Verantwortungsübernahme« (OECD 2020). Diese handlungsorientierten Schlüsselkompetenzen, die im Rahmen des DeSeCo-Prozesses (Definition and Selection of Key Competencies) der OECD identifiziert und ursprünglich für PISA zentral waren, wurden erweitert. Sie zielen darauf jetzt darauf ab, »Lernende[n] [zu] helfen, Gesellschaft zu verändern und eine lebenswertere Zukunft zu gestalten« (Tenorth 2020).

2. Hintergründe

Bereits im Jahr 1975 veröffentlichte die UNESCO mit Vertretenden aus 60 Ländern die »Belgrader Charta« (UNESCO 1975). Darauf aufbauend, fand im Jahr 1977 die weltweit erste zwischenstaatliche Konferenz zur Umwelterziehung statt, bei der die Tiflis-Erklärung verabschiedet wurde, die die Umwelterziehung aufforderte, Bewusstsein und Werte bei den Menschen zu schaffen, um die Lebensqualität und die Umwelt zu verbessern (UNESCO 1977). Die Tiflis-Erklärung enthielt Empfehlungen zur breiteren Anwendung der Umwelterziehung. Dank dieses Ereignisses existiert nun ein weltweit gültiger Orientierungsrahmen für die Entwicklung der Umwelterziehung (Neal & Palmer 1990). Dieser Rahmen kann auf umweltbezogene Gesundheitskompetenzen adaptiert werden (Tab. 1).

Tab. 1: Ableitung des Orientierungsrahmens (in Anlehnung an Neal & Palmer 1990)

Umweltkompetenzen (Tiflis-Erklärung):	**Umweltbezogene Gesundheitskompetenzen:**
1. Bewusstsein: sozialen Gruppen und Einzelpersonen dabei helfen, ein Bewusstsein und eine Sensibilität für die gesamte Umwelt und die damit verbundenen Probleme zu entwickeln	1. Bewusstsein: Schülern und Schülerinnen dabei helfen, ein Bewusstsein und eine Sensibilität für umweltbezogene (zielgruppenspezifische) Gesundheitsauswirkungen und die verbundenen Probleme zu entwickeln
2. Wissen: sozialen Gruppen und Einzelpersonen dabei helfen, vielfältige Erfahrungen zu sammeln und ein grundlegendes Verständnis für die Umwelt und die damit verbundenen Probleme zu entwickeln	2. Wissen: Schülern und Schülerinnen dabei helfen, vielfältige Erfahrungen zu sammeln und ein grundlegendes Verständnis für klimabezogene Gesundheitsrisiken und die damit verbundenen Probleme zu entwickeln
3. Einstellungen: sozialen Gruppen und Einzelpersonen dabei helfen, Werte und Gefühle der Sorge um die Umwelt und die Motivation für ihre aktive Teilnahme an der Verbesserung und dem Schutz der Umwelt zu entwickeln	3. Einstellungen: Schülern und Schülerinnen dabei helfen, Werte und Gefühle der Sorge für die Umwelt und Gesundheit zu entwickeln und die Motivation für die aktive Teilhabe an der Verbesserung und dem Schutz der (sozialen und ökologischen) Umwelt zu stärken
4. Fähigkeiten: sozialen Gruppen und Einzelpersonen dabei helfen, Fähigkeiten zum Erkennen und Lösen von Umweltproblemen zu entwickeln	4. Fähigkeiten: Schülern und Schülerinnen dabei helfen, Fähigkeiten zur Sensibilisierung und Reduzierung umweltbezogener Gesundheitsrisiken zu entwickeln

In diversen Schulfächern ist die Vermittlung von Umwelt- und Gesundheitskompetenzen bereits verortet (z. B. Geografie, Biologie, Chemie, Physik, Sport), allerdings oft isoliert. Unter umwelt- und klimabezogenen Gesundheitskompetenzen können Fähigkeiten subsumiert werden, die sich auf Klimaschutz und -anpassung beziehen und Lernende (und Lehrende) befähigen, mit den vielfältigen (sozialen, gesundheitlichen und ökologischen) Herausforderungen durch die Vermittlung von entsprechenden Fach- und Handlungskompetenzen besser umzugehen.

3. Inhaltliche Aspekte

Die zu vermittelnden umweltbezogenen Gesundheitskompetenzen sind umfangreich und beziehen sich sowohl auf notwendige Hintergrundinformationen zum Thema Klimawandel, die den Grundstein für die komplexen Zusammenhänge legen, als auch auf die vielfältigen gesundheitlichen Folgen und die präventiven Gestaltungs- und Transformationskompetenzen. Eine gute Orientierung, welche Gesundheitsauswirkungen der Klimawandel mit sich bringt, bietet u.a. der Sachstandsbericht »Klimawandel und Gesundheit« des Robert Koch-Instituts (RKI) (RKI 2023):

1. Gesundheitliche Folgen durch Hitze: Schüler und Schülerinnen sollten lernen, dass Hitzeperioden zu Gesundheitsstörungen (Hitzschlag, Dehydrierung etc.) führen und Vorerkrankungen (Herz-Kreislauf-Erkrankungen, Herzrhythmusstörungen) verschlimmern können (Kuch 2021). In städtischen Gebieten steigen zudem Luftschadstoffe und Allergene, was Atemwegsbeschwerden bei Menschen mit Asthma oder COPD auslösen kann (Witt & Liebers 2023).
2. Gesundheitliche Belastungen durch Allergene: Schüler und Schülerinnen sollten verstehen, dass eine Zunahme an Allergien in der Umwelt spezifische Symptome (Fließschnupfen, Niesattacken, tränende Augen, Atembeschwerden, Juckreiz der Haut etc.) auslösen kann (Heidemann et al. 2021).
3. Gesundheitliche Folgen durch solare UV-Strahlung: Da Schüler und Schülerinnen in der Schule und in ihrer Freizeit oft Zeit im Freien verbringen, sollten sie für die gesteigerte UV-Strahlungsbelastung durch die Zunahme der Sonnenscheindauer bzw. die Abnahme der Bewölkung sensibilisiert werden (Wolf et al. 2021). Sie sollten wissen, dass der höchste UV-Index während des Sonnenhöchststands im Juni erreicht wird und UV-Strahlung auch im Frühjahr gefährlich sein kann, da die Haut noch nicht an die Sonne gewöhnt ist. Eine kurzfristige Überexposition, sprich die übermäßige Risikoeinwirkung, kann zeitverzögert zu Sonnenbrand und bei dauerhafter Überexposition zu einem erhöhten Hautkrebsrisiko führen, der sich je nach Geschlecht

an unterschiedlichen stärker exponierten Hautregionen manifestiert (Baldemann et al. 2023), die geschützt werden sollten.

4. Zunahme von Infektionskrankheiten durch Zoonosen und Vibrionen: Schüler und Schülerinnen sollten verstehen, dass das Risiko für Infektionskrankheiten (z. B. Malaria, Denguefieber, Borreliose) klimabedingt steigt. Dies geschieht hauptsächlich durch die Zunahme von Zoonosen, sprich Krankheiten, die von Tieren auf Menschen übertragen werden, sowie Vibrionen, Bakterien aus warmen Gewässern, die Magen-Darm-Erkrankungen verursachen (Beermann et al. 2023).
5. Gesundheitliche Folgen auf die psychische Gesundheit: Schüler und Schülerinnen sollten wissen, dass hohe Temperaturen die mentale Gesundheit beeinträchtigen (Palinkas & Wong 2020) können und der Klimawandel emotionale Reaktionen wie Angst, Hilflosigkeit und Wut auslösen kann (Peter et al. 2023). Besonders Jugendliche sind von klimabezogenen Ängsten (Eco-Anxiety) betroffen (UBA 2023), die sich gesundheitlich (z. B. Schlaflosigkeit, Traurigkeit) auswirken können (Pihkala 2019).
6. Gesundheitliche Folgen durch Extremwetter: Schüler und Schülerinnen sollten für Wetterveränderungen wie intensive Regenfälle, Überflutungen und Stürme sensibilisiert werden.

Anzumerken ist, dass sich die Vermittlung umweltbezogener Gesundheitskompetenzen nicht auf reines Wissen über die gesundheitlichen Folgen des Klimawandels beschränken darf, sondern Handlungskompetenzen gestärkt werden müssen. Dieses Wissen ist elementar, damit Gesundheitsgefahren wie z. B. Hitze in unterschiedlichen Situationen (z. B. beim Sport, bei Freizeitaktivitäten im Freien) wirksam begegnet werden kann. Folglich sind Fähigkeiten über klimabezogene Anpassungsmaßnahmen notwendig, die dazu beitragen, die Resilienz der Lernenden gegenüber z. B. Extremwetterereignissen zu erhöhen. Dieses Wissen kann z. B. praktische Informationen über den digitalen Bevölkerungsschutz umfassen (z. B. Nutzung von Cell Broadcast, Warn-Apps), um frühzeitig auf Gefahren aufmerksam gemacht zu werden. Diese Selbstschutzkompetenzen schließt auch Möglichkeiten zur Förderung sozialer Netzwerke (z. B. lokale Nachbarschaftsgruppen: Nextdoor, nebenan.de) mit ein, die eine gemeinschaftliche Bewältigung von Notfallsituationen ermöglichen. Durch die Vermittlung konkreter Handlungsfähigkeiten und Anpassungsstrategien wird sichergestellt, dass Lernende nicht nur theoretisch vorbereitet sind, sondern auch praktische Fertigkeiten besitzen, um auf reale Herausforderungen wirksam zu reagieren. Eine solche Wissensvermittlung stärkt nicht nur das individuelle Selbstbewusstsein, sondern auch die kollektive Fähigkeit, mit zunehmenden Umwelt- und Gesundheitsrisiken umgehen zu können (Butsch et al. 2023).

4. Psychologische Aspekte

Menschen neigen dazu, ihr Verhalten erst dann zu ändern, wenn eine direkte Bedrohung für ihre eigene Gesundheit oder die ihres sozialen Umfelds spürbar wird. Der Klimawandel hingegen wird häufig nicht als persönliche Gefahr wahrgenommen (BMUV & UBA 2023), da seine Auswirkungen schleichend, abstrakt und schwer greifbar sind (Nikendei 2020). Ob eine Bedrohung wahrgenommen wird, hängt von der Bekanntheit, der wahrgenommenen Ernsthaftigkeit und den persönlichen Erfahrungen (z. B. Stürme, COVID-19) (Slovic 1987) ab. Medial verbreitete Erfahrungen Dritter, wie z. B. Berichte über schwere Überschwemmungen und andere Extremwetterereignisse, können starke emotionale Reaktionen und sogenannte »teachable moments« auslösen. Klimaängste können verhindert werden, wenn gemeinsam Lösungen erarbeitet werden, die die Selbstwirksamkeit und individuelle Resilienz steigern. Dabei müssen lehrbare Momente nicht per se mit kritischen Ereignissen verbunden sein, denn auch die Vermittlung umwelt- und gesundheitsbezogener Informationen kann dazu beitragen, dass das individuelle Verhalten reflektiert und verändert wird (Lawson & Flocke 2009). Folglich können Schüler und Schülerinnen stark motiviert werden, wenn sie selbst (persönliche Wirksamkeit) oder im Rahmen des Klassenverbunds oder der Schule (kollektive Wirksamkeit) erkennen, dass sie einen aktiven Beitrag leisten können (Funke 2018). Zwar sind viele junge Menschen der Ansicht, dass sie durch gemeinsame Anstrengungen viel erreichen können, allerdings handeln ältere Menschen oft umweltfreundlicher als jüngere (BMUV 2022). Diese Diskrepanz wird u. a. damit begründet, dass Umweltauswirkungen für die eigene Gesundheit bedrohlicher eingestuft werden, insbesondere wenn chronische Vorerkrankungen vorliegen. Lehrkräfte können folglich die Selbstwirksamkeit der Lernenden stärken, indem sie emotionale Reaktionen auf Klimaberichte nutzen, um »teachable moments« zu schaffen, ältere Menschen in den Unterricht einbeziehen, mit denen die Schüler:innen gemeinsam über Bedrohungen durch Umweltprobleme und umweltfreundliches Verhalten diskutieren, oder ihnen durch kollaborative Projekte ermöglichen, aktiv gemeinsame Lösungen zu erarbeiten.

5. Pädagogische Aspekte

Werden klimabezogene Transformationskompetenzen vermittelt, sollte das Alter der Lernenden berücksichtigt werden (Lausselet & Zosso 2022):

- In der frühkindlichen Bildung (Vier- bis Achtjährige) sollte ein Verständnis für den Zusammenhang zwischen Umwelt und Gesundheit entwickelt werden. Schüler und Schülerinnen sollten lernen, wie eine gesunde Umwelt ihre eigene Gesundheit beeinflusst und wie klimabedingte Gesundheitsgefahren ihnen schaden können. Sie beziehen umweltbezogene Gesundheitsaspekte in ihr Leben ein und betrachten die Umwelt nicht nur als Ressource, sondern als Bestandteil der persönlichen und kollektiven Gesundheit. Schüler und Schülerinnen sollen eine grundlegende Verbindung zur Natur und ein Gefühl der Sicherheit entwickeln.
- In der Grundschulbildung (Acht- bis Zwölfjährige) sollten verstärkt adaptiv praktische Fähigkeiten und Verhaltensweisen aufgebaut werden, um flexibel auf Herausforderungen reagieren zu können. Schüler und Schülerinnen erhalten durch Aktivitäten und Projekte die Möglichkeit, klimabezogene Auswirkungen auf ihre Gesundheit nachzuvollziehen. Ziel ist es, umweltbezogene Gesundheitsrisiken zu verstehen und Anpassungsstrategien zu entwickeln, die den eigenen

Bedürfnissen entsprechen. Schüler und Schülerinnen werden ermutigt, ihre Beziehung zur Umwelt und Gesundheit zu stärken.

- In der Sekundarstufe (Zwölf- bis 15-Jährige) sollte prospektiv über Anpassungsmaßnahmen nachgedacht werden, um das Potenzial gesunder Verhaltensweisen und Anpassungen zu erkennen. Aktivitäten und Projekte sollten daher reflektierend (aktive Auseinandersetzung) und konzeptionell (gestalterische Auseinandersetzung) sein. Schüler und Schülerinnen erkunden das Thema Umwelt und Gesundheit selbstständig und setzen sich intensiv mit umweltbezogenen Gesundheitsfragen auseinander. Sie erkennen die Komplexität umweltbezogener Gesundheitsrisiken.
- In der Oberstufenstufe sollte eine aktive und praxisorientierte Verbindung zur Umwelt und Gesundheit geschaffen werden, die zum Handeln anregt. Schüler und Schülerinnen sollten aktiv ermutigt werden, das Gelernte außerhalb des Klassenzimmers anzuwenden. Sie sollen ihre Fähigkeiten nutzen, um in der Gesellschaft klimabedingte Gesundheitsgefahren zu reduzieren. Schüler und Schülerinnen bringen sich aktiv in ihrer Gemeinde ein, diskutieren Anpassungsmaßnahmen und vernetzen sich mit Interessengruppen (Umweltorganisationen, Stadtteilinitiativen etc.).

Um diese Kompetenzen und Fähigkeiten zu vermitteln, kann auf Informations- und Unterrichtsmaterialien unterschiedlicher Institutionen (z.B. Bundesamt für Strahlenschutz, Umweltbundesamt, »Sonne – aber sicher«, BfS 2022) bzw. Initiativen (Bundeszentrale für gesundheitliche Aufklärung: www.klima-mensch-gesundheit.de; Deutsche Allianz Klimawandel: www.klimawandel-gesundheit.de etc.) zurückgegriffen werden. Auch das *Methodenhandbuch für Klimaschutz und Klimaanpassung in Schule und Stadtteil. Klimahelden erobern die Stadt* (Unabhängiges Institut für Umweltfragen [UfU] 2017) bietet Anregung zur praktischen Umsetzung im Unterricht. Serious Games, wie das (ernsthafte) Spiel zur Klimaanpassung Klim:S^{21} (www.klims21.rgeo.de), können in den Unterricht integriert werden, um die Möglichkeiten der Klimaanpassung interaktiv und spielerisch zu vermitteln. Grundsätzlich haben sich dreiteilige Ansätze als wirksam erwiesen, die sich 1.) auf die gesundheitlichen Auswirkungen des Klimawandels, 2.) die gesundheitlichen Vorteile der Verhaltensanpassung und 3.) konkrete Handlungsmöglichkeiten beziehen (Kotcher et al. 2021). Es ist wichtig, dass keine Problem- und Defizitorientierung stattfindet, da eine positive gefühlsmäßige Beteiligung den Lernprozess verbessert und dafür sorgt, dass die Wahrnehmung auf die Lösungs- und Ressourcenorientierung gelenkt wird.

6. Fazit und praktische Handlungsempfehlungen

Der Beitrag verdeutlicht, wie komplex die Vermittlung klimabezogener Gesundheitskompetenzen ist. Aktuell liegt der Fokus der Umwelt- und Klimabildung stark auf naturwissenschaftlichen Aspekten sowie der Bildung für nachhaltige Entwicklung (BNE). Aufgrund der enormen Relevanz gesundheitsbezogener Aspekte werden auf Basis der Ausführungen folgende Handlungsempfehlungen abgeleitet:

- Verringerung psychologischer Distanzen: Die Komplexität und scheinbare Ferne des Klimawandels führen dazu, dass die Folgen oft nicht als persönliche Gefahr angesehen werden. Bildungsmaßnahmen sollten die psychologische Distanz verringern und klimabezogene Gesundheitsrisiken als lokale und persönliche Bedrohung greifbar machen, um die (präventive und ökologische) Handlungsbereitschaft zu erhöhen (Kruse & Funke 2022).
- Förderung ganzheitlicher Umwelt- und Gesundheitsbildung: Umwelt- und Gesundheitsbildung sollte sich z. B. nicht auf naturwissenschaftliche Fächer beschränken. Das Thema Klima und Gesundheit kann fächerübergreifend aufgegriffen, auch in den Sportunterricht oder sogar den Musikunterricht (z. B. Lied »Clever in Sonne und Schatten«, CMMC, o. J.) integriert werden. Hier bietet sich eine gemeinsame Abstimmung des Lehrplans im Kollegium an.
- Förderung der Selbstwirksamkeit: Die Bildung klimabezogener Gesundheitskompetenzen sollte sich nicht auf negative Aspekte (z. B. Gesundheitsrisiken) beschränken, sondern insbesondere positive Aspek-

te (z. B. gesundheitliche Vorteile einer intakten Umwelt) und konkrete Handlungskompetenzen und Gestaltungsmöglichkeiten vermitteln (Kastner & Matthies 2014), um die Selbstwirksamkeit zu steigern und Klimaängste zu reduzieren.
- Stärkere Einbeziehung älterer Menschen und Interessengruppen: Ältere Menschen sind nicht nur aktive Akteure im Umweltschutz (z. B. Omas for future; www.omasforfuture.de), sondern können gesundheitliche Gefahren oft besser wahrnehmen und einschätzen und sollten in Bildungsmaßnahmen einbezogen werden, um die jüngeren Generationen für das Thema Umwelt und Gesundheit zu ermutigen (Wang et al. 2021) und unterschiedliche Perspektiven einnehmen zu können. Auch die Integration von Interessengruppen kann dazu ermutigen, aktiv für den Gesundheitsschutz (z. B. vulnerabler Gruppen) in ihrer Schule bzw. Region einzutreten (z. B. Initiierung von Aufklärungskampagnen).

Die OECD hat ausdrücklich dafür plädiert, dass die traditionelle Verortung der Klimabildung in naturwissenschaftlichen Fächern sowie die isolierte Perspektive von Klimaschutz und -anpassung aufgebrochen werden sollte (Nusche et al. 2024). Die Vermittlung klimabezogener Gesundheitskompetenzen erfordert daher nicht nur ein tiefes Verständnis der wissenschaftlichen Grundlagen, sondern auch die Integration in eine ganzheitliche Bildungsstrategie. Im Folgenden werden praktische Handlungsempfehlungen gegeben, die diesen Ansatz unterstützen.

Drei Literaturtipps mit Kurzbeschreibung

1. Spahn-Skrotzki, G. (2023). *Klimabildung – Leitlinien für alle Schulen und Fächer.* Beltz.
   Praxishandbuch zum Thema Klimabildung für alle Schulstufen und Fächer.
2. Schneider, S. (Hrsg.) (2024). *Gesundheitsrisiko Klimawandel. Neue Herausforderungen für Sport, Beruf und Alltag.* Hogrefe.
   Hintergrund über gesundheitliche Folgen des Klimawandels.

3. Brasseur, G. P., Jacob, D. & Schuck-Zöller, S. (Hrsg.) (2023). *Klimawandel in Deutschland. Entwicklung, Folgen, Risiken und Perspektiven (2. Aufl.).* Springer Spektrum. https://doi.org/10.1007/978-3-662-66696-8 *Überblick über Klimawandel(folgen)* (Open Access).

Drei didaktische Hinweise

1. Als didaktischer Zugang zum Thema »Solare UV-Strahlung und ihre gesundheitlichen Auswirkungen« bietet sich der Einsatz von UV-Perlen oder UV-Detektoren an.
2. Als Einstieg kann ein eindrucksvolles Bild von der Sonne gezeigt werden, um das Interesse zu wecken und die Diskussion über Sonne und die Intensität solarer UV-Strahlung zu unterschiedlichen Jahreszeiten (Sonnenstand) zu starten.
3. Zur Verdeutlichung des Einflusses solarer UV-Strahlung kann folgende Aktivität durchgeführt werden: Die Schüler und Schülerinnen verwenden UV-Perlen oder UV-Detektoren, um die Intensität der UV-Strahlung unter verschiedenen Bedingungen wie Glas, Stoff und Sonnenschutzmitteln zu messen. Sie vergleichen die Farbveränderungen der UV-Perlen, um den Schutz der verschiedenen Materialien zu bewerten. Anschließend diskutieren sie die Ergebnisse und leiten praktische Schutzmaßnahmen ab.

Literatur

Baldemann, C., Laschewski, G. & Grooß, J. (2023). Auswirkungen des Klimawandels auf nicht-übertragbare Erkrankungen durch veränderte UV-Strahlung. In: *Journal of Health Monitoring, 8*(S4), 61–81. https://doi.org/10.25646/11647

Beermann, S., Dobler, G., Faber, M., Frank, C., Habedank, B., Hagedorn, P., Kampen, H., Kuhn, C., Nygren, T., Schmidt-Chanasit, J., Schmolz, E., Stark, K., Ulrich, R. J., Weiss, S. & Wilking, H. (2023). Auswirkungen von Klimaveränderungen auf Vektor- und Nagetier-assoziierte Infektionskrankheiten. In: *Journal of Health Monitoring, 8*(S3), 36–66. https://doi.org/10.25646/11392

BMUV (Bundesministerium für Umwelt, Naturschutz, nukleare Sicherheit und Verbraucherschutz) (2022). *Zukunft? Jugend fragen! – 2021.* https://www.bmuv.de/fileadmin/Daten_BMU/Pools/Broschueren/zukunft_jugend_fragen_2021_bf.pdf

BMUV & UBA (Bundesministerium für Umwelt, Naturschutz, nukleare Sicherheit und Verbraucherschutz/Umweltbundesamt) (Hrsg.) (2023). *Umweltbewusstsein in Deutschland 2022.* https://www.umweltbundesamt.de/publikationen/umweltbewusstsein-in-deutschland-2022

Brasseur, G. P., Jacob, D. & Schuck-Zöller, S. (Hrsg.) (2023). *Klimawandel in Deutschland. Entwicklung, Folgen, Risiken und Perspektiven (2. Aufl.).* Springer Spektrum. https://doi.org/10.1007/978-3-662-66696-8

Bundesamt für Strahlenschutz (BfS) (2022). *Unterrichtsmaterial »Sonne – aber sicher!«.* https://www.bfs.de/DE/mediathek/unterrichtsmaterial/sonne/ sonne_node.html

Butsch, C., Beckers, L.-M., Nilson, E., Frassl, M., Brennholt, N., Kwiatkowski, R. & Söder, M. (2023). Health impacts of extreme weather events – Cascading risks in a changing climate. In: *Journal of Health Monitoring, 8*(Suppl 4), 33–56. https://doi.org/10.25646/11652

CMMC (o. J.). *Der Sommer-Song »Clever in Sonne und Schatten«.* https://www.die-sonne-und-wir.de/fuer-kinder/der-sommer-song-clever-in-sonne-und-schatten

Ebi, K. L. & Hess, J. J. (2020). Health Risks Due To Climate Change: Inequity In Causes And Consequences. In: *Healthaffairs (Project Hope),* 39(12), 2056–2062. https://doi.org/10.1377/hlthaff.2020.01125

Funke, J. (2018). »Wie soll man da durchblicken?« Psychologische Aspekte einer Nachhaltigkeitsbildung. In: T. Pyhel (Hrsg.). *Zwischen Ohnmacht und Zuversicht? Vom Umgang mit Komplexität in der Nachhaltigkeitskommunikation.* oekom, S. 49–57.

Heidemann, C., Scheidt-Nave, C., Beyer, A.-K., Baumert, J., Thamm, R., Maier, B., Neuhauser, H., Fuchs, J., Kuhnert, R. & Hapke, U. (2021). Gesundheitliche Lage von Erwachsenen in Deutschland. Ergebnisse zu ausgewählten Indikatoren der Studie GEDA 2019/2020-EHIS. In: *Journal of Health Monitoring, 6*(3), 3–27. https://doi.org/10.25646/8456

Heinzel, S. (2022). Klima-Angst. Eine angemessene Reaktion auf eine maßlose Krise? In: K. van Bronswijk & C. Hausmann (Hrsg.). *Climate Emotions. Klimakrise und psychische Gesundheit.* Psychosozial-Verlag, S. 129–143.

Kastner, I. & Matthies, E. (2014). Motivation and impact: implications of a twofold perspective on sustainable consumption for intervention programs and evaluation designs. In: *GAIA – Ecological Perspectives for Science and Society,* (23), 175–183. https://doi.org/10.14512/gaia.23.S1.5

Klim:S[21] (2024). *Klim:S[21] – Das Spiel zur Klimaanpassung.* https://www.klims21.rgeo.de/

Kotcher, J., Feldman, L., Luong, K. T., Wyatt, J. & Maibach, E. (2021). Advocacy messages about climate and health are more effective when they include information about risks, solutions, and a normative appeal: Evidence from a conjoint experiment. In: *The Journal of Climate Change and Health.* https://doi.org/10.1016/j.joclim.2021.100030

Kruse, L. & Funke, J. (2022). Umweltpsychologie. In: F. Keppler, U. Mager, T. Meier, U. Platt & F. Reents (Hrsg.). *Umwelt interdisziplinär. Grundlagen – Konzepte – Handlungsfelder.* Heidelberg University Publishing. https://doi.org/10.11588/heidok.00031082

Kuch, B. (2021). Der Einfluss des Klimawandels auf das Auftreten von Herz-Kreislauf-Erkrankungen. Handlungsansätze und die besondere Herausforderung durch Arzneimittelwechselwirkungen. In: C. Günster, J. Klauber, B.-P. Robra, C. Schmuker & A. Schneider (Hrsg.). *Versorgungs-Report: Klima und Gesundheit.* Medizinisch Wissenschaftliche Verlagsgesellschaft, S. 53–62.

Lala, B. & Hagishima, A. (2023). Impact of Escalating Heat Waves on Students' Well-Being and Overall Health: A Survey of Primary School Teachers. In: *Climate, 11,* 126. https://doi.org/10.3390/cli11060126

Lausselet, N. & Zosso, I. (2022). Bonding with the World: A Pedagogical Approach. In: R. Jucker, J. von Au (Hrsg.). *High-Quality Outdoor Learning.* Springer, S. 269–285. https://doi.org/10.1007/978-3-031-04108-2_15

Lawson, P. J. & Flocke, S. A. (2009). Teachable Moments for Health Behavior Change: A Concept Analysis. In: *Patient Education and Counseling, 76*(1), 25–30. https://doi.org/10.1016/j.pec.2008.11.002

Neal, P. & Palmer, J. (1990). *Environmental education in the primary school.* UK Blackwell Education.

Nikendei, C. (2020). Klima, Psyche und Psychotherapie. In: *Psychotherapeut, 65,* 3–13. https://doi.org/10.1007/s00278-019-00397-7

Nusche, D., Fuster Rabella, M. & Lauterbach, S. (2024). Rethinking education in the context of climate change: Leverage points for transformative change. In: *OECD Education Working Papers, 307.* https://doi.org/10.1787/f14c8a81-en

OECD (2016). *Conceptual Framework Key Competencies for 2030.* https://one.oecd.org/document/EDU/EDPC(2016)23/ANN1/en/pdf

OECD (2020). *OECD Lernkompass 2030 OECD-Projekt Future of Education and Skills 2030 Rahmenkonzept des Lernens.* https://www.bertelsmann-stiftung.de/de/publikationen/publikation/did/oecd-lernkompass-2030-all

OECD (2023). Addressing forced displacement in climate change adaptation: No longer a blind spot. In: *OECD Development Policy Papers, No. 46.* https://doi.org/10.1787/891ced36-en

Otto, I. M., Donges, J. F., Cremades, R., Bhowmik, A., Hewitt, R. J., Lucht, W., Rockström, J., Allerberger, F., McCaffrey, M., Doe, S. S. P., Lenferna, A., Moran, N., van Vuuren, D. P. & Schellnhuber, H. J. (2020). Social tipping dynamics for stabilizing Earth's climate by 2050. In: *Proceedings of the National Academy of Sciences of the United States of America, 117*(5), 2354–2365. https://doi.org/10.1073/pnas.1900577117

Palinkas, L. A. & Wong, M. (2020). Global climate change and mental health. In: *Current Opinion in Psychology, 32,* 12–16. https://doi.org/10.1016/j.copsyc.2019.06.023

Peter, F., Dohm, L. & Krimmer, M. (2023). Psychische Konsequenzen der Klimakrise. In: *Monatsschrift Kinderheilkunde, 171*, 130–137. https://doi.org/10.1007/s00112-022-01670-x

Pihkala, P. (2019). *Climate Anxiety.* Suomen mielenterveysseura.

RKI (2023). *Sachstandsbericht Klimawandel und Gesundheit.* https://www.rki.de/DE/Content/GesundAZ/K/Klimawandel_Gesundheit/KlimGesundAkt.html

Scherenberg, V. (2023). Nachhaltige Lebensstile und umweltrelevante Verhaltensweisen: psychologische Hintergründe und Barrieren. In: V. Scherenberg & J. Pundt (Hrsg.). *Klima- und Gesundheitsschutz. Planetary-Health-Lösungsansätze.* APOLLON University Verlag, S. 217–236.

Schneider, S. (Hrsg.) (2024). *Gesundheitsrisiko Klimawandel. Neue Herausforderungen für Sport, Beruf und Alltag.* Hogrefe.

Slovic, P. (1987). Perception of Risk. In: *Science, 236*(4799), 280–285. https://doi.org/10.1126/science.3563507

Spahn-Skrotzki, G. (2023). *Klimabildung – Leitlinien für alle Schulen und Fächer.* Beltz.

Tenorth, E.H. (2020). *Der OECD-Lernkompass 2030. Seine Anschlussfähigkeit an die deutsche Debatte über Bildung und das Bildungssystem.* https://www.telekom-stiftung.de/sites/default/files/files/media/publications/Expertise-Tenorth-OECD2030.pdf

UBA – Umweltbundesamt (2023). *Umweltbewusstsein in Deutschland 2022. Ergebnisse einer repräsentativen Umfrage.* BMUV & UBA.

Unabhängiges Institut für Umweltfragen (UfU) (2017). *Klimahelden erobern die Stadt. Methodenhandbuch für Klimaschutz und Klimaanpassung in Schule & Stadtteil.* https://www.ufu.de/wp-content/uploads/2017/05/UfU_Methodenhandbuch_web_final.pdf

UNESCO (1975). *The Belgrade Charter: a framework for environmental education.* https://unesdoc.unesco.org/ ark:/48223/pf0000017772.locale=en

UNESCO (1977). *Zwischenstaatliche Konferenz über Umwelterziehung. Schlussbericht und Arbeitsdokumente der von der UNESCO in Zusammenarbeit mit dem Umweltprogramm der Vereinten Nationen (UNEP) vom 14. bis 26. Oktober 1977 in Tiflis (UDSSR) veranstalteten Konferenz.* https://unesdoc.unesco.org/ark:/48223/pf0000226890.locale=en

United Nations (2015). *Transforming our world: the 2030 Agenda for Sustainable Development.* https://digitallibrary.un.org/record/3923923?v=pdf

Wang, Y., Hao, F. & Liu, Y. (2021). Pro-Environmental Behavior in an Aging World: Evidence from 31 Countries. In: *International journal of environmental research and public health, 18*(4), 1748. https://doi.org/10.3390/ijerph18041748

Witt, C. & Liebers, U. (2023). Urbane Hitze- und Luftbelastung – was muss der Kliniker wissen? In: *Pneumo news, 15*(2), 38–45. https://doi.org/10.1007/s15033-0233476-6

Wolf, M., Ölmez, C., Schönthaler, K., Porst, L., Voß, M., Linsenmeier, M., Kahlenborn, W., Dorsch, L. & Dudda, L. (2021). *Klimawirkungs- und Risikoanalyse 2021 für Deutschland. Teilbericht 5: Klimarisiken in den Clustern Wirtschaft und Gesundheit.* Umweltbundesamt.

Elias J. Marks

Vom Erleben zum Handeln: transformative Bildung durch immersive Lernerfahrungen

Kurzzusammenfassung

Die vielfach geforderte sozial-ökologische Transformation der Gesellschaft vermag womöglich weder durch den Ausruf der Agenda 2030 sowie die damit verbundenen Sustainable Development Goals (SDGs) noch durch die aktuell praktizierte Bildung für nachhaltige Entwicklung (BNE) herbeigeführt werden – und das, obwohl die UNESCO im Rahmen der BNE nunmehr auch den Fokus auf das transformative Handeln gelenkt hat (UNESCO Executive Board 2019, S. 2). In der Nachhaltigkeitsbildung wurde bislang vorrangig auf Problemwissen gesetzt, um transformatives Handeln anzuregen. Das Ausbleiben der zu erwartenden Handlungen wird auch unter dem Begriff der Mind-Behavior-Gap diskutiert – das Wissen allein führt nicht zur Transformation (Gupta & Ogden 2006, S. 199 ff.; Longo et al. 2019, S. 759). Im Folgenden wird davon ausgegangen, dass es für die Förderung des transformativen Handelns eine emotionale Betroffenheit aufseiten der Lernenden braucht (Grund & Singer-Brodowski 2020, S. 31 ff.). Der Virtual Reality (VR) wird eine persuasive Wirkung zugeschrieben, die emotionale Betroffenheit bei den Lernenden fördern kann (Sobieraj & Krämer 2016, S. 397 f.). Diese beiden Annahmen legen die Vermutung nahe, dass eine immersive Lernerfahrung die Lücke zwischen Wissen und Verhalten schließen kann. Ziel dieses Beitrags ist die Entwicklung didaktischer Hinweise zur erfolgreichen Umsetzung immersiver Lernerfahrungen. Als theoretische Grundlage für eine solche Lernerfahrung soll das desorientierende Dilemma nach Mezirow fokussiert werden (1991, S. 92).

Lernziele

- Ursachen für die Hemmnisse nachhaltigen Handelns im konkreten Einzelfall identifizieren und bewerten können.
- Erkennen, welche Bedeutungsperspektiven vorherrschen, ihre Ursprünge untersuchen und ihre Gültigkeit reflektieren.
- Ein Dilemma bewusst durchleben, dessen Herausforderungen erkennen und die eigene Reaktion darauf reflektieren.
- Systemisches Denken anwenden, um eigene Handlungen hinsichtlich ihrer Rückkopplungen im System besser überprüfen zu können.

1. Einführung und Verortung des Themas

Die Befunde rund um den Klimawandel legen nahe, dass es eine sozial-ökologische Transformation braucht, um den drohenden Veränderungen des Erdsystems, wie beispielsweise Klimakatastrophen, Armut, Begrenzung von Lebensraum und Artensterben, entgegenwirken zu können. Diese wird auch als Große Transformation bezeichnet (Hirschfeld et al. 2023, S. 462; Singer-Brodowski et al. 2021, S. 11; WBGU 2011, S. 1). Aus einer ressourcenorientierten Perspektive sind mehrere planetare Grenzen bereits überschritten – die zeitliche Dringlichkeit nachhaltigen Handelns wird daher immer deutlicher (Rockström et al. 2009, S. 472 f.). Aus dieser Dringlichkeit heraus ergibt sich ein verändertes Verhältnis zwischen Wissenschaft und Gesellschaft. Konkreter geht es um die Fragestellung, inwiefern die Wissenschaft die Gesellschaft aktiv beeinflusst und mitgestaltet – oder ob sie die Gesellschaft aus der Ferne analysiert. Die Wissenschaft balanciert insofern zwischen einer Akteurs- und Beobachterrolle (Vogt 2019, S. 9).

Der Wissenschaftliche Beirat der Bundesregierung Globale Umweltveränderungen (WBGU) spricht in diesem Zuge von einer transformativen Bildung, die über eine reine Wissensvermittlung hinaus das Ziel verfolgt, die handelnden Menschen und Institutionen einer Gesellschaft zu einer Transformation zu bewegen – diese Bildung ist also eine gesellschaftsgestaltende Bildung.

Nun scheinen die Themen Nachhaltigkeit und Klimawandel einen besonderen Charakter aufzuweisen: Wenngleich das Wissen um einen sich stetig verschlechternden Zustand der Erde weit verbreitet ist, scheint eine Verhaltensänderung der handelnden Menschen und Institutionen auszubleiben – sicherlich nicht zuletzt aufgrund von betriebswirtschaftlichen Abwägungen. Trotz dieser betriebswirtschaftlichen Abwägungen sollte bekannt sein, dass die Nichtanpassungen an ein verändertes Erdsystem mitsamt veränderter Energie- und Stoffströme mit noch deutlich unwirtschaftlicheren Konsequenzen einhergehen dürften, zumindest, wenn es um die gesamtwirtschaftlichen Folgen einer Gesellschaft geht. Vogt beschreibt es wie folgt: »Die Herausforderungen sind so tiefgreifend, dass sie grundlegende Rationalitätskonzepte und Wertvorstellungen in Frage stellen. Diese zu ändern, ist ein langwieriger Prozess.« (2018, S. 15) Dieser Prozess findet gesellschaftlich auf globaler Ebene statt, weshalb im Jahre 2015 zunächst die Agenda 2030 sowie darauffolgend das Pariser Klimaabkommen verabschiedet wurden, um eine weltweite Übereinkunft über nachhaltige Entwicklungsziele und Klimaschutzmaßnahmen zu erreichen. Die Agenda 2030 beinhaltet die 17 Ziele für eine nachhaltige Entwicklung (SDGs), darunter auch das Ziel 4 »Quality Education«, welches die zu diesem Zeitpunkt bereits abgelaufene UN-Dekade Bildung für Nachhaltige Entwicklung (BNE) wieder aufleben ließ (Ross 2023, S. 3 f.; Singer-Brodowski 2016, S. 13).

Die erhoffte Wirkung der BNE ist bisher nur ansatzweise zu beobachten. Trotz einer gelungenen Integration der BNE in die hiesigen Bildungsprogramme, blieben die positiven Entwicklungen auf globaler Ebene weitgehend aus. Der UN-Zwischenbericht zur Agenda 2030 zieht zur Halbzeit folgende Bilanz: »[…] about half of these targets are moderately or severely off track; and over 30 per cent have either seen no movement or regressed below the 2015 baseline.« (Ross 2023, S. 4). Ein Beispiel für eine rückfällige Entwicklung ist der Welthunger, welcher momentan einen Höchststand seit 2005 erreicht hat. Dabei sind vor allem die Entwicklungsländer leidtragend, nicht zuletzt aufgrund globaler Ungerechtigkeiten, die das Resultat aus den geostrategischen Konflikten der letzten Jahrhunderte sind (ebd.).

Die BNE steht außerdem vor dem (Narrativen-)Dilemma, systemkritisch und gleichzeitig anschlussfähig erzählt werden zu müssen. Je mehr die BNE institutionalisiert wird, desto mehr scheint der systemkritische Charakter der BNE zugunsten einer Anschlussfähigkeit zu weichen (Selby & Kagawa 2010, S. 42; Singer-Brodowski 2016, S. 13). Die Kritische Theorie geht davon aus, dass Menschen in westlichen Gesellschaften durch ihre Sozialisation bestehende gesellschaftliche und ökologische Missstände als gegeben hinnehmen – einschließlich globaler Ungerechtigkeiten und der fortschreitenden Erschöpfung natürlicher Ressourcen (Brookfield 2012, S. 134). Diese gesellschaftlichen und ökologischen Missstände werden durch verschiedene Mechanismen als normal oder sogar erstrebenswert wahrgenommen. Die Aufdeckung und kritische Reflexion dieser Deutungs-, Macht- und Entscheidungsstrukturen ist ein zentraler Ansatz transformativer Bildung (Singer-Brodowski 2016, S. 14; Szaguhn 2024, S. 26).

2. Nachhaltigkeit als Herausforderung von Narrativen und Entscheidungsprozessen

Das Problem der BNE lässt sich anhand des UN-Zwischenberichts erkennen, welcher feststellt, dass zur Halbzeit der Agenda 2030 die Zielerreichungsgrade der 17 SDGs weit hinter ihren Erwartungen zurückbleiben (Ross 2023, S. 3 f.). Sofern davon ausgegangen wird, dass die BNE es geschafft hat, auf einer reinen Wissensebene über den Klimawandel aufzuklären, so bleibt die Mind-Behavior-Gap als Erklärungsgrundlage übrig. Die Menschen handeln nicht gemäß dem Wissen, über welches sie verfügen. Dem Ausbleiben von Handlung wird anscheinend oft durch das Anhäufen immer komplexeren Wissens begegnet, was jedoch paradoxerweise zu noch stärkerer Lähmung führt (Longo et al. 2019, S. 771).

Die Beobachtung, dass mehr Wissen auch zu weniger Handlung führen kann, scheint ein Hinweis darauf zu sein, dass dieses zusätzliche Wissen zu kognitiven Widersprüchen führt. Dies wiederum legt nahe, dass es weniger um die allgemeine Struktur aus Wissen und Handlung geht;

vielmehr scheint das Konstrukt der Nachhaltigkeit inhaltlich ein besonders widersprüchliches sowie forderndes Thema für den Menschen darzustellen. In diesem Zusammenhang kann gar die Frage gestellt werden, wie der Mensch das Problem der Nachhaltigkeit überhaupt wahrnimmt. Mit den Bedeutungsperspektiven beschreibt Mezirow sinngemäß so etwas wie Schablonen für die Interpretation von Wirklichkeit (1997, S. 35). Diese lenken die Wahrnehmung des Menschen in einer komplexitätsreduzierenden Art, welche es nur schwer zulässt, neuartige Informationen verlustfrei zu verarbeiten. Die Bedeutungsperspektiven sind dabei ein Produkt der jahrelangen Sozialisation des jeweiligen Individuums und insofern auch abhängig von der jeweiligen Gesellschaft. Eine häufige Bedeutungsperspektive bezüglich der Nachhaltigkeit ist beispielsweise folgende Lesart: »Ich allein kann sowieso nichts ausrichten« oder ergänzend »so lange die anderen (die großen Konzerne) wie üblich weitermachen, hilft mein individueller Verzicht nicht weiter«. Die von Rogall & Gapp-Schmeling erarbeiteten sozial-ökonomischen Faktoren (2021, S. 71 ff.), welche allesamt Hindernisse für das nachhaltige Handeln darstellen, scheinen wiederum ebenfalls in den Bedeutungsperspektiven der westlich geprägten Industriestaaten verankert zu sein. Gerade in diesem Zusammenhang weisen Bedeutungsperspektiven einen anekdotischen Charakter auf und werden bei ihrer Verwendung häufig nicht mehr auf ihren Wahrheitsgehalt geprüft, sondern als anekdotisch evident angenommen (Brookfield 2012, S. 134).

Im vorliegenden Beitrag wird davon ausgegangen, dass die festgefahrenen Bedeutungsperspektiven in zweierlei Hinsicht wirken: zum einen in der Art, wie Nachhaltigkeit in die Welt (hinein-)erzählt wird (Narrative), und zum anderen in der Art, wie Menschen Nachhaltigkeitsentscheidungen treffen (Entscheidung). Eine Besonderheit besteht zusätzlich noch darin, dass die zugrunde liegenden Narrative wiederum eine Grundlage für das Treffen von Entscheidungen sind. Ein Beispiel hierfür soll die immer wiederkehrende Erzählung der Nachhaltigkeit als eine wirtschaftliche Win-win-Situation darstellen – die ressourceneffiziente (nachhaltige) Produktion lohnt sich auch finanziell, weil sie die Produktionskosten reduziert (Müller-Christ & Husenbeth 2024, S. 91). Wird Nachhaltigkeit immer wieder auf diese Weise vermittelt, so bleibt den Menschen nicht viel anderes übrig, als die Entscheidungen für oder gegen nachhaltiges Handeln auch entsprechend aus wirtschaftlicher Sicht zu treffen. Wirtschaftliche Entscheidungen stehen hierbei stellvertretend für diejenigen Entscheidungen, die jeweils am wenigsten Nachteile auf individueller Ebene mit sich bringen.

Das Zurückgreifen auf Bedeutungsperspektiven lohnt sich für den Menschen deshalb, weil das Erfassen von neuen Eindrücken und Informationen in dessen Gesamtheit mit einem hohen kognitiven Aufwand verbunden ist – häufig sind jene Eindrücke irritierend oder dilemmatisch. Die daraus resultierenden Unsicherheiten und die zunehmende Komplexität werden bewältigt, indem die Welt weiterhin durch vertraute Denkmuster betrachtet wird (Mezirow 1997, S. 35). Der Trade-off dieser Komplexitätsreduzierung ist, dass Zusammenhänge nicht erkannt und Situationen nicht in ihrer Gänze wahrgenommen werden können – die Bedeutungsperspektiven wirken wie ein Filter, der das Neue nur schwer zulässt.

Ähnlich beschreibt Luhmann den Entscheidungsakt (1999, S. 222 ff.). Das Treffen von Entscheidungen ist komplex, da zunächst sog. Entscheidungsprämissen für die anstehende Entscheidung identifiziert werden müssen und anschließend eine dieser Prämissen für den vorliegenden Fall als gültig markiert werden muss. Entscheidungsprämissen sind eine Ansammlung von Vorannahmen, welche in Entscheidungen wie Schablonen angelegt werden können – sie müssen nicht innerhalb eines Bewertungsprozesses hinsichtlich ihres Wahrheitsgehaltes geprüft werden, sondern sie treten innerhalb eines reinen Auswahlprozesses gegeneinander an (ebd., S. 222). Beispiele hierfür sind Funktionalität oder Wirtschaftlichkeit – sinngemäß also: »die Entscheidung muss funktionieren« oder »die Entscheidung muss sich finanziell rechnen« (Müller-Christ 2020, S. 314 f.). Ethische Entscheidungsprämissen wie moralische Vertretbarkeit oder Erhaltung der Ressourcensubstanz versuchen sich in solchen Entscheidungen gegen die herkömmlichen (betriebswirtschaftlich geprägten)

Entscheidungsprämissen durchzusetzen – scheinbar ohne großen Erfolg (Müller-Christ 2020, S. 318).

3. Bedeutungsperspektiven als Ankerpunkt

Dass Menschen in Nachhaltigkeitsentscheidungen immer wieder wirtschaftliche Prämissen anlegen, um möglichst wenig verzichten zu müssen, deutet darauf hin, dass die Macht- und Deutungsstrukturen in westlich geprägten Industriestaaten maßgeblich von einer ökonomischen Wachstumsmaxime bestimmt sind. Im Folgenden soll deshalb untersucht werden, inwiefern sich diese Prägungen durch eine transformative Bildung bearbeiten lassen können. Welche alternativen Nachhaltigkeitsnarrative sind erforderlich, wenn sich das Win-win- und das Grüne-Wachstums-Narrativ als nicht zielführend erweisen? Im Nachhaltigkeitsdiskurs müsste zunächst anerkannt werden, dass zwischen Wachstum und Nachhaltigkeit Spannungen bestehen, die sich nicht ohne Weiteres auflösen lassen. Denkansätze wie eine Postwachstumsökonomie wirken im ersten Moment wie ein radikaler Paradigmenwechsel, jedoch ist es das, was eine transformative Bildung unter anderem ausmachen soll: die Systemkritik (Singer-Brodowski 2016, S. 15; Szaguhn 2024, S. 26).

Ziel wäre es, die Nachhaltigkeit selbst oder nachhaltige Entscheidungsprämissen wie etwa die Erhaltung der Ressourcensubstanz als eine systemkritische Entscheidungsprämisse anzuwenden. Eine Entscheidungsprämisse ist dann systemkritisch, wenn ihre Nichterfüllung zur Unterlassung der Hauptwirkung führt (Müller-Christ & Husenbeth 2024, S. 91). Für betriebliche Entscheidungen würde dies bedeuten, dass Kerngeschäfte oder Geschäftsmodelle zur Disposition stehen, je nachdem, ob sie der Ressourcenbasis oder dem umliegenden System schaden. Als Beispiel ließe sich die Wahl des Vehikels für die Reise an einen fern gelegenen Urlaubsort anführen. Für die Minimierung der Nebenwirkungen einer solchen Flugreise (CO_2-Emissionen) könnte als alternative Maßnahme der Umstieg auf den Schienenverkehr erwogen werden. Geht die Entscheidung jedoch über die bloße Reduktion negativer Begleiterscheinungen hinaus und stellt die Hauptwirkung selbst infrage, müsste reflektiert werden, ob ein weit entferntes Urlaubsziel überhaupt notwendig ist oder ob ein näher gelegener Ort nicht ebenfalls als sinnvolles Reiseziel in Betracht gezogen werden kann.

In einer kapitalistisch geprägten Gesellschaft gilt die Regel: Kein Gewinn ohne den Verlust anderer. Im Umkehrschluss bedeutet das, dass die Verringerung oder das Ausbleiben eines Gewinns in Kauf genommen werden muss, wenn das System oder die Ressourcen nicht belastet werden sollen. Derartige Wirkmodelle suggerieren stets einen systemischen Anteil in Nachhaltigkeitsentscheidungen, welcher innerhalb des systemischen Denkens abgelegt ist (Müller-Christ 2020, S. 317).

Das systemische Denken wurde bereits im BNE-Diskus als eine von mehreren Schlüsselkompetenzen identifiziert (Wanner et al. 2021, S. 23). Mithilfe des systemischen Denkens ist es möglich, dass komplexe Zusammenhänge über mehrere Kanäle (Umwelt, Gesellschaft und Wirtschaft) und Skalierungen (lokal, global) hinweg erfasst und berücksichtigt werden können (Wiek et al. 2011, S. 207). Dies ist eine zwingende Voraussetzung, um überhaupt in der Lage sein zu können, ethisch vertretbare und ressourcenschonende Entscheidungen zu treffen – nicht zuletzt deshalb, weil die verursachten Umweltkosten der wirtschaftlichen Entscheidungen von westlichen Gesellschaften häufig in den Globalen Süden externalisiert werden und somit lokal bei den Entscheidenden nicht unmittelbar spürbar/relevant sind (Rogall & Gapp-Schmeling 2021, S. 72).

Um eine konsequent nachhaltige Perspektive zu verinnerlichen, müssen tief verwurzelte Denkmuster (Bedeutungsperspektiven) aufgebrochen werden, die gemeinhin als schwer veränderbar gelten (Mezirow 1991, S. 37; Singer-Brodowski 2021, S. 13). In der Literatur wird in diesem Zusammenhang häufig ein sogenanntes desorientierendes Dilemma aufseiten der Lernenden als Auslöser für das Aufbrechen bestehender Bedeutungsperspektiven beschrieben (Brookfield 2012, S. 142; Mezirow 1991, S. 94; Singer-Brodowski 2016, S. 15; Szaguhn 2024, S. 26). Ein desorientierendes Dilemma entsteht durch eine emotionale Erfahrung, beispielsweise hervorgerufen durch eine Irritation der bisherigen Bedeutungsperspektiven. Ein solcher Moment tritt ein, wenn Lernende feststellen, dass eine systemische Betrachtungsweise nicht mit dem Win-win-Narrativ der Nachhaltigkeit vereinbar ist. Dadurch gerät die bisherige Sichtweise ins Wanken. Eine weitere Irritation könnte mithilfe der Interdependenzen der SDGs hervorgerufen werden: Wie soll sich der Globale Süden entwickeln, wenn die Industriestaaten es schon nicht geschafft haben, »grün« zu wachsen? Hier konkurrieren also nun das SDG 8 Menschenwürdige Arbeit und Wirtschaftswachstum und die ökologischen SDGs wie beispielsweise das SDG 13 Maßnahmen zum Klimaschutz, auch wenn die SDGs in den Unterzielen festlegen, dass eine Entkopplung von Wirtschaftswachstum und Umweltzerstörung hierfür angestrebt werden sollte. Es gibt allerdings auch die Vermutung, dass es nicht zwingend ein desorientierendes Dilemma braucht, sondern unter Umständen auch das Angebot einer neuen Sichtweise als Alternative zu den bewährten Sichtweisen zur Transformation anregt (Nohl 2015, S. 45).

In der Arbeit mit Bedeutungsperspektiven gibt es demzufolge zwei Möglichkeiten: das Hervorrufen eines desorientierenden Dilemmas durch die Anerkennung des Scheiterns eigener Bedeutungsperspektiven (Brillen passen nicht mehr) oder das Aufsetzen einer neuen Brille, also eine alternative Bedeutungsperspektive. Trotz der Brillenmetapher für Bedeutungsperspektiven ist es nicht ohne Weiteres möglich, diese abzulegen oder auszutauschen. Sie sind eng mit der Wahrnehmung der Realität verbunden und wirken somit auf die Konstruktion von individuellen Wirklichkeiten ein. Moderne Technologien sind in der Lage, alternative Realitäten erfahrbar zu machen und dadurch potenziell einen intuitiveren Zugang zu Bedeutungsperspektiven zu eröffnen.

4. VR als persuasive Lehre

Virtual Reality (VR) ist ein immersives Medium, welches es den Lernenden ermöglicht, in eine alternative Realität einzutauchen (Hartmann & Bannert 2023, S. 375; Mulders et al. 2020, S. 212). Die Illusion des Eintauchens in eine andere Wirklichkeit wird durch das Tragen einer VR-Brille (auch bekannt als Head-Mounted-Display) erzeugt. Zwei Bildschirme direkt über den Augen bestimmen das visuelle Setting für die lernende Person, welche dieses als ihre Umgebung wahrnimmt. Ton- und Haptikelemente sorgen für eine zusätzliche Immersion in das Alternativszenario (Alnagrat et al. 2022, S. 84; Dede et al. 2017, S. 3).

Der technische Immersionsprozess führt zu einem Gefühl des Daseins in der alternativen Realität, was als Presence (im Deutschen: Präsenzerleben) beschrieben wird (Honscherf et al. 2011, S. 11; Slater & Wilbur 1997, S. 606). Die Lernenden nehmen ihre physische Umgebung zunehmend weniger wahr und erleben stattdessen die alternative Realität als primären Handlungsraum. Allein die technologische Faszination für ein immersives Medium kann dafür sorgen, dass Lernende Interesse an einem Thema zeigen, welches mithilfe von VR-Brillen vermittelt wird (Wirth & Ohl 2022, S. 50). Darüber hinaus lässt sich gerade im Hinblick auf Bedeutungsperspektiven und transformative Lehre tiefergehendes Potenzial mithilfe der immersiven VR-Lernerfahrungen erahnen.

Da Bedeutungsperspektiven in spezifischen gesellschaftlichen Kontexten sozialisiert werden, unterscheiden sich die damit verknüpften Entscheidungsprämissen und Vorannahmen, etwa in Bezug auf Wirtschaftswachstum, teils erheblich zwischen verschiedenen geografischen Regionen und kulturellen Räumen. In den westlich geprägten Industriestaaten wird in Nachhaltigkeitsentscheidungen im Wesentlichen auf herkömmliche betriebswirtschaftliche Entscheidungsprämissen zurückgegriffen, während die unangenehmen, teils existenziell bedrohlichen Konsequenzen der Erderwärmung vor allem im Globalen Süden spürbar sind. Der Luxus, jene Entscheidungen aus einer wirtschaftlich nutzenmaximierenden Sicht entscheiden zu können, bleibt den (vergleichsweise wenig von Konsequenzen betroffenen) Industriestaaten vorbehalten – sicherlich ändern sich die Entscheidungsprämissen, wenn die Konsequenzen der Entscheidungen auch vor Ort spürbar sind. Es fehlt oftmals die unmittelbare Betroffenheit, denn die Rückkopplungseffekte sind entweder nicht offensichtlich, oder sie werden als ein Problem der Zukunft abgetan. Was wäre also, wenn durch das Aufsetzen einer VR-Brille eine immersive Lernerfahrung geschaffen wird, in der die Lernenden an ferne Orte dieser Welt reisen und/oder in die Lebenswirklichkeit der hiesigen Bevölkerung eintauchen können (Alnagrat et al. 2022, S. 92)? Das Erzeugen von Betroffenheit durch Exkursionen ist in der Geographiedidaktik bereits mithilfe der Realbegegnung möglich, die das Erfahren, Handeln und Schaffen an Wirklichkeit beschreibt (Rinschede & Siegmund 2021, S. 162). Da diese Wirklichkeiten mittlerweile ausreichend realistisch durch VR-Brillen simuliert werden können, ist die reale Exkursion nicht zwingend notwendig; dies würde höhere Umweltkosten bedeuten, die abgewogen werden müssten.

Wenn es um den reinen Wissenserwerb geht, sind die VR-Lernumgebungen nicht über jeden Zweifel erhaben, zumindest sind die Lernerfolge im Vergleich zu den jeweiligen Kontrollgruppen des herkömmlichen Lernens noch nicht als signifikant besser wahrgenommen worden (Alnagrat et al. 2022, S. 92; Müser et al. 2023, S. 365). Vielversprechende Erfolge wurden dafür im Bereich der Persuasion dokumentiert – das heißt, VR-Lernerfahrungen können sehr überzeugend sein (Ahn et al. 2014, S. 236 f.). Dies wird damit erklärt, dass in einer VR-Umgebung eine Ursache-Wirkungs-Beziehung (wie beispielsweise die Erderwärmung als Konsequenz von nichtnachhaltigen Entscheidungen) für Lernende erfahrbar gemacht werden können,die dann möglicherweise ein desorientierendes Dilemma hervorrufen können (Sobieraj & Krämer 2016, S. 399). Diese Erfahrung ist etwas, was die herkömmliche Didaktik bisher noch nicht zu vermitteln vermochte, was in dieser Hinsicht einen konkreten Mehrwert der VR-Wirklichkeiten darstellt (Ahn et al. 2015, S. 841).

Ein Beispiel für die persuasive Wirkung (somit auch die Schließung der Lücke von Wissen zu Verhalten) ist eine im Schulkontext eingesetzte VR-Erfahrung zum Thema Plastik im Ozean. Nachdem die Schülerinnen und Schüler (N = 60) diese durchlaufen hatten, haben sie sich zunehmend geweigert, beim Einkaufen mit ihren Eltern die in Plastik verpackten Lebensmittel zu kaufen – das Wissen über Plastikmüll ist häufig vorhanden, der situative Kontext fehlt zumeist jedoch (Buchner & Aretz 2020, S. 211). Ähnlich verhielt es sich in einem Experiment, in welchem Probandinnen und Probanden in einer VR-Umgebung einen Baum fällen mussten. Hierbei liegt das Augenmerk auf der motologischen Arbeit, denn für das Fällen eines virtuellen Baums müssen die Arme bewegt, die virtuelle Axt geschwungen und die allgemeinen Bewegungsabläufe nachgeahmt werden, mit anderen Worten: Es muss gehandelt werden. Infolge dieses motologischen VR-Aktes verbrauchten die Probandinnen und Probanden (N = 47) weniger Papier als eine Kontrollgruppe, welche sich nur das reine Wissen über Papierverschwendung angeeignet hatte (Ahn et al. 2014, S. 236 f.). Insbesondere die motologische Interaktion mit der VR-Umgebung (Fällen eines Baumes) trägt dazu bei, die wahrgenommene Persuasion zu verstärken (Reer 2022, S. 243).

5. Fazit

Problematisch an der derzeit praktizierten BNE-Didaktik ist häufig das unzureichend systemkritische Narrativ der Nachhaltigkeit als eine Art Win-win-Situation, die wirtschaftliches Wachstum nie ganz ausklammert. Eine Folge daraus sind hinderliche Bedeutungsperspektiven sowie herkömmliche Entscheidungsprämissen, die dafür sorgen, dass zwar das Wissen über Nachhaltigkeit existiert, aber im Zweifelsfall immer wieder wirtschaftliche Entscheidungen getroffen werden (müssen). Dieses Problem ist häufig lokal verstärkt beobachtbar – etwa dort, wo wirtschaftliche Entscheidungen getroffen werden können, ohne die Konsequenzen für die Klimaerwärmung zeitnah spüren zu müssen.

Um die Bedeutungsperspektiven im Sinne einer transformativen Bildung anpassen zu können, ist eine Betroffenheit im Rahmen eines situativen Kontextes vonnöten, welche dann ein desorientierendes Dilemma erzeugen kann. Dies kann vor allem über VR-Lernerfahrungen erreicht werden, welche insbesondere mithilfe von motologischen Interaktionsanteilen eine solche Betroffenheit herstellen können. Erste Befunde deuten darauf hin, dass die Persuasion der VR-Lernerfahrungen die Lücke zwischen Wissen und Verhalten tatsächlich schließen könnte (Sobieraj & Krämer 2016, S. 401). Diese Lernerfahrungen ersetzen allerdings nicht die herkömmliche BNE, sondern können gezielt dort eingesetzt werden, wo bereits das Wissen existiert und das entsprechend erwartete Verhalten noch nicht beobachtbar ist.

Drei Literaturtipps mit Kurzbeschreibung

1. Alnagrat, A., Ismail, R. C., Syed Idrus, S. Z. & Abdulhafith Alfaqi, R. M. (2022). A Review of Extended Reality (XR) Technologies in the Future of Human Education: Current Trend and Future Opportunity. In: *Journal of Human Reproductive Sciences*, *1*(2), 81–96. https://doi.org/10.11113/humentech.v1n2.27.
   Ein Review, der einen Überblick über bisherige VR-Lernanwendungen im Bildungskontext gibt.
2. Singer-Brodowski, M. (2016). Transformative Bildung durch transformatives Lernen. Zur Notwendigkeit der erziehungswissenschaftlichen Fundierung einer neuen Idee. In: *ZEP – Zeitschrift für internationale Bildungsforschung und Entwicklungspädagogik*, *39*(1), 13–17. https://doi.org/10.25656/01:15443.
   Einer von mehreren Beiträgen, welcher die transformative Bildung in den BNE-Kontext einbettet – allerdings zunehmend auch mit der Forderung, das Wirtschaftswachstum als dominantes Paradigma abzulösen.
3. Zimmermann, C. L., Müller-Christ, G., Seyfried, L. M., Bursee, F. & Pijetlovic, D. (2022). Bildung für nachhaltige Entwicklung und immersives Lernen. Erste Erkenntnisse aus einem Virtual-Reality-Experimentallabor. In: J. Weselek, F. Kohler & A. Siegmund (Hrsg.). *Digitale Bildung für nachhaltige Entwicklung. Anwendung und Praxis in der Hochschulbildung*. Springer, S. 141–152.
   In diesem Beitrag wurde bereits ein VR-Setting im BNE-Kontext im Rahmen eines Experimentallabors erprobt. Der Beitrag reicht die gemachten Erfahrungen sowie eine Aufschlüsselung der Konzeption und Umsetzung an die Hand.

Die Fortführung dieses Experiments geschah mit dem Projekt »ImmerNa« (Immersive Transformationsräume der Nachhaltigkeit), welches im Oktober 2024 erfolgreich beendet wurde. Link zur Projektbeschreibung: https://www.uni-bremen.de/nm/forschung/forschungsprojekte/immerna-immersive-transformationsraeume-der-nachhaltigkeit. In diesem Projekt wurde eine Selbstlernveranstaltung mit integrierten VR-Elementen konzipiert und anschließend umgesetzt. Link zum Lernkurs: https://oncourse.uni-bremen.de/blocks/oc-coursemetaselect/detailpage.php?id=64. In diesem Selbstlernkurs sind drei VR-Lernszenarien inbegriffen, die teilweise ebenfalls auf transformatives Lernen abzielen und das systemische Denken als Kompetenz für Nachhaltiges Handeln stärken sollen.

Drei didaktische Hinweise

1. Wenn VR-Umgebungen zu einer immersiven Lernerfahrung werden sollen, sollten sie möglichst über den alleinigen visuellen Reiz hinausgehen (360-Grad-Videos). Analog zu den Realbegegnungen der Geographiedidaktik geht es vor allem um das Handeln und Schaffen in der virtuellen Umgebung. Eine Umgebung mit Interaktionsmöglichkeiten (Handeln) wirkt glaubhafter als ein reiner visueller Reiz (Buchner & Aretz 2020, S. 209). Das erwähnte Schaffen kann in VR über den performativen Entwurf von individuellen Lösungsansätzen nachempfunden werden (Reinfeld 2023, S. 31 f.). Das heißt, die Gedanken, Gefühle und Lösungsansätze werden während der VR-Erfahrung in Bilder übersetzt bzw. sofort in VR-Exponaten abgebildet (Zimmermann et al. 2022, S. 150).
2. Es wird den Lernenden dazu geraten, das Arbeiten an Bedeutungsperspektiven mithilfe der desorientierenden Dilemmata als Gruppe zu reflektieren (Grund & Singer-Brodowski 2020, S. 29). Dies sollte nachgelagert möglichst zeitnah geschehen, damit die Lernenden durch eine hierarchiefreie Diskussionsgruppe ihre Gefühle, Vorannahmen sowie neue Denkmuster untereinander teilen und festigen können. Im Mo-

ment der Irritation (oder kurz danach) hat sich das Gemeinschaftsgefühl als förderlich erwiesen – etwa nach dem Motto: Ich bin nicht allein mit meiner Irritation (Singer-Brodowski 2021, S. 13). Auch wenn es sich um vermeintlich triviale Sachverhalte handelt, kann der Moment, in dem Studierende erstmalig feststellen, einen bestimmten Sachverhalt immer wieder über eine sozialisierte Bedeutungsperspektive beobachtet zu haben, mithin als sehr emotional beschrieben werden.

3. Lernende in VR-Lernumgebungen müssen während ihres immersiven Tauchgangs intensiv betreut werden. Für erstmalige Lernerfahrungen müsste es zunächst einmal eine Anleitung zur erfolgreichen Navigation durch die virtuelle Realität geben – wie bewegt man sich? Wie bedient man ein Menü? Was passiert, wenn Übelkeitserscheinungen auftreten? Selbst wenn dies kein Problem darstellt, etwa für VR-Erprobte, so zeigt die Erfahrung des Verfassers, dass die Aufgabenstellung in VR deutlicher herausgestellt werden muss, als es im echten Leben der Fall ist. Wo soll sich die lernende Person hinbewegen, was soll getan werden? All dies muss kleinschrittig und genau beschrieben werden – entweder vor oder während der VR-Lernerfahrung. In sozialen Gruppensituationen, wie etwa Vorlesungen in Virtual Reality, ließ sich beobachten, dass eine erhöhte Anonymität (durch die virtuellen Avatare) zu mehr Störungen führen kann. Hier empfiehlt es sich auch in der virtuellen Realität, genügend Ressourcen für eine adäquate Moderation einzuplanen.

Literatur

Ahn, S. J., Bailenson, J. N. & Park, D. (2014). Short- and long-term effects of embodied experiences in immersive virtual environments on environmental locus of control and behavior. In: *Computers in Human Behavior, 39*, 235–245. https://doi.org/10.1016/j.chb.2014.07.025

Ahn, S. J., Fox, J., Dale, K. R. & Avant, J. A. (2015). Framing Virtual Experiences. In: *Communication Research, 42*(6), 839––863. https://doi.org/10.1177/0093650214534973

Alnagrat, A., Ismail, R. C., Syed Idrus, S. Z. & Abdulhafith Alfaqi, R. M. (2022). A Review of Extended Reality (XR) Technologies in the Future of Human Education: Current Trend and Future Opportunity. In: *Journal of Human Reproductive Sciences, 1*(2), 81–96. https://doi.org/10.11113/humentech.v1n2.27

Brookfield, S. D. (2012). Critical Theory and Transformative Learning. In: E. W. Taylor & P. Cranton (Hrsg.). *The Handbook of Transformative Learning: Theory, Research, And Practice* (1. Aufl.). Wiley.

Buchner, J. & Aretz, D. (2020). Lernen mit immersiver Virtual Reality. Didaktisches Design und Lessons Learned. In: *MedienPädagogik. Zeitschrift für Theorie und Praxis der Medienbildung*, 195–216. https://doi.org/10.21240/mpaed/jb17/2020.05.01.X

Dede, C. J., Jacobson, J. & Richards, J. (2017). Introduction: Virtual, Augemented and Mixed Realities in Education. In: D. Liu, C. Dede, R. Huang & J. Richards (Hrsg.). *Smart Computing and Intelligence. Virtual, Augmented, and Mixed Realities in Education*. Springer Gabler, S. 1–16.

Grund, J. & Singer-Brodowski, M. (2020). Transformatives Lernen und Emotionen. Ihre Bedeutung für die außerschulische Bildung für nachhaltige Entwicklung. In: *Außerschulische Bildung. Zeitschrift der politischen Jugend- und Erwachsenenbildung*(3), 28–36.

Gupta, S. & Ogden, D. T. (2006). The Attitude – Behavior Gap in Environmental Consumerism. In: *APUBEF Proceedings, Fall 2006*, 199–206.

Hartmann, C. & Bannert, M. (2023). Lernen in virtuellen Räumen. Konzeptuelle Grundlagen und Implikationen für künftige Forschung. In: *MedienPädagogik. Zeitschrift für Theorie und Praxis der Medienbildung, 47*, 373–391.

Hirschfeld, J., Hansen, G., Messner, D., Opielka, M. & Peter, S. (2023). Die klimaresiliente Gesellschaft. Transformation und Systemänderungen. In: G. P. Brasseur, D. Jacob & S. Schuck-Zöller (Hrsg.). *Klimawandel in Deutschland. Entwicklung, Folgen, Risiken und Perspektiven* (2. Aufl.). Springer, S. 461–473.

Honscherf, T., Kjär, H. & Rupert-Kruse, P. (2011). Phänomene und Medien der Immersion. In: Institut für immersive Medien (Hrsg.). *Jahrbuch immersiver Medien. Immersion. Abgrenzung, Annäherung, Erkundung*. Schüren, S. 9–18.

Longo, C., Shankar, A. & Nuttall, P. (2019). »It's Not Easy Living a Sustainable Lifestyle«: How Greater Knowledge Leads to Dilemmas, Tensions and Paralysis. In: *Journal of Business Ethics, 154*(3), 759–779. https://doi.org/10.1007/s10551-016-3422-1

Luhmann, N. (1999). *Organisation und Entscheidung* (1. Aufl.). Westdeutscher Verlag.

Mezirow, J. (1991). *Transformative Dimensions of Adult Learning* (1. Aufl.). *The Jossey-Bass higher and adult education series*. Jossey-Bass.

Mezirow, J. (1997). *Transformative Erwachsenenbildung. Grundlagen der Berufs- und Erwachsenenbildung. Bd. 10*. Schneider Verlag.

Mulders, M., Buchner, J. & Kerres, M. (2020). A Framework for the Use of Immersive Virtual Reality in Learning Environments. In: *International Journal of Emerging Technologies in Learning (iJET), 15*(24), 208. https://doi.org/10.3991/ijet.v15i24.16615

Müller-Christ, G. (2020). *Nachhaltiges Management.* Über den Umgang mit Ressourcenorientierung und widersprüchlichen Managementrationalitäten. Handbuch für Studium und Praxis (3. Aufl.). Nomos Verlag. https://doi.org/10.5771/9783845291680

Müller-Christ, G. & Husenbeth, N. (2024). Sustainable Leadership und Nachhaltigkeitscoaching. In: M. Bruhn & K. Hadwich (Hrsg.). *Forum Dienstleistungsmanagement. Sustainable Service Management. Band 2: Strategien und Umsetzung der Nachhaltigkeit* (1. Aufl.). Springer, S. 89–116. https://doi.org/10.1007/978-3-658-45146-2_3

Müser, S., Maiero, J., Fehling, C. D., Gilbert, D., Eroglu, S., Bachmann, D., Wiederspohn, S. & Meyer, J. (2023). Konzeption und Evaluation einer virtuellen Lernumgebung für die Hochschullehre. In: *MedienPädagogik. Zeitschrift für Theorie und Praxis der Medienbildung, 51*, 345–372. https://doi.org/10.21240/mpaed/51/2023.01.24.X

Nohl, A.-M. (2015). Typical Phases of Transformative Learning. In: *Adult Education Quarterly, 65*(1), 35–49. https://doi.org/10.1177/0741713614558582

Reer, F. (2022). Nachhaltigkeit und die Nutzung und Wirkung von Virtual Reality. In: A. S. Kümpel, C. Peter, A. Schnauber-Stockmann & F. Mangold (Hrsg.). *Reihe Rezeptionsforschung. Bd. 44. Nachhaltigkeit als Gegenstand und Zielgröße der Rezeptions- und Wirkungsforschung. Aktuelle Studien und Befunde.* Nomos, S. 231–249. https://doi.org/10.5771/9783748926436-231

Reinfeld, P. (2023). Performatives Entwerfen in Virtual Reality. In: K. Nakas, P. Reinfeld, M. Aust, O. Bargholz, P. Dornhege, J. P. Drude, C. Jantzen, S. Marwecki, S. Masik, C. Miltiades, F. Ritter, A. Schmidt, C. Schöll, A. Urban & E. Wilson (Hrsg.). *Bildhafte Räume, begehbare Bilder.* Brill | Fink, S. 27–51. https://doi.org/10.30965/9783846767238_004

Rinschede, G. & Siegmund, A. (2021). *Geographiedidaktik* (5. Aufl.). Grundriss Allgemeine Geographie. Bd. 2324. Brill. https://doi.org/10.36198/9783838558622

Rockström, J., Steffen, W., Noone, K., Persson, A., Chapin, F. S., Lambin, E. F., Lenton, T. M., Scheffer, M., Folke, C., Schellnhuber, H. J., Nykvist, B., Wit, C. A. de, Hughes, T., van der Leeuw, S., Rodhe, H., Sörlin, S., Snyder, P. K., Costanza, R., Svedin, U., . . . Foley, J. A. (2009). A safe operating space for humanity. In: *Nature, 461*(7263), 472–475. https://doi.org/10.1038/461472a

Rogall, H. & Gapp-Schmeling, K. (2021). *Nachhaltige Ökonomie* (3., überarbeitete und stark erweiterte Auflage). Grundlagen der Wirtschaftswissenschaft. Band 27. Metropolis Verlag.

Ross, J. (2023). *The Sustainable Development Goals Report: Special edition towards a rescue plan for people and planet.* United Nations. https://sdgs.un.org/sites/default/files/2023-07/The-Sustainable-Development-Goals-Report-2023.pdf

Selby, D. & Kagawa, F. (2010). Runaway Climate Change as Challenge to the ›Closing Circle‹ of Education for Sustainable Development. *Journal of Education for Sustainable Development, 4*(1), 37–50. https://doi.org/10.1177/097340820900400111

Singer-Brodowski, M. (2016). Transformative Bildung durch transformatives Lernen. Zur Notwendigkeit der erziehungswissenschaftlichen Fundierung einer neuen Idee. In: *ZEP – Zeitschrift für internationale Bildungsforschung und Entwicklungspädagogik, 39*(1), 13–17. https://doi.org/10.25656/01:15443

Singer-Brodowski, M. (2021). Transformatives Lernen als neue Theorie-Perspektive in der »Bildung für nachhaltige Entwicklung« (BNE). In: *Die Österreichische Volkshochschule. Magazin für Erwachsenenbildung. Schwerpunkt Nachhaltigkeit, 72*(275), 11–15.

Singer-Brodowski, M., Holst, J. & Goller, A. (2021). Transformative Wissenschaft. In: T. Schmohl & T. Philipp (Hrsg.). *Hochschulbildung. Lehre und Forschung. Bd. 1. Handbuch Transdisziplinäre Didaktik*. transcript, S. 347–356. https://doi.org/10.14361/9783839455654-032

Slater, M. & Wilbur, S. (1997). A Framework for Immersive Virtual Environments (FIVE): Speculations on the Role of Presence in Virtual Environments. In: *Presence: Teleoperators and Virtual Environments, 6*(6), 603–616. https://doi.org/10.1162/pres.1997.6.6.603

Sobieraj, S. & Krämer, N. (2016). Immersive virtuelle Umgebung: Transformed Social Interaction, Proteus-Effekt und Persuasion. In: N. Krämer, S. Schwan, D. Unz & M. Suckfüll (Hrsg.). *Medienpsychologie. Schlüsselbegriffe und Konzepte* (2. Aufl.). Kohlhammer, S. 397–403.

Szaguhn, M. (2024). Transformatives Lernen im Selbst- und Realexperiment. Wie das Format #climatechallenge neue Perspektiven auf Klimaschutz ermöglicht. In: W. Leal Filho (Hrsg.). *Theorie und Praxis der Nachhaltigkeit. Lernziele und Kompetenzen im Bereich Nachhaltigkeit*. Springer Spektrum, S. 25–48. https://doi.org/10.1007/978-3-662-67740-7_2

UNESCO Executive Board (2019). *SDG 4 – Education 2030: Education for Sustainable Development beyond 2019*. https://unesdoc.unesco.org/ark:/48223/pf0000366797

Vogt, M. (2019). *Ethik des Wissens. Freiheit und Verantwortung der Wissenschaft in Zeiten des Klimawandels*. oekom.

Wanner, M., Schmitt, M., Fischer, N. & Bernert, P. (2021). *Transformative Innovation Lab. Handbuch zur Ermöglichung studentischer Reallabor-Projekte zur Förderung transformativer und transdisziplinärer Kompetenzen*. Wuppertal Institut für Klima, Umwelt, Energie. https://doi.org/76745

WBGU, Wissenschaftlicher Beirat der Bundesregierung Globale Umweltveränderungen (2011). *Welt im Wandel. Gesellschaftsvertrag für eine Große Transformation* (2. Aufl.). WBGU.

Wiek, A., Withycombe, L. & Redman, C. L. (2011). Key competencies in sustainability: a reference framework for academic program development. In: *Sustainability Science, 6*(2), 203–218. https://doi.org/10.1007/s11625-011-0132-6

Wirth, D. & Ohl, U. (2022). »… als sei man mittendrin«. Lehramtsstudierende konzipieren Virtual-Reality-Exkursionen zu Themen der Bildung für nachhaltige Entwicklung. In: J. Weselek, F. Kohler & A. Siegmund (Hrsg.). *Digitale Bildung für nachhaltige Entwicklung. Anwendung und Praxis in der Hochschulbildung*. Springer, S. 49–61.

Zimmermann, C. L., Müller-Christ, G., Seyfried, L. M., Bursee, F. & Pijetlovic, D. (2022). Bildung für nachhaltige Entwicklung und immersives Lernen. Erste Erkenntnisse aus einem Virtual-Reality-Experimentallabor. In: J. Weselek, F. Kohler & A. Siegmund (Hrsg.). *Digitale Bildung für nachhaltige Entwicklung. Anwendung und Praxis in der Hochschulbildung*. Springer, S. 141–152.

Daniela Schmitz & Julia Rinas-Bahl

Szenariobasiertes Lernen zur kommunalen Hitzeprävention: Ein Seminarkonzept zur multiprofessionellen Zusammenarbeit

Kurzzusammenfassung

In dem interdisziplinären Studiengang »Multiprofessionelle Versorgung von Menschen mit Demenz und chronischen Einschränkungen« wurde eine Lerneinheit zum szenariobasierten Lernen (scenario-based learning) zum Thema kommunale Hitzeprävention entwickelt. Ziel der in sich thematisch abgeschlossenen Lerneinheit ist es, eine nachhaltige Entwicklung von Präventionsmaßnahmen für Hitzeperioden multiprofessionell zu konzipieren, die auf allein lebende Menschen mit chronischen Erkrankungen in der Häuslichkeit zugeschnitten sind. Über Cultural Probes (kreative Methode zur Sammlung von Alltagserfahrungen) wurde Empathie für das Problemfeld entwickelt. Die Studierenden entwickelten drei Projektideen, von denen eine der Ideen mit einem festgelegten Projektbudget als Prototyp realisiert werden sollte. Die Studierenden verteilten die Aufgaben innerhalb des Projektes untereinander selbstständig und individuell auf Basis ihrer jeweiligen Ambitionen, Stärken und Schwächen, sodass jedes Gruppenmitglied partizipativ beteiligt war. Die Umsetzung der Lerneinheit war mit einem hohen Workload verbunden, hatte über die Cultural Probes und das klimarelevante Thema motivierenden Charakter und veranschaulichte die Relevanz einzelner SDGs. Die Lehrveranstaltung wurde mit einem BNE-Lehrpreis ausgezeichnet. Die Lerneinheit zur kommunalen Hitzeprävention verbindet Klimawandel und Bildung, indem sie Studierende für die gesundheitlichen Folgen extremer Hitze sensibilisiert und ihnen ermöglicht, praxisnahe, nachhaltige

Präventionsmaßnahmen für vulnerable Gruppen zu entwickeln. Durch interdisziplinäres und szenariobasiertes Lernen wird nicht nur Wissen über den Klimawandel vermittelt, sondern auch die Relevanz der Sustainable Development Goals verdeutlicht.

Lernziele

- Die Studierenden können Cultural Probes aufnehmen, um Empathie im Rahmen der Situationsanalyse Hitze in der Stadt zu entwickeln.
- Die Studierenden können in der Lerngruppe verschiedene Perspektiven auf die Problemstellung kommunaler Hitzeprävention für chronisch kranke Menschen einnehmen.
- Die Studierenden können gemeinsam eine Lösungsstrategie festlegen und projekthaft umsetzen.
- Die Studierenden können resümierend ihr Vorgehen reflektieren und ihre Problemlösung kritisch hinterfragen.

1. Einführung und Verortung des Themas: Hitzewellen

In diesem Beitrag werden als Facette des Klimawandels Extremwetterereignisse in Form von Hitzewellen betrachtet. Eine seit einigen Jahren wahrnehmbare Folge des anthropogenen Klimawandels sind Extremwetter wie Starkregenereignisse, Überschwemmungen, Stürme und die Zunahme von Hitzewellen. Hitzewellen sind nicht einheitlich definiert, können grundsätzlich als Wetterperioden mit hohen Temperaturen, die sich gesundheitsschädlich auswirken können, verstanden werden. Winkelmayr et al. (2023, S. 6) fassen dazu die folgenden Definitionselemente zusammen: Einige dieser Definitionen orientieren sich an spezifischen Schwellenwerten (z.B. Temperaturen über 30 °C, z.B. Tagesmaximum und Tagesminimum der Lufttemperatur, Verlauf der Temperaturen, absolute Temperaturen oder relative Schwellenwerte oder Hitzeindizes), unterschiedliche Dauer (z.B. zwei, drei oder mehrere Tage) oder eine Kombinationen verschiedener Parameter. Häufig werden in den Definitionen eine minimale Dauer einer Hitzewelle sowie Schwellenwerte für die Temperatur festgelegt (Matzariks et al. 2020a). Zur Hitze am Tag kommt eine Zunahme sogenannter Tropennächte, also Nächte, in denen die Temperatur nicht unter 20 °C fällt und die somit eine nächtliche Erholung des Körpers von Hitze erschweren. Innenräume kühlen dadurch schlechter ab.

Der Deutsche Wetterdienst (DWD) hat ein Hitzewarnsystem entwickelt, das vor Hitzewellen anhand der gefühlten Temperatur warnt; die Nutzer:innen können die Warnung für ihren jeweiligen Wohnort abonnieren. Die gefühlte Temperatur wird aus den vier Komponenten Lufttemperatur, Windgeschwindigkeit, Luftfeuchtigkeit und (in)direkte Wärmestrahlung/Sonnenscheindauer zusammengesetzt (DWD o. J.). Der DWD unterscheidet auf dieser Basis zwischen starker und extremer Wärmebelastung:

- starke Wärmebelastung (Warnstufe 1): bei einer vorhergesagten gefühlten Temperatur am frühen Nachmittag über 32 °C mit einer geringen nächtlichen Abkühlung
- extreme Wärmebelastung (Warnstufe 2): bei einer vorhergesagten gefühlten Temperatur am frühen Nachmittag über 38 °C mit einer geringen nächtlichen Abkühlung.

Grundlage für die Berechnung der gefühlten Temperatur sind das Klima-Michel-Modell und das darauf basierende und spezifizierte Klima-Michel-Senior-Modell, das das Alter und die altersbedingte geringere physiologische Hitzetoleranz sowie mögliche Erkrankungen berücksichtigt (Matzarakis et al. 2020b). Ältere Menschen über 65 Jahre haben physiologisch schlechtere Möglichkeiten, Wärmebelastungen zu bewältigen. An der Heiden et al. (2019) resümieren aus den Hitzephasen in den Jahren 2003, 2006, 2010 und 2015, dass es zu einer zwanzigfach höheren Zunahme hitzebedingter Todesfälle kam. Winklmayr et al. (2022) analysieren hitzebedingte Todesfälle für die Jahre 1992 bis 2020 und stellen fest, dass es für 2018 bis 2020 zu einer statistisch signifikanten Anzahl von Sterbefällen kam. Hitzeereignisse haben demzufolge einen Einfluss auf die Gesundheit und können zu hitzebedingter Übersterblichkeit führen. Besonders ältere Menschen über 65 Jahre mit chronischen Erkrankungen bzw.

Multimorbidität (das gleichzeitige Vorliegen von drei oder mehr chronischen Erkrankungen [Ortloff & Schmitz 2024, S. 76]) sind eine Risikogruppe mit leicht erhöhter Mortalität in Hitzephasen. Menschen über 85 Jahre haben eine noch höhere relative Mortalität (An der Heiden et al. 2019). Hitze kann sich negativ auf Erkrankungen der Atemwege, des Herz-Kreislauf-Systems und der Nieren auswirken und so zu einer erhöhten Morbidität führen. Der Zusammenhang von Morbidität und Hitze zeigt sich in vermehrten Krankenhauseinweisungen und Notfalleinsätzen oft wegen bestehender Lungen- und Nierenerkrankungen, Diabetes mellitus, Exsikkose und Hitzschlag (seltener aufgrund von kardiovaskulären Erkrankungen; die vermutliche Begründung: schneller Verlauf, oft tödlich, Herrmann et al. 2019). Außerdem kann Hitze die Wirkung von Medikamenten verändern und zu unerwünschten Nebenwirkungen (z. B. verändertem Durstgefühl, verändertem Schwitzen, Schwindel und Sturzgefahr) führen (Winklmayr et al. 2023).

Neben den direkten Wirkungen von Hitze auf den Menschen wirkt diese auch indirekt durch die natürliche und bebaute Umwelt. In Städten können sich sogenannte Wärmeinseln bilden. Je nach Dichte der Bebauung und dem Vorhandensein von grüner und blauer Infrastruktur einer Stadt können sich die bodennahen Temperaturen unterscheiden, da Beton und Asphalt Wärme aufnehmen und nachts abgeben, sodass Temperaturunterschiede von 10 °C und mehr zwischen Stadtzentren und ländlichen Gebieten bestehen können (Winklmayr et al. 2023). Gabriel und Endlicher (2011) untersuchten im Rahmen ihrer Studie im Raum Berlin und Brandenburg für die Jahre 1994 bis 2006 die Übersterblichkeit während Hitzewellen und stellten fest, dass mit erhöhter Versiegelung eine erhöhte Mortalität einherging.

Eine Studie zur Analyse der Hitzewelle 2019 als drittwärmstes Jahr in Deutschland seit Beginn der Wetteraufzeichnungen in Freiburg im Breisgau (Matzariks et al. 2020a) stellt auch für diesen Raum fest, dass Stadtbewohnende aufgrund von Wärmeinseln einer zusätzlichen höheren Wärmbelastung ausgesetzt sind. Wärmeinseln sind in den Sommermonaten relevant und treten nachts durch Abgabe der Wärme in Erscheinung. Die gefühlte Temperatur liegt im Hitzeempfinden dabei im Schnitt etwa 10 °C über der Lufttemperatur (Matzariks et al. 2020a).

2. Ältere Menschen und Hitzewellen

Für Menschen, die in Einrichtungen des Gesundheits- und Pflegewesens leben, gibt es Empfehlungen für Maßnahmen des einrichtungsbezogenen Gesundheitsschutzes. Zum Beispiel hat das Landeszentrum für Gesundheit in Nordrhein-Westfalen für Einrichtungsleitungen und das beschäftigte Personal Arbeitshilfen für die Sensibilisierung im Umgang mit Hitze und mögliche Maßnahmen formuliert, die anhand ihrer spezifischen Strukturen und Prozessabläufe einer jeweiligen Einrichtung angepasst werden können (LZG NRW 2024).

Für allein lebende Menschen in ihrer Häuslichkeit gibt es zwar zahlreiche Informationsbroschüren, die Tipps zum Umgang mit Hitze bereitstellen, diese müssen jedoch in den jeweiligen Haushalten ankommen und gelesen werden. Ältere Menschen mit Seheinschränkungen beispielsweise bräuchten andere Informationskanäle. Chronische Erkrankungen bringen komplexe Herausforderungen für den Alltag der Betroffenen und die Versorgung durch professionelle Akteure mit sich und sind daher ein multiprofessionelles Praxisfeld (Fiedler et al. 2024). Um das Wohlbefinden der Betroffenen zu unterstützen, sind abgestimmte soziale und gesundheitsbezogene Dienstleistungen möglich. Für die Versorgung chronisch Kranker ist es daher wichtig, in Hitzewellen die am stärksten bedrohten Personen frühzeitig zu identifizieren, um Maßnahmen einleiten zu können. Vor allem die Erwärmung hat außergewöhnliche Auswirkungen auf sogenannte gefährdete, vulnerable Gruppen. Denn durch klimatische Einflüsse kann die Vulnerabilität einer Person zunehmen. Die Vulnerabilität einer Person setzt sich zusammen aus:

- bestehenden chronischen Erkrankungen
- Alter und Hochaltrigkeit
- bestehenden kognitiven Einschränkungen
- fehlendem oder sozial schwachem Netzwerk

- geringen Gesundheitskompetenzen.

Zudem kommen je nach Wohnumfeld bzw. Quartier, in dem eine Person lebt, weitere Vulnerabilitätsfaktoren hinzu:

- Enge der Wohnbebauung
- Alter des Gebäudes und Stand der Sanierungsmaßnahmen
- fehlende Grünflächenanteile und Frischluftschneisen
- Umwelt- und Luftverschmutzung.

3. Kommunale Hitzeprävention

Kommunale Hitzeprävention ist ein multiprofessionelles Praxisfeld, in dem verschiedene Berufsgruppen Lösungsansätze diskutieren und Maßnahmen abgestimmt umsetzen. Gesundheitsschäden durch Hitze und Hitzewellen sind zum Teil durch präventive Maßnahmen vermeidbar: mit meteorologischen Frühwarnsystemen abgestimmten Präventionsmaßnahmen des Gesundheitswesens, rechtzeitigen amtlichen und ärztlichen Hinweise bis zu Verbesserungen in Wohnungsbau und Stadtplanung (WHO 2019).

Als Lösungsansatz auf kommunaler Ebene werden Hitzeaktionspläne aufgestellt, die Maßnahmen enthalten, um die Einwohner:innen einer Kommune in Hitzephasen vor hitzebedingten Gesundheitsschäden zu schützen. »Dabei handelt es sich oft um niedrigschwellige, leicht umzusetzende Anpassungsmaßnahmen im individuellen Bereich.« (Winkelmayr et al. 2023, S. 20) Vulnerable Gruppen werden zum Teil im Bereich Risikogruppen mit bedacht. Herausforderung für die Praxis sind jedoch ältere, allein lebende, chronisch kranke Menschen, die durch übergreifende Maßnahmen schlecht erreicht werden können. Tipps zum richtigen Verhalten bei Hitze, die Städte auf Webseiten auflisten oder in Ratgebern abdrucken, können bei dieser Zielgruppe nicht ankommen.

Durch die erhöhte Mortalität und Morbidität älterer, chronisch kranker Menschen bedarf es bewusster Wahrnehmungs- und Interaktionsmuster zur Hitzeprävention. Hitzebedingte Übersterblichkeit kann als krisenhafte Erfahrung im Sinne Mezirows (1997) verstanden werden, die eine emotionsbehaftete Einschätzung der eigenen Bedeutungsperspektive erlaubt. Durch den Austausch mit den anderen Professionen der hier betrachteten Lerngruppe können die jeweiligen Bedeutungsperspektiven abgeglichen und kritisch hinterfragt werden. Damit Lernende Lösungs- und Zielwissen entwickeln können, wurde aus den dargestellten Grundlagen des Problemfelds ein Lernszenario mit Bezug zum transformativen Lernen entwickelt, das eine wahrnehmungsgeleitete Interpretation der Wirklichkeit ermöglicht und orientierungsgebend für das individuelle und kollektive Handeln in der Gruppe wirkt (Mezirow 1997).

4. »Scenario-based learning«

Bei »scenario-based learning« handelt es sich um eine Lehr-Lern-Methode, in der Lernende als Akteure innerhalb eines realitätsnahen Settings eine Problemstellung bearbeiten. Realitätsnah umfasst hierbei eher »near-life« als »real-life«, da es sich bei einem Szenario um einen zu Lernzwecken konstruierten Sachverhalt handelt (Errington 2009). Innerhalb der Szenarien werden somit beinahe reale Phänomene und Fragestellungen behandelt, mit dem Vorteil, dass dort getroffene Entscheidungen keinen negativen Impact auf die Wirklichkeit haben und bei Bedarf auch revidiert werden können. In der so generierten Simulation einer realitätsnahen Lage entwerfen die Studierenden dann interaktiv, kollaborativ, diskursiv und reflektiv mögliche Lösungsansätze.

Das szenariobasierte Lernen zielt darauf ab, theoretisches Wissen gemeinsam praktisch anzuwenden und zu vertiefen, Annahmen und Konzepte zu transformieren und hernach das Verfahren wissenschaftlich kritisch zu reflektieren. Die individuellen Biografien der Lernenden und somit das unterschiedliche Vorwissen prägen den Prozess der Problemlösung. Neben dem reinen Erkenntnisgewinn eignet sich die Methode ausdrücklich, um gruppendynamische und selbstreflektive Prozesse bei den Lernenden anzustoßen, die dann zu einer gelungenen Bearbeitung des Themas beitragen können (Schmohl 2011). Sinn und Zweck von »scenario-based learning« ist es, inmitten gesetzter Rahmenbedingungen abstraktes Wissen in Handlungswissen umzuwandeln und so für mögliche ähnliche Situationen im späteren Berufsleben professionell gerüstet und vorbereitet zu sein (Errington 2011).

Für die Bearbeitung des Themenkomplexes »Kommunale Hitzeprävention« eignete sich die Methode des »scenario-based learning« insbesondere, da es sich bei Hitzewellen zwar um vorübergehende Ereignisse handelt, die aber aufgrund ihrer weitreichenden Folgen als Krise der öffentlichen Gesundheit(slandschaft) identifiziert werden können. Hier wäre eine gute institutionelle und gesellschaftliche Vorbereitung im Sinne von Preparedness vonnöten, die aktuell aber noch nicht allgegenwärtig in Konzepten umgesetzt wird; vielleicht auch, weil Situationen dieser Art in der Realität nur unzureichend trainiert werden können, es keine allgemeingültigen Lösungen gibt und in Not- und Zwangslagen oftmals die Zeit fehlt, eine Problemstellung umfassend zu durchdenken.

Um die gesamtgesellschaftlich relevante Angelegenheit des Schutzes von allein lebenden älteren und hochaltrigen Personen vor Hitzeauswirkungen gemeinsam erarbeiten zu können, entschlossen sich die Autorinnen, einen szenariobasierten Planungsprozess als grundlegenden Teil des Lernprozesses der Studierenden einzusetzen. Szenariobasiertes Lernen kann z.B. zu erhöhter Klimasensibilität bei Studierenden der Pflege führen (Richardson et al. 2019) sowie für nachhaltiges Handeln in der späteren Berufspraxis sensibilisieren (Aronsson et al. 2020). Die hier vorgestellte Lerneinheit stellt einen eigenständigen Baustein für eine Bildung für nachhaltige Entwicklung dar.

5. Lösungs- und Zielwissen: Lernansatz szenariobasiertes Lernen und Hitzeprävention

In einem interdisziplinären Studiengang wurde eine »scenario-based learning«-Lerneinheit (Smith et al. 2018) zum Thema kommunale Hitzeprävention entwickelt. Ziel der Lerneinheit ist es, eine nachhaltige Entwicklung von Präventionsmaßnahmen für Hitzeperioden multiprofessionell zu konzipieren (Dercon 2006; Li et al. 2015), die auf allein lebende Menschen mit chronischen Erkrankungen in der Häuslichkeit zugeschnitten sind.

Die Lerneinheit wurde den Studierenden im Sommersemester 2022 als »Planspiel« vorgestellt. In der dazugehörigen Einführungsveranstaltung wurde mittels einer Powerpoint-Präsentation die Problemstellung kurz umrissen und ein konkreter Arbeitsauftrag erteilt. Neben der Fragestellung »Wie können ältere, allein lebende Senior:innen in ihrer Häuslichkeit in Hitzeperioden durch wen wie begleitet werden?« sah dieser auch einen festgelegten Ablauf vor, um die Problematik abschließend bearbeiten zu können (s. Abb. 1).

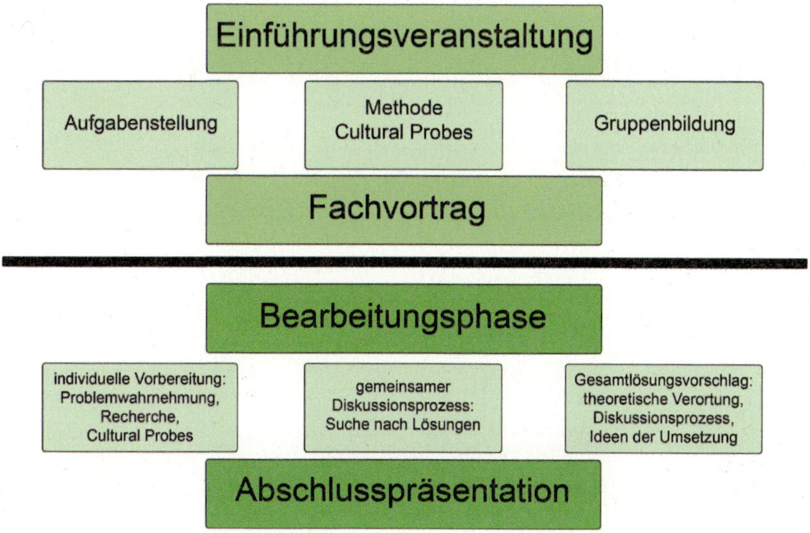

Abb. 1: Ablauf didaktisches Konzept »scenario-based learning« SoSe 22, eigene Darstellung.

Um wissenschaftliche Anreize zu setzen und die Motivation der Studierenden für die Bearbeitung des Themas auf einem hohen Level zu halten, wurde das Planspiel als interner Wettbewerb ausgeschrieben. Einer der ausgearbeiteten Entwürfe würde in der Abschlussveranstaltung als Gewinneridee gekürt. Die Bewertungskriterien hierfür umschlossen neben multiprofessioneller Zusammenarbeit auch die Aspekte Kreativität, theoretische bzw. empirische Verankerung der Problemlösung, die Kohärenz der Lösung und die Praxisrelevanz und wurden den Lernenden transparent in der Einführungsveranstaltung kommuniziert.

Weiterhin wurden die Studierenden mit der für sie bis dato unbekannten Methode der »Cultural Probes« bekannt und vertraut gemacht. Das Sammeln von verschiedenen Medien, Dokumenten und Zeugnissen unterschiedlicher Lebenswelten zur Dokumentation bestimmter Beobachtungen, um einen präsenteren Eindruck der Ausgangslage zu erhalten, hat seinen Ursprung in den Disziplinen der Architektur und des Interaktionsdesigns. Die so zusammengetragenen Fragmente können hierbei hilfreich sein, Bereiche des Lebens zu veranschaulichen, die gemeinhin eher von implizitem Wissen dominiert werden und somit zu praxisnahen und praktikablen Lösungen und Antworten inspirieren. Kurz gesagt, handelt es sich hierbei um einen sehr unmittelbaren, beinahe schon spielerischen Zugang, um einen direkten und konfrontativen Einstieg in die Problemstellung zu erlangen (Gaver et al. 1999). Mittels der »Cultural Probes« war es den Studierenden möglich, Empathie für das Problemfeld zu erlangen.

Es ist zu erwähnen, dass an der Lerneinheit Studierende aus zwei unterschiedlichen Fachsemestern teilnahmen, sodass sich Kommiliton:innen des jeweiligen eigenen Fachsemesters bereits gut kannten, zu denen des anderen Fachsemesters aber nur flüchtige und zumeist oberflächliche Kontakte bestanden. Aus den insgesamt 18 Studierenden sollten nun fachsemesterübergreifende Arbeitsgruppen gebildet werden, die aus je 4–6 Personen bestehen sollten. Die Studierenden waren, abgesehen von diesen Vorgaben, frei in der Gruppenbildung. Es bildeten sich dann drei unterschiedliche Arbeitsgruppen.

Der Arbeitsablauf sah vor, dass sich die Studierenden zuerst individuell auf die Thematik vorbereiten. Dazu gehörte neben einer allgemeinen Verortung des dargestellten Problems auch eine Recherche zu aktuellen Studien, Beispielen und Theorien. Zusätzlich, um einen praktisch-empathischen Ansatz zu generieren, wurden die Studierenden aufgefordert, »Cultural Probes« zu sammeln.

Als zweiter Schritt sollten die Personen innerhalb ihrer Kleingruppen diskutieren, welche Lösungsansätze denkbar sind. Die dazugehörige Diskussion fand größtenteils online statt, da es sich um ein berufsbegleitendes Studium handelt. Die Studierenden wohnten über das ganze Bundesgebiet verteilt und waren zudem berufstätig, was einen Arbeitsprozess von Angesicht zu Angesicht schwierig bis unmöglich machte.

Im dritten und letzten Schritt sollten die Kleingruppen ihre Idee in einer Abschlusspräsentation den anderen Gruppen und den Dozierenden vorstellen. Hierzu war es nötig, außer dem Lösungsvorschlag auch die »Cultural Probes«, den Diskussionsprozess und die theoretische Verortung darzustellen.

Die drei Kleingruppen präsentierten jeweils ihre Lösungsansätze für das Szenario. Gruppe 1 entschied sich für einen Pappaufsteller mit integriertem Thermometer, auf dem Verhaltenstipps für die Zielgruppe an heißen Tagen aufgedruckt waren. Gruppe 2 stellte eine Glasflasche mit zum Trinken animierenden Aufdrucken und einer Skala zum Ablesen der bereits aufgenommenen Flüssigkeitsmenge vor. Gruppe 3 favorisierte ein Cool-down-Café, welches quartiersbezogen zur Abkühlung in der heißen Sommerzeit aufgesucht werden kann. Da alle drei präsentierten Ideen in ihrem Problemlösungsansatz unterschiedlich, jedoch qualitativ auf ähnlich hohem Level waren, wurde die Arbeit aller drei Gruppen mit einem gemeinsamen Eisessen honoriert.

Das Lehrpreisgeld, mit dem das Konzept des Planspiels durch die Universität Witten/Herdecke ausgezeichnet wurde, wurde den Studierenden im kommenden Sommersemester 2023 in einem an die Ideen anknüpfenden Planspiel zur Verfügung gestellt, um einen der Entwürfe (s. Abb. 2) weiterzuentwickeln und zu realisieren. Vorgaben für die Realisierungsphase waren, die lokale Umsetzbarkeit und zeitliche Fristen zu prüfen, Verantwortliche für einzelne Aufgaben festzulegen, das Projektbudget zu beplanen sowie Meilensteine für den Umsetzungsprozess zu definieren. Anhand der Vorgaben und Diskussion der Umsetzbarkeit wurde entschieden, die Idee mit dem auf dem Pappaufsteller integrierten Thermometer weiterzuverfolgen.

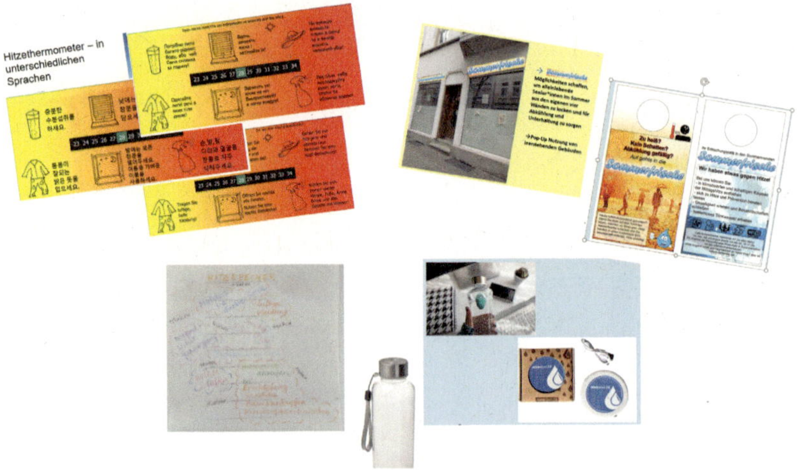

Abb. 2: Übersicht der drei generierten Ideen, eigene Darstellung.

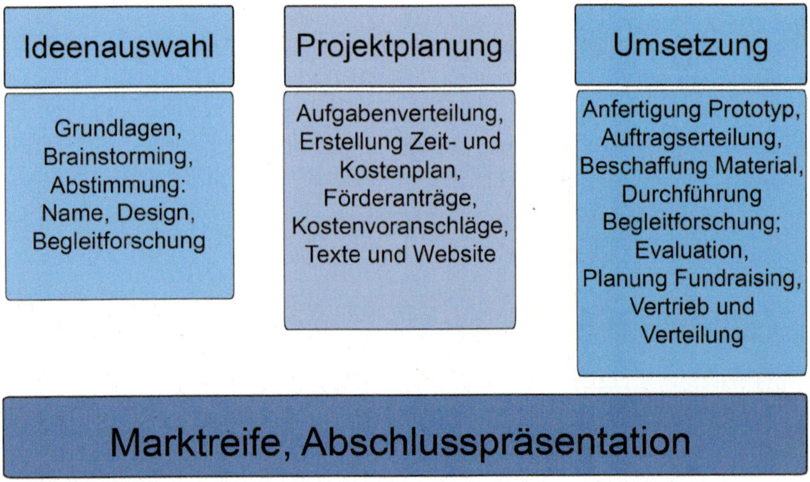

Abb. 3: Realisierungsphase SoSe 23, eigene Darstellung.

Während der Planung der Realisation des Entwurfes wandten die Lernenden unter anderem Grundlagen des Projektmanagements an, welche sie in einem der vorangegangenen Semester erworben haben und bereits in einer individuell angefertigten Projektarbeit jeweils für sich erprobt hatten. Dies war hilfreich, da für die Umsetzung der Ideen neben der Verteilung der Aufgaben auch strukturierende Elemente wie ein Projektzeitplan und eine Kostenkalkulation zur Anwendung kamen. Um alle gleichmäßig in die Planungs- und Umsetzungsprozesse einzubinden, verteilten die Studierenden untereinander die Aufgaben nach persönlichen Ambitionen, Fähigkeiten und Eigenschaften. Zu den jeweiligen Onlinetreffen, in denen der aktuelle Fortschritt des Projektes besprochen und Entscheidungen und Abstimmungen getroffen wurden, bereiteten die einzelnen Studierenden Kurzbeiträge vor, die sie der Gesamtgruppe dann vorstellten, damit jede/r zu Beginn des Planungsprozesses auf dem aktuellen Stand war. Dazu zählten Entscheidungen, die das farbliche Design betrafen, einen prägnanten Namen, die Auswahl eines comicartigen Elefanten als geeigneten Markenbotschafter, Kostenvoranschläge der Druckerei und der benötigten Bauteile sowie die Ausarbeitung von Texten und Hinweisen, die u. a. als Bedienungshilfe auf den Pappaufsteller gedruckt werden sollten.

Abb. 4: Eine Seite des Prototyps, eigene Bildaufnahme.

Der Pappaufsteller wurde in diesen Arbeitssitzungen bis zur Marktreife entwickelt und hätte an verschiedene Kooperationspartner verteilt werden können. Um Sponsoren für das aufwendige Projekt zu finden, erstellten die Studierenden zusätzlich eine Website, auf der sie Problemzusammenhang, Projektidee und den Prototypen vorstellten. Hier konnte man sich außerdem auch über die Mitwirkenden an dem Projekt und ihre jeweiligen Aufgaben informieren. Abgerundet wurde die Website durch eine Kostenkalkulation, eine Auflistung möglicher Kooperationspartner, den Projektzeitplan und die im Anschluss an die Entwicklung geführte qualitative Begleitforschung zum Zweck der Evaluation.

6. Transformationswissen: »scenario-based learning« am Beispiel Hitzeprävention

Mit der Konzeption »scenario-based learning« wurden verschiedene Perspektiven auf Klimawandel und Nachhaltigkeit ermöglicht: von systemischen, städtebaulichen Aspekten über Aspekte der Zusammenarbeit zwischen Berufsgruppen und Institutionen bis hin zu individuellen durch die Perspektive Betroffener. Die Lernenden konnten so individuelle Anknüpfungspunkte im Nachhaltigkeitsdiskurs finden. Die Durchführung des Seminars zeigte, dass die Reflexions- und Kompetenzentwicklung nach der Theorie der Entwicklungspsychologie von Mezirow (1997) im Rahmen der projektförmigen Arbeitsphasen gestärkt werden konnte, da die Studierenden sich kritisch mit dem Szenario und Lösungsmöglichkeiten auseinandergesetzt haben und über den Abgleich der Perspektiven der Gruppenmitglieder neue Wirklichkeiten diskutiert und geschaffen werden konnten. Eine weiterführende Evaluation könnte aufzeigen welche spezifischen Aspekte des szenariobasierten Lernens besonders wirksam waren.

Die Studierenden reflektieren nach der Lerneinheit über das szenariobasierte Lernen, ihre Projektarbeit und ihr erworbenes Transformationswissen. Beispiele im Rahmen der Reflexionen waren: Stärkung der eigenen Kompetenzen und Zuversicht, eigene Projekte zu initialisieren und zu realisieren, ein verschärfter Blick auf Hitze und ihre Gefahren sowie Sensibilisierung für die Gefahren, eine aufmerksamere Wahrnehmung bereits existierender Hitzepräventionsmaßnahmen und Erkennen der Bedeutung von Hitze und ihrer gesamtgesellschaftlichen Relevanz. Die Studierenden benennen zudem Schwierigkeiten, sich mit Praxispartnern abzustimmen bzw. passende für eine Implementierung zu finden. Als zentrales Lernergebnis halten die Studierenden fest zu verstehen, wie Projekte funktionieren und Produkte in der Praxis implementiert werden können. Eine große Herausforderung besteht darin, Netzwerke mit Praxispartnern aufzubauen. Bezogen auf den Lerninhalt Hitzeprävention für chronisch kranke Menschen in Hitzephasen, resümieren sie eine Sensibilisierung für die Komplexität des Themenfeldes. Mit Blick auf die durchgeführte Projektarbeit verzeichnen die Studierenden einen Kompetenzzuwachs und neu erlernte Strategien für effektive Arbeitsstrukturen, Aufgaben kompetenzorientiert zuzuweisen. Vor dem Hintergrund des Vorteils, dass getroffene Entscheidungen keinen negativen Impact auf die Wirklichkeit haben, vermittelte die wenig erfolgreiche Suche nach Sponsoren wertvolle Erfahrungen für künftige Projekte. Ein Resümee der Studierenden war, dass Details viel Arbeit machen.

Die Umsetzung der Lerneinheit war mit einem hohen Workload verbunden, hatte über die Cultural Probes und das klimarelevante Thema motivierenden Charakter und veranschaulichte die Relevanz einzelner SDGs. Anknüpfend an das transformative Lernen nach Mezirow (1997), könnten in den Arbeitsphasen individuelle Kompetenzen ausgebaut, Probleme gemeinsam kritisch reflektiert und Lösungsansätze zum Reflektieren eigener Vorannahmen angeregt werden. Das beschriebene Seminarkonzept wurde mit dem BNE-Lehrpreis der Universität Witten/Herdecke ausgezeichnet.

Festzuhalten bleibt der innovative Charakter szenariobasierten Lernens. Es kann flexibel an das Vorwissen der Studierenden anknüpfen. Der vertraute interdisziplinäre Austausch und die selbstbestimmte Gruppenbildung schaffen ein vertrauensvolles Umfeld mit vielen Dialogen. Aufgrund des Zeitrahmens handelt es sich um mehrere aufeinander aufbauende Seminare, die mehrere Entscheidungs- und Reflexionsrunden ermöglichen. Das globale Lernziel »nachhaltige Entwicklung einer Präventionsmaßnahme« sowie konstruktive Rückmeldungen waren allen Teilnehmenden im Vorfeld bekannt und bieten genügend Raum für eigene Ideen und Erwartungen. Ein Alleinstellungsmerkmal des szenariobasierten Lernkonzepts ist der starke Praxisbezug zur eigenen Gemeinde, der durch die immer wiederkehrenden Hitzewellen in den Köpfen der Lernenden präsent bleibt.

Drei Literaturtipps mit Kurzbeschreibung

1. Gaver, W., Dunne, A. & Pacenti, E. (1999). Design: cultural probes. In: *interactions*, 6(1), S. 21–29. https://doi.org/10.1145/291224.291235.
   Das häufigst referenzierte und eines der ersten Werke zu »cultural probes«. Im Artikel werden mögliche Formen von »cultural probes« beschrieben und Anwendungsbeispiele aus dem Designbereich vorgestellt.
2. Weichler, J. K., Preis, L. & Pichler, A. A. (2015). Theorie des Szenarienbasierten Lernens. In: J. Besters-Dilger & G. Neuhaus (Hrsg.). *Modulare wissenschaftliche Weiterbildung für heterogene Zielgruppen entwickeln. Formate – Methoden – Herausforderungen*. Rombach Verlag, S. 91–104.
   Im Beitrag erfolgt ein deutschsprachiger Überblick zur Entstehung und Umsetzung des szenariobasierten Lernens
3. Weltgesundheitsorganisation (WHO) (2019). *Gesundheitshinweise zur Prävention hitzebedingte Gesundheitsschäden.* https://iris.who.int/bitstream/handle/10665/341625/WHO-EURO-2021-2510-42266-58732-ger.pdf
   Übersichtliche verständliche Zusammenstellung von Problemfacetten und Maßnahmen für den Umgang mit Hitzephasen.

Drei didaktische Hinweise

1. Als didaktischer Zugang zu Wicked Problems – verstanden als perspektivenvielfältige, komplexe Probleme wie der Klimawandel – können über szenariobasierte Lernformen reale Situationen projekthaft in einem geschützten Rahmen Anwendung finden.
2. Als Einstieg in komplexe, wenig vertraute Problemfelder können »cultural probes« verwendet werden. Diese erlauben den Lernenden, ein Gespür für ein Phänomen zu bekommen und sich in Situationen einzufühlen. In unserem Beispiel sollten die Lernenden in ihren jeweiligen Wohnorten Probes zum Thema Hitze in der Stadt sammeln.
3. Zur Verdeutlichung der Notwendigkeit einer berufsgruppenübergreifenden Zusammenarbeit kann auch das szenariobasierte Lernen beitragen. Lernende können Rollen und Verantwortlichkeiten einzelner Berufsgruppen im Problemfeld kennenlernen und für eigene Handlungen berücksichtigen.

Literatur

An der Heiden, M., Muthers, S., Niemann, H., Buchholz, U., Grabenhenrich, L. & Matzarakis, A. (2019). »Schätzung hitzebedingter Todesfälle in Deutschland zwischen 2001 und 2015«. In: *Bundesgesundheitsblatt, Gesundheitsforschung, Gesundheitsschutz,* Vol. 62, No. 5, S. 571–579.

Aronsson, J., Clarke, D., Grose, J. & Richardson, J. (2020). Student nurses exposed to sustainability education can challenge practice: A cohort study. In: *Nursing & Health Sciences*, 22(3), 803–811. https://doi.org/10.1111/nhs.12734

Dercon, S. (2006). Vulnerability. A micro perspective. In: *Securing development in an unstable world. Annual World Bank Conference on Development Economics* – Europe 2006 [… was held in Amsterdam the Netherlands, May 23–24, 2005. World Bank, pp. 117–146.

DWD – Deutscher Wetterdienst (o. J.). Erläuterungen zur Gefühlten Temperatur. https://www.dwd.de/DE/leistungen/gefahrenindizesthermisch/gefuehltetemp.html

Errington, E. P. (2009). Being there: closing the gap between learners and contextual knowledge using near-world scenarios. In: *International Journal of Learning*, 16 (8), pp. 585–594.

Errington, E. P. (2011). As close as it gets: developing professional identity through the potential of scenario-based learning. In: Jackson, Norman (Hrsg.). *Learning to Be Professional Through a Higher Education*. Surrey Centre for Excellence in Professional Training and Education, Surrey, UK, pp. 1–15.

Fiedler, M., Hatebur, S. & Schmitz, D. (2024). Was ist Chronic Care? Perspektiven aus Wissenschaft, Forschung, Lehre, Praxis. In: Schmitz, D., Fiedler, M., Becker, H., Hatebur, S. & Ortloff, J.-H. (Hrsg.). In: *Chronic Care Wissenschaft und Praxis*. Springer, S. 9–14.

Gabriel K. M., Endlicher W. R. (2011). Urban and rural mortality rates during heat waves in Berlin and Brandenburg, Germany. In: *Environ Pollut* 159(8–9):2044–2050.

Gaver, W., Dunne, A. & Pacenti, E. (1999). Design: cultural probes. In: *interactions*, 6(1), S. 21–29. https://doi.org/10.1145/291224.291235.

Herrmann, A., Haefeli, W. E., Lindemann, U., Rapp, K.,Roigk, P. & C. Becker (2019): Epidemiologie und Prävention hitzebedingter Gesundheitsschäden älterer Menschen. In: *Z Gerontol Geriat* 2019, 52:487–502.

https://doi.org/10.1007/s00391-019-01594-4

LZG.NRW – Landeszentrum Gesundheit Nordrhein-Westfalen (Hrsg.) (2024). Einrichtungsbezogener Hitzeschutz in NRW. Arbeitshilfen für stationäre Pflege- und Wohneinrichtungen. https://www.lzg.nrw.de/_media/pdf/hitze/Hitzeschutz_NRW-Arbeitshilfen_Pflege--und-Wohneinrichtungen_01.pdf

Matzarakis, A., Muthers, S. & Graw, K. (2020a). Thermische Belastung von Bewohnern in Städten bei Hitzewellen am Beispiel von Freiburg (Breisgau). In: *Bundesgesundheitsblatt* 63, 1004–1012. https://doi.org/10.1007/s00103-020-03181-0

Matzarakis, A., Laschewski, G. & Muthers, S. (2020b). The Heat Health Warning System in Germany-Application and Warnings for 2005 to 2019, Februar 2020. In: *Atmosphere* 11(170):1–13.

Mezirow, J. (1997). *Transformative Erwachsenenbildung*. Schneider Verlag Hohengehren.

Li, M., Gu, S., Bi, P., Yang, J. & Liu, Q. (2015). Heat waves and morbidity: Current knowledge and further direction-a comprehensive literature review. In: *International Journal of Environmental Research and Public Health*, 12(5), 5256–5283. https://doi.org/10.3390/ijerph120505256

Ortloff, J. H. & Schmitz, D. (2024). Multimorbidität und chronische Erkrankungen. In: Schmitz, D., Fiedler, M., Becker, H., Hatebur, S., Ortloff, J. H. (Hrsg.). Chronic Care – Wissenschaft und Praxis. Springer, Berlin, Heidelberg, S. 75–78.

Richardson, J., Clarke, D., Grose, J. & Warwick, P. (2019). A cohort study of sustainability education in nursing. In: *International Journal of Sustainability in Higher Education*, 20(4), 747–760.

Schmohl, T. (2021). Situiertes Lernen. In: Schmohl, T., Philipp, T. (Hrsg.). *Handbuch Transdisziplinäre Didaktik*. Bielefeld: transcript 2021, S. 301–311.

Smith, M.S., Warnes, Sarah, & Vanhoestenberghe, A. (2018). Scneraio Based Learning. In: J.P. Davies & N. Pachler (Eds.), *Teaching and learning in higher education: Perspectives from UCL*. UCL Institute of Education Press, University College, pp. 144–156.

Weichler, J.K., Preis, L. & Pichler, A.A. (2015). Theorie des Szenarienbasierten Lernens. In: J. Besters-Dilger & G. Neuhaus (Hrsg.). *Modulare wissenschaftliche Weiterbildung für heterogene Zielgruppen entwickeln. Formate – Methoden – Herausforderungen*. Rombach Verlag, S. 91–104.

Weltgesundheitsorganisation (WHO) (2019). *Gesundheitshinweise zur Prävention hitzebedingte Gesundheitsschäden*. https://iris.who.int/bitstream/handle/10665/341625/WHO-EURO-2021-2510-42266-58732-ger.pdf

Winklmayr, C., S. Muthers, H. Niemann, H-G Mücke & M. an der Heiden (2022). »Heat-related mortality in Germany from 1992 to 2021«. In: *Deutsches Ärzteblatt international*, 1. Juli 2022. https://doi.org/10.3238/arztebl.m2022.0202.

Winklmayr, C., Matthies-Wiesler, F., Muthers, S., Buchien, S., Kuch, B., An der Heiden, M. & Mücke, H.-G. (2023). Hitze in Deutschland. Gesundheitliche Risiken und Maßnahmen zur Prävention. In: *Journal of Health Monitoring* (S4), S. 3–34. DOI: 10.25646/11645

Merle Biermann, Lara Brede & Christiane Meyer

Low-Emission-Schools in Norddeutschland: Transformative Bildung projektbasiert an (Hoch-)Schulen umsetzen

Kurzzusammenfassung

Vor dem Hintergrund der Klimakrise und mit Bezug auf transformatives Handeln als wesentliches Anliegen von Bildung für nachhaltige Entwicklung (BNE) im aktuellen UNESCO-Programm »BNE 2030« zielen die Projektwochen von »Low-Emission-Schools in Norddeutschland (LESSCO$_2$)« auf die Reduzierung von Treibhausgasemissionen an Schulen. Dabei wird auf die klimarelevanten Aktionsfelder Energie, Mobilität, Ernährung und Ressourcenmanagement fokussiert. Lernende der Jahrgangsstufen 9 bis 11 arbeiten hierzu gruppenteilig/kollaborativ und werden von Lehramtsstudierenden unterschiedlicher Fächer unterstützt, die sich im Rahmen eines Blended Learning auf die Projektwochen vorbereitet haben. Über vernetztes bzw. systemisches Denken werden zunächst Probleme und Herausforderungen im Bezugsraum Schule analysiert, um anschließend Ideen für Lösungsansätze zu entwickeln (System- und Zielwissen). Im Austausch mit Expertinnen und Experten werden diese Ideen geprüft und verbessert, um sie schließlich Verantwortlichen in der Kommune zu präsentieren. Damit sollen Lernende motiviert werden, ihre Ideen nachfolgend zu verwirklichen und als Change Agents in ihrer Schule zu wirken (Transformationswissen). Das Projekt knüpft an verschiedene prioritäre Handlungsfelder von BNE 2030 an und trägt zum Whole School Approach bei. Der Beitrag reflektiert Potenziale und Herausforderungen des von 2021–2025 im Rahmen der Nationalen Klimaschutzinitiative geförderten Verbundprojekts.

Lernziele

- Die Merkmale einer Low-Emission-School beschreiben können (Zielwissen für Lernende).
- Ursache-Wirkungs-Zusammenhänge zu den Aktionsfeldern erläutern und Ideen für Lösungsansätze entwickeln können (Systemwissen für Lernende).
- Ideen für Lösungsansätze bewerten und ausgewählte Ideen im Anschluss an die Projektwoche umsetzen können (Transformationswissen für Lernende).
- Projektbasiertes Lernen anhand des Blended Learning vorbereiten und umsetzen können (System-, Ziel- und Transformationswissen für Studierende).
- Lehr-Lern-Erfahrungen der Projektwoche kritisch reflektieren und bewerten können (Ziel- und Transformationswissen für Studierende).

1. Einführung und Verortung des Themas

Die anthropogenen Emissionen von Treibhausgasen (THG), welche die Ursache für den derzeitigen Klimawandel darstellen, sind in den vergangenen Jahren in allen wichtigen Sektoren immer weiter gestiegen und waren im letzten gemessenen Zeitraum von 2010 bis 2019 so hoch wie noch in keinem gemessenen Jahrzehnt zuvor. Eine Verringerung der Erderwärmung bzw. das Verhindern der fortschreitenden Überschreitung der planetaren Belastungsgrenze für den Klimawandel ist nur durch die drastische Senkung von THG-Emissionen möglich (IPCC 2022; Krautwig & Krieger 2022). Wenn das gegenwärtige Niveau der THG-Emissionen nicht sinkt, wird dem Global Carbon Project zufolge das globale Kohlenstoffbudget voraussichtlich im Jahr 2030 aufgebraucht sein, das noch zur Verfügung steht, um das 1,5-Grad-Ziel nach dem Übereinkommen von Paris einzuhalten (Friedlingstein et al. 2023; UBA 2024). Daher bedarf es dringend einer Großen Transformation (WBGU 2011). Hier knüpft die Agenda 2030 der Vereinten Nationen (UN) mit ihren 17 Zielen der nachhaltigen Entwicklung bzw. Sustainable Development Goals (SDGs) an. Im Rahmen des SDG 13 *Maßnahmen zum Klimaschutz* ist beispielsweise im Unterziel 13.3 verankert, die »Aufklärung und Sensibilisierung sowie die personellen und institutionellen Kapazitäten im Bereich der Abschwächung des Klimawandels, der Klimaanpassung, der Reduzierung der Klimaauswirkungen sowie der Frühwarnung [zu] verbessern« (UN 2015).

Ein wichtiger Faktor zur Erreichung der SDGs und für einen Wandel hin zu einer nachhaltigen Zukunft ist eine hochwertige Bildung (SDG 4). Die im Unterziel 4.7 von SDG 4 explizit genannte Bildung für nachhaltige Entwicklung (BNE) zielt darauf ab, Menschen zu einem zukunftsfähigen Denken und Handeln zu befähigen, d.h. Verantwortung zu übernehmen und informiert Entscheidungen sowohl auf lokaler, nationaler als auch globaler Ebene treffen zu können (UNESCO & DUK 2021). Die damit einhergehende *Transformative Literacy* mit ihren Wissensformen System-, Ziel- und Transformationswissen bezeichnet das Verständnis für die Vielschichtigkeit eines Transformationsprozesses und die Einbringung von eigenen Handlungen in diesen Prozess (Singer-Brodowski & Schneidewind 2014). Daher ist sie eine Orientierung für die Umsetzung von BNE und dem wesentlichen Anliegen des transformativen Handelns (Meyer 2022; Meyer & Höbermann 2021; UNESCO & DUK 2021). Zudem soll so die Diskrepanz zwischen (Nachhaltigkeits-)Wissen und verantwortungsbewusstem Handeln – *Mind-Behaviour-Gap* (Entzian 2015) oder *Attitude-Behaviour-Gap* (Kollmuss & Agyeman 2002) – überwunden werden (Meyer 2019).

An dieser Stelle setzt das durch die Nationale Klimaschutzinitiative (NKI) geförderte Projekt »Low-Emission-Schools in Norddeutschland (LESSCO_2)« an, um mittels Projektwochen an Schulen das Nachhaltigkeitswissen der Schülerinnen und Schüler durch innovative Methoden in konkretes Klimaschutzhandeln im Alltag zur Einsparung von THG-Emissionen zu überführen. Über die Leitung der Projektwochen durch Studierende werden BNE-Schlüsselkompetenzen wie vernetztes und vorausschauendes Denken, strategische Kompetenz, Kooperations- und

Selbstkompetenz (Rieckmann 2018; UNESCO 2017) auch angehenden Lehrkräften in der schulpraktischen Umsetzung erfahrbar gemacht.

Im Rahmen der Projektwochen wird zunächst eine Problemanalyse hinsichtlich des Beitrags der Schule zum Klimawandel/-schutz vorgenommen (Systemwissen). Auf dieser Basis werden Potenziale für die Einsparung von THG-Emissionen ermittelt, sodass schließlich diesbezüglich konkrete Ideen entwickelt werden können (Zielwissen). Diese Ideen werden im Austausch mit Expertinnen und Experten kritisch geprüft, um daraufhin zielführende Ideen im Anschluss an die Projektwoche umzusetzen (Transformationswissen).

Das Projekt knüpft damit an vier der fünf prioritären Handlungsfelder (PH) von BNE an: die ganzheitliche Transformation von Lern- und Lehrumgebungen (PH 2), die Kompetenzentwicklung bei Lehrenden und Multiplikatoren (PH 3), die Stärkung und Mobilisierung der Jugend (PH 4) und die Förderung einer nachhaltigen Entwicklung auf lokaler Ebene (PH 5) (UNESCO & DUK 2021).

2. Whole School Approach: Lehrende und Lernende als Change Agents in der Schule

Durch den Einbezug der Schülerinnen und Schüler, externer Expertinnen und Experten, von Lehrkräften sowie der Schulleitung wird mit LESSCO$_2$ – angelehnt an den partizipativen, multiperspektivischen Ansatz der transformativen Bildung (Singer-Brodowski 2016) – eine ganzheitliche Transformation der Schule angestrebt. Dies ist im Sinne der ganzheitlichen Transformation von Lehr- und Lernumgebungen (PH 2), zu der in der Roadmap für BNE 2030 die Förderung eines Whole Institution Approach (WIA) explizit hervorgehoben wird, »um sicherzustellen, dass wir lernen, wie wir leben, und leben, was wir lernen« (UNESCO & DUK 2021, S. 3). Im Rahmen von Schule – und somit des Whole School Approach (Abb. 1) – geht es dabei um die Einbindung aller Personen wie Schulleitung, Schulpersonal, Eltern und Schülerschaft in die Umsetzung von BNE-Aktivitäten.

Das hier vorgestellte Projekt LESSCO$_2$ ist ein Ansatz in Richtung des Whole School Approach, da es unter anderem auf die Förderung der Teilhabe auf verschiedenen Ebenen, eine nachhaltigere Bewirtschaftung sowie den Einbezug von Netzwerken, Verwaltung und Lehrkräften abzielt.

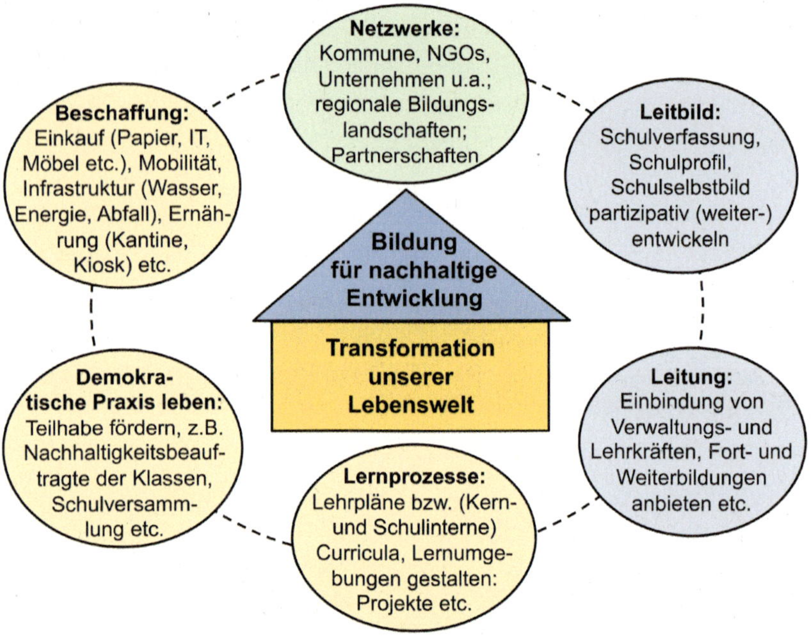

Abb. 1: Whole School Approach (Meyer 2022, S. 117; blau: schulische Akteure, gelb: unterrichtliche Praxis bzw. Anknüpfungspunkte – Kernbereich von LESSCO$_2$, grün: außerschulische Vernetzung; Entwurf: C. Meyer).

Lehrende und wichtige Multiplikatorinnen und Multiplikatoren fungieren als Change Agents im Kontext einer Transformation zu einer nachhaltigeren Gesellschaft. »Damit sie aber zur Transformation zu einer nachhaltigeren Gesellschaft beitragen können, müssen sie sich zunächst die notwendigen Kenntnisse, Einstellungen und Werte aneignen.« (DUK 2014, S. 20) Aus diesem Grund sind entsprechende Ausbildungen und Weiterbildungen zum Thema BNE von großer Bedeutung (PH 3) (DUK 2014).

Der WIA, bei dem die gesamte Schule die Prinzipien einer nachhaltigen Entwicklung zugrunde legt, soll auch Lernende »ermutigen, zu Change Agents zu werden, die über das Wissen, die Mittel, die Bereitschaft und den Mut verfügen, transformative Maßnahmen für eine nachhaltige Entwicklung zu ergreifen« (UNESCO & DUK 2021, S. 28). So konnte eine aktuelle Studie im Rahmen des nationalen BNE-Monitorings die Wirksamkeit des WIA im Kontext von BNE an deutschen Bildungseinrichtungen demonstrieren: Die Studienergebnisse zeigen u. a., »dass junge Menschen, die mehr Nachhaltigkeit im Sinne des WIA erfahren, sich durch ihre Bildungseinrichtung deutlich stärker motiviert sowie darin bestärkt fühlen, einen Beitrag zur Nachhaltigkeit zu leisten« (Holst et al. 2024, S. 1359; eigene Übersetzung). Der WIA erweist sich somit als äußerst wirksam zur Verwirklichung von Nachhaltigkeitshandeln.

3. #WirHANDELN: Low-Emission-Schools in Norddeutschland (LESSCO$_2$)

LESSCO$_2$ ist ein im Rahmen der NKI durch das Bundesministerium für Wirtschaft und Klimaschutz (BMWK) von 2021–2025 gefördertes, länderübergreifendes Verbundprojekt. Daran beteiligt sind das Institut für Vernetztes Denken Bredeneek (IfVD; Gesamtprojektleitung und Verbundkoordination: Dr. Oliver Winzer, Franc Grimm), die Christian-Albrechts-Universität zu Kiel (CAU; Projektleitung: Prof. Dr. Wilfried Hoppe) sowie die Leibniz Universität Hannover (LUH; Projektleitung: Prof. Dr. Christiane Meyer). Im Zentrum steht die Umsetzung von Projektwochen an weiterführenden Schulen in Niedersachsen und Schleswig-Holstein, in denen Lernende der Jahrgänge 9 bis 11 unter Anleitung von Lehramtsstudierenden innovative Projektideen zur Reduktion von THG-Emissionen an ihrer Schule entwickeln. Die Integration von Lehramtsstudierenden verbindet die universitäre und schulpraktische Ebene, sodass BNE-Schlüsselkompetenzen in beiden Kontexten gefördert werden. Im Folgenden werden die LESSCO$_2$-Projektwoche und das Blended Learning genauer beschrieben.

3.1 Die LESSCO$_2$-Projektwoche

In der Schulpraxis wird ein fünftägiges Projektwochenformat umgesetzt, das optional auf drei bzw. vier Tage verkürzt werden kann. Dieses knüpft theoretisch an die drei bereits erwähnten Wissensformen einer *Transformative Literacy* (z. B. Singer-Brodowski & Schneidewind 2014) an. Methodisch sind die Projektwochen primär entlang der von Hoppe und Junker (2022) entwickelten »6 Schritte des Handelns« (S. 16) strukturiert, zu denen nachfolgend exemplarisch Fragen aufgenommen wurden (S. 20 f.):

1. #WirWerdenNeugierig: Was wissen wir bereits? Was interessiert uns vor allem daran?
2. #WirLernenDazu: Wie visualisieren wir das Gelernte sinnvoll? Wo können wir Informationen finden?
3. #WirRecherchieren: Wie gehen wir bei der Recherche vor? Was haben wir herausgefunden?
4. #WirEntwickelnIdeen: Welche Ideen fallen mir nach Überprüfung mit dem bereits Gelernten ein? Was sind unsere Topideen?
5. #WirSchließenUnsZusammen: Wer könnte uns unterstützen? Wie gehen wir bei der Kontaktaufnahme vor?
6. #WirHANDELN!: Was genau wollen wir machen? Wie sieht unser Umsetzungsplan aus? Wer übernimmt welche Aufgabe(n)?

Die Schritte sind nicht zwangsläufig linear zu befolgen, einzelne (Teil-) Schritte können je nach Bedarf wiederholt integriert werden (Hoppe & Junker 2022).

Während der Projektwoche arbeiten die Lernenden primär selbstständig und kollaborativ, die Gruppen werden dabei interessengeleitet gebildet. Die Projektgruppen bestehen aus jeweils vier bis sechs Lernenden, zusätzlich wird i. d. R. ein Reportageteam, dessen Größe drei bis vier Lernende nicht überschreiten sollte, gebildet. Den inhaltlichen Rahmen der Projektwochen bildet das Thema des anthropogenen Klimawandels bzw. der Klimakrise. Hierzu werden vier klimarelevante Aktionsfelder – Energie, Ernährung, Mobilität und Ressourcenmanagement – vorgegeben. In diesen Bereichen finden sich tendenziell zentrale THG-Emissionsquellen von Schulen, wie Stein (2024) u. a. für niedersächsische Schulen feststellt. In Abstimmung mit der Schule werden zu den Aktionsfeldern konkrete Bearbeitungsschwerpunkte festgelegt.

Der grundlegende Ablauf einer Projektwoche ist in Abb. 2 dargestellt. Im Laufe des ersten Projekttages werden Zusammenhänge zwischen den Aktionsfeldern und dem Klimawandel bzw. Treibhauseffekt im Kontext einer nachhaltigen Entwicklung zunächst auf allgemeiner und globaler Ebene erarbeitet, um sie anschließend auf die lokale Ebene, konkret den Bezugsraum Schule, zu beziehen. Daran anknüpfend, analysieren die Lernenden ihre Schule hinsichtlich möglicher Beiträge zum anthropogenen Treibhauseffekt und/oder Klimaschutz (Systemwissen), wobei die Aktionsfelder jeweils den Bezugsrahmen bilden. Dazu werden im Sinne vernetzten Denkens auch die von ihnen zuvor hergestellten Zusammenhänge herangezogen. Basierend auf ihrer Problemanalyse, leiten die Projektgruppen (weitere) THG-Einsparpotenziale ab. Aus diesen entwickeln sie dann Lösungsansätze in Form konkreter Projektideen, mit denen die Einsparpotenziale realisiert werden können (Zielwissen). Zur unterstützenden Visualisierung des vernetzten Denkens werden identifizierte Zusammenhänge in einer Concept Map dargestellt. Diese wird im Zuge der Problemdefinition von jeder Projektgruppe angelegt und im Wochenverlauf um die entwickelten Lösungsansätze und deren potenzielle Wirkung erweitert. In der Ideenfindung bzw. -auswahl können unterstützende Methoden wie die HOW-NOW-WOW-CIAO-Methode (Hoppe & Junker 2022, S. 29) herangezogen werden.

Die darauffolgenden Tage fokussieren sich die Arbeitsgruppen auf die konkrete Entwicklung der Lösungsansätze. Den Projektgruppen werden dazu unterschiedliche Methoden der Projektplanung an die Hand gegeben, beispielsweise die SMART-Methode zur Zielsetzung (Hoppe & Junker 2022, S. 34). Über eine Projektideendiskussion wird zudem außerschulische Expertise in den Entwicklungsprozess integriert, um so »die lokale Gemeinschaft als wertvollen Rahmen für interdisziplinäres, projektbezogenes Lernen und Handeln für Nachhaltigkeit einzubinden« (UNESCO & DUK 2021, S. 28). Zu dieser werden die Schulleitung sowie thematisch geeignete Vertretende regionaler Verbände, Institutionen und der Regionalpolitik eingeladen. Die Projektgruppen können ihre Ideen vorstellen, mögliche Herausforderungen diskutieren und Feedback für die Finalisierung der Lösungsansätze einholen.

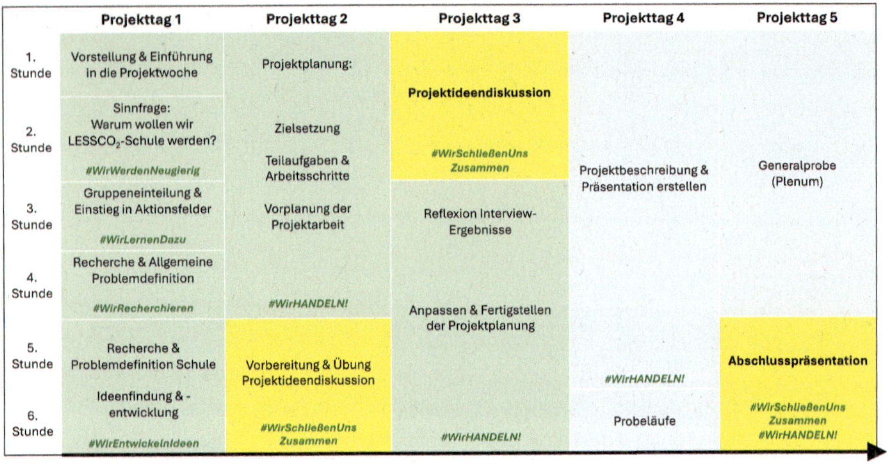

Abb. 2: LESSCO$_2$-Projektwoche (verändert nach F. Grimm) mit exemplarischer Zuordnung der sechs Schritte des Handelns (nach Hoppe & Junker 2022; Entwurf: M. Biermann).

Die Projektwoche mündet in eine öffentliche Abschlusspräsentation und Diskussion der Projektideen, zu der die Schulöffentlichkeit, außerschulische Akteurinnen und Akteure (insbesondere regionale Entscheidungstragende) und Medienvertretende eingeladen werden. Am vierten Projekttag wird diese intensiv vorbereitet: Die Lernenden verschriftlichen ihre finalen Lösungsvorschläge in einer Projektbeschreibung und bereiten sie als Präsentation oder Plakat auf. Ziel der (schul-)öffentlichen Präsentation ist unter anderem, das angeeignete Problem-, Ziel- und Transformationswissen zu verbreiten. So sollen die Schulgemeinschaft motiviert und mögliche außerschulische Akteurinnen und Akteure für eine Beteiligung an potenziellen Umsetzungsprozessen gewonnen werden.

Ebenfalls Teil der Abschlusspräsentation ist ein Kurzfilm, der von dem eingangs erwähnten Reportageteam produziert wird. Das Reportageteam nimmt folglich eine andere Rolle als die Projektgruppen ein: Es führt während der Projektwoche i. d. R. drei Blitzinterviews mit den Projektgruppen durch und dokumentiert so den Entstehungsverlauf der Projektideen. Sinnvolle Zeitpunkte für die Blitzinterviews sind z. B. gegen Ende des ersten Projekttages, im Anschluss an die Projektideendiskussion sowie am vierten Projekttag. Während das erste Interview erste Eindrücke und Ideen einfängt, bietet es sich an, im dritten Blitzinterview die Erfahrungen aus der Projektwoche zu reflektieren und auf die mögliche Umsetzung der Projektideen zu blicken. Zudem können Meinungsbilder aus der Schulgemeinschaft eingeholt und integriert werden. Auch weitere kreative dokumentierende Formate, wie z. B. ein Artikel für die Schulhomepage oder ein Storytelling, können erstellt werden.

Insgesamt soll die Projektwoche zu einer kritisch-reflexiven Auseinandersetzung mit den eigenen Einstellungen und alltäglichen Verhaltensweisen sowie mit denen der Schulgemeinschaft im Kontext von Nachhaltigkeit bzw. Klimaschutz anregen. Sie kann zudem als Impuls für ein Umdenken und eine (resultierende) Veränderung von (Alltags-)Handeln wirken.

3.2 Das Blended Learning

Für die inhaltliche sowie didaktisch-methodische Vorbereitung der Lehramtsstudierenden wurde ein Blended Learning konzipiert. Die einführenden Seminarsitzungen thematisieren zunächst die Inhalte und didaktische Struktur der Projektwoche sowie BNE als theoretische Rahmung. Anschließend wird auf die unterschiedlichen Methoden fokussiert, die in der Projektwoche angewendet werden (können). Zudem entwerfen die Studierenden in Teams/Kleingruppen vorentlastend bereits erste unterstützende Einstiegs-/Arbeitsmaterialien für die Projektwoche.

Zwischen den Sitzungen werden ergänzend Onlinemodule bearbeitet, die auf eine tiefergehende Auseinandersetzung mit den Aktionsfeldern sowie die methodische Vorbereitung zielen. Ein besonderer Fokus liegt dabei auf den sechs Schritten des Handelns (Hoppe & Junker 2022). Die Methodensammlung integriert Visualisierungs- (z. B. analoge/digitale Concept Maps), Interaktions- (z. B. Kahoot, Energizer) und Dokumentationsmethoden (u. a. Projektbeschreibung, Blitzinterviews).

In der Regel begleiten zwei bis drei Studierende eine Projektwoche und nehmen dabei primär eine anleitende, unterstützende Rolle ein. Die Vorbereitung der Projektwochen erfolgt selbstständig auf Basis des in Abb. 2 dargestellten Ablaufs sowie unter Einbezug von Informationen zur Schule und teilnehmenden Lerngruppe. Die Studierenden stellen zudem je Projektwoche ein digitales Ergebnispaket zusammen. Es enthält die o. g. Ergebnisse sowie alle weiteren Notizen und Produkte der Projektgruppen, sodass Lehrkräfte diese im Anschluss an die Projektwoche als Grundlage für die Umsetzung der Projektideen nutzen können. Reflexionsgespräche, die u. a. dem Erfahrungsaustausch sowie der Verbesserung des Blended Learning dienen, schließen das Seminar ab.

Die Integration der Projektwochen in didaktische bzw. pädagogische Lehrveranstaltungen bietet den Studierenden eine Möglichkeit, wertvolle schulpraktische Erfahrungen mit BNE und projektbasierter transformativer Bildung zu sammeln.

4. Ergebnisse und Erkenntnisse aus den LESSCO$_2$-Projektwochen

Die bisher durchgeführten Projektwochen zeigen, dass Maßnahmen zur Emissionsreduktion an fast allen beteiligten Schulen bereits Teil der nachhaltigen Transformation sind. Hinsichtlich des Systemwissens ist festzuhalten, dass die Projektgruppen unterschiedlichste Problemstellen identifizieren konnten, über die ihre Schulen (potenziell) zum Klimawandel beitragen. Ebenso wurden diverse bereits initiierte und/oder vollständig umgesetzte Klimaschutzmaßnahmen als Positivbeispiele festgestellt. Im Folgenden werden exemplarisch die am häufigsten identifizierten Problemstellen bzw. Einsparpotenziale der Aktionsfelder vorgestellt: Im Bereich Energie kristallisierten sich vor allem das Lüftungsverhalten, der Stromverbrauch durch (ungenutzte) Geräte im Stand-by-Modus sowie eine teils ineffiziente Passung von Beheizung und Nutzung einzelner Gebäudeteile als Problem heraus. Für das Feld *Ernährung* stellten die Lernenden einen Mangel an Wissen zu klimafreundlicher Ernährung und ein oft stark fleischhaltiges sowie teils wenig saisonales und/oder regionales Essensangebot fest. Als wesentliche Stellschrauben hinsichtlich der *Mobilität* wurden der motorisierte Individualverkehr, vor allem Elterntaxis, und eine unzureichende bzw. fehlende Fahrradinfrastruktur identifiziert. Zudem wurden die Verfügbarkeit und Passung des ÖPNV-Angebots sowie Bequemlichkeit, bei Lehrkräften wie auch bei Lernenden, als Einflussgröße betont. Schließlich erkannten die Projektgruppen im Bereich des *Ressourcenmanagements* nicht funktionierende Mülltrennung, u. a. infolge fehlenden Wissens, bei unterschiedlich guter zugehöriger Ausstattung als Problemstelle. Die große Menge an Verpackungs- und Lebensmittelabfällen, die teils in Schulen anfällt, sowie der z. T. unreflektierte Umgang mit Kleidung wurden als weitere Aspekte mit Einsparpotenzialen identifiziert.

Aus den vielfältigen Problemstellen und Einsparpotenzialen resultieren entsprechend breit gefächerte Projektideen, die im Sinne von Zielwissen entwickelt wurden (siehe Abb. 3).

In der praktischen Umsetzung hat sich das Konzept der LESSCO$_2$-Projektwochen eindeutig bewährt. Davon zeugen sowohl die diversen Projektideen als auch die mehrheitlich positiven Evaluationen der teilnehmenden Lernenden und betreuenden Studierenden, aus denen sich folgende Reflexionen ableiten lassen:

Zentrale Faktoren für das Gelingen der Projektwochen sowie für die anschließende Umsetzung der Projektideen sind Motivation und Bereitschaft. Dies ist für die Lernenden essenziell, um eine Woche lang iterativ Projektideen zu entwickeln, für die sie sich tatsächlich einsetzen möchten. Aus didaktischer Sicht können besonders in den jüngeren Jahrgängen (Jg. 9/10) fehlendes Wissen über den Klimawandel und Treibhauseffekt sowie ein (teils dadurch bedingtes) fehlendes Bewusstsein für entsprechende Problematiken die Motivation für die Projektarbeit dämpfen.

Um die Projektideen zu realisieren, bedarf es aber auch der Unterstützung durch die gesamte Schulgemeinschaft. Wenn insbesondere die Entscheidungstragenden die Dringlichkeit notwendiger Veränderungen

Aktionsfeld	Projektidee (Auswahl)
Energie	Plakate/Beschriftungen/Checklisten anbringen (Aufklärung & Bewusstsein) Infomaterial zum Energiesparen (Schule, Zuhause) Energiespar-Ampel (zeigt Energieverbrauch relativ zu z.B. Vorjahresmonat) Umrüstung auf LED-Lampen; Einsatz von Zeitschaltuhren (Weitere) Photovoltaik-Anlagen/Balkonkraftwerke Intelligente Heizthermostate
Ernährung	Veränderung des Angebots in Cafeteria/Mensa/Kiosk (Auswahl): – Regionale und saisonale Lebensmittel einführen, z.B. durch Kooperationen mit regionalen/lokalen Betrieben – Biologische anstelle von konventionell hergestellten Produkten – Butter durch Margarine (ohne Palmöl) ersetzen – Veggieday einführen Nachhaltigkeitsampel im Speiseplan (zeigt CO_2-Fußabdruck je Gericht an) Schulgarten & Garten-AG; Ernährungs-AG
Mobilität	ÖPNV-Fahrpläne optimieren (Analyse von Plänen und Bedarf, Optimierungsvorschläge an die Betreibenden) Informationsmaterialien zu Verkehrssicherheit, Vorteilen des Radfahrens Fahrrad-AG / Reparatur-AG Logistik und Sicherheit für Fahrräder verbessern: – Erweitern/Überdachen von Fahrradständern (inkl. PV/Dachbegrünung) – Fahrradwerkstatt/Fahrrad-Reparaturstation einrichten Verkehrsberuhigung (Fahrradstraße, Einbahnstraße) oder Tempolimits Autofreier/ÖPNV-/Fahrrad-Tag, ggf. mit Verkehrssicherheitstag Förderung von Fahrgemeinschaften (z.B. Integration von Apps/Online-Portalen) E-Mobilität fördern (Anschaffung von Ladesäulen)
Ressourcen-management	Zusätzliche Mülleimer (mit Trennsystem) & Beschriftung der Mülleimer Sicherstellen der Mülltrennung bis zur Entsorgung in Container durch – Aufstellen von (zusätzlichen) Containern auf dem Schulhof – Klassen-Mülldienst (zuständig für getrennte Entsorgung in Container) Einrichten einer Sammelstelle für Elektroschrott Aufklärung zu Mülltrennung durch – Informationsveranstaltung, ggf. gemeinsam mit regionaler Abfallwirtschaft – Exkursion zu einer Mülldeponie bzw. einem Wertstoffhof Müllvermeidung/-reduktion durch – Digitalisierte Unterrichtsmaterialien, nur bedarfsgesteuerter Druck – Abschaffen von Einwegverpackungen (z.B. im Kiosk) – Bio-Müll aus Cafeteria/Mensa als Kompost für Schulgarten verwenden – Übriges/fast abgelaufenes Essen in Mensa/Cafeteria günstiger verkaufen Mehrweg-Systeme einführen: z.B. Brotboxen, Trinkflaschen mit Schullogo (Kleider-)Tauschbörse Wasserspender aufstellen (um Wasser in Plastikflaschen abzuschaffen) Nähkurs/-AG, u.a. zur Reparatur/Umänderung von Kleidung der Lernenden

Abb. 3: Auswahl von Projektideen aus LESSCO$_2$-Projektwochen (Entwurf: M. Biermann).

nicht anerkennen, keine Bereitschaft zeigen, die Lernenden bei der Ideenumsetzung zu unterstützen, oder dies schlimmstenfalls blockieren, werden auch Motivation und Bereitschaft der Lernenden stark gedämpft und zukünftiges Engagement möglicherweise im Keim erstickt. Stattdessen werden anstelle von Motivation und Bestärkung am Ende möglicherweise Gefühle von Frust, Handlungsohnmacht oder schwindender Hoffnung ausgelöst bzw. verstärkt, wie z. B. in Aussagen wie »Frustrierend, dass man so wenig machen kann« (Jg. 12, Gymnasium; Fragebogen-Nr. 9043) oder »Allzu viel Hoffnung, dass es einen richtigen Beitrag zum Klimaschutz leisten kann, habe ich jedoch nicht« (Jg. 11, Integrierte Gesamtschule; Fragebogen-Nr. 8430) erkennbar wird. Eine zentrale Herausforderung ist demnach, Motivation und Interesse bei allen Beteiligten nicht nur zu wecken, sondern möglichst auch über die Projektwoche hinaus aufrechtzuerhalten. Dies ist auch deshalb wichtig, weil die tatsächliche Umsetzung der Projektideen im Rahmen von LESSCO$_2$ nicht nachverfolgt werden kann. Zwar erklären die Schulen ihre Bereitschaft, welche der entwickelten Ideen sie umsetzen möchten – der Fokus des Projekts liegt jedoch auf der Vorbereitung der Studierenden sowie der Umsetzung der Projektwochen. Um die Umsetzung der Ideen nachzuverfolgen, wäre eine weitere Begleitung der Schulen nach der Projektwoche notwendig. Weiterhin zielen die LESSCO$_2$-Projektwochen explizit auf die Reduktion von THG-Emissionen an Schulen. Projektideen, die mit Blick auf das Konzept klimaneutraler Schulen (Stein 2024) auch Kompensationsmaßnahmen einbeziehen würden, sind für LESSCO$_2$ nicht relevant. Auch wenn entsprechende Ideen kritisch zu betrachten sind, ist es grundsätzlich wichtig, diese einzubinden. Auch sollten strukturelle Herausforderungen, vor denen Schulen stehen, wie Finanzierungen oder personelle und zeitliche Kapazitäten, nicht unerwähnt bleiben.

Diesen Herausforderungen stehen vielfältige Chancen gegenüber: So fördern die LESSCO$_2$-Projektwochen aktiv Partizipation und ermöglichen eine Teilhabe der Schülerinnen und Schüler an der nachhaltigen Transformation ihrer Schule. Bereits die Entwicklung der Projektideen zeigt Lernenden eigene Einflussmöglichkeiten auf, während die Umsetzung schon kleinster Projektideen Selbstwirksamkeitserfahrungen schaffen kann, die potenziell zu weiterem Engagement motivieren. Vielfach werden von den Lernenden in den Evaluationsfragebögen vor allem das Anknüpfen an und Vertreten von Interessen der Schüler:innen, der Freiraum zur (kreativen) Ideenentwicklung sowie die Möglichkeit zur aktiven, nachhaltigen Veränderung der eigenen Schule wertgeschätzt. Der potenziellen positiven Veränderung durch eigenes Handeln steht jedoch auch häufig die Befürchtung gegenüber, dass »die Idee [am Ende] eh nicht durchgesetzt« (Jg. 12, Integrierte Gesamtschule; Fragebogen-Nr. 9906) wird, wodurch sich der wahrgenommene Mehrwert der Projektwoche für einen Teil der Lernenden schmälert. Trotzdem sehen viele Lernende das Veränderungspotenzial als Chance und scheinen gestärkt aus der Projektwoche zu gehen. Deutlich wird dies u. a. in Aussagen wie »Entgegen meinen Erwartungen können wir was bewirken« (Jg. 12, Gymnasium; Fragebogen-Nr. 5352) oder »Man hat das Gefühl, wirklich etwas verändern zu können« (Jg. 9, Gymnasium; Fragebogen-Nr. 9044), die sich wiederholt in ähnlicher Formulierung in den Evaluationen finden. Ebenfalls zeigen die Antworten der Lernenden, dass diese sich im Rahmen der Projektarbeit aktiv mit den eigenen Haltungen, Denkweisen und (fehlenden) Wissensbeständen – wenn auch i. d. R. schwerpunktmäßig in einem der Aktionsfelder – auseinandersetzen. Einen Lernzuwachs, tendenziell oft in Form von Perspektiverweiterungen und/oder Wissen über (kleine) Handlungsmöglichkeiten, formuliert die Mehrheit der Schüler:innen, auch wenn sie oft anmerken, dass es sich um ein allseits bekanntes Thema handelt. So hält ein:e Schüler:in beispielsweise fest: »Man hat neue Erkenntnisse und andre Blickwinkel zu bekannten Themen kennengelernt« (Jg. 11, Integrierte Gesamtschule; Fragebogen-Nr. 9923). Antworten wie »Es hat Spaß gemacht, aber es hat sich nichts bei mir verändert« (Berufsbildende Schule; Fragebogen-Nr. 8948) lassen allerdings ebenfalls vermuten, dass zumindest auf expliziter Ebene bei diversen Lernenden durch das Projekt zunächst kaum oder keine Veränderung bewirkt werden konnte.

Auch die Integration von Regionalvertretenden in die Projektwochen bestärkt die Motivation und weiteres Engagement durch die Aufmerksamkeit und Anerkennung, die den Lernenden für ihre Arbeit zuteilwird. Darüber hinaus bietet sich den Schulen die Möglichkeit, auch über die Projektwochen hinaus bestehende Kooperationen auf lokaler/regionaler Ebene aufzubauen. So kann durch Vernetzung und Austausch zwischen schulinternen und -externen Akteurinnen und Akteuren ebenfalls ein Beitrag zum WIA geleistet werden. Schließlich bieten die LESSCO$_2$-Projektwochen das Potenzial, Klimaschutzmaßnahmen an Schulen nicht nur partizipativ zu entwickeln, sondern diese unter Einbezug der individuellen Schulgemeinschaft zu verwirklichen und so das System- und Zielwissen in Transformationswissen zu transferieren – also vom Wissen ins (transformative) Handeln zu kommen.

5. Ausblick

Im Kontext transformativen Handelns sowie einer ganzheitlichen Transformation von Lehr- und Lernumgebungen (PH 2; UNESCO & DUK 2021) als wesentlichen Anliegen von BNE können Schulen wichtige Vorbildfunktionen einnehmen. Klimaschutzmaßnahmen, die auf eine Reduktion von THG-Emissionen abzielen, bilden einen Baustein dieser Transformation und werden von Schulen i. d. R. in ihrer Relevanz anerkannt. Transformationsprozesse leben unter anderem von der Bereitschaft von Lehrkräften und Lernenden, sich auch über den Regelunterricht hinaus mit der nachhaltigen Gestaltung der eigenen Schulgemeinschaft auseinanderzusetzen. Damit diese als Change Agents in ihrer Schule wirken und Prozesse aktiv mitgestalten können, bedarf es neben der Aneignung bzw. Förderung von Wissen und Kompetenzen auch entsprechender Werte und Einstellungen.

Die vorgestellten LESSCO$_2$-Projektwochen fördern über partizipativ sowie interdisziplinär ausgerichtete Projektwochen eine kritisch-reflexive Auseinandersetzung mit individuellen sowie (schul-)kollektiven Einstellungen und Verhaltensweisen im Kontext von Nachhaltigkeit bzw. Klimaschutz. Über Teilhabe- und Selbstwirksamkeitserfahrungen auf unterschiedlichen Ebenen wirken sie zudem Ohnmachtsgefühlen entgegen und tragen perspektivisch zu einem Umdenken sowie mehr gemeinschaftlichem Engagement bei. Die Projektwochen können über die entwickelten Projektideen hinaus wertvolle Impulse und Denkanstöße liefern, die im Sinne eines Multiplikatoreffekts potenziell in die regionale Bildungslandschaft (z. B. Familien, lokale Unternehmen, kommunale Verwaltung) wirken. Um BNE-bezogene Projekte wirksamer umsetzen zu können, bedarf es mehr Freiräumen an Schulen. Diese ermöglicht z. B. der FREI DAY, bei dem Lernende interessengeleitet zumeist ein Schuljahr lang vier Schulstunden die Woche eigene Projekte planen, umsetzen und reflektieren (Rasfeld 2024; Schule im Aufbruch gGmbh 2025).

Drei Literaturtipps mit Kurzbeschreibung

1. Hoppe, W. & Junker, S. (2022). *#WirHANDELN! Fächerübergreifendes Magazin zum Nachhaltigkeitshandeln.* Westermann.
   Leitfaden, der Anregungen zu den sechs Schritten des Handelns, zum innovativen Projektmanagement und zu ausgewählten Change Agents im Zusammenhang mit den 17 SDGs gibt.
2. Stein, C. (2024). *Auf dem Weg zur klimaneutralen Schule. Ein Praxishandbuch zur Klimabildung.* oekom. https://doi.org/10.14512/9783987263743.
   Aktuelles Handbuch (Open Access) inklusive Unterrichtsmaterial, das Lernenden und Lehrkräften mittels Positivbeispielen aus der Praxis aufzeigt, wie Wege zu einer klimaneutralen Schule aussehen können.
3. Meyer, C. (2022). Klimaschutz in der Bildungsarbeit im Kontext einer »Transformation unserer Welt«. In: U. Sahling (Hrsg.). *Klimaschutz und Energiewende in Deutschland: Herausforderungen – Lösungsbeiträge – Zukunftsperspektiven.* Springer Spektrum, S. 833–859. https://doi.org/10.1007/978-3-662-62081-6_44-1.
   In dem Beitrag stehen folgende Fragestellungen im Fokus: Welche Orientierungen sind zur Vermittlung des Themas Klimawandel bzw. Klimaschutz in der Bildungsarbeit leitend, und wie werden diese konkret umgesetzt? Was macht den Großen Wandel aus, und welche Implikationen ergeben sich daraus für die Bildungsarbeit?

Drei didaktische Hinweise

1. Grundlegende Wirkungszusammenhänge des anthropogenen Treibhauseffekts bzw. Klimawandels sollten vor dem Projektwochenstart mit den Lernenden erarbeitet werden. Auch Studierende sollten ihre Kenntnisse auffrischen, um die Projektwochen adäquat begleiten zu können.
2. Für die Analyse des Bezugsraums Schule bietet es sich an, die Lernenden Beobachtungen bzw. Umfragen durchführen zu lassen. Die Ausgangssituation der Schule kann beispielsweise mittels Zählungen (Elterntaxis, Busse) oder Umfragen zum Mensaangebot analysiert werden, um so auch das Identifizieren von Problemen und Potenzialen zur Emissionsreduktion in der Schule zu erleichtern. Über Umfragen kann zudem die Akzeptanz potenzieller Projektideen abgefragt werden. Für methodische Anregungen siehe z. B. Haubner & Meyer 2021.
3. Diverse schulische Akteurinnen und Akteure sind für die nachhaltige Transformation einer Schule essenziell und sollten daher auch in die Projektwoche eingebunden werden. Dazu zählen neben den BNE-Beauftragten und der Schulleitung v. a. auch die Hausmeisterinnen und Hausmeister, ggf. die Mensa- bzw. Cafeteria-/Kioskbetreibenden und sowie der schuleigene Förderverein. Diese Personen können wichtige Informationen und Erfahrungen für die Entwicklung von Projektideen bereitstellen.

Literatur

DUK (Deutsche UNESCO-Kommission) (2014). *UNESCO Roadmap zur Umsetzung des Weltaktionsprogramms »Bildung für nachhaltige Entwicklung«*. https://www.bne-portal.de/SharedDocs/Publikationen/de/bne/roadmap-zur-umsetzung-des-weltaktionsprogramms.html

Entzian, A. (2015). *Denn sie tun nicht, was sie wissen. Eine Studie zu ökologischem Bewusstsein und Handeln.* oekom.

Friedlingstein, P. et al. (2023). Global Carbon Budget 2023. Earth System Science Data *(ESSD)*, *15*(12), 5301–5369. https://doi.org/10.5194/essd-15-5301-2023

Haubner, R. & Meyer, C. (2021). *Partizipation von Jugendlichen an Lösungsansätzen für Zielkonflikte der Nachhaltigkeit. Materialien für den Einsatz in der schulischen und außerschulischen Bildungsarbeit* (Hannoversche Materialien zur Didaktik der Geographie, Bd. 10). Leibniz Universität Hannover. https://doi.org/10.15488/11145

Holst, J., Grund, J. & Brock, A. (2024). Whole Institution Approach: measurable and highly effective in empowering learners and educators for sustainability. In: *Sustainability Science 19*, 1359–1376. https://doi.org/10.1007/s11625-024-01506-5

Hoppe, W. & Junker, S. (2022). *#WirHANDELN! Fächerübergreifendes Magazin zum Nachhaltigkeitshandeln.* Westermann.

IPCC: Intergovernmental Panel on Climate Change (2022). *Climate Change 2022. Mitigation of Climate Change.* IPCC. https://www.ipcc.ch/report/ar6/wg3/downloads/report/IPCC_AR6_WGIII_FullReport.pdf (11. Juli 2024).

Kollmuss, A. & Agyeman, J. (2002). Mind the Gap: Why do people act environmentally and what are the barriers to pro-environmental behavior? In: *Environmental Education Research, 8*(3), 239–260.

Krautwig, T. & Krieger, A. (2022). *Planetare Grenzen. Neun Leitplanken für die Zukunft.* https://helmholtz-klima.de/planetare-belastungs-grenzen

Meyer, C. (2019). Denn sie tun, was sie wissen! Integrale Theorie und Werte-Bildung für eine gesellschaftliche Transformation. In: *transfer Forschung <> Schule, 5*(5), 40–58.

Meyer, C. (2022). Education for Future. In: C. Meyer (Hrsg.): *»Transforming our World«. Zukunftsdiskurse zur Umsetzung der UN-Agenda 2030.* Transcript, S. 109–130. https://doi.org/10.14361/9783839455579-007

Meyer, C. & Höbermann, C. (2021). From Fast Fashion to Slow Fashion – Raising Awareness of Young People for Sustainable Production and Consumption. In: M. Fargher, D. Mitchell & E. Till (Hrsg.): *Recontextualising Geography in Education.* Springer Nature Switzerland, S. 167–183.

Rasfeld, M. (2024). Der FREI DAY – eine Brücke in die Transformation der Schule. In: *Lehren & Lernen 50*(1), 25–30. https://doi.org/10.25656/01:32075

Rieckmann, M. (2018). Die Bedeutung von Bildung für nachhaltige Entwicklung für das Erreichen der Sustainable Development Goals (SDGs). In: *ZEP. Zeitschrift für internationale Bildungsforschung und Entwicklungspädagogik 41*(2), 4–10. https://doi.org/10.25656/01:18955

Schule im Aufbruch gGmbH (2025). *Was ist der FREI DAY?* https://frei-day.org/ (02.05.2025).

Singer-Brodowski, M. (2016). Transformative Bildung durch transformatives Lernen. Zur Notwendigkeit der erziehungswissenschaftlichen Fundierung einer neuen Idee. In: *ZEP: Zeitschrift für internationale Bildungsforschung und Entwicklungspädagogik*, 39(1), 13–7. https://doi.org/10.25656/01:15443

Singer-Brodowski, M. & Schneidewind, U. (2014). Transformative Literacy. Gesellschaftliche Veränderungsprozesse verstehen und gestalten. In: Umweltdachverband GmbH (Hrsg.): *Krisen- und Transformationsszenarios. Frühkindpädagogik,*

Resilienz & Weltaktionsprogramm (Bildung für nachhaltige Entwicklung: Jahrbuch 2014), S. 131–140. FORUM Umweltbildung im Umweltdachverband.

Stein, C. (2024). *Auf dem Weg zur klimaneutralen Schule. Ein Praxishandbuch zur Klimabildung*. oekom. https://doi.org/10.14512/9783987263743

UBA (Umweltbundesamt) (2024). *Übereinkommen von Paris*. https://www.umweltbundesamt.de/themen/klima-energie/internationale-eu-klimapolitik/uebereinkommen-von-paris#ziele-des-ubereinkommens-von-paris-uvp

UN (Vereinte Nationen) (2015). *Resolution der Generalversammlung*, verabschiedet am 25. September 2015. 70/1. Transformation unserer Welt: die Agenda 2030 für nachhaltige Entwicklung (A/RES/70/1). https://www.un.org/depts/german/gv-70/band1/ar70001.pdf

UNESCO: Organisation der Vereinten Nationen für Bildung, Wissenschaft und Kultur (2017). In: *Education for Sustainable Development Goals: Learning Objectives*. UNESCO. https://doi.org/10.54675/CGBA9153

UNESCO (Organisation der Vereinten Nationen für Bildung, Wissenschaft und Kultur) & DUK (Deutsche UNESCO-Kommission e. V.) (Hrsg.) (2021). *Bildung für nachhaltige Entwicklung. Eine Roadmap*. https://www.unesco.de/sites/default/files/2022-02/DUK_BNE_ESD_Roadmap_DE_barrierefrei_web-final-barrierefrei.pdf

WBGU: Wissenschaftlicher Beirat der Bundesregierung Globale Umweltveränderungen (2011). *Hauptgutachten: Welt im Wandel. Gesellschaftsvertrag für eine Große Transformation*. WBGU.

Christiane Bertram & Jens Möller

Wirksam werden – Handprint statt Footprint in der transformativen Bildung

Kurzzusammenfassung

Angesichts eines drohenden 3-Grad-Szenarios bis zum Ende dieses Jahrhunderts und einer sich beschleunigenden digitalen Entwicklung und multiplen Krisen (Corona, Kriege, Inflation, Demokratie) stellt sich die Frage, welches Wissen, welche Fähigkeiten, Fertigkeiten und Einstellungen Schüler:innen benötigen, um zukunftsfähig handeln und resilient auf Veränderungen reagieren zu können. Wissensvermittlung allein und die Fokussierung auf die Verantwortung des Einzelnen (*ökologischer Fußabdruck*) reichen hierfür nicht aus. Der *ökologische Handabdruck* betont hingegen die Notwendigkeit eines gemeinschaftlichen Handelns, bei dem sich Menschen zusammenschließen, um durch politische und gesellschaftliche Aktivitäten strukturelle Veränderungen hin zu mehr Nachhaltigkeit anzustoßen. Ausgehend von den internationalen Vorgaben für die Bildung für nachhaltige Entwicklung (BNE) werden in dem Beitrag die Konzepte einer instrumentellen und transformativen BNE gegenübergestellt. Das FREI-DAY-Konzept und der Whole School Approach (WSA) zeigen, wie sich Unterricht und Schule durch eine transformativ gedachte BNE weiterentwickeln (können).

Lernziele

- Notwendigkeit für BNE angesichts des Klimawandels und rechtliche Vorgaben darstellen und einordnen können.
- Instrumentelle BNE am Beispiel des Umgangs mit dem Klimawandel erklären und anwenden können.

- Transformative BNE am Beispiel des Umgangs mit dem Klimawandel erklären und anwenden können.
- FREI DAY und Whole School Approach als Möglichkeit eines didaktischen Umgangs am Beispiel des Klimawandels darstellen, einordnen und bewerten können.

1. Einleitung

»Für welche Zukunft unterrichten wir?«, fragen die Teachers for Future auf ihren Plakaten (T4F, 2024) angesichts eines drohenden 3-Grad-Szenarios bis zum Ende dieses Jahrhunderts, das zu einer »Radikalisierung des Wettergeschehens« (Wiegandt 2022, S. 8) führen würde. Das Leben der Menschen würde sich auf einer drei Grad wärmeren Erde in einer nie da gewesenen Dimension verändern und wäre massiv bedroht (Wiegandt 2022). Nicht nur der Klimawandel bringt Veränderungen mit sich, auch die Digitalisierung, insbesondere der Einsatz der künstlichen Intelligenz (z. B. Sprachmodelle), hat Auswirkungen auf das private, öffentliche, politische und schulische Leben. 2019 hatten die Streiks von Fridays for Future (FFF) die Klimakrise in die mediale Öffentlichkeit gerückt, doch wurde die Bewegung durch die Coronakrise seit 2020 ausgebremst. Der Angriffskrieg auf die Ukraine durch Russland hat neue Ängste vor einem Krieg in Europa gebracht. Die Wahrnehmung multipler weltweiter Krisen, die sich überlagern und verstärken, prägen den Alltag der Kinder und Jugendlichen in Deutschland. Sie sorgen sich um die Umwelt und das Klima, sind betroffen von den Kriegen in der Ukraine und in Gaza, bemerken die Energieknappheit und Inflation, nehmen die Migrationsdynamik und die Zunahme von Rassismus und Diskriminierung wahr. Aufgrund der unkalkulierbaren gesellschaftlichen Entwicklungen ist der Übergang ins Berufs- und Erwachsenenleben bei vielen angstbesetzt (Calmbach et al. 2024). Daher ist die Frage der T4F berechtigt: Für welche Zukunft unterrichten wir? Welches Wissen, welche Fähigkeiten, Fertigkeiten und Einstellungen benötigen Menschen im 21. Jahrhundert?

Abb 1: Banner der Teachers For Future Germany e. V.

Bereits 1972 hat die Veröffentlichung des Club of Rome »Grenzen des Wachstums« (Meadows & Meadows 1987) die Politik und Öffentlichkeit aufgerüttelt. Zwanzig Jahre später einigten sich die Vereinten Nationen (1992) auf der Konferenz für Umwelt und Entwicklung in Rio de Janeiro auf die Agenda 21: Die nachhaltige Entwicklung sollte als eine Querschnittsaufgabe für Bildung, Wissenschaft und Gesellschaft verstanden werden. In der Agenda 2030 vereinbarten die Vereinten Nationen (2015) 17 Nachhaltigkeitsziele (Sustainable Development Goals, SDGs), die den drei Ebenen der Ökologie, Gesellschaft und der Wirtschaft zugeordnet werden und für eine nachhaltige Entwicklung zusammenwirken müssen, um dem ökologischen Imperativ gerecht zu werden: »Handle so, dass die Wirkungen deiner Handlung verträglich sind mit der Permanenz echten menschlichen Lebens auf Erden.« (Jonas 1979, S. 36) Welcher Handlungsspielraum für das Fortbestehen der natürlichen Lebensgrundlagen der Menschheit bleibt, wird im Konzept der neun »planetaren Grenzen«

(erstmals von Rockström et al. 2009) definiert, zu denen der Klimawandel, Veränderungen im Süßwasserkreislauf oder die Ozeanversauerung gehören. Wird eine planetare Grenze überschritten, steigt das Risiko, dass Kipppunkte mit großräumigen und irreversiblen Umweltveränderungen erreicht werden. Sechs der neun planetaren Grenzen gelten aufgrund anthropogener Umweltbelastungen bereits als überschritten (Richardson et al. 2023).

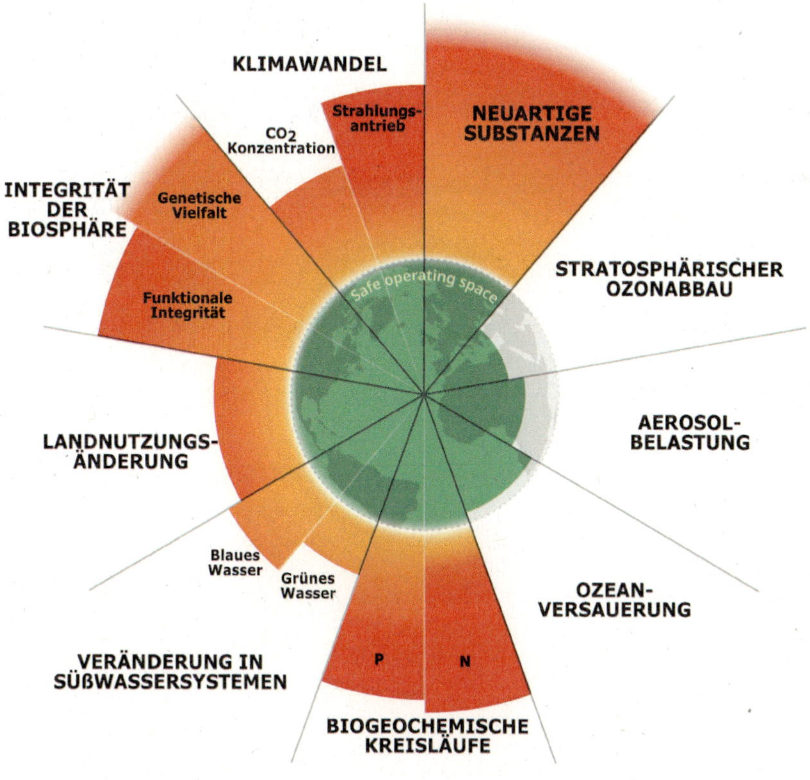

Abb. 2: Planetare Belastungsgrenzen nach Richardson et al. (2023) CC BY SA 4.0

2. »Große Transformation« – Vorgaben und Konzeptualisierung von BNE

Für eine klima- und umweltverträgliche Lebensweise der Menschheit auf diesem Planeten müsste eine umfassende und tiefgreifende gesellschaftliche und wirtschaftliche Transformation angestoßen werden. Diese hat der Wissenschaftliche Beirat der Bundesregierung zu Umweltfragen bereits 2011 in seinem Hauptgutachten »Die Große Transformation« (WBGU 2011) in ein konkretes Maßnahmenbündel übersetzt, in dem der Bildung eine wichtige Rolle zugewiesen wird. Auch in der Agenda 2030 wird die »Hochwertige Bildung« (SDG 4) mit dem Ziel 4.7. »Bildung für nachhaltige Entwicklung (BNE)« genannt. Im UNESCO-Weltaktionsprogramm »Bildung für nachhaltige Entwicklung« (2015 – 2019) und im Nachfolgeprogramm »BNE 2030« wurden das Konzept konkretisiert (UNESCO 2019).

Der Nationale Aktionsplan »Bildung für nachhaltige Entwicklung« (BMBF 2017) und der von der Kultusministerkonferenz verabschiedete »Orientierungsrahmen für den Lernbereich Globale Entwicklung im Rahmen einer Bildung für nachhaltige Entwicklung« (Engagement Global 2016) fordern eine strukturelle Verankerung von BNE in der Schule. Doch diese ist bisher nur begrenzt zu beobachten. Nach dem letzten Bericht des Nationalen Monitoring BNE (Brock & Holst 2022), das die Umsetzung des Nationalen Aktionsplans BNE regelmäßig überprüft, verweisen lediglich vier Bundesländer explizit auf BNE, die meist als eine von mehreren querschnittlichen Aufgaben genannt wird (z. B. im Bildungsplan 2016 in Baden-Württemberg als eine von sechs Leitperspektiven), vier weitere Bundesländer erwähnen die Begriffe »Nachhaltigkeit« bzw. »Bildung für nachhaltige Entwicklung« (Brock & Holst 2022, S. 5). Dies bedeutet, dass in den Lehrplänen von acht Bundesländern keine Verweise auf BNE zu finden waren. Niedersachsen ist – das einzige – Gegenbeispiel: Nach dem Runderlass zur Nachhaltigkeit in Niedersachsen soll BNE strukturell im Curriculum verankert werden, und die Methode des FREI DAY wird vorgeschlagen, um die Lernenden auf die Zukunft vorzubereiten.

Welche Kompetenzen benötigen die Lernenden in ihrer Zukunft? Bei der Definition von Nachhaltigkeitskompetenzen kann auf verschiedene Konzeptualisierungen und Modelle zurückgegriffen werden. In dem Rahmenmodell von Irion et al. (2025, in Druck) wird die Unterscheidung zwischen kognitiven, affektiv-motivationalen und verhaltensbezogenen Zieldimensionen (vgl. Rieß et al. 2018) als Ausgangspunkt genommen, um die Vielzahl an Kompetenzdimensionen zu strukturieren. Ein Set an Wissen, Fähigkeiten, Werten, Einstellungen und Bereitschaften soll die Lernenden dazu befähigen, in ihrem Leben, sozialen Umfeld und (späteren) Beruf zur Reflexion und Adressierung von nachhaltigkeitsbezogenen Herausforderungen beizutragen und auf der privaten, sozialen und institutionellen Ebene Nachhaltigkeit zu gestalten (vgl. Brundiers et al. 2021; de Haan 2010; Rieß et al. 2018; Wiek et al. 2011). Die Lernenden sollen, bezogen auf soziale, gesellschaftliche und politische Zusammenhänge, Verantwortungs-, Urteils- und Handlungsfähigkeit entwickeln. Dazu gehört auch, als ein nachhaltig kompetenter Mensch einschätzen zu können, mit welchen Aktionen und Handlungen die größtmöglichen Effekte hinsichtlich einer sozial-ökologisch Transformation erzielt werden können (Hamann & Masson 2022).

Im Folgenden werden zunächst die unterschiedlichen Herangehensweisen einer instrumentell und einer transformativ verstandenen BNE vorgestellt, bevor mit dem FREI DAY und dem Whole School Approach zwei vielfach erprobte und evaluierte Ansätze als Praxisbeispiele einer transformativen BNE präsentiert werden.

3. Instrumentelle Bildung für nachhaltige Entwicklung (Fokus Fußabdruck)

BNE wird im Bildungsplan 2016 Baden-Württemberg als eine »Leitperspektive« (von insgesamt sechs) benannt, die in allen Fächern und Klassenstufen zu berücksichtigen sind. BNE soll die Lernenden dazu befähigen, »[…] informierte Entscheidungen zu treffen, verantwortungsbewusst zum Schutz der Umwelt, für eine funktionierende Wirtschaft und eine gerechte Weltgesellschaft für aktuelle und zukünftige Generationen zu handeln. Dies betrifft vor allem die Beachtung der natürlichen Grenzen der Belastbarkeit des Erdsystems sowie den Umgang mit den sozialen und globalen Ungerechtigkeiten.« Sie sollen in die Lage versetzt werden, »als Konsumenten, im Beruf und durch zivilgesellschaftliches Engagement und politisches Handeln einen Beitrag zur nachhaltigen Entwicklung leisten zu können« (MKJS 2016). Nach der Landesverfassung in NRW gilt es, »Jugend im Geiste der Menschlichkeit, der Demokratie und der Freiheit zur … Verantwortung für Tiere und die Erhaltung der natürlichen Lebensgrundlagen« zu erziehen (Landesverfassung NRW 1950/2024, Artikel 7 Abs. 2). Nach dem Schulgesetz NRW (2005/2024 § 2 Abs. 1 und 2) soll die Schule »Werthaltungen« »vermitteln« und das »Verantwortungsbewusstsein für […] die Natur und Umwelt« »fördern«. In den Vorgaben beider Bundesländer ist eine Fokussierung auf die Konsument:innen und das Ziel einer Bildung FÜR Nachhaltigkeit zu erkennen. Wenn die Lernenden jedoch lediglich über die Notwendigkeit eines globalen und nachhaltigen Wandels informiert und dabei unterstützt werden, auf der Grundlage rationaler Entscheidungen ihren eigenen ökologischen Fußabdruck zu reduzieren (vgl. u. a. Vare & Scott 2007, S. 193), dann birgt dies drei Probleme:

Erstens geht dieser instrumentelle BNE-Ansatz (Wals 2011) davon aus, dass »bestimmte Werte und Verhaltensweisen […] eindeutig mit einer nachhaltigen Entwicklung verbunden sind« (Rieckmann & Schank 2016, S. 70). Die Lernenden sollen zu einem bestimmten umweltbewussten Verhalten erzogen werden, ein Bildungsverständnis, das mit dem »Überwältigungsverbot« des Beutelsbacher Konsens nicht zu vereinbaren ist. Demnach ist es nicht erlaubt, die Lernenden zu überrumpeln und damit an der »Gewinnung eines selbständigen Urteils« (Wehling 1977, S. 179) zu hindern.

Zweitens wird die Verantwortung für die nachhaltige Entwicklung auf die Subjekte abgewälzt. (»Subjektivierung von Nachhaltigkeit«, Pritz 2018, S. 77) – ähnlich wie bei dem Konzept des CO_2-Fußabdrucks, der maßgeblich vom Ölkonzern BP verbreitet wurde, um die Verantwortung für die Erderwärmung von der fossilen Industrie und den strukturellen

Gegebenheiten abzulenken (Fieber & Konitzer 2021). Dabei können die Einzelnen mit ihrem individuellen Verhalten die Treibhausgasemissionen nicht ausreichend beeinflussen. So verursacht ein 25-jähriger Student in Deutschland, der in einer Wohngemeinschaft lebt, kein Auto hat, keine Flugreisen unternimmt und sich vegetarisch ernährt, einen ökologischen Fußabdruck von 5,4 oder 5,5 Tonnen CO_2 im Jahr und liegt damit um mehr als das Doppelte über der Zielmarke von 2,5 Tonnen, die jedem Einzelnen für das Jahr 2030 zugestanden werden (Rauschenberger 2021).

Drittens besteht bei einer BNE, die an die Verantwortung des Einzelnen appelliert, die Gefahr, bei den Lernenden Reaktanz hervorzurufen. So zeigt die BUGEN-Studie (Waltner et al. 2021), eine Längsschnitterhebung nach der Einführung der Leitperspektive BNE im Bildungsplan 2016 in Baden-Württemberg, dass die persönliche Überzeugung der Lehrkräfte von der Notwendigkeit einer nachhaltigen Lebensweise und die Anzahl der besuchten BNE-Fortbildungen einen negativen Effekt auf das selbst berichtete nachhaltigkeitsbezogene Verhalten der Lernenden hatte (S. 30).

Hier zeigt sich, dass eine instrumentell verstandene BNE die selbst gesteckten Ziele verfehlt. Die Widersprüche und Zielkonflikte zwischen einer wachstumsgetriebenen fossilen Wirtschaft und einer nachhaltigen Lebensweise können nicht durch das individuelle Verhalten der Lernenden und Lehrenden und durch die Reduzierung des eigenen ökologischen Fußabdrucks gelöst werden. Das Problem muss systemisch angegangen werden: Die Kinder und Jugendlichen müssen ihre eigene Wirksamkeit, ihren ökologischen Handabdruck, zum Beispiel hinsichtlich der Klimakrise, entdecken.

4. Transformative Bildung für nachhaltige Entwicklung (Fokus Handabdruck)

Die emanzipatorische BNE (Vare & Scott 2007) zielt als eine transformative Bildung (Singer-Brodowski 2016a) darauf ab, die Individuen dazu zu befähigen, kritisch über nachhaltigkeitsbezogene Fragen nachzudenken, die Komplexität zu verstehen, mit den Widersprüchen und Unsicherheiten umzugehen und eigene Antworten zu finden. Nachhaltige Entwicklung wird als ein Lernprozess verstanden, bei dem widersprüchliche Standpunkte zu den vielschichtigen Herausforderungen sichtbar gemacht und grundsätzliche und kritische Fragen gestellt werden. Beispielsweise wird reflektiert, wo das relevante Nachhaltigkeits- bzw. Transformationswissen herkommt, wer die Themen und Wissensgebiete ausgesucht hat oder nach welchen Maßstäben bewertet wird (Rieckmann & Schank 2016). Nachhaltige Entwicklung wird nicht als ein geschlossener Diskurs von Expert:innen verstanden, die wissen, wie es geht, sondern als ein offener gesellschaftlicher (Lern-)Prozess, in dem das Ergebnis nicht vorab feststeht. Stattdessen sollen die Lernenden neues Wissen zu bisherigen Wissensbeständen hinzufügen. Das Ergebnis eines erfolgreichen Lernprozesses kann die Veränderung von grundlegenden Mustern, von »Grundannahmen des Denkens, Fühlens und Handelns« (Singer-Brodowski 2016, S. 6) sein, doch sind diese schwer zu verändern, denn unsere »mentalen Infrastrukturen« (Welzer 2011), unsere Wahrnehmungs- und Deutungsmuster, sind nicht nur von den Werten Wachstum, Leistung und Konsum geprägt, sondern auch von der uns umgebenden materiellen und institutionellen Infrastruktur (z. B. Supermärkten oder Autobahnen, Konkurrenz- und Leistungsgesellschaft) und wirken wie Glaubenssätze über soziale, politische und ökonomische Systeme. Die »nachhaltige Nicht-Nachhaltigkeit« (Blühdorn 2018) hat entscheidend auch damit zu tun, dass »unsere Freiheit, unsere Werte, unser Lebensstil unverhandelbar« (S. 16) sind.

Der Widerspruch zwischen dem übergeordneten Ziel der Nachhaltigkeit, die in der Agenda 2030 gefordert wird, und den Beharrungskräften einer auf Fossilität, Wachstum und Konsum gegründeten Wirtschafts- und Lebensweise lässt sich nicht durch die Vermittlung von Wissen und den Appell an das nachhaltige Leben der Einzelnen lösen. Nicht der ökologische Fußabdruck des Einzelnen, sondern der ökologische Handabdruck sollte im Fokus von BNE stehen. Dies bedeutet, die Verhältnisse, in denen wir Menschen leben, positiv zu beeinflussen und Strukturen bleibend zu verändern, sodass die nachhaltigere Verhaltensmöglichkeit auch die einfachere, billigere und weniger aufwendige wird (Heitfeld 2023). Vier Ebenen des Handelns lassen sich nach Hoppe & Junker (2022) unterscheiden. Unter Informationshandeln fallen zum Beispiel die Erstellung von Social Media Posts, Podcasts, Erklärvideos, Beiträge für die Schulhomepage oder auch das Informieren von Mitmenschen (Mitschüler:innen, Eltern, Freunden …). Als Alltagshandeln wird beispielsweise der sparsame Umgang mit Ressourcen, die Nutzung von Sharingsystemen sowie die bewusste Nutzung des Fahrrads oder des ÖPNV verstanden. Partizipationshandeln meint die aktive Beteiligung bei einer NGO oder die aktive Teilnahme an politischen Sitzungen (z. B. der Kommune). Unter Jugendengagement fallen z. B. Planung und Durchführung einer Veranstaltung (z. B. eines Vortrags oder einer Demonstration), die Gründung eines nachhaltigen Unternehmens (Social Entrepreneurship) oder die Gründung einer Initiative, eines Vereins, einer Organisation oder einer Partei mit einem nachhaltigen Ziel.

Abb. 3: Ökologischer Handabdruck nach Germanwatch (Germanwatch / L. Dorsch)

Um den ökologischen Handabdruck der Lernenden zu vergrößern, sind in der Schule und im Unterricht Lernräume notwendig, in denen offene und kontroverse Diskurse geführt werden, die zum Handeln führen (können) (Buddeberg et al. 2023). Mit dem FREI-DAY-Konzept und dem Whole System Approach (WSA) stehen zwei erprobte Methoden der Unterrichts- und Schulentwicklung zur Verfügung, die es den Lernenden und Lehrenden ermöglichen, vom Wissen zum Handeln zu kommen und den Knowledge-Action-Gap in Bezug auf die Klima- und Umweltkrise (und darüber hinaus) anzugehen.

5. FREI DAY und die Projektmethode – die Welt verändern lernen

Abb. 4: FREI DAY – Link zur Website

Das FREI-DAY-Konzept (Rasfeld 2021) gibt Schüler:innen Zeit für eigene Nachhaltigkeitsprojekte: An einem Tag in der Woche können sie mindestens vier Stunden am Stück fächerübergreifend und ohne Benotung zu einem selbst gewählten Thema aus den 17 SDGs arbeiten. Der FREI DAY kann in einzelnen Klassen eingeführt und im Rahmen kollegialer, professioneller Kooperation sukzessive an einer Schule verankert werden. Hierfür werden (meist) Stunden aus curricular passenden Fächern oder aus dem Schulcurriculum in den FREI DAY überführt, sodass der FREI DAY im Rahmen des normalen Deputats einer Lehrperson betreut wird. Über 200 Grund-, Sekundar- und Berufsschulen in Deutschland und Österreich sind dem Netzwerk »Schulen im Aufbruch« beigetreten und werden bei der Einführung des FREI DAY und bei der Transformation »hin zu zukunftsmutigen Lernorten« (SiA 2024) professionell unterstützt. Das Niedersächsische Kultusministerium (2023) empfiehlt den FREI DAY, um »BNE als Aufgabe der gesamten Schulgemeinschaft« (S. 3) umzusetzen und ein schulisches Arbeiten und Lernen zu ermöglichen, das die Fragen und Interessen der Lernenden aufgreift und ein selbstbestimmtes Lernen und individuelle Lernwege begünstigt.

Die dort verwendete Methode des Projektunterrichts steht in der reformpädagogischen Tradition eines ganzheitlichen Lernens. Dewey

(1916/2000) verbindet in seiner Theorie »Demokratie und Erziehung« philosophische, psychologische und pädagogische Aspekte und versteht die »Projektmethode« und das »lebenslange Lernen« als wesentliche Bestandteile einer Demokratieerziehung. Allerdings ist die Umsetzung von Projektunterricht anspruchsvoll. Dass dies gelingen kann, zeigte die Evaluation von fünf hessischen Gemeinschaftsschulen mit einer ausgeprägten demokratischen Schulkultur, in der die Lernenden insbesondere hinsichtlich ihrer kognitiven Kompetenzen (Leistungen in Mathematik und in den Naturwissenschaften) profitierten (Köller & Trautwein 2003). Allerdings ist für den Lernerfolg mit offeneren Methoden entscheidend, dass die Mikroprozesse didaktisch durchdacht sind und »in eine begründete, kumulativ aufgebaute und systematisch an der Schule erarbeitete Gesamtkonzeption eingebunden« (Bohl & Kucharz 2010, S. 10) werden.

Zwei weitere, dem FREI DAY verwandte, aktuelle Umsetzungen des Projektunterrichts sollen kurz exemplarisch vorgestellt werden. Übergeordnetes Ziel des Konzepts des »Deeper Learning« ist die Förderung von Zukunftskompetenzen für das digitale Zeitalter: Kommunikation, Kollaboration, kritisches Denken und Kreativität (Sliwka et al. 2022), die durch die Kombination instruktiv gesteuerter Prozesse der Aneignung und selbstregulierter Prozesse der Ko-Konstruktion und Ko-Kreation, in denen sich die Lernenden mit Wissen auseinandersetzen und selbst Wissen generieren, gefördert werden. Während es hier oft um digitalisierungsbezogene Projekte geht, zielt das Konzept des Service Learning – Lernen durch Engagement (LdE) auf eine Verbindung des gesellschaftlichen Engagements von Schüler:innen (oder Studierenden) mit dem fachlichen Lernen. Indem die Schüler:innen ihre Projekte zu sozialen, ökologischen, politischen oder kulturellen Themen im Stadtteil selbst planen, Probleme reflektieren und Lösungsvorschläge erarbeiten, wenden sie ihr Wissen und ihre Kompetenzen direkt in der Praxis an, verstehen die fachlichen Inhalte tiefer und erkennen den Sinn und die Relevanz von schulischem Lernen. Entscheidend für den Erfolg sind nach Seifert et al. (2019) ein realer Bedarf für die Projekte, die curriculare Anbindung, die Reflexion in der Klasse, die Partizipation der Lernenden, die Zusammenarbeit mit externen Partner:innen und die Wertschätzung der Projektarbeit und Ergebnisse. Wird Service Learning gut vorbereitet und begleitet, können sowohl die Kompetenzen der Lernenden (z. B. Root & Billig 2008) als auch das Selbstwertgefühl und die Selbstwirksamkeit (z. B. Melchior & Bailis 2002) gefördert werden.

6. Whole School Approach – Kohärenz von Wissen und Handeln

Nach der Empfehlung der Kultusministerkonferenz (KMK)(2024) wird BNE als ein ganzheitliches Bildungs- und Erziehungskonzept verstanden, das auf dem gemeinsamen und demokratischen Handeln aller an der Schule Beteiligten fußt. Nicht immer wird das politische Engagement von Jugendlichen in der Schule gewünscht und unterstützt: Politische Initiativen von Schüler:innen werden häufig mit dem Verweis auf den zu wahrenden Schulfrieden und auf Schulgesetze abgewehrt, so z. B. das Engagement von Fridays for Future (Kenner 2021). Demokratische Prozesse beschränken sich in der Schule oft nur auf die Wahl von Klassensprecher:innen oder das Engagement in der Schüler:innenmitverwaltung (Palentien & Hurrelmann 2003). Die KMK-Empfehlung setzt einen deutlich anderen Akzent. Angesichts »vielfältiger Krisenerfahrungen […] müssen [die Lernenden] befähigt werden, sich den Widersprüchen, Unsicherheiten und Zielkonflikten zu stellen und diese in Aushandlungs- und Gestaltungsprozesse zu überführen, an denen alle beteiligt sind« (KMK 2024, S. 2). Dabei setzt der Beutelsbacher Konsens den Rahmen sowohl hinsichtlich des Überwältigungsverbots und Kontroversitätsgebots (KMK 2024, S. 7) als auch hinsichtlich der Orientierung an den Interessen der Lernenden: »Der Schüler muss in die Lage versetzt werden, eine politische Situation und seine eigene Interessenlage zu analysieren, sowie nach Mitteln und Wegen zu suchen, die vorgefundene politische Lage im Sinne seiner Interessen zu beeinflussen.« (Wehling 1977, S. 179)

Als eine lernfähige und handelnde Institution sollen in der Schule auf der Basis empirisch gesicherter Erkenntnisse (z. B. zu dem Zusammenhang zwischen Mobilität, Ernährung oder Energie mit der Klimakrise) fachliche Zusammenhänge erklärt und die Konsequenzen mit den Schüler:innen diskutiert werden, um in einem partizipativen Prozess zu einer Abstimmung zu kommen (Frings et al. 2023). BNE wird somit auf der Ebene der Fächer, des Unterrichtsstils und der Schulgemeinschaft verortet. Auf der Ebene der Fächer sollen eine fachliche Auseinandersetzung und eine sachorientierte, mehrperspektivische und selbstbestimmte Urteils- und Entscheidungsfindung eingeübt werden. Auf der Ebene des Unterrichts soll das Lernen »diversitätssensibel, inklusiv, partizipativ, multiperspektivisch, interaktiv und zukunftsbezogen« (KMK 2024, S. 8) gestaltet werden. Auf der Ebene der Schule wird der WSA (Whole System Approach) als eine ganzheitliche Organisationsentwicklung vorgeschlagen, bei der die Lernenden und Lehrenden in die nachhaltige Entwicklung eingebunden werden. Schule wird damit zu einem Ort gelebter Demokratie, an dem wissensbasiert und gemeinsam um Lösungen von komplexen Problemen gerungen wird, wodurch allen am Schulleben Beteiligten ermöglicht wird, »für das Leben zu lernen und das Gelernte zu leben« (UNESCO 2021, S. 3).

Um herauszufinden, wie gut BNE in Deutschland bereits in den verschiedenen Bildungsbereichen verankert ist, wird ein bundesweites BNE-Monitoring durchgeführt (https://www.bne-portal.de/bne/de/bundesweit/monitoring/monitoring_node.html). In einer Studie von Holst et al. (2024), bei der 2.985 Schüler:innen zu der Ausprägung des WSA an ihrer Schule und zu ihrer Einstellung zur Nachhaltigkeit befragt wurden, zeigte sich, dass junge Menschen, die an ihrer Schule mehr Nachhaltigkeit erfahren, sich von ihrer Bildungseinrichtung stärker motiviert und befähigt fühlten, einen Beitrag zur Nachhaltigkeit zu leisten. Die WSA-Implementierung hat sich als stärkster Prädiktor dafür erwiesen, wie nachhaltig Lernende über die Bildungseinrichtung hinaus handeln. Außerdem zeigten sich Lehrkräfte, die mehr Nachhaltigkeit im Sinne des WSA erleben, deutlich motivierter und berichteten über nachhaltigeres Verhalten. Sie sahen Bildung für nachhaltige Entwicklung (BNE) als relevanter an und nahmen häufiger an Fortbildungen zu BNE teil (Holst et al. 2024).

Der WSA und offene Unterrichtskonzepte wie der FREI DAY wurden vielfach erprobt. Best-Practice-Beispiele und Ideen für die Umsetzung bieten u. a. die Handreichung »Nachhaltigkeit 360° in der Schule« (Deutsche UNESCO-Kommission 2025), die BNE-Modellschulen in Baden-Württemberg, die »Schulen der Zukunft« in Nordrhein-Westfalen und Niedersachsen oder die »Schulen im Aufbruch«, die den FREI DAY als Ausgangspunkt für die Schulentwicklung nehmen. In dem Grundsatzpapier »Greening Every School« finden sich Indikatoren für den Erfolg bei der Umsetzung des WSA-Ansatzes (Greening Education Partnership 2023). Trotz der vielfach erprobten Konzepte und der empirischen Befunde fehlt bisher der politische Wille, um BNE über die Willensbekundungen und Modellprojekte hinaus strukturell im Bildungssystem und in der Schule zu verankern. So hat das Kultusministerium in Baden-Württemberg trotz der Anregung durch die Teachers for Future darauf verzichtet, BNE im »Referenzrahmen Schulqualität« (IBBW 2023) konsequent sichtbar zu machen. Während die digitale Ausstattung der Schule und die Vermittlung digitalisierungsbezogener Kompetenzen in den Rahmenbedingungen, in den Lernprozessen und bei den Ergebnissen in dem Referenzrahmen Schulqualität explizit erwähnt werden, wird die BNE lediglich als eine von sechs curricularen Leitperspektiven genannt (IBBW 2023). Es wäre viel gewonnen, wenn der nachhaltigen Entwicklung in Schulen eine vergleichbare Wichtigkeit und Relevanz wie der Digitalisierung zugewiesen würde.

7. Schluss

Ökologische Krisen wie der Klimawandel oder der Verlust der Biodiversität stehen in enger Wechselwirkung mit sozialen Ungleichheiten. Sie lassen sich nicht durch individuelles Handeln allein lösen. Eine instrumentell verstandene BNE 1, die vor allem auf die Reduktion des eigenen ökologischen Fußabdrucks zielt, kann zu einem Gefühl von Hilflosigkeit und – als Folge – zu einer moralischen Distanzierung (Salomon et al. 2017) führen, sodass eher Reaktanz als ein nachhaltiges Verhalten der Lernenden die Folge ist (Waltner et al. 2021). Da die ökologischen Krisen als eine kollektiv geteilte Herausforderung nur gemeinsam angegangen werden können, ist eine transformativ verstandene BNE 2, die z. B. mit Methoden wie dem FREI DAY oder dem Whole School Approach auf eine Verbindung von Wissen und Handeln setzt und die nachhaltige Entwicklung der Schule im Ganzen forciert, notwendig (Klecker 2024). Mit dem Fokus auf den Handabdruck ist die Hoffnung verbunden, kollektive Motivationsfaktoren wie die Identifikation mit einer Gruppe (Projektgruppe und/oder Schule) und ihren Normen (Nachhaltigkeit/demokratische Partizipation) sowie die Erfahrung von kollektiver Selbstwirksamkeit zu ermöglichen. Nachhaltigkeit kann in der Schule nicht nur vermittelt, sondern erlebt und mitgestaltet werden – als Vorbereitung auf eine gemeinsame verantwortungsvolle Zukunft.

Drei Literaturtipps mit Kurzbeschreibung

1. Elsenau, D. von, Gorski, S. & Zunbrik, K. (Hrsg.) (2023). *Bildung für nachhaltige Entwicklung.* Cornelsen.
   Ein Leitfaden für eine wirkungsorientierte Transformation von Schule und Unterricht. Eine Sammlung von Aufsätzen zu BNE in der Schule zur Gestaltung von Unterricht und Prüfungen, zur Bedeutung von Schulleitung, Lehrkräften und außerschulischen Akteuren und mit Praxisbeispielen.
2. Feuser, I., Oehmichen, N., Müller-Lehmann, S. & Teachers for Future e. V. (Hrsg.) (2024). *Zukunft gestalten – Lehrer:in sein in Zeiten existenzieller Krisen.* Raabe.
   In dem Tagungsband kommen Expert:innen aus der Wissenschaft, Praxis und Zivilgesellschaft zu Wort, die Wege aufzeichnen, wie in demokratischen Aushandlungsprozessen nachhaltiges Handeln möglich wird und welche Kompetenzen Lehrkräfte hierfür benötigen.
3. Rasfeld, M. (2021). *FREI DAY. Die Welt verändern lernen.* Für eine Schule im Aufbruch. oekom.
   Ein motivierender und gut verständlicher Aufruf dazu, die vorhandenen Möglichkeiten in der Schule zu nutzen und Grenzen zu überwinden.

Drei didaktische Hinweise

1. Im Rahmen des normalen Unterrichts kann für bestimmte – auch fächerverbindende – Themen Projektunterricht angeboten werden, bei dem die Selbsttätigkeit der Lernenden unterstützt wird (z. B. Deeper Learning). Hierbei ist es wichtig, Phasen der Instruktion und der eigenständigen Arbeit miteinander zu verknüpfen und insbesondere leistungsschwächere Lernende gut zu begleiten.
2. Das fächerübergreifende FREI-DAY-Konzept kann zunächst nur in einer Klassenstufe und mit interessierten Lehrkräften eingeführt werden, um Erfahrungen zu sammeln. Hiervon ausgehend, können sukzessive mehr Klassen eingebunden werden.
3. Der Whole School Approach umfasst quasi alle Handlungsfelder der Schule: den Unterricht, die Organisation der Schule, die Fortbildung der Lehrkräfte, den Betrieb der Schule und externe Partner.

Literatur

Aktive Bürgerschaft e. V. (Hrsg.) (2013). *Gelingensbedingungen von Service Learning an Schulen. Forschungsbericht zu den Fallstudien über sozialgenial-Schulprojekte.* Forscherteam: Speck, K., Bauer, U. et al. https://www.aktive-buergerschaft.de/wp-content/uploads/2018/02/sozialgenial_Broschuere_Wirkungsstudie_Service_Learning_web.pdf

Beigel, J., Klopsch, B. & Sliwka, A. (2023). *Deeper Learning gestalten. Ein Workbook für Lehrkräfte.* Beltz-Verlag.

Blühdorn, I., Butzlaff, F., Deflorian, M., Hausknost, D., Mock, M. (2020). *Nachhaltige Nicht-Nachhaltigkeit.* Transkript.

Bohl, T. & Kucharz, D. (2010). *Offener Unterricht heute: konzeptionelle und didaktische Weiterentwicklung.* Beltz.

Brock, A. & Holst, J. (2022). *Schlüssel zur Nachhaltigkeit und BNE in der Schule. Ausbildung von Lehrenden, Verankerung in der Breite des Fächerkanons und jenseits der Vorworte.* Kurzbericht des Nationalen Monitorings zu Bildung für Nachhaltige Entwicklung (BNE). Berlin. https://www.ewi-psy.fu-berlin.de/erziehungswissenschaft/arbeitsbereiche/institut-futur/Projekte/Dateien/Brock_Holst_2022_Schule_Dokumentenanalyse_BNE_Monitoring.pdf

Brundiers, K., Barth, M., Cebrián, G., Cohen, M., Diaz, L., Doucette-Remington, S., Dripps, W., Habron, G., Harré, N., Jarchow, M., Losch, K., Michel, J., Mochizuki, Y., Rieckmann, M., Parnell, R., Walker, P. & Zint, M. (2021). Key competencies in sustainability in higher education — toward an agreed-upon reference framework. In: *Sustainability Science, 16*(1), 13–29. https://link.springer.com/article/10.1007/s11625-020-00838-2

Buddeberg, M., Lemke, J. & Henke, V. (2023). Die Bedeutung der Lehrkräfte für die Umsetzung von BNE. In: D. von Elsenau, S. Gorski & K. Zubrink (Hrsg.). *Bildung für nachhaltige Entwicklung. Ein Leitfaden für eine wirkungsorientierte Transformation von Schule und Unterricht.* Cornelsen Verlag, S. 234–250.

Bundesministerium für Bildung und Forschung (BMBF) (2017). *Nationaler Aktionsplan zur Umsetzung des UNESCO-Weltaktionsprogramms Bildung für nachhaltige Entwicklung.* https://www.bne-portal.de/bne/shareddocs/downloads/files/nationaler_aktionsplan_bildung-er_nachhaltige_entwicklung_neu.pdf?__blob=publicationFile&v=3

Calmbach, M, Flaig, B., Gaber, R… Gensheimer, T., Möller-Slawinski, H. Schleer, C., Wisniewski, N. (2024). *Wie ticken Jugendliche? Lebenswelten von Jugendlichen im Alter von 14 bis 17 Jahren in Deutschland.* Eine SINUS-Studie. Schriftenreihe (Bd. 11133). Bundeszentrale für politische Bildung.

De Haan, G. (2010). The development of ESD-related competencies in supportive institutional frameworks. In: *International Review of Education*, 56(2–3), 315–328. https://doi.org/10.1007/S11159-010-9157-9

Deutsche UNESCO-Kommission e. V. (Hrsg.) (2025). *Nachhaltigkeit 360 Grad – in der Schule.* https://www.unesco.de/dokumente-und-hintergruende/publikationen/detail/nachhaltigkeit-360-grad-in-der-schule/

Dewey, J. (1916/2011). *Demokratie und Erziehung. Eine Einleitung in die philosophische Pädagogik.* Hrsg. von J. Oelkers. Beltz.

Elsenau, D. von, Gorski, S. & Zunbrik, K. (Hrsg.) (2023). *Bildung für nachhaltige Entwicklung.* Cornelsen.

Engagement Global im Auftrag der Kultusministerkonferenz (KMK) und des Bundesministerium für wirtschaftliche Zusammenarbeit und Entwicklung (BWZE) (2016). *Orientierungsrahmen für den Lernbereich Globale Entwicklung im Rahmen einer Bildung für nachhaltige Entwicklung.* Zusammengestellt und bearbeitet von J.-R. Schreiber & H. Siege. Cornelsen Verlag. https://www.globaleslernen.de/sites/default/files/files/link-elements/orientierungsrahmen_fuer_den_lernbereich_globale_entwicklung_barrierefrei.pdf

Feuser, I., Oehmichen, N., Müller-Lehmann, S. & Teachers for Future e. V. (Hrsg.) (2024). *Zukunft gestalten – Lehrer:in sein in Zeiten existenzieller Krisen.* Stuttgart: Raabe.

Fieber, T. & Konitzer, F. (2021, 27.10.). *Treibhausgase: Wie der CO_2-Fußabdruck die Klima-Realität verschleiert. ARD alpha.* https://www.ardalpha.de/wissen/umwelt/nachhaltigkeit/co2-fussabdruck-carbon-footprint-shell-exxon-bp-taeuschung-klima-100.html

Frings, A., Kratzert, T., Neuhaus, M., Salmen, C. & Schubert, M. (2023). Ein Whole Institution Approach für zukunftsorientierte Schul- und Seminarentwicklung. In: D. von Elsenau, S. Gorski & K. Zubrink (Hrsg.). *Bildung für nachhaltige Entwicklung. Ein Leitfaden für eine wirkungsorientierte Transformation von Schule und Unterricht*. Cornelsen Verlag, S. 234–250.

Germanwatch (2018). Ökologischer Handabdruck nach einer Idee von Lukas Dorsch. https://www.germanwatch.org/de/thema/bildung-fuer-nachhaltige-entwicklung.

Hamann, K. & Masson, T. (2022). Kollektives nachhaltiges Handeln und Psychologie. In: P. Genkova (Hrsg.). *Handbuch Globale Kompetenz*. Springer Fachmedien. https://doi.org/10.1007/978-3-658-30684-7_35-1

Heitfeld, M. (2023, 23. August). Handwerkszeug für Zukunftshandeln. Welche Skills wir für die Gestaltung einer nachhaltigen Zukunft brauchen. In: *Transformation gestalten lernen*. https://www.handprint-hub.de/handwerkszeug-fuer-zukunfts-handeln-i

Holst, J. (2023). Towards coherence on sustainability in education: a systematic review of Whole Institution Approaches. In: *Sustainability Science, 18*, 1015–1030. https://doi. org/10.1007/s11625-022-01226-8

Holst, J. & Singer-Brodowski, M. (2022). *Nachhaltigkeit & BNE im Hochschulsystem. Stärkung in Gesetzen und Zielvereinbarungen, ungenutzte Potentiale bei Curricula und der Selbstverwaltung*. Kurzbericht des Nationalen Monitorings zu Bildung für Nachhaltige Entwicklung (BNE). Institut Futur, Freie Universität Berlin. http://dx.doi.org/10.17169/refubium-35828

Holst, J., Grund, J. & Brock, A. (2024). Whole Institution Approach: measurable and highly effective in empowering learners and educators for sustainability. In: *Sustainability Science 19*, 1359–1376 https://doi.org/10.1007/s11625-024-01506-5

Hoppe, W. & Junker, S. (2022). *#WirHANDELN! Wann, wenn nicht jetzt? Fachübergreifendes Prinzip zum Nachhaltigkeitshandeln*. Westermann Bildungsmedien Verlag.

Institut für Bildungsanalysen Baden-Württemberg (IBBW).(2023). *Referenzrahmen Schulqualität Baden-Württemberg – erweiterte Fassung*. Stuttgart. https://referenzrahmen.kultus-bw.de/site/pbs-bw-km-root/get/documents_E-747139195/KULTUS.Dachmandant/KULTUS/Projekte/referenzrahmen/Downloadordner%20RR/Referenzrahmen%202.1%20-%20erweiterte%20Fassung%20-%20Stand%20Februar%202023.pdf

Irion, M., Bertram, C. & Potthast, T. (2025, in Druck). Mehr als »nur« Wissen? Kompetenzziele in Nachhaltigkeitszertifikatsprogrammen deutscher Hochschulen aus der Perspektive eines integrierten Rahmenmodells für Nachhaltigkeitskompetenz. Hochschuldidaktik Sachsen. Themenheft »BNE im Fokus: Erfahrungen und Erfolge bei der Einbindung von BNE in die Hochschullehre. Perspektiven auf Lehre«. *Journal for Higher Education and Academic Development*.

Jonas, H. (1979). *Das Prinzip Verantwortung. Versuch einer Ethik für die technologische Zivilisation*. Suhrkamp.

Kenner, S. (2021). *Politische Bildung in Aktion. Eine qualitative Studie zur Rekonstruktion von selbstbestimmten Bildungserfahrungen in politischen Jugendinitiativen.* VS Verlag.

Klecker, M. (in Druck, 2024): Von der Fachexpertin zur Veränderungskraft. BNE braucht eine neue Lehrkräfterolle. In: Feuser, I., Oehmichen, N., Müller-Lehmann, S. & Teachers for Future e. V. (Hrsg.) (in Druck). *Zukunft gestalten – Lehrer:in sein in Zeiten existenzieller Krisen.* Raabe.

Köller, O. & Trautwein, U. (Hrsg.). (2003). *Schulqualität und Schülerleistung. Evaluationsstudie über innovative Schulentwicklung an fünf hessischen Gesamtschulen.* Juventa.

Meadows D. & Meadwos D. (1972/1987). *Die Grenzen des Wachstums.* Übersetzung von Hans-Dieter Heck (14. Aufl.), Deutsche Verlags-Anstalt.

Melchior, A. & Bailis, L. N. (2002). Impact of service-learning on civic attitudes and behaviors of middle and high school youth: Findings from three national evaluations. In: A. Furco & S. H. Billig (Hrsg.). *Service-learning: The essence of the pedagogy.* Information Age Publishing, S. 201–222.

Ministerium für Kultus, Jugend und Sport Baden-Württemberg (MKJS) (2016). Leitperspektive BNE. In: *Bildungsplan 2016.* https://www.bildungsplaene-bw.de/,Lde/LS/BP2016BW/ALLG/LP/BNE

Nationale Plattform Bildung für nachhaltige Entwicklung (2023). *Nationaler Aktionsplan Bildung für nachhaltige Entwicklung. Der deutsche Beitrag zum UNESCO-Weltaktionsprogramm.* https://www.bne-portal.de/bne/de/news/impulspapier-nationale-plattform-2023.html

Niedersächsische Kultusministerium (2023). *Bildung für nachhaltige Entwicklung (BNE) an öffentlichen allgemein bildenden und berufsbildenden Schulen sowie Schulen in freier Trägerschaft.* RdErl. d. MK v. 1.3.2021 – Az. 23.5 80009/ 1 – VORIS 22410 . https://www.mk.niedersachsen.de/startseite/schule/schulerinnen_und_schuler_eltern/bildung_fur_nachhaltige_entwicklung_bne/bildung-fuer-nachhaltige-entwicklung-bne-90480.html

NRW (1950). Landtag Nordrhein-Westfalen. *Landesverfassung des Landes Nordrhein-Westfalen.* https://www.landtag.nrw.de/files/live/sites/landtag-r20/files/Internet/II.A.3/II.1/Publikationen/files/Landesverfassung%20NRW_scr.pdf

NRW (2024). *Schulgesetz für das Land Nordrhein-Westfalen.* https://www.schulministerium.nrw/schulgesetz-fuer-das-land-nordrhein-westfalen

Palentien, C. & Hurrelmann, K. (2003). *Schülerdemokratie: Mitbestimmung in der Schule.* Luchterhand.

Pritz, S. M. (2018). Subjektivierung von Nachhaltigkeit. In: S. Neckel, N. Besedovsky, M. Boddenberg & M. Hasenfratz (Hrsg.). *Die Gesellschaft der Nachhaltigkeit. Umrisse eines Forschungsprogramms.* Transcript, S. 77–100.

Rasfeld, M. (2021). *FREI DAY. Die Welt verändern lernen. Für eine Schule im Aufbruch.* oekom.

Rauschenberger, P. (2021, 28.10.). Klimapsychologie: Was kann ein Einzelner gegen den Klimawandel ausrichten? In: *Deutschlandfunk.* https://www.deutschlandfunkkultur.de/klimapsychologie-was-kann-ein-einzelner-gegen-den-100.html

Rockström, J., Steffen, W., Noone, K., Persson, Å., Chapin III, F. S., Lambin, E., Lenton, T. M., Scheffer, M., Folke, C., Schellnhuber, H. J., Nykvist, B., de Wit, C. A., Hughes, T., van der Leeuw, S., Rodhe, H., Sörlin, S., Snyder, P. K., Costanza, R., Svedin, U., … Foley, J. (2009). Planetary Boundaries: Exploring the Safe Operating Space for Humanity. In: *Ecology and Society, 14(2)* (Dec 2009). https://www.jstor.org/stable/26268316

Richardson, K. et al. (2023). Earth beyond six of nine planetary boundaries. In: *Science advances,* 9 (37). https://www.science.org/ doi/10.1126/sciadv.adh2458.

Rieckmann, M. & Schank, C. (2016). Sozioökonomisch fundierte Bildung für nachhaltige Entwicklung. Kompetenzentwicklung und Werteorientierungen zwischen individueller Verantwortung und struktureller Transformation. In: *SOCIENCE – Journal of Science-Society Interfaces, 1*(1), 65–79.

Rieß, W., Mischo, C. & Waltner, E.-M. (2018). Ziele einer Bildung für nachhaltige Entwicklung in Schule und Hochschule. Auf dem Weg zu empirisch überprüfbaren Kompetenzen. In: *GAIA – Ecological Perspectives for Science and Society, 27*(3), 298–305.

Root, S. & Billig, S. H. (2008). Service-learning as a promising approach to high school civic engagement. In: J. S. Bixby & J. L. Pace (Hrsg.). *Educating democratic citizens in troubled times: Qualitative studies of current efforts.* State University of New York Press, S. 107–127.

Salomon, E., Preston, J. L., & Tannenbaum, M. B. (2017). Climate change helplessness and the (de)moralization of individual energy behavior. In: *Journal of Experimental Psychology: Applied, 23*(1), 15–28. https://doi.org/10.1037/xap0000105.

Schreiber, J.-R. & Siege, H. (2016). *Orientierungsrahmen für den Lernbereich Globale Entwicklung im Rahmen einer Bildung für nachhaltige Entwicklung* (2. Aufl.). Engagement Global GmbH.

Seifert, A., Zentner, S. & Nagy. F. (2019). *Praxisbuch Service-Learning. »Lernen durch Engagement« an Schulen* (2. Aufl.). Beltz-Verlag.

SiA (Schule im Aufbruch) (2024). *Wir gestalten Schule heute so, wie sie morgen sein sollte.* https://schule-im-aufbruch.de/

Singer-Brodowski, M. (2016a). Transformatives Lernen als neue Theorie-Perspektive in der BNE. Die Kernidee transformativen Lernens und seine Bedeutung für informelles Lernen. In: Umweltdachverband GmbH (Hrsg.). *Jahrbuch Bildung für nachhaltige Entwicklung – Im Wandel.* Forum Umweltbildung im Umweltdachverband, S. 130–139.

Singer-Brodowski, M. (2016b). Transformative Bildung durch transformatives Lernen. Zur Notwendigkeit der erziehungswissenschaftlichen Fundierung einer neuen Idee. In: *Zeitschrift für internationale Bildungsforschung und Entwicklungspädagogik, 39*(1), 13–17. DOI: 10.25656/01:15443

Sliwka, A. (2018): *Pädagogik der Jugendphase. Wie Jugendliche engagiert lernen.* Beltz.

Sliwka, A., Klopsch, B. & Beigel, J. (2022). *Deeper Learning in der Schule. Pädagogik des digitalen Zeitalters.* Beltz.

Steffen, W., Richardson, K., Rockström, J., Cornell, S.E., Fetzer, I., Bennett, E.M., Biggs, R., Carpenter, S.R., de Vries, W., de Wit, C.A., Folke, C., Gerten, D., Heinke, J., Mace, G.M., Persson, L.M., Ramanathan, V., Reyers, B. & Sorlin, S. (2015). Planetary boundaries: Guiding human development on a changing planet. In: *Science, 347*(6223), 1259855. https://doi.org/10.1126/science.1259855

Steffen, W., Rockström, J., Richardsorf, K. Lenton, M. et al. (2018). Trajectories of the Earth System in the Anthropocene. In: *PNAS, 115(*33), 8252–8259.

Teachers for Future (T4F) (2024). *Eröffnungsseite der Website mit Fotos von Plakaten.* https://teachersforfuture.org/

UNESCO (2021). World Conference on Education for Sustainable Development (17. bis 19. Mai 2021). *Berliner Erklärung zur Bildung für nachhaltige Entwicklung.* https://www.unesco.de/sites/default/files/2021-05/Berliner%20Erkl%C3%A4rung%20f%C3%BCr%20BNE.pdf.

UNESCO (2023). *Grundsatzpapier »Greening every school«.* https://www.unesco.org/en/sustainable-developmen/education/greening-future

Vare, P. & Scott, W. (2007). Learning for a Change: Exploring the Relationship Between Education and Sustainable Development. In: *Journal of Education for Sustainable Development, 1*(2), 191–198. https://doi.org/10.1177/097340820700100209 (30.09.2024)

Vereinte Nationen (1992). *AGENDA 21. Konferenz der Vereinten Nationen für Umwelt und Entwicklung.* https://www.un.org/Depts/german/conf/agenda21/agenda_21.pdf

Vereinte Nationen (2015). Resolution der Generalversammlung, verabschiedet am 25. September 2015. 70/1. In: *Transformation unserer Welt: die Agenda 2030 für nachhaltige Entwicklung.* https://www.un.org/Depts/german/gv-70/band1/ar70001.pdf

Waltner, E.-M, Rieß, W., Mischo, C., Hörsch, C., Scharenberg, K. (2021). *Abschlussbericht Bildung für nachhaltige Entwicklung. Umsetzung eines neuen Leitprinzips und seine Effekte auf Schüler/-innenseite.* PH Freiburg. https://phfr.bsz-bw.de/frontdoor/deliver/index/docId/877/file/Abschlussbericht_BUGEN_eBook.pdf

Waltner, E., Rieß, W. & Mischo, C. (2019). Development and Validation of an Instrument for Measuring Student Sustainability Competencies. In: *Sustainability, 11(6),* 1717; doi:10.3390/su11061717

Wals, Arjen E.J. (2011). Learning Our Way to Sustainability. In: *Journal of Education for Sustainable Development,* 5(2), 177–186. https://doi.org/10.1177/097340821100500208

WBGU. Schellnhuber, H.J., Messner, D., Leggewie, C. et al. (Hrsg.) (2011). *Hauptgutachten des Wissenschaftlichen Beirats der Bundesregierung für globale Umweltver-*

änderungen. Welt im Wandel: Gesellschaftsvertrag für eine Große Transformation. https://www.wbgu.de/fileadmin/user_upload/wbgu/publikationen/hauptgutachten/hg2011/pdf/wbgu_jg2011.pdf

Wehling, H. G. (1977). Konsens à la Beutelsbach. In: S. Schiele & H. Schneider (Hrsg.). *Das Konsensproblem in der politischen Bildung.* Klett, S. 173–184.

Welzer, H. (2011): *Mentale Infrastrukturen. Wie das Wachstum in die Welt und in die Seelen kam.* https://www.boell.de/sites/default/files/Endf_Mentale_Infrastrukturen.pdf.

Wiek, A., Withycombe, L. & Redman, C. L. (2011). Key competencies in sustainability: a reference framework for academic program development. In: *Sustainability Science,* 6(2), 203–218. https://doi.org/10.1007/s11625-011-0132-6

Wiegandt, K. (Hrsg.) (2022). *Drei Grad wärmer. Ein Blick in die drohende Heißzeit und wie uns die Natur helfen kann, sie zu verhindern.* oekom.

Thomas Hoffmann

Der Klimawandel im Geographieunterricht – regionale Zugänge, lösungsorientierte Ansätze

Kurzzusammenfassung

Der didaktische Impuls geht der Frage nach, wie die globale Herausforderung Klimawandel alters- und niveaugerecht unterrichtlich angegangen werden kann. Dabei kommen folgende zwei Konzepte zur Anwendung: (1) das Konzept des regionalen Lernens am Beispiel von Baden-Württemberg und (2) der lösungsorientierte Unterrichtsansatz.

Der Ansatz des regionalen Lernens greift die Vertrautheit der Schülerinnen und Schüler mit ihrem eigenen Lebensraum auf und ermöglicht ihnen ein unmittelbares Verständnis klimatischer Veränderungsprozesse. Zunächst erfolgt dies auf lokaler und regionaler Ebene, anschließend auch im globalen Kontext.

Der regionale Ausgangspunkt in Kombination mit dem lösungsorientierten Ansatz kann vor diesem Hintergrund die individuelle Motivation der Schülerinnen und Schüler zugunsten eines individuellen kreativen Beitrags hervorrufen sowie zum (lokal)politischen Engagement führen.

Lernziele

- Die zu erwartenden Veränderungen der klimatischen Verhältnisse im eigenen Lebensraum beschreiben und deren Konsequenzen darstellen können.
- Maßnahmen zur Begrenzung des und Anpassung an den Klimawandel aus dem Bereich der vertrauten Lebens- und Arbeitswelt hinsichtlich ihrer Wirksamkeit analysieren können.

- Lösungsvorschläge zur Bewältigung des Klimawandels bewerten können.

1. Regional statt global – Erstzugänge zum Verständnis des Klimawandels

Unter den globalen Herausforderungen kommt dem Klimawandel eine zentrale Bedeutung zu. Denn dessen Folgen wirken sich regionalspezifisch zwischen den Extremen eines zu geringen oder übermäßigen Wasserdargebots aus. Dürren einerseits und Überschwemmungen durch Starkregen sowie der Anstieg des Meeresspiegels andererseits stehen exemplarisch für die extremen Auswirkungen des Klimawandels. Zwischen diesen Polen existieren Übergangsformen, die den Lebensraum von Milliarden Menschen verändern (werden). Diese Veränderungen beschränken sich nicht auf die Parameter Temperatur, Luftdruck, Winde und Niederschläge, sondern führen unweigerlich zu gewandelten Habitatbedingungen der angestammten Flora und Fauna. Damit einhergehend, sind negative Beeinträchtigungen mit Blick auf die land- und forstwirtschaftlichen Erträge und in deren Folge auf die ökonomische Basis und die damit verbundene Ernährungssicherheit von vielen Millionen Haushalten zu konstatieren. Migration und Umweltflucht gehören bereits heute zu den Folgen des Klimawandels und werden in Zukunft weiter zunehmen. Sie sind oft mit erheblichem Konfliktpotenzial verbunden.

Vor diesem Hintergrund ist die Thematisierung des Klimawandels unabdingbare Notwendigkeit von Schule im Allgemeinen und des Geographieunterrichts im Besonderen. Idealerweise sollte eine »ganzheitliche Klimabildung« (Wittlich 2023, S. 141) angestrebt werden, die auf allen Maßstabsebenen, ausgehend vom wissenschaftsbasierten Verständnis des globalen Klimasystems, Ursachen, Dimensionen und Gegenmaßnahmen, individuelle wie kollektive ökonomische und politische Lösungsansätze sowie Minderungs- und Anpassungsstrategien an den Klimawandel aufgreift und auch die verschiedenen Zweige der Klimawandeldebatte berücksichtigt (Hoffmann 2024, S. 20–24) Alle diese Aspekte sind mittlerweile etablierte Bestandteile der Klimabildung im Kontext der Bildung für nachhaltige Entwicklung in Deutschland (z. B. Siemens-Stiftung 2022) bzw. unter dem Label Climate Change Education im internationalen bildungspolitischen Diskurs der vergangenen zwei Jahrzehnte (UNESCO 2015). Hoppe sieht die Klimabildung gar als das Fundament der Bildung für nachhaltige Entwicklung (Hoppe 2024, S. 4). Diese Position korreliert mit der Zielsetzung des UNESCO-Programms »BNE für 2030«, das Bildung als zentrales Instrument zur Erreichung der 17 Ziele für eine nachhaltige Entwicklung sieht, insbesondere für das SDG 13 »Maßnahmen zum Klimaschutz« (UNESCO 2021).

Dass Klimabildung ein fester Bestandteil schulischer Bildung sein muss, ist unbestritten. Stattdessen steht verstärkt die Frage im Fokus, wie das Thema Klimawandel unterrichtlich angegangen wird bzw. werden sollte. Im Rahmen einer eigenen Sichtung von 55 Beiträgen aus den geographiedidaktischen Zeitschriften *Praxis Geographie* und *geographie heute* (Zeitraum: 2000–2023), die mithilfe eines einfachen Scoping-Verfahrens nach den Stichworten »Klimawandel« und »Unterricht« ausgewählt wurden, wurde auf folgende Kriterien geachtet:

- Welche Maßstabsebene (lokal, regional oder global) wird in dem Unterrichtsvorschlag in den Blick genommen?
- Ist der Beitrag problemorientiert? (Bsp.: Schelfeisschmelze in der Arktis)
- Ist der Beitrag lösungsorientiert? (Bsp.: der Pleistozän-Park. Lässt sich das Auftauen des Permafrostbodens stoppen?)
- Diskutiert der Unterrichtsvorschlag Bedrohungsszenarien und Chancen? (Bsp.: Landwirtschaft in Brandenburg – Zukunftsbranche oder vom Klimawandel bedroht?)

Dabei ergaben sich folgende Tendenzen:

- Mehr als die Hälfte der Beiträge thematisieren eine kontinentale oder gar die globale Perspektive zur Auseinandersetzung mit dem Klimawandel.
- Zwei Drittel der Unterrichtsvorschläge sind problem- und nur ein Drittel lösungsorientiert konzipiert.

- Beide Trends finden sich auch bei der Analyse der verbreitetsten Geographieschulbücher.

Ergänzend wurde ein solches Scoping-Verfahren auch anhand einer Auswahl von in Baden-Württemberg zugelassenen Schulbücher für das Gymnasium (Terra, Diercke, Seydlitz, Unsere Welt) vorgenommen und in das Analysekreuz eingetragen. Die im Rahmen der Fachzeitschriftenanalyse erkennbaren Trends wurden dabei bestätigt.

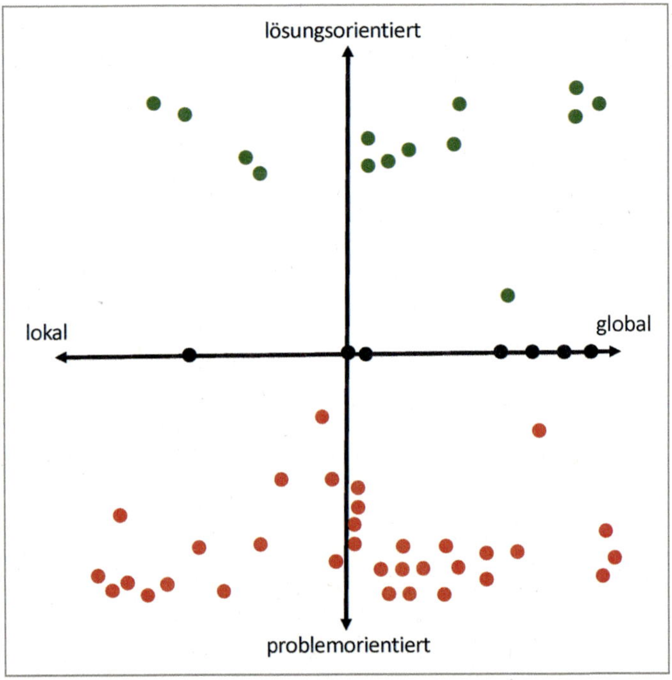

Abb. 1 Unterrichtsvorschläge zum Thema Klimawandel in Praxis Geographie und geographie heute, Eigene Erhebung 2023

Rote Punkte: problemorientierte Zugänge; schwarze Punkte: indifferente Zugänge; grüne Punkte: lösungsorientierte Zugänge

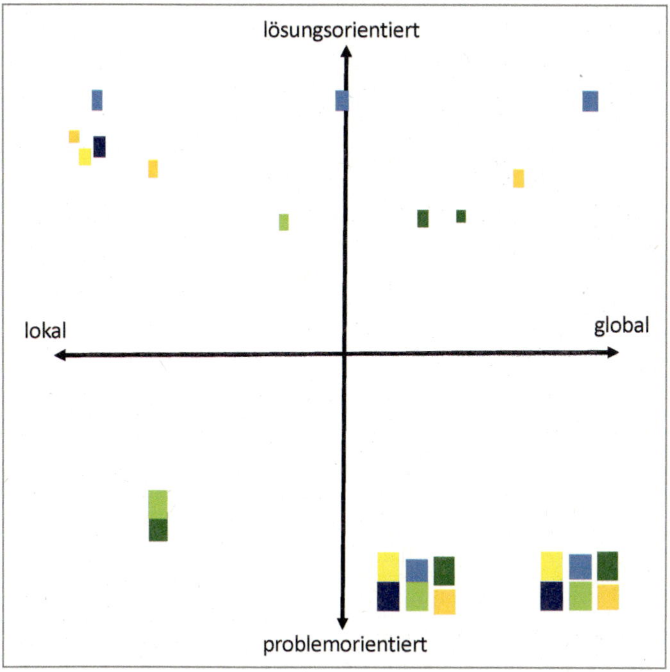

Abb. 2 Unterrichtsvorschläge zum Thema Klimawandel in Geographieschulbüchern Gymnasium Baden-Württemberg: TERRA, Diercke, Seydlitz, Unsere Welt, eigene Erhebung. Eigene Erhebung 2023

kleine Symbole: eine Schulbuchseite, mittelgroße Symbole: eine Schulbuchdoppelseite, große Symbole: mehrere Seiten umfassendes Kapitel

Vor diesem Hintergrund ergeben sich folgende Anregungen zur Konzeption von Klimabildung:

2. Regionalspezifischer statt eines globalen Ansatzes

Der Klimawandel ist eine hochkomplexe globale Herausforderung. Um diese vor dem Hintergrund des Weltklimas samt den damit einhergehenden vielfältigen lokal- und regionalspezifischen Veränderungen zu verstehen, bedarf es eines Maßes an Weltvorstellung und Weltverstehen, das in aller Regel (noch) nicht bei den Schülerinnen und Schülern gegeben sein kann. So verweist Reinfried zu Recht auf die Ergebnisse ihrer Forschungen: »Schülervorstellungen gehen sowohl auf die Übertragung von Denkschemata, die durch individuelle Beobachtungen, Annahmen und Hypothesen konstruiert wurden, als auch auf zahlreiche, durch das sozio-kulturelle Umfeld vermittelte Erklärungen zurück.« (Reinfried 2023, S. 253). Veränderungen des Weltklimas werden daher meist als theoretischer Prozess ohne Verknüpfung zur eigenen aktuellen Lebenswirklichkeit wahrgenommen. Gleiches gilt für viele Raumbeispiele, die im Unterricht zwar thematisiert werden, den Schülerinnen und Schülern aber oft fern und abstrakt erscheinen. Dazu zählen etwa das Tauen des arktischen Eises, extreme Niederschläge in Ostafrika oder ausgeprägte Dürren mit nachfolgenden Buschbränden in Australien. Alle diese durch den Klimawandel zumindest verstärkten, wenn nicht gar verursachten Ereignisse finden weit entfernt statt, entziehen sich der unmittelbaren Erfahrung und werden daher oftmals als mit vielen anderen Nachrichten konkurrierende Information wahrgenommen, die nur begrenzt zur Reflexion eigener Handlungs- und Verhaltensentscheidungen führt. Diese Diskrepanz kann durch die Thematisierung und Auseinandersetzung mit den Dimensionen des Klimawandels im eigenen Lebens- und damit Erfahrungsraum der Schülerinnen und Schüler im Sinne des regionalen Lernens deutlich relativiert, eventuell gar überwunden werden. Denn weil Schülerinnen und Schüler mit den klimatischen Bedingungen ihres eigenen Lebensraums vertraut sind, fällt es ihnen leichter, Veränderungen zu erkennen und einzuordnen. Prognostizierte Entwicklungen, wie steigende Temperaturen, mehr Hitzetage oder weniger Frosttage, lassen sich dadurch mit eigenen Erfahrungen abgleichen. Auch jahreszeitliche Verschiebungen, etwa bei der Apfelblüte oder der Zunahme extremer Wetterereignisse, können bewusster wahrgenommen und reflektiert werden. Regionales Lernen als Unterrichtsprinzip (Meyer 2023a, S. 152) greift nicht nur auf die individuellen Erfahrungsräume der Schülerinnen und Schüler zurück, sondern nutzt gezielt außerschulische Lernorte, um den Realraum – also den physisch-materiellen Raum außerhalb des Klassenzimmers – aktiv erfahrbar zu machen (Meyer 2023b, S. 224). Der von Keil u. a.

zu Recht geforderte stärker erfahrungsbasierte Unterricht führt folgerichtig einerseits dazu, die stattfindenden Veränderungsprozesse des Lokalklimas erfahrbar zu machen, und andererseits dazu, die Handlungsorientierung und Aktivierung zur Handlung zu stärken (Keil u. a. 2020).

Mit Blick auf die konkrete Umsetzung sei hier auf das Unterrichtsmaterial »Klimawandel in Baden-Württemberg« verwiesen (Hoffmann 2022a). Der Bildungsplan Baden-Württemberg (Ministerium für Kultus, Jugend und Sport 2016) für das Fach Geographie gibt mehrere Themenstellungen zum Klimawandel vor, darunter Maßnahmen zur Bekämpfung des Klimawandels, Anpassung an den Klimawandel, klimaneutrale Lebens- und Arbeitsformen sowie Städte im Klimawandel. Dabei steht es den Lehrkräften frei, an welchem Raumbeispiel sie die hier gelisteten Themen angehen. Dies gilt folgerichtig für jede Teilregion Baden-Württembergs, etwa einen Landkreis, eine kreisfreie Stadt oder eine Kommune im ländlichen Raum. Hierfür stellt das Bildungsmaterial »Klimawandel in Baden-Württemberg« eine umfassende aktuelle Datengrundlage zum Klimawandel in Baden-Württemberg sowie konkrete Konzeptionen für Doppelstunden und ergänzende Arbeitsblätter nebst vielfältigen Links bereit (Hoffmann 2022a). Die Zielsetzung der unterrichtlichen Umsetzung fordert die Schülerinnen und Schüler zunächst auf, die bis 2030 oder 2050 zu erwartenden Veränderungen der Temperatur oder des Niederschlags, die Zu- oder Abnahme von heißen oder Polartagen oder das Auftreten von Extremwetterereignissen ihrer eigenen Erfahrungswelt aus den gegebenen Materialien herauszuarbeiten. In einem zweiten Schritt werden die sozialen, ökologischen und ökonomischen Folgen der zu erwartenden klimatischen Veränderungen für das eigene Lebensumfeld in den Blick genommen. Insbesondere in von Land- oder Forstwirtschaft sowie Tourismus geprägten Regionen des Landes führen die ermittelten Daten zu sehr realen Vorstellungen. Die somit im Raum stehenden Informationen können ungleich besser eingeschätzt, vorgestellt und bewertet werden, als dies bei einem weit entfernt gelegenen Raumbeispiel womöglich kontinentalen Ausmaßes der Fall ist. Zugleich steht die Frage nach möglichen Gegenstrategien unmittelbarer im Raum. Dies gilt für ländliche ebenso wie für urbane Räume und motiviert darüber hinaus durchaus zu einem lokalpolitischen Engagement, sei es im Jugendgemeinderat, in einem Verein oder einer lokalen Initiative. Denn »außerschulische Lernorte eignen sich besonders, wie auch Exkursionen, zum regionalen Lernen und zu regionaler Identitätsbildung im Zusammenhang mit Umweltbildung, ökonomischer und politischer Bildung« (Meyer 2023b, S. 152). In einem weiteren Schritt können die Schülerinnen und Schüler nun beispielsweise aufgefordert werden, für die eigene Stadt oder das eigene Dorf eine möglichst emissionsarme Energiekonzeption anhand des online verfügbaren Energieatlas Baden-Württemberg (https://www.energieatlas-bw.de/) zu entwickeln, sich gegenseitig zu präsentieren und das Ergebnis gegebenenfalls zu optimieren. Ein anderer möglicher Arbeitsauftrag sieht vor, die Schülerinnen und Schüler in die Rolle einer landesweiten Jury zu versetzen, die ein begründetes Ranking erstellt, welche fünf baden-württembergischen Städte am effektivsten und effizientesten als Akteure im Kampf gegen den Klimawandel agieren und daher ausgezeichnet werden sollten. Diese Aufgabenstellung fordert ihnen nicht nur eigenständige Recherchekompetenz ab, sondern stärkt ihre Kompetenz zum kritischen Denken sowie das Realisieren kommunaler Handlungsoptionen. Dabei ist darauf zu achten, dass neben einer Auswahl größerer und kleinerer Städte in Baden-Württemberg immer auch der eigene Schul- oder Wohnort mit in das Ranking einbezogen wird.

Die dem Prinzip des regionalen Lernens folgende Auseinandersetzung mit dem Klimawandel im eigenen Lebensumfeld schafft somit eine solide Basis des Problemverständnisses, auf der nachfolgend sukzessive die globale Dimension der Herausforderung sinnvoll erarbeitet werden kann. Als Grundsatz könnte daher abgeleitet werden, nicht regional statt global, sondern von regional zu global im Unterricht vorzugehen.

3. Lösungsorientierter statt eines problemorientierten Ansatzes

Die unterrichtliche Umsetzung des Themenfeldes Klimawandel erfordert neben der regionalspezifischen Zugangsweise auch eine Entscheidung über die Frage, ob der Unterricht problemorientiert oder lösungsorientiert angegangen werden soll.

Die unterrichtliche Gestaltung eines problemorientierten Unterrichts beginnt in der Regel mit einem aussagestarken Bildimpuls, der die Schülerinnen und Schüler mit einer drastischen Problematik bzw. den Konsequenzen ungelöster globaler Herausforderungen wie Dürren, Überschwemmungen oder Verwüstungen durch Wirbelstürme konfrontiert. Diese Unterrichtseinstiege erzeugen sehr unterschiedliche Reaktionen bei den Schülerinnen und Schülern. Diese können von Gleichgültigkeit über die Motivation zum Gegensteuern bis hin zu Ängsten reichen und u. U. individuell Belastungsempfindungen und biologischen Stress auslösen. Unterrichtsstrukturell widmet der problemorientierte Unterrichtsansatz den größten Teil der verfügbaren Unterrichtszeit der Problemkonstellation und den geringeren Teil den Lösungsansätzen. Demgegenüber präferiert der lösungsorientierte Unterrichtsansatz einen Einstieg in den Unterricht zum Thema, hier also zum Klimawandel, durch eine auf den ersten Blick faszinierende, pfiffige Lösungsidee. An die Stelle der didaktischen Problematisierung der Problemkonstellation, ihrer Ursachen, Dimensionen und möglichen Lösung tritt somit die didaktische Problematisierung einer Lösungsidee, deren Wirksamkeit es im Unterrichtsverlauf zu bewerten gilt (Hoffmann 2022b, 2025). Mit Blick auf das konkrete Thema Klimawandel bietet es sich an, die Wirksamkeit klimaneutraler Stadtviertel, emissionsarmer Mobilitätsformen oder Verfahren zur Extraktion von Kohlenstoffdioxid aus der Atmosphäre oder den Ozeanen (Paulus/Hoffmann 2024) kritisch reflektierend zur Debatte zu stellen. Um eine Bewertung der Wirksamkeit leisten zu können, müssen die Schülerinnen und Schüler sich detailliert mit der konkreten Herausforderung Klimawandel einschließlich dessen Ursachen, Dimensionen und Gefahren auseinandersetzen. Dennoch ist der Großteil der Unterrichtszeit der wertenden Auseinandersetzung mit einer oder mehreren Lösungsvorschlägen gewidmet. Diese gilt es einzeln nach ihrer Wirksamkeit, Finanzierbarkeit, Übertragbarkeit und weiteren Kriterien zu bewerten. Alternativ können die Schülerinnen und Schüler auch aufgefordert werden, mehrere Lösungsideen in einem begründeten Ranking zu listen oder die optimale Kombination mehrerer Lösungsansätze zu erarbeiten. Dabei stehen nicht nur technische, sondern immer auch sozioökonomische und kulturelle Verhaltensweisen und Konsumentscheidungen als Lösungsbeiträge zur Diskussion, ehe in einer letzten Phase die Frage im Raum steht, wie mit der verbleibenden, weil nicht gelösten Problematik umgegangen werden kann. Hier ist die Kreativität der Schülerinnen und Schüler angesprochen, dazu Vorschläge und Ideen zu entwickeln (Hoffmann 2022b, 2025).

Die dargelegten Überlegungen zur Unterrichtsgestaltung des Themas Klimawandels erweisen sich auch für die Ausbildung von Lehrkräften als gewinnbringend. In diesem Kontext setzen sich die Referendarinnen und Referendare in einer Seminarsitzung sowohl mit dem Ansatz des regionalen Lernens als auch mit dem des lösungsorientierten Unterrichts auseinander. Vorteilhaft ist, wenn beide Ansätze entweder über die vorbereitende Lektüre ausgewählter Literatur oder aber durch vorangegangene Seminarsitzungen bereits bekannt wären, sodass im Rahmen der hier skizzierten Seminarsitzung deren kombinierter Einsatz im Kontext der Klimabildung in den Mittelpunkt gerückt werden kann. Die dabei angestrebten Lernziele für die Referendarinnen und Referendare sind wie folgt zusammenzufassen:

Die Referendarinnen und Referendare können

- Lernziel 1: das Konzept des regionalen Lernens erläutern
- Lernziel 2: den Unterrichtsansatz des lösungsorientierten Unterrichts erläutern
- Lernziel 3: die Konzepte des regionalen Lernens sowie des lösungsorientierten Unterrichts eigenständig umsetzen und reflektieren.

Die Kombination der Konzepte »Regionales Lernen« und »Lösungsorientierter Unterricht« zeigt mit Blick auf das Thema Klimawandel ein Potenzial, das nicht nur zum besseren Verständnis des Prozesses Klimawandel inklusive der damit einhergehenden Ursachen, Dimensionen und Konsequenzen bei den Schülerinnen und Schülern führt, sondern darüber hinaus deren Kompetenz zum kritischen Denken sowie deren Kreativität stärkt sowie zum konstruktiven Engagement ermutigt. Somit leistet dieser kombinierte Ansatz zur Unterrichtsgestaltung zweifelsohne auch einen Beitrag zur transformativen Bildung und deren Leitideen: (1) die Voraussetzungen und Folgen der Lebensweise kritisch zu reflektieren, (2) eine dialogische Diskussionskultur und kollektive Bildungsarbeit zu pflegen und (3) sich für ein emanzipatorisches Bildungsverständnis einzusetzen (Nöthen/Schreiber 2023, S. 1–2).

Drei Literaturtipps mit Kurzbeschreibung

1. Diersen, G. & Flath, M. (2017). Regionales Lernen 21+. Konzept, Wirkung und Bedeutung für den Geographieunterricht. In: *Geographie heute*, 38, H. 333, S. 2–8.
   Das Bildungskonzept Regionales Lernen 21+ stellt die Bedeutung außerschulischen und handlungsorientierten Lernens im Kontext der Bildung für nachhaltige Entwicklung dar. Die intendierte Wirkung des Unterrichtsansatzes zielt auf die Stärkung der regionalen Identität, der Motivation zur Partizipation an nachhaltigkeitsrelevanten Prozessen in der eigenen Region sowie die Stärkung der individuellen Gestaltungskompetenz und somit die Mitwirkung an der Zukunftsgestaltung des eigenen Lebensraums.
2. Hoffmann, T. (2022). *Klimawandel in Baden-Württemberg.* Stuttgart: Ministerium für Kultus, Jugend und Sport und Umweltministerium Baden-Württemberg.
   Das Unterrichtsmaterial umfasst ausgearbeitete Doppelstunden und zusätzliche Arbeitsblätter für den Geographieunterricht, die auf Bildungspläne der Sekundarstufe sowie des Gymnasiums abgestimmt sind und auf folgende fünf Themenfelder Bezug nehmen: (1) allgemeine Grundlagen des Klimawandels in Baden-Württemberg, (2)

Maßnahmen zur Reduktion der CO_2-Emissionen in BW, (3) Klimaanpassungsmaß-nahmen in BW, (4) Baden-Württembergs Städte im Klimawandel und (5) Klimaschonende Lebens- und Arbeitsweisen in BW.

3. Hoffmann, T. (2025). *An Lösungen orientiert unterrichten. Ein Ansatz im Kontext der Bildung für nachhaltige Entwicklung.* Stuttgart: Ministerium für Kultus, Jugend und Sport Baden-Württemberg.
   Auf die theoretische Einführung des lösungsorientierten Unterrichtsansatzes in die Bildung für nachhaltige Entwicklung erfolgt anhand eines konkreten Beispiels die Erläuterung der unterrichtspraktischen Umsetzung des Ansatzes in sechs Schritten. Im dritten, digital ergänzten Teil wird eine Auswahl von über 50 konkreten Lösungsansätzen aus Baden-Württemberg entlang der 17 Ziele für eine nachhaltige Entwicklung samt möglicher Arbeitsanweisungen zur Verfügung gestellt, darunter viele klimarelevante Lösungsideen (siehe: https://www.nachhaltigkeitsstrategie.de/bildung/best-practice-beispiele).

Drei didaktische Hinweise

1. Zum Einstieg in die Seminarsitzung werden die Referendarinnen und Referendare aufgefordert, über die Wirkung von Einstiegsbildern zu dramatischen Folgen des Klimawandels auf die Schülerinnen und Schüler zu reflektieren. Sie sollten erkennen, dass motivationale Effekte neben Gleichgültigkeit und aufkommenden Ängsten stehen.
2. In einem zweiten Schritt werden die Referendarinnen und Referendare aufgefordert, sich der Frage zu stellen, ob es denn Alternativen hinsichtlich des Unterrichtszugangs zu globalen Herausforderungen im Allgemeinen und des Klimawandels im Besonderen gibt, welche die negative Wirkung auf einen Teil der Schülerinnen und Schüler vermeiden können. Im weiteren Verlauf der Reflexionsphase werden die Referendarinnen und Referendare mit einem Beispiel des lösungsorientierten Unterrichtsansatzes konfrontiert, und dieser wird hinsichtlich seiner Konzeption und Anwendung vorgestellt.

3. In der dritten Phase der Seminarsitzung sind die Referendarinnen und Referendare aufgefordert, den lösungsorientierten Unterrichtsansatz an einem selbst gewählten Aspekt des Klimawandels anzuwenden und im Plenum zur abschließenden Diskussion zu stellen. In diese abschließende Diskussion werden auch Chancen und Grenzen des Ansatzes diskutiert sowie Verweise auf die geographiedidaktische Diskussion gegeben.

Literatur

Diersen, G. & Flath, M. (2017). Regionales Lernen 21+. Konzept, Wirkung und Bedeutung für den Geographieunterricht. In: *Geographie heute*, 38, H. 333, S. 2–8.

Diersen, G. & Paschold, L. (2020). Außerschulisches Lernen – ein Beitrag zur Bildung für nachhaltige Entwicklung und Inklusion. In: *ZEP. Zeitschrift für internationale Bildungsforschung und Entwicklungspädagogik* 1, 11–19.

Franke, J. & Hoppe, W. (2024): Klimabildung. Wie kann Zukunft gelingen? In: *Praxis Geographie*: 54/7–8, S. 4–9.

Himberger, M., Mäder, C., Siegmund, A. (2022). Wie steht es um die formale Klimabildung? In: *Praxis Geographie*, 52/6, S. 56–57

Hoffmann, T. (2014). *Klimawandel in Baden-Württemberg.* Stuttgart: Ministerium für Kultus, Jugend und Sport Baden-Württemberg

Hoffmann, T. (2022a). *Klimawandel in Baden-Württemberg.* Stuttgart: Ministerium für Kultus, Jugend und Sport Baden-Württemberg

Hoffmann, T. (2022b). Globale Herausforderungen als Thema im Geographieunterricht. Von einem problemorientierten hin zu einem lösungsorientierten Unterricht. In: *Geographie heute*, Heft 359, S. 10–12.

Hoffmann, T. (2024). *Heißere Zeiten. Klima und Gesellschaft im Wandel.* Hamburg: Greenpeace Bildungsmaterial Umwelt und Frieden.

Hoffmann, T. (2025). *An Lösungen orientiert unterrichten. Ein Ansatz im Kontext der Bildung für nachhaltige Entwicklung.* Stuttgart: Ministerium für Kultus, Jugend und Sport Baden-Württemberg.

Keil, A. u. a. (2020). *BNE-Strukturen gemeinsam gestalten.* Münster.

Kubisch, S., Keller, L. & Parth, S. (2023). *Geographiedidaktik. Fachwissenschaftliche Grundlagen, fachdidaktische Bezüge, unterrichtspraktische Beispiele.* Band 1, Berlin: Springer, S. 155–166.

Meyer, C. (2023a). Unterrichtsprinzipien. In: Reinfried, S. (Hrsg.). *Geographie unterrichten lernen.* Berlin: Cornelsen, S. 152–153.

Meyer, C. (2023b). Außerschulische Lernorte. In: Reinfried, S. (Hrsg.). *Geographie unterrichten lernen.* Berlin: Cornelsen, S. 224–225.

Ministerium für Kultus, Jugend und Sport (2016). *Bildungsplan Baden-Württemberg.* Stuttgart.

Nöthen, E. & Schreiber, V. (Hrsg.) (2023). *Transformative Geographische Bildung.* Berlin: Springer Spektrum.

Paulus, N. & Hoffmann, T. (2024). Den Klimawandel im Meer bekämpfen. Lösungsansätze mittels SWOT-Analysen bewerten. In: *Praxis Geographie* Heft 7/8, S. 42–46.

Reinfried, S. (2023). Schülervorstellungen. In: Böhn, D. & Obermaier, G. (Hrsg.). *Wörterbuch der Geographiedidaktik*, Braunschweig: Westermann, S. 253–254.

Siemens Stiftung (2022). Klimawandelbildung als Beitrag zu nachhaltiger Entwicklung. https://www.siemens-stiftung.org/stiftung/bildung/klimawandelbildung/

Stein, C. (2024). Von der informierenden zur handlungsleitenden Klimabildung. In: *Praxis Geographie*, 54/7–8, S. 12–13.

UNESCO (2015). *Not just hot air. Putting climate change education into practice.* Paris: UNESCO.

UNESCO (2021). *Bildung für nachhaltige Entwicklung. Eine Roadmap*. Berlin.

Wittlich, C. (2023). Klimabildung. In: Böhn, D. & Obermaier, G. (Hrsg.). *Wörterbuch der Geographiedidaktik*, Braunschweig: Westermann, S. 141–142.

EMOTIONEN, WERTE UND REFLEXION IM KONTEXT DER SOZIAL-ÖKOLOGISCHEN TRANSFORMATION

Nora Diehl, Simon Jungblut & Kai Bischof

Klimawandel in der Arktis – ein interdisziplinäres und angewandtes Forschungsbeispiel

Kurzzusammenfassung

Die Auswirkungen des Klimawandels manifestieren sich in der Arktis viel schneller als irgendwo sonst auf der Erde. Klimabedingte Veränderungen in Kombination mit lokalen menschlichen Einflüssen belasten die arktischen Ökosysteme schwer. Die daraus folgenden Umweltbedingungen bedrohen auch die Lebensgrundlagen indigener Volksgruppen.

Das Projekt FACE-IT (»The *F*uture of *A*rctic *C*oastal *E*cosystems – *I*dentifying *T*ransitions in fjord systems and adjacent coastal areas«) verglich Fjordsysteme in Grönland, Spitzbergen und Nordnorwegen, welche durch den Klimawandel unterschiedlich beeinflusst werden. Neben natur- und sozialwissenschaftlichen Ansätzen wurden die indigene Bevölkerung und andere lokale Akteure in die Forschung eingebunden. So konnte sichergestellt werden, dass das Wissen, die Wahrnehmung und die Besorgnis dieser Zielgruppen bei neuen Managementansätzen für eine nachhaltigere Zukunft berücksichtigt werden.

In diesem Kapitel erläutern wir die Haupttreiber des Klimawandels und deren Einflüsse auf die biologische Vielfalt und Ökosystemfunktionen. Zudem betrachten wir die Folgen für lokale Bevölkerungen und die Entwicklungen des Tourismus in der Arktis.

Lernziele:

- Die vielfältigen Auswirkungen des Klimawandels in der Arktis erklären und bewerten können.
- Sich mit den vielfältigen Konsequenzen des Klimawandels, z. B. in Bezug auf soziale Aspekte, auseinandersetzen.
- Unterschiedliche sozioökologische Systeme beschreiben und vergleichen können.
- Neue Forschungsideen entwerfen und auch auf lokale Bereiche übertragen können.

1. Einleitung

Die Arktis verändert sich rasant. In den letzten vier Jahrzehnten hat sie sich im Vergleich zum globalen Durchschnitt fast viermal schneller erwärmt (Rantanen et al. 2022). Dies hat unter anderem zur Folge, dass der Arktische Ozean voraussichtlich in ein paar Jahrzehnten im Sommer weitgehend eisfrei sein wird (IPCC 2023). Die steigenden Temperaturen haben zudem Effekte, welche den Lebensraum Arktis in nie erlebtem Ausmaß und nie erlebter Geschwindigkeit verändern werden.

Der Klimawandel bedroht insbesondere die polaren Küstenzonen, die einen außergewöhnlichen Lebensraum mit einer einzigartigen biologischen Vielfalt bilden. Beispielsweise haben steigende Temperaturen das Abschmelzen von Gletschern zur Folge. Dadurch kommt es zu erhöhten Süßwasser- und Sedimenteinträgen in Küstengebieten, welche wiederum beispielsweise die Lichtverhältnisse im Wasser verändern (Schlegel et al. 2024). Doch nicht nur die Biodiversität und die Funktionsweise der Ökosysteme sind bedroht. Indigene und lokale Volksgruppen sind maßgeblich durch die Veränderungen der Klima- und Umweltbedingungen betroffen, da Küstengebiete und Fjorde bis heute eine wichtige Lebensgrundlage für sie bilden (Hovelsrud et al. 2011). Hinzu kommen menschliche Einflüsse, wie Fischerei, Jagd, Tourismus, Schifffahrt und Umweltverschmutzung, welche die arktischen Ökosysteme ebenso belasten.

In der europäischen Arktis (Grönland, Spitzbergen und Nordnorwegen) sind Fjorde von wesentlicher Bedeutung, da sie einerseits wichtige und einzigartige Ökosysteme bilden und andererseits Lebensmittelpunkt lokaler Bevölkerungen sind. Wie sich die Funktionen und Veränderungen von arktischen Fjordsystemen im Angesicht des rasch fortschreitenden Klimawandels verändern, untersuchte das Projekt FACE-IT (»The Future of Arctic Coastal Ecosystems – Identifying Transitions in fjord systems and adjacent coastal areas«) mit einem interdisziplinären Team von Expertinnen und Experten aus den Natur- und Sozialwissenschaften. FACE-IT hatte das Ziel, einen ganzheitlichen Überblick über die Auswirkungen des Klimawandels auf die Kryosphäre (alle Formen von Eis und Schnee im Klimasystem der Erde außer in den Wolken) der Arktis und die biologische Vielfalt der Meere sowie die Wechselwirkungen mit anderen Faktoren des Wandels zu erlangen und mögliche Wege zur Bewältigung der auftretenden Probleme aufzuzeigen. Dafür betrachtete das Projekt die ausgewählten Fjorde als sozial-ökologische Systeme. FACE-IT verfolgte vier übergeordnete Ziele: (1) die Identifizierung und Quantifizierung der wichtigsten Ursachen für die Veränderungen der biologischen Vielfalt und deren Historie und zukünftige Trends, (2) die Identifizierung von Folgewirkungen der sich verändernden biologischen Vielfalt im Zusammenhang mit laufenden und prognostizierten Veränderungen in den Nahrungsnetzen arktischer Küstengebiete, (3) die Bewertung der gegenseitigen Abhängigkeiten zwischen Umweltveränderungen und den Existenzgrundlagen der lokalen Bevölkerung entlang der arktischen Küsten und (4) die Förderung eines adaptiven Co-Managements auf lokaler und nationaler Ebene. So lieferte das Projekt wichtige neue Einblicke zu z. B. den Bewertungen des Intergovernmental Panel on Climate Change (IPCC) und leistete einen wichtigen Beitrag zur Umsetzung der neuen integrierten EU-Politik für die Arktis und zu den Zielen für nachhaltige globale Entwicklung.

FACE-IT war in neun interdisziplinäre Arbeitspakete gegliedert: (1) die Treiber des Wandels, (2) deren Auswirkungen auf die biologische Vielfalt, (3) die Veränderungen der Ökosystemfunktionen, (4) die Nahrungsmittelversorgung und die Lebensgrundlagen der lokalen Bevölkerung, (5) naturbasierter Tourismus, (6) die Transdisziplinäre Synthese sowie (7) Öffentlichkeitsarbeit und politische Beiträge, (8) Projektmanagement und (9) Ethikanforderungen. Insgesamt wurden sieben Fjorde untersucht, die sich in unterschiedlichen Stadien des Eisverlustes befanden (Abb. 1). Während Nuup Kangerlua (NK), Qeqertarsuup Tunua (QT), Kongsfjorden (KF), Isfjorden (IF) sich allesamt stark im Wandel befinden, können Young Sound (YS) und Inglefieldbukta (IB) noch als hocharktisch angesehen werden. Als Vergleichsfjord und »arktischer Fjord der Zukunft« diente Porsáŋgguvuotna/Porsangerfjord (PO) in der Finnmark, Nordnorwegen.

Während des Projekts wurden verschiedene arktische Interessengruppen aktiv beteiligt, um sicherzustellen, dass indigene und lokale Kenntnisse, Wahrnehmungen und Bedenken über Veränderungen bei der Entwicklung innovativer und adaptiver Co-Management-Ansätze für eine nachhaltigere Zukunft berücksichtigt werden. Hierbei lag FACE-IT die Hypothese zugrunde, dass sich die Biodiversität der arktischen Fjordsysteme in gleicher Geschwindigkeit wie die Kryosphäre verändert und dass diese Veränderungen Auswirkungen auf die lokalen Gemeinschaften, die Nahrungs- und Lebensmittelproduktion, Lebensgrundlagen und andere Ökosystemleistungen haben.

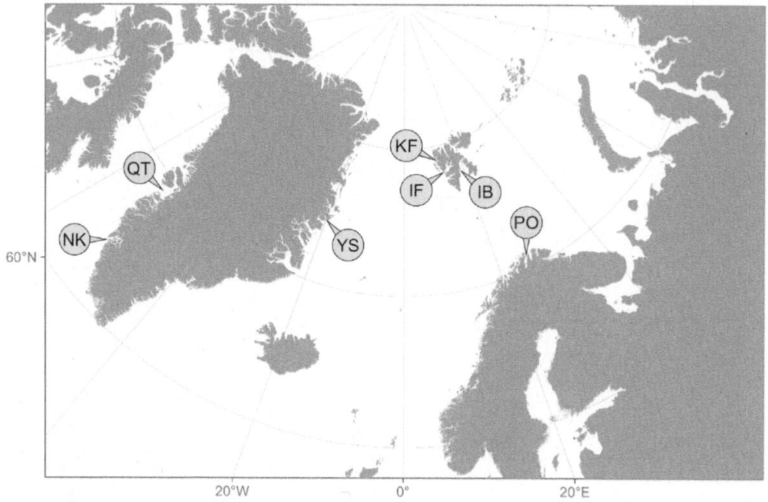

Abb. 1: Lage der in FACE-IT untersuchten Fjorde. Grönland: Nuup Kangerlua (NK), Qeqertarsuup Tunua (QT), Young Sound (YS). Spitzbergen: Kongsfjorden (KF), Isfjorden (IF), Inglefieldbukta (IB). Norwegen, Finnmark: Porsáŋgguvuotna/Porsangerfjord (PO). Karte erstellt mit »ggoceanmaps« (Vihtakari 2022).

2. Treiber des Wandels

Eines der Hauptziele von FACE-IT war es, künftigen Forschungsprojekten eine umfangreiche Grundlage zu bieten, auf der sie ihre Forschungsfragen bezüglich arktischer Fjordsysteme und Klimawandel ausrichten können. Dazu wurden verfügbare Daten über den früheren und gegenwärtigen Status von Treibern des Klimawandels in Fjorden der europäischen Arktis, sowie Prognosen aus Zukunftsmodellen zusammengefasst (Schlegel et al. 2023). Auf sämtliche zusammengetragenen abiotischen, biotischen und gesellschaftlichen Daten kann über die FACE-IT-Metadatenbank und eine eigens entwickelte App zugegriffen werden.

Meta-Datenbank

App

Es konnten 14 Haupttreiber identifiziert werden, welche in fünf Kategorien eingeteilt wurden (Tab. 1): Kryosphäre, Physik, Chemie, Biologie und Gesellschaftliches. Zudem wurde nachgewiesen, dass die Faktoren Meerwassertemperatur und Gletscherveränderungen die entscheidendsten und weitreichendsten Auswirkungen auf arktische Fjordsysteme haben.

Tab. 1: Zusammenfassung der wichtigsten Aspekte der treibenden Faktoren des Klimawandels in arktischen Fjordsystemen. Tabelle übersetzt und angepasst aus Schlegel et al. 2023.

Kategorien	Treiber	Hauptaussage	Zusammenfassung
Kryosphäre	Meereis	Das Meereis schmilzt so schnell, dass es fast das ganze Jahr über, wenn nicht sogar ganzjährig eisfreie Perioden gibt.	Die arktische Kryosphäre als einzigartiges Ökosystem könnte vollständig verschwinden.
	Gletscherveränderungen	Die Gletscherschmelze ist so weit fortgeschritten, dass viele Gletscher allmählich nicht mehr im Meer, sondern an Land enden.	
	Abfluss von Gletschern und Flüssen	Die erhöhte Abflussrate von Gletschern und Flüssen führt zu einer Zunahme von Nährstoffen an der Meeresoberfläche, Wassertrübung und Schichtung der Wassermassen.	
Physik	Wassertemperatur	Die Temperatur des Meerwassers steigt so schnell wie kaum irgendwo sonst auf der Erde.	Die Geschwindigkeit des Klimawandels wird nicht nachlassen und kann nur durch die vollständige und rechtzeitige Umsetzung des Pariser Abkommens verringert oder vielleicht sogar gestoppt werden.
	Salzgehalt	Veränderungen der großen Meeresströmungen führen zur einer »Atlantifizierung« (erhöhter Salzgehalt und Nährstoffe) vieler Fjorde in Spitzbergen, was in Zukunft wahrscheinlich noch zunehmen wird.	

Kategorien	Treiber	Hauptaussage	Zusammenfassung
Physik	Lichtverhältnisse	Der Verlust des Meereises hat einerseits zur Folge, dass mehr Licht in das Wasser gelangt, andererseits wirkt eine zunehmende Trübung diesem in einem ungewissen Maße entgegen.	
Chemie	Karbonatsystem	Die Gewässer der arktischen Fjorde werden in gleicher Geschwindigkeit zu den globalen CO_2-Emissionen oder sogar schneller versauern.	Die chemische Zusammensetzung des Meerwassers wird sich weiterhin schnell verändern, was wahrscheinlich ökologische Auswirkungen auf die mittleren und unteren trophischen Bereiche haben wird.
	Nährstoffe	Der zunehmende Abfluss von Land und die fortschreitende menschliche Entwicklung / Tourismus bedeuten mit ziemlicher Sicherheit einen steigenden Trend bei den Nährstoffeinträgen in die arktischen Fjorde.	
Biologie	Primärproduktion (Energiegewinnung durch Photosynthese)	Die Primärproduktion wird wahrscheinlich mit den steigenden Temperaturen, der Gletscherschmelze und dem Nährstoffeintrag zunehmen, auch wenn das Oberflächenwasser trüber wird.	Auch wenn einige arktische Arten erhalten bleiben, werden die künftigen Ökosysteme wahrscheinlich überwiegend boreale Merkmale aufweisen, was ihre allgemeine Widerstandsfähigkeit schwächen könnte.
	Biomasse	Auf den niedrigen bis mittleren Stufen des Nahrungsnetzes vieler Ökosysteme wird es wahrscheinlich zu einer extremen »Borealisierung« kommen (d. h. Verdrängung durch Arten aus dem Süden). Das Makrobenthos könnte jedoch relativ stabil bleiben (z. B. Grundfische) oder sogar zunehmen (z. B. Kelp).	

Kategorien	Treiber	Hauptaussage	Zusammenfassung
Biologie	Artenreichtum	Nichteinheimische Arten werden wahrscheinlich die einheimischen arktischen Arten verdrängen, was zu einem kurzfristigen Rückgang des Artenreichtums führt. Dieser Trend wird sich aber wahrscheinlich umkehren, wenn sich die Ökosysteme zu einem stabilen borealen Zustand entwickeln.	
Gesellschaftliches	Politik	Da der Bedarf an wirtschaftlicher Entwicklung für die meisten Bevölkerungen groß ist, ist es nicht klar, ob ökologisch verantwortungsvolle Entscheidungen getroffen werden.	Politik kann größere Auswirkungen auf lokale Arten und Ökosysteme haben als der Klimawandel. Es scheint, dass die Zukunft eher in Richtung ökologischer Entscheidungen als in Richtung der Industrie gehen könnte.
	Tourismus	Der Tourismus und seine Folgen werden weiter zunehmen, aber es zeichnet sich ein starker Trend zu ökologischer Verantwortung ab.	
	Fischerei	Die Verlagerung auf den Tourismus als Schwerpunkt schafft wirtschaftliche Möglichkeiten, die den Druck durch die Fischereipraktiken mindern können. Das ist ein positives Signal für einen verstärkten Umweltschutz.	

3. Auswirkungen auf die biologische Vielfalt in der Arktis

Die globale Erwärmung ist eine der Hauptursachen für den weltweiten Verlust der biologischen Vielfalt und der geographischen Verschiebung von Arten. Das vorherrschende Temperaturregime wirkt sich direkt auf die physiologischen und biochemischen Prozesse von Organismen aus (Fragkopoulou et al. 2022; Sunday et al. 2012). Da der durch den Klimawandel ausgelöste Temperaturanstieg in der Arktis weit über dem globalen Durchschnitt liegt (Rantanen et al. 2022), sind die polaren Küstenökosysteme besonders vom Wandel bedroht. FACE-IT untersuchte unter der Anwendung korrelativer und experimenteller Ansätze die Einflüsse auf die Biodiversität innerhalb von arktischen Fjorden. Dabei wurden die Veränderungen in verschiedenen Zeiträumen, z. B. mithilfe von Langzeitdatenreihen, betrachtet und mit den Treibern des Klimawandels verknüpft. So sollte festgestellt werden, ob sowohl innerhalb eines als auch zwischen den verschiedenen arktischen Fjorden ausgeprägte Borealisierungen (d. h. Verdrängung durch Arten aus dem Süden) zu beobachten ist. Mithilfe dieser neuen Erkenntnisse konnten dann Rückschlüsse auf die Zukunft von Arten mit besonderem kommerziellen Interesse für die lokalen Bevölkerungen gezogen werden.

Zahlreiche Langzeitstudien verschiedener Organismen wurden ausgewertet und großskalige Veränderungen der biologischen Vielfalt in arktischen Fjorden über die letzten knapp 25 Jahre in einer Studie zusammengefasst (Descamps et al. in Vorbereitung). Eindeutige Veränderungen in Artenanzahl und verteilung konnten vor allem für mittlere und höhere trophische Ebenen im Nahrungsnetz festgestellt werden. Ausgeprägte negative wie auch positive Auswirkungen des Klimawandels wurden bei Zooplankton, Fischen, Seevögeln und Meeressäugern gefunden, während der Einfluss auf Organismen, welche am Meeresboden leben (Großalgen und wirbellose Tiere), deutlich geringer ausfiel. Zusammengefasst konnten eindeutige absteigende Trends in der Häufigkeit von arktischen Arten nachgewiesen werden, während gleichzeitig boreale Arten in arktischen Fjorden zunahmen (Abb. 2).

Weitere Studien geben Details zu den lokalen und zeitlichen Veränderungen innerhalb aller trophischen Ebenen im Nahrungsnetz, von mikroskopisch kleinen Einzellern (Chitkara et al. 2024; Geraldi et al. 2024) über große Meeresalgen (Düsedau et al. 2024), Fische und Wirbellose (Mérillet et al., 2022) bis zu Seevögeln (Descamps et al. 2022; Sauser et al. 2024) und Meeressäugern (Bengtsson et al. 2021, 2022; Grémillet & Descamps 2023).

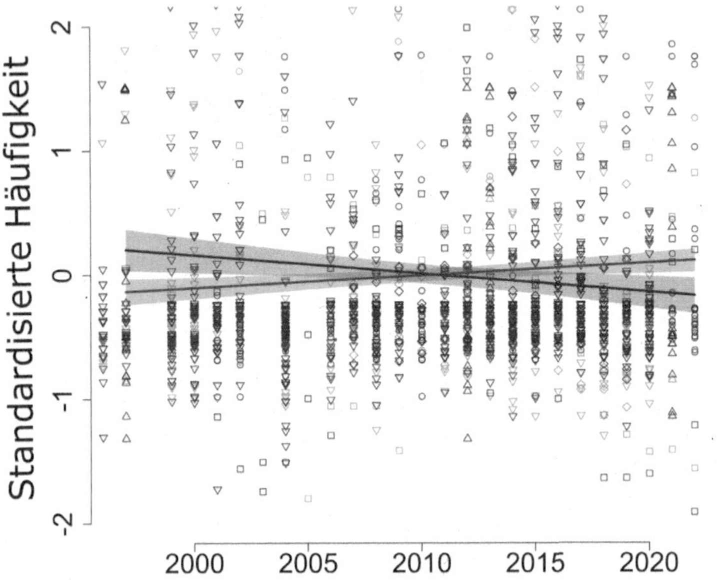

Abb. 2: Häufigkeiten von arktischen (hellgraue Symbole und abnehmende Trendlinie) und borealen (dunkelgraue Symbole und zunehmende Trendlinie) Arten im Kongsfjord, Spitzbergen, über knapp 25 Jahre. Abbildung wurde zur Verfügung gestellt von Sebastien Descamps (Norwegian Polar Institute, Tromsø).

4. Funktionsweise von Ökosystemen

Der Lebensraum Arktis formt mit seinen Gletschern, kalten Temperaturen und extremen saisonalen Schwankungen in der Lichtverfügbarkeit (Polartag und Polarnacht) eine außergewöhnliche Umwelt mit einer einzigartigen biologischen Vielfalt. Daher ist es von besonderer Bedeutung, die Auswirkungen schneller Umweltveränderungen auf die Funktionsweise der arktischen Ökosysteme zu verstehen.

Der Klimawandel resultiert in einem zunehmenden Abschmelzen von Gletschern. Folglich kommt es zu einer erhöhten Zufuhr von Schmelzwasser, welches anorganische Partikel, Nährstoffe und organische Material mit sich führt, was eine »Verdunklung« der arktischen Fjorde mit veränderten Lichtbedingungen zur Folge hat (Konik et al. 2021). Es konnte nun nachgewiesen werden, dass diese Süßwasserabflüsse ein Schlüsselfaktor für die Veränderung der Küstenökosysteme in der Arktis sind und mögliche negative Auswirkungen auf die Produktivität der Fjorde haben (Sejr et al. 2022). Gletscher, die im Meer enden, führen im Vergleich zu Gletschern, die auf dem Land enden, zu einer hohen biologischen Produktion durch hohen Nährstoffzufluss und geringe Trübung des Wassers. Hohe Trübung und weniger Licht in der Wassersäule hat dagegen beispielsweise einen negativen Einfluss auf die Photosynthese von Mikroalgen (Lund-Hansen et al. 2023; Meire et al. 2023).

Auch Großalgen sind betroffen. Große Braunalgen bilden »Wälder unter Wasser«, sogenannte Kelpwälder, welche als Nahrungsquelle und Lebensraum für zahlreiche Lebewesen dienen. Zudem sind sie Kinderstube für Fische und tragen so zur Erhaltung der Fischbestände bei. Entsprechend sind sie auch sozioökonomisch von großer Wichtigkeit. Einerseits führt die klimawandelbedingte Erwärmung der Arktis aufgrund der schnellen Meereisschmelze und Gletscherrückgänge zu einer Zunahme geeigneter Lebensräume für marine Großalgenarten (Krause-Jensen et al. 2020). Eine darauffolgende Einwanderung nichtpolarer Organismen kann allerdings weitreichende, kaskadenartige Folgen für die Struktur und Funktion arktischer Gemeinschaften haben, wie z. B. veränderte biotische Wechselwirkungen (Thomsen et al. 2010), und so das einzigartige Ökosystem Arktis gefährden. Andererseits wurden, je nach Entfernung zu den Gletschern, deutliche Unterschiede in der Artenzusammensetzung bei Großalgen festgestellt, die sich durch Umweltbedingungen wie Licht, Trübung und Nährstoffe erklären lassen (Schimani et al. 2022). Zudem wurde beobachtet, dass sich die Tiefenverteilung und Verbreitung von Großalgen in den letzten Jahrzehnten drastisch verändert hat (Düsedau et al. 2024), was vermutlich hauptsächlich auf die »Verdunklung« der

Fjorde im Zusammenhang mit höheren Temperaturen zurückzuführen ist (Niedzwiedz & Bischof 2023).

5. Auswirkungen auf die lokale Bevölkerung

Für die meisten Gemeinden in der Arktis bildet die Versorgung von Nahrungsmitteln aus den lokalen Ökosystemen eine wichtige Lebensgrundlage. Die Folgen des Klimawandels sowie Veränderungen durch politische Führung und Entscheidungen haben entsprechend weitreichende Folgen für die Einheimischen. Als Haupttreiber des Wandels gilt die Erwärmung, allerdings spielen auch weitere Faktoren eine wichtige Rolle, wie z. B. Fischerei, Tourismus, Schifffahrt und veränderte wirtschaftliche Bedingungen (Schlegel et al. 2023). Beispielsweise nimmt mit dem voranschreitenden Klimawandel in der Arktis der Tourismus in den Regionen zu. Die Erwärmung ermöglicht neue Reisemöglichkeiten, hat allerdings auch den sogenannten »last-chance tourism« zur Folge. Darunter versteht man, wenn Urlauber nur in die Arktis reisen, um die letzte Chance zu nutzen, beispielsweise Eisbären in freier Wildbahn zu beobachten, nach dem Motto: »Kommen Sie in die Arktis, solange sie noch da ist.«

Innerhalb des FACE-IT-Projekts wurde untersucht, wie sich Veränderungen der arktischen Artenvielfalt auf die Nahrungsmittelversorgung und die Lebensgrundlagen der lokalen Bevölkerungen auswirken, und umgekehrt, wie sich menschliche Aktivitäten in Küstennähe auf die biologische Vielfalt auswirken. Zudem wurden die Zusammenhänge zwischen den zunehmenden touristischen Aktivitäten in den Küstengebieten Spitzbergens und Grönlands und den Veränderungen des Klimas, des Meereises und der biologischen Vielfalt sowie deren Beziehung zu den lokalen Bevölkerungen untersucht.

Die Arbeit umfasste Interviews, Besuche und Treffen mit der Fischereibranche, Jugendlichen, dem samischen Parlament und Politikern, Vertretern des Tourismussektors, lokalen Interessenorganisationen und Gemeinschaftsgruppen. In enger Zusammenarbeit wurde ein Fallstudiendesign entwickelt und auf die unterschiedlichen Fjordsysteme und deren

Bevölkerung angewandt (Nuup Kangerlua, Porsangerfjorden, Isfjorden). Jegliche Zusammenarbeit fand mit Zustimmung aller Teilnehmenden statt. Zudem wurde darauf geachtet, dass deren Geschlecht und Alter repräsentativ waren.

Die durchgeführten Szenarioworkshops befassten sich mit Schlüsselthemen der Bewältigung der schnellen Veränderungen in arktischen Fjordsystemen, welche die lokalen Teilnehmer als wichtig für die Zukunft des sozial-ökologischen Systems ihres jeweiligen lokalen Fjordsystems erachteten. Dazu wurden den Teilnehmenden folgende Frage gestellt: »Welche Veränderungen könnten das Leben in und um die jeweiligen Fjorde in den nächsten 20–30 Jahren prägen?« Darauf basierend, wurden jeweils vier alternative Zukunftsszenarien aufgestellt (Abb. 3).

Nuup Kangerlua: Die grönländische Bevölkerung ist sich des Klimawandels und der Bedeutung für die lokale Fischerei bewusst. Sie zeigten sich diesbezüglich besorgt, brachten aber auch zum Ausdruck, dass sie sich an den Klimawandel anpassen können. Andere Faktoren wie die Lebensqualität und die Erhaltung lokaler kultureller Werte erwiesen sich für die Teilnehmenden als wichtiger bezüglich der Zukunft von Nuup Kangerlua, insbesondere bei denjenigen, die ihr Einkommen nicht aus der Fischerei und der Jagd beziehen.

Der Workshop fand im August statt, der besten Jahreszeit für Fischerei, Rentier- und Moschusochsenjagd. Daher ist darauf hinzuweisen, dass die Workshopteilnehmenden immer nur einen Teil der Bevölkerung repräsentieren. So werden einige Perspektiven besonders hervorgehoben, während andere keine Beachtung finden. Viele arktische Ortschaften sind sehr klein. Nuuk, die Hauptstadt Grönlands, hingegen wächst rasant, was sich auf den Verkehr, die Wohnsituation, die Preise und die Landschaft rund um die Stadt auswirkt. Hinzu kommen stark steigende internationale Touristenzahlen, welche die Gegend in den nächsten Jahrzehnten prägen werden. Die große Anzahl an internationalen Kreuzfahrtpassagieren und der Tourismusanstieg durch die Neueröffnung eines größeren Flughafens in Nuuk 2024 bringen die Gefahr mit sich, dass Grönland in Zukunft vor allem durch Massen- und »last-chance«-Tourismus geprägt

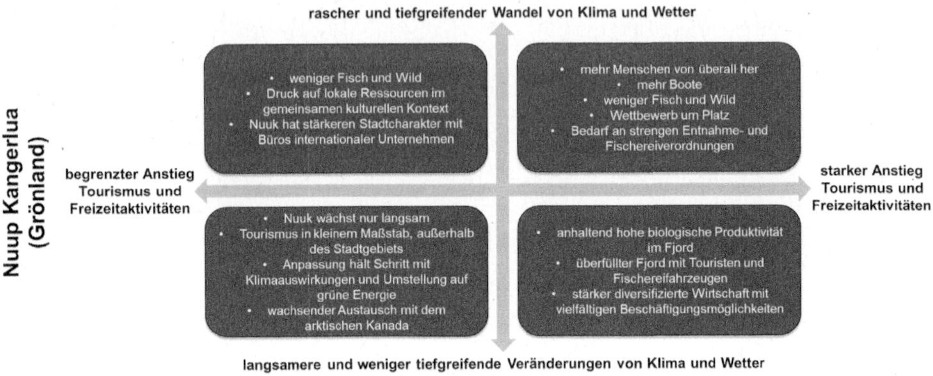
rascher und tiefgreifender Wandel von Klima und Wetter
Nuup Kangerlua (Grönland)
• weniger Fisch und Wild
• Druck auf lokale Ressourcen im gemeinsamen kulturellen Kontext
• Nuuk hat stärkeren Stadtcharakter mit Büros internationaler Unternehmen
• mehr Menschen von überall her
• mehr Boote
• weniger Fisch und Wild
• Wettbewerb um Platz
• Bedarf an strengen Entnahme- und Fischereiverordnungen
begrenzter Anstieg Tourismus und Freizeitaktivitäten
starker Anstieg Tourismus und Freizeitaktivitäten
• Nuuk wächst nur langsam
• Tourismus in kleinem Maßstab, außerhalb des Stadtgebiets
• Anpassung hält Schritt mit Klimaauswirkungen und Umstellung auf grüne Energie
• wachsender Austausch mit dem arktischen Kanada
• anhaltend hohe biologische Produktivität im Fjord
• überfüllter Fjord mit Touristen und Fischereifahrzeugen
• stärker diversifizierte Wirtschaft mit vielfältigen Beschäftigungsmöglichkeiten
langsamere und weniger tiefgreifende Veränderungen von Klima und Wetter

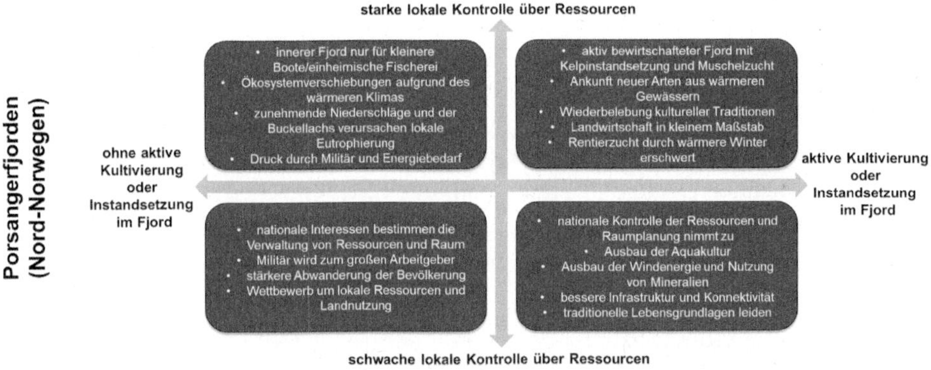
starke lokale Kontrolle über Ressourcen
Porsangerfjorden (Nord-Norwegen)
• innerer Fjord nur für kleinere Boote/einheimische Fischerei
• Ökosystemverschiebungen aufgrund des wärmeren Klimas
• zunehmende Niederschläge und der Buckellachs verursachen lokale Eutrophierung
• Druck durch Militär und Energiebedarf
• aktiv bewirtschafteter Fjord mit Kelpinstandsetzung und Muschelzucht
• Ankunft neuer Arten aus wärmeren Gewässern
• Wiederbelebung kultureller Traditionen
• Landwirtschaft in kleinem Maßstab
• Rentierzucht durch wärmere Winter erschwert
ohne aktive Kultivierung oder Instandsetzung im Fjord
aktive Kultivierung oder Instandsetzung im Fjord
• nationale Interessen bestimmen die Verwaltung von Ressourcen und Raum
• Militär wird zum großen Arbeitgeber
• stärkere Abwanderung der Bevölkerung
• Wettbewerb um lokale Ressourcen und Landnutzung
• nationale Kontrolle der Ressourcen und Raumplanung nimmt zu
• Ausbau der Aquakultur
• Ausbau der Windenergie und Nutzung von Mineralien
• bessere Infrastruktur und Konnektivität
• traditionelle Lebensgrundlagen leiden
schwache lokale Kontrolle über Ressourcen

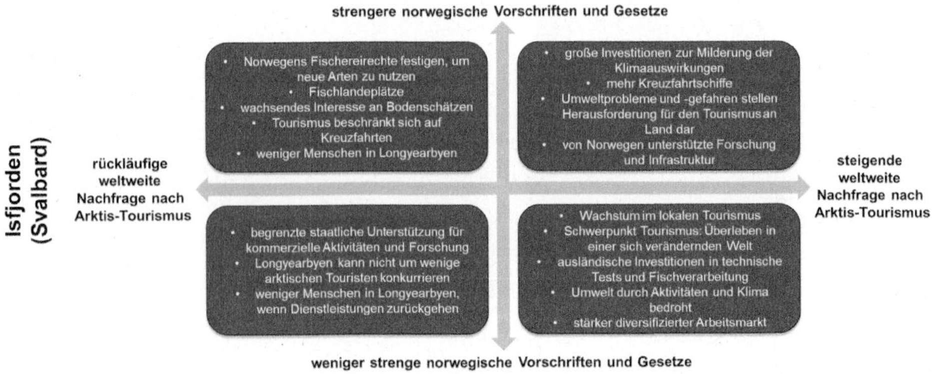
strengere norwegische Vorschriften und Gesetze
Isfjorden (Svalbard)
• Norwegens Fischereirechte festigen, um neue Arten zu nutzen
• Fischlandeplätze
• wachsendes Interesse an Bodenschätzen
• Tourismus beschränkt sich auf Kreuzfahrten
• weniger Menschen in Longyearbyen
• große Investitionen zur Milderung der Klimaauswirkungen
• mehr Kreuzfahrtschiffe
• Umweltprobleme und -gefahren stellen Herausforderung für den Tourismus an Land dar
• von Norwegen unterstützte Forschung und Infrastruktur
rückläufige weltweite Nachfrage nach Arktis-Tourismus
steigende weltweite Nachfrage nach Arktis-Tourismus
• begrenzte staatliche Unterstützung für kommerzielle Aktivitäten und Forschung
• Longyearbyen kann nicht um wenige arktischen Touristen konkurrieren
• weniger Menschen in Longyearbyen, wenn Dienstleistungen zurückgehen
• Wachstum im lokalen Tourismus
• Schwerpunkt Tourismus: Überleben in einer sich verändernden Welt
• ausländische Investitionen in technische Tests und Fischverarbeitung
• Umwelt durch Aktivitäten und Klima bedroht
• stärker diversifizierter Arbeitsmarkt
weniger strenge norwegische Vorschriften und Gesetze

wird, deren Ausmaß und Auswirkungen noch unbekannt und schwer abzuschätzen sind.

Porsangerfjorden: Am Porsangerfjord sieht die Bevölkerung vor allem Regierung, Politik und eigene Rechte als wichtigste Aspekte an, welche die Gegend in Zukunft beeinflussen werden. Vor allem der Zusammenhang mit Fischereiressourcen und wo und wie diese Ressourcen zukünftig aufgeteilt werden, besorgte die Teilnehmenden. In Verbindung mit der Gefahr von Veränderungen in der Artenzusammensetzung kann dies schwerwiegende Folgen für den Fjord haben. Durch Wiederherstellungsmaßnahmen, die darauf abzielen, dass sich einige Arten wieder vermehren können, soll der Fjord zukünftig nachhaltig genutzt werden können. Der große Wunsch der Einheimischen, das marine Leben im Fjordsystem wiederherzustellen, spiegelt die enge Verbindung zwischen dem Porsangerfjord und den Traditionen, der Identität und der Kultur der Einheimischen wider. Jedoch gibt es Bedenken und Diskrepanzen bei der Umsetzung der lokalen Herausforderungen in Bezug auf Demografie, Schaffung von Arbeitsplätzen und Bedrohungen durch den Klimawandel.

Isfjorden: Der Isfjord unterscheidet sich von den beiden anderen Fjordsystemen dadurch, dass Fischerei in Longyearbyen und Barentsburg, den beiden wichtigsten Siedlungen auf Svalbard, keine Lebensgrundlage darstellt. Allerdings haben die erhöhten Temperaturen aufgrund des Klimawandels Auswirkungen auf die Verfügbarkeit kommerzieller Fischereiressourcen in Svalbard. In Longyearbyen wird aktuell daher Klimawandel als Schlüsselfaktor für die Gestaltung der Zukunft gesehen. Ein zukünftig eisfreier Isfjord wird entsprechende Veränderungen in der Flora und Fauna mit sich bringen, was wiederum einen großen Einfluss auf die Bevölkerung hat. Zudem wird der steigende Tourismus, vor allem durch inten-

Abb. 3: Zusammenfassung der möglichen Szenarien in 20–30 Jahren an drei FACE-IT-Standorten Nuup Kangerlua (Grönland), Porsangerfjorden (Nordnorwegen) und Isfjorden (Svalbard). Diese Zukunftsszenarien sind keine Vorhersagen, sondern beinhalten eine Ungewissheit, welche bei Entscheidungen über die Managementstrategien berücksichtigt werden muss. Andere, völlig unerwartete Entwicklungen sind nicht auszuschließen (übersetzt und angepasst aus Nilsson et al. 2023).

siven Kreuzfahrttourismus, zunehmend als störend empfunden und als Ursache für die lokale Umweltzerstörung angesehen. Aber auch politische Triebkräfte werden als fast ebenso wichtig und schwieriger vorherzusagen hervorgehoben. Welche Auswirkungen werden geopolitische Entwicklungen und Norwegens Svalbard-Politik haben? Die derzeitigen politischen Ambitionen, wie beispielsweise neue Umweltvorschriften, werden direkte Auswirkungen auf die lokale Bevölkerung und auf touristische Aktivitäten haben.

Die aufgezeigten möglichen Zukunftsszenarien dienen als Beitrag zu Diskussionen über adaptive Co-Management-Optionen mit den Schwerpunkten Nahrungsmittelversorgung und lokaler Lebensunterhalt sowie naturbasierter Tourismus. Die Workshops hoben deutlich hervor, dass jedes sozial-ökologische Fjordsystem in der Arktis vor seinen eigenen Herausforderungen steht und kein arktisübergreifender Managementplan greifen kann. Nichtsdestotrotz konnten gemeinsame Anliegen hervorgehoben werden, welche bei der Entwicklung von Managementstrategien allgemein beachtet werden sollten: die sich verändernde biologische Vielfalt, die Bedeutung politischer Entscheidungen und Vorschriften als treibende Kraft des Wandels und der zunehmende Wettbewerb um Raum.

Detailliertere Erkenntnisse zu Auswirkungen auf die arktischen Bevölkerungen und zu Managementstrategien können in verschiedenen Studien nachgelesen werden (z.B. Bjørst 2019, 2022; Dannevig et al. 2023; Hovelsrud et al. 2020, 2021, 2023; Risvoll et al. 2022).

6. Öffentlichkeitsarbeit und politische Beiträge

Projekt-homepage

Wie im Rahmen von allen EU-geförderten Projekten spielten auch bei FACE-IT die Öffentlichkeitsarbeit und die Politikberatung eine tragende Rolle. Unter dem Menüpunkt »Outreach« auf der Projekthomepage kann sämtliches Material eingesehen werden, das für die verschiedenen Zielgruppen im Projektverlauf erstellt worden ist.

Instagram

LinkedIn

Intro-Video

Projekt-broschüre

Policy Brief

Handouts

Hervorzugeben sind hier beispielsweise das Introvideo, eine umfangreiche Broschüre zum Projekt sowie die Social-Media-Kanäle.

Die Politikberatung innerhalb von FACE-IT wurde in Kooperation mit zwei weiteren EU-geförderten Projekten durchgeführt, die ebenfalls im Themengebiet Eisverlust und arktischer Artenvielfalt arbeiteten. Die drei Projekte ECOTIP (offener Ozean), FACE-IT (Küsten und Fjorde) und CHARTER (terrestrisch) haben zusammen Konferenz- und Politikveranstaltungen (»Policy Briefings«) durchgeführt sowie gemeinsames Material erstellt, was die Ergebnisse projektübergreifend zusammenfasst und anschaulich darstellt. Hier sind besonders zwei Produkte hervorzugeben: der »Policy Brief«, der während eines Policy Briefings in Brüssel an Entscheidungsträger verteilt wurde, sowie fünf grafisch zusammenhängende Handouts, die die projektübergreifenden Ergebnisse und die dazugehörigen offenen Forschungsfragen (»Results in and Research Gaps of Arctic Biodiversity Research«) zu den folgenden fünf Themen synthetisieren: 1) Landnutzungsänderungen und sozial-ökologische Systeme, 2) Umweltökonomie, 3) Biodiversität und neue Ökosysteme, 4) Land-Küste-Ozean-Interaktionen im schmelzenden Eissystem und 5) Kohlenstoffsequestrierung.

Drei Literaturtipps mit Kurzbeschreibungen

1. Hop, H. & Wiencke, C. (2019): *The Ecosystem of Kongsfjorden, Svalbard.* https://doi.org/10.1007/978-3-319-46425-1.
   Dieses Buch beschreibt umfassend, aber leicht verständlich das bestuntersuchteste arktische Fjordsystem überhaupt, den Kongsfjord auf Spitzbergen. Beinhaltet viele Grafiken, welche die Auswirkungen des Klimawandels auf das Ökosystem aufzeigen.
2. Lebel, J. & Nilsson, A. E. (2024): *EU Engagement in the Arctic: Challenges to Achieving Ambitions in an Area outside Its Jurisdiction.* https://doi.org/10.23865/arctic.v15.6271.
   Diese Veröffentlichung fasst das bisherige Verhältnis der EU zur Arktis zusammen und beschreibt, welche Hindernisse vorhanden sind, um in dieser Gegend, wo die EU keine rechtsgebende Funktion hat, Einfluss üben zu können.
3. Schlegel, R. et al. (2023): *Drivers of change in Arctic fjord socio-ecological systems: Examples from the European Arctic.* https://doi.org/10.1017/cft.2023.1.
   Dies ist die erste umfassende und interdisziplinäre Übersicht der miteinander zusammenhängenden Treiber des Wandels in arktischen Fjorden überhaupt.

Drei didaktische Hinweise

1. Die Ergebnisse von FACE-IT heben hervor, wie sensibel das arktische Ökosystem ist. Jede kleine Stellschraube, die sich durch den Klimawandel verändert, kann immense Auswirkungen auf den ganzen Lebensraum und das Nahrungsnetz haben. In Gruppenarbeit können sich die Kursteilnehmenden jeweils auf einen Faktor des Klimawandels fokussieren und dessen Auswirkungen auf die Umwelt beschreiben. Die App zu den Haupttreibern des Klimawandels in der Arktis bietet hierfür eine spielerisch-pädagogische Herangehensweise an konkrete Klimawandelfakten. Am Ende des Projekts wird anschlie-

ßend gemeinsam ein großes Schaubild erstellt, welches die engen Zusammenhänge der Faktoren und der Organismen aufzeigt und so die Funktionsweise und Sensibilität von marinen Ökosystemen in der Arktis zusammenfasst.

2. FACE-IT-Studien können als Grundlage für Seminararbeiten oder Exkursionen genutzt werden: Welche Veränderungen können über einige Jahre im Tümpel um die Ecke beobachtet werden? Wo gibt es welche neuen Arten? Wie haben die Studierenden den Klimawandel selbst schon erlebt?
3. Die Öffentlichkeits- und politische Arbeit von FACE-IT können als Vorbild für Übungen zu Beiträgen für andere Projekte dienen. Kursteilnehmende können eigene Policy Briefs schreiben, Videos drehen und Reels oder andere Social-Media-Auftritte vorbereiten.

Literatur

Bengtsson, O., Hamilton, C.D., Lydersen, C., Andersen, M. & Kovacs, K.M. (2021). Distribution and habitat characteristics of pinnipeds and polar bears in the svalbard archipelago, 2005–2018. In: *Polar Research, 40*. https://doi.org/10.33265/polar.v40.5326

Bengtsson, O., Lydersen, C. & Kovacs, K.M. (2022). Cetacean spatial trends from 2005 to 2019 in Svalbard, Norway. In: *Polar Research, 41*. https://doi.org/10.33265/polar.v41.7773

Bjørst, L. (2022). To Live Up to Our Name »Greenland«: Politics of Comparison in Greenland's Green Transition. In: *Arctic Yearbook, April*, 1–19. https://arcticyearbook.com/arctic-yearbook/2022/2022-scholarly-papers/423-to-live-up-to-our-name-greenland-politics-of-comparison-in-greenland-s-green-transition

Bjørst, L.R. (2019). The right to ›sustainable development‹ and Greenland's lack of a climate policy. In: U.P. Gad & J. Standsbjerg (Hrsg.). In: *Politics of Sustainability in the Arctic: Reconfiguring Identity, Space, and Time*. Routledge, S. 120–135. https://doi.org/10.4324/9781351031981-8

Chitkara, C., Juul-Pedersen, T., Krawczyk, D., Søreide, J.E., Vader, A., Gradinger, R., Winding, M.H.S. & Vonnahme, T.R. (2024). Seasonality in phytoplankton communities and production in three Arctic fjords across a climate gradient. In: *Progress in Oceanography, 227*, 103317. https://doi.org/10.1016/j.pocean.2024.103317

Dannevig, H., Sveinsdóttir, A.G., Søreide, J. & Eidesen, P.B. (2023). Impacts of climate and environmental change on tourism in Svalbard. In: *WNRI Report* (Vol. 9).

https://www.vestforsk.no/en/publication/impacts-climate-and-environmental-change-tourism-svalbard

Descamps, S., Wojczulanis-Jakubas, K., Jakubas, D., Vihtakari, M., Steen, H., Karnovsky, N. J., Welcker, J., Hovinen, J., Bertrand, P., Strzelewicz, A., Skogseth, R., Kidawa, D., Boehnke, R. & Błachowiak-Samołyk, K. (2022). Consequences of Atlantification on a Zooplanktivorous Arctic Seabird. In: *Frontiers in Marine Science, 9*, 878746. https://doi.org/10.3389/fmars.2022.878746

Düsedau, L., Fredriksen, S., Brand, M., Fischer, P., Karsten, U., Bischof, K., Savoie, A. & Bartsch, I. (2024). Kelp forest community structure and demography in Kongsfjorden (Svalbard) across 25 years of Arctic warming. In: *Ecology and Evolution, 14*, e11606. https://doi.org/10.1002/ece3.11606

Fragkopoulou, E., Serrão, E. A., De Clerck, O., Costello, M. J., Araújo, M. B., Duarte, C. M., Krause-Jensen, D. & Assis, J. (2022). Global biodiversity patterns of marine forests of brown macroalgae. In: *Global Ecology and Biogeography, 31*, 636–648. https://doi.org/10.1111/geb.13450

Geraldi, N. R., Krause-Jensen, D., Ørberg, S. B., Frühe, L., Sejr, M. K., Hansen, J. L. S., Lund-Hansen, L. & Duarte, C. M. (2024). Environmental drivers of Arctic communities based on metabarcoding of marine sediment eDNA. In: *Proceedings of the Royal Society B: Biological Sciences, 291*(2015), 20231614. https://doi.org/10.1098/rspb.2023.1614

Grémillet, D. & Descamps, S. (2023). Ecological impacts of climate change on Arctic marine megafauna. In: *Trends in Ecology and Evolution, 38*(8), 773–783. https://doi.org/10.1016/j.tree.2023.04.002

Hop, H. & Wiencke, C. (2019). The Ecosystem of Kongsfjorden, Svalbard. https://doi.org/10.1007/978-3-319-46425-1.

Hovelsrud, G. K., Kaltenborn, B. P. & Olsen, J. (2020). Svalbard in transition: adaptation to cross-scale changes in Longyearbyen. In: *Polar Journal, 10*(2), 420–442. https://doi.org/10.1080/2154896X.2020.1819016

Hovelsrud, G. K., Olsen, J., Nilsson, A. E., Kaltenborn, B. & Lebel, J. (2023). Managing Svalbard Tourism: Inconsistencies and Conflicts of Interest. In: *Arctic Review on Law and Politics, 14*, 86–106. https://doi.org/10.23865/arctic.v14.5113

Hovelsrud, G. K., Poppel, B., Van Oort, B. & Reist, J. D. (2011). Arctic societies, cultures, and peoples in a changing cryosphere. In: *Ambio, 40*(SUPPL. 1), 100–110. https://doi.org/10.1007/s13280-011-0219-4

Hovelsrud, G. K., Veland, S., Kaltenborn, B., Olsen, J. & Dannevig, H. (2021). Sustainable tourism in Svalbard: Balancing economic growth, sustainability, and environmental governance. In: *Polar Record, 57*(e47), 1–7. https://doi.org/10.1017/S0032247421000668

IPCC (2023). Summary for Policymakers: Synthesis Report. *Climate Change 2023: Synthesis Report. Contribution of Working Groups I, II and III to the Sixth Assessment Report of the Intergovernmental Panel on Climate Change*, 1–34. https://doi.org/10.59327/IPCC/AR6-9789291691647.001

Konik, M., Darecki, M., Pavlov, A.K., Sagan, S. & Kowalczuk, P. (2021). Darkening of the Svalbard fjords waters observed with satellite ocean volor imagery in 1997–2019. In: *Frontiers in Marine Science, 8*, 699318. https://doi.org/10.3389/fmars.2021.699318

Krause-Jensen, D., Archambault, P., Assis, J., Bartsch, I., Bischof, K., Filbee-Dexter, K., Dunton, K.H., Maximova, O., Ragnarsdóttir, S.B., Sejr, M.K., Simakova, U., Spiridonov, V., Wegeberg, S., Winding, M.H.S. & Duarte, C.M. (2020). Imprint of Climate Change on Pan-Arctic Marine Vegetation. In: *Frontiers in Marine Science, 7*, 617324. https://doi.org/10.3389/fmars.2020.617324

Lebel, J. & Nilsson, A.E. (2024): *EU Engagement in the Arctic: Challenges to Achieving Ambitions in an Area outside Its Jurisdiction.* https://doi.org/10.23865/arctic.v15.6271.

Lund-Hansen, L.C., Dahllöf, I. & Nielsen, M.H. (2023). A fjord with a land-terminating glacier: Meltwater, bio-optics, particulate matter, nutrients, phytoplankton species, and primary production in west Greenland. In: *Regional Studies in Marine Science, 64*, 103054. https://doi.org/10.1016/j.rsma.2023.103054

Meire, L., Paulsen, M.L., Meire, P., Rysgaard, S., Hopwood, M.J., Sejr, M.K., Stuart-Lee, A., Sabbe, K., Stock, W. & Mortensen, J. (2023). Glacier retreat alters downstream fjord ecosystem structure and function in Greenland. In: *Nature Geoscience, 16*, 671–674. https://doi.org/10.1038/s41561-023-01218-y

Mérillet, L., Skogen, M.D., Vikebø, F. & Jørgensen, L.L. (2022). Fish Assemblages of a Sub-Arctic Fjord Show Early Signals of Climate Change Response Contrary to the Benthic Assemblages. In: *Frontiers in Marine Science, 9*, 822979. https://doi.org/10.3389/fmars.2022.822979

Niedzwiedz, S. & Bischof, K. (2023). Glacial retreat and rising temperatures are limiting the expansion of temperate kelp species in the future Arctic. In: *Limnology and Oceanography, Kirk 2011*, 1–15. https://doi.org/10.1002/lno.12312

Nilsson, A.E., Bjørst, L.R., Ren, C., Juul-Pedersen, T., Vonnahme, T., Hovelsrud, G., Dannevig, H., Rusdal, T., Søreide, J., Risvoll, C. & Paulsen, M. (2023). *The Future of Arctic Coastal Ecosystems. Identifying Transitions in Fjord Systems and Adjacent Coastal Areas: Deliverable 4. Workshop Reports.* https://ec.europa.eu/research/participants/documents/downloadPublic?documentIds=080166e5f85c3896&appId=PPGMS

Rantanen, M., Karpechko, A.Y., Lipponen, A., Nordling, K., Hyvärinen, O., Ruosteenoja, K., Vihma, T. & Laaksonen, A. (2022). The Arctic has warmed nearly four times faster than the globe since 1979. In: *Communications Earth and Environment, 3*, 168. https://doi.org/10.1038/s43247-022-00498-3

Risvoll, C., Hovelsrud, G.K. & Riseth, J.Å. (2022). Falling between the cracks of the governing systems: Risk and uncertainty in Pastoralism in Northern Norway. In: *Weather, Climate, and Society, 14*(1), 191–204. https://doi.org/10.1175/WCAS-D-21-0052.1

Sauser, C., Blévin, P., Chastel, O., Gabrielsen, G. W., Hanssen, S. A., Lorentzen, E., Moe, B., Moreau, S., Sagerup, K. & Descamps, S. (2024). Ice type matters: impacts of landfast and drift ice on body condition in a high Arctic seabird community. In: *Frontiers in Marine Science, 11*, 1326658. https://doi.org/10.3389/fmars.2024.1326658

Schimani, K., Zacher, K., Jerosch, K., Pehlke, H., Wiencke, C. & Bartsch, I. (2022). Video survey of deep benthic macroalgae and macroalgal detritus along a glacial Arctic fjord: Kongsfjorden (Spitsbergen). In: *Polar Biology, 45*(7), 1291–1305. https://doi.org/10.1007/s00300-022-03072-x

Schlegel, R., Bartsch, I., Bischof, K., Bjørst, L. R., Dannevig, H., Diehl, N., Duarte, P., Hovelsrud, G. K., Juul-Pedersen, T., Lebrun, A., Merillet, L., Miller, C., Ren, C., Sejr, M., Søreide, J. E., Vonnahme, T. R. & Gattuso, J.-P. (2023). Drivers of change in Arctic fjord socio-ecological systems: Examples from the European Arctic. In: *Cambridge Prisms: Coastal Futures, 1*(e13), 1–18. https://doi.org/10.1017/cft.2023.1

Schlegel, R. W., Singh, R. K., Gentili, B., Bélanger, S., Castro De La Guardia, L., Krause-Jensen, D., Miller, C. A., Sejr, M. & Gattuso, J. P. (2024). Underwater light environment in Arctic fjords. In: *Earth System Science Data, 16*(6), 2773–2788. https://doi.org/10.5194/essd-16-2773-2024

Sejr, M. K., Bruhn, A., Dalsgaard, T., Juul-Pedersen, T., Stedmon, C. A., Blicher, M., Meire, L., Mankoff, K. D. & Thyrring, J. (2022). Glacial meltwater determines the balance between autotrophic and heterotrophic processes in a Greenland fjord. In: *Proceedings of the National Academy of Sciences of the United States of America, 119*(52). https://doi.org/10.1073/pnas.2207024119

Sunday, J. M., Bates, A. E. & Dulvy, N. K. (2012). Thermal tolerance and the global redistribution of animals. In: *Nature Climate Change, 2*(9), 686–690. https://doi.org/10.1038/nclimate1539

Thomsen, M. S., Wernberg, T., Altieri, A., Tuya, F., Gulbransen, D., McGlathery, K. J., Holmer, M. & Silliman, B. R. (2010). Habitat cascades: The conceptual context and global relevance of facilitation cascades via habitat formation and modification. In: *Integrative and Comparative Biology, 50*(2), 158–175. https://doi.org/10.1093/icb/icq042

Vihtakari, M. (2022). *ggOceanMaps: Plot Data on Oceanographic Maps using »ggplot2«, R package version 1.3.4.* https://doi.org/10.32614/CRAN.package.ggOceanMaps

Svantje Schumann

Klimawandel und Humanität im Sinne der Ideen von »psychological and ecological restauration«

Kurzzusammenfassung

Der aktuelle Zustand der Nichtnachhaltigkeit erfordert eine Transformation, will man eine für die Menschen existenzielle Krise verhindern. Im vorliegenden Beitrag wird dem Gedanken nachgegangen, wie und ob eine Transformation in Bezug auf Humanität das Potenzial hat, Veränderungen Richtung Nachhaltigkeit zu bewirken. Dazu werden exemplarisch Einblicke gegeben in die Gedanken von Erich Fromm und Robin Wall Kimmerer. Während Erich Fromm eine Transformation hin zu mehr Humanität über einen Prozess der psychosozialen Erneuerung beschreibt, sieht Robin Wall Kimmerer in der ökologischen Restauration einen möglichen Weg der Veränderung. Beide Ansätze legen nachvollziehbar nahe, dass eine Rückbesinnung auf Humanität als Bildungsziel das Potenzial hat, sowohl die Qualität des menschlichen Zusammenlebens als auch das Verhältnis zwischen Mensch und Umwelt erheblich zu verbessern. Es wird ableitend skizziert, was eine entsprechende Pädagogik kennzeichnet.

Lernziele

- Die von indigenen Erfahrungen abgeleiteten Annahmen für naturverträgliche soziale, ästhetische und emotionale Haltungen nach Robin Wall Kimmerer beschreiben und reflektieren können.
- Das Modell von Haben oder Sein nach Erich Fromm erklären und zu Robin Wall Kimmerers Annahmen in Beziehung setzen können.

- Ableitungen, die sich aus den Ideen »psychological restauration« und »ecological restauration« für eine »Erziehung zur Humanität« ergeben, vornehmen sowie skizzieren können, wodurch eine entsprechende Pädagogik gekennzeichnet ist.

1. Einführung und Verortung des Themas

Die überall gegenwärtige Maxime eines Wachstums ohne Grenzen überschreitet nachweislich die Tragfähigkeit des Planeten (vgl. z. B. Sechster IPCC Bericht 2022). Folgen des Klimawandels sind u. a. zur Neige gehende Ressourcen (bedingt durch die Veränderung natürlicher Kreisläufe) und große soziale Ungleichheit. Das Wissen um die globale Nichtnachhaltigkeit macht deutlich, dass rasch gehandelt und Verantwortung für die zukünftige Entwicklung übernommen werden muss. Ohne konkrete Handlungsalternativen setzt sich diese Nichtnachhaltigkeit fort (Hemmati-Weber 1993; Rockström et al. 2009).

Eine Veränderung kann, so eine Annahme, nur herbeigeführt werden, wenn eine Orientierung bezüglich der Problemlage vorliegt und, ausgehend davon, alternative Wege entworfen und diskutiert werden. Im Folgenden wird der Fokus auf die Bedeutung von »Humanität« gelegt: Wie hängen Nichtnachhaltigkeit und Humanität zusammen, und inwieweit kann ein Transformationsprozess, bei dem humanes Verhalten bewusst gestärkt wird, einen Weg bedeuten, um aus der Krise herauszukommen? Und wie kann Bildung humanes Verhalten zum Gegenstand haben, ohne gegen den Beutelsbacher Konsens (Wehling 1977) zu verstoßen (mit seinen drei Elementen: Überwältigungsverbot, Beachtung kontroverser Positionen in Wissenschaft und Politik, Befähigung der Schüler:innen, in politischen Situationen ihre eigenen Interessen zu analysieren)?

Humanität ist eine zentrale Grundlage der Menschenrechte und des Völkerrechts und in den Verfassungen sowie Schulgesetzen demokratischer Staaten fest verankert. In der Allgemeinen Erklärung der Menschenrechte (Institut für Menschenrechte 1948) heißt es in Artikel 26:

> »Die *Bildung* muss auf die *volle Entfaltung der menschlichen Persönlichkeit* und auf die *Stärkung der Achtung vor den Menschenrechten und Grundfreiheiten* gerichtet sein. Sie muss zu *Verständnis, Toleranz und Freundschaft* zwischen allen Nationen und allen rassischen oder religiösen Gruppen beitragen und der Tätigkeit der Vereinten Nationen für die *Wahrung des Friedens* förderlich sein.« (Hervorhebungen durch d. Verf.)

Humanistische pädagogische Ansätze betonen vor allem die Förderung des kritischen Denkens und der sozialen Verantwortung sowie die Freiwilligkeit des Sich-Bildens. Auch wenn humanistische Grundsätze sehr unterschiedlich ausgelegt werden, so wird oft, gerade auch bezogen auf Krisen, auf die Notwendigkeit eines Transformationsprozesses mit Fokus auf Mitmenschlichkeit und soziales Handeln hingewiesen, vgl. z.B. Bauman: »Die Menschheit steckt in der Krise – und der Ausweg aus ihr führt über zwischenmenschliche Solidarität« (2016, S. 26) und Nobelpreisträger Albert Einstein (2009): »Unbegrenzte Konkurrenz führt zu einer riesigen Verschwendung von Arbeit und zur Lähmung des sozialen Bewusstseins von Individuen. Ich bin davon überzeugt, dass es nur einen Weg gibt, diese Übel loszuwerden, nämlich den, ein sozialistisches Wirtschaftssystem zu etablieren, begleitet von einem Bildungssystem, das sich an sozialen Zielsetzungen orientiert.«

Es soll im Folgenden aufgezeigt werden, auf welche Art die aktuelle Gesamtkrisensituation von zwei Autor:innen mit dem Aspekt der Humanität in Zusammenhang gebracht wird. Es handelt sich dabei um zwei Personen, die ihre Thesen von einer völlig anderen Erfahrungsbasis aus generieren: Erich Fromm, der eine psychoanalytische Perspektive hat, und Robin Wall Kimmerer, die sich auf indigenes »ökologisches« Wissen rückbesinnt. Angesichts der ökologischen Krise und der tiefgreifenden Auswirkungen des Klimawandels gewinnt die Frage nach einer »Erziehung zur Humanität« neue Dringlichkeit. Wie wir miteinander und mit der Mitwelt umgehen, ist zentral für die Bewältigung der Klimakrise. Die Perspektiven von Fromm und Kimmerer eröffnen dabei unterschiedliche

Zugänge zu einem humanistisch-ökologischen Bildungsverständnis. Auf der Basis der Reflexion dieser beiden Sichtweisen kann skizziert werden, was eine entsprechende Pädagogik kennzeichnet.

2. Die Idee einer Transformation zu Humanität

Beide Personen werden zunächst kurz vorgestellt; im Anschluss folgt die Darstellung ihrer Kerngedanken.

Erich Pinchas Fromm (*23. März 1900 in Frankfurt am Main; † 18. März 1980 in Muralto, Schweiz) war Psychoanalytiker. Eines seiner meistgelesenen Bücher ist »Haben oder Sein« (1976). Fromm ging davon aus, der Mensch habe nicht nur physische, sondern auch psychische Grundbedürfnisse. Für beide würden universelle Kriterien gelten; das gesellschaftliche System könne Einfluss nehmen auf diese Kriterien und damit auch auf den psychischen Zustand von Menschen. Weil der Mensch im Unterschied zu Tieren ein Bewusstsein habe und eine Sprache besitze, habe er eine Vorstellung von Vergangenheit und Zukunft sowie der Endlichkeit seines Lebens; dies mache es für Menschen besonders wichtig, sich in der Welt zu orientieren und in Beziehung zur Welt zu treten. Menschliche Grundbedürfnisse sind laut Fromm auf das Engste mit der für Menschen ganz zentralen Frage verbunden, was der Sinn der eigenen Existenz ist. Fromm benennt u. a. folgende psychische Grundbedürfnisse:

- das Bedürfnis nach Verbundenheit und Liebe
- das Bedürfnis nach Kreativität
- das Bedürfnis nach Verwurzelung
- das Bedürfnis nach Sinn und Identität
- das Bedürfnis nach Orientierung.

Für alle diese Bedürfnisse gibt es auch Verhaltens- und Denkformen, bei denen sich das Gelingen in ein Scheitern verwandelt, z. B. Konformität statt Identität, Narzissmus und Machtstreben statt Liebe und Verbundenheit und Destruktivität statt Kreativität.

Robin Wall Kimmerer (*1953, Upstate New York) ist eine US-amerikanische Ökologin und Botanikerin. Sie lehrt als Professorin an der State

University of New York und ist Vorstand der Ecological Society of America sowie Direktorin des Center for Native Peoples and the Environment. Fachwissenschaftlich untersucht Robin Wall Kimmerer u. a. die Einflüsse von Störungen auf Ökosysteme und die Reaktionen der Ökosysteme auf diese Störungen. Ein Schwerpunkt der Wissenschaftlerin besteht in dem Anliegen, das traditionelle ökologische Wissen indigener Völker mit moderner Umweltwissenschaft zu verbinden und daraus Schlüsse zu ziehen für u. a. nachhaltige Entwicklungen. Entsprechend wichtig ist ihr das sog. »Traditional ecological knowledge« (TEK). TEK basiert u. a. auf Überlieferungen, Geschichten, Liedern, Erfahrungen und Überzeugungen und zeigt sich u. a. in Wissen, Vorstellungen, Einstellungen und Sprache bezüglich Natur, Mensch und Mensch-Natur-Beziehungen. TEK betont den symbiotischen Charakter von Mensch und Natur und schenkt der Tragfähigkeit von Ökosystemen größte Aufmerksamkeit.

Im Folgenden werden zentrale Gedanken von Erich Fromm und Robin Wall Kimmerer vorgestellt. Beide bieten Perspektiven auf die Frage, wie wir als Gesellschaft auf die ökologischen und sozialen Herausforderungen unserer Zeit reagieren können – insbesondere im Kontext der Klimakrise. Dabei geht es um die Diagnose zentraler Problemstellungen, die Entwicklung einer wünschenswerten Zukunft und um mögliche Transformationspfade dorthin. Ihre Sichtweisen laden dazu ein, Bildung, gerade mit Blick auf die Klimakrise, nicht nur als Vermittlung von Wissen, sondern als »Erziehung zur Humanität« und als Beziehungsarbeit mit der Mitwelt zu denken.

2.1 Die Idee einer Transformation zu Humanität bei Erich Fromm

Fromm betrachtet in seinem Buch »Haben oder Sein« die Situation von Menschen in den westlichen Kulturen. Er beobachtet, dass mit materiellem Komfort und Besitz u. a. die psychosozialen Störungen zunehmen. Unter der Überschrift »Das Ende einer Illusion« schreibt Fromm: »Die große Verheißung unbegrenzten Fortschritts – die Aussicht auf Unterwerfung der Natur und auf materiellen Überfluß, auf das größtmögliche

Glück […] und auf uneingeschränkte persönliche Freiheit – das war es, was die Hoffnung und den Glauben von Generationen seit Beginn des Industriezeitalters an aufrechterhielt« (2022, S. 13), und ergänzt auch den Glauben »auf dem Wege zu unbegrenzter Produktion und damit auch zu unbegrenztem Konsum zu sein, durch die Technik allmächtig und durch die Wissenschaft allwissend zu werden« (2022, S. 13). Dass sich die »große Verheißung« nicht erfüllt hat, liegt laut Erich Fromm u. a. daran, dass die beiden wichtigsten psychologischen Prämissen des Industriezeitalters falsch seien, »nämlich 1. daß das Ziel des Lebens Glück, das heißt ein Maximum an Lust sei, worunter man die Befriedigung aller Wünsche oder subjektiven Bedürfnisse, die ein Mensch haben kann, versteht (radikaler Hedonismus); 2. daß Egoismus, Selbstsucht und Habgier – Eigenschaften, die das System fördern muß, um existieren zu können – zu Harmonie und Frieden führen« (2022, S. 15).

Fromm spricht von einem Trauma, das durch das Nichteintreten des Erwarteten ausgelöst worden sei. Er schreibt, dass die Befriedigung aller Wünsche nicht zu Well-being geführt habe (2022, S. 14). Vielmehr gebe es eine »Gesellschaft notorisch unglücklicher Menschen«, die »von Ängsten gequält, deprimiert, destruktiv, abhängig« seien (2022, S. 18). Anstelle von Unabhängigkeit seien alle zu »Rädern in der bürokratischen Maschine« geworden. Menschen würden durch den »Industrie- und Staatsapparat manipuliert, der die Massenmedien beherrscht«, und sowohl ökologische Gefahren als auch die Gefahr eines Atomkriegs stellten eine existenzielle Bedrohung dar (2022, S. 14 f.). Insgesamt, so Fromm, trete die Frage »Was ist gut für das Wachstum des Systems?« an die Stelle der Frage »Was ist gut für den Menschen und die Natur?« (2022, S. 20). Das Verhältnis des Menschen zur Natur sei dabei »zutiefst feindselig« geworden (2022, S. 21).

Fromm spricht in Anbetracht der globalen Krisen, insbesondere der Umweltkrise, von der nahezu unglaublichen Tatsache, »daß bisher keine ernsthaften Anstrengungen unternommen wurden, um das uns angesagte Schicksal abzuwenden. Während im Privatleben nur ein Wahnsinniger bei der Bedrohung seiner gesamten Existenz untätig bleiben würde, unternehmen die für das öffentliche Wohl Verantwortlichen praktisch nichts, und diejenigen, die sich ihnen anvertraut haben, lassen sie gewähren« (2022, S. 24).

Vor diesem Hintergrund sucht Fromm nach Gründen, weshalb »der stärkste aller Instinkte, der Selbsterhaltungstrieb, nicht mehr zu funktionieren scheint« (2022, S. 24), und kommt u. a. zu folgenden Schlüssen:

- *Wahrung des Scheins*: Z. B. *würden Politiker mit vielem, das sie tun* (etwa Teilnahme an Konferenzen), vorgeben, wirksame Maßnahmen zur Abwendung der Katastrophe zu ergreifen, wobei de facto nichts passiere, was weiterhelfe, aber das Gewissen werde betäubt (2022, S. 24).
- *Selbstsucht von Verantwortlichen*: Es würden eher Entscheidungen getroffen, die dem persönlichen Vorteil dienen – da Selbstsucht allerdings aktuell verbreitet sei, werde das kaum noch als schockierend empfunden (2022, S. 24).
- *Bequemlichkeit*: Diese führe zum Absterben des Selbsterhaltungstriebes (2022, S. 25). Aus Bequemlichkeit heraus verdränge man Krisen und handele nicht.
- *Verlust des Glaubens an Alternativen, Mangel an Entwicklung von Alternativen*: Gegenmodelle zum aktuellen Wachstumsmodell würden kaum entwickelt; mangels Glaubens fehlten Kraft und Vision, neue und reale Alternativen zu sehen (2022, S. 25 f.).

Die Folge dieser aufgeführten Entwicklungen ist, dass zwischenmenschliches und wirtschaftliches Handeln von ethischen Werten und Normen weitgehend befreit sei. Zum Ausdruck kommt das im menschlichen Verhalten. Egoismus und Besitzstreben mit Folgen wie beispielsweise Habgier und Neid würden insbesondere zwischenmenschliche Beziehungen negativ beeinflussen. Gleichzeitig würden die Menschen Gefühle wie z. B. Neid vor anderen und vor sich selbst verdrängen und vorgeben, »der lächelnde, vernünftige, ehrliche, freundliche Mensch zu sein, als der sich jedermann ausgibt« (2022, S. 19). Für den Umgang mit der Natur bedeutet das: Die Natur wird nicht als etwas Erhaltenswertes betrachtet, sondern sie wurde für Ausbeutung und damit für ihre Zerstörung freigegeben.

Fromm verweist auf die Berichte des Club of Rome und hier auf denjenigen von M. D. Mesarovic und E. Pestel (1974, S. 135), in dem die beiden

Autoren zu dem Schluss kommen, dass nur ein »fundamentaler Wandel der menschlichen Grundwerte und Einstellungen im Sinne einer neuen Ethik und einer neuen Einstellung zur Natur« eine Katastrophe abwenden könnte; Fromm selbst spricht von einem notwendigen fundamentalen Wandel »der menschlichen Charakterorientierung« (2022, S. 22) und schreibt: »Zum erstenmal in der Geschichte hängt das *physische Überleben der Menschheit von einer radikalen seelischen Veränderung des Menschen ab*. Dieser Wandel im ›Herzen‹ des Menschen ist jedoch nur in dem Maße möglich, in dem drastische ökonomische und soziale Veränderungen eintreten, die ihm die Chance geben, sich zu wandeln, und den Mut und die Vorstellungskraft, die er braucht, um diese Veränderung zu erreichen« (2022, S. 23, Hervorhebung im Original).

Erich Fromm skizziert zwei Existenzweisen: die des Habens (hier gibt es allerdings zwei Formen: Eine Form des Habens ist existenziell und unverzichtbar zum Überleben, z. B. Grundnahrungsmittel, Kleidung, Wohnung, die andere Form ist charakterbedingt, s. u.) und die des Seins. Das Sein ist wesentlich schwieriger zu beschreiben als das Haben. Sein bedeutet u. a. lebendig, einmalig, individuell, unabhängig und frei zu sein, kritisch denken zu können, vom Reichtum menschlicher Gaben Gebrauch machen zu können, lieben zu können, neugierig zu sein. Die Unterschiede zwischen den Existenzweisen des Habens und des Seins verdeutlicht Erich Fromm an mehreren Beispielen (im Folgenden leicht gekürzt nach Textor, o. J.; dieser bezieht sich auf die Ausgabe von »Haben oder Sein« in der 45. Aufl. 2018):

- Lernen: Haben zeigt sich in der möglichst vollständigen Einprägung des Lernstoffes, um ihn anschließend, z. B. bei einer Prüfung, wiedergeben zu können. Bei der Existenzweise des Seins wird hingegen der Lerninhalt Teil der eigenen Gedankenwelt, erweitert und bereichert sie.
- Erinnern: In der Weise des Habens bedeutet Erinnern etwas Mechanisches oder ein logisches Verknüpfen, in der Weise des Seins jedoch ein aktives Tun, ein bewusstes Wiedererleben. Im erstgenannten Fall wird Erinnerungswertes z. B. mithilfe von Fotos oder Aufzeichnungen

dokumentiert, im anderen Fall wird es zu einem lebendigen Gedächtnisinhalt, der auch produktives Denken ermöglicht.

- Miteinander sprechen: Bei der Existenzweise des Habens ist die eigene Meinung ein Besitz. Man sucht nach immer neuen Argumenten, um die eigene Auffassung zu verteidigen, ist also nicht bereit, sie zu ändern. Auf ein wichtiges Gespräch bereitet man sich vor, plant die Unterredung und versucht, sich möglichst vorteilhaft zu präsentieren. Bei der Existenzweise des Seins wirkt der Mensch lebendig, tritt mit dem Gesprächspartner in einen Dialog ein und erlebt den offenen Austausch als etwas Freudvolles.
- Lesen: In der Weise des Habens wird ein Roman »konsumiert«, werden die Inhalte von Schul- und Lehrbüchern so vollständig wie möglich rezipiert und wiedergegeben. In der Weise des Seins setzt sich der Lesende mit den Inhalten auseinander, hinterfragt sie und sucht dann nach den wirklich neuen bzw. wertvollen Aussagen.
- Autorität ausüben: Im »Haben-Modus« besitzt ein Mensch Autorität aufgrund seiner Position in einer Gesellschaft bzw. in einer Hierarchie, übt Macht aus und beutet die unter ihm Stehenden aus. Im Fall des Seins hat er Autorität aufgrund von Weisheit, Kompetenz, Geschicklichkeit und anderen Eigenschaften erworben und strahlt sie durch die eigene Persönlichkeit aus. Die anderen Menschen folgen ihm freiwillig.
- Wissen: »Der Unterschied zwischen den Existenzweisen des Habens und Seins auf dem Gebiet des Wissens drückt sich in den Formulierungen ›ich habe Wissen‹ und ›ich weiß‹ aus. Wissen zu haben heißt, verfügbares Wissen (Information) zu erwerben und in seinem Besitz zu halten; Wissen im Sinne von ›ich weiß‹ ist funktional und Teil des produktiven Denkprozesses.« (2018, S. 57) Dabei wird das verfügbare Wissen infrage gestellt, nach Täuschungen und Illusionen gesucht, nach Wahrheit getrachtet.
- Lieben: Bei Liebe in der Form des Habens wird das, der, die Geliebte besessen, kontrolliert und eingeschränkt; bei Liebe in der Form des Seins handelt es sich um ein produktives Tätigsein, das Eingehen und Bestätigen des, der Geliebten, das Sich-Erfreuen an ihm bzw. ihr.

Menschen haben sich an die Existenzweise des Habens gewöhnt, und eine Entwicklung hin zur Existenzweise des Seins bedeutet eine Reise ins Ungewisse, Unsichere und kann Angst auslösen. So kommt es, dass die Charakterstruktur des Habens eine hohe Stabilität aufweist. Erich Fromm ist zudem der Auffassung, dass die Charakterstruktur der Individuen und die sozioökonomische Struktur der Gesellschaft in Wechselbeziehung miteinander stehen und eine Art Gesellschaftscharakter formen. Die Charaktere der einzelnen Menschen werden durch den aktuellen Kontext geformt, und zwar so, dass die Menschen so handeln, wie sie denken, dass sie es wollen, dabei aber übersehen, dass sie so handeln, wie sie sollen. Auch dies führt zum Verbleib in der Struktur des Habens.

Manipulation, Reizüberflutung, Schnelllebigkeit bzw. fehlende Muße führen zur Verdrängung von Gefühlen, zu einer Trennung des Verstandes vom Herzen und zu einer Entfremdung der Menschen von sich selbst, ihren Mitmenschen und der Natur (2002, S. 183). Für eine Änderung des menschlichen Charakters ist es laut Erich Fromm notwendig, dass die Menschen erkennen, dass sie leiden, und erkennen, was die Ursachen dieses Leidens sind, und dass sie Möglichkeiten sehen, das Leiden zu überwinden, z. B. indem sie sich bewusst für einen Prozess wachsender Lebendigkeit, wachsenden Identitätserlebens und wachsender Sinnorientierung entscheiden sowie bewusst Ehrfurcht, Dankbarkeit, Liebesfähigkeit, kritisches Denken u. v. m. empfinden.

Erich Fromm skizziert eine neue Gesellschaft, indem er ein solidarisches Zusammenleben ohne Klassenkampf und Krieg fordert, die atomare Abrüstung, wissenschaftlichen Fortschritt, die Sicherung der Existenzgrundlagen des Einzelnen, eine neue Einstellung zur Arbeit sowie einen gesunden und vernünftigen Konsum. Bei der Entwicklung einer solchen Gesellschaft sollte u. a. ein »humanistisches Expertengremium« positive menschliche Bedürfnisse und lebensfördernde Waren und Dienstleistungen ermitteln. Eine Veränderung könnte durch Gesetze, aber auch Verbraucherstreiks passieren; zentral sei eine »Mitbestimmungsdemokratie«.

Immer mehr Menschen sehen – der Einschätzung Erich Fromms nach – die Notwendigkeit einer neuen Ethik und einer anderen Einstellung zur Natur. Zudem wachse die Unzufriedenheit mit der gegenwärtigen Gesellschaftsordnung, der eigenen Ohnmacht und der Sinnlosigkeit des Lebens. Dass Konsum nicht glücklich macht, werde immer mehr Menschen bewusst. Menschen seien aber meist erst dann bereit für eine Veränderung, wenn diese relativ konkret und verlässlich vorstellbar ist.

2.2 Die Idee einer Transformation zu Humanität bei Robin Wall Kimmerer

Die Überlegungen von Robin Wall Kimmerer sollen exemplarisch anhand ihrer Gedanken in ihrem Buch »Geflochtenes Süßgras« (2023) dargestellt werden. In diesem Buch stellt sie sowohl indigenes Wissen über Natur (vor allem Pflanzen) als auch westliches naturwissenschaftliches Wissen vor und denkt über beide Arten der Welterschließung und des Weltverstehens nach.

Robin Wall Kimmerer führt dabei u. a. in ein Verständnis von »Traditional ecological knowledge« ein, z. B. indem sie anhand der überlieferten Geschichte von der »Himmelsfrau« die Interaktion von Mensch und Natur darstellt (u. a. 2023, S. 11 ff.). Mit dieser Geschichte wird erzählt, wie die Himmelsfrau durch ein Loch in der Himmelswelt auf die Erde fällt, ein Bündel in der Hand umklammernd, auf eine riesige Wasserfläche zustürzend; wie sich aus diesem Wasser viele Gänse erheben, um die Himmelsfrau mit ihren Flügeln aufzufangen und über Wasser zu halten; wie die Tiere einen Rat einberufen, da die Gänse die Himmelsfrau nicht allzu lange halten können; wie daraufhin die Fische herbeikommen, auch Otter, Biber und Schwäne, und wie schließlich eine Schildkröte der Himmelsfrau ihren Rücken als Insel anbietet. Eine kleine Bisamratte holt dann vom Meeresgrund etwas Schlamm und bringt diesen, sich so verausgabend, dass sie danach stirbt, der Himmelsfrau. Diese verteilt den Schlamm auf dem Schildkrötenpanzer. Das Bündel in der Hand der Himmelsfrau entpuppt sich dann als eine Mischung von Früchten, Samen und Keimlingen – beim Versuch, sich am Baum des Lebens festzuhalten, als sie stürzte, riss die Himmelsfrau diese mit sich. Bald ist die Erde nicht mehr braun, sondern überall wachsen Blumen, Bäume und Kräuter.

Kimmerer betrachtet die überlieferten Geschichten, Lieder und Rituale als eine Art Weltbild und Wertemaßstab und damit Lebensrichtschnur, aber nicht im Sinne fertiger Rezepte, sondern eher als mythisch-poetische Orientierung. Vor der Folie dieser »Original Instructions« kann sich das »Traditional ecological knowledge« dann überhaupt erst entwickeln und als sinnvoll erweisen. Die »Original Instructions«, wie beispielsweise die überlieferte »Himmelsfrau-Geschichte«, funktionieren also nicht im Sinne von Anordnungen und Regeln, sondern sie »bieten Orientierung« (2023, S. 17). Robin Wall Kimmerer schreibt, sich auf Gary Nabhan beziehend, die Menschen könnten »keinen sinnvollen Heilungsprozess« der Natur, keine »restoration« erwirken, wenn man nicht mit der »re-storyation« anfangen würde, mit der »Rückvergeschichtung«. Sie spricht von der Beziehung der Menschen zur Natur, die gesunden müsse (2023, S. 19), und dass die Art, welche Sichtweisen und Narrative es in Kulturen gibt, um diese zu beschreiben und zu charakterisieren, entscheidend sei für die Qualität der Beziehung. Die Wissenschaftlerin führt dazu ein Beispiel an: In der westlichen (naturwissenschaftlichen) Tradition sei der Mensch die »Krone der Evolution« an der Spitze einer »anerkannten Hierarchie« (2023, S. 19). Gemäß indigener Weisheit hingegen sei der Mensch das Lebewesen, das quasi zuletzt auf die Erde kam, entsprechend die wenigste Erfahrung mit dem Leben hat und ein kleiner Bruder der Schöpfung ist und am meisten lernen müsse (2023, S. 19). Die Vorstellung, dass der Mensch von anderen Arten und der Natur lernen kann und erst einmal viel verstehen muss, ist sehr stark im indigenen Wissen; hingegen dominiert in den westlichen Traditionen das Bild der »Beherrschung der Natur durch den Menschen«. Das Bild der westlichen Tradition gibt vergleichsweise wenig Hinweise auf die Bedeutung eines Bemühens und Ringens um Verständnis und zeugt auch vergleichsweise wenig von Bescheidenheit; auch der Gedanke einer partnerschaftlichen Kooperation bzw. Interaktion ist darin kaum enthalten. Ein anderes Beispiel ist die Haltung und Einstellung von Menschen zum Land. Für das indigene Volk bedeutet Land im Unterschied zur westlichen Tradition »Identität, Verbindung zu unseren Vorfahren, Heimat unserer nichtmenschlichen Verwandten,

Apotheke, Bibliothek, Quelle von allem, was uns am Leben hielt«, und den Ort, »wo unsere Verantwortung gegenüber der Welt verankert ist«, »heiliger Boden«; Land ist »ein Geschenk, keine Ware«, niemand kann es kaufen oder verkaufen (2023, S. 28). Auch die Sichtweise auf forschendes Denken und Handeln unterscheide sich völlig. In der westlichen Tradition verstehe sich Wissenschaft als »rein rational, vollständig neutral, ein System der Wissensgenerierung, in dem die Beobachtung unabhängig vom Beobachter ist« (2023, S. 31).

Ein Beispiel dafür, wie Robin Wall Kimmerer aus der Beobachtung der Natur Impulse für ein nachhaltiges Leben ableitet, zeigt sich in ihrer Deutung der Mastjahre der Pekannussbäume (2023, S. 20 ff.). Dass diese eine Art zyklisches Fruchten aufweisen, stelle Baumphysiologen und Evolutionsbiologen vor ein Rätsel (2023, S. 25). Die These, dass ein Baum nur dann viele (oder überhaupt) Früchte bildet, wenn die Bedingungen gut sind und die Energiebilanz des Baumes es erlaubt, kann nicht zutreffen, denn jeder Baum ist ja verschieden – und doch tragen in einem Mastjahr alle Bäume viele Früchte, auch die schwachen und im Schatten stehenden. Die Bäume würden im Kollektiv handeln. Laut westlicher Tradition sei es viel wahrscheinlicher, dass vermutet würde, es herrsche »der Imperativ des individuellen Überlebens« (2023, S. 26) – entsprechend werde erwartet, jeder Baum fruchte unterschiedlich, und evolutiv kommt es dazu, dass sich manche Muster bewähren, andere nicht. Laut indigenem Denken kann man das individuelle Wohlbefinden nicht vom »gesunden Ganzen« trennen (2023, S. 26). Das indigene Denken schließt nicht aus, dass die Pekannussbäume sich »absprechen« und gemeinsam entscheiden, wann sie gemeinsam fruchten – und dass hinter ihrer Entscheidung gute Gründe stehen.

Robin Wall Kimmerer legt u. a. am Beispiel der Gartenpflege dar, wie es möglich ist, »den Hain« zu »pflegen, ihn vor Schaden [zu] schützen, Samen [zu] pflanzen, damit neue Haine die Prärie beschatten und die Eichhörnchen ernähren« (2023, S. 32). Nicht der Gedanke des Profits und der Nutzung stehen hier im Vordergrund, sondern der Gedanke des Gemeinwohls, des Schutzes, der Verantwortung. An anderer Stelle beschreibt sie ihre Kindheitserlebnisse des Walderdbeerenessens. Was sie beim Essen der Beeren empfindet, sei »ein Gefühl von Unverdientheit und Dankbarkeit für die Freigiebigkeit und Freundlichkeit, die in diesem unerwarteten Geschenk in rot-grüner Verpackung stecken. ›Wirklich? Für mich? Das wäre doch nicht nötig gewesen‹« (2023, S. 35). Robin Wall Kimmerer erläutert anhand dieses Gedankens die Idee der »Schenkökonomie« (2023, S. 36), in der Güter und Dienstleistungen nicht erworben, sondern als Geschenk der Erde betrachtet werden. Bezüglich des Lernens des Menschen von der Natur hebt Kimmerer hervor, dass schon Kinder beobachten könnten, dass die Erdbeeren Ausläufer bilden und dass diese Wurzeln schlagen, wenn man ihnen ein Stückchen Erde freijätet und dass auf diese Weise eigenständige, neue Pflanzen entstehen, dass der Mensch also der Pflanze bei der Vermehrung behilflich sein kann und dadurch auch selbst wiederum von der Pflanze mit Früchten beschenkt wird (2023, S. 37). Das Beschenktwerden mit Früchten von einer Pflanze, der man geholfen hat, »begründet eine andauernde Beziehung« (2023, S. 38), eine »Mitwirkung an natürlichem Wachstum«, und die »Abhängigkeit« der Menschen davon wird anerkannt (2023, S. 44), woraus eine eigenmotivierte, selbst auferlegte/entschiedene Selbstbeschränkung resultiert (2023, S. 42), eine »Bewunderung für den Reichtum und die Freigiebigkeit der Welt« (2023, S. 45). Die Wissenschaftlerin leitet daraus u. a. ab, dass es Güter geben sollte, die nicht gekauft und verkauft werden sollten. Sie schreibt: »Wasser ist ein Geschenk für alle, es soll nicht gekauft und verkauft werden« (2023, S. 45) und »Wenn Nahrung aus der Erde herausgepresst wurde, wenn dafür der Boden ausgelaugt und unsere Verwandten im Namen höherer Erträge vergiftet wurden, kauf sie nicht« (2023, S. 45). Gemeinschaftlich genutzte Ressourcen seien lange Zeit das Modell gewesen, bevor »ein soziales Konstrukt« »erfunden« wurde, »in dem alles Ware ist, die gekauft und verkauft werden kann« (2023, S. 45). Robin Wall Kimmerer beschreibt auch ganz alltägliche Erinnerungen aus ihrer Kindheit, z. B. dass ihre Eltern sie und ihre Geschwister nach einem Picknick in der Natur beim Aufbrechen aufforderten, den Platz nochmals abzusuchen und den Ort besser zu hinterlassen, als man ihn vorgefunden habe (2023, S. 48).

3. Ableitungen: Pädagogik und Humanität

Welche Schlüsse lassen sich nun auf der Basis der Gedanken von Erich Fromm und Robin Wall Kimmerer für eine »Erziehung zur Humanität« ziehen, und wie lässt sich eine entsprechende Pädagogik skizzieren?

Ausgehend von Fromms Gedanken des Seins formulierte der Psychoanalytiker Rainer Funk sieben Wirkungen, auf die eine am Sein orientierte Pädagogik abzielen sollte. Die Leitsätze Funks stehen ganz im Geist einer »Erziehung zur Humanität«:

1. Aktivierende Wirkung: Das Kind ist interessiert, aufmerksam, engagiert und von innen heraus aktiv. Die (Lern-)Zeit vergeht wie im Fluge.
2. Energetisierende Wirkung: Das Kind ist voller Energie und Kraft, »die zu einem Erleben der Fülle des Lebens führt, die einen ›überfließen‹ lässt und das Bedürfnis erzeugt zu geben, zu teilen und sich mitzuteilen« (Funk 2002, S. 4).
3. Sozialisierende Wirkung: Das Kind kann sich emotional binden, zeigt eine hohe soziale Kompetenz, ist empathisch und mitfühlend.
4. Individualisierende Wirkung: Das Kind fühlt sich von den Erziehenden geachtet und respektiert. Es erfährt sich als autonom, selbstständig und unabhängig.
5. Integrierende Wirkung: Das Kind »erlebt sich ›stimmiger‹, harmonischer, ausgeglichener, ›identischer‹, gefestigter, ganzheitlicher. Die integrierende Wirkung zeigt sich geistig in der Befähigung zu einem sinnerfüllten Leben, psychisch in der Befähigung zu einem gefühlshaften Leben und körperlich in einem bewegungsaktiven und zugleich entspannten Leben sowie in einer stärkeren Integration dieser drei Dimensionen des Menschseins« (Funk 2002, S. 5).
6. Schöpferische Wirkung: Das Kind ist einfallsreich, spontan, intuitiv und kreativ.
7. Ich-stärkende Wirkung: Das Kind ist realistisch, besitzt Frustrationstoleranz, erträgt Ambivalenz, kann »emotional auf die Wirklichkeit in sich und um sich herum bezogen sein« (Funk 2002, S. 5).

Rainer Funk formulierte: »Erziehung zur Orientierung am Sein heißt immer […] Anleitung, Einübung und Praxis der körperlichen, psychischen und geistigen Eigenkräfte des Menschen« (2002, S. 11). Eine »Pädagogik des Seins« verfolgt das Ziel, die Entwicklung einer authentischen Persönlichkeit mit ausgeprägter Beziehungsfähigkeit und Empathie zu fördern. Eine solche Pädagogik erfordert in besonderem Maße Aufmerksamkeit für die Einzigartigkeit jedes Kindes. Im Gegensatz dazu steht eine materialistische Pädagogik, die sich an neoliberalen Denkmustern orientiert und den Habitus des Habens unterstützt. Im Unterschied zu einer materialen Bildung steht bei der formalen Bildung nicht eine outcomeorientierte Wissensvermittlung, Standardisierbarkeit und das Messen von Kompetenzen (vgl. Selby & Kagawa 2010, S. 40) im Zentrum, sondern die pädagogische Unterstützung bei der Entwicklung kritischer Vernunft und Autonomieentfaltung. Bezogen auf die Klimakrise, lässt sich sagen: Bildung, die Natur zum Inhalt und Gegenstand hat, kann je nach Bildungsmodell als formalistisch naturwissenschaftliche Frühförderung im Sinne der Hervorbringung der Ingenieure von morgen betrachtet werden oder als eine In-Beziehung-Setzung der Menschen mit der Natur im Sinne einer späteren Verantwortungsübernahme für die Natur und ihre Bedürfnisse.

Robin Wall Kimmerer unterstreicht insbesondere die Idee der »Ecological restauration«. Durch Aufmerksamkeit für die Bedürfnisse der Natur und Pflege der Natur gilt es, die Regenerationskräfte der Natur zu stärken, natürliche Kreisläufe wiederherzustellen und insgesamt ein menschliches Wirken im Sinne der Intaktheit oder Wiedergesundung der Natur zu stärken. Die Wissenschaftlerin plädiert dafür, dass in der Pädagogik nicht nur die negativen Wechselwirkungen zwischen Mensch und Umwelt thematisiert werden sollten – es sollte auch gefragt werden nach positiven Wechselwirkungen. Sie machte die Feststellung bei ihren Studierenden, dass, gefragt nach positiven Wechselwirkungen zwischen Mensch und Umwelt, die häufigste Antwort »nicht existierend« lautete (2023, S. 15). Positive Interaktion von Umwelt und Natur müsse erfahren werden, um vorstellbar und bewusst praktizierbar zu sein. »Förderung von Gesundheit und Wohlbefinden«, »Schutz vor Schaden«, »Förderung von individuellem Wachstum und Entwicklung«, »Wunsch nach Zusammensein«, »freigiebiges Teilen von Ressourcen«, »gemeinsame Arbeit am gemeinsamen Ziel«, »Zelebrieren gemeinsamer Werte«, »gegenseitige Abhängigkeit«, »Aufopferung füreinander« und »Erschaffen von Schönheit« seien Verhaltensweisen, die man z. B. beim Pflegen eines Gartens praktizieren würde – und es wären exakt die Verhaltensweisen, die Menschen, die einander lieben, praktizieren (2023, S. 144). Robin Wall Kimmerer stellt sogar die Frage, warum man nicht auch den nächsten Schritt machen könne, und sagen dürfe, dass der Garten diese Liebe erwidere (2023, S. 144). Dies auch vor dem Hintergrund, dass es sicherlich ganz verschiedene Arten von »Intelligenzen« gebe (2023, S. 75), über die man bislang noch zu wenig wisse. In Seminaren fragte die Wissenschaftlerin Studierende, ob diese einen Naturort kennen, den sie sehr lieben, und ob sie glauben würden, dieser Ort würde sie auch lieben. Und im Anschluss stellte sie auch die Frage, was passieren würde, wenn Menschen die Vorstellung hätten, dass die Erde ihre Liebe erwidere. Robin Wall Kimmerer zitiert die Antwort einer Studentin auf diese letzte Frage, diese sagte: »Wenn etwas Liebe schenkt, würde man ihm niemals Schaden zufügen« (2023, S. 145).

Robin Wall Kimmerer betont weiterhin, wichtig sei, dass alle möglichen Zugänge zum Verstehen ermöglicht würden. Sie weist u. a. darauf hin, dass es allein beim Wahrnehmen mehrere Zugänge gebe, einen Gegenstand könne man mit »Verstand, Körper, Emotion und Geist« wahrnehmen (2023, S. 61). Gerade mit Blick auf die naturwissenschaftliche Bildung betont sie, dass mit Sprache keine Distanz geschaffen werden dürfe. Am Beispiel des indigenen Wortes »Puhpowee« stellt Robin Wall Kimmerer dar, was ihrer Meinung nach der gängigen wissenschaftlichen Sprache fehlt. »Puhpowee« bedeutet »die Kraft, die bewirkt, dass Pilze (oder andere Lebewesen) über Nacht aus dem Boden schießen« (2023, S. 63). Biologen westlicher Tradition seien verblüfft über die Existenz eines solchen Wortes, westliche Wissenschaft »kennt keinen solchen Begriff, keine Wörter, die dieses Mysterium beschreiben« (2023, S. 64). Und die Wissenschaftlerin weiter: »Man könnte meinen, dass gerade Biologen am ehesten Wörter für das Leben haben. Doch in der Sprache der Wissenschaft wird unsere Terminologie benutzt, um die Grenzen unseres Wissens zu definieren. Was dahinter liegt, bleibt unbenannt« (2023, S. 64). Daraus ableiten könne man auch, dass es für eine gute Mensch-Natur-Beziehung wichtig sei, sich des Nichtwissens und des Rätselhaften bewusst zu sein – und gerade das Nichtwissen als wichtige Größe im Umgang mit der Natur im Blick zu haben. Und ein pädagogisch-didaktischer Ansatz könne darin liegen, neue Begriffe für derlei Beziehungen zu suchen.

Eine Kernfrage der Zukunft ist, wie eine Bildung aussehen muss, die in den Kindern eine wertschätzende, partnerschaftliche Beziehung zur Umwelt und Natur veranlagen möchte, die auf innerer Überzeugung basiert. Insbesondere von Robin Wall Kimmerer lässt sich ableiten, dass den Sich-Bildenden eine In-Beziehung-Setzung mit der Natur ermöglicht werden muss und dass auf Natur bezogene Bildungs- und Verstehensprozesse auf der Basis emotionaler, sinnlich-ästhetischer Erlebnisse stehen müssen.

Erich Fromm, so könnte man sagen, hat die Idee und sieht die Notwendigkeit der »Psychological restauration«, Robin Wall Kimmerers Fokus liegt auf der »Ecological restauration«. Die Gesamtannahme ist entsprechend: Eine Rückbesinnung auf Humanität als zentral bedeutsamem Bildungsziel kann sowohl die Qualität des Zusammenlebens der Menschen als auch die Qualität des Zusammenlebens von Mensch und Umwelt erheblich verbessern. Humanität als Bildungsziel zurück ins Bewusstsein zu holen, ist notwendig, um empathische Beziehungen zwischen Menschen und eine empathische Beziehung der Menschen zur Natur wiederherzustellen.

Beide, Erich Fromm und Robin Wall Kimmerer, kommen zu der Prognose, dass die Zukunft gerade auch in Hinblick auf den Schutz der Natur Menschen brauche, die sich nicht manipulieren und einschüchtern lassen von bestehenden Normen und Strukturen, sondern die den Mut haben, kritisch zu denken und empathisch zu sein. Pädagogik muss in diesem Sinne dafür sorgen, dass Menschen nicht unbewusst bestimmte Denk- und Handlungsstrukturen verinnerlichen, ohne diese zu hinterfragen. Bildung hat in diesem Sinne wieder bewusst die Aufgabe einer »Erziehung zur Mündigkeit«. Das bedingt die Notwendigkeit, dass in der

Schule »verstanden« wird und Freiheit des Denkens und Sich-Äußerns gewährleistet ist. In Bezug auf den Schutz der Natur hat Bildung konkret die Aufgabe, Menschen in die Lage zu versetzen, dass sie Vorstellungen von Naturphänomenen aufbauen können, die tragfähig sind, um Zusammenhänge zu verstehen, aber auch um Einblick zu haben, wo Nichtwissen vorliegt und man entsprechend z. B. Veränderungen nicht einschätzen und eine Beurteilung nicht vornehmen kann. Bildung hat auch die Aufgabe, Menschen zu befähigen und zu ermutigen, damit sie auf der Basis von Verständnis und Überzeugungen im Sinne und zum Schutz von Natur handeln und Einfluss nehmen können. Bildung mit dem Ziel der Erziehung zu Humanität möchte befähigen zu Empathie und wegkommen von Gleichgültigkeit, die in vielen Beziehungen der Menschen zu Mitmenschen und der Natur vorherrscht.

Eine entsprechende Pädagogik verlangt von Lehrenden neben fachspezifischem Wissen auch Werthaltungen und Überzeugungen als Basis professioneller Handlungskompetenzen (vgl. Bernhardsson-Laros 2020). Die Haltung der Lehrenden muss beim Anstreben einer wie oben skizzierten Pädagogik authentisch und integer sein und eine Übereinstimmung von Gesagtem und Getanem vorliegen, weil dieser Kontext die Basis für ein gelingendes pädagogisches Arbeitsbündnis als Basis von Verstehen darstellt. Lehrende müssen sinnstiftend auf kindliche Bedürfnisse eingehen. Eine solche Pädagogik erfordert auch, dass Lehrende den Sich-Bildenden verschiedene Zugänge zum Wahrnehmen und Verstehen ermöglichen können. Diese Art der Pädagogik bedeutet auch eine Entschleunigung bzw. die Ermöglichung von Momenten der Muße. Lehrende selbst müssen dann empathische Menschen sein und Menschen, denen es möglich ist, sich der Welt, gerade auch der Natur, zu öffnen, also zu staunen, sich in Beziehung zu setzen, auf vielfältige Weise wahrzunehmen und nach Zugängen zu suchen. In all diesen Überlegungen, in Ableitung der Ideen von Erich Fromm und Robin Wall Kimmerer, wird sichtbar, dass der Gedanke von »Persönlichkeit und Beziehung als Grundlage der Pädagogik« (Krautz & Schieren 2013) aktuell von zentraler Bedeutung ist.

4. Ausblick

Die Auseinandersetzung mit Fromms humanistischer Psychologie und Kimmerers ökologisch-indigener Perspektive legt nahe, dass zukünftige Bildungsprozesse – insbesondere in der Lehrkräftebildung – stärker auf die Entwicklung einer inneren Haltung von Verbundenheit, Empathie und Verantwortungsbewusstsein zielen sollten. In der Ausbildung von Lehrkräften bedeutet das konkret: Es braucht Formate, in denen nicht nur Fachwissen, sondern auch Beziehungsfähigkeit, Naturverbundenheit und ein kritisches Nachdenken über das eigene Menschenbild gefördert werden. Gerade Ansätze wie das Draußenlernen haben ein erkennbar großes Potenzial; dort steht die originale Begegnung mit Naturphänomenen im Zentrum. Bildungswirksamkeit kann dabei u. a. entstehen auf der Basis der In-Beziehung-Setzung von Mensch und Natur, der ästhetisch-sinnlichen Wahrnehmung, des emotionalen Berührtwerdens, des Staunens und Fragebildens. Reflexive Methoden, Naturerfahrungen, Storytelling oder die Arbeit mit biografischen Zugängen könnten hier tragende Rollen spielen. So kann Bildung nicht nur kognitiv auf die Klimakrise reagieren, sondern Persönlichkeitsbildung im Sinne eines kulturellen Wandels aktiv mitgestalten.

Drei Literaturtipps mit Kurzbeschreibung

- Fromm, E. (2022). *Haben oder Sein. Die seelischen Grundlagen einer neuen Gesellschaft*. 50. Auflage. dtv.
  In diesem Buch beschreibt Fromm zwei Haltungen: die des Habens und die des Seins. Das Buch ermöglicht die Vorstellbarkeit einer menschenwürdigen Zukunft und skizziert, welche Transformation dahin führen könnte.
- Kimmerer, R. W. (2023). *Geflochtenes Süßgras. Die Weisheit der Pflanzen*. 8. Auflage. Berlin: Aufbau.
  Das Buch zeigt auf verständliche Art das Anliegen der Autorin auf, indigene Erfahrungen und indigene Welterschließung mit naturwissen-

schaftlichem Wissen in Beziehung zu setzen. Dies auch mit der Absicht aufzuzeigen, was eine Entwicklung der Nachhaltigkeit benötigt.

- Krautz, J. & Schieren, J. (Hrsg.) (2013). *Persönlichkeit und Beziehung als Grundlage der Pädagogik*. Weinheim, Basel: Beltz Juventa.
  Die Herausgeber weisen darauf hin, dass in der Rückerinnerung an Schule sich vor allem die sozialen Momente als prägend darstellen. In den verschiedenen Beiträgen wird von namhaften Autor:innen u.a. die Bedeutung von Beziehung für Bildung herausgearbeitet.

Drei didaktische Hinweise

1. Als didaktischer Zugang zu einer Auseinandersetzung mit dem Verhältnis Mensch–Natur bietet es sich an, die von Robin Wall Kimmerer vorgeschlagenen Fragen aufzugreifen, z.B. die Frage, ob es positive Wechselwirkungen zwischen Mensch und Natur gibt. In der Diskussion darüber kann eine Auseinandersetzung darüber entstehen, wie eine Transformation in Richtung Nachhaltigkeit möglich ist.
2. Als Einstieg kann eine Wildblumenwiese besucht werden. Zunächst liegt der Fokus auf der Wahrnehmung; diese kann mit allen Sinnen stattfinden, auf dem ästhetischen Erleben basieren, später folgt ggf. das fachwissenschaftliche Bestimmen. Es können vielfältige Zugänge zum Aufbau eines Verständnisses aufgezeigt werden, z.B. ein Ordnen der Pflanzen nach Blütenformen, nach Wuchshöhe, nach Vermehrungsstrategie etc. Ermöglicht werden kann so ein Erlebnis der In-Beziehung-Setzung mit der Natur, das als sinnstiftend und orientierungsgebend empfunden wird und dazu führen kann, der Welt mit Empathie und Staunen zu begegnen.
3. Mit folgendem Impuls soll verdeutlicht werden, wie menschliche Aktivitäten und ihre Folgen mit Fragen von Haltung und Verantwortung sowie mit Entscheidungen in Bezug auf den Umgang mit Schäden zusammenhängen. Man stelle sich vor, dass man eine riesige wilde Party veranstaltet, sodass dabei ziemlich viel Dreck und ggf. Schaden entsteht, z.B. dreckiges Geschirr, kaputtgegangenes Mobiliar, ein vermüll-

ter Garten, dann wird man sich im Nachgang um alles kümmern und alles wiederherstellen müssen oder jemanden dafür bezahlen. Das kostet u. a. Energie, Zeit und Geld (etwa Ersatz kaputtgegangener Dinge, möglicherweise Renovierungskosten) und kann weitere Konsequenzen haben (z. B. die Auseinandersetzung mit einer Klage der Nachbarschaft wegen Lärmbelästigung). Über diese Situation kann nachgedacht werden, in dem nacheinander verschiedene Fragen diskutiert werden, z. B. a) War man sich der möglichen Folgen von vornherein bewusst – und warum entschied man sich trotzdem für die Veranstaltung der Party? b) Wie geht man mit dem entstandenen Schaden um, welche Einstellung hat man dazu, und wodurch wurde diese Einstellung geformt? c) Wenn man eine Parallele zieht und die aktuelle Ausbeutung der Natur mit der wilden Party vergleicht – was ergeben sich daraus für Gedanken?

Literatur

Bauman, Z. (2016). *Strangers at our door.* Cambridge: Polity Press.

Bernhardsson-Laros, N. (2020). Moralische Probleme und ethische Fragen von Lehrenden der Erwachsenen- und Weiterbildung. Ein Modell für die Forschung zur erwachsenenpädagogischen Bereichsethik. In: *Zeitschrift für Weiterbildungsforschung* 43, S. 13–30 (2020). https://doi.org/10.1007/s40955-020-00152-5

Einstein, A. (2009). Why Socialism? In: *Monthly Review.* Band 61, Nr. 1, 7. Mai 2009, https://doi.org/10.14452/MR-061-01-2009-05_7

Fromm, E. (2022). *Haben oder Sein. Die seelischen Grundlagen einer neuen Gesellschaft.* 50. Auflage. dtv.

Funk, R. (2002). Erziehung zwischen Haben und Sein. Nachhaltige Erkenntnisse Erich Fromms. https://www.fromm-gesellschaft.eu/images/pdf-Dateien/Funk_R_2002.pdf

Hemmati-Weber, M. (1993). Zivilisierung zum Corpus. Warum wir Naturzerstörung nicht erleben. In: *Journal für Psychologie*, 1, S. 28–33.

Institut für Menschenrechte (1948). *Allgemeine Erklärung der Menschenrechte.* Vereinte Nationen, 10. Dezember. https://www.institut-fuermenschenrechte.de/fileadmin/user_upload/Publikationen/Weitere_Publikationen/Broschuere_70_Jahre_AEMR.pdf [09.09.2024].

IPCC (2022). *Climate Change 2022: Impacts, Adaptation, and Vulnerability*. Contribution of Working Group II to the Sixth Assessment Report of the Intergovernmental Panel on Climate Change [H.-O. Pörtner, D.C. Roberts, M. Tignor, E.S. Poloczanska, K. Mintenbeck, A. Alegría, M. Craig, S. Langsdorf, S. Löschke, V. Möller, A. Okem, B. Rama (eds.)]. Cambridge University Press. Cambridge University Press, Cambridge, UK and New York, NY, USA, 3056 pp., doi:10.1017/9781009325844.

Kimmerer, R.W. (2023). *Geflochtenes Süßgras. Die Weisheit der Pflanzen*. 8. Auflage. Berlin: Aufbau.

Kraag, B. (1999). Wenn Risikofurcht das Denken regiert. Dogmatische und konformistische Urteilsbildung und die Notwendigkeit einer Ethik des Denkens. In: EuS 10(1999), S. 3–9.

Krautz, J. & Schieren, J. (Hrsg.) (2013). *Persönlichkeit und Beziehung als Grundlage der Pädagogik*. Weinheim, Basel: Beltz Juventa.

Meadows, D.L., Meadows, D.H., Zahn, E. & Milling, P. (1972). *Die Grenzen des Wachstums. Bericht des Club of Rome zur Lage der Menschheit*. Stuttgart: Deutsche Verlags-Anstalt.

Mesarovic, M.D. & Pestel, E. (1974). *Menschheit am Wendepunkt. 2. Bericht des Club of Rome zur Weltlage*. Stuttgart: Deutsche Verlags-Anstalt.

Przybylska, E. & Nuissl, E. (2020). Humanisierung durch Bildung. In: *Zeitschrift für Weiterbildungsforschung* 43, S. 1–11 (2020). https://doi.org/10.1007/s40955-020-00155-2

Rockström, J., Steffen, W., Noone, K., Persson, Å., Chapin, F.S. III, Lambin, E., Lenton, T.M., Scheffer, M., Folke, C., Schellnhuber, H., Nykvist, B., De Wit, C.A., Hughes, T., van der Leeuw, S., Rodhe, H., Sörlin, S., Snyder, P.K., Costanza, R., Svedin, U., Falkenmark, M., Karlberg, L., Corell, R.W., Fabry, V.J., Hansen, J., Walker, B., Liverman, D., Richardson, K., Crutzen, P. & Foley, J. (2009). Planetary boundaries: exploring the safe operating space for humanity. In: *Ecology and Society* 14(2): 32. [online] http://www. ecologyandsociety.org/vol14/iss2/art32/ [05.04.2025].

Selby, D. & Kagawa, F. (2010). Runaway Climate Change as Challenge to the ›Closing Circle‹ of Education for Sustainable Development. In: *Journal of Education for Sustainable Development*, *4*(1), 37–50. https://doi.org/10.1177/097340820900400111

Textor, M.R. (o.J.). Haben oder Sein: Vor 45 Jahren erschien das wegweisende Buch von Erich Fromm. https://www.kindergartenpaedagogik.de/fachartikel/paedagogik/haben-oder-sein-vor-45-jahren-erschien-das-wegweisende-buch-von-erich-fromm/

Wehling, H.-G. (1977). Konsens à la Beutelsbach? Nachlese zu einem Expertengespräch. In: S. Schiele & H. Schneider (Hrsg.). *Das Konsensproblem in der politischen Bildung*. Stuttgart: Klett, S. 173–184.

Harald Hantke & Alexander Lorch

Inner Development Goals zur Erreichung der Sustainable Development Goals – ein Self-Assessment als Reflexionsanlass zum Einsatz in transformativen Lernprozessen

Kurzzusammenfassung

Die Inner Development Goals (IDGs) sind ein Rahmenwerk, das 23 kognitive und emotionale Zukunftskompetenzen enthält. Diese sollen dazu befähigen, erfolgreich mit komplexen gesellschaftlichen Herausforderungen umzugehen, insbesondere mit denen, die mit den Sustainable Development Goals (SDGs) adressiert werden. Die Förderung eines großen Teils dieser Kompetenzen wie bspw. Perspektivität, Gegenwärtigkeit oder Empathie ist jedoch bislang nicht Teil klassischer Lehr-Lern-Prozesse an Schulen und Hochschulen. Die im IDG-Rahmenwerk formulierten Kompetenzen können jedoch einen fruchtbaren Ausgangspunkt für nachhaltig-transformative Lehr-Lern-Prozesse im Kontext der SDGs bilden. Vor diesem Hintergrund wird im Rahmen des Beitrags ein sogenanntes IDG-Self-Assessment vorgestellt. Dieses an einem Kompetenzraster orientierte Instrument soll als Reflexionsanlass von IDGs in transformativen Lernprozessen zur Erreichung der SDGs eingesetzt werden können.

Lernziele

- Die Inner Development Goals (IDGs) beschreiben können.
- Den Zusammenhang von Inner Development Goals (IDGs) und Sustainable Development Goals (SDGs) erläutern können.
- Den Zusammenhang von Inner Development Goals (IDGs) und transformativen Lernprozessen erläutern können.

- Die drei Kernelemente von Kompetenzrastern in Beziehung zueinander setzen können.
- Den Einsatz von Kompetenzrastern in Form eines IDG-Self-Assessments bewerten können.

1. Einführung und Verortung des Themas

Neben globalen Kraftanstrengungen und Anpassungen von Politik, Wirtschaft, Gesellschaft und Technik ist es letztlich auch immer das individuelle Verhalten jedes Einzelnen, das einen Beitrag zu einer nachhaltigen Entwicklung leisten kann und muss. Dafür brauchen Menschen jedoch das nötige Wissen über die Umstände, in denen sie leben, und über die Möglichkeiten von Veränderungen einerseits sowie andererseits die Fähigkeiten, um Veränderung auch zu bewirken.

Für die Ausbildung derartigen Wissens und der entsprechenden Fähigkeiten werden in der Debatte um die Ziele für eine nachhaltige Entwicklung (Sustainable Development Goals [SDGs]) darum konsequenterweise auch Forderungen an den Bildungssektor gerichtet (vgl. Sachs et al. 2019), die in ihrem Ursprung an die UN-Dekade »Bildung für eine nachhaltige Entwicklung« (2005 bis 2014) anknüpfen (vgl. Singer-Brodowski 2016, S. 13). In diesem Kontext wird in Ziel vier der SDGs (»Hochwertige Bildung«) ein Teilziel formuliert, das explizit die Realisierung einer Bildung für nachhaltige Entwicklung einfordert:

> »Bis 2030 sicherstellen, dass alle Lernenden die notwendigen *Kenntnisse und Qualifikationen* zur Förderung nachhaltiger Entwicklung erwerben, unter anderem durch Bildung für nachhaltige Entwicklung und nachhaltige Lebensweisen, Menschenrechte, Geschlechtergleichstellung, eine Kultur des Friedens und der Gewaltlosigkeit, Weltbürgerschaft und die Wertschätzung kultureller Vielfalt und des Beitrags der Kultur zu nachhaltiger Entwicklung« (Vereinte Nationen 2015, Hvh. durch die Autoren).

Zur Frage, wie die Weltgemeinschaft die Sustainable Development Goals (SDGs) erreichen kann, gibt es jedoch (mindestens) folgendes grundsätzliches Problem: Einerseits haben wir inzwischen sehr viel Wissen über Umweltprobleme, Klimawandel, Armut, Gesundheit, soziale Missstände etc. generiert. Andererseits bleiben substanzielle Fortschritte auf dem Weg zu einer nachhaltigen Gesellschaft weitestgehend aus (vgl. Jordan et al. 2021, S. 3, Übersetzungen von Jordan et al. 2021 durch die Autoren; Rebmann & Slopinski 2018). Dies zeigt sich etwa daran, dass bis zum Jahr 2024 nur 17 Prozent der Ziele erreicht wurden, wie der SDG-Bericht der Vereinten Nationen 2024 offenbart (vgl. United Nations 2024). Das Projekt Inner Development Goals (IDGs) hat ein Rahmenwerk entwickelt, um diesem Problem auf subjektiver Ebene zu begegnen: Es ist »von der Überzeugung geleitet, dass es weitgehend an einer genauen Vorstellung davon fehlt, welche Fähigkeiten, Qualitäten oder Fertigkeiten wir bei denjenigen Personen, Gruppen und Organisationen fördern müssen, die bei der Verwirklichung der Visionen eine entscheidende Rolle spielen« (Jordan et al. 2021, S. 3).

2. Inner Development Goals und Sustainable Development Goals als Ausgangspunkt transformativer Lernprozesse

2.1 SDGs und IDGs

Ausdrücklich genannt werden in Unterziel 4.7 der SDGs »Kenntnisse und Qualifikationen«, und im daraus erwachsenen Diskurs um eine Bildung für nachhaltige Entwicklung stellt sich neben der Frage nach dem notwendigen Wissen folglich auch die Frage nach den konkreten Fähigkeiten und Dispositionen, die Lernende erlangen sollten, um an nachhaltigen Transformationsprozessen teilnehmen und diese erfolgreich mitgestalten zu können.

Mit dem Ziel, hierzu einen Beitrag zu leisten, haben sich seit dem Jahr 2020 im Rahmen der Initiative Inner Development Goals (IDGs) Akteure aus Wissenschaft, Politik, Wirtschaft und Zivilgesellschaft in unterschiedlichen Formaten darüber verständigt, welche Kompetenzen förderlich oder gar notwendig sind, damit sich Individuen den komplexen Herausforderungen im Zusammenhang mit den SDGs stellen und diese effektiv bewältigen können. Ausgangspunkt der IDGs ist die Beobachtung, dass die Menschheit zwar einerseits immer mehr Wissen über Umweltprobleme, Klimawandel, Armut, Gesundheit, verschiedene soziale Missstände etc. erlangt, gleichzeitig jedoch frustrierend zögerlich handelt. Sich auf die Hoffnung zu beschränken, dass externe Maßnahmen, die auf technologischen Fortschritt oder politische Regulierung setzen, die Lösung der Herausforderung darstellen, sei riskant, da es nicht unwahrscheinlich sei, dass diese nicht oder nur zögerlich und insgesamt also zu spät realisiert werden könnten. Das Projekt der IDGs will darum inneren Wandel fördern, um äußeren zu bewirken. Vor diesem Hintergrund sind im Rahmen eines über mehrere Jahre ablaufenden iterativen Prozesses in Anlehnung an die Sustainable Development Goals sogenannte Inner Development Goals formuliert worden. Dazu wurden im Rahmen einer Onlinebefragung von 861 Expertinnen und Experten aus Wirtschaft, Wissenschaft und Zivilgesellschaft 23 Kompetenzen abgeleitet. Diese wurden anschließend erneut von 813 Expertinnen und Experten bewertet und in fünf Dimensionen eingeteilt, die dann ein IDG Framework für inneres Wachstum und Entwicklung bilden (vgl. Jordan et al. 2021, S. 5–12):

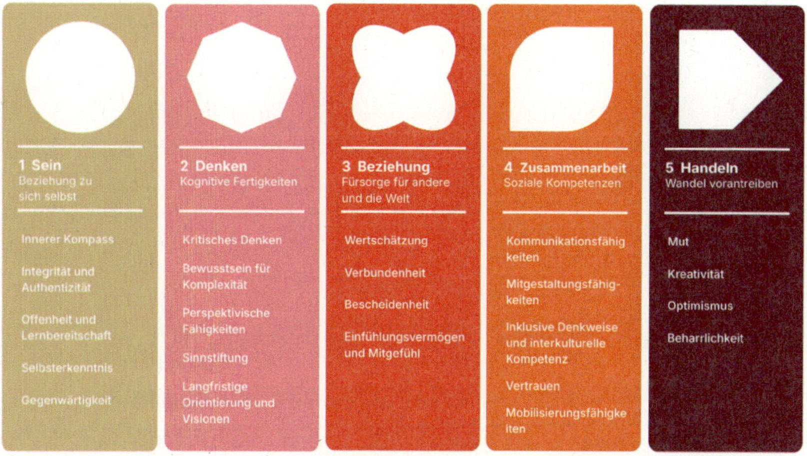

Abb. 1: Inner Development Goals (Jordan et al. 2021)

Die Struktur des Non-Profit-Projekts, das stark auf Open Source und interdisziplinären Austausch sowie Beteiligung aller interessierten Akteure setzt, soll als Impuls dienen, um gesellschaftliche Debatten über die Frage anzuregen, welche übergeordneten Kompetenzen für die Umsetzung der Ziele für eine nachhaltige Entwicklung notwendig sind. Der IDG-Rahmen wird dementsprechend bewusst als »offen und vielseitig« beschrieben und lässt »sich in verschiedene Richtungen entwickeln und anpassen« (ebd., S. 25). Für den Moment stehen für das Projekt die kollektive Weiterentwicklung und vor allem die Umsetzung des Konzepts im Vordergrund.

2.2 IDGs und transformative Lernprozesse

Zweifellos ist es von fundamentaler Bedeutung, dass gerade junge Menschen um die bestehenden Herausforderungen und möglichen Lösungsansätze wissen, die mit den Zielen für eine nachhaltige Entwicklung verbunden sind. Über dieses Wissen hinaus können die IDGs dann als Zielhorizont dienen, um transformatives Handeln in den Blick zu nehmen, der die Lernenden im Sinne der Entwicklung ihrer Persönlichkeit dazu befähigen soll, aktiv und mündig an Veränderungsprozessen mitzuwirken.

Der Fokus auf Kompetenzförderung zur Persönlichkeitsentwicklung folgt dabei der Diagnose, »dass es weitgehend an einer genauen Vorstellung davon fehlt, welche Fähigkeiten, Qualitäten oder Fertigkeiten wir bei denjenigen Personen, Gruppen und Organisationen fördern müssen, die bei der Verwirklichung der Visionen eine entscheidende Rolle spielen« (Jordan et al. 2021, S. 3). Der IDG-Rahmen beinhalte daher solche Fähigkeiten, Qualitäten oder Fertigkeiten, die erforderlich seien, um erfolgreich mit komplexen gesellschaftlichen Herausforderungen umzugehen, insbesondere mit denen, die im Rahmen der SDGs genannt werden (vgl. ebd., S. 2 f.). Die IDGs verschränken damit die zwei bedeutsamen Diskurse zu einer Bildung für nachhaltige Entwicklung (vgl. Michelsen/Fischer 2016; Schreiber 2015) und zu Zukunftskompetenzen (oder auch Future Skills) (vgl. exemplarisch OECD 2019; Stifterverband 2021).

Im Folgenden sollen Kompetenzen als Handlungsvoraussetzungen verstanden bzw. als »im Handeln aktualisierbare persönliche Handlungsdispositionen« (Kaufhold 2006, S. 22) und »als Konglomerat aus den Elementen Wissen, Fähigkeiten/Fertigkeiten, Motive und emotionale Dispositionen bestimmt« werden (ebd., S. 23). Diese Elemente finden sich auch in den IDGs wieder. So umfassen diese sowohl den Bereich der Fähigkeiten und Fertigkeiten (z. B. kritisches Denken oder Einfühlungsvermögen) als auch den Bereich der Motive und Dispositionen (z. B. Vertrauen, Mut, Kreativität oder Optimismus) (vgl. Abb. 1).

Die explizite Förderung der Kompetenzen, die in den IDGs genannt werden, ist bislang jedoch im Rahmen klassischer Lehr-Lern-Prozesse an Schulen und Hochschulen nicht stark ausgeprägt (vgl. Jordan et al. 2021, S. 2 f.). Von daher stellt sich die Frage, wie transformative Lernprozesse gestaltet werden könnten, mit denen sich die Kompetenzen der IDGs fördern lassen. Dazu werden im Hochschulbereich derzeit bereits vielfältige Praxiskonzepte entwickelt und erprobt (vgl. z. B. IDG Toolkit 2024; Transition Makers Toolbox 2024). Diese Konzepte werden bislang jedoch noch nicht systematisch in fach- und hochschuldidaktische Diskurse eingebettet.

In der weiteren Auseinandersetzung scheint didaktisch jedoch von elementarer Bedeutung zu sein, dass eine derartige Kompetenzentwicklung im Rahmen einer transformativen Bildung explizit darauf ausgelegt sein sollte, auch außerhalb formaler Lehr-Lern-Kontexte zu wirken. Denn Kompetenzen sind auf Transfer und Verallgemeinerung angelegt. Zentral ist vor diesem Hintergrund also der Anspruch, »Wissen und Können so zu vermitteln, dass keine ›trägen‹ und isolierten Kenntnisse und Fähigkeiten entstehen, sondern anwendungsfähiges Wissen und ganzheitliches Können, das z. B. reflektive und selbstregulative Prozesse einschließt« (Klieme/Hartig 2008, S. 13).

Im Folgenden soll darum gezeigt werden, wie dieser geforderte selbstreflexive und selbstregulative Prozess der Ausbildung von Zukunftskompetenzen im Sinne der IDGs mittels des Instruments eines so zu bezeichnenden IDG Self-Assessments begleitet werden kann. Die Erkenntnisse beruhen dabei unter anderem auf einem Praxisprojekt der Bildungsstiftung Schleswig-Holstein und folgen der Hypothese, dass die Irritation von vermeintlichen Gewissheiten und die Reflexion über die eigenen Kompetenzen und Dispositionen Veränderungsprozesse und eine Ausbildung von transformativem Handeln ermöglichen können. Dazu soll ein Instrument vorgestellt werden, das im Rahmen von Bildungsprozessen dementsprechend begleitend eingesetzt werden kann.

3. IDG Self-Assessment als (Selbst-)Reflexionsanlass im Kontext transformativer Lernprozesse

Die Entwicklung der zuvor dargestellten IDGs im Kontext transformativer Lernprozesse kann potenziell mithilfe eines so zu bezeichnenden Self-Assessments selbstreflexiv in den Blick genommen werden. Didaktisch basiert dieses IDG Self-Assessment auf einem Kompetenzraster, das grundsätzlich darauf abzielen soll, »kompetenzorientiertes, individualisiertes und selbstgesteuertes Lernen« (Krille 2016, S. 174) zu unterstützen. Krille (2016) hat im Zuge einer strukturierten Auseinandersetzung mit verschiedenen Kompetenzrasterkonstruktionen folgende drei Kernelemente von Kompetenzrastern herausgearbeitet, die auch die Grundlage des IDG Self-Assessments bilden:

1. Kompetenzdimensionen beschreiben in horizontaler Anordnung abgrenzbare Teilanforderungsbereiche, die »einen sachlogischen Zusammenhang [haben], der sich aus dem Anforderungsbereich (der Sache)« (Krille 2016, S. 310) ergibt. Die Kompetenzdimensionen geben also an, »welche Kompetenzen gezielt gefördert werden sollen« (ebd., S. 311).
2. Kompetenzniveaus beschreiben in vertikaler Anordnung die Ausprägung der Entwicklung der einzelnen Kompetenzdimensionen. Dies kann »(1) als Unterscheidung qualitativer Kompetenzausprägungen, als (2) Etappen(ziele) einen Kompetenzentwicklungsprozesses und/oder (3) als Abfolge bzw. Sequenz von Lernprozessen« (ebd.) erfolgen.
3. Kompetenzdeskriptoren sind die Beschreibungen der Kompetenzdimensionen auf dem jeweiligen Kompetenzniveau. Sie sollten – ins-

besondere zur Unterstützung einer gelingenden Selbsteinschätzung – »den konkreten Anforderungsbereich und das entsprechende Niveau des Kompetenzrasterfeldes« (ebd., S. 313) allgemeinverständlich beschreiben.

Bringt man diese drei Kernelemente von Kompetenzrastern zusammen, ergibt sich folgender Zusammenhang:

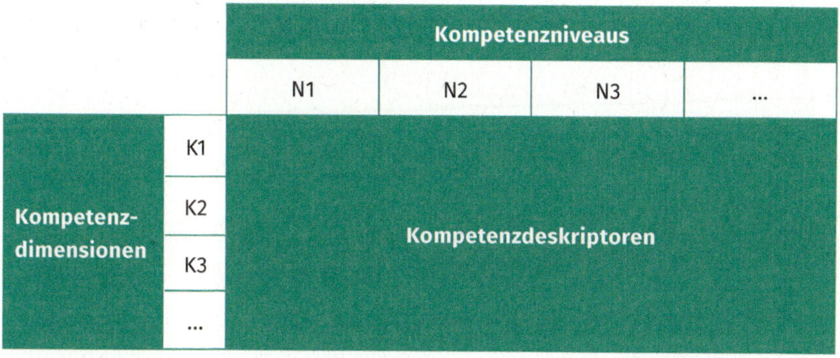

Abb. 2: Kernelemente eines Kompetenzrasters und ihr Zusammenhang (eigene Darstellung in Anlehnung an Krille 2016, S. 310).

Auf Grundlage eines derartigen Kompetenzrasters lassen sich zur Konstruktion eines IDG Self-Assessments die oben stehenden fünf Dimensionen der IDGs mit ihren jeweiligen Ausprägungen als Kompetenzdimensionen beschreiben. Hierzu ist es jedoch notwendig, die jeweiligen Ausprägungen der fünf Dimensionen der Inner Development Goals erst einmal durchgehend stringent in Richtung der Beschreibung von Kompetenzen umzuformulieren, da dies im Framework selbst bislang nicht durchgängig der Fall ist. Beispielsweise werden die Ausprägungen »Kommunikation« und »Mitgestaltung« der Dimension »Zusammenarbeit« explizit als Fähigkeiten ausgewiesen, bei anderen Ausprägungen, wie beispielsweise »Innerer Kompass« oder »Selbsterkenntnis« der Dimension »Sein«, ist dies hingegen nicht der Fall. Dies gilt auch für die Beschreibungen der jeweiligen Dimensionen, die mal explizit als »Soziale Kompetenzen« in der Dimension »Zusammenarbeit«, mal als »Kognitive Fertigkeiten« in der Dimension

»Denken« und mal einfach als »Wandel vorantreiben« in der Dimension »Handeln« beschrieben werden. Als Vorschlag ließe sich eine stringente Kompetenzbeschreibung folgendermaßen umsetzen:

1. Sein: Selbstkompetenzen
   a. Innerer Kompass: eine klare innere Wertebasis entwickeln.
   b. Integrität und Authentizität: ehrlich sein sowie die eigenen Werte leben.
   c. Offenheit und Lernbereitschaft: offen für neue Erfahrungen, Perspektiven und Lernprozesse sein.
   d. Selbsterkenntnis: die eigenen Stärken, Schwächen und Ziele verstehen.
   e. Gegenwärtigkeit: gegenwärtig präsent sein und sich auf den aktuellen Moment konzentrieren.
2. Denken: Kognitive Kompetenzen
   a. Kritik: Informationen, Ansichten oder Pläne kritisch analysieren und beurteilen.
   b. Komplexität: komplexe und systemische Bedingungen und Zusammenhänge erkennen und verstehen.
   c. Perspektivität: verschiedene Perspektiven einnehmen und aus unterschiedlichen Perspektiven denken.
   d. Sinnstiftung: Muster erkennen, Unbekanntes strukturieren und den eigenen Perspektiven Bedeutung zuschreiben.
   e. Langfristigkeit und Visionen: langfristige Ziele und Visionen für einen größeren Kontext entwickeln und verfolgen.
3. Beziehung: Fürsorgekompetenzen
   a. Wertschätzung: andere Menschen und ihre Beiträge respektvoll anerkennen.
   b. Verbundenheit: eine Verbindung zu anderen Menschen und zur Umwelt aufbauen und pflegen.
   c. Bescheidenheit: die eigenen Grenzen erkennen und sich selbst nicht über andere stellen.
   d. Einfühlung und Mitgefühl: die Gefühle und Bedürfnisse anderer erkennen.

4. Zusammenarbeit: Soziale Kompetenzen
    a. Kommunikativität: klar kommunizieren, sowohl verbal als auch nonverbal, sowie aktiv zuhören.
    b. Mitgestaltung: aktiv an gemeinsamen Prozessen teilnehmen und diese mitgestalten.
    c. Inklusivität und Interkulturalität: unterschiedliche Perspektiven und Kulturen wertschätzen und in gemeinsame Prozesse einbeziehen.
    d. Vertrauen: Beziehungen aufbauen und pflegen, die auf Ehrlichkeit und Zuverlässigkeit beruhen.
    e. Mobilisierung: andere motivieren und inspirieren, gemeinsame Ziele zu verfolgen.
5. Handeln: Wandelkompetenzen
    a. Mut: Risiken eingehen und neue, unkonventionelle Wege beschreiten.
    b. Kreativität: innovative Ideen und Lösungen entwickeln.
    c. Optimismus: positiv in die Zukunft blicken und Herausforderungen als Chancen sehen.
    d. Beharrlichkeit: trotz Rückschlägen und Widerständen an Zielen festhalten und weiter kontinuierlich darauf hinarbeiten.

Auf dieser Basis wurde in einem Praxisprojekt zur »Dokumentation von Schlüsselkompetenzen in der gymnasialen Oberstufe«[3] ein IDG Self-Assessment zu Kompetenzdimensionen des Bereichs »Denken« entwickelt und eingesetzt. Konkret wurden dabei die oben stehenden Kompetenzdimensionen auf der horizontalen Ebene verwendet. Vertikal wurden als Kompetenzniveaus im Sinne von Etappenzielen des Kompetenzentwicklungsprozesses folgende Ausprägungen verwendet:

- Ich verfüge ganz sicher über die Kompetenz …
- Ich verfüge einigermaßen über die Kompetenz …
- Ich verfüge kaum über die Kompetenz …
- Ich verfüge gar nicht über die Kompetenz …

3 Das Projekt wurde von der Bildungsstiftung Schleswig-Holstein an Schulen in Kiel und Aarhus durchgeführt und mit Mitteln aus dem Erasmus+-Programm der Europäischen Union gefördert.

Als Kompetenzdeskriptoren wurden schließlich jeweils die Verbindungen aus Kompetenzniveaus und Kompetenzdimensionen verwendet, die sich beispielsweise folgendermaßen zusammensetzen: »Ich verfüge ganz sicher über die Kompetenz, Informationen, Ansichten oder Pläne kritisch zu analysieren und zu beurteilen.« Anhand dieser Beschreibungen können die Lernenden ihre eigenen Kompetenzniveaus zu den jeweiligen Kompetenzdimensionen mittels Ankreuzens selbst einschätzen. Ergänzt wurde diese quantitative Ankreuzmöglichkeit um eine qualitative Dimension, Beispiele zu nennen, an denen sich zeigt, dass man über diese Kompetenz (nicht) verfügt. Diese wurden von den Lernenden eingefordert, um im Sinne der Förderung der Selbstreflexion möglichst konkrete Belege für ihre Selbsteinschätzung vorzulegen.

In der Summe ergab sich mit dieser Ausrichtung zur Dimension »Denken« dann folgendes Kompetenzraster als IDG Self-Assessment:

	Ich verfüge ganz sicher über die Kompetenz …	Ich verfüge einigermaßen über die Kompetenz …	Ich verfüge kaum über die Kompetenz …	Ich verfüge gar nicht über die Kompetenz …	Dass ich über diese Kompetenz (nicht) verfüge, zeigt sich an folgenden Beispielen:
… Informationen, Ansichten oder Pläne kritisch zu analysieren und zu beurteilen.					
… komplexe und systemische Bedingungen und Zusammenhänge zu erkennen und zu verstehen.					

	Ich verfüge ganz sicher über die Kompetenz …	Ich verfüge einigermaßen über die Kompetenz …	Ich verfüge kaum über die Kompetenz …	Ich verfüge gar nicht über die Kompetenz …	Dass ich über diese Kompetenz (nicht) verfüge, zeigt sich an folgenden Beispielen:
… verschiedene Perspektiven einzunehmen und aus unterschiedlichen Perspektiven zu denken.					
… Muster zu erkennen, Unbekanntes zu strukturieren und den eigenen Perspektiven Bedeutung zuzuschreiben.					
… langfristige Ziele und Visionen für einen größeren Kontext zu entwickeln und zu verfolgen.					

Abb. 3: IDG Self-Assessment zum Bereich »Denken« (eigene Darstellung).

Dieses Raster wird idealerweise kontinuierlich eingesetzt, um den gesamten Prozess des Kompetenzerwerbs zu erfassen, also mögliche Veränderungen der Selbsteinschätzungen vor und nach Unterrichtsprojekten sichtbar zu machen. Schlussendlich wurden diese dann nicht nur als Anlass zur Selbstreflexion, sondern auch als Grundlage für Reflexionsgespräche mit Peers und der Lehrkraft genutzt.

4. Ausblick

Aus der beispielhaften Entwicklung des IDG Self-Assessments zum Bereich »Denken« lassen sich sowohl unterrichtspraktische als auch wissenschaftliche Implikationen ableiten.

Unterrichtspraktisch lässt sich aus den ersten projektbezogenen Erprobungen des IDG Self-Assessments bei allen Herausforderungen für Lehrkräfte und Lernende, die mit einem solchen Prozess der Selbstreflexion in organisatorischer wie auch in kognitiver Hinsicht einhergehen, Folgendes ableiten: Die gewünschten Reflexionsprozesse werden ausgelöst und bieten Gesprächsanlässe, sich über Zukunftskompetenzen auszutauschen und sich dabei der eigenen Kompetenzen und entsprechender Entwicklungspotenziale bewusst zu werden. Diese bislang noch eher »anekdotische Evidenz« wird in einem noch durchzuführenden nächsten Schritt validiert.

Eine wissenschaftliche Implikation besteht vor diesem Hintergrund darin, dieses hier nur skizzenhaft entwickelte Instrument zunächst auch für die weiteren Bereiche des IDG Frameworks auszuarbeiten und dann mit Blick auf den Einsatz zur Selbstreflexion des eigenen transformativen Lernprozesses in der Erprobung zu evaluieren. Eine entsprechende Pilotstudie befindet sich zurzeit in Vorbereitung. Auf Basis einer erfolgreichen Erprobung des IDG Self-Assessment zur Selbstreflexion des eigenen transformativen Lernprozesses könnten die Ergebnisse des IDG Self-Assessments dann zur zielgerichteten (Weiter-)Entwicklung von transformativen Lehr-Lern-Arrangements verwendet werden. Als unterrichtspraktische Implikation des IDG Self-Assessments könnten so in zukünftigen Lehr-Lern-Arrangements gezielt einzelne oder mehrere Zellen des IDG Self-Assessments, die Defizite mit Blick auf die Ausprägung einzelner Kompetenzdimensionen aufweisen, im Rahmen einer zielgerichteteren Kompetenzförderung adressiert werden (vgl. Krille 2016, S. 299). Hierbei ließen sich auch – sowohl in Bezug zu einzelnen Kompetenzdimensionen als auch in Bezug zu konkreten Kompetenzniveaus – individualisiertere bzw. adaptivere Lehr-Lern-Arrangements entwickeln. Weiterhin hat sich in der ersten Iteration der Anwendung die naheliegende Vermutung bestätigt, dass ein Tool allein nur bedingt wirksam sein kann. Neben dessen Weiterentwicklung umfassen die in Planung befindlichen Folgeprojekte darum wesentliche Ergänzungen in zwei Bereichen: Zum einen sollen Lehrende auch dazu befähigt werden, die IDGs auf die beschriebene Art in ihre pädagogische und didaktische Arbeit zu integrieren. Dazu sind entsprechende Aus- und Weiterbildungsmodule geplant, mit denen (zukünftige) Lehrkräfte dahingehend professionalisiert werden sollen, transformative Lernprozesse – die bestenfalls nonformal gestaltet sind – initiieren und begleiten zu können. Zum anderen soll untersucht werden, wie die pädagogische und didaktische Arbeit an und mit den IDGs nicht nur bestehende (Lern-)Strukturen ergänzen, sondern diese Strukturen auch verändern kann, beispielsweise durch eine Verknüpfung mit oder gar eine Verankerung in bestehenden (schulinternen) Curricula.

So (weiter-)entwickelt und eingesetzt, würde das IDG Self-Assessment Ziel 4 (»Hochwertige Bildung«) einer nachhaltigen Entwicklung unterstützen, bei dem es neben der inhaltlichen Ausrichtung an einer nachhaltigen Entwicklung auch um die Form der Ausprägung einer inklusiven, gleichberechtigten Bildung geht (vgl. Vereinte Nationen 2015, S. 8).

Drei Literaturtipps mit Kurzbeschreibung

1. Mezirow, J. (1997). *Transformative Erwachsenenbildung.* Baltmannsweiler: Schneider-Verlag Hohengehren.
   Grundlagenwerk zur Auseinandersetzung mit transformativem Lernen nicht nur in der Erwachsenenbildung. Mezirow erörtert als Mitbegründer der Theorie transformativen Lernens umfangreich die andere Qualität dieses Lernens im Vergleich zum klassischen Lernen.
2. Jordan, T. et al. (2021). *Inner Development Goals: Background, method and the IDG framework.*
   https://consciousbusinesseducation.com/wp-content/uploads/2024/01/211125_IDG_ReportShort-FINAL.pdf

Darstellung und Erläuterung der 23 Inner Development Goals im Rahmen der fünf Dimensionen »Sein«, »Denken«, »Beziehung«, »Zusammenarbeit« und »Handeln«. Das Dokument ist in zwölf Sprachen abrufbar.

3. Rieckmann, M. (2018). *Die Bedeutung von Bildung für nachhaltige Entwicklung für das Erreichen der Sustainable Development Goals (SDGs).* ZEP – Zeitschrift für internationale Bildungsforschung und Entwicklungspädagogik, 41(2), 4–10.
   Prägnanter und einführender Überblick über Bildung für nachhaltige Entwicklung, die Sustainable Development Goals und ihr Verhältnis zueinander.

Drei didaktische Hinweise

1. Zum praktischen Einsatz des IDG Self-Assessments bieten sich zunächst Lehr-Lern-Arrangements an, die weniger normiert und mit Blick auf Noten oder Abschlüsse weniger standardisiert sind, sondern den Lernenden Freiheiten im Zugang und Ergebnis der Lernsituation erlauben. Beispiele dafür sind Wochenplan- oder Projektarbeiten.
2. Der Einstieg in den praktischen Einsatz des IDG Self-Assessments kann erleichtert werden, indem die Lehrkraft die Lernenden vor dem Einsatz darauf hinweist, dass sie mit den Lernenden gerne etwas Neues ausprobieren möchte. Dieser Hinweis erhöht erstens die Spannung aufseiten der Lernenden und senkt zweitens den Erwartungsdruck aufseiten der Lehrkraft, da sie sich im weiteren Prozess stets darauf berufen kann, dass dieser Prozess für sie selbst neu ist.
3. Ein prozesshafter Einsatz des IDG Self-Assessments gestaltet sich ziemlich barrierefrei, da sich das Kompetenzraster vor einem Lehr-Lern-Prozess von den Lernenden erst einmal probehalber ausgefüllt werden kann. Auf dieser Basis kann sich die Lehrkraft – bei Bedarf – auf einer Metaebene erste methodische Rückmeldungen der Lernenden zu diesem ggf. unkonventionellen Vorgehen einholen, die sie dann im weiteren Prozess berücksichtigen kann.

Literatur

IDG Toolkit. (2024). *IDG Toolkit*. https://idg.tools/

Jordan, T. et al. (2021). *Inner Development Goals: Background, method and the IDG framework.* https://consciousbusinesseducation.com/wp-content/uploads/2024/01/211125_IDG_ReportShort-FINAL.pdf

Kaufhold, M. (2006). *Kompetenz und Kompetenzerfassung. Analyse und Beurteilung von Verfahren der Kompetenzerfassung.* VS Verlag.

Klieme, E. & Hartig, J. (2008). Kompetenzkonzepte in den Sozialwissenschaften und im erziehungswissenschaftlichen Diskurs. In: M. Prenzel, I. Gogolin & H. H. Krüger (Hrsg.). *Kompetenzdiagnostik.* VS Verlag für Sozialwissenschaften, S. 11–29. https://doi.org/10.1007/978-3-531-90865-6_2.

Krille, F. (2016). *Kompetenzraster als Instrumente kompetenzorientierten, individualisierten und selbstgesteuerten Unterrichts. Berufs- und Wirtschaftspädagogische Perspektiven zur Entwicklung von Kompetenzrastern.* EUSL.

Mezirow, J. (1997). *Transformative Erwachsenenbildung.* Baltmannsweiler: Schneider Verlag Hohengehren.

Michelsen, G. & Fischer, D. (2016). Bildung für nachhaltige Entwicklung. In: K. Ott, J. Dierks & L. Voget-Kleschin (Hrsg.). *Handbuch Umweltethik.* J.B. Metzler, S. 330–334. https://doi.org/10.1007/978-3-476-05193-6_50.

OECD (2019). *Future of Education and Skills 2030: OECD Learning Compass 2030.* https://www.oecd.org/content/dam/oecd/en/about/projects/edu/education-2040/1-1-learning-compass/OECD_Learning_Compass_2030_Concept_Note_Series.pdf

Rebmann, K. & Slopnski, A. (2018). Zum Diskrepanztheorem der (Berufs-)Bildung für eine nachhaltige Entwicklung. In: J. Schlicht & U. Moschner (Hrsg.). *Berufliche Bildung an der Grenze zwischen Wirtschaft und Pädagogik. Reflexionen aus Theorie und Praxis.* Springer, S. 73–90.

Rieckmann, M. (2018). Die Bedeutung von Bildung für nachhaltige Entwicklung für das Erreichen der Sustainable Development Goals (SDGs). In: *ZEP – Zeitschrift für internationale Bildungsforschung und Entwicklungspädagogik, 41*(2), 4–10.

Sachs, J.D., Schmidt-Traub, G., Mazzucato, M. et al. (2019). Six transformations to achieve the sustainable development goals. In: *Nature Sustainability*, 2(9), 805–814. https://doi.org/10.1038/s41893-019-0352-9

Schreiber, J.-R. (2015). Bildung für eine nachhaltige Entwicklung. In: *Pädagogik*, 7–8, 33–37.

Singer-Brodowski, M. (2016). Transformative Bildung durch transformatives Lernen. In: *Zeitschrift für internationale Bildungsforschung und Entwicklungspädagogik*, 39(1), 13–17.

Stifterverband (2021). *Future Skills 2021–21 Kompetenzen für eine Welt im Wandel.* https://www.stifterverband.org/download/file/fid/10547

Transition Makers Toolbox. (2024). *Transition Makers Toolbox.* https://transitionmakers.nl/

United Nations (2024): *Sustainable Development Goals Report 2024.* https://unstats.un.org/sdgs/report/2024/The-Sustainable-Development-Goals-Report-2024.pdf

Vereinte Nationen (2015). *Transformation unserer Welt: die Agenda 2030 für nachhaltige Entwicklung.* https://www.un.org/depts/german/gv-70/band1/ar70001.pdf

Carry Luise Zimmermann

Klimabildung, die bewegt: Die Rolle emotionaler Kompetenz für nachhaltiges Handeln im Kontext des transformativen Lernens

Kurzzusammenfassung

Der menschengemachte Klimawandel erfordert Bildungsansätze, die über traditionelle Wissensvermittlung hinausgehen und zum Handeln befähigen. Dieser Beitrag hebt die Bedeutung emotionaler Kompetenz innerhalb transformativer Bildungsprozesse hervor und schlägt einen Ansatz zur Förderung emotionaler Kompetenz vor, um der Herausforderung der zunehmenden Kluft zwischen Wissen und Handeln (vgl. Knutti 2019) zu begegnen. Aufbauend auf Forschungen wie denen von Columbo et al. (2023) und Frick et al. (2021) wird argumentiert, dass die Einbeziehung emotionaler Komponenten in das transformative Lernen essenziell ist. Der Beitrag zielt darauf ab, Lehrenden Anregungen zu bieten, wie sie Lernumgebungen gestalten können, die die emotionalen Aspekte des Klimalernens einbeziehen, und wie sie Räume eröffnen können, in denen Lernende die Möglichkeit erhalten, sich mit ihren Werten und klimabezogenen Emotionen auseinanderzusetzen. Dieser Ansatz leistet einen wichtigen Beitrag zur Entwicklung einer umfassenden und wirksamen Klimabildung, insbesondere aufgrund der Betonung des elementaren Einflusses emotionaler Kompetenz auf Entscheidungsprozesse und Handlungen.

Lernziele

- Die eigenen Werte in Bezug auf den persönlichen Konsum wahrnehmen und benennen können.
- Die eigenen Emotionen in Bezug auf Konsum wahrnehmen und benennen können.
- Die Auswirkungen des eigenen Konsumverhaltens in Hinblick auf Nachhaltigkeit und den Klimawandel erkennen und reflektieren können.
- Auf Basis der subjektiven und reflektierten Auseinandersetzung mit den persönlichen Konsumwerten das eigene Handeln nachhaltiger gestalten können.

1. Einführung und Verortung des Themas

Der menschengemachte Klimawandel stellt eine der größten Herausforderungen unserer Zeit dar und erfordert eine tiefgreifende Transformation unserer Gesellschaften und Bildungssysteme. Traditionelle Bildungsansätze, die auf Wissensvermittlung und Informationsweitergabe fokussiert sind, reichen nicht aus, um die Komplexität der Klimakrise zu bewältigen. Vielmehr bedarf es neuer Bildungsformate, die transformative Prozesse anstoßen und Menschen befähigen, nachhaltig zu handeln. Dies umfasst insbesondere die Förderung emotionaler Kompetenz, um der wachsenden Kluft zwischen Wissen und Handeln zu begegnen. Für Lehrende bedeutet dies, Räume der Selbstreflexion zu schaffen (Müller-Christ et al. 2018).

Transformatives Lernen, ein Ansatz, der von Mezirow entwickelt wurde, bietet hierfür einen Rahmen. Es geht dabei um die Veränderung von Denk- und Handlungsweisen, die durch kritische Reflexion und die Auseinandersetzung mit neuen, oft herausfordernden Erfahrungen initiiert werden. Insbesondere in der Klimabildung ist es notwendig, dass Lernende nicht nur Wissen über die Ursachen und Folgen des Klimawandels erwerben, sondern auch die emotionalen Dimensionen dieser globalen

Herausforderung verstehen, verarbeiten und für proaktives Handeln nutzen (Zimmermann & Scheering 2025 [im Reviewprozess]; Scheering & Zimmermann 2025 [im Reviewprozess]). Die Integration der affektiven Komponente in Bildungsprozesse kann dabei helfen, ein tiefes, emotional verankertes Verständnis für die Klimakrise zu entwickeln, und zu einer Veränderung von Einstellungen und Verhaltensweisen führen (vgl. Colombo et al. 2023; Frick et al. 2021).

Der vorliegende Beitrag baut auf diesem theoretischen Fundament auf und untersucht, wie emotionale Kompetenz durch transformative Lernprozesse gefördert werden kann, um eine ganzheitliche und wirksame Klimabildung zu gestalten. Ziel ist es, Lehrenden praxisnahe Ansätze aufzuzeigen, wie Lernumgebungen so gestaltet werden können, dass sie emotionale Aspekte des Klimalernens berücksichtigen. Dies soll Räume schaffen, in denen Lernende die Möglichkeit haben, sich aktiv mit ihren Werten und klimabezogenen Emotionen in einem selbstreflektierten Rahmen auseinanderzusetzen und diese als Ressource für nachhaltiges Handeln zu nutzen.

2. Klimakompetenz

Klimakompetenz ist ein wichtiger Baustein von Bildung für nachhaltige Entwicklung (BNE) in Bezug auf die Klimakrise. Hochschulen und Universitäten stehen in der Verantwortung, Studierenden die Möglichkeit zu bieten, Klimakompetenzen auszubilden. Klimakompetenz umfasst dabei nach Oziewicz (2023) das Verständnis der Klimakrise, ihrer Ursachen, Auswirkungen und Dringlichkeit. Sie zielt auf die Entwicklung von Werten und Verhaltensweisen, die im Einklang mit dem Schutz der Erde stehen.

Klimakompetenz erfordert die Verbindung von objektivem Wissen und subjektiver Erfahrung. Erst durch das Zusammenspiel von kognitivem Verstehen und emotionaler Betroffenheit kann ein tief verankertes Bewusstsein für die planetare Krise im Anthropozän entstehen (Scheering & Zimmermann 2025 [im Reviewprozess]). Neben dem Wissen über das

Klimasystem und der Fähigkeit zur Kommunikation und Bewertung von Informationen geht es auch darum, selbstreflektiert mit eigenen Werten und klimabezogenen Emotionen umzugehen (Scheering & Zimmermann 2025 (im Reviewprozess)). Emotionale Kompetenz ist daher ein wichtiger Teil der Klimakompetenz.

3. Transformatives Lernen

Mezirow, der Begründer des transformativen Lernens, definiert transformatives Lernen als den Prozess der Veränderung des eigenen Bezugsrahmens. Als Erwachsene entwickeln wir eine zusammenhängende Reihe von Erfahrungen – bestehend aus Assoziationen, Konzepten, Werten, Emotionen und konditionierten Reaktionen –, die unsere Weltanschauung prägen (Mezirow 1997). Diese Bezugsrahmen sind die zugrunde liegenden Strukturen von Annahmen, die leiten, wie wir unsere Erfahrungen interpretieren und verstehen (Mezirow 1997). Sie beeinflussen und begrenzen selektiv unsere Erwartungen, Wahrnehmungen, Gedanken und Emotionen und steuern unsere Handlungen (Mezirow 1997). Einmal etabliert, wechseln wir automatisch von einer bestimmten Aktivität (ob mental oder verhaltensbezogen) zur nächsten (Mezirow 1997). Wir neigen dazu, Ideen abzulehnen, die nicht mit unseren vorgefassten Meinungen übereinstimmen, und stempeln sie oft als irrelevant, unsinnig, seltsam oder falsch ab (Mezirow 1997). Wenn jedoch die Umstände es zulassen, entwickeln transformativ Lernende einen Bezugsrahmen, der inklusiver, differenzierter, selbstbewusster und integrativer in Bezug auf ihre Erfahrungen ist (Mezirow 1997).

Grund et al. (2024) haben basierend auf den Werken von Mezirow (2000), Nohl (2015) und Ball (1999) fünf elementare Phasen des transformativen Lernens herausgearbeitet.

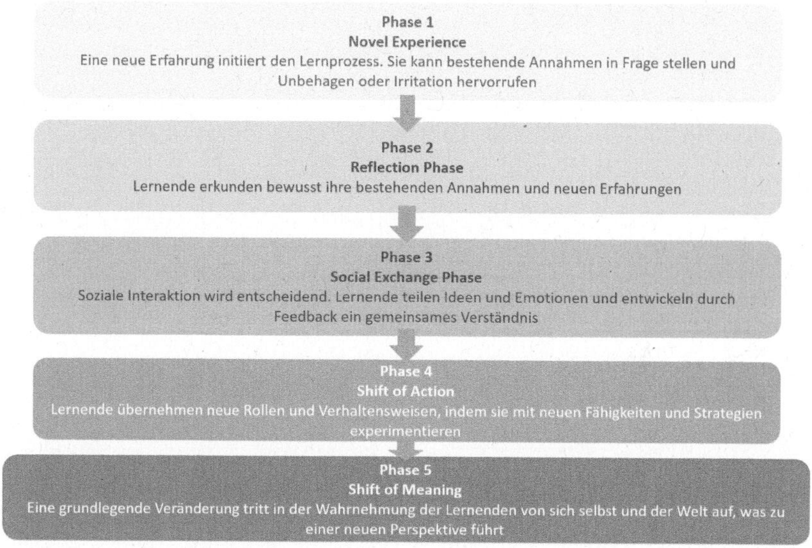

Abb. 1: Die fünf Phasen des transformativen Lernens (eigene Darstellung, basierend auf Grund et al. 2024)

Die erste Phase wird als »novel experience« beschrieben. Sie steht am Anfang des transformativen Lernprozesses, der durch eine neue Erfahrung initiiert wird. Diese Erfahrung kann bestehende Annahmen der Lernenden herausfordern und Unbehagen oder Irritationen hervorrufen. Mezirow beschreibt dieses Phänomen als »desorienting dilemma«. Die neue Erfahrung kann aber auch zunächst für die Lernenden als unbedeutend erscheinen, schließlich jedoch zu einer Erkundung führen (Grund et al. 2024). Die zweite Phase ist die der Reflexion. Sie wird als »reflection phase« bezeichnet. Die Lernenden explorieren in dieser Phase bewusst oder unbewusst ihre bis dato existenten Annahmen und die neuen Erfahrungen, die sie gemacht haben (Grund et al. 2024).

In der dritten Phase kommt der sozialen Komponente des Lernens Bedeutung zu. Sie wird als »social exchange phase« bezeichnet. Durch den sozialen Austausch tauschen sich die Lernenden über Ideen und Emotionen aus. Durch die gemeinsamen Erfahrungen und Feedback wird ein

Gefühl der Sicherheit gegeben und das Verständnis der Lernenden verstärkt (Grund et al. 2024). Die vierte Phase ist die des »shift of action«. Diese Phase der Handlungsveränderung ist entscheidend, da sie das Annehmen und Ausprobieren neuer Rollen und Verhaltensweisen sowie den Erwerb neuer Fähigkeiten und Kompetenzen beinhaltet (Grund et al. 2024). Ein zentrales Ergebnis des transformativen Lernens ist die Bedeutungsverschiebung – auch als »shift of meaning phase« bezeichnet. In dieser Phase erleben die Lernenden im Vergleich zu ihrem früheren Zustand eine grundlegende Veränderung in der Art und Weise, wie sie sich selbst und die Welt wahrnehmen und verstehen (Grund et al. 2024).

4. Emotionale Kompetenz – der Einfluss von Emotionen auf das Handeln

Emotionen spielen insbesondere in Zeiten des Wandels eine bedeutende Rolle (Ikävalko et al. 2020), denn sie sind Vorboten von Handlungsempfehlungen (Barrett 2017) und nehmen damit erheblichen Einfluss auf unser Verhalten. Aus dieser Perspektive spielen Emotionen auch im Kontext des Klimawandels eine wesentliche Rolle, da es sich hierbei um die Veränderung eines umfassenderen Systems handelt – nämlich des Ökosystems, von dem wir als Menschen abhängig sind. Zudem zeigt eine wachsende Zahl von Forschungsarbeiten im Bereich der Nachhaltigkeit, dass Emotionen ein Schlüsselfaktor sowohl für das Erleben von Unnachhaltigkeit als auch für die Motivation, Maßnahmen in Richtung Nachhaltigkeit zu ergreifen, sind (Zimmermann & Scheering 2025 [im Reviewprozess]; Scheering & Zimmermann 2025 [im Reviewprozess]); Grund et al. 2024). Emotionen werden dabei insbesondere auch von den darunterliegenden Werten beeinflusst (Conte et al. 2023; Desmet & Roesener 2014) und resultieren damit in einem subjektiven Erleben. Doch der emotionale Konstruktionsprozess kann durch verschiedene Methoden aktiv beeinflusst werden (Glasenapp 2021), sodass das primär Erlebte eine andere Bedeutung bekommt. Glasenapp (2021) spricht in diesem Zusammenhang von der Möglichkeit, eigene Erfahrungen gestalten zu können. Die Gestaltung der eigenen Erfahrungen ermöglicht es wiederum, aktiv Einfluss auf das emotionsgeleitete Verhalten nehmen zu können. Diese Fähigkeit fällt unter das Konzept der emotionalen Kompetenz.

Die folgende Grafik veranschaulicht das Konzept der emotionalen Kompetenz.

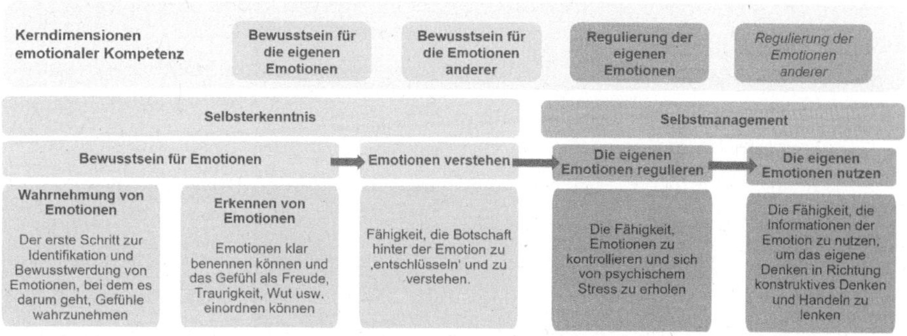

Abb. 2: Das Konzept der emotionalen Kompetenz, eigene Darstellung, basierend auf den Werken von: Goleman 1998, Ikävalko et al. 2020, Kim et al. 2009, Mayer et al. 2000, Scheering & Zimmermann 2025 (im Reviewprozess) und Vaida & Opre 2014, Zeidner et al. 2004.

Emotionale Kompetenz bezeichnet die Fähigkeit, eigene Emotionen und die Emotionen anderer zu erkennen, zu verstehen, zu regulieren und effektiv zu nutzen. Insgesamt umfasst sie vier Kerndimensionen: Bewusstsein für die eigenen Emotionen, Bewusstsein für die Emotionen anderer, Regulierung der eigenen Emotionen und Regulierung der Emotionen anderer. Zudem gliedert sie sich auf in den Aspekt der Selbsterkenntnis und den Aspekt des Selbstmanagements. Unter den Aspekt der Selbsterkenntnis fallen das Bewusstsein für Emotionen und das Verstehen von Emotionen. Ein Bewusstsein für Emotionen setzt voraus, dass man in der Lage ist, eigene Emotionen wahrzunehmen. Dies ist der erste Schritt auf dem Weg zu emotionaler Kompetenz. Zudem fällt unter das Bewusstsein von Emotionen die Fähigkeit, Emotionen erkennen zu können, sie also klar benennen und Gefühle als Freude, Wut etc. einordnen zu können. Emotionen verstehen bedeutet, die Botschaft hinter den Emotionen zu entschlüsseln. Denn zumeist verbirgt sich hinter einer Emotion ein Wert. Wird ein Wert erfüllt, kann sich beispielsweise das Gefühl von Freude einstellen. Wut hingegen steht meist in Zusammenhang mit einem verletzten Wert. Ist für jemanden beispielsweise der Wert Gerechtigkeit von großer Bedeutung, kann eine erlebte Ungerechtigkeit Trauer oder Wut auslösen. Wird der hinter der Emotion stehende Wert oder, anders formuliert, die Botschaft entschlüsselt, kann mit der Emotion gearbeitet werden. Dies fällt unter den Aspekt des Selbstmanagements. Hierzu zählt zum einen die Fähigkeit, die eigenen Emotionen regulieren zu können und, darauf aufbauend, die Informationen der Emotion zu nutzen und das eigene Denken und Handeln konstruktiv zu gestalten. Die Regulierung der Emotionen anderer geht über das Selbstmanagement hinaus und ist daher in der Abbildung kursiv dargestellt. Unter das Konzept der emotionalen Kompetenz fallen dementsprechend vielfältige emotionale Kompetenzen, die erlernt werden können. Da Gefühle zu einem Teil von den eigenen Werten beeinflusst werden, ist es in dieser Hinsicht auch relevant, sich der eigenen Werte, also mithin der eigenen Antreiber für das persönliche Handeln, bewusst zu werden. Auf dieser Basis wurde das Seminar mit den Studierenden gestaltet.

5. Umsetzung in der Hochschullehre

Die folgenden Kapitel widmen sich der Beschreibung und der Ergebnisse des Seminars.

5.1 Beschreibung des Seminars

Rahmen des Seminars: Gastveranstaltung im Rahmen eines Seminarcharakters in der Vorlesung »Nachhaltiges Management« in den Bachelorstudiengängen Betriebswirtschaftslehre und Wirtschaftswissenschaften an der Universität Bremen im Sommersemester 2024.

Die Gestaltung wurde auf Basis der von Grund et al. (2024) beschriebenen Phasen des transformativen Lernens vorgenommen, wobei zu erwähnen ist, dass die Phasen 2 & 3 sowie 4 & 5 zusammengefasst wurden. Die folgende Grafik gibt einen visuellen Überblick über den Aufbau des Seminars.

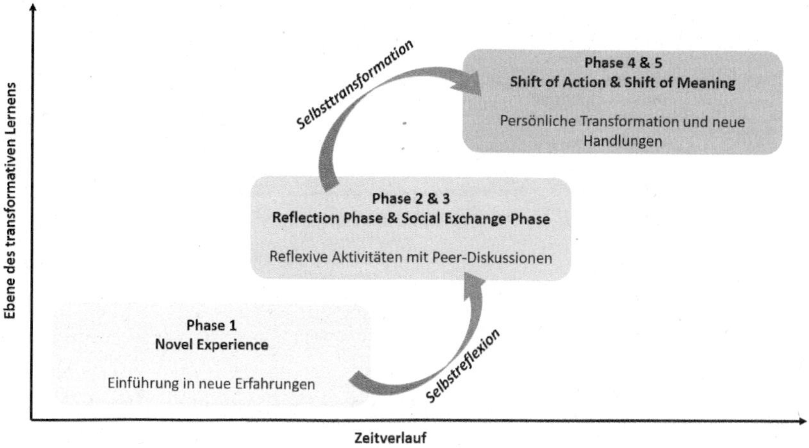

Abb. 3: Die Ebenen des transformativen Lernens, eigene Darstellung, basierend auf Grund et al. 2024.

Phase 1 – Novel experience: Wie oben beschrieben, beginnt der transformative Lernprozess mit einer »novel experience«. Da das Seminar in einer Lehrveranstaltung mit mehr als 100 Studierenden stattfand, bei der überwiegend Frontalunterricht stattfindet und das Aufnehmen und Vertiefen von Wissen im Vordergrund stehen, durften die Studierenden durch die Aufgabenstellung eine neue Erfahrung machen. Vor Beginn des Seminars erhielten die Studierenden die Aufgabe, zunächst für sich zu reflektieren, was nachhaltiger Konsum bzw. nachhaltige Produktion im Sinne des SDG 12, welches auf nachhaltige Konsum- und Produktionsmuster abzielt, für sie bedeutet. Darauf aufbauend, sollten sie eine Selbsteinschätzung auf einer Skala von 0 = gar nicht und 10 = 100 Prozent vornehmen, in der sie wiedergeben, in welcher Ausprägung sie sich als einen nachhaltigen Konsumenten bezeichnen würden, und eine Begründung dazu abgeben. Des Weiteren wurden die Studierenden darum gebeten, sich ein Kleidungsstück oder einen Gegenstand auszusuchen, den sie sich selbst gekauft haben und der für sie von Bedeutung ist. Für die Veranstaltung sollten sie ein Foto dieses Gegenstandes bzw. Kleidungsstücks mitbringen. Die dritte Vorbereitungsaufgabe bestand darin, ein wissenschaftliches Paper zum Thema (Marken-)Konsum zu lesen und die Haupterkenntnisse des Papers herauszuarbeiten. In der Veranstaltung selbst erhielten die Studierenden zur thematischen Einbettung der Gestaltung des Seminars eine kurze Einführung in die Inner Development Goals (IDG) und einen weiteren kurzen Input zum Thema (Marken-)Konsum. Anhand der Zusammenführung dieser beiden Inhalte wurde auf das Konzept des Inneren (wertebasierten) Kompass, welches einen wichtigen Aspekt der ersten Dimension der IDG darstellt, eingegangen. Anschließend folgte die aktive Phase der Veranstaltung.

Phase 2 – Reflection phase: In dieser Phase bekamen die Studierenden die Aufgabe, ihr Foto des Gegenstands/Kleidungsstücks hervorzuholen und in einen reflexiven Modus zu wechseln. Als Unterstützung bekamen sie folgende Fragen an die Hand:

> »1.1 Was bedeutet dieser Gegenstand für mich? (Was empfinde ich, wenn ich diesen Gegenstand betrachte (z. B. Freude, Stolz etc.); was hat mich dazu veranlasst ,diesen Gegenstand zu kaufen etc.)?
> Von welcher Marke stammt der Gegenstand?
> Was verkörpert diese Marke für mich (z. B. welche Werte; was davon finde ich an dieser Marke anziehend)?«

Anschließend bekamen die Studierenden die Aufgabe, das in der Veranstaltung Vermittelte mit ihren eigenen Reflexionen in Verbindung zu setzen:

> »2. Überlegen Sie sich, wie Ihr innerer Kompass für Ihr Konsumverhalten aussehen würde, anhand dessen Sie sich orientieren.

Zeichnen Sie diesen Kompass und beschreiben und erklären Sie diesen.«

Darauf aufbauend, folgte die nächste Übung mit folgenden Reflexionsfragen:

»3.1 Was habe ich heute inhaltlich Neues gelernt?
3.2 Was habe ich heute Neues über mich selbst als Person gelernt (z. B. über meine Ansichten, Werte, Überzeugungen)? Inwiefern hat sich etwas in meinem Bewusstsein verändert (z. B. bin ich mir über etwas klarer geworden, z. B. mein Selbstbild)?«

Phase 3 – Social exchange phase: Wie oben beschrieben, findet in der »social exchange phase« ein Austausch der Lernenden über Ideen und Emotionen statt, sodass gemeinsame Erfahrungen gemacht werden können und das Verständnis der Lernenden gestärkt wird. Diese Phase war in der zweiten Phase, der »reflection phase«, mit inkludiert. Die Studierenden hatten während der Aufgaben immer wieder Zeit, sich miteinander auszutauschen und sich gegenseitig von den entsprechenden Emotionen, Werten und Erkenntnissen zu berichten.

Phase 4 – Shift of action: Im Anschluss setzten sich die Studierenden mit den folgenden Transferfragen auseinander: 4.1 Inwiefern kann mir das heute erworbene Wissen über mich selbst in der Ausrichtung meines Lebens nützlich sein? Und 4.2 Inwiefern wird oder könnte sich mein Einkaufsverhalten durch die neu erworbenen Kenntnisse über mich selbst verändern? Mit diesen Fragen wurde darauf abgezielt, etwas über das mögliche Ausprobieren neuer Konsum- und Verhaltensweisen zu erfahren.

Phase 5 – Shift of meaning: Wie oben beschrieben, erleben die Lernenden in dieser Phase im Vergleich zu ihrem früheren Zustand eine grundlegende Veränderung in der Art und Weise, wie sie sich selbst und die

Welt wahrnehmen und verstehen. Dies wurde ebenfalls über die Transferfragen 4.1 und 4.2 erörtert. Die beantworteten Fragen wurden als Teil des Arbeitspakets anschließend in schriftlicher Form eingereicht. Als weiterführende Aufgabe sollten die Studierenden ihr Konsumverhalten und ihre Erkenntnisse über sich selbst in Zusammenhang mit dem Klimawandel setzen. Aufgrund zeitlicher Begrenzungen konnte ein weiterführender Seminarteil nicht realisiert werden, wäre jedoch aus didaktischer Perspektive für künftige Durchführungen ausdrücklich zu empfehlen. Ungeachtet dessen ermöglichte das Seminar zahlreichen Studierenden eines Bachelorstudiengangs einen ersten Zugang zur Auseinandersetzung mit dem eigenen Konsumverhalten und stellte somit einen wichtigen Impuls zur Entwicklung reflexiver Kompetenzen dar. Im folgenden Abschnitt werden die Ergebnisse und Erkenntnisse des Seminars dargestellt.

5.2 Ergebnisse des Seminars Teil I

Eines der Hauptziele des Seminars war es, bei den Studierenden einen Reflexionsprozess über ihr Konsumverhalten zu initiieren und sich ihrer Werte in Bezug auf Konsum bewusst zu werden (reflection phase). Für die Anregung der Reflexion wurden – wie oben beschrieben – die folgenden Fragen genutzt: »3.1 Was habe ich heute inhaltlich Neues gelernt? und 3.2 Was habe ich heute Neues über mich selbst als Person gelernt (z. B. über meine Ansichten, Werte, Überzeugungen)? Inwiefern hat sich etwas in meinem Bewusstsein verändert (z. B. bin ich mir über etwas klarer geworden, z. B. mein Selbstbild)?« Im Folgenden sind einige Beispielzitate von der Beantwortung der Frage dargelegt.

> »Inhaltlich habe ich heute gelernt, dass der Konsum ein großer Teil der Identität ist. Unsere Konsumgüter beeinflussen, wie wir uns selbst wahrnehmen und fühlen. Auch nutzen Menschen Konsumgüter, um sich anderen gegenüber auszudrücken und sich selbst zu präsentieren.«

> »Über mich selbst habe ich gelernt, dass Klamotten für mich einen wichtigen Wert haben. Ich nutze sie, um meine Persönlichkeit nach außen hin zu präsentieren. Sie sind kein Statussymbol für mich, jedoch eine Gelegenheit, um meine Interessen zu zeigen und um mich selbstbewusster zu fühlen.«

> »Über mich selbst habe ich gelernt, dass ich mich über die Kleidung, die ich trage, ausdrücke und Wert auf die passende Kleidung lege. Ich nutze sie, um mein Selbstbild zu repräsentieren, aber auch um verschiedene Gefühle wie Selbstbewusstsein zu stärken. Mir ist aber auch aufgefallen, dass ich mir mehr Gedanken um die Ästhetik und weniger Gedanken über die Nachhaltigkeit mache, was mich zum Nachdenken gebracht hat.«

Ein weiteres Ziel bestand darin, über Transferfragen einen möglichen »shift of action« sowie einen »shift of meaning« – basierend auf der vorherigen Reflexion – zu initiieren. Dazu wurden die folgenden Fragen verwendet:

> »4.1 Inwiefern kann mir das heute erworbene Wissen über mich selbst in der Ausrichtung meines Lebens nützlich sein? und 4.2 Inwiefern wird oder könnte sich mein Einkaufsverhalten durch die neu erworbenen Kenntnisse über mich selbst verändern?«

> »Das heute erworbene Wissen wird mir dabei helfen, auch in Zukunft weiterhin bewusste Entscheidungen zu treffen, welche Produkte ich kaufe, welchen Einfluss diese auf die Umwelt und den Menschen haben und wie oft ich mehr kaufe, als ich benötige.«

> »Ich hoffe auch, dass ich in meinem späteren Beruf die Wichtigkeit von Nachhaltigkeit deutlich machen kann, um somit einen positiven Einfluss auf die Umwelt zu haben. Außerdem möchte

ich mein Wissen auch an meine Freunde und Familie weitergeben, um nicht nur die Ausrichtung meines Lebens etwas zum Positiven zu verändern, sondern auch ihnen die Möglichkeit geben, dies zu tun.«

»In der Zukunft möchte ich mich nicht mehr so stark über meine Kleidung identifizieren. Ich möchte mich selbstbewusst und gelassen fühlen, unabhängig von meinem Outfit oder von dem, was ich besitze. Mein Selbstbewusstsein sollte von meinen Werten, die ich vertrete, abhängen. Das Bewusstsein, dass ich der Umwelt durch meine nachhaltige Weise helfen könnte, würde mich außerdem besser und stolzer über mich selbst fühlen lassen.«

»Das neu erworbene Wissen kann mir außerdem insofern helfen, als dass ich mich in Zukunft mehr mit den Beweggründen zu meinem Kaufverhalten auseinandersetzen werde. Ich werde vor allem im Hinblick auf meine persönlichen Werte öfter probieren, mein Kaufverhalten zu reflektieren und zu überprüfen, ob mein Verhalten meinen Werten tatsächlich gerecht wird. Außerdem möchte ich mithilfe des neu erworbenen Wissens bezüglich der Inner Development Goals und der Consumer-Behaviour-Theorie mehr darauf achten, inwiefern ich mein Kaufverhalten nachhaltiger und besser gestalten kann. Die Auseinandersetzung mit den Werten und die Verknüpfung mit meinem Gegenstand helfen mir künftig, die Werte öfter in meinen Alltag zu integrieren und, wenn möglich, bewusst auf diese Werte zu achten.«

5.3 Ergebnisse des Seminars Teil II

Im Anschluss an die Veranstaltung wurden die Studierenden gebeten, ein Feedback zur Art der Veranstaltung zu geben. Bei der übergeordneten Auswertung wurde für die Bewertung des Seminars auf einer Skala von 1 bis 5 (1 = strongly disagree; 5 = strongly agree) ein Wert von 3,1 für »Die Lehrveranstaltung hat mir gut gefallen«, ein Wert von 3,4 für »Das Verhältnis von Input und aktiver Teilnahme hat mir gut gefallen« und ein Wert von 3,2 für »Vergleichbare Veranstaltungen in meinem Studium würde ich mir wünschen« erreicht. Auf die Frage »Führen Sie Ihre Einschätzung von der Frage davor weiter aus: Was genau hat Ihnen gut gefallen? Was genau hat Ihnen nicht so gut gefallen?« konnten durch die Rückmeldung von 83 Studierenden fünf verschiedene Kategorien herausgearbeitet werden. Im Falle von »Was hat Ihnen gut gefallen?« setzen sich diese wie folgt zusammen:

- Kategorie 1: Verhältnis von Input & Anwendung / aktive Beteiligung
- Kategorie 2: Selbstreflexion
- Kategorie 3: Austausch mit KommilitonInnen
- Kategorie 4: Das Thema an sich

Es folgt eine tabellarische Darstellung der Kategorien mit Beispielzitaten der Studierenden.

Kategorie	Beispielzitat
1. Verhältnis von Input & Anwendung / aktive Beteiligung	»Aktive Beteiligung und direkt umsetzen der Theorie hat mir gefallen.« »Mir hat die Vorlesung sehr gut gefallen. Es fällt mir normalerweise sehr schwer, simplen Vorträgen zu folgen, wenn ich nicht mit einbezogen werde« »Das aktive Arbeiten und die Einbindung in die Vorlesung waren gut.«
2. Selbstreflexion	»Super war die eigenständige Reflexion zum Verhalten.« »Der allgemeine Denkanstoß zum eigenen Konsumverhalten« »Gut fand ich, dass man selber aktiv werden musste und man sich bei den Aufgaben auch gut selber reflektieren konnte.«

Kategorie	Beispielzitat
3. Austausch mit KommilitonInnen	»Ich fand es schön, dass ich meine Meinung äußern durfte und die Meinung von anderen hören konnte.« »Mir hat gefallen, dass es interaktiv war.« »Der persönliche Austausch mit meinen Kommilitoninnen in der Vorlesung hat mir sehr gut gefallen!«
4. Das Thema an sich	»Generell das Thema war interessant« »spannendes Thema«

Für die Fragen »Würden Sie sich mehr solcher Veranstaltungen wünschen? Wenn ja, warum? Wenn nein, warum nicht?« konnten zwei Kategorien herausgearbeitet werden:

- Kategorie 1 Interaktivität
- Kategorie 2 Selbstreflexion

Es folgt eine tabellarische Darstellung der Kategorien mit Beispielzitaten der Studierenden.

Kategorie	Beispielzitat
1 Interaktivität/Aufmerksamkeit	»Ja, nur theoretisch lernen bereitet schlecht auf den Arbeitsalltag vor.« »Ja bitte, Interaktivität fördert den Lernprozess und macht das Studieren spannender.« »Ja, da man aktiver zuhört und somit mehr aufnimmt und lernt.« »Ja, es fördert die Auseinandersetzung mit dem Thema.«
2 Selbstreflexion	»Ja wegen Selbstreflexion« »Ja gerne! Es war sehr angenehm, und man konnte persönlich viel für sich mitnehmen.« »Ja, weil ich glaube, dass es das eigene Konsumverhalten mehr hinterfragen lässt und wir somit langfristig deutlich nachhaltiger konsumieren würden.«

6. Erkenntnisse, Fazit und Ausblick

Am anonymen Feedback auf die Feedbackfrage 1 »Was genau hat Ihnen gut gefallen? Was genau hat Ihnen nicht so gut gefallen?« haben insgesamt 119 Studierende teilgenommen. 51 Studierende äußerten ein positives Feedback, 39 Studierende machten Verbesserungsvorschläge, 15 äußerten, dass ihnen die Veranstaltung nicht gefallen habe, und 14 Antworten wurden aus der Auswertung ausgeschlossen, da sie Antworten enthielten wie: »Free Ryan Garcia« oder »Siuuuuuu«.

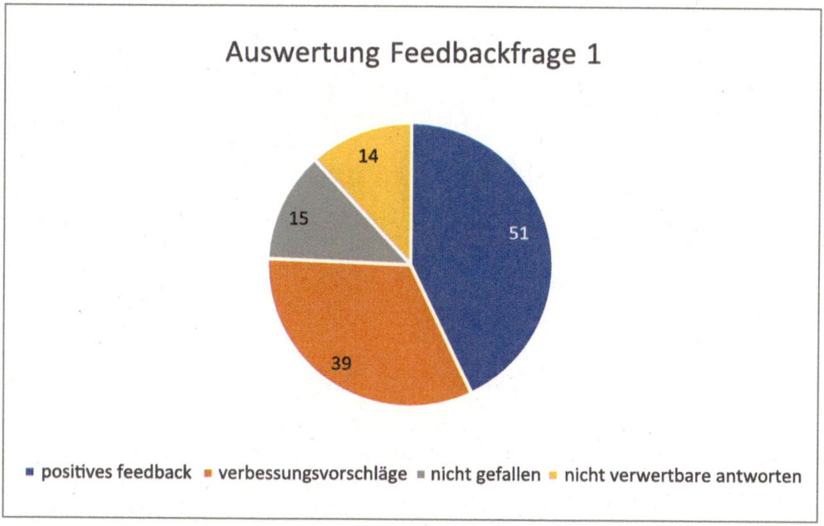

Abb. 4: Kreisdiagramm zur Auswertung der Feedbackfrage 1 in absoluten Zahlen

Als Verbesserungsvorschläge äußerten die Studierenden, dass sie sich (1) mehr inhaltlichen Input zu den IDG gewünscht hätten und/oder mehr BWL/SDG-Bezug (neun Studierende), (2) die Zeit für die Beantwortung der Reflexionsfragen gekürzt werden sollte (elf Studierende) und (3) die Reflexionsfragen noch ausdifferenzierter und/oder tiefgreifender sein sollten (19 Studierende).

Auf die Feedbackfrage 2 »Würden Sie sich mehr solcher Veranstaltungen wünschen? Wenn ja, warum? Wenn nein, warum nicht?« antworteten anonym insgesamt 90 Studierende. Acht Studierende äußerten, dass sie sich nicht mehr solcher Veranstaltungen wünschen, 18 Antworten wurden aus der Auswertung herausgenommen, da sie nicht verwertbar waren, 46 Studierende gaben an, sich mehr solcher Veranstaltungen zu wünschen, und 18 Studierende würden sich ebenfalls mehr solcher Veranstaltungen wünschen, gaben dabei aber insbesondere eine Limitation an: »Ja, aber nicht zu oft« oder »Konzept ja, inhaltlich müsste es tiefgründiger sein«.

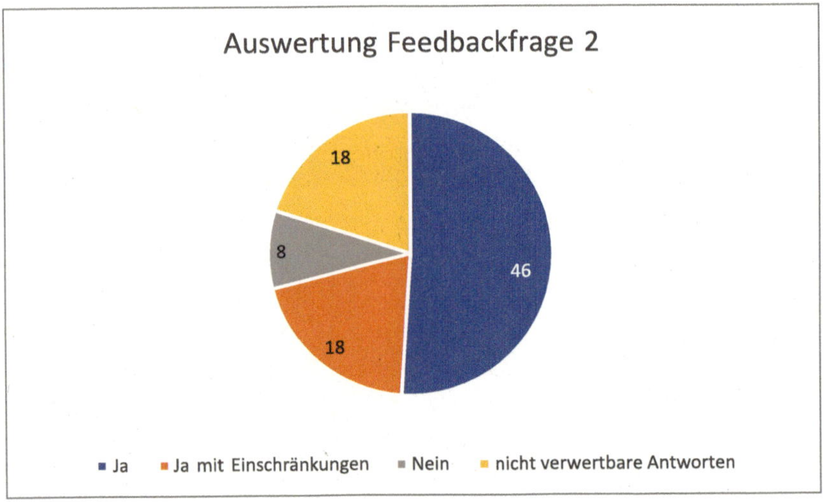

Abb. 5: Kreisdiagramm zur Auswertung der Feedbackfrage 2 in absoluten Zahlen.

Aus dem anonymen Feedback der Studierenden lässt sich Folgendes schließen: Zum einen begrüßt die überwiegende Zahl der Studierenden die Art der Veranstaltung. Es sollte jedoch darauf geachtet werden, dass diese sich die Waage mit der Art herkömmlicher Veranstaltungen halten. Insgesamt ist – auf Basis der Feedbacks, der Abgabe der Arbeitspakete wie auch aufgrund meiner Erfahrungswerte – zu empfehlen, dass sich das

Angebot solcher Lehrveranstaltungen über das Semester bzw. die gesamte Studienzeit streckt – also die Inhalte und Reflexionen über mehrere Termine verteilt werden, sodass einerseits inhaltlich reflektiert mehr in die Tiefe gearbeitet werden als auch andererseits ein kontinuierliches transformatives Lernen gewährleistet werden kann. Denn Veränderungen geschehen langsam und zudem durch Kontinuität und Wiederholung. Dieses Seminar war ein erster Ansatz, um einen transformativen Lernprozess mit einer großen Anzahl von Studierenden zu initiieren, und hat bei vielen Studierenden tiefergehende Reflexionsprozesse angeregt. Aufgrund des singulären Seminarcharakters konnte jedoch erst der erste Schritt in Richtung des Erwerbs emotionaler Kompetenz als Teil der Klimakompetenz – genau genommen die Auseinandersetzung mit den eigenen Konsumwerten – initiiert werden. Aus den bearbeiteten Aufgaben der Studierenden sind eindeutig Reflexionsprozesse zu erkennen. Ob diese allerdings in einer langfristigen Verhaltensänderung (shift of action) und einer langfristigen Veränderung der Perspektive bzw. des Mindsets (shift of meaning) münden, steht infrage. Die kontinuierliche Einbettung dieser Art von Lehrveranstaltungen in Kombination mit einer stetigen Vertiefung ist daher zu empfehlen. Insbesondere sollte mit Fortschreiten des Semesters bzw. Studiengangs vermehrt und vertieft auf den eindeutigen Bezug zum menschengemachten Klimawandel fokussiert werden. Zudem ist zu empfehlen, aufbauend auf der Auseinandersetzung mit den eigenen Werten und dem persönlichen Konsumverhalten, verstärkt die komplexen Zusammenhänge zwischen den IDG und dem menschengemachten Klimawandel herauszustellen, insbesondere in Bezug auf die herkömmlichen Themen der Betriebswirtschaftslehre wie Produktion, Supply Chain etc. Dies dient dazu, die Auseinandersetzung mit der inneren Welt in einen für die Studierenden anschlussfähigen Rahmen zu setzen. Über den Verlauf hinweg sollte schließlich mit der Vertiefung der emotionalen Kompetenzen begonnen werden. Allerdings ist hier anzumerken, dass Emotionen ein »heikles« Thema sein können. Lehrende benötigen daher die entsprechenden Kompetenzen, um die affektive Komponente des Klimawandels in die Veranstaltungsreihe(n) zu integrieren und starke emotionale Reaktionen »auffangen« zu können und den Studierenden einen sicheren Rahmen zu bieten, in dem sie sich mit ihren eigenen klimabezogenen Emotionen auseinandersetzen können. Dies bedeutet, wie eingangs im Beitrag erwähnt, dass sich Lehrende selbst ebenfalls weiterentwickeln und neben der Rolle des Experten insbesondere als Coach agieren können (Müller-Christ et al. 2018).

Allgemein lässt sich zusammenfassen: Das beschriebene Seminar diente als ein erster Ansatz, die affektive Komponente des menschengemachten Klimawandels als wesentlichen Bestandteil von Klimakompetenz in der Hochschullehre zu adressieren. Um den Studierenden einen sicheren Rahmen und einen leichten Einstieg in dieses zunächst für viele Studierende ungewöhnliche und zuweilen auch irritierende Feld (was nach dem Konzept des transformativen Lernens nach Mezirow allerdings bewusst fokussiert wird, da Irritation bzw. das »desorienting dilemma« den initialen Schritt eines transformativen Lernprozesses darstellt [siehe Kapitel 3]), zu gewährleisten, wurde zunächst auf die IDG eingegangen und bewusst der Zugang über die Auseinandersetzung mit den eigenen Werten in Bezug auf das persönliche Konsumverhalten als niedrigschwelliger Ansatz zur Entwicklung der emotionalen Kompetenz gewählt. Die Ausarbeitungen der Studierenden wie auch die Beantwortung der Feedbackfragen zeigen, dass das Thema und auch die Art der Lehrveranstaltung mit der Fokussierung auf die Selbstreflexion von der Großzahl der Studierenden begrüßt wurden und ein transformatives Lernen mit der Mündung in einem (zumindest kurzfristigen) »shift of action« und »shift of meaning« stattgefunden hat. Um eine nachhaltige Transformation zu gewährleisten, ist, wie oben erwähnt, zu empfehlen, dieses Format über das gesamte Studium in die Curricula zu integrieren. Aufbauend auf dem Shift im eigenen privaten Handeln, sollten Bezüge zur Arbeitswelt geschaffen werden. Zudem können nach und nach weitere SDG einbezogen werden, sodass ein umfassendes transformatives Nachhaltigkeitslernen stattfinden kann. Damit könnte der Grundstein für die holistische akademische Ausbildung gelegt und ein Transfer des »shift of meaning« in die Arbeitswelt gewährleistet werden.

Drei Literaturtipps mit Kurzbeschreibung

1. Müller-Christ, M., Tegeler, M. K., Zimmermann, C. L. (2018). Rollenkonflikte der Hochschullehrenden im Spannungsfeld zwischen Fach- und Orientierungswissen. Führungstheoretische Überlegungen. In: Leal Filho, W. (Hrsg.). *Nachhaltigkeit in der Lehre. Eine Herausforderung für Hochschulen.* Springer Spektrum, S. 51–86.
   Ein gut verständlich geschriebener Buchbeitrag, der die veränderte Rolle von Hochschullehrenden in Bezug auf Nachhaltigkeit herausarbeitet und die Bedeutung des Orientierungswissens und der Reflexion im Hochschulkontext darstellt.
2. Zimmermann, C. L. & Scheering, J. (2025) (im Reviewprozess). Navigating Climate Emotions: A Call for Emotion Sensitive ESD – A Scoping Review. In: *International Journal of Sustainability in Higher Education.*
   Ein Scoping Review, welches darstellt, welche Methoden aktuell im Hochschulbildungskontext zum Einsatz kommen, um Klimaemotionen bei Studierenden im Hochschulkontext zu adressieren.
3. Polze, M., Nieberg, M., Waldow-Meier, S., de Haan, G., Böttger, I. & Grüßel, S. (2023). *Bildung für nachhaltige Entwicklung. Kompetenzen im Umgang mit Unsicherheiten.* Erlangen.
   Lehr- und Lernmaterialien zum Thema Palmöl: eine umfassende Lehr-Lern-Materialsammlung zur Auseinandersetzung mit Unsicherheiten und zur Kompetenzerlangung anhand des Themas Palmöl.

Drei didaktische Hinweise

1. Zur Bewusstwerdung der eigenen Werte und ihrer Bedeutung für das eigene Handeln kann eine Aufgabe darin bestehen, die Lernenden aufzufordern, gegenseitig zu beschreiben, a) was der genannte Wert genau für sie bedeutet und b) wo genau sich dieser Wert in ihrem Leben und (Konsum)verhalten widerspiegelt.

2. Um einen niedrigschwelligen Einstieg in die Wahrnehmung der eigenen klimabezogenen Emotionen zu gewährleisten, können Studierende mit klimabezogenen Bildern oder Videos konfrontiert werden. Anschließend können die Studierenden dazu angeleitet werden, welche Art von Emotion die Bilder bei ihnen auslösen.
3. Um Emotionen im Klimakontext zu reflektieren und in eine konstruktive Handlungsrichtung zu lenken, können Reflexions- bzw. Transformationsfragen genutzt werden, die darauf abzielen, die Studierenden anzuregen, darüber nachzudenken, wie sie die Emotionen nutzen können, um dem Klimawandel aktiv zu begegnen.

Literatur

Ball, G.D.S (1999). Building a sustainable future through transformation. In: *Futures*, Vol. 31, S. 251–270.

Barrett, L. (2017). *How emotions are made. The secret life of the brain*. Houghton Mifflin Harcourt.

Columbo, S.L., Chiarella, S.G., Lefrancios, C., Fradin, J., Raffone, A. & Simione, L. (2023). Why Knowing about Climate Change Is Not Enough to Change: Environmental Knowledge-Action Gap. In: *Sustainability*, Vol. 15, 14859.

Conte, B., Brosch, T. & Hahnel, U.J.J. (2023). Initial evidence for a systematic link between core values and emotional experiences in environmental situations. In: *Journal of Environmental Psychology, 88*, 1–6. https://doi.org/10.1016/j.jenvp.2023.102026

Desmet, P.M.A. & Roesener, S. (2015). Emotions in Design for Values. In: J. van den Hoven, P.E. Vermaas & I. von de Poel (Hrsg.). *Handbook of Ethics, Values, and Technological Design*. Springer Reference, S. 203–219.

Frick, M., Neu, L., Liebhaber, N., Sperner-Unterweger, B., Stötter, J., Keller, L. & Hüfner, K. et al. (2021). Why Do We Harm the Environment or Our Personal Health despite Better Knowledge? The Knowledge Action Gap in Healthy and Climate-Friendly Behavior. In: *Sustainability*, Vol. 13, 13361

Glasenapp, J. (2021). *Emotionen als Ressourcen. Manual für Psychotherapie, Coaching und Beratung*. Beltz.

Goleman, D. (1998). *Working with emotional intelligence*. New York. Bantman.

Grund, J., Singer-Brodowski, M. & Büssing, A.G. (2024), Emotions and transformative learning for sustainability: a systematic review. In: *Sustainability Science*, Vol. 19, S. 307–324. https://doi.org/10.1007/s11625-023-01439-5

Ikävalko, H., Häkkä, P., Paloniemi, S. & Vähäsantanen (2020), Emotional competence at work. In: *Journal of Organizational Change Management*, Vol. 33 No. 7, S. 1485–1498.

Kim, T.-Y., Cable, D.M., Kim, S.-P. and Wang, J. (2009). Emotional competence and work performance: The mediating effect of proactivity and the moderating effect of job autonomy. In: *Journal of Organizational Behavior*, Vol. 30, S. 983–1000. DOI: 10.1002/job.610

Knutti, R. (2019). Closing the Knowledge-Action Gap in Climate Change. In: *One Earth*, Vol. 1, No. 1, S. 21–23.

Mayer, J.D., Salovey, P. & Caruso, D. (2000). Competing models of emotional intelligence. In: Sternberg, R.J. (Hrsg.). *Handbook of human intelligence* (2nd ed.). New York: Cambridge University Press.

Mezirow, J. (1997). Transformative Learning: Theory to Practice. In: *New Directions of Adult and Continuing Education*, Vol. 74, S. 5–12.

Mezirow, J. (2000). Learning to think like an adult: core concepts of transformation theory. In: Mezirow, J. (Hrsg.). *Learning as transformation: critical perspectives on a theory in progress*. Jossey-Bass, San Francisco, S. 2–33.

Müller-Christ, M., Tegeler, M.K., Zimmermann, C.L. (2018). Rollenkonflikte der Hochschullehrenden im Spannungsfeld zwischen Fach- und Orientierungswissen. Führungstheoretische Überlegungen. In: Leal Filho, W. (Hrsg.). *Nachhaltigkeit in der Lehre. Eine Herausforderung für Hochschulen*. Springer Spektrum, S. 51–86.

Nohl, A.M. (2015). Typical phases of transformative learning: A Practice-Based Model. In: *Adult Education Quarterly*, Vol. 65, No. 1, S. 35–49.

Oziewicz, M. (2023). The CLICK Framework: A Care-Centric Conceptual Map for Organizing Climate Literacy Pedagogy. In: *Climate Literacy in Education*, Vol. 1, No. 2, S. 44–50.

Polze, M., Nieberg, M., Waldow-Meier, S., de Haan, G., Böttger, I. & Grüßel, S. (2023). *Bildung für nachhaltige Entwicklung. Kompetenzen im Umgang mit Unsicherheiten*. Erlangen.

Scheering, J. & Zimmermann, C.L. (2025) (im Reviewprozess). Empowering Sustainability Practitioners: The Role of Emotional Competencies for Climate Literacy. In: Leal Filho, W. *Combining the Theory and Practice of Climate Change Literacy*. Springer.

Vaida, S. & Opre, A. (2014). Emotional intelligence versus emotional competence. In: *Journal of Psychological and Educational Research*, Vol. 22 No. 1, S. 26–33.

Zeidner, M., Matthews, G. & Roberts, R.D. (2004). Emotional Intelligence in the Workplace: A Critical Review. In: *Applied Psychology*, Vol. 53 No. 3, S. 371–399.

Zimmermann, C.L. & Scheering, J. (2025) (im Reviewprozess). Navigating Climate Emotions: A Call for Emotion Sensitive ESD – A Scoping Review. In: *International Journal of Sustainability in Higher Education.*

Nilda Inkermann & Julia Lingenfelder

Nachhaltige Bildung (in) der sozial-ökologischen Transformation

Kurzzusammenfassung

Im Kontext gesellschaftlicher Transformationsprozesse, die durch Krisen angestoßen werden (müssen), scheinen unterschiedliche Perspektiven für die Gestaltung von Zukünften auf. Anhand von machtkritischen Gesellschaftsanalysen zeichnen wir Kritik an gegenwärtigen Verhältnissen und Vorstellungen von Zukunft nach und stellen Perspektiven der Klimagerechtigkeit dar. Im Fokus steht zudem die Frage, wie multiple Krisen und Zukunftsgestaltung in Bildungsansätzen aufgegriffen werden. Bildung wird dabei als politischer Raum verstanden, in dem Ideen zur Gestaltung der Gesellschaft thematisiert und vermittelt werden. Ausgehend von diesem analytischen Rahmen, werden didaktische Gestaltungsansätze für eine Bildung mit transformativen Gesellschaftsansprüchen skizziert.

Lernziele

- Verschiedene Akteure und deren gesellschaftliche Transformationsinteressen erkennen und bewerten und die Konflikthaftigkeit von gesellschaftlicher Transformation analysieren können.
- Die widersprüchliche Rolle von Bildung in gesellschaftlichen Krisen und Transformationsprozessen erkennen und (die eigene) Bildungspraxis auf Basis dessen reflektieren können.
- Die Perspektive der Klimagerechtigkeit und ihren Entstehungskontext kennen und erfassen können, was dies für Bildung bedeutet.

1. Einführung und Verortung des Themas

Das wachsende Bewusstsein für globale gesellschaftliche Herausforderungen wie die Klimakrise führt zu einer zunehmenden Infragestellung der Lebens- und Produktionsweise des Globalen Nordens, und Debatten über eine notwendige sozial-ökologische Transformation nehmen zu. Bildung wird dabei häufig eine zentrale Rolle zugeschrieben – so etwa von Akteur:innen wie dem Wissenschaftlichen Beirat der Bundesregierung Globale Umweltveränderungen (WBGU 2011), der UNESCO (2021) und der Kultusministerkonferenz (KMK/BMZ 2016). Entsprechend erlangen Bildungskonzepte wie Bildung für nachhaltige Entwicklung (BNE), transformative Bildung, Klimabildung oder Globales Lernen zunehmend Bedeutung sowohl in formalen als auch nonformalen Bildungskontexten. Meist liegt dabei das weitverbreitete Verständnis von Bildung als etwas per se Gutem zugrunde. Doch stellt (mehr) Bildung automatisch einen Beitrag zum Umgang mit bzw. zur Lösung globaler gesellschaftlicher Herausforderungen dar?

Orientiert an hegemonietheoretischen Perspektiven, begreifen wir in diesem Beitrag Bildungskonzepte und Debatten um Transformation als verwoben mit bestehenden Macht- und Herrschaftsverhältnissen (vgl. Eicker et al. 2020). Wir zeichnen zunächst unterschiedliche Gegenwartsdeutungen und Zukunftserzählungen nach, die mit gesellschaftlichen Transformationszielen und -wegen verbunden und entsprechend umkämpft sind. Einen besonderen Fokus legen wir auf Klimagerechtigkeit und daraus hervorgehendes Lösungs- und Transformationswissen (Kapitel 2). Ausgehend davon thematisieren wir in Kapitel drei den politischen Charakter von Bildungskonzepten, denn Bildungsinhalte, -ziele, methodisches Vorgehen und strukturelle Rahmenbedingungen sind in der Regel durch vorherrschende gesellschaftspolitische Transformationsvorstellungen bedingt. Anschließend unterbreiten wir systematische Angebote, um Bildung im Kontext von Nachhaltigkeit eine politische Dimension zu geben – indem wir didaktische und fachwissenschaftliche Perspektiven aufzeigen, die mit einem herrschaftskritischen Transformationsverständnis und der Perspektive von Klimagerechtigkeit verknüpft sind.

2. Krisen und Transformation

In Debatten um gesellschaftliche Transformation besteht zwar Einigkeit über die Notwendigkeit von Veränderungen, strittig ist hingegen, was genau transformiert werden soll und wer als Transformationsakteur gilt. Aus hegemonietheoretischer Perspektive erweist sich Transformation nicht als linearer Prozess, sondern als ein umkämpftes Feld.

Die Grundannahme von Hegemonietheorien besteht darin, dass moderne Gesellschaften widersprüchlich und krisenhaft sind und daher durch die Herstellung von Hegemonie stabilisiert werden müssen. Dabei verallgemeinern sich Partikularinteressen und erscheinen als Allgemeininteressen. Hegemonie ist eine Form von Herrschaft, die sich wesentlich über Zustimmung bzw. passive Hinnahme aufrechterhält. Eine solche wird meist durch partielle Zugeständnisse und Kompromisse erzielt. Sie konstituiert sich in der Zivilgesellschaft und damit auch über Bildung. In Zeiten von Krisen gelingt es immer weniger, Konsens zu organisieren, und es finden verstärkte Auseinandersetzungen um Hegemonie statt. Gesellschaftliche Transformationsprozesse sind also einerseits Folge von Krisen, zugleich ringen verschiedene Akteure strategisch um deren Gestaltung (vgl. Brand/Wissen 2024).

Im Folgenden werden drei zentrale Transformationsprojekte kurz vorgestellt, die aktuell Angebote zur (vermeintlichen) Krisenbearbeitung machen. Die widersprüchliche Rolle von Bildung in Transformation werden wir dann im Anschluss weiter ausführen.

2.1 Umkämpfte Transformation(en) (Problemwissen)

In den gegenwärtigen Krisen zeigt sich zuletzt ein Wiedererstarken eines fossilen Neoliberalismus, der zunehmend auf autoritäre Durchsetzung setzt. Ein solches Projekt antwortet auf die Klimakrise mit Leugnung (Klimawandelleugnung), Abschottung nach außen (Grenzregime) und Abgrenzung nach innen (Rassismus und Diskriminierung). Maßgeblich vorangetrieben wird dies etwa durch (fossile) Energieunternehmen und ihre

Lobbyorganisationen in Verbindung mit rechten Akteuren. In Zeiten, in denen bisherige Privilegien einerseits durch ökologische Krisen infrage gestellt werden und andererseits weitere Teil der Bevölkerung auf Gerechtigkeit und Teilhabe drängen, zielt diese Bearbeitungsstrategie also darauf, Privilegien mit gewaltsamer Durchsetzung und einer Aufkündigung liberaler Werte zu verteidigen (vgl. Brand/Wissen 2024).

Dem entgegenzustehen scheint die Perspektive grüner Modernisierung. Die Klimakrise und ökologische Krisen werden hier durchaus anerkannt, sie werden jedoch als isolierte und uns äußere Umweltprobleme gefasst. Es werden überwiegend marktbasierte oder technologische Bearbeitungsansätze verfolgt. Durch gezielte (staatliche) Anreize sollen Investitionen in »grüne« Wirtschaftszweige und Technologien gefördert werden. Eine solche Perspektive führt derzeit zu einem Boom erneuerbarer Energien, wird jedoch auch durch das Projekt eines fossilen Neoliberalismus in die Defensive gedrängt. Zugleich ist sie für weite Teile der Bevölkerung wenig überzeugend, da sie weder in der Lage ist, die Klimakrise wirksam aufzuhalten, noch, bestehende soziale Ungleichheiten zu bearbeiten (vgl. Brand/Wissen 2024).

Aus hegemonietheoretischer Perspektive stellt auch eine grüne Modernisierung letztlich nur einen Wandel innerhalb des durch Ausbeutung und Wirtschaftswachstum dominierten globalisierten Wirtschaftssystems dar. Kritisiert wird, dass marktbasierte und technologische Strategien in denselben Logiken verhaftet bleiben, die die ökologischen Krisen erst hervorgebracht haben (vgl. Köhler/Wissen 2010, 218 ff.). Denn es dominiert weiterhin eine neoliberale Wirtschaftspolitik, in deren Rahmen großtechnologische Projekte zugleich den Ländern des Globalen Nordens internationale Wettbewerbsvorteile sichern sollen und eine neokoloniale Aneignung von Rohstoffen und Arbeitskräften im Globalen Süden fortgesetzt wird. Der Wachstumszwang, der ohne weitere Ressourcenausbeutung und Energienutzung nicht zu denken ist, wird nicht infrage gestellt. Grüne Modernisierung stellt also den Versuch dar, die Klimakrise zu bearbeiten, ohne die nichtnachhaltige Produktionsweise bzw. Macht- und Ungleichheitsverhältnisse zu ändern. Insbesondere soziale Bewegungen schlagen daher eine Perspektive von Klimagerechtigkeit und einer umfassenden sozial-ökologischen Transformation vor.

2.2 Klimagerechtigkeit als herrschaftskritische Transformationsperspektive (Lösungs- und Transformationswissen)

Während im gesellschaftlichen Diskurs ebenso wie in den meisten Bildungsansätzen ein Verständnis von Klimakrise und Transformation dominiert, das macht- und herrschaftskritische Analysen kaum berücksichtigt, finden sich insbesondere in sozialen Bewegungen Perspektiven, die einen Ausweg weisen können. »Wir sitzen alle im selben Boot« – diese oft bemühte Metapher verkennt die sozialen und globalen Ungleichheiten: Denn während einige im unteren Deck Wasser schöpfen, feiern andere noch oben in der Luxusklasse. Tatsächlich unterscheiden sich sowohl Verantwortung für als auch Betroffenheit durch die Klimakrise erheblich – entlang von Machtverhältnissen, Ressourcenverteilung und geografischer Lage. Hier setzt die Idee der Klimagerechtigkeit an – ein Konzept, das maßgeblich in sozialen Bewegungen entwickelt wurde. Es geht auf die durch BIPoC-Aktivist:innen geprägte Umweltgerechtigkeitsbewegung der 1980er-Jahre in den USA zurück (vgl. Tokar 2013), die kritisierte, dass ökologische Probleme oft in Gegenden ausgelagert werden, in denen überwiegend arme Menschen sowie indigene Menschen oder People of Colour leben. Das Konzept der Klimagerechtigkeit richtet dementsprechend den Blick darauf, dass nicht eine allgemeine abstrakte Menschheit für die Klimakrise verantwortlich ist, sondern Verursachung und Betroffenheit von den Folgen global, aber auch intersektional entlang verschiedener Diskriminierungsachsen hochgradig ungleich verteilt sind. So sind die Länder des Globalen Nordens (aufgrund ihrer frühen Industrialisierung) und darin insbesondere die reichen Menschen maßgeblich für die Entstehung des Klimawandels verantwortlich, und ihr materieller Wohlstand basiert zu großen Teilen auf der Verbrennung fossiler Ressourcen (vgl. Oxfam 2023). Obwohl sie am wenigsten zu seiner Entstehung beigetragen haben, sind häufig die Länder des Globalen Südens sowie Bevölkerungsgruppen mit niedrigem Einkommen (darunter überdurchschnittlich viele Frauen, People of Colour und indigene Menschen) besonders von den Folgen des Klimawandels betroffen. Denn sie verfügen aufgrund kolonialer Ausbeutung bzw. Diskriminierung häufig nicht über die ökonomischen Ressourcen, sich zu schützen. Die Klimakrise wird also nicht als reines Umweltproblem verstanden, sondern als sozial-ökologische Krise. Sie ist Ausdruck einer umfassenden Krise der gesellschaftlichen Naturverhältnisse, also der Weise, wie insbesondere moderne industrialisierte Gesellschaften ihr Verhältnis zur Natur gestalten (vgl. Köhler/Wissen 2010; Gottschlich et al. 2022). Stabilisiert wird eine solche imperiale Produktions- und Lebensweise (Brand/Wissen 2017) durch die Teilhabe einer Bevölkerungsmehrheit im Globalen Norden und zunehmend auch einer reichen Elite im Globalen Süden am materiellen Wohlstand. Dies gerät jedoch immer stärker in Konflikt mit der dafür erforderlichen Ausbeutung der ökologischen Grundlagen. Die Klimakrise ist damit Teil einer »multiplen Krise« und wird nicht als getrennt von Care-Krisen, Wirtschaftskrisen oder auch Krisen demokratischer Beteiligung betrachtet. Vielmehr werden Zusammenhänge durch zugrunde liegende strukturelle Ursachen aufgezeigt (vgl. Bader et al. 2011).

Neben dem Blick auf ungleiche Verantwortung und Betroffenheit beinhaltet das Konzept der Klimagerechtigkeit auch eine Kritik an fossilen Energien und marktbasierten technologischen Bearbeitungsstrategien. Viele der aktuell dominierenden klimapolitischen Lösungswege – etwa der CO_2-Zertifikatehandel, Offset-Mechanismen oder technologische Ansätze wie Carbon Capture and Storage (CCS) – erweisen sich bei genauerer Betrachtung als Scheinlösungen. Sie tragen kaum zur tatsächlichen Emissionsminderung bei, sichern aber bestehende Privilegien und Ungleichheiten ab. Gleichzeitig führen sie zu einer weiteren Ökonomisierung der Natur. Während eine naturwissenschaftlich-technische Perspektive auf den Klimawandel meist auf die Bilanzierung von Emissionen fokussiert und so deren »Verrechnung« legitimiert, schlägt der Ansatz der Klimagerechtigkeit vor, sich stärker am Ursprung der Emissionen zu orientieren, also fossile Rohstoffe im Boden zu belassen (vgl. Tokar 2013,

S. 214 ff.). Daraus ergibt sich die Notwendigkeit, eine sozial-ökologische Transformation als grundlegende Umgestaltung von Wirtschaft und Gesellschaft hin zu sozial-ökologischer Gerechtigkeit und Demokratisierung zu denken. Das beinhaltet dann etwa die Frage nach anderen Naturverhältnissen, einer Ökonomie, die anstelle von Wirtschaftswachstum die Erfüllung von Grundbedürfnissen und Fürsorge ins Zentrum stellt, sowie die Anerkennung der Verantwortung des Globalen Nordens für die Verursachung der Krisen (vgl. I. L. A. Kollektiv 2019; Schmelzer/Vetter 2019).

Eine solch umfassende Transformation kann nicht primär vom Staat erwartet werden, der selbst nur relativ autonom zur wirtschaftlichen Sphäre ist. Stattdessen beinhaltet dies gesellschaftliche Konflikte und eine Veränderung von Kräfteverhältnissen etwa durch Widerstand, Druck und den Aufbau von Gegenmacht durch soziale Bewegungen. Alternativen und solidarische Lebensweisen werden bereits aufgebaut und erprobt. Sie schaffen Bedingungen, die weiterreichende Veränderungen begünstigen und sich allmählich ausweiten können. Reformen, die schon heute Lebensbedingungen verbessern und zugleich in eine andere Richtung weisen, können solche solidarischen Lebensweisen absichern und ihre Verbreitung unterstützen. All dies kann dazu beitragen, hegemoniale Vorstellungen sowie verborgene Formen von Ausbeutung, Hierarchisierung und die Auslagerung von Kosten zu irritieren und kritisch zu hinterfragen. Zugleich eröffnet es die Möglichkeit, solidarische Lebensweisen vorstellbar zu machen und zu erfahren, dass eine ganz andere Welt möglich ist (vgl. Lingenfelder 2025; ILA Kollektiv 2019). Letztlich gibt es für eine demokratische, sozial-ökologische Transformation jedoch keine fertigen Antworten. Es geht vielmehr darum, neue Pfade und Räume zu öffnen, in denen Konflikte offengelegt und um die Fragen nach einem guten Leben für alle gemeinsam politisch gestritten wird.

3. Nachhaltige Bildung

In vielen Bildungsansätzen zu Klimakrise und Transformation wird davon ausgegangen, dass es ausreicht, Wissen über weitgehend unstrittige

Ziele und Lösungen zu vermitteln. Hegemonietheoretische Gesellschaftsanalysen machen hingegen deutlich, dass Krisendeutungen und Transformationsvorstellungen umkämpft sind und keineswegs Einigkeit darüber besteht, wie die Krisen verstanden und bearbeitet werden sollen.

Diverse Bildungskonzepte wie Klimabildung, transformative Bildung, Globales Lernen und BNE thematisieren gesellschaftliche Krisen und Konflikte und begreifen diese als Bildungs- und Lernaufgabe. Wir bieten hier eine hegemonietheoretische Perspektive an, die auf unterschiedliche Bildungsansätze anwendbar ist, die den Anspruch teilen, einen Beitrag zum Umgang mit Krisen zu leisten.

3.1 Die Widersprüchlichkeit von Bildung in Transformation *(Problemwissen)*

Trotz ihrer zum Teil großen Unterschiede dominiert in allen Bildungsansätzen ein Verständnis von Bildung als Problemlöserin. Dabei bleibt die Verstrickung von Bildung in die Aufrechterhaltung der bestehenden Verhältnisse einer nichtnachhaltigen Entwicklung unsichtbar. Wenn etwa Widersprüche zwischen ökologischer und ökonomischer Nachhaltigkeit, globale Ungleichheiten und koloniale Kontinuitäten nicht thematisiert werden, trägt Bildung eher zur Legitimierung einer »imperialen Produktions- und Lebensweise« (Brand/Wissen 2017) bei. Und wenn Handlungsperspektiven auf individuelles (Konsum-)Verhalten reduziert werden, ohne dass politische Probleme und Konflikte strukturell analysiert oder politische Handlungsmöglichkeiten angeboten werden, laufen eigentlich gut gemeinte Bildungsansätze Gefahr, zu einer weiteren Entpolitisierung ökologischer und sozialer Fragen beizutragen (vgl. z. B. Danielzik 2013; Lösch/Eis 2018).

Die Rolle von Bildung ist also widersprüchlich. Von kritischen Bildungstheorien und Hegemonietheorien lässt sich hier lernen, dass Bildung nie im luftleeren Raum stattfindet, sondern in Gesellschaft und damit auch in Macht- und Herrschaftsverhältnisse eingebettet ist. Zwar hat Bildung ein subversives, überschreitendes und emanzipatorisches Potenzial – jedoch zugleich die Funktion, Menschen zu befähigen, an der gegenwärtigen Gesellschaft teilzunehmen, und damit auch eine aufrechterhaltende und stabilisierende Rolle (vgl. Heydorn 1973, S. 12). Antworten auf politische, soziale und ökologische Krisen in eine pädagogische Aufgabe zu überführen, übersieht, dass Bildung nicht lösen kann, was politisch versäumt oder gar verhindert wird.

In Bildungsansätzen nachhaltiger Bildung werden zudem die vermeintlichen Lösungen häufig expertokratisch vorgegeben und dann über Bildung implementiert. Meist erscheint der Klimawandel darin als ein Problem, über deren Lösungswege weitgehende Einigkeit angenommen wird. Als Hindernisse für eine effektive Bearbeitung erscheinen entsprechend ein Mangel an Einsicht (aufgrund fehlenden Wissens) oder eine fehlende Umsetzung des Wissens in Handeln (aufgrund psychologischer Effekte). (Mehr) Bildung – verstanden als Aufklärung und Vermittlung von Wissen – erscheint folglich als zentral. Statt eines letztlich neoliberalen Bildungsverständnisses, das Bildung in den Dienst einer gesellschaftlichen Transformation stellt, deren Ziele und Zwecke andere setzen, müsste eine Bildung, die ihren Anspruch an Mündigkeit und Emanzipation aufrechterhalten will, vielmehr Räume öffnen, um der eigentlich politischen Frage nachzugehen, wie wir gemeinsam leben wollen. In den Fokus nachhaltiger Bildungsansätze sollte eine Auseinandersetzung mit Interessen, Konfliktlinien, globalen Ungleichheits- und Herrschaftsverhältnissen rücken sowie mit der Absicherung und Stabilisierung nichtnachhaltiger Strukturen durch hegemoniale Lebens- und Produktionsweisen (vgl. Inkermann/Eis 2022).

Durch eine hegemonietheoretische Perspektive gerät zudem in den Blick, wie Bildung selbst dazu beiträgt, nichtnachhaltige Verhältnisse zu stabilisieren. Bildung muss daher immer als politisch und Bildungskonzepte als umkämpft betrachtet werden. Während sich vielfältige Versuche emanzipatorischer, herrschaftskritischer Bildungspraxen finden, lässt sich mit ihrer institutionellen Verankerung an Schulen über staatliche Programme zwar einerseits eine Stärkung, jedoch häufig zugleich eine Einhegung beobachten. Ansätze aus sozialen Bewegungen oder der außerschulischen Bildungspraxis versuchen immer wieder, kritische Impulse einzubringen, erfahren dabei jedoch wenig Reichweite. Die staatlichen Ansätze, die meist aus den UN-Prozessen hervorgingen und dann über nationale Parlamente implementiert werden (wie BNE, Klimabildung, transformative BNE sowie ein in BNE integriertes Globales Lernen), sind meist geprägt von Transformationsverständnissen einer neoliberalen grünen Modernisierung. Damit reagieren sie zwar auf die Krisen, laufen jedoch Gefahr, die nichtnachhaltigen kapitalistischen Wirtschafts- und Lebensweisen lediglich durch neue Regulationsweisen zu stabilisieren (vgl. Butterer et al. 2024). Welches Krisen- und Transformationsverständnis Bildungsansätzen zugrunde liegt, macht also einen Unterschied. Ebenso wie das zugrunde gelegte Politikverständnis: Wird in Bildungsansätzen auf institutionalisierte politische Prozesse fokussiert, kommen bestimmte politische Prozesse und Akteure nicht in den Blick. Und auch der Rahmen für Ziele, Inhalte und didaktische Konzepte von nachhaltiger Bildung wird darüber mit definiert.

3.2 Didaktische Gestaltungsansätze für Bildung, ausgehend von herrschaftskritischem Transformationsverständnis (Lösungswissen)

Wie lassen sich Ansätze nachhaltiger Bildung gestalten, die auf einer Analyse von Klimagerechtigkeit und sozial-ökologischer Transformation basieren, die politische Dimension der Klimakrise in den Blick nehmen und ein breites Politikverständnis zugrunde legen, das über institutionalisierte Strukturen hinausgeht?

Akteure der Klimagerechtigkeitsbewegung ebenso wie Bildner:innen des Globalen Lernens haben bereits seit Jahren vielfältige Bildungspraxen entwickelt und erprobt, die zahlreiche Anknüpfungspunkte bieten. Im Rahmen von zwei empirischen Erhebung wurden diese analysiert und systematisiert (vgl. Inkermann 2025 ; Lingenfelder 2025).

Aus der Bildungsarbeit von bewegungsbezogenen Bildungsakteuren der Klimagerechtigkeitsbewegung lassen sich acht Gestaltungsprinzipien einer Bildung in Transformation bzw. einer Bildung in der Klimakrise herausarbeiten: Zunächst sind Wissen und Verstehen wichtige Grundlagen. Ausgehend von einem herrschaftskritischen Transformationsverständnis und der Perspektive von Klimagerechtigkeit, liegt dabei der Fokus erstens auf gegenhegemonialem Wissen und kritischen Analysen. Der Gegenstand der Klimakrise wird in seiner politischen Dimension betrachtet, d.h., die Krise wird nicht nur konstatiert, sondern auf die strukturellen Zusammenhänge und gesellschaftlichen Verhältnisse hin untersucht. Interessengegensätze sowie Macht- und Ungleichheitsverhältnisse werden beleuchtet und insbesondere gegenhegemoniales und marginalisiertes Wissen angeboten, das sonst wenig verfügbar ist. Damit wird über die sonst häufig stark an Perspektiven grüner Modernisierung orientierten Bildungsansätze hinausgegangen, und die Krisen werden konsequent zu Ende gedacht. Der Fokus liegt zweitens auf Emanzipation, verstanden als Handlungsfähigkeit auf Basis von Verstehen. Ausgehend von der Analyse, dass gesellschaftliche Verhältnisse den Handlungsspielraum Einzelner begrenzen, geht es hier darum zu erfassen, was emanzipatorischer Transformation entgegensteht. In Abgrenzung zu einer individuellen Verhaltenserziehung, bei der eine Änderung des Verhaltens in eine normativ gewünschte Richtung angestrebt wird, geht es hier um politisches Handeln.

In vielen Bildungsansätzen wird Handlungsfähigkeit primär in individuellen (Konsum-)verhaltensänderungen verortet. Angesichts der Diskrepanz zwischen der Krise und den klein erscheinenden Möglichkeiten des Handelns besteht dabei die Gefahr, Ohnmachtsgefühle zu verstärken. Bildung, die von herrschaftskritischen Transformationsperspektiven ausgeht, bietet stattdessen drittens politische und das heißt kollektive Handlungsmöglichkeiten insbesondere in sozialen Bewegungen an, die potenziell in der Lage sind, die Begrenztheit individuellen Handelns zu überwinden. Das kann Menschen ermutigen, befähigen und anregen, sich politisch einzubringen, indem Hoffnung auf Gestaltbarkeit und Veränderbarkeit von Gesellschaft sowie ein Gefühl eigener Wirkmächtigkeit vermittelt wird. Eine herrschaftskritische Bildung eröffnet viertens Alternativen und Utopien im Hier und Jetzt, in dem bereits bestehende

Alternativen aufgezeigt werden – beispielsweise durch den Besuch von solidarischen Landwirtschaften, Umsonstläden, Mietshäusersyndikatsprojekten etc. Denn oft kann erst durch das Vorhandensein von Alternativen das Bestehende erkannt und Gesellschaft anders vorgestellt werden. Menschen können im besten Fall erfahren, dass eine solidarische, gerechte und ökologische Lebensweise attraktiv sein kann. Bildung kann außerdem einen Raum eröffnen für ein Nachdenken über alternative Zukünfte und Utopien und, ausgehend von den gegenwärtigen Krisen, fragen, was ein gutes Leben für alle innerhalb planetarer Grenzen bedeutet.

Hegemonietheoretische Analysen weisen darauf hin, dass die bestehende nichtnachhaltige Lebensweise auch durch Zustimmung oder passive Hinnahme bzw. Vorstellungen von Normalität aufrechterhalten wird. Bildung spielt hier eine wichtige Rolle bei der Konstitution solcher hegemonialen Vorstellungen (vgl. Bernhard 2005, S. 120). Eine Bildung, die von einem herrschaftskritischen Transformationsverständnis ausgeht, regt daher fünftens zu einer Dekonstruktion von Welt- und Selbstverhältnissen an. Sie knüpft dort an, wo sich die strukturellen Verhältnisse auf das Leben der einzelnen Subjekte auswirken, und sie regt zu einer Reflexion des eigenen Eingebundenseins in gesellschaftliche Verhältnisse an. Die dominanten Weltsichten, die das Bestehende aufrechterhalten, werden so sichtbar gemacht und ein Ent-lernen angeregt. Den hegemonialen Weltsichten werden stattdessen sechstens Vielfalt, Parteilichkeit und Empowerment entgegengestellt. Durch eine gezielte Parteilichkeit für marginalisierte und gegenhegemoniale Perspektiven soll so eine Perspektivenvielfalt geschaffen werden. Indem Betroffene nicht viktimisiert werden, sondern ihre Handlungsmacht in den Vordergrund gestellt wird, kann zugleich Empowerment ermöglicht werden. Nur wenn es mehr als eine Perspektive gibt, kann echte Kontroversität entstehen, und nur wenn sich alle in den Diskurs einbringen können, wird man den demokratischen Ansprüchen von Bildung und Gesellschaft gerecht. So kann Bildung einen Beitrag zur Demokratisierung des Transformationsprozesses leisten. Den dekonstruierten Denkmustern werden siebtens mögliche alternative Weltsichten entgegengestellt und eine Neukonstruktion von

Weltverständnissen angeregt. Inspiration hierfür kommt insbesondere aus BIPoC- oder queeren Gemeinschaften. Da diese teilweise schon seit Beginn des Kolonialismus mit der Zerstörung ihrer Lebensweisen konfrontiert sind und seither dagegen Widerstand leisten, lässt sich möglicherweise von ihren Erfahrungen, ihrem Widerstand und ihrer Resilienz lernen. Jenseits einer rein kognitiven Neukonstruktion geht es dabei achtens auch um Regeneration von Zerstörung und Verletzung und eine andere Art und Weise, in der Welt zu sein.

Jenseits der Bildungsinhalte spielt auch die Form von Bildung eine wichtige Rolle. Ausgehend von der Analyse, dass eine Trennung von rationalem Denken und Emotionen verbunden ist mit der westlichen Weltsicht von Naturbeherrschung, die den gegenwärtigen ökologischen Krisen zugrunde liegt, können in der Gestaltung von Bildung Lernzugänge gewählt werden, die Menschen ganzheitlich, d. h. nicht nur rational ansprechen und sie als eingebundene statt als isolierte Individuen begreifen. Das bedeutet etwa, Emotionen wie Klimaangst, Wut, Ohnmacht und Hoffnung aufzugreifen. Die Bildungspraxen der Klimagerechtigkeitsbewegung beinhalten beispielweise eine grafikbasierte Bildungsmethode, die neugierig machen und inspirieren soll, den Ansatz des Storytellings oder körperbasierte, theaterpädagogische oder erlebnispädagogische Elemente. Auch in der eigenen Grundhaltung und den pädagogischen Beziehungen nehmen die Bildner:innen etwas von dem vorweg, wie Gesellschaft anders gestaltet werden könnte (präfigurative Politik). So kann Bildung ein so weit wie möglich hierarchiearmes Verhältnis und eine partizipative und kollektive Gestaltung von Bildungs- und Lernprozesse anstreben. Politische Bildner:innen können sich als Gegenüber einbringen, die eigene (sozialstrukturelle) Positionierung und Sprechposition transparent machen, ihre politische Haltung offenlegen und damit verhandelbar machen oder als Vorbilder auftreten, die durch ihre eigenen Erfahrungen in sozialen Bewegungen inspirieren können (vgl. Lingenfelder 2025).

Ausgehend von der Perspektive der Klimagerechtigkeit und herrschaftskritischen Transformationsverständnissen, stehen also nicht so sehr die Vermittlung von Lösungen im Zentrum, sondern die Ermächtigung, Transformation selbst in die Hand zu nehmen und mit Transformation verbundene Interessen und Akteure analysieren zu können.

3.3 Herausforderungen und Spannungsfelder

Gleichzeitig zeigen sich zahlreiche Herausforderungen und Spannungsfelder. So ist insbesondere die außerschulische Bildungspraxis mit widersprüchlichen (staatlichen) Anrufungen an Bildungsarbeit konfrontiert. Einerseits soll Bildung Gesellschaft verändern – so etwa der Anspruch von BNE. Zugleich soll sie die bestehenden gesellschaftlichen Verhältnisse möglichst nicht infrage stellen. Während institutionalisierte Bildung immer auch zur Aufrechterhaltung des Bestehenden beiträgt und sich in enge Vorgaben etwa von Lehrplänen und Bewertungslogiken einfügen muss, stehen gegenhegemonialen Bildungsbemühungen gesellschaftliche Strukturen und Normalitäten sowie Rahmenbedingungen entgegen. Insbesondere herrschaftskritische Bildungsarbeit erlebt sich daher häufig als wenig wirksam. Wenn die Bildungsarbeit trotz allem wirksam erscheint, erfährt sie schnell Gegenwind oder ist mit ausbleibender Finanzierung oder anderen Einschränkungen konfrontiert.

Hinzu kommen Spannungsfelder der eigenen Ansprüche. Wie kann eine Bildungsarbeit aussehen, die Instrumentalisierung vermeiden will, aber doch eine Veränderung von Gesellschaft als Perspektive hat? Eine mögliche Antwort besteht darin, zu einer Demokratisierung gesellschaftlicher Transformationsprozesse sowie von Bildung selbst beizutragen. Das bedeutet, Bildung nicht als Steuerungsmöglichkeit zu begreifen, sondern Menschen dazu anzuregen, zu ermutigen und zu befähigen, sich selbst in gesellschaftliche Transformationsprozesse einzubringen – gerade auch *gegen* strukturelle Grenzen und Machtverhältnisse.

Um sich mit diesen Spannungsverhältnissen nachhaltiger Bildungsansätze im Rahmen sozial-ökologischer Transformation strukturiert auseinanderzusetzen und die eigene Bildungspraxis zu reflektieren, kann die folgende Systematisierung genutzt werden: nachhaltige Bildung *zu*, *als*, *für* und *in* sozial-ökologischer Transformation. Anhand der Systematisierung kann eine detaillierte Auseinandersetzung mit hegemonialen Machtstrukturen und deren Verwobenheit mit Bildung stattfinden. Die systematisierte Verhältnisbestimmung von nachhaltiger Bildung und Transformation ermöglicht eine herrschaftskritische Auseinandersetzung mit Bildungsinhalten, methodischen Zugängen, bildungs(politischen) Zielen und strukturellen sowie institutionelle Rahmenbedingungen (vgl. Inkermann 2025).

4. Resümee

Dass sich trotz des Wissens um die Klimakrise so wenig ändert, liegt also nicht an mangelnder Einsicht, sondern an verschiedenen Transformationsverständnissen und Kräfteverhältnissen. Denn insbesondere die Akteure, die ein Interesse an einer Krisenbearbeitung haben, mit der sich möglichst wenig ändert, sind zugleich diejenigen, die über die größten Mittel und Ressourcen der Durchsetzung verfügen. Und auch die dominanten Krisenbearbeitungsansätze laufen letztlich auf eine Aktualisierung und Stabilisierung der gegenwärtigen nichtnachhaltigen »imperialen Produktions- und Lebensweise« (Brand/Wissen 2017) hinaus.

Mit hegemonietheoretischen Analysen wird deutlich, dass nachhaltige Bildung immer auch politische Bildung ist. Es reicht also nicht, Lösungen als vermeintlichen Konsens zu präsentieren und über Bildung Einsicht generieren zu wollen. Es geht auch darum, gesellschaftliche Verhältnisse sowie die gesellschaftlichen Konflikte und Kräfteverhältnisse zu verstehen, gemeinsam der Frage nachzugehen, was eine solidarische Lebensweise ausmacht, und sich dann für eine solche einzusetzen – nicht als reibungsloser Anpassungsprozess, sondern auch gegen gesellschaftliche Widerstände.

Statt also »fertige Antworten« auf gesellschaftliche Herausforderungen zu vermitteln, gilt es, gerade das Prozesshafte und Umkämpfte von Transformation zu betonen und gemeinsame Suchbewegungen anzuregen.

Drei Literaturtipps mit Kurzbeschreibung

Für eine vertiefende Auseinandersetzung:

1. Gottschlich, D., Hackfort, S., Schmitt, T. & von Winterfeld, U. (Hrsg.) (2022). *Handbuch Politische Ökologie. Theorien, Konflikte, Begriffe, Methoden*. Bielefeld.
2. Chehata, Y., Eis, A., Lösch, B., Schäfer, S., Schmitt, S., Thimmel, A., Trumann, J. & Wohnig, A. (Hrsg.) (2024). *Handbuch kritische politische Bildung*. Frankfurt/M.
3. I. L. A. Kollektiv (Hrsg.). Band 1–3. München: oekom. Als Open Access verfügbar unter: ilakollektiv.org

Für einen Überblick:

- Inkermann, N. & Eis, A. (2022). Konzepte politischer Nachhaltigkeitsbildung. In: *Aus Politik und Zeitgeschichte*, 48, S. 29–34.
- Butterer, H., Lingenfelder, J., Pelzel, S. (2024). Kritische politische Bildung in sozial-ökologischen Krisen. In: Chehata, Y., Eis, A., Lösch, B., Schäfer, S., Schmitt, S., Thimmel, A., Trumann, J. & Wohnig, A. (Hg.). *Handbuch kritische politische Bildung*. Frankfurt/M., S. 115–123.

Drei didaktische Hinweise

1. Methodensammlung »Endlich Wachstum! Bildungsmaterial für eine sozial-ökologische Transformation«. https://www.endlich-wachstum.de
2. Methodensammlung »Klimaneutral und sozial gerecht. Wege in die Gesellschaft der Zukunft«. https://www.attac.de/bildungsangebot/bildungsmaterial/sekundarstufe-und-erwachsene/klimaneutral-und-sozial-gerecht-wege-in-die-gesellschaft-der-zukunft
3. Bildung für nachhaltige Entwicklung durch eine Pädagogik der ethischen globalen Themen: Ein Leitfaden für Lehrkräfte der Sekundarstufe. https://www.mmu.ac.uk/research/projects/teaching-sustainable-development

Literatur

Bader, P., Becker, F., Demirovic, A. & Dück, J. (2011). Die multiple Krise. Krisendynamiken im neoliberalen Kapitalismus. In: Demirovic, A., Dück, J., Becker, F. & Bader, P. (Hrsg.). *VielfachKrise im finanzmarktdominierten Kapitalismus.* Hamburg.

Bernhard, A. (2005). *Antonio Gramscis politische Pädagogik. Grundrisse eines praxisphilosophischen Erziehungs- und Bildungsmodells.* Hamburg.

Brand, U. & Wissen, M. (2017). *Imperiale Lebensweise. Zur Ausbeutung von Mensch und Natur im globalen Kapitalismus.* München.

Brand, U. & Wissen, M. (2024). *Kapitalismus am Limit. Öko-imperiale Spannungen, umkämpfte Krisenpolitik und solidarische Perspektiven.* München.

Butterer, H., Lingenfelder, J. & Pelzel, S. (2024). Kritische politische Bildung in sozial-ökologischen Krisen. In: Chehata, Y., Eis, A., Lösch, B., Schäfer, S., Schmitt, S., Thimmel, A., Trumann, J. & Wohnig, A. (Hrsg.). *Handbuch kritische politische Bildung.* Frankfurt/M., S. 115–123.

Chehata, Y., Eis, A., Lösch, B., Schäfer, S., Schmitt, S., Thimmel, A., Trumann, J. & Wohnig, A. (Hrsg.) (2024). *Handbuch kritische politische Bildung.* Frankfurt/M.

Danielzik, C.-M. (2013). Überlegenheitsdenken fällt nicht vom Himmel. Postkoloniale Perspektiven auf Globales Lernen und Bildung für nachhaltige Entwicklung. In: *Zeitschrift für internationale Bildungsforschung und Entwicklungspädagogik,* 36 (1), S. 26–33.

Eicker, J., Eis, A., Holfelder, A.-K., Jacobs, S., Yume, S. & Konzeptwerk Neue Ökonomie (Hrsg.) (2020). *Bildung. Macht. Zukunft. Lernen für die sozial-ökologische Transformation?* Frankfurt/M.

Gottschlich, D., Hackfort, S., Schmitt, T. & von Winterfeld, U. (Hrsg.) (2022). *Handbuch Politische Ökologie. Theorien, Konflikte, Begriffe, Methoden.* Bielefeld.

Heydorn, H.-J. (1973). Zum Widerspruch im Bildungsprozess. In: *Das Argument. Zeitschrift für Philosophie und Sozialwissenschaften,* Nr. 80 (Sonderband Schule und Erziehung (V)), S. 1–12.

I. L. A. Kollektiv (Hrsg.) (2019). *Das Gute Leben für Alle. Wege in die solidarische Lebensweise.* München. https://dasgutelebenfüralle.de/ (Zugriff: 9.7.2023).

Inkermann, N. (2025). *Globale Bildung (in) der Transformation. Eine hegemonietheoretisch inspirierte Analyse der Transformationsverständnisse von Bildungsakteur:innen des Globalen Lernens.* Frankfurt/M.

Inkermann, N. & Eis, A. (2022). Konzepte politischer Nachhaltigkeitsbildung. In: *Aus Politik und Zeitgeschichte,* 48, S. 29–34.

Klafki, W. (1991). *Neue Studien zur Bildungstheorie und Didaktik. Zeitgemäße Allgemeinbildung und kritisch-konstruktive Didaktik.* Weinheim Basel.

KMK/BMZ (2016). *Orientierungsrahmen für den Lernbereich Globale Entwicklung. Im Rahmen einer Bildung für nachhaltige Entwicklung.* Berlin.

Köhler, B. & Wissen, M. (2010). Gesellschaftliche Naturverhältnisse. Ein kritischer theoretischer Zugang zur ökologischen Krise. In: Lösch, B. & Thimmel, A. (Hrsg.). *Kritische politische Bildung. Ein Handbuch.* Schwalbach/Ts., S. 217–227.

Lingenfelder, J. (2025). *Politische Bildung und sozial-ökologische Transformation. Impulse aus Bildungspraxen der Klimagerechtigkeitsbewegung.* Frankfurt/M.

Lösch, B. & Eis, A. (2018). Kritische Gesellschaftsanalysen und globale politische Bildung. In: *zdg*, 9 (1), S. 42–58.

Oxfam Deutschland e. V. (Hrsg.) (2023). *Klima der Ungleichheit. Wie extremer Reichtum weltweit die Klimakrise, Armut und Ungleichheit verschärft.* https://www.oxfam.de/system/files/documents/20231120-oxfam-klima-ungleichheit.pdf

Schmelzer, M. & Vetter, A. (2019). *Degrowth/Postwachstum zur Einführung.* Hamburg

Tokar, B. (2013). Soziale Bewegungen für Klimagerechtigkeit weltweit und in den USA. In: Dietz, M. & Garrelts, H. (Hrsg.). *Die internationale Klimabewegung. Ein Handbuch.* Wiesbaden, S. 205–226.

UNESCO (2021). *Bildung für nachhaltige Entwicklung. Eine Roadmap.* Paris und Bonn. https://unesdoc.unesco.org/ark:/48223/pf0000374802.

WBGU (2011). *Welt im Wandel. Gesellschaftsvertrag für eine große Transformation.* Berlin.

Georg Müller-Christ

Transformationskompetenzen für eine nachhaltigere und klimagerechtere Welt

Kurzzusammenfassung

Klimaschutz braucht in vielen Bereichen eine Transformation der Produktions- und Konsummuster. In diesem Beitrag geht es darum, den Transformationsprozess als eine Anhebung der vorhandenen Produktions- und Konsumformen auf ein komplexeres Niveau zu verstehen. Dabei geht es weniger um die Erscheinungsform einer nachhaltigeren Welt als vielmehr um die Kompetenzen, die notwendig sind, um diese Welt zu erzeugen. Der Beitrag beinhaltet konzeptionelle Ideen für neue Transformationskompetenzen.

Lernziele

Der Beitrag bietet drei Lernziele an:

- Denken Sie die Nachhaltigkeits- und Transformationskompetenzen nicht von den Dispositionen her, sondern von den Performanzen einer nachhaltigen Welt. Was werden wir erzeugt und umgesetzt haben, was heute nicht da ist?
- Die Transformation in diese nachhaltigere Welt ist ein offener Prozess. Um diesen halten, aushalten und gestalten zu können, braucht es andere Teilkompetenzen, die es uns vor allem ermöglichen, den Möglichkeitsraum einer offenen Zukunft erkennen zu können.
- Nicht ausdrücklich erwähnt, aber abduktiv erfasst: Klimaschutz braucht viel Technologie, die wir uns denken können. Klimaschutz braucht vor allem aber einen Mindshift, um die mit ihm verbundenen Trade-offs und Ambivalenzen bewältigen zu können.

1. Einleitung

Um dem Klimawandel und dem globalen Ressourcenverbrauch wirklich begegnen zu können, braucht es in vielerlei Hinsicht eine Transformation der Produktions- und Konsumsysteme. Über diese Transformation wird vielfältig nachgedacht, vor allem werden die notwendigen Transformationskompetenzen empirisch aus den Bedürfnissen der Wirtschaft abgeleitet. Diese entpuppen sich zumeist als Kompetenzen zur Bewältigung von komplexen Problemen und führen zu einer Ansammlung von Fähigkeiten, Dispositionen und Teilkompetenzen, die schwierig zu clustern und noch viel schwieriger zu beherrschen sind (z. B. Spiegel et al. 2022).

In diesem Beitrag entwickle ich ein Transformationsverständnis, welches zu ganz neuen Teilkompetenzen führt. Transformation verstehe ich als die Anhebung einer vorhandenen Form auf ein komplexeres Niveau, in dem die ursprüngliche Form überschritten (transzendiert) wird. In dem Raum zwischen der alten Form, die nicht mehr hinreichend funktioniert, und der neuen Form, die noch nicht funktioniert, in dem Dazwischen, brauchen wir Kompetenzen, die ganz aus der Logik des Dazwischen abgeleitet sind.

Das Kapitel ist ein Beitrag zur Kompetenzdebatte im Nachhaltigkeitskontext, die meiner Meinung nach zu breit entlang der Bewältigung der komplexen Probleme einer modernen Gesellschaft geführt wird und nicht eng genug an den Performanzen, die Nachhaltigkeit und Transformation einfordern. Ich verbinde konzeptionell den performanzorientierten Kompetenzansatz mit dem ressourcenorientierten Nachhaltigkeitsansatz und leite aus dem Transformationsraum ganz neue Kompetenzen ab.

2. Der performanzorientierte Kompetenzbegriff

Für mich ist die breite Verwendung des Kompetenzbegriffs eine Reaktion auf die Erkenntnis, dass immer mehr Wissen letztlich doch nicht zu einem neuen und stimmigeren Verhalten der Menschen mit der zunehmend komplexeren Lebenssituation führt. Die Wissens-Verhaltens-Lücke ist und bleibt ein schwieriges Thema für Wissenschaft und Praxis. Von daher ist es auch ganz naheliegend, dass diejenigen Institutionen, die für die Schaffung des Wissens stehen – nämlich die Wissenschaft –, auch dem größten Druck ausgesetzt sind, handlungsfähigeres Wissen und handlungsbereitere Individuen hervorzubringen. Mit der Bologna-Reform 1999 und der Reform des europäischen Hochschulsystems ging es zuerst um die Employability, die Beschäftigungsfähigkeit der Absolvent:innen. Statt nur theoretisches Wissen zu vermitteln, sollten Lehrpläne an Schulen und Studiengänge an Hochschulen gezielt darauf ausgelegt werden, fachliche, methodische, personale und soziale Kompetenzen zu fördern.

Mit dem OECD-Projekt – Definition and Selection of Competencies – kam 2005 dann die Unterteilung von Fachwissen und Schlüsselkompetenzen in die Welt. Neben dem disziplinären und berufsbezogenen Fachwissen sind nun die Schlüsselkompetenzen essenziell für alle Menschen in einer globalisierten, komplexen und digitalisierten Welt. Sie sind der Schlüssel für die fachübergreifende, interaktive Anwendung von Werkzeugen, für das Interagieren in heterogenen Gruppen und für ein autonomes Handeln in der komplexen Welt (Rychen 2008).

2.1 Bekannte Kompetenzansätze: das Kompetenzrauschen

Das Denken in fachübergreifenden Schlüsselkompetenzen hat dann die Tür geöffnet, um immer weitere Kompetenzen abzuleiten, die für eine komplexe, nachhaltigere Welt der Zukunft gebraucht werden. Während im OECD-Modell noch neun Fähigkeiten und Qualitäten aufgezählt wurden, waren es im System der Gestaltungskompetenzen für eine nachhaltige Entwicklung von de Haan et al. 2008 bereits zwölf Kompetenzen (de Haan et al. 2008). Der Future-Skills-Framework des Stifterverbands der Deutschen Wirtschaft hat 21 Kompetenzen identifiziert (Stifterverband der Deutschen Wirtschaft Deutsche 2023). Das Modell der Future Skills von Spiegel et al. zählt dann bereits 30 zukunftsentscheidende Kompetenzen (Spiegel et al. 2021). Gerade der Versuch, dieses Buch von Spiegel et al. über die Future Skills zu lesen, führt mich wieder zu der Einschätzung, dass mit dieser Aneinanderreihung von Fähigkeiten, Skills oder Kompetenzen vor allem ein lautes Kompetenzrauschen erzeugt wird. Das Kompetenzrauschen entsteht – um im Metaphorischen zu bleiben – dadurch, dass wir eingeladen sind, ganz verschiedene Kompetenzsender alle gleichzeitig zu hören. Ehlers hat in einer Metastudie ein Angebot gemacht, wie die 252 Future-Skills-Begriffe in 30 nationalen und internationalen Studien seit 2016 in einem Future-Skills-Konzept systematisiert werden können. Es entstanden 17 Kompetenzfelder und -profile, die letztlich das Kompetenzrauschen nicht entschärfen können (Ehlers 2022). Es entstand eine Liste anderer Kompetenzen, die mithilfe bekannter Methoden von Metastudien erstellt wurde und die vermutlich dann etwas anders rauscht.

Ich will an dieser Stelle keine grundsätzliche Kritik an den Konzepten der verschiedenen Kompetenzansätze üben. Meiner Beobachtung nach bereiten wir gerade den Raum der Unterscheidungen vor, mit denen wir die Menschen in allen denkbaren Institutionen darauf vorbereiten wollen, einen mentalen und einen emotionalen Mindshift mitzumachen, um in einer komplexeren Welt so handlungsfähig zu sein, dass sie ihre individuellen Ziele besser abgestimmt mit den kollektiven Bedingungen erreichen können (eben weniger Nebenwirkungen auf andere erzeugen). Tatsächlich werde ich mit meinen Vorschlägen für Transformationskompetenzen erst einmal ein anderes Kompetenzrauschen anbieten, in der Hoffnung, dass sich der allgemeine Blick weg von der Summe der sogenannten Skills, Fähigkeiten oder Kompetenzen hin auf die gewünschten Performanzen richtet: Was wird besser, wenn wir alle diese Kompetenzen haben und in Handlungen umsetzen?

2.2 Dispositionen und Performanzen als Kompetenzbestandteile

Es gibt eine sehr breite Diskussion darüber, was Kompetenzen genau sind. Sowohl in der Wissenschaft als auch der Praxis wird der Begriff Kompetenz häufig synonym verwendet mit Fähigkeiten, mit Skills oder auch mit bestimmten Eigenschaften. Wenn ich im Weiteren von Kompetenzen rede, dann verwende ich das Verständnis von Erpenbeck und Rosenstiel

(Erpenbeck/Rosenstiehl 2007). Ein Mensch ist dann kompetent, wenn es ihm gelingt, alle seine Dispositionen selbst so zu organisieren, dass eine gewünschte Performanz entsteht. Das Kompetenzrauschen bezieht sich meines Erachtens nach auf den Raum der Dispositionen, in dem all die Fähigkeiten, Skills und Qualitäten enthalten sind, die in einem konkreten Fall so verwendet werden, dass ein komplexes Problem gelöst wird. In diesem Sinne ist Kompetenz auch immer ein Zuschreibungsbegriff: Menschen schreiben anderen Menschen Kompetenz zu, weil sie beobachtet haben, dass diese ein komplexes Problem gelöst haben. Sich selbst kann ein Mensch ebenfalls Kompetenz zuschreiben, wenn er sich selbst bei einer Problemlösung betrachtet hat.

Das Begriffsverständnis von Kompetenz als selbstorganisierte Herstellung der Einheit der Differenz von Disposition und Performanz hat folgende Vorteile:

1. Es gibt vielfältige Dispositionen, die erst einmal unorganisiert nebeneinanderstehen können.
2. Der eigentliche selbstorganisierte Koordinationsprozess der Dispositionen eines Menschen kann unbeobachtet und unerklärt bleiben.
3. Erst wenn die erwartete Performanz eingetreten ist, d. h. das Set an Fähigkeiten das Problem gelöst hat, erfolgt die Zuweisung von Kompetenz.

Im Weiteren geht es nun um den entscheidenden Unterschied, der in diesem Beitrag gemacht wird: Kompetenzen von der Seite der Performanzen her zu denken. Vielleicht ist dann auch die folgende Zuordnung plausibel: Nachhaltigkeitskompetenzen zielen auf die Performanz einer nachhaltigeren Welt, Transformationskompetenzen auf die Performanz, den Transformationsprozess in dieser nachhaltigeren Welt zu gestalten. Future Skills erzeugen aber nicht die Performanz der Zukunft, sie stellen vielleicht eher die Dispositionen dar, die Menschen brauchen, um dann konkrete Probleme einer komplexen Welt von morgen zu bewältigen.

2.3 Nachhaltigkeit als wichtigste Performanz

Vielleicht mache ich es mir zu einfach, aber ich schlage vor, das Kompetenzrauschen vor allem als Versuch zu beschreiben, die Dispositionen aufzulisten, die Menschen mitbringen müssen, um dann genau die Performanzen herbeizuführen, die wir brauchen, um die Welt in Richtung Nachhaltigkeit und Klimaschutz zu transformieren. Die Grundmelodie wird auf der Seite der Performanzen gespielt. Was muss aufgeführt oder erreicht werden, damit die Welt nachhaltiger wird? Für mich sind es drei Performanzen, anhand derer wir die Transformationskompetenz von Menschen und Institutionen erkennen können.

1. *Regeneration*
   Am Ende der Transformation verbrauchen die Menschen nicht mehr materielle und immaterielle Ressourcen, als sich in einem gewählten Zeitraum auch wieder regenerieren können. Dies entspricht der Essenz des Nachhaltigkeitsverständnisses (Müller-Christ 2020). Die Reduzierung des globalen Ressourcenverbrauchs mindert zugleich die Menge an materiellen und immateriellen Ressourcen, die regeneriert werden müssen.
2. *Denken in den Nebenwirkungen des Handelns*
   Die meisten Probleme, die wir auf dieser Welt haben, entstehen dadurch, dass wir in der Erzielung unserer Hauptwirkungen sowohl beim individuellen als auch beim institutionellen Handeln zu viele Nebenwirkungen auf angrenzende Systeme hinnehmen (z. B. ist der CO_2-Ausstoß eine ungewollte Nebenwirkung der Verbrennung von fossilen Energieträgern). Die Performanz, die wir für eine Transformation der Welt in Richtung Nachhaltigkeit brauchen, ist ein sichtbares Trade-off-Denken: Wir antizipieren die Nebenwirkungen unseres Handelns, reduzieren oder vermeiden diese ganz, reparieren entstandene Nebenwirkungen und sind in der Lage, unvermeidbare Nebenwirkungen mit denjenigen auszuhandeln, die diese Nebenwirkungen erleiden müssen.

3. *Halten und aushalten des Transformationsraumes*
   Der Transformationsraum hat verschiedene Eigenschaften, die für Menschen in der heutigen Zeit noch schwierig zu halten und auszuhalten sind. Der Weg in eine regenerative Kultur steht noch nicht fest, die konkreten Grund- und Erscheinungsformen dieser Kultur ebenfalls noch nicht. Im Transformationsraum wird die Performanz benötigt, beispielsweise mit Transzendenz, Emergenz, Konstellationen, Kontingenz, Ambivalenz und Unsicherheit umgehen zu können, um die neuen Formen des Möglichkeitsraumes der Zukunft sehen und verdichten zu können.

Natürlich braucht die Welt noch weitere Performanzen, um sich weiterentwickeln zu können. Ich schlage jedoch vor, dass die häufig in der gesellschaftlichen Diskussion genannten Performanzen wie etwa (Gender-) Gerechtigkeit, Humanisierung, Diversität, Frieden, Demokratie nicht unter dem Anspruch einer nachhaltigen Entwicklung subsumiert werden – wie etwa in den Sustainable Development Goals. Es sind kulturelle Normen, mit denen wir aushandeln, wer wir als Menschheit sind und wie wir miteinander umgehen wollen. Dieser Aushandlungsprozess folgt einer anderen Logik als die ökonomische Notwendigkeit, nicht mehr Ressourcen zu verbrauchen, als sich regenerieren können, und aktiv in die Regeneration zu investieren. Mit der Gleichsetzung all dieser genannten Performanzen mit einer nachhaltigen Entwicklung wird nämlich der Blick darauf verschleiert, dass die nachhaltige Gestaltung der Ressourcenströme der Welt vielfältige Dilemmata bezüglich der kulturellen Normen einer humanen Gesellschaft generieren wird. Dies ist vor allen Dingen dann der Fall, wenn wir anfangen, die knappste Ressource dieser Welt – land- und forstwirtschaftlich nutzbare Flächen mit funktionsfähigen Böden – so umzuverteilen und zu nutzen, dass sie dauerhaft funktionsfähig bleibt und genügend Biomasse für jede Art von Produktion von Lebensmitteln und Gütern produziert. Eine weltweite Verteilungsgerechtigkeit auf Basis der Tragfähigkeit der Erde herzustellen, erscheint mir die größte Herausforderung der Menschheit für die nächsten 50 Jahre.

3. Transformation, genauer betrachtet

Vermutlich war es der Bericht des Wissenschaftlichen Beirats für globale Umweltveränderungen von 2011, der den Transformationsbegriff in die Nachhaltigkeitsdebatte einführte. Sein Titel lautet: Welt im Wandel – Große Transformation (WBGU 2011). Es ging hauptsächlich um die Transformation des Energieversorgungssystems von seiner fossilen Grundlage hin zu regenerativen Energiequellen. Die Autoren beriefen sich im Transformationsverständnis auf Karl Polanyi, der 1944 in seinem Werk »The Great Transformation« die gesellschaftlichen Veränderungen beschrieben hat, die die Industrialisierung und die Marktwirtschaft bewirkt haben (Polanyi 1944). Seitdem wird der Transformationsbegriff in meiner Beobachtung vor allem in der beraternahen Literatur häufig synonym mit Organisationsentwicklung und Change-Management verwendet.

Ich möchte im Weiteren ein allgemeines Verständnis von Transformation anbieten, welches Transformation abstrakt und unabhängig vom Transformationsgegenstand beschreibt.

3.1 Transformation als Anhebung der Form

Information bedeutet, Daten in eine Form zu bringen, die nützlich ist und einer Intention dient. Transformation müsste dann eigentlich bedeuten, eine vorhandene Form in eine andere Form hinüberzutragen. »Trans« ist ein vorangestelltes Wortbildungselement in Fremdwörtern aus dem Lateinischen mit der Bedeutung, eine Bewegung auf die andere Seite zu machen. Während es beim Transport nur darum geht, etwas von einem Ort an einen anderen Ort zu überführen, geht es bei der Transformation darum, etwas in eine andere Form zu überführen. Mir scheint es dabei so zu sein, dass wir mit der anderen Form etwas Höheres verbinden. Kochen verstehen wir zum Beispiel höchst selten als einen Transformationsprozess, obwohl die geernteten Pflanzen in einen anderen Zustand gebracht werden, der hoffentlich dann viel Genuss hervorruft.

3.2 Der Transformationsraum

Ich verbinde mein Verständnis von Transformation als Anhebung einer vorhandenen Form in eine höhere komplexere Form mit einem Raum- und Bewegungsdenken. Zwischen dem Raum der unterkomplexen Form und dem Raum der neuen komplexeren und transformierten Form liegt ein Zwischenraum, ein Dazwischen (vgl. Abb. 1). Ich nenne diesen Zwischenraum, in dem das Alte nicht mehr adäquat funktioniert und das Neue sich noch nicht ganz in klaren Konturen zeigt, den Transraum. Was sich in diesem Raum ereignet, ist schwer vorherzusagen. Für mich sind Transformationskompetenzen die Kompetenzen, die uns helfen, diesen Raum zu halten, auszuhalten und die neuen Formen zu erkennen und zu gestalten.

Die Grundbewegungen in diesem Raum scheinen mir die Folgenden zu sein, die hier aus Raumgründen nur skizziert werden:

- aus einer festen und bewährten Form in eine sich auflösende Form und dann in eine neue komplexere Form hinein
- aus einem Entweder-oder-Denken in ein Sowohl-als-auch-Denken hinein, welches sowohl Entweder-oder- wie auch ein Sowohl-als-auch-Denken beinhaltet
- vom Blick auf die vergangene Wirklichkeit zum Blick auf den Möglichkeitsraum einer emergierenden Zukunft
- vom Ich-Bewusstsein zum Wir-Bewusstsein zum Ich-im-Wir-Bewusstsein
- von der Metaerzählung einer rein materiellen Welt zur integrierenden Erzählung einer materiell/geistigen Welt
- vom Blick auf die Geldströme der Welt zur Erfassung von Geld- und Ressourcenströmen in ihrer Interdependenz mit Schwerpunkt auf die Ressourcenregeneration
- vom Denken in eigenen materiellen Hauptwirkungen zum Denken in der Bewältigung von ungewollten Nebenwirkungen.

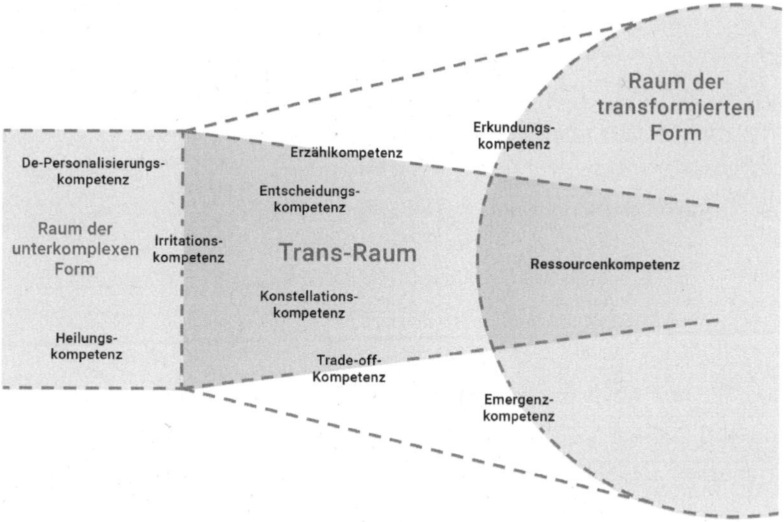

Abb. 1: Kompetenzen im Transformationsraum (eigene Abb.).

Die Abb. 1 visualisiert die Idee des Transformationsraumes, der aus drei Bereichen besteht: dem Raum der unterkomplexen Form, dem Transraum und dem Raum der transformierten Form. Der Transraum ist die gedankliche Hülle um die Phase, in der das Alte und Vertraute nicht mehr vollständig funktioniert, das Neue und noch Unbekannte noch nicht zu erkennen oder nur in Konturen erfassbar ist. In diesem Übergangsraum gilt es eine für uns noch wenig bekannte Ungewissheit auszuhalten. Die unbekannte Ungewissheit liegt darin, dass das Muster von Bekannt/Nichtbekannt für die Menschen neu ist. Während es früher darum ging, sichtbare materielle Welten neu entstehen zu lassen, besteht nun die Herausforderung darin, auf dem Fundament einer materiell weit entwickelten Gesellschaft unsichtbare Phänomene neu entstehen zu lassen. Wir brauchen beispielsweise neue Metaerzählungen von Gesellschaft und Selbsterzählungen von Individuen, die mehr Komplexität beinhalten als Wohlstand für alle und Lebenszufriedenheit durch Reichtum.

Ich habe diesem Raum nun Kompetenzen zugeordnet, die sich meiner Meinung nach aus den Anforderungen des Transformationsraumes für eine nachhaltige Entwicklung ergeben (Müller-Christ 2020). Diese Anforderungen lassen sich auch als Performanzen eines Transformationsprozesses beschreiben. Ausgehend von diesen Performanzen, lassen sich Teilkompetenzen umschreiben, die völlig anders als die bislang häufig beschriebenen Dispositionen bezeichnet sind.

1. Ein Transformationsprozess kann erst beginnen, wenn wir die nicht nachhaltigen Prozesse der Welt benennen (Heilungskompetenz) und sie von menschlichem Verhalten trennen und die Kontexte berücksichtigen (Depersonalisierungskompetenz). Das Portal zum Transraum ist die grundlegende Irritation der vorhandenen Denkmuster, damit Lernen möglich wird (Irritationskompetenz).
2. Im Transraum wird die aktuelle Situation aus unterschiedlichen Perspektiven betrachtet und in Beziehung gesetzt (Konstellationskompetenz). Dabei werden Nachhaltigkeitserzählungen so entwickelt, dass sie auch auf tieferliegende, oft unbewusste Narrative abgestimmt sind (Erzählkompetenz). Zugleich braucht es die Fähigkeit, die Ungewissheit auszuhalten, dass jede Entscheidung nur vorläufig und nie eindeutig richtig ist (Entscheidungskompetenz). Aus der Tatsache, dass die Logik der Regeneration unvereinbar ist mit der Logik der Effizienz, folgt die Konsequenz, dass immer Preise für das Nichterreichen einer der Polaritäten gezahlt werden müssen (Trade-off-Kompetenz).
3. Um durch die Portale in den Raum der transformierten Form schauen zu können, brauchen Menschen eine Erkundungskompetenz und eine Emergenzkompetenz. Meine Grundannahme lautet: Die komplexere Form ist im Möglichkeitsraum der Zukunft schon angelegt. Um sie erahnen und sehen zu können, ist eine offene Erkundungshaltung notwendig und die Fähigkeit, sehen zu können, wie die neuen Konturen emergieren.
4. Im Raum der komplexeren Form braucht es aus der Nachhaltigkeitsperspektive vor allem die Ressourcenkompetenz. Die Linien, die in der Abb. 1 auf den Begriff der Ressourcenkompetenz zulaufen, sollen verdeutlichen, dass es eine Zukunft für die Menschen auf diesem Planeten Erde nur gibt, wenn sie ihr materielles Dasein so gestalten, dass

sich die verbrauchten materiellen und immateriellen Ressourcen immer wieder regenerieren können.

4. Das Set der Transformationskompetenzen

Gemäß der Logik des Transformationsraums sind die nachfolgenden Ausführungen als die Beschreibung einer Kontur von Transformationskompetenzen gedacht. Das Set der Kompetenzen ist aus der Perspektive der notwendigen Performanzen entstanden, die in einer Transformationsphase in eine nachhaltigere Welt notwendig sein könnten. Als Autor stehe ich selber im Transraum und biete Konstellationen von Kompetenzen an, die vielleicht in der Lage sind, etwas Neues in die Welt zu bringen oder ein bereits begonnenes Werden einer neuen Form zu unterstützen.

Aufgrund der knappen Kapazitäten in diesem Beitrag stelle ich die neuen Transformationskompetenzen im Weiteren tabellarisch dar. Ich lade ein, die Tabelle folgendermaßen zu lesen: Jede einzelne Kompetenz ist in der linken Spalte anhand ihrer gewünschten Performanz beschrieben. Es folgen jeweils die Hinweise auf grundlegende Theorien und Modelle, die in diesem Text nicht weiter erläutert werden können. Dann werden die Bewegungen beschrieben, die durch die Kompetenz im Transformationsraum in Richtung Nachhaltigkeit ausgelöst werden können. Mögliche hilfreiche Dispositionen, zumeist dargestellt als Wissen und nützliche innere Haltungen, werden beispielhaft angeboten. In der letzten Spalte erfolgen Hinweise auf die Kontaktpunkte im Alltag, bei denen diese Kompetenz der Beteiligten wahrgenommen werden kann.

Kompetenzen	theoretische und konzeptionelle Bezüge	Rolle und Bewegung im Transformationsprozess	die vielleicht wichtigsten Dispositionen	Kontaktpunkte im Alltag
1. Heilungskompetenz Die Performanz der Heilungskompetenz ist die Akzeptanz eines Systems in seiner Nichtganzheit, seiner Dysfunktionalität, die auf andere Systeme wirkt. Nicht ganz sind zumeist die Beziehungen zu den Ressourcenquellen und den ressourcenaufnehmenden Systemen, das System lebt in unsicheren Ressourcenbindungen.	Acceptance and Commitment Theory (ACT) (Hayes et al. 1999) Systemtheorie (Schirmer 2023) Polyvagal-Theorie (Porges 2011)	Gemäß der alten Weisheit kann nur das geheilt werden, was zuvor zutiefst akzeptiert wurde. Energie für eine Bewegung in den Transraum entsteht vor allem dann, wenn die eigenen Beiträge zu den Ressourcenverbräuchen und deren Nebenwirkungen akzeptiert und ausgesprochen werden.	• systemische, holistische Fähigkeit, die Teile und das Ganze zugleich sehen zu können • Systeme als ressourcenabhängige Institutionen sehen können	• EU-Regulatorik zur Nachhaltigkeitsberichterstattung von Unternehmen • Konsumentscheidungen • Geschäftsmodellentwicklung
2. Depersonalisierungskompetenz Die gewünschte Performanz der Depersonalisierungskompetenz ist die Trennung von Person/Institution und Kontext in Situationen von Dysfunktionalitäten und Konflikten. Kontexte können geändert werden, das Verhalten von Mensch und Institution folgt dann der Veränderung.	Psychologie (Gatus et al. 2022) Coaching (Kotte 2022) Systemtherapie (Kriz 2015)	Bewegungen in den Transraum werden blockiert, wenn der Grund für die Lücke zwischen Wissen und Verhalten allein dem Individuum oder der Institution zugerechnet wird. Bewegung entsteht vor allen Dingen dann, wenn wir anerkennen, dass Menschen in systemischen Kontexten handeln. Kontexte können verändert werden, menschliches Verhalten nur sehr indirekt.	• Systemlogiken erkennen können • Person und Funktion trennen können • Verhalten kontextualisieren können	• Stakeholderdialoge • mediale Berichterstattung von unerwünschtem Verhalten von Institutionen und Menschen • wissenschaftliche Fragestellungen • Alltagsgespräche

Kompetenzen	theoretische und konzeptionelle Bezüge	Rolle und Bewegung im Transformationsprozess	die vielleicht wichtigsten Dispositionen	Kontaktpunkte im Alltag
3. Irritationskompetenz Die gewünschte Performanz der Irritationskompetenz ist es, die Lücke zwischen Erwartung, wie sich ein Phänomen zeigt, und tatsächlichem Abbild des Phänomens möglichst lange offenzuhalten, um eine Lernbereitschaft zu ermöglichen. Irritation ist die Voraussetzung für tiefgehende Lernprozesse.	Confirmation bias (Nickerson 1998) Lerntheorien (Mölders 2013) Irritationspädagogik (Combe/Gebhard 2009) Cognitive Maps (Downs/Stea 1982)	Irritation ist die Portalhüterin des Transraumes. Wenn die vorhandene mentale Karte eines Menschen nicht mehr ausreicht, um konstruktiv seine Komplexität zu bewältigen, könnte eine Bewegung in Richtung Veränderungsbereitschaft entstehen. Diese Bewegung setzt allerdings voraus, dass die Lücke nicht zu schnell durch den Selbstbestätigungsdrang geschlossen wird.	• das eigene Denken beobachten können • Selbstbestätigungsdrang erkennen können • Bereitschaft, vorhandene Denkmuster loszulassen ohne bereits neue zu haben	• Aushandlungsprozesse jeder Art • Erkundungsaufstellungen • mediale Beiträge • Seminare und Trainings
4. Entscheidungskompetenz Die gewünschte Performanz der Entscheidungskompetenz ist es, die Kontingenz der Begründungen für die Auswahl einer Alternative halten und gestalten zu können, beispielsweise für mehr Ressourcenregeneration und mehr Umweltschutz.	Entscheidungstheorie (Gigerenzer 2013) Dilemmamanagement (Müller-Christ 2020) Nachhaltigkeit (Müller-Christ 2020) Kontingenztheorie (Ortmann 2009)	Wenn es unklar ist, wie sich das Neue im Transraum zeigen wird, können Entscheidungen auch nicht auf einen gewünschten Zukunftszustand hin begründet werden. Eine Offenheit für den Transraum entsteht dann, wenn Entscheidungsträger:innen akzeptieren können, dass jede Entscheidung immer auch hätte anders ausfallen können (Kontingenz). Bewegung im Transraum wird ausgelöst, wenn mutig über das Nichtentscheidbare entschieden wird.	• den eigenen Vorteil loslassen können • Trade-offs aushalten können • Unsicherheiten in Begründungen halten und aushalten können	• jede individuelle und institutionelle Entscheidung • insbesondere Langfristentscheidungen (Jetzt-für-dann-für-andere-Entscheidungen, wie beispielweise Klimaschutz) (Müller-Christ 2020)

Kompetenzen	theoretische und konzeptionelle Bezüge	Rolle und Bewegung im Transformationsprozess	die vielleicht wichtigsten Dispositionen	Kontaktpunkte im Alltag
5. Erzählkompetenz Die gewünschte Performanz der Erzählkompetenz ist ein grüner Faden in der Erzähllinie einer nachhaltigeren Welt, der von der konkreten Geschichte zur allgemeineren Erzählung über die Metaerzählung zum tief verankerten Narrativ verläuft.	Nachhaltigkeitsnarrative (Müller-Christ 2020b) Systemisches Coaching (Müller 2017) Transformative Bildung (Koller 2016)	Die Rolle der Erzählkompetenz im Transraum ist die stimmige Verbindung von Narrativen und Metaerzählungen mit den konkreten Erzählungen und Geschichten der Menschen und Institutionen. Bewegung im Transraum entsteht mit der Veränderung der Selbsterzählung von Menschen und Institutionen in Richtung einer stimmigeren Einbettung in die Metaerzählung einer dekarbonisierten Gesellschaft.	• die eigenen Narrative halten und aushalten können • die vorherrschende Selbsterzählung loslassen können • unvollständige und unstimmige Erzählungen erkennen können	• in der Alltagskommunikation über Konsum • in jeder Art von Selbstdarstellung erzählen sich Menschen und Institutionen in die Welt hinein
6. Konstellationskompetenz Die Performanz der Konstellationskompetenz ist es, den Wirklichkeitsraum in unterschiedlichen Konstellationen beschreiben und erkunden zu können. Die Beschreibung des Wirklichkeitsraumes definiert die Zugänge zum Möglichkeitsraum der transformierten Form.	Konstellationsforschung (Gostmann 2016) Konstellative Logik (von Müller 2020) Systemaufstellungen (Müller-Christ/Pijetlovic 2018)	Die Rolle der Konstellationskompetenz im Transraum ist es, Neues entstehen zu lassen, indem das Thema (z. B. Kreislaufwirtschaft) in immer anderen Konstellationen abgebildet wird. Bewegung im Transraum entsteht, wenn die verschiedenen Konstellationen auf neue Möglichkeiten verweisen.	• die Vorstellung loslassen, dass es eine richtige Wirklichkeitsbeschreibung gibt • stimmige Konstellationen der Realität unterscheiden können	• in sozialwissenschaftlichen Forschungsprozessen • in politischen Planungsprozessen • zu Beginn komplexer Organisationsentwicklungsprozessen • in Geschäftsmodellentwicklungen

Kompetenzen	theoretische und konzeptionelle Bezüge	Rolle und Bewegung im Transformationsprozess	die vielleicht wichtigsten Dispositionen	Kontaktpunkte im Alltag
7. Trade-off-Kompetenz Die Performanz der Trade-off-Kompetenz ist es, die in der Dilemmabewältigung zwangsläufig entstehenden Trade-offs thematisieren und aushandeln zu können. Mehr Ressourcenregeneration bedeutet zugleich weniger Ressourceneinsatz.	Dilemma-/Widerspruchsmanagement (Henkel et al. 2023) Multidimensionale Entscheidungsprozesse und Zielkonflikte (Pfister et al. 2017)	Ignorierte oder abstrahierte Dilemmata führen auf der Entscheidungsebene zu zahlreichen diffusen Konflikten. Wenn die Trade-offs einer nachhaltigen Ressourcennutzung benannt werden, können die Beteiligten in konstruktive Aushandlungsprozesse gehen, wie diese repariert oder ausgeglichen werden. Es entsteht eine Bewegung in die logischen Spannungsfelder hinein.	• das Unvereinbare halten und aushalten können • zweiwertiges Denken loslassen und sich in die Gleichzeitigkeit der Phänomene hineinbegeben können	• in allen Aushandlungsprozessen von Menschen und Institutionen darüber, ob für Ressourcenregeneration und Umweltschutz mehr Geld ausgegeben werden soll
8. Emergenzkompetenz Die Performanz der Emergenzkompetenz ist es, im Möglichkeitsraum der Zukunft das zu erkennen, was sich als konstruktiv für eine regenerative und ressourcenleichte Wirtschaftsweise schemenhaft andeutet.	Emergenztheorie (Helbig 2020) Theorie U (Scharmer 2011)	Die Rolle der Emergenzkompetenz im Transraum ist es, den Blick ganz auf die Zukunft zu richten und Verfahren zuzulassen, die den Möglichkeitsraum der Zukunft besprechbar machen. Diese Kompetenz bewegt die Aufmerksamkeit auf den Zukunftsraum hin.	• den Zwischenraum zwischen dem Bekannten und dem Neuen aushalten können • das Neue als das noch nicht Bekannte herauslesen können • eine visionäre Vorstellungskraft	• in Strategie- und Innovationsprozessen • in Auswertungen von Forschungsdaten • in Coachinggesprächen

Kompetenzen	theoretische und konzeptionelle Bezüge	Rolle und Bewegung im Transformationsprozess	die vielleicht wichtigsten Dispositionen	Kontaktpunkte im Alltag
9. Erkundungskompetenz Die Performanz der Erkundungskompetenz ist es, die unsichtbaren Kräfte in soziotechnischen Geschehen sichtbar zu machen und ihre Wirkungen zu versprachlichen. Es entstehen ganz neue Thesen über Kausalitäten in Systemen.	Wahrnehmungstheorie (Kashdan et al. 2009) Erkundungsaufstellungen (Müller-Christ/Pijetlovic 2018)	Die Rolle der Erkundungskompetenz ist es, Portalshüterin in den Raum der transformierten Form zu sein. Sie erzeugt eine Bewegung der Offenheit für neue Bilder einer transformierten Welt. Die offene Haltung zeigt sich in dem Moment, in dem neue Thesen auf die bewährten Thesen treffen und der Unterschied ausgehalten wird.	• sich auf seine inneren Bilder verlassen können • Offenheit für die Haltung: Es könnte auch ganz anders sein! • Mut hinzuschauen, auch wenn sich die Phänomene schmerzlich zeigen	• in echten Dialogen • in Erkundungsaufstellungen • im Kontakt mit guten Büchern • beim Betrachten gehaltvoller Filme
10. Ressourcenkompetenz Die Performanz der Ressourcenkompetenz liegt in der Erfassung und Gestaltung der Quellen der materiellen und immateriellen Ressourcenströme dieser Welt in ihrer Eigenlogik. Ressourcenströme werden so gesteuert, dass nicht mehr verbraucht wird, als sich regeneriert.	Haushaltsökonomie (Müller-Christ 2001) Ressourcenorientierte Nachhaltigkeit (Müller-Christ 2020)	Die entscheidende Rolle der Ressourcenkompetenz liegt darin, jede produzierende und konsumierende Handlung als eine Bewegung von Ressourcen zu sehen. Die Bewegung verläuft vom Fokus auf die Ausnutzung von materiellen und immateriellen Ressourcen hin zur Gleichzeitigkeit von Regeneration und abgestimmtem Verbrauch. Es ist eine Bewegung in eine Regenerationskultur.	• Ressourcenflüsse monitoren können • Ressourcenregime gestalten können • Ambiguitätstoleranz • alle Systeme als ressourcenabhängige Systeme modellieren können	• Annähernd jede Entscheidung von Menschen und Institutionen hat eine Ressourcenimplikation: Was wird bei der Umsetzung der Entscheidung verbraucht, und können sich diese Ressourcen regenerieren?

Literaturtipps

1. Brunnhuber, S. (2023). *Die Kunst der Transformation*. München.
2. Müller, A. von (2020). *Die Selbstentfaltung der Welt. Eine Einladung, Zeit und Wirklichkeit neu zu denken und mit Komplexität anders umzugehen*. München.
3. Scharmer, O. (2011). *Theorie U. Von der Zukunft her führen*. Heidelberg.
4. Wilber, K. (2025). *Der integrale Weg zur Ganzheit. Raum für Wachstum, Einheit und Lebensfreude finden*. München.

Literatur

Brunnhuber, S. (2023). *Die Kunst der Transformation*. München.

Combe, A. & Gebhard, U. (2009). Irritation und Pädagogik. In: *Zeitschrift für Erziehungswissenschaft*, Jg. 12, Heft 3, S. 549–571.

de Haan, G., Kamp, G., Lerch, A., Martignon, L., Müller-Christ, G. & Nutzinger, H.-G. (2008). *Nachhaltigkeit und Gerechtigkeit. Grundlagen und schulpraktische Konsequenzen*. Berlin, Heidelberg

Downs, R.M. & Stea, D. (1982). *Kognitive Karten. Die Welt in unseren Köpfen*. New York.

Ehlers, U. (2022). *Future Skills im Vergleich. Zur Konstruktion eines allgemeinen Rahmenmodells für Zukunftskompetenzen in der akademischen Bildung*. https://next-education.org/de/research-series/future-skills-metaanalyse/.

Erpenbeck, J. & Rosenstiehl, L. (2007). *Handbuch Kompetenzmessung. Erkennen, verstehen und bewerten von Kompetenzen in der betrieblichen, pädagogischen und psychologischen Praxis*. 2. Aufl. Stuttgart.

Gatus, A., Jamieson, G. & Stevenson, B. (2022). Past and Future Explanations for Depersonalization and Dereali-zation Disorder: A Role for Predictive Coding. In: *Frontiers in Human Neuroscience*. Vol. 16. https://doi.org/10.3389/fnhum.2022.744487

Gigerenzer, G. (2013). *Risiko. Wie man die richtigen Entscheidungen trifft*. München.

Gostmann, Peter (2016). *Einführung in die soziologische Konstellationsanalyse*. Berlin und Wiesbaden.

Hayes, S., Strohsahl, K. & Wilson, K. (1999). *Acceptance und Commitment Therapy: An Experiential Approach to Behavior Change*. New York.

Helbig, H. (2020). *Welträtsel aus Sicht der modernen Wissenschaften. Emergenz in Natur, Gesellschaft, Psychologie, Technik und Religion* (2. Aufl.). Wiesbaden.

Henkel, A. et al. (2023). *Dilemmata der Nachhaltigkeit*. Baden-Baden.

Kashdan, T. B., Gallagher, M. W., Silvia, P. J., Winterstein, B. P., Breen, W. E., Terhar, D. & Steger, M. F. (2009). The curiosity and exploration inventory-II: Development, factor, structure, and psychometrics. In: *Journal of Research in Personality*, 43(6), 987–998.

Kotte, S. (2022). Kontext im Coaching. Einblicke in den Stand der Forschung zur Bedeutung des Kontextes für berufsbezogenes Coaching. In: *Zeitschrift OSC – Organisationsberatung, Supervision, Coaching*. Jg. 29, S. 313–329.

Kriz, J. (2015). Die therapeutische Beziehung in der Systemischen Therapie. In: *Zeitschrift Psychotherapie*, Jg. 20, S. 207–225.

Mölders, M. (2013). Irritation expertise. In: *European Journal of Futures Research*, 2. Jg., H. 33. https://doi.org/10.1007/s40309-013-0032-3

Müller, A. von (2020). *Die Selbstentfaltung der Welt. Eine Einladung, Zeit und Wirklichkeit neu zu denken und mit Komplexität anders umzugehen*. München.

Müller, M. (2017). *Einführung in die narrativen Methoden der Organisationsberatung*. Heidelberg.

Müller-Christ, G. (2001). *Nachhaltiges Ressourcenmanagement. Eine wirtschaftsökologische Fundierung*. Marburg.

Müller-Christ, G. (2020). *Nachhaltiges Management*. 3. Auflage, Baden-Baden.

Müller-Christ, G. (2020b). Eine systemische Erzählung über die Integration von Nachhaltigkeit in unternehmerische Entscheidungen. In: Butzer-Strothmann, K. & Ahler, F. (Hrsg). *Integrierte nachhaltige Unternehmensführung. Konzepte – Praxisbeispiele – Perspektiven*. Springer Gabler Verlag. Berlin 2020, S. 27–48.

Müller-Christ, G. & Pijetlovic, D. (2018). *Komplexe Systeme lesen. Das Potenzial von Systemaufstellungen in Wissenschaft und Praxis*. Wiesbaden.

Nickerson, R. S. (1998). Confirmation bias: A ubiquitous phenomenon in many guises. In: *Review of General Psychology*, 2(2), 175–220.

Ortmann, G. (2009). *Management in der Hypermoderne. Kontingenz und Entscheidungen*. Wiesbaden.

Pfister, H.-R., Jungermann, H. & Fischer, K. (2017). *Die Psychologie der Entscheidung. Eine Einführung*. 4. Aufl. Wiesbaden.

Polanyi, K. (1948). *The great Transformation. Politische und ökonomische Ursprünge von Gesellschaften und Wirtschaftssystem*. Frankfurt am Main.

Porges, S. W. (2011). *The Polyvagal-Theory. Neurophysiological Foundations of Emotions, Attachment, Communication, and Self-Regulation*. New York.

Rychen, D. S. (2008). OECD Referenzrahmen für Schlüsselkompetenzen – ein Überblick. In: Bormann, I. & de Haan, G. (Hrsg.). *Kompetenzen der Bildung für eine nachhaltige Entwicklung. Operationalisierung, Messung, Rahmenbedingungen, Befunde*. Wiesbaden 2008, S. 15–22.

Scharmer, O. (2011). *Theorie U. Von der Zukunft her führen*. Heidelberg.

Schirmer, M. (2023). *Thaumazein-Unternehmen. Zur (Dys)funktionsweise nachhaltiger, digitaler und subjektivierter Unternehmen.* Wiesbaden.

Simon, F. (2018). *Formen. Zur Kopplung von Organismus, Psyche und sozialen Systemen.* Carl Auer Heidelberg.

Spencer-Brown, G. (1969). *Laws of Form.* London.

Spiegel, P., Pechstein, A., Ternès von Hattburg, A. & Grüneberg, A. (2022). *Future Skills: 30 Zukunftsentscheidende Kompetenzen und wie wir sie lernen können.* Vahlen Verlag München.

Stifterverband der Deutschen Wirtschaft (2023). *Future-Skills-Framework.* https://www.future-skills.net/framework

WBGU (2011). *Hauptgutachten – Welt im Wandel. Gesellschaftsvertrag für eine große Transformation.* Berlin.

Wilber, K. (2025). *Der integrale Weg zur Ganzheit. Raum für Wachstum, Einheit und Lebensfreude finden.* München.

Über die Autor:innen

Dr. Nicole Aeschbach ist Senior Scientist in der 3D Geospatial Data Processing (3DGeo) Research Group am Geographischen Institut der Universität Heidelberg und Wissenschaftliche Mitarbeiterin an der Heidelberg School of Education (HSE), einer gemeinsamen Einrichtung von Universität und Pädagogischer Hochschule Heidelberg. Ihr Fokus liegt auf der inter- und transdisziplinären Forschung zur Klimakrise sowie auf partizipativen forschungsbasierten Lehr-Lern-Angeboten. Sie ist am Projekt »Klimaphysik meets BNE« beteiligt, das 2023 vom Stifterverband und vom Ministerium für Wissenschaft, Forschung und Kunst Baden-Württemberg mit einer Fellowship für digitale Hochschullehre gefördert wurde.

Prof. Dr. Werner Aeschbach leitet den Arbeitsbereich Hydrosphärische Tracer und Proxies (HydroTraP) am Institut für Umweltphysik der Universität Heidelberg. Er untersucht Klima- und Umweltveränderungen im Grundwasser, in Ozeanen und im Eis mithilfe von Isotopenmethoden. Er ist am Projekt »Klimaphysik meets BNE« beteiligt, das 2023 vom Stifterverband und vom Ministerium für Wissenschaft, Forschung und Kunst Baden-Württemberg mit einer Fellowship für digitale Hochschullehre gefördert wurde.

Prof. Dr. Silvia Annen ist seit 2020 Professorin für Wirtschaftspädagogik an der Universität Bamberg. Zuvor war sie als wissenschaftliche Mitarbeiterin beim Bundesinstitut für Berufsbildung (BIBB) und als DFG-geförderte Gastwissenschaftlerin an der University of Toronto (OISE) tätig. Ihre Forschungsschwerpunkte sind international vergleichende Berufsbildungsforschung, (internationale) Anerkennung von Qualifikationen und Kompetenzen, Bildungsentscheidungen und -wege sowie Berufsforschung im Handel.

Dr. Jakob von Au ist Dozent, Fortbildner und Gymnasiallehrer in Heidelberg und Freiburg i. Br. Er studierte die Fächer Biologie, Geographie und Sport und beschäftigt sich seit vielen Jahren intensiv in Theorie und Praxis mit Bildung für nachhaltige Entwicklung, Klimabildung und Outdoor Education.

Priv.-Doz. Dr. Nadja Belova ist akademische Rätin an der Universität Bremen am Institut für Didaktik der Naturwissenschaften, Abteilung Chemiedidaktik. Einer ihrer Forschungsschwerpunkte ist Lernen durch Spielen im naturwissenschaftlichen Unterricht.

Dr. Christiane Bertram, Akadamische Rätin, leitet seit dem 1. Juli 2023 den Bereich »Historisches Lernen« am Hector-Institut für Empirische Bildungsforschung, Universität Tübingen. Bei ihrer Forschung zur Erfassung und Förderung der Kompetenzen historischen Denkens legt sie einen Fokus auf Zeitzeug:innen und Oral History und arbeitet sie mit qualitativen und quantitativen Methoden. Einen weiteren Schwerpunkt legt sie auf die Leitperspektive »Bildung für nachhaltige Entwicklung« und Demokratiebildung als zentrale Aufgaben in der schulischen und universitären Bildung.

Merle Biermann, seit 2023 wissenschaftliche Mitarbeiterin in der Didaktik der Geographie am Institut für Didaktik der Naturwissenschaften der Leibniz Universität Hannover.

Prof. Dr. Kai Bischof wurde im Jahr 2006 auf die Professur für Meeresbotanik an der Universität Bremen berufen. Seine Arbeitsgruppe untersucht Mechanismen der Anpassung und Artverbreitung von Großalgen entlang von Umweltgradienten. Kai Bischof hat als wissenschaftlicher Koordinator das EU-Projekt FACE-IT geleitet.

Jennifer Bogun ist Studentin im internationalen Masterstudiengang »Ecology« am Fachbereich Biologie/Chemie der Universität Bremen. Als studentische Hilfskraft hat sie maßgeblich die hier vorgestellte Lehrveranstaltung »Biodiversität und Gesellschaft« aus studentischer Perspektive strukturiert und weiterentwickelt.

Dr. Mirjam Braßler (M.Sc., B.Sc. Psych; MHEd.; B.Sc. Econ) ist Vertretungsprofessorin am Institut für Psychologie an der Christian-Albrechts-Universität zu Kiel. Sie forscht zu den Themen: Nachhaltigkeit, Interdisziplinäre Teamarbeit, Interdisziplinäres Lehren und Lernen, Bildung für nachhaltige Entwicklung. Außerdem arbeitet sie als Trainerin für interdisziplinäre Kommunikation und Kollaboration im Themenfeld der Nachhaltigkeit.

Lara Brede, seit 2022 wissenschaftliche Mitarbeiterin in der Didaktik der Geographie am Institut für Didaktik der Naturwissenschaften der Leibniz Universität Hannover.

Prof. Dr. Holger Dau ist Experimentalphysiker an der Freien Universität Berlin. Er engagiert sich für die verstärkte Verankerung von Nachhaltigkeitsthemen in existierenden sowie neuen universitären Lehrveranstaltungen. Seine interdisziplinäre Arbeitsgruppe erforscht die Biophysik der Photosynthese sowie die künstliche Photosynthese (chemische Energiespeicherung).

Dr. Nora Diehl schloss nach dem Meeresbiologiestudium in Rostock ihre Promotion 2021 an der Universität Bremen ab. In ihrer Forschung hat sie sich auf Anpassungsmechanismen von Großalgen an ihre Umwelt spezialisiert und erforschte im Projekt FACE-IT den Einfluss des Klimawandels auf arktische Braunalgen, sogenannte Kelps.

Kristin Dolezil, M. Ed. ist wissenschaftliche Mitarbeiterin im Projekt LO-ESS (Literacy boost through an Operational Educational Ecosystem of Societal actors on Soil health) in der Didaktik der Geographie an der Universität Vechta.

Prof. Dr. Ingo Eilks FRSC ist Professor für Chemiedidaktik an der Universität Bremen und Adjunct Professor for Science Education an der Universitas Negeri Malang (Indonesien). Forschungsschwerpunkte sind Bildung für nachhaltige Entwicklung, Curriculumentwicklung und Aktionsforschung.

Dr. Edith Engelhardt ist Wissenschaftlerin in der HydroTraP-Arbeitsgruppe. Sie ist am Projekt »Klimaphysik meets BNE« beteiligt, das 2023 vom Stifterverband und vom Ministerium für Wissenschaft, Forschung und Kunst Baden-Württemberg mit einer Fellowship für digitale Hochschullehre gefördert wurde.

Manfred Fiedler, wissenschaftlicher Mitarbeiter an der Juniorprofessur für Innovative und Digitale Lehr- und Lernformen in der Multiprofessionellen Gesundheitsversorgung, Universität Witten/Herdecke.

Dr. Kathrin Foshag ist leitende Wissenschaftlerin am TdLab Geographie (Transdisziplinaritätslabor) am Geographischen Institut der Universität Heidelberg. Sie ist am Projekt »Klimaphysik meets BNE« beteiligt, das 2023 vom Stifterverband und vom Ministerium für Wissenschaft, Forschung und Kunst Baden-Württemberg mit einer Fellowship für digitale Hochschullehre gefördert wurde.

Fady Guirgis, M. A., ist Kinder- und Jugendpsychotherapeut in Ausbildung und Wissenschaftlicher Mitarbeiter an der Katholischen Hochschule Nordrhein-Westfalen. Er arbeitet im BMBF-geförderten Projekt »SUNRISE LAB – Nachhaltige Hochschullandschaft Münster«. Seine Forschungsschwerpunkte umfassen (soziale) Nachhaltigkeit, Flucht und Migration.

Phillip Gutberlet, Student im Studiengang »Mensch und Umwelt: Psychologie, Kommunikation und Ökonomie« in Landau und Vorstand Klimabildung e. V., Forschungsinitiative Resarch4Change.

Prof. Dr. Harald Hantke ist Juniorprofessor für sozialwissenschaftliche Bildung, insbesondere Wirtschaftsdidaktik sowie UNESCO Co-Chair in Higher Education for Sustainable Development an der Leuphana Universität Lüneburg. Kern seiner Arbeit ist es, inter- und transdisziplinär die wirtschaftsdidaktischen, berufs- und wirtschaftspädagogischen sowie politikdidaktischen Strukturen und Bedingungen im Kontext gesellschaftlicher Transformationsprozesse in den Blick zu nehmen. Zu den Schwerpunkten seiner Arbeit zählt unter anderem die Auseinandersetzung mit sozialwissenschaftlichen Querschnittsaufgaben in Bildungsprozessen (insbesondere Nachhaltigkeit und Demokratie), mit curricularer Entwicklung als Teil von Schulentwicklung sowie mit lernort- und phasenübergreifender Professionalisierung des Bildungspersonals.

Dr. Neli Heidari hat als Akademische Rätin das Lektorat für die Didaktik der Geographie an der Universität Bremen inne und ist in Forschung und Lehre dafür mitverantwortlich. Ihre Arbeitsschwerpunkte liegen im Umgang mit Fehl- und Desinformationen zum Klimawandel, in Digital Literacy im Kontext einer Bildung für nachhaltige Entwicklung (BNE) sowie in der Sprachbildung im Fach. Zudem ist sie Mitglied des Forschungszentrums Literacy in Diversity Settings (LiDS) an der Universität Hamburg.

Prof. Dr. Thomas Hoffmann, StD ist Fachleiter Geographie am Seminar für Ausbildung und Fortbildung der Lehrkräfte Karlsruhe (Gymnasium), Honorarprofessor Bildung für nachhaltige Entwicklung am Sustainability Education and Transdisciplinary Research Institute (SETRI) der Leuphana Universität Lüneburg, Lehrbeauftragter für Geographiedidaktik am Institut für Geographie und Geoökologie (IfGG) des Karlsruher Institut für Technologie (KIT) sowie Lehrer am Windeck-Gymnasium Bühl mit den Fächern Geographie, Geschichte, Politik und Wirtschaft.

Laura Höke ist Lehrkraft an einer Schule in Niedersachsen. Während ihres Studiums an der Universität Vechta hat sie sich vertieft mit der Förderung von Nachhaltigkeitskompetenzen und Demokratiekompetenzen im Rahmen der Schülervertretungsarbeit befasst.

Julia Hufnagl ist wissenschaftliche Mitarbeiterin an der Professur für Wirtschaftspädagogik der Otto-Friedrich-Universität Bamberg und der Professur Erwachsenenbildung und Weiterbildung der TU Chemnitz. In ihrer Forschung beschäftigt sie sich mit Nachhaltigkeit in der betrieblichen Aus- und Weiterbildung. Weitere Forschungsschwerpunkte sind intersektionale Diskriminierungsprozesse in der beruflichen Bildung und international vergleichende Berufsbildungsforschung. Interdisziplinäre Zusammenarbeit und Wissenschaftskommunikation sind ihr ein persönliches Anliegen.

Dr. Nilda Inkermann ist wissenschaftliche Mitarbeiterin in der Didaktik der politischen Bildung der Universität Kassel. Ihre Forschungsschwerpunkte sind kritische politische Bildung und Globales Lernen, imperiale Lebensweise und sozial-ökologische Transformation.

Dr. Simon Jungblut hat Gymnasiallehramt für Biologie und Chemie studiert und anschließend einen internationalen Masterabschluss in »Marine Biodiversity and Conservation« erworben. Er ist promovierter Meereszoologe, auf Krebstiere und Stachelhäuter spezialisiert und war der Projektmanager des EU-geförderten Forschungsprojektes FACE-IT.

Dr. Johanna Kranz ist Referentin für Klimabildung, Klimakommunikation und kommunale Anpassung am Rheinland-Pfalz Kompetenzzentrum für Klimawandelfolgen. Sie engagiert sich in Gremien sowie ehrenamtlichen Nachhaltigkeitsinitiativen für eine ganzheitliche Klimabildung. In Forschung und Lehre beschäftigt sie sich unter anderem mit handlungsorientierter Klimabildung und transformativem Lernen.

Prof. Dr. Marcus Kubsch ist Physikdidaktiker an der Freien Universität Berlin. Einer seiner Arbeitsschwerpunkte ist der Umgang mit Unsicherheit in Zeiten globaler Herausforderungen. Er engagiert sich in Gremien für eine stärkere Verankerung von Nachhaltigkeitsthemen in der Lehre und setzt dies in Veranstaltungen für angehende Physiklehrkräfte in verschiedenen Formaten um.

Dr. Hannah Lathan ist Postdoktorandin in der Didaktik der Geographie an der Universität Vechta sowie Lehrkraft für Geographie am Kolleg St. Thomas der Dominikaner in Vechta. Ihre Forschungsschwerpunkte sind u. a. die geographiedidaktische Schulbuchforschung, Bildung für nachhaltige Entwicklung (BNE) und transformatives Lernen.

Leonie Liekefett, Umweltpsychologin, Schulpsychologin in Berlin und Vorstand Klimabildung e. V., Forschungsinitiative Resarch4Change.

Dr. Julia Lingenfelder ist Lehrkraft im Bereich Politikwissenschaft, Bildungspolitik und politische Bildung an der Universität zu Köln. Ihre Forschungsschwerpunkte sind kritische politische Bildung und transformative Bildung, sozial-ökologische Transformation und soziale Bewegungen.

Prof. Dr. Alexander Lorch ist als Professor für Wirtschaftsethik und Human Resource Management an der Dualen Hochschule Schleswig-Holstein tätig. In seiner Forschung beschäftigt er sich interdisziplinär mit vielfältigen Fragen am Schnittpunkt von Wirtschaft und Gesellschaft, so etwa im Bereich Wirtschafts- und Unternehmensethik sowie sozioökonomischer Bildung. Ein Schwerpunkt seiner Forschung sind derzeit auch die Arbeit an und mit Zukunftskompetenzen und die Frage, wie sie in Form der Inner Development Goals in Lehrpläne und Fortbildungen für Lehrerinnen und Lehrer integriert werden können.

Lena Lorenz, wissenschaftliche Mitarbeiterin an der Juniorprofessur für Innovative und Digitale Lehr- und Lernformen in der Multiprofessionellen Gesundheitsversorgung, Universität Witten/Herdecke.

Elias Marks ist wissenschaftlicher Mitarbeiter an der Virtuellen Akademie Nachhaltigkeit (VAN) und promoviert im Fachgebiet Nachhaltiges Management an der Universität Bremen. Er hat einen wirtschaftswissenschaftlichen sowie wirtschaftspsychologischen Hintergrund. In seiner Promotion beschäftigt er sich mit immersiven Lernerfahrungen, da sie womöglich das Potenzial haben, ein Thema wie Nachhaltigkeit auf eine andere, vielleicht sogar wirksamere Art und Weise zu vermitteln.

Dr. Christiane Meyer, seit 2008 Professorin für Didaktik der Geographie am Institut für Didaktik der Naturwissenschaften der Leibniz Universität Hannover.

Benjamin Möbus studierte Gymnasiallehramt mit den Fächern Politik, Geschichte und Anglistik und arbeitet als wissenschaftlicher Mitarbeiter im Fachbereich Erziehungswissenschaften der Universität Vechta. Seine Schwerpunkte liegen im demokratiepädagogischen Bereich.

Jens Möller ist Gymnasiallehrer für Sozialwissenschaften bzw. Wirtschaft – Politik, Sport und Mathematik in Münster (NRW) und dort Ansprechpartner für BNE. Für die Bezirksregierung Münster sowie für die Teachers for Future ist er in der Lehrerfortbildung aktiv. Er organisiert die notwendigen Freiräume und zeitlichen Ressourcen für Projekte, die über den Unterricht hinausgehen und »wirkliches« Handeln realisieren. So hat er die Vortragsreihe »Klimawandel und Frieden – die Zukunft gestalten« mit ausgewiesenen Expert:innen aller Fachrichtungen initiiert und durchgeführt. Diese steht online zur Verfügung (https://www.youtube.com/playlist?list=PLZPEY6YVXoJVMDOK1ffSZN_rdv7MBUSbD).

Prof. Dr. Leif Mönter ist Professor für Didaktik der Geographie an der Universität Vechta. Seine Forschungsschwerpunkte sind u. a. die Bildung für nachhaltige Entwicklung (BNE), politische Bildung im Geographieunterricht, Antirassismus und Interkulturalität sowie Geographie und Integrationsfächer.

Prof. Dr. Georg Müller-Christ ist Professor für Nachhaltiges Management an der Universität Bremen und Vorsitzender der Deutschen Gesellschaft für Nachhaltigkeit an Hochschulen e. V. (DG HochN). In seiner wissenschaftlichen Arbeit beschäftigt er sich mit Transformationsprozessen im Kontext nachhaltiger Entwicklung, insbesondere in Organisationen und Hochschulen. Er verbindet systemisches Denken mit betriebswirtschaftlichen Perspektiven und arbeitet zur Integration von Nachhaltigkeit in Lehre, Forschung und Hochschulgovernance.

Tanja Müller-Verse ist Gymnasiallehrerin für die Fächer Deutsch, Französisch und Pädagogik und Coach.

Prof. Dr. Swantje Notzon ist Professorin für Medizinische Grundlagen der Sozialen Arbeit und der Heilpädagogik an der Katholischen Hochschule Nordrhein-Westfalen. Sie forscht u. a. zu Zusammenhängen zwischen Gesundheit und Nachhaltigkeit. Sie leitet ein Teilprojekt im BMBF-geförderten »SUNRISE LAB – Nachhaltige Hochschullandschaft Münster«.

Jan-Hendrik Ortloff, wissenschaftlicher Mitarbeiter an der Juniorprofessur für Innovative und Digitale Lehr- und Lernformen in der Multiprofessionellen Gesundheitsversorgung, Universität Witten/Herdecke.

Dr. Felix Peter, Diplom-Psychologe, Schulpsychologe in Sachsen-Anhalt, Resilienztrainer, Psychologists for Future e. V. & Klimabildung e. V., Forschungsinitiative Resarch4Change.

Dr. Denis Pijetlovic ist Geschäftsführer der Virtuellen Akademie Nachhaltigkeit (VAN) an der Universität Bremen. Als Wirtschaftspsychologe entwickelt und realisiert er innovative Lehrformate im Bereich Bildung für nachhaltige Entwicklung (BNE) und engagiert sich für die Integration digitaler Nachhaltigkeitslehre in Hochschulcurricula. Zudem ist er Mitherausgeber des Sammelbands »Klimawandel und Bildung«.

Julia Rinas-Bahl, wissenschaftliche Mitarbeiterin an der Juniorprofessur für Innovative und Digitale Lehr- und Lernformen in der Multiprofessionellen Gesundheitsversorgung, Universität Witten/Herdecke.

David Röck ist Masterstudent an der Universität Innsbruck und verbrachte 2023 ein Erasmussemester an der Universität Heidelberg. Er ist am Projekt »Klimaphysik meets BNE« beteiligt, das 2023 vom Stifterverband und vom Ministerium für Wissenschaft, Forschung und Kunst Baden-Württemberg mit einer Fellowship für digitale Hochschullehre gefördert wurde.

Prof. Dr. Marko Rohlfs ist Professor für Ökologie am Fachbereich Biologie/Chemie der Universität Bremen. Durch den Einsatz Forschenden Lernens gestaltet er Lehrveranstaltungen inter- und transdisziplinär und mit konkreten Bezügen zu nachhaltiger Entwicklung durch die Förderung von Biodiversität.

Prof. Dr. Viviane Scherenberg ist als Dekanin für den Fachbereich Public Health und Umweltgesundheit bei der APOLLON Hochschule der Gesundheitswirtschaft in Bremen tätig. Sie ist Autorin zahlreicher Publikationen, dabei konzentrieren sich ihre Forschungsschwerpunkte auf zukunftsrelevante Prävention (wie z. B. digitale Prävention, [digitale] Gesundheitskompetenz, Klimawandel und Gesundheit). Zusammen mit Prof. Dr. Marcus Eckert leitet sie die Forschungsgruppe »Bildung und Gesundheit« an der APOLLON Hochschule.

Marvin Scott Schlamelcher, M. Ed., studierte die Fächer Deutsch und Geographie auf gymnasiales Lehramt an der Leibniz Universität Hannover. Nach seinem Studium arbeitete er als wissenschaftlicher Mitarbeiter in der Geographiedidaktik der Universität Hildesheim. Im Rahmen eines digitalisierungsbezogenen Forschungsprojekts forschte er zu Klimawandelleugnung in digitalen Diskursen und Möglichkeiten zur Widerlegung.

Dr. Philipp Schmid ist Assistenzprofessor für Gesundheitskommunikation an der Radboud-Universität in Nijmegen, Niederlande. Seit mehr als zehn Jahren forscht er zum Thema Falschinformationen und zu psychologischen Faktoren, die die Wirksamkeit von Aufklärungskampagnen im Gesundheits- und Klimawandelbereich untergraben. In den letzten Jahren konzentrierte er sich vor allem auf die Entwicklung von Maßnahmen zur Bekämpfung von Fehlinformationen in öffentlichen Debatten.

Caroline Schmidt, M. A. ist wissenschaftliche Mitarbeiterin im Projekt LOESS (Literacy boost through an Operational Educational Ecosystem of Societal actors on Soil health) in der Didaktik der Geographie an der Universität Vechta. Ihre Arbeitsschwerpunkte sind Bildung für nachhaltige Entwicklung (BNE), bodenbezogene Bildungsprozesse und Regionales Lernen.

Prof. Dr. Daniela Schmitz, Juniorprofessur für Innovative und Digitale Lehr- und Lernformen in der Multiprofessionellen Gesundheitsversorgung, Universität Witten/Herdecke. Ihr Forschungsschwerpunkt zur Multiprofessionalität umfasst das gemeinsame Lernen der Professionen, Strategien des Common Groundings in multiprofessionellen Lerngruppen sowie Möglichkeiten und Grenzen des digitalen Lernens in diesem Feld.

Jennifer Scholl ist Multiplikatorin für konsequent nachhaltige Veränderung. Sie arbeitet freiberuflich in verschiedenen Rollen der Beratung und Prozessbegleitung, bspw. als Lehrbeauftragte (Soziologie), integrale Organisationsentwicklerin, Lernkulturcoach, Trainerin, Mediatorin (BM).

Prof. Dr. Margit Stein ist Professorin für Allgemeine Pädagogik an der Universität Vechta. Ihre Forschungs- und Lehrschwerpunkte liegen im Bereich der Förderung der Werteorientierung bei Kindern und Jugendlichen. Ein Schwerpunkt hierbei ist die Förderung von Nachhaltigkeitskompetenzen und transformativem Wissen.

Prof. Dr. Svantje Schumann ist promovierte Forstwissenschaftlerin mit Schweizer Lehrdiplom Primarstufe. Sie leitet die Professur Didaktik des Sachunterrichts an der Pädagogischen Hochschule der Fachhochschule Nordwestschweiz. Ihre Forschungs- und Lehrschwerpunkte sind u. a. Welterschließungs-/Phänomenerschließungsprozesse, pädagogisches Arbeitsbündnis, dialogische Bildungsprozesse, Naturerfahrung und außerschulisches Lernen.

Prof. Dr. Christian Wittlich ist Professor für die Didaktik der Geographie an der Justus-Liebig-Universität in Gießen. In Lehre und Forschung widmet er sich auch der Klimabildung sowie innovativen methodischen Ansätzen zur Vermittlung und Anwendung von Nachhaltigkeitswissen.

Carry Luise Zimmermann (M. Sc. Wirtschaftspsychologie) arbeitet als Nachhaltigkeitswissenschaftlerin an der Universität Bremen. Sie forscht und lehrt zu den Inner Development Goals (IDG) und der affektiven Dimension der Nachhaltigkeit sowie deren Relevanz für nachhaltige Führung und eine Bildung für nachhaltige Entwicklung (BNE). Darüber hinaus ist sie vom Institut für Wertekultur in der Wirtschaft zertifizierte integrativ-systemische Coachin (DCV) und arbeitet als Trainerin für Nachhaltigkeitscoaching.